Tyler Whittle

Kaiser Wilhelm II.

Biographie

List Verlag München

Aus dem Englischen von Christoph Burgauner

Die Originalausgabe *The Last Kaiser* erschien
1977 im William Heinemann Verlag, London.

Umschlagentwurf: Design Team, München

BILDQUELLENNACHWEIS

Bilder 1, 3, 12, 15 aus dem Archiv für Kunst und Geschichte, Berlin
Bild 11 Bildarchiv Foto Marburg
Bild 19 Ullstein Bilderdienst, Berlin
Alle übrigen Bilder sowie das Umschlagbild wurden vom Bilderdienst Süddeutscher Verlag zur Verfügung gestellt.

ISBN 3-471-79126-4

Satz: Wenschow GmbH, München
Druck und Bindearbeit: May + Co. Darmstadt

INHALTSVERZEICHNIS

FÜR GORE VIDAL

DANKSAGUNGEN

Ihrer Majestät, der Königin von England, habe ich zu danken für die Erlaubnis zum Abdruck von Dokumenten aus den Königlichen Archiven sowie Prinz Louis Ferdinand, dem Haupt des preußischen Königshauses, Prinzessin Alice, Gräfin von Athlone, und Lord Sysonby ebenfall für die Veröffentlichung urheberrechtlich geschützter Materialien.

Da ich kein Fachhistoriker bin, war ich für den geschichtlichen Hintergrund auf Spezialisten angewiesen und habe dabei das Glück, daß die neuere deutsche Geschichte so gründlich erforscht ist. Danken möchte ich zunächst den Bibliothekaren und Assistenten der Universitätsbibliothek vom Cambridge, der Bodleian Library und der British Library sowie dem Direktor und Bibliothekar des British Institute in Neapel. Vielen Historikern habe ich, wie aus den Fußnoten hervorgeht, viel zu verdanken, der weitaus größte Dank jedoch gebührt unter den Verstorbenen Senator Luigi Albertini, Professor Gerhard Ritter und Sir John Wheeler-Bennett sowie unter den Lebenden Sir Alan Bullock, Professor Fritz Fischer, Professor Gerhard Masur, Mr. A. J. P. Taylor, Professor Hugh Trevor-Roper und vor allem Dr. John Röhl, dem eminenten Kenner dieser Epoche, der mir in großzügigster Weise Auskünfte und Ratschläge zukommen ließ.

Meine Kollegen, die Biographen des Kaisers und Kommentatoren seines Lebens, haben mich viele Monate lang beschäftigt. Dutzende von Bänden und eine Unzahl von Artikeln, Presseberichten, Archiven und Memoiren der verschiedensten Personen, von den Reichskanzlern bis zu des Kaisers amerikanischem Zahnarzt, waren zu lesen. Nur eine einzige Biographie blieb jedoch mein ständiger Begleiter; es ist die am wenigsten subjektive und am besten belegte und, da ihr Autor Fachhistoriker ist, die verläßlichste und nützlichste: *The Kaiser and his Times* von Michael Balfour (deutsch: *Der Kaiser, Wilhelm II. und seine Zeit,* Berlin 1967). Seine Unterstützung und die Erlaubnis zur Benützung seiner Materialien waren mir eine unschätzbare Hilfe.

Mein aufrichtiger Dank gebührt ferner auch allen denen – unter ihnen Cecilia Gräfin von Sternberg, Pfarrer Alan Coldswell, Lord Denham, Mr. Duncan Ellison, Mr. Jeffrey Finestone, Lord Mowbray und Stourton, Dr. Arthur Plant, Mr. Roger Smith und Mr. Desmond Stewart –, die keine Mühe scheuten, mir behilflich zu sein. Und schließlich gilt mein Dank insbesondere Mr. Gore Vidal, dem dieses Buch gewidmet ist, für seine Anteilnahme, seine fortwährende Ermutigung und für Informationen aller Art. T. W.

DANKSAGUNGEN

ERSTES KAPITEL

Hohenzollern und Sachsen-Coburg-Gotha

»Das arme Opferlamm«
Königin Victoria
bei der Vermählung ihrer Tochter
mit Kronprinz Friedrich

1

Im April des Jahres 1851 schrieb König Friedrich Wilhelm IV. von Preußen an Prinzgemahl Albert und fragte, ob es für seinen Bruder und dessen Familie wirklich ungefährlich wäre, die Londoner Weltausstellung zu besuchen.[1] Er selbst, ebenso wie die anderen gekrönten Häupter, dachte natürlich nicht daran, sich dorthin zu begeben. Allzu lebendig war noch die Erinnerung an die drei Jahre zurückliegenden Revolutionen, als fast ganz Europa von politischer Agitation barst. In Berlin waren Barrikaden errichtet worden. »Wir lagen alle platt auf dem Bauch«[2], bekannte der König, und sein reaktionärer, bei den Berlinern als »der Kartätschen-Prinz« bekannte Bruder Wilhelm, mußte seinen Backenbart abrasieren, sich verkleiden, aus der Stadt flüchten und sich zunächst auf die Pfaueninsel bei Potsdam und von dort nach England in Sicherheit bringen.[3] Der französische König handelte ebenso und erschien in New Haven mit dunkler Brille und ohne Perücke als »Mr. Smith«.[4] Am Ende war Louis-Philippe der einzige, der in dieser Revolution in Schlafrock und Pantoffeln[5] seinen Thron verloren hatte, aber überall hatte es Unruhen, gewalttätige Massen, Tote auf den Barrikaden gegeben und waren widerwilligen Herrschern Konzessionen abgerungen worden. Und selbst jener Fels der Autokratie, das habsburgische Kaiserreich, war gezwungen worden, Latein als Amtssprache aufzugeben.[6] Die Agitatoren, von denen all dies ausging, waren noch immer am Werk, und wie Zar Nikolaus von Rußland in einem freundschaftlichen Brief an den preußischen König bemerkte, wurden sie von London wie Eisenspäne von einem Magneten angezogen. Aus Furcht vor »Ansteckung« ließ Zar Nikolaus keinem seiner Untertanen einen Reisepaß ausstellen.[7]

Prinzgemahl Albert war äußerst irritiert. Er hatte sich gegen starke Widerstände durchzusetzen, um aus seiner Internationalen Ausstellung der Künste und Wissenschaften nicht nur eine Demonstration des Fortschritts zu machen, sondern auch ein Mittel zur Verstärkung der menschlichen Brüderlichkeit. Die englische Aristokratie, die ihn nicht besonders schätzte, hatte alle möglichen Einwände erhoben und insbesondere dagegen opponiert, daß die Ausstellung in einer Art riesigem Gewächshaus stattfinden sollte, das ursprünglich vom Gärtner eines Herzogs auf Löschpapier skizziert worden war.[8] Es möge ja ein Wunderwerk der Ingenieurkunst und der Glaserei sein, hieß es, aber im Unterhaus wurde allen Ernstes behauptet, dieser große »Palace of Crystal« (Kristallpalast) würde unter einem Hagelschauer zusammenbrechen und Aussteller und Besucher zu Tausenden unter sich begraben. Andere wiederum meinten, daß das gesamte Gebäude unter dem Gewicht des Kots der Londoner Spatzen einstürzen würde oder daß die Tausende von Spatzen, die in ihm eingeschlossen wären, die Ausstellungsstücke beschmutzen würden, bevor irgend jemand sie gesehen hätte. Dieses letztere Problem löste der alte Herzog von Wellington, indem er riet, gegen die Spatzen innerhalb des Gebäudes Sperber loszulassen. Auch der Premierminister hatte seinen Beitrag zur Kritik geleistet, indem er meinte, das viele Glas würde bei den Salutschüssen am Eröffnungstag in Scherben gehen.

Nach Überwindung so vieler Widerstände und Einwände war es für Albert besonders ärgerlich, daß von den Standesgenossen der Queen einer nach dem anderen die Einladung ablehnte. In einer sarkastischen Antwort schrieb er dem König von Preußen, daß man in London zwar keinerlei Furcht vor politischer Ansteckung oder vor Mordanschlägen hege, daß er aber keine absolute Garantie für jedermanns Sicherheit geben könne und seine Einladung daher zurückziehe.[9] Das gab Friedrich Wilhelm IV. zu denken. Er war der Taufpate des Prince of Wales und Prinz Alfred war das Patenkind des »Kartätschen-Prinzen«. Überdies stand er für das Asyl, das seinem Bruder im Revolutionsjahr gewährt worden war, in Englands Schuld. Er änderte seinen Entschluß, und einen Tag vor der offiziellen Eröffnung am 1. Mai 1851 traf Wilhelm, der preußische Kronprinz, mit seiner Frau Augusta und seinen beiden Kindern in Victoria Station ein, wo sie von einem bleichen, aber freundlichen Prinzgemahl Albert empfangen und in offenem Wagen durch die Straßen gefahren wurden. Die Londoner und die Massen, die in die Hauptstadt geströmt waren, um die Ausstellung zu sehen, jubelten und bereiteten den Ankömmlingen einen Empfang von spontaner Herzlichkeit. Nur die Presse blieb unfreundlich, *The Times* geradezu feindselig. Beide Königshäuser waren es jedoch gewohnt, beschimpft zu werden und kümmerten sich nicht darum. Mehr als dreizehn Jahre zuvor hatte die junge Königin Victoria von ihrem Onkel, dem belgischen König, einen Rat erhalten, den sie nie vergaß. »Wenn alle Redakteure der Zeitungen aller Länder mit freier Presse zusammenkämen«, hatte König Leopold geschrieben, »dann wäre das eine *Mannschaft,* der man keinen Hund, der einem lieb ist, anvertrauen würde, geschweige denn seine Ehre und seinen guten Ruf.«[10]

Wir dürfen annehmen, daß der Besuch für alle Beteiligten recht zufriedenstellend verlief.

Obwohl der preußische Prinz ein Anhänger des Absolutismus war, versuchte Albert, ihm seine Theorien einzuflößen, denen zufolge ein liberales Deutschland unter der Führung eines aufgeklärten Preußen geeint werden sollte. Wilhelm blieb jedoch höflich und zeigte sich beeindruckt von dem gewaltigen Umfang der Ausstellung und vor allem vom Eröffnungstag, als bei herrlichem Wetter 35 000 Menschen durch die Drehkreuze gingen, kein einziger Terrorist zu sehen war, von mehreren Orgeln begleitete Massen-Chöre Händels »Halleluja« und die Nationalhymne sangen, die Kanonen ihren Salut schossen (ohne daß eine einzige Glasscheibe zerbrach), den englischen Prinzen die große Hitze zu schaffen machte, weil sie ihre schottischen »Highland things« tragen mußten, und ein chinesischer Würdenträger im Diplomatischen Korps auftauchte und die Queen mit einer tiefen orientalischen Verbeugung entzückte, was sich freilich als ein gewaltiger Irrtum herausstellte, denn der Mann hieß, wie er später gestand, He Sing und lebte davon, daß er Schaulustigen für einen Shilling seine stillgelegte Dschunke zeigte.[11] Da das Hauptinteresse des preußischen Prinzen schon damals dem Militär galt, konnte man nicht erwarten, daß er sich für Rohmaterialien, Maschinen, Manufakturen und für die Kunst begeisterte oder sich für so fabelhafte Ausstellungsstücke erwärmte wie eine Sixpence-Münze, in die das Vaterunser eingraviert war, ein »Weckbett«, das den Schläfer zu einer bestimmten Stunde herauswarf, einen Spazierstock für Ärzte, in dessen Handgriff ein Klistierapparat untergebracht war, oder etwa eine Kanzel, von der Guttapercha-Röhren zu den Kirchenstühlen der Schwerhörigen führten. Dagegen könnte eine Maschine, die pro Woche 50 Millionen Ordensmedaillen produzierte, seinen Beifall gefunden haben, und er bewunderte in der Tat die scheinbar mühelose Art, mit der die Engländer solch prachtvolle Schauspiele zu arrangieren verstanden.[12] Vor allem aber widmete er sich seinem Sohn Friedrich bzw. Fritz, wie er immer genannt wurde, der als ein möglicher Bräutigam für Königin Victorias älteste Tochter ausersehen war. Prinzgemahl Albert und Baron Stockmar, der deutsche Merlin am englischen Hof, hatten sich diese Heirat vor vielen Jahren ausgedacht.[13] Kronprinz Wilhelm war ultrakonservativ aber kein Tölpel. Er wußte sehr wohl, warum Albert die liberale englische Prinzessin in das reaktionäre Preußen einzuschleusen gedachte. Ebenso gut aber kannte er die Stabilität dieses reaktionären Preußen und sah die Vorteile, die in einer Verbindung der beiden Königshäuser lagen. Ob die beiden jungen Leute sich mochten oder nicht, war ihm völlig gleichgültig. Er selbst war gezwungen worden, seine große Liebe aufzugeben und eine Prinzessin zu heiraten, die er nicht leiden konnte und die überdies sehr stolz darauf war, die Enkelin Pauls I. von Rußland zu sein, obwohl dieser ein halbverrücktes »Untier mit einem Totenschädel« war. Wilhelm hatte gewiß keine romantische Ader, aber es gefiel ihm dennoch zu sehen, wie reibungslos die Pläne für seinen Fritz sich entwickelten.

Die Königin von England fand in der preußischen Prinzessin eine neue und treue Freundin. Victoria und Augusta waren beide intelligent und gefühlsbetont und wünschten sich weibliche Vertraute. Und die Queen war entzückt, daß Augusta soviel Verständnis für alles zeigte, worum es Albert bei der Organisation der Weltausstellung gegangen war. Mit liebevoller Nachsicht blickten die beiden Mütter auf den zwanzigjährigen Fritz, als er die englische Prinzessin, die halb so alt war wie er, in den Crystal Palace führte. Eigentlich war es allerdings eher umgekehrt die Prinzessin, die den deutschen Prinzen führte, denn sie hatte die Ausstellung bereits mehrmals besucht und wußte genau, was dort zu sehen war. Keck führte sie ihn herum, und da der Prinz alles andere als ein perfektes Englisch sprach, machte sie von ihrem fast fehlerlosen Deutsch Gebrauch. Und trotz ihres Alters war ihr durchaus bewußt, daß es hier um ihre Zukunft ging. Staunend bewunderte der junge Prinz die Frühreife der Prinzessin, die Bewegungsfreiheit, die sie besaß und die einem Mitglied des preußischen Königshauses versagt blieb, und vor allem die Liebe, die ganz offensichtlich zwischen ihren Eltern bestand, während sie zwischen den seinigen so völlig fehlte. Gewiß war auch die Ehe zwischen Albert und Victoria ein politisches Manöver gewesen, aber es konnte kein Zweifel sein, daß sie sich innig liebten, während der Prinz und die Prinzessin von Preußen sich nicht leiden konnten und auch in der Öffentlichkeit endlos zankten.

Von Windsor aus sah Baron Stockmar, den seine Melancholie und seine Kränklichkeit von der Eröffnung der Ausstellung fernhielten, die Frucht seines Planes gedeihen. Ebenso wie Albert hoffte auch er auf ein großes und liberal konstitutionelles Deutschland. Außerdem machte es ihm Vergnügen, den Gang der Dinge zu lenken. Durch eine Reihe merkwürdiger Zufälle war er von der Stellung eines der Ärzte des Königshauses von Sachsen-Coburg zu einer Stellung von einzigartiger Wichtigkeit in Europa aufgestiegen. Der Zufall hatte ihn sowohl an das Totenbett von Prinzessin Charlotte of Wales wie auch von Queen Victorias Vater geführt. Mit geräuschloser Geschicklichkeit hatte er König Leopold auf den belgischen Thron lanciert und erreicht, was noch wichtiger war, daß die Neutralität dieses neuen Königreichs durch die Großmächte garantiert wurde. Als Victoria den Thron bestieg, war er bei der Hand, und er war es dann, der die Heiratspläne des Prinzen Albert von Sachsen-Coburg förderte. Vieles von dem, was er gesät hatte, war aufgegangen. Nun lebte er in einer Art Exil getrennt von seiner Frau und seiner Familie, entwarf Erziehungsprogramme für Prinzen, berührte hier und da den einen oder anderen politischen Lebensnerv in vielen Königreichen und frönte seiner Leidenschaft, der königlichen Heiratspolitik, indem er zwischen dem Hause Coburg und den Höfen Europas seine Fäden spann. In London, Portugal und Belgien hatte er es bereits geschafft. Zuversichtlich ging er nun daran, den Weg nach Preußen zu bahnen.

Albert war der Erschöpfung nahe, gönnte sich aber keine Rast. Er war zartfühlend genug, nicht einmal dem Vater des jungen Prinzen gegenüber irgendeine formelle Übereinkunft vorzuschlagen, aber er fuhr fort, vor diesen unzugänglichen Herren seine Vorstellungen von einem zukünftigen Deutschland auszubreiten. Wilhelm hörte höflich zu. Höchstwahrscheinlich würde er eines Tages seinem kinderlosen Bruder Friedrich Wilhelm IV. auf dem Thron folgen. Dann würde man weitersehen. Er hatte keine Lust, sich jetzt schon festzulegen. Der junge Fritz war empfänglicher, und Albert versuchte es mit ihm. Zu seiner Freude machte er auf den jungen Mann offenbar Eindruck. Fritz fragte Albert, ob er ihm nicht gelegentlich einen Brief oder ein Memorandum zukommen lassen könne. Es ist fraglich, ob er wirklich wußte, was er damit tat. Albert war in den Kanzleien von ganz Europa berühmt für seine endlosen Briefe und Memoranda. Fritz gab ihm sein Stammbuch, und begeistert schrieb er mit fester Hand den Satz, in dem, wie er hoffte, ihr gemeinsames politisches Ziel enthalten war:

Möge Preußen aufgehen in Deutschland und nicht Deutschland in Preußen.

Albert[14]

2

Es vergingen vier ereignisreiche Jahre. Louis Napoleon kandidierte bei den französischen Präsidentschaftswahlen, wurde gewählt und ließ sich bald danach als Napoleon III., Kaiser der Franzosen, ausrufen.[15] Auf der Krim gab es Krieg. Frankreich und England, die alten Erbfeinde, traten als Verbündete auf. In einem seiner endlosen Briefe schrieb Albert dem Prinzen von Preußen, mit dem Neffen des Korsen müßten Besuche ausgetauscht werden. Auf Schloß Windsor erhielt das *Waterloo Chamber* vorübergehend den Namen *Music Room,* und in St. George's Chapel traf man Vorkehrungen, um George III. daran zu hindern, sich im Grabe umzudrehen.[16] Der Sieger von Waterloo, der alte Wellington, starb, der russische Zar ebenfalls. Queen Victoria gebar ihr achtes Kind, Prinz Leopold, der die Bluterkrankheit hatte, und ein exzentrischer Geizhals hinterließ ihr eine halbe Million Pfund Sterling. Die nach Entwürfen von Prinzgemahl Albert gebaute See-Residenz der Queen bei Osborne wurde vollendet, und am Dee ein Gelände gekauft, für das Albert ein weiteres königliches Bauwerk zu entwerfen begann. In Preußen entdeckte das Bürgertum, daß die neue konstitutionelle Monarchie mehr monarchisch war als konstitutionell oder parlamentarisch. Die Macht blieb in den Händen von König Friedrich Wilhelm IV. und der Armee. Rauchen auf der Straße wurde wieder verboten und nur in den Konditoreien gestattet.[17] Schopenhauer kam als Philosoph und Meyerbeer als Komponist in Mode, und das bedrohliche Wort »Realpolitik« wurde geprägt.[18] Durch den Berliner Hofklatsch erfuhr der junge Prinz Friedrich, daß die heranwachsende englische Prinzessin von Queen Victoria öffentlich dafür getadelt worden war, daß sie bei einer Revue mit Offizieren geflirtet hatte.[19] Da die englische Königin, eine leidenschaftliche Briefschreiberin, in lebhaftem Briefwechsel mit ihrer neuen Freundin Augusta, der Prinzessin von Preußen, stand, war er über das Leben der Prinzessin stets auf dem laufenden.

Im Jahre 1855, nachdem die englische Königsfamilie in Paris gewesen war, die Queen während eines gewaltigen Unwetters an Napoleons Grab gestanden und eine nicht minder gewaltige Orgel die englische Nationalhymne gespielt hatte,[20] fand man in Preußen, es sei Zeit, daß Prinz Friedrich sich für einige Wochen nach England einladen lasse. Dies geschah, und Friedrich wurde für Anfang September nach Balmoral, dem neuen Familiensitz, gebeten. Graf Moltke begleitete ihn als Adjutant, um ihm mit seinem väterlichen Rat zur Seite zu stehen.[21] Sie wurden mit großer Herzlichkeit und viel Aufregung empfangen.

Prinzgemahl Albert waren Kinderehen zwar ein Greuel, und die vierzehnjährige Victoria, seine älteste Tochter, stand ihm sehr nahe, er wollte jedoch seinen politischen Traum nicht gefährden. Prinz Friedrich war mittlerweile vierundzwanzig Jahre alt. Mit der englischen Prinzessin vereint, würde er Deutschland vor dem preußischen Junkertum, dem russischen Despotismus und der französischen Libertinage retten. Solange die Prinzessin aber ledig war, bestand jederzeit die schreckliche Gefahr, daß sie ihm von irgend jemandem entrissen würde. Er zeigte sich erfreut, daß der junge Prinz an seinem ersten Tag im Freien einen Hirsch erlegte.

Obwohl sie diese Heirat durch ihren Briefwechsel mit der Prinzessin von Preußen ausgeheckt hatte, und obwohl ihr der Backen- und Schnurrbart des deutschen Prinzen sehr gefiel, waren die Gefühle von Queen Victoria die einer echten Mutter. Ihrem Tagebuch vertraute sie an, daß dieser Besuch, der fast mit Sicherheit die Zukunft ihres ältesten Kindes entscheiden würde, ihr geradezu das Herz breche.[22] Sie befand sich sichtlich in einem Zustand größter Aufregung.

Die Gefühle der jungen Prinzessin sind vielleicht der Tatsache zu entnehmen, daß sie dem Prinzen heftig die Hand drückte, als die beiden vier Tage nach seiner Ankunft einmal »zufällig« eine Weile allein gelassen wurden; die seinigen der Tatsache, daß er schlecht und in der Nacht, bevor er die Königin und den Prinzgemahl allein zu sprechen bat, fast überhaupt nicht schlief. Mit großem Zartgefühl kleidete er seinen Heiratsantrag in die Worte, er wünsche zur Familie gehören zu dürfen.

Die Queen ergriff seine Hand. Das war so gut wie ein Jawort, aber sie bestand darauf, daß nicht geheiratet werde, bevor ihre Tochter nicht mindestens siebzehn Jahre alt wäre, und daß der offizielle Heiratsantrag auf die Zeit nach ihrer Konfirmation verschoben würde, die im Frühling des nächsten Jahres stattfinden sollte und damals als eine Art Einführung in die Gesellschaft galt.[23]

Prinz Friedrich erklärte sich mit der Geheimhaltung einverstanden, aber diese Mühe hätte er sich sparen können. Briefe gingen ab an Stockmar, an Verwandte und Minister der Krone, alle als geheim deklariert, aber so gehalten, daß die Nachricht unweigerlich an die Presse durchsickern würde. Fünf Tage, nachdem er den Wunsch geäußert hatte, erhielt Prinz Friedrich die Erlaubnis, der Prinzessin ein Armband zu überreichen. Die Queen befand sich in einem Zustand hochgradiger Nervosität, der Prinzgemahl nicht weniger. Er begann, von einem Anfall von Rheumatismus zu sprechen, der wahrscheinlich psychischen Ursprungs war.[24] Der preußische Prinz wurde zusehends aufgeregter, die englische Prinzessin ebenfalls. Nur Moltke blieb ruhig und behielt seine Ruhe auch, als am 29. die Nachricht eintraf, daß ein offizieller Heiratsantrag offiziell akzeptiert worden, ein weißer Zweig Heidekraut überreicht worden war, daß die Queen und ihre Tochter von nervöser Hysterie befallen waren und Prinzgemahl Albert sich vor Rheumatismus nicht mehr bewegen konnte. Am 1. Oktober reiste Moltke mit seinem Schützling ab. Zwei Tage später traf ein vierzig Seiten starker Brief der englischen Prinzessin ein, und Moltke bemerkte trocken, die Neuigkeit müsse ja kräftig angewachsen sein.[25]

3

Nachdem nun der Fisch an der Angel hing und Alberts Rheumatismus etwas nachließ, hätte die Zeit zwischen der formellen Verlobung des glücklichen Paares und ihrer Eheschließung im Jahre 1858 eigentlich sehr angenehm vergehen können. Statt dessen wurde es für alle Beteiligten eine schwierige Periode. In Berlin wurde unübersehbar, daß der Geist Friedrich Wilhelms IV. sich umnachtete.* Er war ein talentierter Zeichner, ein guter Redner und unter den Hohenzollern war er insofern ein Unikum, als er nicht reiten konnte. Aber nun wurde ihm alles zuviel, und er zog sich in eine Phantasiewelt zurück. Sein Bruder Wilhelm, den man als den tatsächlichen Mittelpunkt der Geschehnisse zu betrachten begann, wurde schließlich Regent.

In England litten auch Queen Victorias Nerven unter dem Tode ihres Halbbruders Charles, und ihre neunte und letzte Schwangerschaft – das Kind wurde im April 1857 geboren – fiel ihr schwerer als jede vorherige. Außerdem ärgerte sie die Tatsache, daß ihre älteste Tochter trotz ihres geringen Alters zu den Erwachsenen gezählt wurde, so daß sie gezwungen war, auf die gelegentlichen *dîner à deux* mit Albert, der mittlerweile zum Prinzgemahl erhoben worden war, zu verzichten. Immer mußte das *dîner* nun *à trois* sein. Sie verstand nicht, daß zwischen jedem Mann und seiner ersten Tochter ein besonderes Verhältnis besteht, behauptete, sie werde vernachlässigt, und fand wenig Hilfe darin, daß Albert ihr sagte, sie müsse sich zusammennehmen. Ferner mußte die wahrhaft riesige Aufgabe bewältigt werden, die Abreise ihrer Tochter vorzubereiten. Eine Aussteuer war das! Englisch bis ins

* Den jüngsten Forschungen zufolge ist es unwahrscheinlich, daß er an Porphyria litt, jener Krankheit, die Mary, die schottische Königin, nicht nur den Stewarts, sondern auch den Königshäusern von Hannover und Brandenburg-Preußen vererbt hatte, und zu deren berühmtesten Opfern Friedrich der Große und George III. von England zählten.[26]

letzte Detail, mit zwanzig Paar Galoschen und einer ungeheuren Menge von Badeschwämmen. Und je näher der Tag rückte, um so mehr klammerte sie sich an das Kind.

»Das ist, wie wenn man ein Opferlamm zum Altar führt«, stöhnte sie, so daß alle es hören konnten.

Keiner der beiden Höfe war zufrieden mit dem anderen, was für die Zukunft nichts Gutes verhieß. Im Hause Hohenzollern war es üblich, daß die Thronfolger in Berlin heirateten und die Bräute sich dorthin begaben. Queen Victoria legte energischen Protest ein und schrieb ihrem Staatssekretär für Auswärtige Angelegenheiten:

> Was auch immer die Gepflogenheiten der preußischen Prinzen sein mögen, man heiratet nicht jeden Tag die älteste Tochter der Königin von England.[27]

Den Preußen wiederum mißfiel es, daß die englischen Zeitungsredakteure ihr Land nicht als souveräne Nation mit ruhmreicher Geschichte, sondern als deutschen Kleinstaat behandelten. Grimmig hielten sie an ihrer Entscheidung fest, daß die zukünftige Prinzessin Friedrich von Preußen einen ausschließlich deutschen Haushalt zu bekommen habe. Queen Victoria klagte über soviel »Herzlosigkeit«, mußte aber nachgeben. Sie bestand jedoch darauf, daß der Leibarzt ihrer Tochter nach England kam, um dort die wahren englischen Behandlungsmethoden kennenzulernen.

Als der Hochzeitstag kam, war die Queen völlig außerstande, auch nur so lange stillzusitzen, wie für eine Daguerreotypie nötig war. Das Resultat war ein Bild, auf dem sie kaum erkennbar ist, während der Prinzgemahl krank und abgezehrt und die Braut vor Aufregung nicht gerade hübsch aussieht. Trotz eines dichten Januar-Nebels verlief der Tag gut. Innerlich machte sich freilich jeder auf *den* Tag gefaßt: den Tag der Abreise. Dabei stieß dann *The Times* düster ins Horn:

> Wir können nur hoffen und beten, daß die Politik Englands und Preußens die Prinzessin, die nunmehr unsere Küste verläßt, nie vor eine schmerzliche Alternative stellen wird.

Dies war auch die Stimmung der englischen Königsfamilie. Prinz Friedrich blickte mit Schrecken auf die zitternden Lippen und endlosen Tränen seiner Braut, ihre Brüder und Schwestern heulten, der Prinzgemahl schluchzte und Queen Victoria kreischte. Ein Londoner Bierkutscher hatte unterwegs zum Hafen gebrüllt: »Seid gut zu ihr, oder wir holen sie uns wieder!«[28]

Sie hatten eine gute Überfahrt auf der königlichen Jacht und fuhren dann mit dem Zug weiter nach Berlin, wobei sie an wichtigen Orten anhielten, um hochgestellten Personen Gelegenheit zu geben, ihre

Aufwartung zu machen. Die Prinzessin war entzückt von einer kolossalen Apfeltorte, die ihr der Bürgermeister von Wittenberg überreichte, aber Graf von Wrangel, der preußische Feldmarschall, der später dazukam, hatte das Mißgeschick, sich auf diesen Kuchen zu setzen.[29]

Berlin bereitete ihnen einen im doppelten Sinne des Wortes eisigen Empfang. Sie mußten bei schneidender Kälte im offenen Wagen fahren, um von dem halbverrückten alten König und der Königin empfangen zu werden, die weder für England noch für Engländerinnen etwas übrig hatten. In ihrem ersten Berliner Heim, dem Alten Palais, herrschte ein seltsamer Mangel an Komfort. Die Räume waren weder benützt noch, den Gerüchen, Wanzen und Fledermäusen nach zu urteilen, überhaupt gepflegt worden, seitdem Friedrich Wilhelm III. vor achtzehn Jahren darin gestorben war, und die Prinzessin mußte, um von ihrem Boudoir in ihr Schlafzimmer zu gelangen, jedesmal durch dessen düsteres Sterbezimmer. Gräfin Hohental, eine ihrer Hofdamen, schrieb:

> Ich glaube nicht, daß sich früher jemand gewaschen hat. Wenn man Glück hatte, fand man ein Becken von der Größe einer Bratschüssel aus wertvollem Porzellan, Dresden oder Carl Theodor, und eine Wasserflasche aus kostbarem rotem Glas.[30]

Die junge Prinzessin Friedrich hätte sich mit dem Schmutz und der Unbequemlichkeit leichter abgefunden, wenn eine Aussicht auf Verbesserungen bestanden hätte, aber für die kleinsten Veränderungen mußte die Erlaubnis des geisteskranken Königs eingeholt werden, und so blieb ihr nichts anderes übrig, als ohne Schränke und Truhen für ihre gewaltige Aussteuer auszukommen und mürrische und untüchtige Dienstboten hinzunehmen. Eine weniger liebende Frau mit geringerer Entschlossenheit hätte das alles unerträglich gefunden, aber ihr Vater hatte sie gelehrt, ihre Lebensaufgabe in der Gestaltung der deutschen Geschichte zu erblicken, und um diese Aufgabe zu erfüllen, hätte sie gewiß jede Art von Unbequemlichkeit auf sich genommen.

Zu ihrem Unglück und ohne es zu ahnen, hatte ihr Vater, der sie vergötterte, ihr eine schwere Last aufgebürdet. Sie war dazu ausersehen, ihren Gemahl und durch ihn Preußen aufzuklären und dabei nie zu vergessen, daß sie eine Engländerin und auf englische Art und Weise erzogen war, und daß diese Art und Weise zweifellos die beste war. Albert selbst nämlich hatte längst vergessen, daß er seiner Großmutter, die vor Schmerz in Ohnmacht fiel, als er Coburg verließ, um Queen Victoria zu heiraten, versprochen hatte, nie aufzuhören, ein echter Deutscher, Coburger und Gothaner zu bleiben.[31]

ZWEITES KAPITEL

Wiege und Kinderzimmer

»Du darfst ihn nicht schamhaft verstecken«
Prinzgemahl Albert
zu seiner ältesten Tochter

1

Die erste Leibesfrucht jener Begegnung im Crystal Palace wurde auf den Namen Friedrich Wilhelm Viktor Albert getauft. Als der Prinz am 27. Januar 1859 geboren wurde, herrschte große Aufregung in Berlin. Prinz Wilhelm, der Regent, hatte genaueste Anweisungen gegeben, mit welchen Salutschüssen die Geburt eines Prinzen, einer Prinzessin oder gar von Zwillingen zu begrüßen sei. Und als die Kanonen zu donnern begannen, vergaß er seine notorische Sparsamkeit, eilte aus seinem recht unansehnlichen Schloß und nahm sich eine Droschke, um sein Enkelkind zu sehen. Inzwischen hatte Graf von Wrangel, jener alte Feldmarschall, der sich seinerzeit auf den riesigen Apfelkuchen gesetzt hatte, die Aufgabe übernommen, der vor dem Schloß wartenden Menge die Geburt eines Prinzen zu verkünden. In seiner Impulsivität machte er, um keine Sekunde zu verlieren, nicht das Fenster auf, sondern zerschmetterte die Scheibe, steckte seinen Kopf durch die Öffnung und brüllte: »Kinder, es ist ein Prinz und ein strammer Rekrut dazu!«[1]

Das sind die unstrittigen Fakten. Weniger sicher ist, wo genau Prinz Wilhelm geboren wurde. Mit größter Wahrscheinlichkeit war sein Geburtshaus das eine der beiden königlichen Palais Unter den Linden – im anderen wohnte der Regent –, das Prinz Friedrich im November des vorigen Jahres als seine Berliner Residenz übergeben worden war und das man mit der Zeit das Kronprinzenpalais nannte. Daß es das Alte Palais war, das die Neuvermählten zunächst bezogen hatten, ist weniger wahrscheinlich. Noch weniger wahrscheinlich ist die Geschichte, daß Wilhelm im 16 Meilen südwestlich gelegenen Potsdam geboren wurde, nämlich auf Babelsberg, einer Windsor-Castle-Imitation, die der Regent erbaut und seinem Sohn fünf Monate nach dessen Heirat überlassen hatte. Prinzessin Friedrich, die einen ganz anderen Geschmack hatte als die Prinzessin von Preußen, verabscheute diese Behausung, in der keinerlei Platz aufzutreiben war für ihre eigene ansehnliche Sammlung von Gemälden, Andenken an Lebende und Tote und Kuriositäten. Außerdem lag ihr Schlafzimmer dort unmittelbar über der Küche, war bei heißem Wetter stickig und ständig voll von Küchengeruch. Abgesehen davon war Babelsberg eine Sommer-Residenz, während die Geburt im Januar stattfand. Die sonderbare Geschichte, die sich um Wilhelms Geburt rankt, entbehrt jedoch jeder Grundlage, wenn er nicht auf Schloß Babelsberg geboren wurde.[2] Nach dieser Geschichte war der Leibarzt der Prinzessin, Dr. Wegner – der nach England eingeladen worden war, um das Nötige zu lernen und der sogar bei der letzten Niederkunft von Queen Victoria dabeigewesen war – so verärgert von der Tatsache, daß man es in London für nötig befunden hatte, auch noch einen schottischen Doktor herüberzuschicken, daß er auf der Unterbringung dieses Ausländers in dem mehr als eine Wagenstunde entfernten Berlin bestand. Als dann die Wehen der Prinzessin einsetzten, hatte er es so wenig eilig, den Schotten zu holen, daß er keinen Boten, sondern einen Brief schickte, der erst 36 Stunden später ankam. Zu diesem Zeitpunkt stand es bereits sehr schlecht um die Prinzessin, denn das Kind lag verkehrt, und die Geburt wurde durch Placenta Previa noch weiter kompliziert. Als der verhaßte Ausländer schließlich ankam, erfuhr er von einem der deutschen Ärzte, daß keine Hoffnung bestand und weder Mutter noch Kind zu retten seien. In einer Version der Geschichte sprach er englisch, in einer anderen bediente er sich des Lateinischen, was die halbtote, aber gebildete Prinzessin verstand und die nun ihre ganze Willenskraft aufbot, um dem schottischen Arzt zu helfen, die nötigen Maßnahmen durchzusetzen.[3] Das Resultat war, daß sowohl sie als auch ihr Erstgeborener überlebten.

Diese und ähnliche Geschichten waren bis 1971 immer wieder zu lesen und werden zweifellos auch wieder ausgegraben werden. An ihnen ist die starke Antipathie abzulesen, die zu dieser Zeit zwischen Preußen und Engländern herrschte. Am preußischen Hof bestand gewiß bei vielen eine beträchtliche Gereiztheit gegenüber der englischen Gemahlin des Kronprinzen. Die englischen Zeitungen, die in Berlin viel gelesen wurden, leisteten keinen Beitrag zur Verbesserung der Situation. In dem Jahr, das seit ihrer Ankunft vergangen war, hatte Prinzessin Friedrich ihre alte und neue Heimat häufig und indiskret miteinander verglichen. Am frühen Nachmittag in voller Abendtoilette zu dinieren, war ihr unangenehm. Die langwierigen und scheinbar bedeutungslosen Zeremonien waren ihr ein Greuel. Ihr Interesse an der Politik wurde nicht geduldet. Sie verließ gern inkognito ihren Wagen, ohne zu wissen oder zu beachten, daß das breite Hutband ihres Kutschers jedermann die Anwesenheit eines Mitgliedes der Königsfamilie verriet, und auch dies wurde nicht geduldet.[4] Ein Greuel war ihr die Vorliebe der Preußen für Uniformen und besonders für Stiefel, ein Greuel die preußischen Wasserleitungen, die preußische Etikette und die Unmöglichkeit, mit Gelehrten zu speisen statt mit ihren spießigen Verwandten. Letzteres war für sie das Schlimmste. Sie vermißte die Freiheit ihres früheren Lebens, das Geistesleben, das zu bewundern und zu genießen sie gelernt hatte.

Mit einem für zwei sonst so vernünftige Menschen merkwürdigen Mangel an Klugheit unterließen es ihre Eltern, ihr nahezulegen, weniger Klagen zu äußern und mehr Diskretion zu üben. Unvernünftigerweise veranlaßten sie Stockmars Sohn Baron Ernest, als ihr Privatsekretär nach Berlin zu gehen. Ihr Vater schrieb ihr, er verstehe ihre Gefühle und ihr Heimweh und bedauere, daß Fritz jetzt »das Soldaten spielen« angefangen habe.[5] Im ersten Jahr ihrer Ehe besuchte er sie zweimal. Ihr Bruder, der Prince of Wales, verbrachte drei Wochen in Berlin, und mit ihm lebten alle Erinnerungen an England wieder auf. Queen Victoria, die sich auf einen einzigen tränenreichen[6] und nicht sehr glanzvollen Besuch beschränkte, schrieb zahllose lange Briefe über die Themen, die sie nun endlich auch mit ihrer Tochter erörtern konnte, sowie über das richtige Einnehmen von Medizin, den Gebrauch von Wandschirmen gegen Zugluft sowie darüber, wie wichtig es war, sich »Victoria, Princess Royal, Princess Friedrich Wilhelm von Preußen« betiteln zu lassen. Und sie ermahnte ihre Tochter:

> Niemals, liebes Kind, darfst du verleugnen, was du deinem Land schuldest.

Sie ließ derartige Fluten elterlicher Ratschläge auf Berlin niederprasseln, daß die Prinzessin nervöse Zustände bekam und die Stockmars, das Außenministerium und der Prinzgemahl eingeschaltet werden mußten, um der Queen taktvoll begreiflich zu machen, daß sie in dieser schwierigen Zeit ihrer Tochter zuliebe dieses Bombardement reduzieren mußte.[7] Einige der Ratschläge, die da von England kamen, waren vernünftig. Der Rest jedoch war nur dazu angetan, die angelsächsischen Wesenszüge der Prinzessin zu verstärken, was ein stolzes und empfindliches Volk, wie die Preußen es waren, mit Sicherheit verärgern mußte.*

* Die merkwürdige Tatsache, daß die Prinzessin fast überhaupt nicht beanspruchen konnte, eine Engländerin zu sein, scheint bisher jedermann entgangen zu sein. Sie stammte aus dem Hause der Welfen-Coburger. Ihr nächster englischer, also nicht wallisischer, schottischer oder britischer Blutsverwandte war im Jahre 1503 gestorben.

Wie sehr sie auch gelitten haben und wie indiskret sie in diesem vergangenen Jahr auch gewesen sein mochte, durch die Geburt eines Thronerben waren ihre persönliche Lebensfreude und ihr Ansehen wiederhergestellt. Niemanden schien es jetzt noch zu stören, daß ihr Kindermädchen eine Mrs. Hobbs und ihre Hebamme eine Mrs. Innocent waren, und daß Dr. Martin zunächst weiter bei ihr blieb.

Es war Mrs. Innocent, die Hebamme, die am Tag nach der Geburt, nachdem der kleine Prinz stolz seinen Großeltern und einer illustren Versammlung des Hofadels gezeigt worden war, Dr. Martin gegenüber bemerkte, daß mit seinem linken Arm etwas nicht stimme. Er schien nicht fest im Schultergelenk zu sitzen und hatte eine bläuliche Farbe. Im Laufe der schweren und komplizierten Geburt mußte jemandem ein Fehler unterlaufen sein. Und während man ängstlich darum bemüht war, das Baby zum Atmen und Schreien zu bringen, war dieser Fehler unbemerkt geblieben. Nun mußte ein Sündenbock gefunden werden, und da mangelte es nicht an Kandidaten. Die unwahrscheinlichsten Theorien wurden aufgestellt: daß die Ursache des Übels in der englischen Prüderie liege, die verlange, daß die Prinzessin während der ganzen Geburt zugedeckt liege, und daß alles in Ordnung gegangen wäre, wenn man ungehindert sehen und sofort eingreifen hätte können; oder daß die Prinzessin, die sich für Schönheit und ästhetische Harmonie begeisterte, sogleich hart, feindselig und bitter wurde, wenn sie sich erinnerte, wie der Prinz zur Welt kam.[8] Letzteres wurde im nachhinein behauptet, nachdem Prinz Wilhelm sich mit seiner Mutter entzweit hatte, und es steht im Widerspruch zu einem anderen Bericht, demzufolge Prinz und Prinzessin Friedrich von ihrem Sohn entzückt waren, sein Mißgeschick sehr bedauerten, aber entschlossen waren, darin kein großes Unheil zu sehen. Mrs. Hobbs sollte seinen Arm jeden Tag sanft massieren. Bewegungs-Spezialisten sollten ihr möglichstes tun. Und Wilhelm sollte wie ein ganz normales Mitglied der Familie behandelt werden.*

Die Taufe fand bald nach der Geburt im Rahmen des schlichten Rituals der Evangelischen Kirche von Preußen statt, wurde aber dadurch etwas kompliziert, daß der Prinz nicht weniger als 42 Taufpaten bekam.[10] Die vier Großeltern fanden, daß die Ehre der Taufpatenschaft durch diese übergroße Zahl beeinträchtigt werde, aber Queen Victoria war entschieden der Meinung, die Position des Taufpaten eröffne eine

* Eine der häßlichsten Geschichten in diesem Zusammenhang lautet, Prinzessin Friedrich habe auf Veranlassung ihrer Mutter und Schwiegermutter aufgehört, ihr Baby zu stillen, und Wilhelm habe viele Jahre später erfahren, sie habe dies getan, weil sie seine Mißbildung so abstoßend fand.[9]

große Einflußmöglichkeit. Bis zu einem gewissen Grad hatte sie damit recht.

Eine so energische und selbstsichere Person wie Queen Victoria mußte einen tiefen Einfluß auf Wilhelm gewinnen. In seinem Buch *Aus meinem Leben,* das er als alter Mann in Holland schrieb, berichtet Wilhelm von seinen Erinnerungen an den Sommer 1861, den er auf Schloß Osborne auf der Isle of White verbrachte. Er war damals zweieinhalb Jahre alt und seit dieser Zeit war er Queen Victoria stets mit Liebe und Respekt zugetan, ganz gleich, ob sie ihn nachsichtig oder streng behandelte. Manchmal wurden zwischen ihnen böse Worte gewechselt. Ihrem Premierminister gegenüber bezeichnete sie einmal die Taten ihres Enkels als »geradezu unglaublich vulgär und unsinnig und verlogen obendrein«.[11] Ein andermal nannte er sie »eine alte Hexe«.[12] Aber in seiner Familie gab es vielleicht niemand, der ihn besser verstand als sie. Und er war ungeheuer stolz auf die unbezwingliche kleine Königin mit ihrem Weltreich, ihrem großen Charme und ihrem Auftreten, das trotz ihrer schlampigen Kleidung – sie wurde einmal für eine Waschfrau gehalten – große Männer vor ihr zittern ließ.

Da er starb, als der Kronprinz erst drei Jahre alt war, hatte sein Großvater Albert auf Wilhelm einen geringeren, dennoch aber einen bleibenden Einfluß. Alles, was der Prinzgemahl von Stockmar und aus seinen Studien der politischen Ökonomie gelernt hatte, wurde durch seine Mutter auf Wilhelm übertragen und beeinflußte ihn viele Jahre hindurch. Auch hatten die beiden einige gemeinsame Neigungen. Beide zogen die Gesellschaft von Männern der von Frauen vor. Ähnlich wie Friedrich der Große behaupteten sie beide, in ihrem Innersten die Massen zu verachten, und kümmerten sich dennoch beide um deren Wohlfahrt.[13] Beide waren sie Erfinder, wenn auch nicht besonders erfolgreiche. Man wird sich eines Lächelns nicht erwehren können, wenn man den Versuch des Prinzgemahls, Abwässer in landwirtschaftliche Düngemittel zu verwandeln, was sich »aufgrund einer geringfügigen Fehlkalkulation als undurchführbar erwies«,[14] mit den Plänen Wilhelms für ein Schiff vergleicht, das nicht schwimmen konnte.[15]

Da sie in seiner unmittelbaren Nähe lebten und ein Teil seines Milieus waren, beeinflußten die Großeltern väterlicherseits die Entwicklung des Kindes natürlich in stärkerem Maße. Sie waren ein sehr unharmonisches Paar. Auf ihren Portraits wirken sie freundlich: er hochgewachsen mit weißem Backenbart, militärisch gutaussehend; sie mit Juwelen behängt, dunkel, mit gut geschnittenem Gesicht, in dem der Ausdruck lebhaften Vergnügens ebenso zu finden war wie der großer Ruhe.

Die Prinzessin von Preußen war die lebhaftere von beiden, hinterließ bei ihrem Enkel jedoch den schwächeren Eindruck. Sie verwöhnte ihn und später seine Geschwister, aber nur, weil es ihr eben Spaß machte. Für die Kinder war sie eine Märchenfigur, denn in Sachsen-Weimar, am Hofe ihres Vaters, hatte sie Goethe noch persönlich kennengelernt, und sie wunderten sich darüber, daß ihre Großmutter sich aus Essen und überhaupt aus den Annehmlichkeiten des Lebens so wenig machte.[16] In Wahrheit machte die Bitterkeit, die zwischen ihr und ihrem Gemahl herrschte, aus der keiner von beiden ein Hehl machte, und weswegen sie praktisch getrennt lebten, sie allmählich seelisch krank. Sie begann allzu enge Beziehungen mit ihren Hofdamen anzuknüpfen und sich über längere Zeiträume hinweg aus Berlin zu entfernen.[17] Da sie sich gern auf ihr Schloß bei Koblenz zurückzog, bekam sie unter den fürstlichen Familien Deutschlands den etwas unfreundlichen Beinamen »der Drachen vom Rhein«.[18] Sie war eine der klügsten Frauen ihrer Zeit, las zu ihrer Entspannung mit Vorliebe französische Romane und verfügte über eine gewaltige Energie. Ihre Schwiegertochter erklärte, sie kenne niemanden, der so viel Anstrengungen und Aufregungen aushalten könne wie sie.[19] Im Frühling hielt sie, wie es am preußischen Hof Sitte war, donnerstags offenes Haus, und die gesamte königliche Familie, das Diplomatische Korps und besonders geladene Gäste mußten ihre Aufwartung machen. Bei der Prozedur gab es nicht einmal in der Speisefolge irgendeine Abwechslung, und der Cercle langweilte und erschöpfte jedermann außer offenbar die unermüdliche Prinzessin von Preußen, die schon als Kind in Weimar gelernt hatte, eine Anzahl leerer Stühle als vorgestellte Personen zu betrachten und entsprechend anzureden.[20] Als sie sich an einem bestimmten Punkt in Wilhelms Leben intensiver mit ihm beschäftigte, hatte sie keinen besonders günstigen Einfluß auf ihn. Sonst war sie ihm wohlgesonnen und schrieb seiner anderen Großmutter in London lange Briefe über ihn.

Wenn der kleine Wilhelm von »Großmama« und »Großpapa« sprach, so meinte er einerseits immer Queen Victoria und andererseits den Regenten von Preußen, der 1861, nach dem Tode seines geisteskranken Bruders, als König Wilhelm I. den Thron bestieg. Diese beiden Großeltern liebte er leidenschaftlich und weit mehr als seine Eltern.

Wilhelm I. war ein Widerspruch in sich selbst: ein gütiger Zuchtmeister. Als 16jähriger Junge hatte er bei Leipzig mit großer Tapferkeit gegen Napoleon gekämpft, aber auf dem Bankett nach der Schlacht fehlte ihm der Mut, Hummer zu probieren, denn er hatte ihn noch nie gegessen.[21] Diesem Mangel schuf er jedoch bald Abhilfe, und während der nächsten 75 Jahre war es eine seiner wenigen exzentrischen Gewohnheiten, um Mitternacht Hummersalat zu essen.[22] Er war von Natur anspruchslos. Der »königliche Sonderzug« bestand aus einem einzigen kleinen Waggon, die Mahlzeiten wurden in Bahnhofsrestaurants eingenommen. Sein Berliner Schlafzimmer war mit Drucken preußischer und russischer Uniformen, einem großen Bild seiner Mutter auf dem Sterbebett, einem Kruzifix und einem Militärbett ausgestattet. Da er die Kosten für die Einrichtung eines Badezimmers sparen wollte, ließ er sich alle 14 Tage einmal von einem nahe gelegenen Hotel eine Wanne kommen und mit Militärseife und Scheuerbürsten von seinem Diener Eysel waschen.[23] Als Preuße durch und durch hatte er sich mit der Unmöglichkeit, ein Mädchen aus nicht ebenbürtiger Adelsfamilie zu heiraten, abgefunden, obwohl er diese seine erste Liebe, Prinzessin Elisa Radziwill, sein ganzes Leben lang nicht vergessen konnte. Die Unvergeßliche hielt ihn freilich, wie man annimmt, nicht davon ab, den geschlossenen Gang zwischen seinem Palais Unter den Linden und dem Niederländischen Palais für gelegentliche Stelldicheins zu benützen.[24] Ihr Andenken linderte auch nicht die Feindseligkeit gegenüber der ihm aufgezwungenen Gemahlin. Wenn sie sich nicht gerade mitten in einer formellen Zeremonie befanden, ließ er sich kaum je eine Gelegenheit entgehen, seine Gefühle zum Ausdruck zu bringen. Die beiden stritten lauthals vor versammeltem Hof. Neulinge waren entsetzt oder verlegen, den anderen war es gleich. Der König war ein extremer Autokrat, und wenn jemand ihm in die Quere kam, so knirschte er mit den Zähnen und brüllte. Für seinen ältesten Enkel Wilhelm, in dessen Erinnerung die glücklichsten Stunden seiner Kindheit diejenigen waren, da er mit seinem Großvater dinieren durfte, hatte er jedoch immer Zeit und ein Lächeln. Der Eisenfresser verwandelte sich dann in einen reizenden alten Mann. In seiner Sparsamkeit blieb er freilich der gleiche. Nach der Mahlzeit markierte er mit einem Bleistiftstrich, wieviel Champagner noch in der Flasche war, damit keiner der Diener sich an der Flasche vergreifen konnte, und zog, bevor er ins Theater ging, ältere Hosen an.[25]

Von diesen Großeltern, seinen liebevollen, wenn auch nicht unkritischen Eltern, sowie einer Unzahl von Kindermädchen und Bediensteten aller Art war Wilhelm in seiner Kindheit umgeben.

2

Im Frühling des Jahres 1859 zogen Wilhelms Eltern in Friedrich des Großen herrliches Palais bei Potsdam um. Vorderhand hatten sie dort noch nicht viel Platz, denn in dem Palais waren pensionierte Hofdamen untergebracht, und es mußte abgewartet werden, bis sie eine nach der anderen starben, bevor deren Räume benutzt werden konnten. Aber es war ein viel schönerer Bau als Babelsberg, und von Küchengerüchen blieb man dort verschont.

Die Anregung zu diesem Umzug war von Prinzgemahl Albert ausgegangen. Sein künstlerisches Auge hatte sofort entdeckt, welche Möglichkeiten in diesem Bau steckten, und sobald die Erlaubnis des Regenten vorlag, schickte er Pläne für die Reinigung und Renovierung des Gebäudes sowie für die äußere Bepflanzung, die auch sofort ausgeführt wurden.

Disraeli nannte es später einmal »ein Paradies des Rokoko«, und das war vielleicht noch eine Untertreibung. Es enthielt mehrere Galeriegänge, großartige Treppenhäuser und ein kleines Theater, während es für die Quartiere der Dienstboten und die Küchen ein eigenes Gebäude gab. Das Tassenzimmer, in dem Kaffee getrunken wurde, war eine große Sehenswürdigkeit: Durch seine Form und auch durch seine Möbel bekam man in ihm das Gefühl, sich in einer riesigen Kaffeetasse zu befinden. Nicht weniger sehenswert war der Muschelsaal im Zentrum des Palais. Seine Wände waren mit allen Arten von Muscheln bedeckt, die komplizierte Arabesken und Muster von Rosen, Sternen und Spiralen bildeten. Der Stuck der mittleren Säulen des Saales war mit Bernstein, Lapislazuli, Malachit, Onyx, Jasper, Alabaster, Porphyr und polierten Quarzstücken in verschiedenen Farben geschmückt. Die riesige Marmorhalle war von Pedrozzi mit wundervoller Stukkatur ausgestattet, und jeder der vielen Empfangsräume unterschied sich in seiner Dekoration und seinem Mobiliar von den anderen. Einer war mit Jagd-Dekorationen und vollendeten Möbelstücken aus der Werkstatt der Gebrüder Spindler versehen, von einem anderen, dem Grünen Damastzimmer, an dessen Wänden Gemälde von Watteau und Poussin hingen, konnte man den Park bis zum großen Brunnen hin überblicken. Oben in der Kuppel hielt ein Trio spärlich bekleideter Damen eine Krone. Es handelte sich um die drei Damen, die Friedrich dem Großen während seiner Regierungszeit die größten Schwierigkeiten gemacht hatten, nämlich Katharina die Große, Kaiserin Maria Theresia und Madame de Pompadour.[26]

Als Prinz und Prinzessin Friedrich das Palais bezogen, stießen sie auf ein gewaltiges Durcheinander. Möbelstücke waren von einem Raum in den anderen gewandert, und es bedurfte einiger Nachforschungen und Kennerschaft, um herauszufinden, wo alles hingehörte. Die Prinzessin war dabei in ihrem Element, nicht umsonst war sie die Tochter ihres Vaters. Langsam und geduldig und mit der nötigen Rücksicht auf die pensionierten Hofdamen machte sie aus dem Palais, was es einst gewesen war, ein Stolz des Königreiches von Preußen. Sie erntete dafür nicht viel Dankbarkeit, und böse Zungen sprachen vom »Palast der Medici«.[27] Sie ließ sich davon nicht beeindrucken. Fast dreißig Jahre lang sollte das Neue Palais der Wohnsitz ihrer Familie bleiben.

Während der Sommermonate war es diese elegante Umgebung – denn die Kinderzimmer waren nicht weniger schön –, in der der junge Prinz Wilhelm sich zum ersten Mal seiner Umwelt bewußt wurde. An der Havel oder auf den Spielplätzen kam er an die frische Luft, und bei besonderen Gelegenheiten ging es zu den anderen Potsdamer Schlössern, dem exquisiten Sanssouci mit seinen Brunnen, Statuen und künstlichen Ruinen oder dem Marmorpalast, und all diese Schönheit kann nicht ganz spurlos an ihm vorübergegangen sein. Seine Kindermädchen berichteten pflichtschuldig, daß es ihm Spaß machte, das Lehr-Bataillon trommeln zu hören. Das Lehr-Bataillon war ein Infanterie-Bataillon, das sich aus verschiedenen Regimentern zusammensetzte und in Potsdam ausgebildet wurde, um die Einheitlichkeit des Drills in der gesamten Armee zu gewährleisten. Zweifellos war er auch entzückt von den Glocken der Garnisons-Kirche, die zu jeder Stunde die erste Zeile des Liedes »Üb immer Treu und Redlichkeit« ertönen ließen.[28]

Die Wintermonate verbrachte man im Kronprinzen-Palais, und dort kam er weniger außer Haus. Während er seine Eltern und Mrs. Hobbs vergötterte, haßte er Fräulein von Doberneck, eine Erzieherin, die den Auftrag hatte, schon in den ersten Lebensjahren seinen Charakter und seine Lernfähigkeit zu stärken. Vermutlich war sie von Stockmar ausgewählt worden und somit zuverlässig. Für den kleinen Wilhelm war sie »Dokka« und eine bedrohliche Gestalt.

Er mußte sich an das Kommen und Gehen von Ärzten gewöhnen, die seinen linken Arm und seine linke Seite untersuchten. Zunächst überließen sie ihn den sanften Massagen von Mrs. Hobbs, und als er ein wenig größer war, versuchten sie es mit den jeweils neuesten Behandlungsmethoden. Er mußte Armschienen, Klammern und orthopädische Schuhe tragen und bekam Elektroschocks, von denen man hoffte, daß sie das Wachstum seiner unterentwickelten linken Körperseite stimulieren würden. Die Berichte an die Eltern waren nicht optimistisch. Offenbar würde der linke Arm des Kindes, der nach Atrophie aussah, verkrüppelt bleiben. Die allgemeine Schwäche seiner linken Körperseite, aufgrund derer er, sobald er gehen konnte, aussah, als hätte er Gleichgewichtsstörungen, würde man mit Hilfe regelmäßiger Übungen, Behandlungen, eisernen Schienen und preußischer Disziplin zweifellos korrigieren können.

Albert wußte, daß dies für seine perfektionistische Tochter eine schwere Belastung war und schrieb ihr: »Du darfst ihn nicht schamhaft verstecken, wie du deine Zeichnungen in der Mappe versteckt hast«.[29] Ihre Antwort war nichtssagend, aber neben dem Wildschweinkopf und einem Fotoalbum, die als Weihnachtsgeschenke nach Windsor gingen, befand sich auch eine Büste des kleinen Wilhelm.

Es läßt sich heute nicht sagen, ob ihre instinktive Reaktion zunächst tatsächlich in dem Wunsch bestand, ihr Kind schamhaft zu verstecken. Die Aufmerksamkeit, die sie Wilhelm dann widmete, und die verzweifelten Briefe, in denen sie ihrer Mutter die Schmerzen und Demütigungen schilderte, die das kleine Kind zu erleiden hatte, zeigen jedoch, daß sie im Gegensatz zu manchen Müttern, die es fertigbringen, die offenkundigsten Tatsachen zu ignorieren, über den körperlichen Defekt ihres Sohnes genau im Bilde war. Andererseits war sie aber auch vernünftig genug, zu Hause nicht allzu viel Aufhebens davon zu machen.

In diesen entscheidenden Jahren ihres ersten Kindes war die Prinzessin rastlos tätig. Schon nach einem Jahr bekam Wilhelm ein Schwesterchen namens Charlotte, und diesmal, ebenso wie bei ihren weiteren Kindern, mußte sie das gleiche durchmachen wie bei ihrer ersten Geburt.*

Im übrigen war sie ganz absorbiert von der plötzlichen Ausbreitung liberaler Ideen in aller Welt. Die Bourbonen wurden aus Neapel vertrieben, in Amerika wollten die Unionisten den Abfall der Konföderierten nicht dulden, und der russische Zar hob tatsächlich die Leibeigenschaft auf. Wie um ein Gegengewicht zu schaffen, starb der geistig umnachtete König von Preußen, ihre reaktionären Schwiegereltern bestiegen den Thron, und ihr Mann wurde damit Kronprinz. Bald danach starb in England ihre Großmutter, und Queen Victoria war einem Nervenzusammenbruch nahe, denn sie machte sich die al-

* Auf Schloß Windsor wirkte sich das so aus, daß die dreijährige Prinzessin Beatrice immer dann, wenn sie etwas tun wollte, wozu sie keine Lust hatte, erklärte, sie habe jetzt keine Zeit, denn sie müsse ihrer Nichte schreiben.[30]

lergrößten Vorwürfe, daß sie – verständlicherweise – mit der alten Dame keineswegs gut ausgekommen war. Die Prinzessin eilte nach London zu ihrer Mutter und zurück nach Berlin zu ihrer Familie und fand dort den Hof in heller Aufregung über die Nachricht, man habe Queen Victoria in eine Gummizelle sperren müssen. Selbst Königin Augusta glaubte die Geschichte. Sie schrieb sogleich an ihren Vater und bat ihn dringend, dafür zu sorgen, daß Mama sich zusammennehme und diesem häßlichen Geflüster an den europäischen Höfen ein Ende bereite. Zusammen mit ihrem Mann und ihrem Sohn war sie im Juni wieder im Buckingham Palast und auf Schloß Osborne. Mit Hilfe von Stockmar hatte Papa alles Nötige getan, die Gerüchte hatten aufgehört, und Mama hatte nur noch gelegentlich hysterische Ausbrüche. Aber Papa sah schlecht aus. Mit ihrem kleinen Wilhelm war er die Güte selbst, im Speisesaal von Schloß Osborne pflegte er ihn in eine Serviette zu legen und darin zu schaukeln, aber er wirkte abwesend, von wächserner Gesichtsfarbe, aufgedunsen und überhaupt sehr verändert. Fünf Monate später, als sie vor der Geburt ihres dritten Kindes stand und an Reisen nicht zu denken war, kam aus Windsor wie ein Donnerschlag die Todesnachricht. Ihr über alles geliebter Vater lebte nicht mehr. Der Kronprinz begab sich sofort nach England. Seine Frau war fassungslos vor Schmerz. Völlig unerwartet hatte sie zugleich ihren Vater, Mentor, Tröster und Freund verloren. Bald aber erkannte sie mit schrecklicher Klarheit, daß ihre Mutter noch mehr verloren hatte. Sie wußte, daß ihre Eltern sich innig geliebt hatten. Gelegentlich hatte es Streit gegeben, und erst vor drei Monaten hatte Queen Victoria einmal zugegeben, daß ihr Mann nicht vollkommen war, und daß er sogar schwer erträglich sein konnte. Aber das waren Kleinigkeiten. In der Geschichte königlicher Ehen war diese eine der glücklichsten, und nun war plötzlich der Mann tot und die Frau mit 42 Jahren Witwe. Da auch sie ihren Mann liebte, wußte die Prinzessin, was der Verlust für ihre Mutter bedeutete. Als aber die Queen dem Prince of Wales die Schuld an Alberts Tod gab, zögerte sie nicht, ihren Bruder in Schutz zu nehmen. Der Prince of Wales hatte eine Affäre mit einer Schauspielerin gehabt. Um ihn zur Rechenschaft zu ziehen, war sein Vater nach Cambridge gefahren, wo Eduard studierte, und hatte sich dort die tödliche Erkältung geholt. Auch die Prinzessin war der Meinung, daß es galt, ihren Bruder möglichst schnell zu verheiraten, und verwandte einen Gutteil ihrer Energien in diesem Jahr auf die Suche nach einer passenden Braut, aber sie konnte nicht zustimmen, daß ihr Bruder Papas Tod verschuldet habe.[31] Das war auch die Ansicht ihres Gemahls, der sich große Mühe gab, seine verstörte Schwiegermutter zu beruhigen. Er versprach, im März und im Juni wieder nach England zu kommen und die Stelle des toten Prinzgemahls einzunehmen, wenn es galt, die Zweite Weltausstellung zu eröffnen und Prinzessin Alice mit dem Prinzen Louis von Hessen-Darmstadt zu vermählen. Denn diese Aufgaben durften unter keinen Umständen dem Prince of Wales überlassen werden. Er wurde, um seiner Mutter nicht unter die Augen zu kommen, auf Reisen nach Ägypten und ins Heilige Land geschickt, von wo er auf dem Wege über »dieses Sodom und Gomorrha, Paris«, zurückkam.[32]

König Wilhelm soll sich nach dem Tod von Prinzgemahl Albert sehr schlecht verhalten haben. Es wird berichtet, er habe eine Zeitlang alle Briefe aus England ungeöffnet ins Feuer geworfen[33] und in den allgemeinen Jubel darüber eingestimmt, daß ein gewisser Captain MacDonald, der im Bonner Bahnhof auf sein Anrecht auf einen Sitzplatz in der Eisenbahn pochend mit seinem Spazierstock um sich geschlagen hatte, ins Gefängnis kam und der dortige Staatsanwalt das »grobe, ungehobelte und arrogante Benehmen« der britischen Reisenden in Deutschland verurteilte.[34] Es wurde auch übel vermerkt, daß er sich in Königsberg ostentativ selbst zum König »von Gottes Gnaden« krönte und sich dabei auf jenes Göttliche Recht berief, das die Engländer 200 Jahre vorher proklamiert hatten und das dem Prinzgemahl gründlich verhaßt war. Und schließlich ließ er sich von diesem Trauerfall nicht länger als eine Woche davon abhalten, in seine zweimonatige Kur nach Ems zu fahren. Er gab sich nicht einmal den Anschein von Trauer und brachte seiner Schwiegertochter gegenüber sein Beileid nicht direkt, sondern nur durch Queen Victoria zum Ausdruck.[35] Ohne Zweifel erstarrte er immer mehr in seiner reaktionären Haltung und fand, die englische Prinzessin beschmutze das preußische Nest mit ihrem Liberalismus.

Andererseits wird berichtet, die Gemahlin des Kronprinzen habe dem König offene Feindseligkeit bezeigt, ihn öffentlich als dumm bezeichnet und dafür gesorgt, daß ihm diese Beleidigungen hinterbracht wurden.[36] Zweifellos versuchte sie auf ihre Weise, die Liberalisierung Deutschlands, die ihr Vater betrieben hatte, zu fördern, und begriff, daß die politische Kurzsichtigkeit des Königs ihr dabei im Weg stand.

Wie stark sie ihren Mann beeinflußte, ist schwer zu sagen. Den zeitgenössischen Berichten ist zwar zu entnehmen, daß die beiden sich sehr liebten, aber der stärkere Charakter muß nicht notwendigerweise der tonangebende sein. Möglich ist auch, daß er ihr zuliebe seinen Durchsetzungswillen etwas einschränkte. Wie Queen Victoria war auch die Prinzessin mehr Ehefrau als Mutter, und sie war wesentlich praktischer veranlagt als ihr Mann, der romantischen Träumen vom Reich Karls des Großen nachhing, aber leicht zu entmutigen war und zu schweren Depressionen und Wutausbrüchen neigte.[37] Wir dürfen annehmen, daß er ein wenig unter dem Pantoffel stand. Auch sein ältester Sohn vermittelt uns diesen Eindruck. Der dreijährige Wilhelm, der bis dahin hauptsächlich von Frauen umgeben war, erwartete vielleicht von seinem großen, bärtigen und uniformierten Vater, daß er ebenso oft und ebenso geräuschvoll sein Machtwort sprechen werde wie sein großer, bärtiger und uniformierter Großvater. Aber da wurde er enttäuscht. Als der Kronprinz einmal sein Mittagessen nicht zu Ende aß, ließ sein kleiner Sohn sogleich seine Stimme ertönen: »Iß weiter Liebling, deine kleine Frau wünscht es«.[38] Äußerlich wurde über diesen unschuldigen Scherz mehr gelacht als innerlich, aber wer nun auch immer die Hosen anhatte, wir sehen den Kronprinzen und seine Frau auf vielen Bildern als glückliches Paar: Sie legt ihre Handarbeit beiseite, um ihm die Pfeife zu stopfen; die beiden bei einer Bootsfahrt auf der Havel oder beim Picknick in der Nähe von Potsdam; mit den Kindern zusammen auf der Fahrt durch Lustgarten und Wilhelmsplatz zu den Winterveilchen in den Gärtnereien der kleinen Stadt.

Im August 1862 kam Prinz Heinrich zur Welt. Queen Victoria bemitleidete ihre Tochter, die bei dieser Hitze ins Wochenbett mußte. »Der Frühling ist die einzig richtige Zeit für Feldzüge.« (Sie nannte ihre Geburten »compaigns«.) »Ihr wart alle Frühlingsblumen.«

Unbeschadet des Wetters war die Prinzessin bald wieder auf den Beinen, und schon einen Monat später fuhr sie nach Coburg, wo die Familie sich versammelte. Den kleinen Wilhelm nahm sie mit. Ein Teil der Familie blieb bei Herzog Ernst auf dessen hochgelegenem Schloß Kalenberg, die meisten aber waren mit Queen Victoria in Reinhardtsbrunn, einem großen, acht Meilen vor Coburg gelegenen Palais, das Alberts Vater vor dem Verfall gerettet und sehr gut hergerichtet hatte. Als die Familie dort zusammenkam, wurde natürlich zunächst noch einmal der Verlust eines Gemahls und eines Vaters beweint. Dann aber gab es Jubel, denn der Prince of Wales hatte sich gerade mit Prinzessin Alexandra von Dänemark verlobt und schien sie, seinen Worten und seinem Gebaren nach zu urteilen, auch tatsächlich zu lieben. Zweifellos wurden weibliche Vertraulichkeiten ausgetauscht: daß Prinzessin Alice, die mit ihrem Ludwig so glücklich war, im kommenden April ihr erstes Kind kriegen werde, und daß Prinz Alfred, der damals bei der Royal Navy war, genauso schlimm war wie sein Bruder und bereits einmal, wenn nicht schon mehrere Male »gefallen« war, wie die Queen es nannte. Großes Staunen erregte der König von Preußen, als man hörte, er sei entschlossen abzudanken, falls sein störrisches Parlament bestimmte Gesetze nicht guthieße, und mehr noch, als er selbst in Coburg eintraf und in düsteren Worten davon sprach, daß er, wie Charles I. in Whitehall, auf dem Berliner Fridericianum unter dem Beil des Henkers enden werde.[39] Man war sichtlich erleichtert, als er, so geheimnisvoll wie er gekommen war, wieder verschwand.

Queen Victoria war sehr darauf bedacht, daß in Wilhelm die Erinnerung an seinen Großvater Albert lebendig blieb. Sie fuhr mit ihm im Park und in den Wäldern spazieren und ermahnte ihn, seinen Grandpapa nie zu vergessen und seine Eltern zu lieben und ihnen zu gehorchen. Und als er eines Tages, nachdem sie den Tee im Freien eingenommen hatten, in Begleitung von Mrs. Hobbs und mit einem Sonnenschirm in der Hand auf einem Esel zu ihr geritten kam, war sie entzückt, gab ihm einen Kuß und ein Stück Kuchen und sagte ihm, er sei ein tüchtiger Junge.[40]

Wilhelm gefiel es in Reinhardtsbrunn. Gleich hinter den Wiesen begannen die Wälder, und im Gegensatz zu den Berlinern, die immer umherhasteten, waren die Leute alle so freundlich und hatten immer Zeit für ein Gespräch. Es war ein schönes, friedliches Landleben. Dennoch muß Wilhelm gespürt haben, daß im Haus allerlei Vorbereitungen getroffen wurden. Onkel Bertie, der Prince of Wales, sollte mit Papa und Mama auf eine lange Kreuzfahrt gehen. Großpapas Sorgen waren offenbar vorbei. Er hatte jetzt einen neuen Ministerpräsidenten für sein Parlament, einen Junker namens Otto von Bismarck, mit dem man soviel mehr anfangen konnte.[41]

Wie seiner Mutter, so wurde auch Wilhelm beigebracht, seine Zeit einzuteilen. Einige Stunden waren für Lernen vorgesehen, einige für Spielen, zu bestimmten Zeiten bekam er seine Behandlungen, zu anderen hatte er sich zu waschen und so fort. Schon in frühen Jahren gab er zu erkennen, daß ihm diese methodische Lebensweise durchaus behagte. Weniger geschätzt war die starke Eigenwilligkeit, die er von seiner Mutter, und das Launische, das er von seinem Vater geerbt hatte. Wenn Mrs. Hobbs nicht zugegen war, um das eine zu zügeln oder das andere zu besänftigen, konnte man bei ihm stürmische Wutausbrüche oder kläglichen Jammer erleben. Als Mrs. Hobbs bei der Heirat seines Onkels, des Prince of Wales, mit Prinzessin Alexandra von Dänemark nicht mit nach London fuhr, sondern im Kronprinzen-Palais blieb, um auf Charlotte und Heinrich – genannt Charly und Harry – aufzupassen, häuften sich die Untaten des kleinen Wilhelm in bedrohlichem Maße.

In der Windsor High Street warf er den Muff einer Tante aus dem Wagenfenster und schmollte, als er dafür gescholten wurde. Lange Gesichter gab es, als er die Königin von England als »Duck« (»Ente«) anredete.[42] Über alle Stränge jedoch schlug er bei der Hochzeit des Prince of Wales in der St.-Georgs-Kapelle. Wie seine unverheirateten Onkel Arthur und Leopold trug er den schottischen Kilt, und als ihm die Zeremonie zu langweilig wurde, löste er den Cairngorm, einen großen Edelstein, vom Griff seines schottischen Dolches und warf ihn quer durch die Kirche. Als Prinz Leopold das nicht durchgehen lassen wollte, kam einer seiner Ausbrüche. Er zog seinen Dolch und fuchtelte damit herum. Prinz Arthur schritt ein, und prompt biß Wilhelm ihn ins Bein.[43] Als er sich später entschuldigen mußte, sagte er wahrheitsgemäß, daß er zumindest freiwillig zu der monotonen Zeremonie gegangen war, im Gegensatz zu dem jüngsten Bruder der Braut, der sich mit Händen und Füßen dagegen sträubte, von seinem Spielzeug-Esel weggerissen und in die St. Georgs-Kapelle gefahren zu werden.[44] Als man ihn dann nach Hause in Mrs. Hobbs' Obhut brachte, setzte er all dem die Krone auf, indem er die in der Kutsche mitfahrende Prinzessin Friedrich der Niederlande einen »häßlichen alten Affen« nannte.[45]

Wilhelm war damals bereits alt und sensibel genug, um zu merken, daß seine Eltern es keineswegs so eilig hatten, nach Deutschland zurückzukommen wie er. Aber wenn ihm in diesem Moment jemand gesagt hätte, daß sie mit dem Gedanken spielten, in Zukunft hauptsächlich in England zu leben und nur noch einen Teil des Jahres in Deutschland zu verbringen, so hätte er das gewiß nicht geglaubt. Sie waren zu bedrückt von der reaktionären Politik Bismarcks, der nicht nur Preußens neuer Ministerpräsident, sondern auch Außenminister geworden war. Queen Victoria, mit der die Prinzessin bereits von diesen Plänen gesprochen hatte, hätte ihnen mit größtem Vergnügen ein Palais zur Verfügung gestellt.[46]

Bei seiner Ankunft in Berlin wollte der Kronprinz die Meinung seines Vaters erkunden und ihn notfalls um die Erlaubnis bitten, seinen Hauptwohnsitz ins Ausland zu verlegen. Noch während Prinz Wilhelm von Mrs. Hobbs zugleich umarmt und für seine Unartigkeit in Windsor gescholten wurde, tat er dies auch. Der alte König reagierte zunächst verärgert, dann mit Kälte. Er werde auch weiterhin zu seinem Minister stehen, sagte er, der die Werte von Militär, Autorität und Patriotismus zu schätzen wisse. Was seinen illoyalen Sohn beträfe, der offenbar Liberalismus und Parlamentarismus den Vorzug gebe, so sei es ihm ganz gleich, wo er lebe. Solange er seinen Sohn zurücklasse, könne er seinetwegen nach Tokio oder ins hinterste Afrika verschwinden. Mit diesen Worten war für das Kronprinzenpaar die Angelegenheit entschieden: Sie mußten bleiben. Alles ging schief, aber die beiden fühlten sich verpflichtet, vor der wachsenden Feindseligkeit des Hofes nicht davonzulaufen. Sie gelobten sich feierlich, niemals zu schweigen, wenn etwas Verfassungswidriges geschehen sollte.[47] Sie brauchten darauf nicht länger als einen Monat zu warten. Bismarck manipulierte die Presse mit enormen Bestechungsgeldern (aus den Einkünften der Eisenbahnlinie Köln–Minden) und verordnete eine Zensur. In einer Rede in Danzig sagte der Kronprinz daraufhin: »Mit der ungesetzlichen Handlungsweise der Regierung habe ich nichts zu tun. Ich wußte nicht einmal, daß eine solche in Betracht gezogen wurde. Ich war abwesend.«[48] Der Krach war da. Der König verlangte einen Widerruf. Der Kronprinz weigerte sich. Man beschwor ihn, setzte ihm zu, drohte ihm mit Festungshaft. Die Prinzessin wollte Baron Stockmar, den Vater ihres Sekretärs, einschalten, aber der alte Mann lag im Sterben, und der Hilferuf erreichte ihn nicht mehr. Er wurde von den Königsfamilien halb Europas betrauert, aber niemand beklagte seinen Tod so sehr wie der preußische Kronprinz und seine Frau, die seines Rates so dringend bedurft hätten. Friedrich wurde gezwungen, sich feierlich zu verpflichten, nie mehr ohne vorherige Erlaubnis seines Vaters öffentliche Erklärungen abzugeben.

Am Ende dieser entnervenden Episode waren der Kronprinz und seine Frau politisch isoliert. Für Baron Ernest Stockmar war die Situation unerträglich geworden, und er bat um unbefristete Beurlaubung: Er fühle sich wie eine ausgepreßte Orange und wolle zurück nach Gotha.[49] Der an der britischen Botschaft tätige Robert Morier war nunmehr der einzige Freund, auf den sie sich verlassen konnten, und es war zweifellos nur eine Frage der Zeit, bis Bismarck seine Versetzung erreicht haben würde.

Vor diesem politischen Hintergrund mit seiner Zwielichtigkeit und seiner künstlichen Ruhe wuchsen Wilhelm und seine Geschwister auf. Es ist kaum denkbar, daß sie davon ganz unberührt blieben.

3

Prinz Wilhelm hatte seine eigenen Kümmernisse, die er mit niemandem teilen konnte und die seine Eltern sehr bedrückten. Neben seinem Geburtsfehler hatte er auch noch die Neigung, sich schwer zu erkälten. Selbst die größte Sorgfalt seiner Kindermädchen war dagegen machtlos. Diese Erkältungen dauerten bei ihm nicht nur übermäßig lange, sondern verstärkten auch noch alle möglichen anderen Schwächen. Als erwachsener Mann hatte er eine fast pathologische Furcht vor Infektionen, und niemand am Hofe wagte es, sich ihm mit einer Erkältung zu nähern oder zuzugeben, daß er erkältet war. Und seine oft zitierte Bemerkung, daß die Erkältung, die er habe, nicht klein sein könne, weil nichts an ihm klein sei, klingt weniger komisch und großspurig, wenn man weiß, welche Ausmaße seine Erkältungen tatsächlich annahmen.[50] Als er drei Jahre alt war, schrieb seine Mutter nach Osborne:

> Wilhelm hat entzündete Augen und muß immer auf seinem Zimmer bleiben, so daß er ganz käsig aussieht. Aus seinen Augen kommt eine Menge Eiter, und sie sind sehr geschwollen. Er hatte das schon einmal (5 Monte vorher), aber damals nur auf einem Auge, und nun auf beiden. Wegner sagt, es kommt von der Erkältung.[51]

Es war aber nicht nur eine Sache von Erkältungen. Die üblichen Kinderkrankheiten, die bei Charly und Harry kein Problem waren, nahmen bei ihm stets einen viel schlimmeren Verlauf.

Genau zu dem Zeitpunkt, als sein Vater seinen ersten aussichtslosen Protest gegen Bismarcks Tyrannei anmeldete, mußte Wilhelm mit einer neuen Maschine Bekanntschaft machen, von der man hoffte, sie werde der Schwäche seiner linken Körperseite und seines Nackens abhelfen. In einem Brief gibt seine Mutter folgende Beschreibung:

> Die Maschine besteht aus einem Gürtel um die Taille und einer eisernen Stange oder Schiene, die von dort über den Rücken hinauf führt und an der etwas ganz Ähnliches wie das Zaumzeug eines Pferdes befestigt ist. Der Kopf wird daran festgeschnallt und dann mit Hilfe einer Schraube, durch die das Eisen sich bewegen läßt, nach Bedarf gedreht. Der fest angeschnallte Kopf wird nach links gedreht, so daß die rechte Seite der Nackenmuskulatur gestreckt wird ...

Diese Maschine war täglich eine Stunde lang zu tragen. Sollte sie keine positiven Resultate zeitigen, so würde man gezwungen sein, einige Sehnen am Nacken zu durchschneiden.[52]

Aus dem Neuen Palais schrieb seine Mutter an Queen Victoria:

> Der arme Willy wird so gequält mit all diesen Maschinen und Geräten, daß er oft böse wird und nicht leicht zu behandeln ist. ... Manchmal ist er sehr komisch. Am Morgen kommt ein Sergeant in sein Zimmer, damit er die nötigen Übungen macht, um sich gerade zu halten und seinen linken Arm zu gebrauchen. Wenn er keine Lust hat, seine Übungen zu machen, fängt er an zu beten ...[53]

Vielleicht sollte man sich jedoch davor hüten, den beträchtlichen Handikaps des Kindes eine allzu große Bedeutung beizumessen. Als Junge und als Mann hat er sie im wesentlichen überwunden. In welchem Maße und auf welche Weise er sie später zu kompensieren verstand, entzieht sich dem Einblick des Biographen, auch wenn er gezwungen ist, sich diese Frage zu stellen. Wir dürfen dabei nicht übersehen, daß einige bedeutende politische Persönlichkeiten dieser Epoche mit mindestens ebenso großen Behinderungen zu kämpfen hatten. Der Erste Earl of Halifax, ein überragender englischer Staatsmann, hatte einen ähnlich verkrüppelten Arm, und Präsident Franklin D. Roosevelt, dessen Beine in eisernen Schienen lagen, regierte unbeirrbar aus dem Rollstuhl.

Wie unangenehm und lästig diese Behandlungsmethoden auch gewesen sein mögen, wir können fast sicher sein, daß sie halfen. Als für den siebenjährigen Wilhelm die Zeit kam, die Obhut der Frauen zu verlassen, war er viel kräftiger, als man erwarten konnte.

Er hatte damals bereits erlebt, wie sein Vater davonritt, um gegen die Dänen zu kämpfen, und wie er einige Wochen später im Triumph zurückkam, entschlossen, seine Tageseinteilung so zu ändern, daß er in Zukunft mehr bei seinen Kindern sein konnte. Große Änderungen waren dazu nicht erforderlich, denn abgesehen von Paraden, Inspektionen und Manövern hatte er praktisch nichts zu tun. Weder der König noch Bismarck überließen ihm verantwortliche Tätigkeiten. Willy und Harry hatten jedoch Grund, sich über seine Entscheidung sehr zu freuen.

Der Kronprinz machte mit ihnen lange Spaziergänge und lehrte sie schwimmen und auf der Havel rudern. Später lernten sie von ihm auch segeln. Er nahm sie in Museen und Galerien und zu Besuchen bei Verwandten mit. Am liebsten besuchten sie Königin Elisabeth, die Witwe des verstorbenen Königs, die im Sommer auf Sanssouci und im Winter auf Schloß Charlottenburg lebte.

Der Kronprinz galt bei seinen Offiziers-Kollegen als wortkarg und blieb bei Familienversammlungen im allgemeinen stumm, mit seinen Söhnen aber unterhielt er sich gern und lehrte sie eine Menge. Sie hörten von ihm viel über einen guten Menschen, Präsident Lincoln, der ermordet worden war, und einen anderen, Garibaldi, der noch lebte. Viel weniger – vielleicht wollte ihr Vater seine Zunge im Zaum halten – hörten sie über jenen höchst umstrittenen Bismarck. Besonders auf Wilhelm übertrug der Kronprinz seine eigene Begeisterung für die Geschichte der Griechen und seine Leidenschaft für Archäologie. Oft nahmen die beiden den schweren Band von Bocks *Kleinodien des Heili-*

gen Römischen Reiches Deutscher Nation vom Regal, und Wilhelm sperrte seine Augen und Ohren weit auf, während sein Vater die Seiten umblätterte, die Illustrationen erklärte und seinen romantischen Traum von der Wiederherstellung des großen Reiches träumte.[54]

So nahe dem Prinzen sein Vater stand, seine Mutter war ihm natürlich noch näher. Zu einer Zeit, als in fast ganz Europa die Distanziertheit der Eltern in Verbindung mit der Neigung der Kindermädchen, die Kinder für sich zu behalten, dazu führte, daß diese in ihrem abgeschlossenen Bereich lebten und nur zu bestimmten Zeiten erscheinen durften, um von ihren Erzeugern gewürdigt, hergezeigt oder gescholten zu werden, hatten die Kinder des Kronprinzenpaares das Glück, in einem Land geboren zu sein, in dem diese Abgetrenntheit weniger zu spüren war als irgendwo sonst, und in einer Familie aufzuwachsen, in der die Vernunft regierte. Eltern und Kinder frühstückten stets zusammen. Wenn keine besonders wichtigen Gäste geladen waren, wurde auch das zweite Frühstück oder Mittagessen mit den Kindern eingenommen. Der Kronprinz hatte sich vorgenommen, soviel wie möglich bei seinen Kindern zu sein, und seine Frau widmete ihnen regelmäßig einen bestimmten Teil ihres Tages.

In ihrem ersten Jahr an der Seite des Kronprinzen war sie eine ungewöhnlich aktive Frau. Sie bezog alle führenden englischen und deutschen Zeitungen und Zeitschriften,* schrieb endlose Briefe, arbeitete im Garten, nahm Unterricht in Mathematik und Chemie, kümmerte sich um Hospitäler, Gesundheitswesen, Schulen, Heime für gefallene Frauen und vor allem um Politik. Kaum eine Minute des Tages wurde verschwendet, und in Anbetracht dieser Menge von Tätigkeiten verbrachte Wilhelm in seinen ersten Lebensjahren überraschend viel Zeit mit seiner Mutter. Eine von seinen glücklichen Kindheitserinnerungen war seine Mutter in ihrem Arbeitszimmer. Es war ein großer, heller, faszinierender Raum voll von Mappen und Alben, Musikständern und Notenheften, einem Klavier, Regalen, Sekretären, Staffeleien und einem Durcheinander von Malsachen. Die Prinzessin hatte von ihrer Mutter ein Talent für das Aquarell geerbt, um das mancher professionelle Maler sie hätte beneiden können. Wilhelm wurde später ein Bewunderer von Seestücken, und es gibt von ihm selbst einige beachtliche Studien. Nachdem er lesen gelernt hatte, ließ seine Mutter ihn vorlesen, während sie malte. Mit der Zeit wählte er dazu mit Vorliebe englische Bücher, und zwar möglichst lustige. Bei den komischen Stellen warf sie den Pinsel weg und ihr rundes Gesicht wurde allmählich

* Neben dem *Quarterly*, dem *Fortnightly*, dem *Saturday* und dem *Edinburgh* auch das *Journal of Mining and Metallurgy*.[56]

dunkelrot vor Lachen.[55] Wilhelm las gut, sein Englisch war ebenfalls gut. Grammatikalisch war es sogar besser als das seiner Mutter, wenn ihm auch im schriftlichen Ausdruck deren Schwung – oder Atemlosigkeit – fehlte. Für Wilhelm waren die Stunden, die er allein mit seiner Mutter verbringen durfte, immer eine sehr glückliche Zeit, auch wenn es bis zur Entdeckung von Bornstedt genau begrenzte Stunden waren.

Auf Bornstedt stießen sie durch einen glücklichen Zufall. Als der Kutscher der Prinzessin einmal, halb im Schlaf, falsch abbog, befand sie sich plötzlich mitten in einem unbekannten, versteckten und verfallenen Dorf. Die Kirche war eine halbe Ruine, die Häuser verdreckt, die Bauern schliefen in ihren Stiefeln irgendwo auf dem Stroh und kannten keine Gabeln, und das einzige große Gut war heruntergewirtschaftet und von Unkraut überwuchert. Außer einer Pappelallee, die zu dem Haus führte, schien das Anwesen nichts zu bieten. Für die Prinzessin aber, deren Mann begeistert in ihre Pläne einstimmte, hatte es den unvergleichlichen Vorteil, ein echtes Refugium zu sein. Obwohl es nur eine Meile Luftlinie vom Neuen Palais in Potsdam entfernt lag, konnten sie sich hierher von Zeit zu Zeit mit ihren Kindern in ein sorgloses Privatleben zurückziehen. Sie kauften das Anwesen, renovierten die Nebengebäude und die Kirche, errichteten eine Schule, bauten das Hauptgebäude um und legten Parks, Gemüsebeete und Obstgärten an. Der Kronprinz wurde nun ein Bauer mit Kühen und ein so wohltätiger Gutsbesitzer, daß die Kinder im Dorf ehrfürchtig sagten, er käme aus dem Himmelreich.[57] Seine Frau stellte ihre eigene Butter und ihren eigenen Käse her. Die Kinder ritten auf Shetland Ponys umher, die ihnen ihre englische Großmutter geschenkt hatte, halfen beim Heuen, gingen auf die Suche nach Schmetterlingen und wilden Blumen, spielten in den Wiesen und fielen auch einmal in den Fluß. An den Abenden rauchte Vater seine kleine Pfeife, und Mutter sang Lieder von Schubert und Schumann.[58] Obwohl sie nie lange bleiben konnten und notgedrungen dem zwischen Potsdam und Berlin hin- und herpendelnden Hofe folgen mußten, bedeutete die Entdeckung von Bornstedt für sie alle den Beginn eines neuen Lebensabschnittes.

Im Januar 1866 verließ Prinz Wilhelm die weibliche Obhut – die von Mrs. Hobbs, im Gegensatz zu der von »Dokka«, mit einigem Widerstreben – und wechselte in die Schulbank über.* Es fehlte ihm nicht

* Sechzig Jahre später schreibt er: »Fräulein von Doberneck, so hieß meine Erzieherin, eine große hagere Dame, war von strengem Charakter, und ›handgreifliche‹ Unterweisungen lagen durchaus nicht außerhalb ihrer Erziehungsmethode.« *(Aus meinem Leben,* Seite 22)

an Bewußtsein, daß er eine sehr viel wichtigere Person war als seine Geschwister Charly oder Harry oder der kleine Sigismund, der vor zwei Jahren noch dazugekommen war. Er bekam nun militärische Unterweisungen durch seinen eigenen Militär-Gouverneur, den Artilleriehauptmann von Schrötter, an dem er sofort Gefallen fand, und einen ausgezeichneten Privatlehrer aus Potsdam namens Schüler, von dem er später schreibt, er habe ihn unendlich gern gehabt. Aber am schönsten war der Unterricht im Trommeln, den er von Feldwebel Klee bekam. Mit der größten Begeisterung trommelte er drauflos und machte einen Heidenlärm. Prinz Wilhelm muß damals ein sehr glücklicher kleiner Junge gewesen sein.[59]

DRITTES KAPITEL

Kindheit

»Ich frage mich, ob er der rechte Mann ist«
Baron Ernest von Stockmar

1

Am 12. April 1866 kam Prinzessin Victoria auf die Welt, die in der Familie Moretta genannt wurde. Es war eine leichte, aber verfrühte Geburt, was mit der seelischen Unruhe der Kronprinzessin zusammenhing. Sie entwickelte eine allmählich fast krankhafte Furcht vor Bismarck, der im Mai in den Grafenstand erhoben wurde. Ihm traute sie alles zu, und sie argwöhnte, daß hinter ihr und ihrem Mann herspioniert wurde und ihre Briefe geöffnet wurden. Außerdem fanden seine Aktivitäten nicht ihren Beifall. Ihm ging es darum, Preußen auf eine Ebene mit Franz Josephs österreichischem Kaiserreich zu stellen, aber er wollte dieses Ziel nicht mit diplomatischen, sondern mit militärischen Mitteln erreichen. In diesem Sommer entfachte er eine Kampagne, die er von dem Bankier Gerson Bleichröder, mit dem er befreundet war, finanzieren ließ, und hetzte Preußen und dessen Verbündete in einen Krieg gegen Österreich.[1] Die Kronprinzessin betrachtete den Krieg »als einen Fehler . . ., der infolge des unkontrollierten Einflusses eines prinzipienlosen Mannes gemacht worden ist«[2] und sah mit großer Betrübnis ihren Mann an der Spitze seiner Truppen ins Feld ziehen. Als dann noch ihr Jüngster, Sigismund, plötzlich eine Gehirnhautentzündung bekam und, da alle guten Ärzte an der Front waren, nach zwei Tagen starb, war sie einem Nervenzusammenbruch nahe und durch nichts zu beruhigen.[3] Genau zwei Wochen nach dem Tod des Kindes endete Bismarcks Krieg im Triumph der Schlacht von Königgrätz, aber das war für sie ebensowenig ein Trost oder eine Erleichterung wie die Nachricht, daß ihr Mann für seine Tapferkeit auf dem Schlachtfeld mit dem höchsten preußischen Orden, dem Pour le Mérite, ausgezeichnet worden war. Sie war auch sehr in Sorge um ihre Schwester Alice von Hessen-Darmstadt, die gerade ein Kind geboren hatte, denn Hessen-Darmstadt hatte auf seiten Österreichs gestanden. Wenn der Zar, der mit einer Hessin verheiratet war, nicht einigen

Druck auf König Wilhelm ausgeübt hätte, wäre der ganze Staat annektiert worden. Auch so erlitt das Land ihrer Schwester beträchtliche finanzielle und territoriale Einbußen. Schleswig und Holstein wurden dem preußischen Staat völlig einverleibt, Hessen-Kassel, Nassau und Frankfurt annektiert, und der unglückliche König von Hannover verlor sein gesamtes Königreich sowie einen großen Teil seines ungeheuren Privatvermögens, das Bismarck persönlich an sich nahm und ausschließlich für korrupte Praktiken wie etwa die Bestechung der Presse verwendete. Das dankbare preußische Abgeordnetenhaus überreichte Bismarck als Anerkennung seiner Leistung die Summe von 400 000 Talern, mit denen er sich in Pommern einen großen Landsitz kaufte.[4] Er war nun nicht mehr nur Ministerpräsident und Außenminister von Preußen, sondern auch Kanzler des neu geschaffenen Norddeutschen Bundes und hatte seine Macht damit gewaltig ausgedehnt.

2

Es ist ein sonderbares und bis heute unerklärt gebliebenes Phänomen, daß manche Königshäuser immer wieder kläglich versagen, wenn es um die Wahl von Privatlehrern und Erzieherinnen für ihre Kinder geht, obwohl sie diese doch aus einer großen Zahl hervorragender Männer und Frauen frei auswählen können. Drei Beispiele mögen genügen: Auf Stockmars Drängen setzte Prinz Albert einen für diese Stelle bestens geeigneten und von seinen Söhnen gern gesehenen Priester vor die Tür und berief statt seiner einen pedantischen Juristen, dessen Mutter in geistiger Umnachtung gestorben, dessen Vater bankrott gegangen war und den die Kinder nicht leiden konnten.[5] Queen Victoria holte sich für ihre jüngeren Töchter eine französische Gouvernante und entdeckte dann später, daß diese ihnen unter anderen unerfreulichen Dingen beibrachte, wie sie ihre Mama hintergehen konnten.[6] Und Kaiser Franz Joseph überließ die Erziehung seines Erbfolgers einem tyrannischen Haudegen, der den Jungen binnen eines Jahres so entnervte, daß die Kaiserin sich gezwungen sah einzuschreiten.[7]

Aus offenbar unerfindlichen Gründen sind der Kronprinz und seine Frau in den gleichen Fehler verfallen. Sie hätten ihren ältesten Sohn ohne weiteres in der Obhut von Herrn Schüler lassen können, der alle notwendigen Voraussetzungen für eine solche Vertrauensposition mitbrachte, und dem sein Schützling ergeben war, aber nein, Schüler mußte zurück ans Potsdamer Gymnasium und jemand anderer mußte seinen Platz einnehmen.

Auf Dr. Georg Hinzpeter wurde der Kronprinz im Hause eines Freundes aufmerksam.[8] Ferner kannte ihn Robert Morier von der britischen Botschaft, der ihn hochschätzte, weil dessen sozialreformerische und nationalökonomische Ideale mit den seinigen übereinstimmten. Als die Kronprinzessin Hinzpeter persönlich sah, war sie davon beeindruckt, daß er ihr garantierte, den Jungen im Geiste der alten preußischen Schlichtheit zu formen. Nur von Baron Ernest von Stockmar, der Hinzpeter bei einem seiner selten gewordenen Besuche in Berlin sah, war ein Ton des Zweifels zu hören. Er schrieb an Morier:

> Ich habe deinen Freund Hinzpeter gesehen und mich mit ihm drei Stunden lang unterhalten. Er ist ein sehr überlegener Mann, aber ich habe meine Zweifel, ob er der richtige Mann ist. Ich fürchte, er fordert »Gemüt« und ist ein harter, spartanischer Idealist.

Ein anderer Punkt, der von allen übersehen wurde, war Hinzpeters strikter Calvinismus. Das überrascht. Einer so gebildeten Gruppe von Menschen wie dem Zirkel der Kronprinzessin hätte eigentlich bewußt sein müssen, daß innerhalb der westlichen Christenheit kein Dogma und keine Doktrin so tiefgreifende Wirkungen hatte wie die Lehre Johannes Calvins. Im Calvinismus hat der Allmächtige bestimmte Menschen auserwählt; nur sie können gerettet werden, vorausgesetzt, sie weichen vom rechten Pfad nicht ab. Den übrigen nützt keine Bemühung, sie zählen schon im Mutterleib zu den endgültig Verdammten. Mit seiner Leugnung des freien Willens, der moralischen Verantwortung und der göttlichen Liebe und Gnade macht der Calvinismus aus Gott ein selektionierendes Ungeheuer. Seine Anhänger sind nicht zahlreich, aber von äußerster Entschlossenheit.* Merkwürdig war auch, daß hier das künftige Oberhaupt der Evangelisch-lutherischen Landeskirche von Preußen in die Obhut eines calvinistischen Zeloten gegeben wurde. Man lebte im skeptischen Zeitalter von Renans *Vie de Jésus* und Darwins *Origin of Species,* aber in der Kindererziehung wurde Religion weiterhin ernst genommen, und so bleibt es uns unerklärlich, daß Hinzpeters religiöses Bekenntnis kein Hinderungsgrund für seine Anstellung war.[9]

In *Aus meinem Leben* zeigte Wilhelm sich durchaus dankbar für alles, was Hinzpeter für ihn getan hatte. Zugleich aber beschreibt er hier die drängende Willensanspannung, mit der dieser Lehrer ihn zwang, ein guter Reiter zu werden. Ein königlicher Prinz hatte trotz körperlicher

* In dieser ersten, extremen Form befindet sich der Calvinismus seit Jahrhunderten auf dem Rückzug. Bei den Presbyterianern und den Baptisten sehen wir ihn stark modifiziert. Seine ursprüngliche Strenge ist jedoch noch immer in einigen evangelischen Sekten und nicht selten in einzelnen Calvinisten wie Hinzpeter anzutreffen.

Behinderung ein guter Reiter zu sein. Wilhelm zitiert ausführlich Hinzpeters eigene Beschreibung dieser Lektion. Einige Zeilen werden genügen:

> Der Prinz war 8½ Jahre alt, und noch führte ein Lakai sein Pony am Zügel, weil seine körperliche Unsicherheit ihm selbst wie anderen unüberwindliche Angst einflößte. Solange diese aber bei ihm dauerte, war an Reitenlernen nicht zu denken; sie mußte um jeden Preis besiegt werden. Da weder Reitknecht noch Stallmeister dazu imstande waren, hob der Erzieher, seine inzwischen unbedingt gewordene moralische Autorität mit einsetzend, den weinenden Prinzen auf sein Pferd ohne Bügel und erzwang die Übung der verschiedenen Gangarten, taub gegen alles Bitten und Weinen, erbarmungslos den unaufhörlich herunterstürzenden Reiter wieder hinaufhebend, bis endlich nach wochenlanger Quälerei das nötige, schwer zu erwerbende Gleichgewicht erlangt war.[11]

Der Kommentar des Prinzen ist recht knapp:

> Der Erfolg hat Hinzpeters Methode Recht gegeben, aber bitter hart war der Unterricht, und mein Bruder Heinrich hat oft aufgeheult vor Schmerz, wenn er das Martyrium meiner Jugend mitansehen mußte.[12]

Hinzpeters methodische Erziehung war für das verwöhnte Kind zunächst eine Überraschung. Es ging nicht einfach nur um das Erlernen von Latein, Geschichte, Geographie, Englisch und Französisch, was Wilhelm leichtfiel, da er ein gutes Gedächtnis hatte, oder von Mathematik, was ihm schwerfiel, weil er darin keinen Sinn sehen konnte, sondern es ging um das Erlernen der spartanischen Tugenden, die in trockenem Brot zum Frühstück, Ausdauer, Verzicht – man hatte Besuchern Kuchen anzubieten, ohne selbst etwas davon zu nehmen – und in einem 12-Stunden-Tag geistiger und körperlicher Übungen zum Ausdruck kommen sollten. Wie er selbst bemerkte: »Für einen Knaben von sieben Jahren war das gewiß eine recht erhebliche Anspannung.«[13]

Die größte Anspannung lag freilich darin, daß über die Lippen dieses Erziehers niemals ein Wort des Lobes kam. Nie leuchteten seine grüngefleckten Augen mit ermutigender Wärme auf. Weder Wilhelm noch Heinrich, der 1868 dazukam, wurden je ermutigt, und sie konnten mit soviel Anstrengung und Erfolg arbeiten, wie sie wollten, ein Wort der Anerkennung gab es nicht.[14] Aber obwohl ihnen das damals nicht bewußt war, kamen sie durch Hinzpeter doch in den Genuß eines Privilegs. An den schulfreien Nachmittagen mittwochs und samstags ging er mit ihnen nämlich in Fabriken, Werkstätten, Gießereien, zu Gärtnern und zu Bauern. Sie sollten nicht nur sehen, wie die jeweiligen Arbeiten ausgeführt wurden, sondern auch diejenigen kennenlernen, die sie ausführten. Sie sahen Dinge, von denen ihre Zeitgenossen auf den königlichen Schulbänken Europas keine Ahnung hatten. Sehr früh lernten sie soziale Ungleichheiten und Ungerechtigkeiten kennen. Für den Erzieher gehörte es zur Erhabenheit des Herrschers, daß er über seine Untertanen genau Bescheid wußte. Er mußte auch sein Königreich kennen. Zu diesem Zweck unternahm er mit den Jungen kleine Expeditionen an die Küste und ins Landesinnere. In Essen beispielsweise wurden ein Bergwerk und die riesigen Kruppschen Stahlwerke und in Gotha, wo Wilhelm zum ersten Mal die zukünftige Kaiserin sah, ein mittelalterlicher Kupferhammer und eine Glasbläserei besichtigt. Auch Bootsfahrten und Spaziergänge wurden unternommen. Nie wurde vergessen, daß es sich um Kinder aus königlichem Hause handelte, aber sie durften auf Volksfeste gehen und wurden von der Roheit und Brutalität ihrer Zeit nicht übermäßig abgeschirmt. Für Hinzpeter waren solche Erlebnisse stets Schulstunden. Ohne Kommentar aber vermutlich beifällig notiert er Wilhelms Abscheu vor einer traditionellen Volksbelustigung an der flämischen Küste. Dort wurde eine Gans mit dem Kopf nach unten an einem Ständer aufgehängt. »Dann wurden die Wettbewerber in Karren darunter vorbeigezogen und in diesem Augenblick mußten sie nach dem Hals der Gans greifen. Da dieser stark eingeseift war, glitten die Hände der Bewerber unter dem lauten Geschrei der Zuschauer oftmals ab und schließlich wurde meist dem Tier, das verzweifelt um sich biß, der Kopf abgerissen.«[15] Während des gleichen Sommers schickte König Leopold von Belgien, den Hinzpeter ablehnte, den Jungen einen Korb mit besonders schönem Obst aus seinen Treibhäusern. Aber da hieß es wieder verzichten. Keiner der Jungen durfte etwas von dem Obst essen.[16] Manchmal bekamen sie die Erlaubnis, einen Jungen auf ihre Expeditionen mitzunehmen, aber er wurde unter den Fürstenhäusern des norddeutschen Bundes ausgewählt. Gelegentlich gingen die Jungen auch mit ihren Eltern in die Ferien.

3

Wer in Preußen etwas gelten wollte, der mußte dem Offizierskorps oder dem Reserveoffizierskorps angehören, und beides war ohne bestimmte gesellschaftliche Voraussetzungen praktisch unmöglich. Geadelt zu werden, wie Bleichröder, der den Krieg gegen Österreich finanziert hatte und Bismarcks Bankier war[17], war nicht so schwierig, aber damit hatte man noch längst keinen Zugang zum Reserveoffizierskorps und zur Uniform eines angesehenen Regiments. Selbst Bismarck mußte sich bis zum österreichischen Feldzug mit dem Leutnant der Reserve begnügen, beförderte sich dann aber rasch zum zeitweiligen Generalmajor. Und danach zog er den Frack des Ministerpräsidenten aus und erschien als Kanzler nur noch in Uniform.[18] Für die Prinzen des Hauses Hohenzollern war der Militärdienst eine Selbstverständlichkeit.

Am 27. Januar 1869 wurde Prinz Wilhelm von seinem Großvater zugleich mit dem Hohen Orden vom Schwarzen Adler die Uniform des Ersten Garderegiments zu Fuß verliehen, und er wurde damit in das Offizierskorps der preußischen Armee aufgenommen.

Das war keine bloße Formalität. Bis zu einem gewissen Grad hatte sich der zehnjährige Junge sein Offizierspatent ehrlich verdient. Dafür hatte sein Militärgouverneur gesorgt. Monatelang war er vorher, wie jeder andere Rekrut, beim Morgengrauen geweckt worden, um sich von einem Feldwebel mit einem dicken Notizbuch zwischen den oberen Knöpfen seines Waffenrocks inspizieren zu lassen.

> Er ließ mich antreten und prüfte meinen Anzug, ob kein Kreidepulver vom weißen Koppelzeug auf meine blaue Montur gefallen oder fettige Pomade durch die Knopfgabel auf die rote Biese geschmiert sei. Den Geruch dieser »Amor-Pomade« habe ich heute noch in Erinnerung . . . Wie jeder andere Grenadier mußte ich mit meinen neun Jahren aufs Bornstedter Feld, und das »Auf- und Hinlegen« mit dem üblichen auf »Angermanns Remise« mitmachen.[19]

Dann erst kam das Frühstück – trockenes Brot – und der 12-Stunden-Tag mit Dr. Hinzpeter. Er hatte nicht das Gefühl, sein Leutnantspatent geschenkt zu bekommen. Später mußte er mit seinem Regiment gelegentlich auf Parade und war gezwungen zu laufen, da er mit den langbeinigen Soldaten kaum Schritt halten konnte. Es gab Geburtstagsparaden, Kirchenparaden und die Herbstparade in Berlin, auf die Manöver folgten. Hinzpeter sorgte dafür, daß die militärischen Übungen seinen Schüler nicht allzu sehr von der Schularbeit abhielten. Verlorene Zeit mußte wieder eingeholt werden. Unser zehnjähriger Leutnant hatte gewiß kein leichtes Leben.

Im Frühjahr 1869 wurden Wilhelm und Heinrich zusammen mit drei Söhnen von Freunden der Familie unter Dr. Hinzpeters Aufsicht nach Oeynhausen geschickt. Das Ganze war als Kur für Heinrich gedacht, der nicht sehr robust war und seit einiger Zeit kränkelte. Die Ärzte hofften, der Klimawechsel und das Wasser würden ihn wiederherstellen. Für die übrigen vier Jungen aber konnte von Erholung keine Rede sein, denn die kleine Gruppe bildete für Hinzpeter eine willkommene Modellschule. Dann bekam Wilhelm zum ersten Mal Schwierigkeiten mit seinem linken Ohr. Immer war es auf der linken, der schwachen Seite, daß etwas nicht funktionierte. Er litt beträchtliche Schmerzen. Seine Eltern in Potsdam hörten mit Schrecken, seine Beschwerden seien skrofulöser Natur.

Früher als geplant kehrte die ganze Gruppe zurück, damit das Ohr von einem Spezialisten untersucht werden konnte. Das Sondieren, Auskratzen, Auspumpen und Auswaschen des Ohres bereiteten Wilhelm große Schmerzen. Die Diagnose muß jedoch beruhigend gewesen sein, denn er konnte an einer militärischen Parade teilnehmen und dabeisein, als seine Verwandten aus Hessen-Darmstadt oder Hessen, wie das verkleinerte Großherzogtum nun hieß, zu Besuch kamen. Er fand Onkel Ludwig und Tante Alice, die Schwester seiner Mutter, sehr nett. Sie waren freundlich und zuvorkommend, beglückwünschten ihn zu seinem Offizierspatent und zu seinem Auftreten in der Parade, aber ihre Kinder, die ihm altersmäßig nahestanden, waren lauter Mädchen. Victoria, die älteste, war vier Jahre jünger als er, und Elisabeth, genannt Ella, gab sich recht schnippisch. Irene wurde während des österreichischen Krieges geboren. Der einzige Junge unter ihnen war wie Wilhelms jüngster Bruder Waldemar noch ein Baby. Als alle diese Gäste wieder abgereist waren, verkündeten der Kronprinz und seine Frau den Kindern, daß sie alle zusammen zu einem Familienurlaub auf die Insel Norderney in der Nordsee fahren würden. Sie hofften, die Seeluft werde Wilhelm und Heinrich gut tun, und brauchten auch selbst Erholung. Berlin und Potsdam waren recht bedrückend geworden.

Der Familienurlaub war ein Erfolg. Hinzpeters 12-Stunden-Programm wurde ausnahmsweise einmal außer Kraft gesetzt, so daß die Jungen sich gesundheitlich erholen und das Familienleben genießen konnten. Die Stimmung war glänzend, der Appetit groß; man ging schwimmen und rudern, unternahm Malparties, botanische Streifzüge und viele Exkursionen: zu dem weiter draußen in der Nordsee gelegenen und noch immer in britischem Besitz befindlichen Helgoland; zum Fischen und zu Picknicks; auf die anderen ostfriesischen Inseln; und am letzten, einem sehr heißen Tag, auf einem Raddampfer, von dem sie erbarmungslos durchgerüttelt wurden, bis in den Kriegshafen bei Wilhelmshaven, wo die Jungen zum ersten Mal gepanzerte Schiffe sahen. Sie besichtigten das größte Schiff, die *König Wilhelm,* und wurden dort zum Tee eingeladen, bevor es auf ungepflasterten Straßen zum Bahnhof und über Bremen zurück nach Potsdam ging.[21]

Die Ferien waren ein Erfolg. Der Kronprinz und seine Frau hatten sich gut erholt. Heinrich war viel kräftiger geworden und hatte sich entschlossen, in die Marine einzutreten. Wilhelms Ohr hatte sich soweit gebessert, daß er seine militärischen Übungen wieder aufnehmen konnte. Dann wurde beschlossen, den Winter zusammen in Südfrankreich zu verbringen. Der König hatte seinem Sohn endlich etwas zu tun gegeben. Es war nicht viel, er sollte ihn nur bei der Eröffnung des Suez-Kanals vertreten, aber es war immerhin etwas. Die Kronprinzessin entdeckte, daß sie mit ihrem siebten Kind schwanger war, und äußerte den Wunsch, ihre Schwester Alice zu sehen. Es traf sich gut, daß auch deren Mann, Großherzog Ludwig von Hessen, nach Ägypten fahren wollte, und so begaben sich die beiden mit ihrem kleinen Sohn ebenfalls nach Cannes, wo die Kronprinzessin mit ihren drei Kindern, ihren Hofdamen, Privatsekretären, dem allgegenwärtigen Hinzpeter, Gouvernanten, Stewarts, englischen Kindermädchen und einer großen Zahl weiterer Bediensteter ein Hotel bezogen hatte. Bald kamen weitere Mitglieder der preußischen Königsfamilie hinzu. »Cannes war damals noch ein vom Rivieraleben unberührter Ort«[22] und hatte durch sein Klima für Nordländer eine große Anziehungskraft. Ein Vetter des Kronprinzen stellte sich ein, dann eine seiner leidenden Tanten samt Gemahl und Tochter, dann noch eine leidende Tante. Alle diese Prinzen und Prinzessinnen erschienen mit kompletter Dienerschaft. Als der Kronprinz und der Großherzog sich in Villefranche einschifften, ließen sie in Cannes eine ansehnliche deutsche Kolonie zurück.

Ihre Abreise fiel mit einer der ernsthaftesten Krisen in Wilhelms Jugend zusammen. Aus unerklärlichen Gründen verfiel er plötzlich in eine fürchterliche Angst vor Verdammnis und Höllenfeuer. Tag und Nacht lebte er in Angst und Schrecken. Wir wissen nicht, wem er sich anvertraute, aber Hinzpeter war zweifellos nicht in Unkenntnis dieser Qualen. Er schrieb sie dem Erwachen des Gewissens zu.[23] Viel Trost hatte der Junge von seinem Erzieher nicht zu erwarten. Allmählich aber ließen die Ängste nach und vergingen wieder. Vielleicht half ihm Cannes, die Neuheit und Interessantheit des Ortes, etwas von seiner Last abzuschütteln. Und sobald er wieder er selbst war, gefiel es ihm und Heinrich dort so gut, daß er später »die Erinnerung an das Paradies von Cannes im hellsten Sonnenschein eines schönen Märchens« schilderte.[24]

Hinzpeter ging nicht von seinen Lektionen ab, aber selbst er konnte sich der südlichen Sonne nicht entziehen. Er unternahm mit den Prinzen instruktive Spaziergänge: zum Fischmarkt, wo sie Fische und Schalentiere betrachteten, die sie noch nie gesehen hatten; in eingezäunte

Orangenwäldchen, wo sie die Früchte eigenhändig pflücken konnten, oder zum Botanisieren und zur Schmetterlingsjagd in die Hügel hinter Cannes. Er ließ es zu, daß ein Bediensteter in Fischerstiefeln oder barfuß ihnen half, eine kleine Sammlung von Tieren und Pflanzen des Meeres anzulegen, die sie in improvisierten Aquarien aufbewahrten oder auf Eukalyptuszweigen an der Sonne trockneten. Der Kronprinz und der Großherzog kehrten aus Kairo mit Geschichten von Mumien und der Sphinx, dem Tal der Könige, der Schwierigkeit, auf Kamelen zu reiten und dem glanzvollen Luxus orientalischer Gastfreundschaft bei der Kanaleröffnung zurück und fanden die Kinder derart glücklich, daß beschlossen wurde, nach gemeinsam im Hotel verbrachten Weihnachten für Hinzpeter und seine Schüler eine Villa zu mieten, in der sie noch weitere drei Monate bleiben konnten.

Als ihre Eltern abgereist waren, fuhren die beiden Prinzen fort, pflichtschuldigst ihre Großtanten zu besuchen – der einen ging es besser, während der Zustand der anderen sich verschlechterte und sie bald danach starb – und ihr übelriechendes Naturkundemuseum zu vergrößern. Damit Heinrich die französische Mittelmeerflotte bewundern konnte, unternahm man einen Ausflug nach Toulon. Wilhelm machte es mehr Spaß, die verschiedenen Truppen schneidig durch die Hauptstraße von Cannes marschieren zu sehen. Wie die französischen Jungen lief er begeistert nebenher, »wenn die Soldaten mit der ›Musique‹ oder ›Clairon en tête‹ dahermarschiert kamen.«[25]

4

Wilhelm konnte nicht wissen, daß nur wenige Monate später diese französischen Truppen mit deutschen kämpfen würden. Niemand konnte das wissen. Graf Bismarck setzte wieder einmal den Krieg als politisches Mittel ein. Sein Ziel war diesmal, alle nichtösterreichischen deutschen Staaten unter Einschluß von Bayern, Württemberg, Hessen und Baden in einem Deutschen Reich zu vereinen. Der beste und für ihn einzige Weg dazu bestand darin, sie als Bundesgenossen in einen Verteidigungskrieg gegen das kaiserliche Frankreich hineinzuziehen. Zum Anlaß nahm er ein unbedeutendes Ereignis, bauschte es auf, ließ geheime Verbindungen spielen, reizte den französischen Nationalstolz, und als er dann noch ein Telegramm, die Emser Depesche, durch Kürzungen aggressiv zuspitzte, bevor er es zur Veröffentlichung freigab, brachte er schließlich die Franzosen dazu, Deutschland den Krieg zu erklären. Die vier genannten deutschen Staaten wurden aufgefordert, gegen diesen Angriff Beistand zu leisten, obwohl der preußische Generalstab so gut vorbereitet und so zuversichtlich war, daß Graf Hellmuth von Moltke, der Generalstabschef, den Tag der Mobilmachung hauptsächlich auf einem Sofa und mit der Lektüre von *Lady Adley's Secret* zubrachte.[26]

Militärisch verlief alles nach Plan. Die Franzosen kämpften tapfer und mit großer Truppenstärke, aber ihre Soldaten hatten wenig Disziplin und wurden schlecht geführt. Ihr Kaiser erkannte als einziger, daß Bismarck Frankreich für seine skrupellosen Ziele einspannte. Er scheute sich nicht, persönlich an die Front zu gehen und die Kaiserin als Regentin in Paris zu lassen. Obwohl er so an Nierensteinen litt, daß nicht nur Reiten, sondern auch die Erschütterungen eines Wagens ihm heftige Schmerzen bereiteten, tat er sein Bestes, um dem Durcheinander an der Front Herr zu werden.[27] Es war hoffnungslos. Truppen mit oder ohne Waffen und Nahrung marschierten hin und her, oft in ihren eigenen Fußstapfen, taten wenig und erreichten nichts. Enttäuschte Generäle zögerten nicht, die Schuld Napoleon III. zuzuschreiben und ihn ihren »goldenen Hemmschuh« zu nennen.[28] Noch weniger schmeichelhaft war die Reaktion der Truppen. Falls da irgendwo ein »Es lebe der Kaiser!« ertönte, riefen sie im Chor: »Eins, zwei, drei – Scheiße!«[29]

Die deutschen Truppen befanden sich in ständigem Vormarsch. Den Behörden jeder französischen Stadt, die sie besetzten, überreichten sie eine Liste, auf der verzeichnet war, wieviel Brot, Fleisch, Kaffee, Zigarren und Wein oder Bier für jeden deutschen Soldaten zu beschaffen war. Wo man diese Forderungen nicht erfüllte, wurde die Stadt dem Erdboden gleichgemacht.[30] Gegen die preußische Schlagkraft und Disziplin war kein Kraut gewachsen. In weniger als einem Monat kapitulierte Napoleon. Die Kaiserin, mutig bis zuletzt, mußte vor den republikanischen Massen flüchten. Ohne ihre Identität zu verbergen, erreichte sie mit Hilfe ihres amerikanischen Zahnarztes England und etablierte sich in Kent. Dorthin sandte man ihr ihren Sohn, während ihr Mann auf der Wilhelmshöhe bei Kassel gefangen saß. Aber Bismarck war mit den Franzosen noch nicht zu Ende. Er setzte den Kampf auch gegen die Republik fort und belagerte Paris. Als die Pariser, die bereits Hunde, Ratten und die Tiere im Zoo verzehrten, nicht aufgeben wollten, verlor er die Geduld. Gegen den Einspruch des Kronprinzen gab Moltke den Befehl zur Beschießung der Stadt. Die Republik kapitulierte, verlor aufgrund der Kapitulationsbedingungen Elsaß und Lothringen an Deutschland und hatte eine gewaltige Kriegsentschädigung zu zahlen.

Bismarck hatte allen Grund, mit sich zufrieden zu sein, aber sein exzentrischer Herr zeigte nicht das geringste Interesse an dem Projekt, für das er den ganzen Krieg inszeniert hatte.* Der widerspenstige alte Herr sagte, er habe keine Lust auf ein neues deutsches Kaiserreich. Er wolle die glanzvolle preußische Krone nicht gegen eine Krone von Dreck eintauschen.[32] Überdies war von den vier Herrschern, die noch außerhalb des Bundes standen, nur der Großherzog von Baden, der Schwager des Kronprinzen, für ein Kaiserreich. Bismarck resignierte beinahe, aber der Kronprinz, der romantischen Träumen von einem Zweiten Reich nachhing, ließ nicht locker. Geduldig erklärte er seinem Vater, daß er Preußen nicht verlieren, sondern vergrößern würde. Bismarck verhandelte mit den Königen von Württemberg und Bayern und dem Großherzog von Hessen. Ihnen wurden besondere Privilegien zugesichert, die bis dahin nur Sachsen genoß. Mit Hilfe einer ansehnlichen Jahrespension bewog er den bizarren König Ludwig II. von Bayern, dem König von Preußen die Kaiserkrone anzubieten.** Daß auch fast der gesamte Reichstag des Norddeutschen Bundes*** seine Zustimmung gab, war König Wilhelm völlig gleichgültig.[33] Daß die vier süddeutschen Länder bereit waren, ihn als deutschen Kaiser zu akzeptieren, beeindruckte ihn schon eher. Nun mußte nur noch eine Verfassung für das neue Reich zusammengebraut werden. Bismarck hatte natürlich eine in der Tasche, die auf seine eigenen Erfordernisse zugeschnitten war.[35] Der Reichstag sollte weiter bestehen wie zuvor, und dem alten König zuliebe sollte ein Oberhaus aus Fürsten und Delegierten der Bundesstaaten gebildet werden. Letztlich war diese Verfassung ein unmöglicher Kompromiß zwischen Absolutismus und Demokratie. Sie enthielt nichts über ministerielle Verantwortlichkeit. Der Reichstag konnte einen Kanzler nicht absetzen oder auch nur anklagen. Einzig und allein der Kaiser ernannte und entließ ihn. Der Kronprinz nannte es »ein kunstvoll gefertigtes Chaos«,[36] aber er protestierte nicht. Er wollte sein Zweites Reich.

* Die Eigentümlichkeit von Wilhelm I. wurde deutlicher als je zuvor. Als er mit versammeltem Generalstab vor dem belagerten Paris stand, verschwand er plötzlich hinter einem Busch. Man nahm an aus einleuchtendem Grund. Er kam jedoch mit der überraschenden Erklärung zurück, er habe in seiner Tasche ein Stück Schokolade gefunden, und da es zu klein gewesen sei, um verteilt zu werden, habe er sich zurückgezogen, um es allein zu essen.[31]

** Um territoriale Probleme zu vermeiden, sollte Wilhelms Titel nicht Kaiser von Deutschland lauten, sondern Deutscher Kaiser.

*** Nicht alle Abgeordneten waren einverstanden. Einige von ihnen brachten ihre Befürchtung zum Ausdruck, daß die Schaffung eines Kaiserreiches zu wiederholten Kriegen mit Frankreich führen würde.[34]

So geschah es denn, daß am 18. Januar 1871* der mürrische König von Preußen im Spiegelsaal von Versailles auf einem Podium stehend zunächst einen Armeechor einen Choral singen und seinen Hofkaplan mahnende Worte sprechen hörte, worauf »Nun danket alle Gott« gesungen wurde, und dann wurde durch Verlesen einer Erklärung die Neugründung des Deutschen Reiches verkündet. Nun wurden zu Trommelwirbeln Schwerter und Helme geschwungen, eine Militärkapelle brach in patriotische Musik aus, und der Kronprinz, gefolgt von den übrigen anwesenden Fürsten, küßte die Hand seines Vaters. Als die Zeremonie zu Ende war, schrieb der neue deutsche Kaiser an seine Frau, dies sei der unglücklichste Tag seines Lebens gewesen.

»Der Drachen vom Rhein«, bekannt für seine Neigungen zum Katholizismus und zur französischen Kultur, war keineswegs glücklich über diesen Krieg gewesen. Sie zog sich zurück, und niemand machte sich die Mühe, ihr offiziell mitzuteilen, daß sie nunmehr die Kaiserin-Königin war. Sie erfuhr es ganz zufällig durch einen ihrer afrikanischen Diener.

Abgesehen von Gerüchten über die militärischen Leistungen ihres Mannes war dieser Krieg auch für die Kronprinzessin kein Grund zur Begeisterung. Ihrer Mutter gestand sie, daß sie stolz war auf ihren neuen Titel als Kaiserliche und Königliche Hoheit, aber für sie persönlich war alles recht unbefriedigend verlaufen. Zu ihrem Ärger standen manche Mitglieder ihres Hauses auf seiten Frankreichs, und außerdem schien niemand in Berlin ihre Arbeit für die Verwundeten zu würdigen. Sie hatte darauf bestanden, nach Homburg zu fahren, um näher an der Front zu sein, und hatte dort ein Lazarett errichtet. Aber kaum war dieses fertig und funktionierte, als sie auch schon zurück nach Berlin beordert wurde. Ihr Lazarett stieß bei den deutschen Ärzten auf wenig Zustimmung. Man sagte ihr, englische Methoden seien hier nicht angebracht.[37]

Prinz Wilhelm und sein Bruder Heinrich erlebten den Krieg mit der natürlichen Begeisterung von Schuljungen. Ihr Vater hatte erbeutete Fahnen und Adler und Schlüssel eingenommener Städte nach Hause geschickt. Hinzpeter hängte große Landkarten auf und markierte, wie man das zu tun pflegt, die jeweils gemeldeten Truppenbewegungen und den Vormarsch mit kleinen Wimpeln.[38] Sie befanden sich mit ihrer Mutter in Homburg, als die große Nachricht vom Sieg bei Sedan eintraf. Sie waren bereits zu Bett gegangen, wurden aber durch Hochrufe und einen Fackelzug geweckt und rannten ans Fenster, um

* Es war genau der Jahrestag der Krönung des ersten Hohenzollern zum König von Preußen im Jahre 1701 in Königsberg.

zu sehen, was los war. Die Nachricht versetzte sie »in einen Taumel der Begeisterung«, und sie stimmten in das allgemeine Singen und Jubeln ein. Am nächsten Morgen wurden sie von Hinzpeter, der ein solches unspartanisches und unfürstliches Benehmen nicht durchgehen lassen wollte, wegen ihrer »Eigenmächtigkeit« gehörig abgekanzelt.[39]

An Wilhelms 13. Geburtstag schrieb der Kronprinz in sein Tagebuch:

> Möge er ein tüchtiger, rechtschaffener, treuer und wahrer Mensch, der an dem Guten und Schönen Freude hat, werden, ein echter deutscher Mann ... Gebe Gott, daß wir auf geeignete Weise das Niedrige, Kleinliche, Triviale von ihm fern halten und durch richtige Führung ihn für sein schweres Amt vorbereiten können.[40]

Die guten Wünsche seiner Mutter kamen gewiß nicht weniger vom Herzen. In einem Brief an ihre Mutter schrieb sie damals:

> Du wärst sicher zufrieden mit Wilhelm, wenn du ihn sehen würdest – er hat Berties freundliches, liebenswürdiges Wesen und kann sehr anziehend sein. Er besitzt nicht gerade glänzende Fähigkeiten, noch sonst irgendwelche Stärke des Charakters oder des Talents, aber er ist ein lieber Junge ... Ich bin glücklich, zu sagen, daß zwischen ihm und mir ein Band der Liebe und des Vertrauens besteht, das, wie ich fühle, nichts zerstören kann. Er besitzt eine sehr starke Gesundheit und wäre ein sehr hübscher Junge, hätte er nicht diesen unglückseligen lahmen Arm, der sich mehr und mehr bemerkbar macht, seinen Gesichtsausdruck in Mitleidenschaft zieht (besonders eine Seite), seine Haltung, seinen Gang und seine Figur verändert, alle seine Bewegungen linkisch macht und ihm ein Gefühl von Schüchternheit gibt, da er sich seiner vollkommenen Abhängigkeit bewußt ist, weil er nichts ohne Hilfe tun kann. Dies bedeutet eine große Schwierigkeit für seine Erziehung und ist nicht ohne Einfluß auf seinen Charakter. Für mich ist es eine unerschöpfliche Quelle der Sorge![41]

In einer vertraulichen Korrespondenz zwischen Mutter und Tochter ist dieses Klagelied verständlich, aber wohl kaum ganz zutreffend. Zu diesem Zeitpunkt hatten sich in Wilhelm bereits viele Talente gezeigt. Sein größtes Interesse galt natürlich der Militär- und Waffenkunde, aber er begeisterte sich auch für Naturgeschichte. Er war ein eifriger Leser, liebte Schiller, Kleist, Ebers, Freytag, Fontane und die Nibelungensagen ebenso wie die griechischen und römischen Mythen und Heldensagen, die Romane von Walter Scott und Jules Verne, den Robinson Crusoe und am allermeisten die Werke von James Fenimore Cooper, dem Amerikaner, der im sonnigen Sorrent seine Geschichten über die Indianer des Wilden Westens schrieb.[42] Er malte auch gern und mit einigem Talent, und wenn es ihm gelang, Hinzpeter zu entrinnen, stellte er seine Staffelei neben der seiner Mutter auf, und die beiden arbeiteten dann an dem gleichen Motiv. Auch mit ihren Worten von seiner vollständigen Abhängigkeit hatte seine Mutter nicht recht. Zum Schießen hatte er speziell für ihn angefertigte Gewehre und zum Essen eine Kombination aus Messer und Gabel, und er machte bei vielen Spielen und Sportarten mit, war ein guter Reiter, der sich prachtvoll im Sattel hielt, und entweder achtete er tatsächlich wenig auf seine Behinderung oder er war vernünftig und mutig genug, um so zu tun, als sei sie unwichtig. Wieviel es ihn auch gekostet haben mag, der Junge ließ über »diesen unglückseligen lahmen Arm« keine Verlegenheit aufkommen.

Queen Victoria, die schon eine Weile zuvor ihrem Tagebuch den Wunsch anvertraut hatte, ihr Enkel möge kein »eingebildeter Preuße«[43] werden, war von der plötzlichen Erhöhung des Hauses nicht wenig beunruhigt. Sie mißbilligte entschieden den zusehends mächtiger werdenden Kaiserkult und insbesondere die extravaganten Titel des Kaisers, der nunmehr als Allerhöchster und Oberster Kriegsherr zu bezeichnen war.

Das Jahr 1871 war in vieler Hinsicht denkwürdig. In Amerika wurde der Tammany Ring aufgedeckt, ein ernsthafter Versuch unternommen, der Bigamie in Utah ein Ende zu bereiten, und ein Drittel von Chicago ging in Flammen auf.[44] In England wurde die Käuflichkeit des Offiziersranges abgeschafft,* Schmähungen der Queen wurden publiziert, und Disraeli hielt seinen Kollegen im Unterhaus vor, daß das europäische Gleichgewicht, die *balance of power,* durch den französisch-preußischen Krieg völlig zerstört worden sei und vor allem England die Auswirkungen dieser großen Veränderung zu spüren bekommen werde.[45] In Paris entstand ein blutiger Bürgerkrieg zwischen der neuen französischen Republik und der rebellierenden Comune. In Rom verkündete der Papst seine Unfehlbarkeit. Der Kanzler des neuen Deutschen Reiches wurde in den Fürstenstand erhoben und bekam ein Landgut, das noch viel größer war als sein bisheriges. Graf Moltke

* Diese Nachricht wurde in Berlin, wo das Offiziers- und Reserveoffizierskorps ausschließlich aus Aristokraten bestand, mit Abscheu aufgenommen, während in England viele damit argumentierten, daß durch die Käuflichkeit des Offiziersranges die Armeelaufbahn nur für sehr reiche Leute attraktiv war, und daß diese wohl kaum ihre Güter oder Vermögen in einem leichtsinnigen Angriffskrieg aufs Spiel setzen würden. England, so hieß es, habe in der großen Rebellion gegen König Charles I. genügend unter einem Heer zu leiden gehabt, das hauptsächlich aus Bürgern bestand.

wurde der Rang eines Feldmarschalls verliehen. Da die französischen Reparationen die sofortige Zurückzahlung der Kriegsanleihen ermöglichten, begann nun einer Epoche nie dagewesener Investitionen und Spekulationen. Es begannen die sensiblen und kultivierten Menschen verhaßten Gründerjahre mit ihrem prunkliebenden und vulgären Materialismus.[46]

Für Prinz Wilhelm war es das Jahr, in dem die siegreichen Truppen in das Vaterland zurückkehrten und von Potsdam kommend im Triumph durch das Brandenburger Tor zogen. Zwischen seinem Vater und seinem Onkel, dem Großherzog von Baden, auf einem kleinen, gescheckten Pferd reitend, nahm auch er an der Parade teil. Es wimmelte von Fahnen und Wimpeln, Blumen und Girlanden, Trommeln und Militärkapellen, aber Kaiser Wilhelm wirkte etwas zerstreut. Kein Zweifel, er war in letzter Zeit noch exzentrischer geworden: Er weigerte sich, aus seinem schäbigen alten Palais Unter den Linden auszuziehen, lief öffentlich in einer zerlumpten Uniformjacke herum, an der die Hälfte der Knöpfe fehlte, befahl den Leuten Sparsamkeit in den kleinsten Kleinigkeiten und benützte selber mit Hilfe von Papierstreifen und Klebstoff Briefumschläge ein zweites Mal.[47] Bei dieser glorreichen Siegesfeier verwirrte er seine Generäle, indem er sich an die Spitze seiner Truppen stellte und sie teilweise an der Empore vorbeiführte, auf der er selbst hätte stehen sollen und auf der eine entsetzte Kaiserin seine Stelle übernahm. Danach kam er plötzlich wieder zu sich und nahm den restlichen Truppen die Parade ab. Zu diesem Zeitpunkt erlitt sein dritter Bruder, Prinz Albert, einen leichten Schlaganfall und wurde abtransportiert. Dann wurde er zum Schloßplatz geführt, wo er ein Denkmal seines in geistiger Umnachtung gestorbenen älteren Bruders zu enthüllen hatte, dem man 56 eroberte französische Fahnen und Regimentsadler zu Füßen gelegt hatte. Der Kronprinz erinnerte ihn daran, daß die Bänder zu durchschneiden waren, und dann fielen die Drapierungen und enthüllten einen mit freundlichen Zügen auf einem Schlachtroß sitzenden Friedrich Wilhelm IV. Die Salutschüsse donnerten, Hurra- und Hochrufe und Gesänge ertönten, und der alte Kaiser schwang sein Schwert.[48]

Das Jahr 1871 blieb Wilhelm auch darum in guter Erinnerung, weil er mit seinen Eltern und Geschwistern samt Kindermädchen, Erziehern und Gouvernanten und einer Schar von Dienern zu Besuch nach England fuhr. Gleich nach der Ankunft erkrankte der Kronprinz. Er war noch vom Krieg erschöpft, eine Grippe entwickelte sich zu einer Lungenentzündung, und als er sich einigermaßen erholt hatte, wollte er zurück, um sich in Wiesbaden auszukurieren. Aber seine Familie sollte nicht mitkommen, sondern bei Queen Victoria bleiben und einen langen Urlaub genießen. Den Kindern gefiel es im Buckingham Palace und auf Schloß Windsor sehr gut. In der königlichen Milchwirtschaft bei Frogmore durften sie Butter und Rahmkäse herstellen, und in einer Lotterie, die dort für die Königskinder veranstaltet wurde, gewann Wilhelm einen großen Kuchen, der wahrscheinlich nicht ganz unschuldig daran war, daß man ihm danach einen Zahn ziehen mußte. Dabei hielt er sich tapfer, und seine Großmutter schenkte ihm zur Belohnung ein nagelneues goldenes Pfundstück, das er bis zur Revolution von 1918 stets in seiner Tasche trug.[49] Dann ging es hinunter nach Osborne, und er und Heinrich durften die Messingkanonen der Modellfestung abfeuern, mit denen einst ihre Onkel gespielt hatten, und ihr kleiner Bruder Waldemar jagte der Queen einen Todesschrecken ein, indem er ihr sein kleines Lieblingskrokodil zu Füßen legte.[50] Wilhelm hatte ein Buch mit dem Titel *Le Fond de la Mer* gelesen und nutzte nun mit großer Freude und Aufregung die Gelegenheit, bei Portsmouth in einer Taucherglocke selbst mit hinunterzufahren. Außerdem durften er und sein Bruder Heinrich Nelsons Flaggschiff *Victory* und das Kadettenschiff *St. Vincent* besichtigen.[51] Zum Dank für die Freundlichkeit, mit der sich der alte »Superintendent of the Dockyard«, Admiral Foley, um ihre Enkel gekümmert hatte, lud die Queen ihn zum Lunch auf Schloß Osborne. Dort spielte ihm seine Schwerhörigkeit einen für alle unvergeßlichen Streich. Man sprach von der Segelfregatte *Euridice,* die vor Portsmouth untergegangen war, und der Admiral beschrieb, wie sie gehoben und in den Hafen geschleppt wurde. Die Queen fragte sodann den Admiral, um das Thema zu wechseln, nach dem Befinden seiner Schwester. »Well, Ma'me«, dröhnte prompt die Antwort des Admirals, dem diese Frage entgangen war, »I am thinking of having her turned over, taking a good look at her bottom and having it well scraped.«* Was folgte, war eine Explosion der Heiterkeit. Verwundert sahen die Kinder, wie ihre Großmutter das Gesicht hinter ihrer Serviette verbarg und sich vor Lachen schüttelte, während ihr die Tränen über die Wangen rannen. Der Herzog von Connaught und die übrigen jüngeren Familienmitglieder konnten ihr Lachen ebensowenig unterdrücken, und die würdigen Diener flüchteten sich hinter den Schirm vor der Anrichte. Der Admiral, der sich diesen Ausbruch nicht erklären konnte, ergriff die Gelegenheit, seine Mahlzeit fortzusetzen.[52]

Die Abreise der Hohenzollernfamilie ging weniger fröhlich vonstat-

* »Nun, wir werden sie (= das Schiff) umdrehen, uns den Rumpf (= das Hinterteil) genau anschauen und ordentlich abkratzen!«.

ten. Die Kronprinzessin hatte sich zwar gut erholt, aber die Vorstellung, nun wieder in das deutsche Nest von Verleumdungen und Intrigen zurückzukehren, war ihr ein Greuel. Außerdem liebte sie England noch so sehr, daß sie bei jedem Abschied unter Heimweh litt. Sie brach in Tränen aus und warf sich schluchzend in die Arme ihrer Mutter. Die Queen war ebenso bewegt. Es zerriß ihr das Herz, daß ihre geliebte Tochter zurück mußte in die Klauen des »Monsters«. Ihre Tränen waren ansteckend. Beim letzten Lebewohl heulten auch die Kinder, von Wilhelm bis zum jüngsten.

5

Um zum Abitur zugelassen zu werden, mußte ein deutscher Gymnasiast einen detaillierten Lebenslauf verfassen und der Schulleitung vorlegen, und die Hohenzollernprinzen bildeten hierin keine Ausnahme.[53] Wilhelm führte außerdem noch ein Tagebuch, aber es ist unwahrscheinlich, daß er darin mehr als reine Fakten verzeichnete, wie zum Beispiel die Aufnahme seines Bruders Heinrich in das Offizierskorps der kaiserlichen Marine, die Teilnahme an Militärparaden, die Geburt einer vierten Schwester im Jahre 1872, die Tatsache, daß er seinen ersten Fasan geschossen hatte, und Notizen über die täglichen Ereignisse. Solange er in Hinzpeters Obhut war, konnte er ein Tagebuch nicht wirklich als seine Privatsache betrachten. In seinem späteren Leben bekannte Wilhelm, er sei damals sehr introvertiert gewesen. Zweifellos war er auch widerspenstig. In ihren ersten Phasen hat die Pubertät einen starken Einfluß auf die Stimmungen von Kindern. Die lustigsten können da plötzlich verdrossen, die sanftesten trotzig und die redseligsten schweigsam werden. Die meisten gehen dabei auch durch das, was man heute als antiautoritäre Phase oder als eine Auflehnung gegen das Vaterprinzip bezeichnet, und kämpfen gegen die ältere Generation. Wilhelm war auch hier keine Ausnahme. Als Deutschlands früherer Gegner, Napoleon III., im Exil starb, hatte er kein Verständnis dafür, daß seine Eltern diese Nachricht mit Betrübnis aufnahmen –, und er sagte das auch. Ebensowenig konnte er verstehen, warum sie erleichtert waren, als der wirtschaftliche Boom plötzlich zusammenbrach. Geduldig erklärten sie ihm, daß die Gründerjahre nach dem Krieg zu einem allgemeinen Absinken des Geschmacksniveaus geführt hatten. Die Bauspekulation hatte ganze Teile von Berlin ruiniert und, in den Worten Walter Rathenaus, durch »entsetzliche Frühgeburten politechnischer Bierphantasien« aus der Reichshauptstadt ein »Chikago an der Spree« gemacht.*[54] Prompt behauptete Wilhelm, daß ihm diese Art von Gebäuden gefiel. Und als es zum Kampf zwischen Bismarck und der katholischen Zentrumspartei kam, ergriff er aus jugendlichem Widerspruchsgeist Partei für Bismarck, denn er wußte, daß er damit seine Eltern treffen konnte. Er war jedoch nicht durchgehend schwierig. Großes Lob erwarb er sich bei offiziellen Gelegenheiten, wie etwa einem Besuch in Wien, wo er vom Anblick der Kaiserin Elisabeth derart überwältigt war, daß er schüchtern und linkisch wie angewurzelt stehenblieb und es eines Wortes seiner Mutter bedurfte, um wieder zu sich zu kommen, der schönen Frau die Hand zu küssen und weiterzugehen.[56] Er machte sich auch nützlich, wenn Besucher nach Berlin oder Potsdam kamen. Einer dieser Gäste faszinierte ihn so, daß er in seinem Gedächtnis haften blieb. Es war der Schah von Persien, dessen Pferde rosa gefärbte Schweife hatten.[57] Er war höflich genug, drei seiner Frauen an der deutschen Grenze zurückzulassen, hatte jedoch die Angewohnheit, Speisen, die ihm nicht behagten, auf die Teppiche zu spucken.[58] Überdies ließ er Lämmer und Ziegen zu rituellen Schlachtungen in sein Appartement im Kronprinzen-Palais treiben. Die bloße Vorstellung davon ließ die jüngeren Prinzen und Prinzessinnen in lautes Kreischen ausbrechen.[59]

Im Jahre 1873 bestand Wilhelm die Aufnahmeprüfung zum Gymnasium, und es wurde beschlossen, daß er dieses in einiger Entfernung von seinen Eltern, nämlich in Kassel, besuchen solle.[60] Um zu verhindern, daß er dort allzu flügge werde, sollten Hinzpeter und sein Bruder Heinrich mit ihm gehen, aber zuvor mußte er konfirmiert werden. Er war darauf sorgfältig vorbereitet worden durch den Unterricht in den Glaubensartikeln der Preußischen Evangelischen Kirche, zu denen seine Großmutter, die Kaiserin, von ihrem quasi-katholischen Standpunkt aus einige nicht unwichtige Ansichten beigesteuert hatte.[61] Dann kam die persönliche innerliche Vorbereitung. Ein wichtiger Teil der Konfirmation war die Formulierung eines persönlichen Glaubensbekenntnisses. Um die dazu nötige innere Ruhe zu gewinnen, fuhren er, sein Bruder und Hinzpeter im Sommer 1874 mit der neueröffneten Schlafwagenlinie nach Scheveningen in Holland.[62] Dort ging Wilhelm allein in den Dünen spazieren und meditierte über sein Glaubensbekenntnis. Da er das zukünftige Oberhaupt eines Reiches mit katholi-

* Walter Rathenau (1867–1922) war ein ungewöhnlich begabter deutscher Jude, Bankier und Industrieller, der sowohl in wilhelminischen als auch Weimarer Regierungen diente. Er war weit mehr als ein Politiker aus dem Großkapital und in ganz Europa bekannt für seinen Geschmack und seine geistigen Interessen. Im Jahre 1922 wurde er von antisemitischen Freikorps-Offizieren ermordet.[55]

schen wie protestantischen Untertanen war, sollte es so unkonfessionell wie möglich, nur auf die Lehre der Apostel gegründet und individuell gehalten sein. Niemand durfte ihm dabei behilflich sein.[63] Im Sand von Scheveningen wurde jedoch nicht nur meditiert. Theoretisch fuhren die drei inkognito, und Wilhelm war als Graf von Bergh anzusprechen, obwohl jedermann wußte, wer er war.

Die Konfirmation fand Anfang September in der Friedenskirche von Potsdam statt. Seine Eltern, der Kaiser und die Kaiserin sowie der Prince of Wales mit seiner Gemahlin waren zugegen. Wilhelm blieb ruhig. Er verlas sein persönliches Glaubensbekenntnis, gab befriedigende Antworten auf die vierzig vorbereiteten Fragen, die ihm gestellt wurden, hörte drei Predigten und wurde konfirmiert. Die lutherische Eucharistie unterscheidet sich von der anglikanischen in wichtigen Punkten, aber für die beiden Königsfamilien lief es mehr oder weniger auf das gleiche hinaus, und so hatte niemand etwas dagegen, daß der Prince of Wales, Wilhelms Onkel, zusammen mit den Hohenzollern die Kommunion empfing. In der Bibel, die Wilhelm überreicht bekam, lag ein formeller Brief seiner englischen Großmutter, der nach der Zeremonie verlesen wurde. Er enthielt die Mahnung, ein guter Junge zu sein.[64] Alsdann schüttelten die englischen Gäste den verhaßten preußischen Staub von den Schuhen, der Prince of Wales fuhr nach Baden ins Casino und seine Frau in ihr geliebtes Dänemark.

Die Konfirmation hatte nicht nur religiöse, sondern auch gesellschaftliche Bedeutung. Von nun an konnte Wilhelm die Sakramente empfangen, und er wurde nun nicht mehr als Kind betrachtet. Er war jetzt ein Schuljunge.

VIERTES KAPITEL

Die Schuljahre

1

Die Art, wie die Prinzen Wilhelm und Heinrich in Kassel ankamen, war bewußt und entschieden unköniglich. Hinzpeters spartanische Ideale standen dabei im Widerstreit mit seiner Vorstellung von dem, was sich für zwei Enkel des Kaisers gehörte. Sie marschierten über den Harz, stiegen auf den Brocken, wo sie aber wegen Nebels nichts sehen konnten, und auf den Regenstein. Dann besuchten sie Schloß Wernigerode, »wo der Hausmeister uns wegen unseres zweifelhaften Aussehens à la Wandervogel hinauswarf«, und mußten mit einem winzigen Zimmer in einem Gasthof vorlieb nehmen, in dem alle Speisen bereits von den anderen Gästen verzehrt worden waren. Für das nächste Stück bis Münden an der Werra benützten sie die Eisenbahn und marschierten dann von dort das letzte lange Stück »auf der alten Landstraße über die Berge hinweg nach Kassel.«

Für Hinzpeter war das, wie er in seinem Tagebucheintrag vom 12. September 1874 schreibt, eine Ankunft »in echter Weise des fahrenden Schülers«. Wieweit seine Schützlinge von dieser Kärglichkeit begeistert waren, wird nicht gesagt, aber Hinzpeter deutet an, daß sie es waren (oder zu sein vorgaben):

> Wir saßen sehr vergnügt in Landwehrhagen in der Kegelbahn einer Fuhrmannskneipe, saures Bier und hartes Brot mit gesalzener Butter zu uns nehmend. Es regnete dazu, und ich hielt meinen Regenschirm über das Frühstück, um das Bier nicht noch wässriger werden zu lassen, denn wir bedurften der Stärkung nach einem beschwerlichen Marsche.[1]

Das war nicht alles. Ihre Ankunft traf mit der des Kaisers zusammen, der für einen kurzen Besuch auf das vor der Stadt gelegene Schloß Wilhelmshöhe kam. Aber Hinzpeter fürchtete, seine Schützlinge könnten aufhören, sich als fahrende Schüler zu betrachten und seine

»Moralpredigt in Wort und Tat«, wie er es nannte, vergessen. So liefen sie weiter möglichst inkognito im Regen umher. Hinzpeter fährt in seinem Tagebuch fort:

> Um nicht mit dem Kaiser in Kassel zu sein, treiben wir uns in der Umgebung herum, finden mit Not im Augarten eine Tasse Kaffee, wozu noch mit Wonne eine in Landwehrhagen eingesteckte Brotrinde verzehrt wird; dann ziehen wir endlich nach unserem Fürstenhof in der Königstraße, wo der Portier in Gala sich nur schwer überreden läßt, daß wir die erwartete Gesellschaft vorstellen.

Verwunderlich war das nicht. Das Fürstenhaus war ein Teil des kurfürstlichen Palais, und dem Portier waren zwei preußische Prinzen angekündigt worden und nicht ein abgerissenes, durchnäßtes Trio, das sich auf seinem beschwerlichen Marsch durch die Berge mit wäßrigem Sauerbier, Brotkrusten und, wenn es hochkam, einigen Schlückchen Kaffee gestärkt hatte.

Zweifellos hatten die Jungen auch dabei ihren Spaß. Wilhelm gestand später, daß ihm bei dieser ersten Entfernung von Zuhause »doch recht unbehaglich zumute« war, und in seinem *Lebenslauf* steht, er habe Kassel recht schweren Herzens vor sich im Regen auftauchen sehen. Immerhin waren die beiden Brüder beisammen. Allzu häufig sollten sie sich allerdings nicht sehen, denn für Heinrich war vorgesehen, daß er sich an der Kasseler Realschule auf seine Marinelaufbahn vorbereitete, und der Unterricht dauerte im damaligen Deutschland so lang, daß einem Jungen wenig Zeit für Heimweh blieb.*

»Old men forget«, sagt Shakespeares Heinrich V., und es ist durchaus möglich, daß der Ex-Kaiser, als er in Doorn 52 Jahre später seine Kindheit und Jugend beschrieb, sich nicht mehr so deutlich an seine Schulzeit in Kassel erinnerte. Er konnte sich dabei jedoch auf seinen alten *Lebenslauf* sowie auf zahllose Tagebücher stützen, die der Historiker Sir John Wheeler-Bennett bei seinem Besuch im Jahre 1939 zu Gesicht bekam und die er als eine »kleine historische Fundgrube« bezeichnete.[3] Seine Lebenserinnerungen besitzen daher ein ungewöhnlich hohes Maß an Authentizität.

* Wilhelms Unterricht dauerte besonders lang. »Ich mußte im Sommer jeden Tag um 5 Uhr aufstehen, um 6 Uhr saß ich schon über der Arbeit, um mich auf den Schulunterricht vorzubereiten, der von 8 bis 12 Uhr währte. Die Zeit von 12 bis 2 Uhr wurde ausgefüllt mit Spazierengehen, Fechten und Schwimmen. Dann folgten wieder 2 Schulstunden, an die sich für mich eine Repetitionsstunde bei Hinzpeter anschloß. Von 5 bis 6 Uhr war Essenspause, die wieder von mindestens 2 Arbeitsstunden abgelöst wurde. Oft dauerte der Nachhilfeunterricht bis 9 Uhr und länger. Kam doch bei mir zu den Lasten, die alle Schüler zu tragen hatten, noch der Spezialunterricht in Englisch sowie in Französisch . . .«[2]

Es kann ihm nicht ganz leicht gefallen sein, sich mit den »gewöhnlichen« Schuljungen zurechtzufinden, und es ist behauptet worden, daß ihm dies niemals gelungen sei und er seine Herablassung nie aufgegeben habe.[4] Er hatte jedoch ein natürliches Talent für vertraulichen Umgang mit allen möglichen Leuten. Einer bekannten Geschichte zufolge, die später gegen ihn verwendet wurde, um seine indiskreten Ausbrüche von Vertraulichkeit zu illustrieren, hat man den Kaiser mit einem italienischen Lotsen, der bei Bari an Bord genommen wurde, streng geheime Staatsangelegenheiten diskutieren hören.[5] Auch seine Fähigkeit, mit anderen Menschen rasch in ein persönliches Verhältnis zu treten, kommt hier zum Ausdruck. Hinzpeter hätte gewiß gerne seine Freunde für ihn ausgesucht, aber Freundschaft kann nicht erzwungen werden. Versuche, die in Königshäusern in dieser Richtung unternommen wurden, erwiesen sich immer als Fehlschläge. Wir wissen nicht, durch wen und auf welche Weise schließlich die Wahl der Freunde zustande kam, aber Wilhelm hebt in seinen Aufzeichnungen unter seinen Schulkameraden vier Jungen hervor: Einer von ihnen brachte es später zum Kriegsminister, ein anderer wurde Gymnasialdirektor in Hamburg, der dritte Staatsanwalt und der vierte Appellationsgerichtsrat. Da zwar Gideon Vogt, der Direktor des Gymnasiums, unter Pädagogen einen guten Ruf hatte, die Klassenkameraden des zukünftigen Kaisers ansonsten aber nicht speziell »selektioniert« waren, ist die Karriere der vier engsten Freunde Wilhelms ein Hinweis auf die hohe Qualität des dortigen Unterrichts. Für Wilhelm spricht auch, daß er zwar den Inbegriff irdischer Bemühungen im Dienst des preußischen Offizierskorps erblickte, in dem der Antisemitismus grassierte, daß aber sein Freund Sommer, der spätere Appellationsgerichtsrat, aus jüdischem Hause war. Ganz nebenbei bemerkt er, daß ihn »das Vertrauen der Klasse ermächtigt hatte, die Heizung des Ofens zu bewerkstelligen«, und daß er damit besonders in der Unterprima beschäftigt war, wo sie von Dr. Auth, einem dicken und jovialen Liebhaber von Wein und überhitzten Klassenzimmern unterrichtet wurden, der obendrein eine täuschende Ähnlichkeit mit jenem problematischen Gast der Kronprinzessin, dem Schah von Persien, besaß, der im Kronprinzen-Palais Lämmer hatte schlachten lassen.[6]

Wilhelm war ein eifriger Leser und interessierte sich vor allem für Geschichte, zu Philologie und Mathematik hatte er aber weder Neigung noch Begabung. Moderne Sprachen eignete er sich mit Leichtigkeit an. Griechisch und Latein schätzte er als Quellen zur antiken Geschichte und als Möglichkeit, seine archäologischen Kenntnisse zu vertiefen. Während seiner Zeit am Kasseler Gymnasium waren deutsche

Archäologen, die von seinem Vater, dem Kronprinzen, gefördert wurden, mit der Ausgrabung von Olympia und Dr. Schliemann mit der Fortsetzung seiner Ausgrabungen bei Troja und Mykene beschäftigt. Schliemann faszinierte Wilhelm. Er war der totale Romantiker, der echte Amateur, der seine Sondierungen nicht auf irgendein anerkanntes System archäologischer Verfahren gründete, sondern sich in ganz und gar unwissenschaftlicher und höchst eigenwilliger Weise ausschließlich auf die Texte von Homer und Pausanias bezog. Auch von seiner Lebensgeschichte hätte man meinen können, sie stamme aus der Feder von Jules Verne oder Fenimore Cooper.*

Trotz der langen Schulstunden gab es gelegentlich auch Abwechslungen. Hinzpeter arrangierte monatlich ein Diner, bei dem die Honoratioren des Ortes ihrem zukünftigen Herrn und dessen Bruder begegnen sollten. Bei Hinzpeter hatte alles einen didaktischen Zweck. Hier sollten Menschen verschiedener Klassen zusammengebracht und dadurch eine »Versöhnung der Stände« herbeigeführt werden. Diese »Versöhnungs-Diners«, wie er sie nannte, waren jedoch weniger gemütlich, als er gehofft hatte. Die Gäste fühlten sich nicht sehr wohl dabei. Und die beiden Prinzen auch nicht.

Mehr Spaß machten ihnen die seltenen Theater- oder Opernbesuche, das Schwimmen in der Fulda, das Fechten, vor allem Florettfechten, mit den Fähnrichen der Kriegsschule und das Reiten. Letzteres meist in Begleitung ihres Rittmeisters, manchmal aber auch mit Hinzpeter, der nie eine Gelegenheit verstreichen ließ, seine Schüler zu vervollkommnen, und daher das Angenehme mit dem Nützlichen zu verbinden suchte, indem er ihnen historische oder naturgeschichtliche Themen vortrug oder sie selbst vortragen ließ. Wenn er sie beim Nichtstun ertappte oder dabei, daß sie nach Jungenart irgendwo her-

* Heinrich Schliemann war der Sohn eines trunksüchtigen Pastors. Mit 14 wurde er zu einem Kaufmann in die Lehre gegeben, lief aber weg, ging zur See und geriet in einen Schiffbruch. Er war noch nicht 20, als man sein erstaunliches Talent für den Erwerb von Geld und Fremdsprachen entdeckte. Mit 37 hatte er sich ein Vermögen gemacht und konnte 15 Sprachen sprechen und schreiben. Wenige Jahre später begann er, auf Abenteuer zu gehen. Mit seinem perfekten Arabisch fuhr er nach Mekka und ließ sich vorher beschneiden, um sicher zu sein, daß er nicht entdeckt wurde. Dann befaßte er sich ernsthaft mit Archäologie. Er heiratete eine 16jährige Griechin, die ihm der Erzbischof von Athen empfohlen hatte, brachte ihr alles bei, was er über Homer und Pausanias wußte, und begann mit Ausgrabungen. Nach seinem Erfolg im Falle Trojas grub er bei Mykene in Süd-Griechenland und fand, wie er erwartet hatte, die mit Schätzen gefüllten Gräber des ermordeten Agamemnon und seiner Gefährten. Er stieß auf einen guterhaltenen Schädel, der eine goldene Maske trug. Am gleichen Abend telegraphierte der romantische Schliemann an den König von Griechenland, er habe Agamemnon ins Antlitz geblickt.[7]

1 *Wilhelm II. als Kronprinz (1877)*

2 *Vier Generationen: Friedrich III. mit seinem Vater, Kaiser Wilhelm I., seinem Sohn, Wilhelm II., und dessen 1. Sohn*

umlungerten, mußten sie sich zunächst gerade hinsetzen, und dann las er ihnen aus den »Professorenromanen« von Georg Moritz Ebers vor oder aus Scott und Dickens.[8]

Obwohl sie nun in ihrem Kassel steckten, müssen die beiden Prinzen doch gemerkt haben, was in der Welt vorging. Selbst wenn er das gewollt hätte, wäre Hinzpeter nicht in der Lage gewesen, eine lückenlose Zensur einzurichten. Die beiden müssen sich beispielsweise darüber gewundert haben, daß Graf Arnim, der mit ihrer Großmutter eng befreundet, Bismarck aber verhaßt war, aufgrund von Kleinigkeiten von der Pariser Botschaft abberufen und aus dem diplomatischen Dienst entlassen wurde. Als er dann zu seiner Verteidigung ein Pamphlet veröffentlichte, ließ Bismarck ihn zu fünf Jahren Gefängnis verurteilen.[9] Die Erkenntnis, daß die wahre Macht in Deutschland nicht in des Kaisers, sondern in Bismarcks Händen lag, und daß dieser ihren Eltern und ihrer Großmutter mit unversöhnlicher Feindschaft gegenüberstand, muß für die beiden Jungen eine harte Lektion gewesen sein. Vorher mögen sie das bereits gespürt haben, nun wußten sie es. Allerdings wissen wir nicht, wie sie diese Lektion aufnahmen und sich einprägten und welche Wirkungen sie hatte. Aus Amerika wird zu ihnen der Name gedrungen sein, mit dem dort der 100. Geburtstag der Freiheit gefeiert und ein Präsident gewählt wurde, der als »Queen Victoria in Hosen« bezeichnet wurde.[10] Es wird ihnen auch nicht entgangen sein, daß ihre englische Großmutter den Titel »Kaiserin von Indien« annahm ...

Nur einmal hatten sie Gelegenheit, mit ihren Eltern über all das zu sprechen. Das geschah in einem Familienurlaub in Scheveningen. In diesen Ferien ging es nun weniger ernsthaft zu, und Hinzpeter mochte einen Eindruck von Leichtsinn empfangen haben, denn jedermann schien vergnügt, und Vergnügen stand doch für ihn in einem gewissen Zusammenhang mit Sünde. Wilhelms herzloser Kommentar: »Und Hinzpeter mußte sich darauf beschränken, ein finsteres Gesicht zu machen.«

Fern von den Berliner Spannungen und entzückt von der Entwicklung seiner Kinder machte sich der Kronprinz mit Begeisterung an die Gestaltung dieses Urlaubs. Sie lernten Tennisspielen, gingen am Strand spazieren, schwammen und ruderten, besuchten dänische Freunde und Verwandte sowie den Utrechter Waffelmarkt. Die an ihre spartanische Kost gewöhnten Jungen blickten sehnsüchtig auf die Waffeln, die an den Ständen gebacken wurden. »Futtert euch man ordentlich voll«, sagte ihr Vater. »Diese goldene Scheveninger Zeit« heißt es in Wilhelms Erinnerungen.[11]

Im Januar 1877 bestand Prinz Wilhelm zusammen mit 16 anderen Primanern in Kassel das Abitur und bekam das Abgangszeugnis ausgehändigt. Er sollte nun seinem Vater und seinem englischen Großvater nachfolgen und an der Universität Bonn studieren. In seinem *Lebenslauf* gab er »Staats- und Rechtswissenschaften« als Gegenstand seines künftigen Studiums an.*

Zwei Tage später, an seinem 18. Geburtstag, wurde Prinz Wilhelm volljährig. Traditionsgemäß nahm man dieses Ereignis zum Anlaß für eine private, aber doch glanzvolle Feier. Queen Victoria hatte ihrem Enkel die höchste Klasse des Bath-Ordens angeboten, aber er wollte den Hosenband-Orden, eine der höchsten Auszeichnungen innerhalb der aristokratischen Christenheit. Taktvoll schrieb die Kronprinzessin an ihre Mutter, daß die Kaiser von Rußland und Österreich und der König von Italien bereits ihre jeweils höchsten Orden übersandt hatten und daß andererseits Preußen nicht nur den Prince of Wales, sondern auch die Herzöge von Edinburgh und Connaught mit dem Hohen Orden vom Schwarzen Adler ausgezeichnet habe. »Willy«, schrieb sie, »würde mit dem Bath-Orden zufrieden sein, aber nicht das Volk.« Queen Victoria gab sogleich nach.[13]

Am Morgen des 27. Januar betrat der britische Botschafter, versehen mit dem Mantel, dem Stern und dem Strumpfband des Ordens das Kronprinzen-Palais, und der Kronprinz, selbst ein Ritter des Hosenband-Ordens, nahm seinen Sohn in Stellvertretung der Queen in den Orden auf. Danach fuhren sie zum Alten Palais, wo dem jungen Prinzen im Rittersaal feierlich der rote Mantel und die Kette des Hohen Ordens vom Schwarzen Adler verliehen wurde und er von seinem Großvater den Ritterschlag empfing. Zugegen waren die gesamte königliche Familie, alle Offiziere des Ordens und inmitten der Menge als widerstrebender Gast Fürst Bismarck. Gegenüber dem Kronprinzen und dessen Frau hatte er zweifellos die Oberhand und er behandelte die Kaiserin mit weniger Höflichkeit als einen seiner Angestellten. Aber er hatte geglaubt, er könne sich auf den alten Kaiser verlassen

* Benjamin Jowett, der gefeierte englische Snob, hatte vergeblich versucht, ihn durch Morier von der britischen Botschaft für das Baillol College in Oxford zu gewinnen.[12] Später, als Kaiser, zeigte Wilhelm sich jedoch erfreut, als ihm der juristische Ehrendoktor von den Universitäten Oxford (D.C.L.), Pennsylvania (LL.D.) und Berlin, sowie der medizinische Ehrendoktor von Prag und der naturwissenschaftliche von Klausenburg verliehen wurde.

und dessen war er sich nun nicht mehr sicher. Erst wenige Tage zuvor hatte er sich in einem Brief beklagt:

> Der Kaiser ist steinhart und kalt, hat gar keine Dankbarkeit für mich, er behält mich nur, weil er glaubt, ich könne ihm noch etwas leisten![14]

Wie vieles bei Bismarck, so war auch dies etwas übertrieben. Er spürte jedoch, daß der alte Herr nicht mehr ganz das gleiche Vertrauen in ihn setzte. In der Tat hatte der Kaiser sich über die Empfindlichkeit seines Kanzlers beklagt und gesagt, er müsse wie ein rohes Ei behandelt werden. Angesichts derartiger Spannungen könnte Bismarck mit besonderem Interesse auf den Mittelpunkt dieses Nachmittags, Prinz Wilhelm, geblickt haben.

Für den Prinzen war es ein Tag der Begeisterung. Er verehrte den Geist und das Ritual des Rittertums und betrachtete diese Verleihung höchster europäischer Orden fast als religiösen Akt. Außerdem gewann er an diesem Tag das schlichtere, aber darum nicht weniger angenehme Gefühl der Freiheit. Vor der Studienzeit in Bonn hatte er ein halbes Jahr Militärdienst zu leisten, worauf er sich freute, und bekam nun im Potsdamer Neuen Palais seine eigenen Appartements. Dort lebte er weder im Schoß der Familie noch unter der uneingeschränkten Autorität seiner Eltern.[15] Und die größte Last, die er an diesem Tag abschüttelte, war sein Erzieher. Vielleicht ist es doch recht bezeichnend, daß man Dr. Hinzpeters Dienste weder für eine weitere Betreuung von Prinz Heinrich noch für den neunjährigen Prinz Waldemar in Anspruch nahm. Ihm wurde gestattet, sich in seine Heimatstadt Bielefeld zurückzuziehen.[16]

FÜNFTES KAPITEL

Der junge Prinz

»Es ist unmöglich,
zwei nettere Jungen zu finden
als Wilhelm und Heinrich.«
Der Prince of Wales zu Queen Victoria, 1878

»Diesen Sohn habe ich nie wirklich besessen.«
Die Kronprinzessin über Prinz Wilhelm, 1881

1

Kaiser Wilhelm war nun 80 Jahre alt. Trotz seiner sonderbaren Ernährungsweise – er nahm ein Durcheinander von Obst, Fruchtsäften, Pökelfleisch, starkem Tee, lauwarmem Champagner und seinem nächtlichen Hummersalat zu sich – machte er einen unverwüstlichen Eindruck. Sein 46jähriger Sohn war an den Staatsgeschäften in keiner Weise beteiligt. Er und seine Frau hatten daher viel freie Zeit. Sie reisten, studierten, betrieben ihr Bornstedter Gut und interessierten sich für eine Vielzahl von Angelegenheiten. Nicht lange nach Wilhelms Volljährigkeit förderten die deutschen Ausgrabungen von Olympia den Hermes des Praxiteles zutage. Diese Entdeckung war von höchster archäologischer und künstlerischer Bedeutung, und der Kronprinz wurde von allen Seiten als Wegbereiter dieser Leistung beglückwünscht.* Mit ihrer Tüchtigkeit und Entschlossenheit konnte die Kronprinzessin auf dem Gebiet der Erziehung und der Hygiene eine intensive, in ihrer Wirksamkeit aber stets eingeschränkte Tätigkeit entfalten. Beide hatten sie das Gefühl, daß der Kanzler ihre Haupttalente nicht zum Zuge kommen ließ und daß sie verkümmern könnten, ehe der Kronprinz seinem Vater auf den Thron folgen und die Macht übernehmen würde. Ihre Besorgnis war daher größer als die der meisten Eltern, als sie entdeckten, daß die politischen Vorstellungen

* Aufgrund technischer Überlegungen wurden 1927 Zweifel an der Echtheit der Plastik laut. Man fragte sich, ob sie wirklich von Praxiteles stamme oder nicht eher eine hellenistische oder römische Kopie sei, aber weder diese noch andere Theorien haben viel Zustimmung gefunden.[1]

ihres Sohnes in fast vollständigem Gegensatz zu ihren eigenen liberalen Ansichten standen. Sie erkannten, daß es sich dabei nicht nur um Ausläufer jugendlicher Widerspenstigkeit handelte. Unter dem Einfluß seiner Offizierskollegen und einer Gruppe von Höflingen, die dem unreifen Prinzen schmeichelten, entwickelte Wilhelm die gleichen exaltierten Vorstellungen von Königtum wie sein Großvater. Dementsprechend betrachtete er die wenigen Sozialdemokraten im Reichstag als eine Bedrohung der staatlichen Sicherheit,* verachtete den Liberalismus seiner Mutter und mißbilligte offen, daß sie mit diesen unpatriotischen Ansichten auch seinen Vater infiziert hatte. Sie konnten nicht beweisen, wohl aber vermuten, wer hinter dieser Widerspenstigkeit stand. Allerdings war seine Widerstandkraft gegen Speichelleckerei nach den 12 Jahren mit Hinzpeter, in denen er von seinem Erzieher nie ein lobendes Wort gehört hatte, sehr niedrig, und die Flut der Lobpreisung und der Unterwürfigkeit, die plötzlich von allen Seiten auf ihn einströmte, überwältigend. Die politisch rechts stehenden Organe im Berliner Zeitungsviertel hoben ihn in den Himmel, und er machte sich nicht die Mühe, die anderen zu lesen.

So oft es möglich war, versuchte der Kronprinz, ihn aus diesen Höhen sanft auf den Boden der Tatsachen zurückzuholen. Der impulsiven, leidenschaftlichen Kronprinzessin gelang das weniger gut. Wilhelm hatte einen Grad von Unabhängigkeit erreicht, den sie zu respektieren hatte, aber es bedrückte sie zu sehen, wie stark auch bei Heinrich und Charlotte der Wunsch war, sich ihrer Autorität zu entziehen. Sie führte das auf Wilhelms Einfluß zurück. In der Tat gab sein schwächerer Bruder Heinrich, der im Frühjahr 1877 in die Marine eintrat, viel auf sein Wort, und auch Charlotte ließ sich nicht ungern von ihrem ältesten Bruder leiten.

Mit Ausnahme von Heinrich fuhren alle Kinder zusammen mit ihren Eltern im Jahre 1877 in einen letzten gemeinsamen Familienurlaub. Das erste Ziel war Ostende, wo man baden ging und Besichtigungen »à la Prinzgemahl« organisiert wurden, so daß für Zwistigkeiten weder Zeit noch Kraft blieben. Dann fuhren sie an den hessischen Hof, wo Prinz Ludwig gerade seinem Onkel als Großherzog auf den Thron gefolgt war.[3] Dort spielten die Kinder mit ihren Cousins und Cousinen Tennis, ritten und ruderten, während ihre Eltern sich daran machten, die 12 recht heruntergekommenen hessischen Schlösser und Jagdschlößchen wieder instandzusetzen. Am Ende des Urlaubs war die

* Die sozialdemokratische Arbeiterpartei hatte zu diesem Zeitpunkt die Lehren von Marx, Engels und Lassalle bereits aufgenommen, in den Reichstagwahlen von 1877 jedoch lediglich 12 von insgesamt 397 Sitzen erhalten.[2]

Kronprinzessin überzeugt, daß es das beste wäre, Charlotte so bald wie möglich unter die Haube zu bringen.

Merkwürdigerweise war es dann Wilhelm, der seine Schwester buchstäblich in die Arme ihres Ehemannes stieß. Im Spätsommer dieses Jahres war er zusammen mit anderen jungen Leuten auf jener Pfaueninsel, auf die sich viele Jahre zuvor der damalige Kartätschenprinz und jetzige deutsche Kaiser vor dem Berliner Mob geflüchtet hatte. Zur Unterhaltung von König Friedrich Wilhelms IV. Geschwistern war dort eine kleine Eisenbahn gebaut worden, und Wilhelm, der den Lokomotivführer spielte, beschleunigte plötzlich, so daß seine Schwester Charlotte sich an Prinz Bernhard von Sachsen-Meiningen festhalten mußte. Die beiden entflammten sofort füreinander, und der Prinz war als Thronerbe und Sohn einer preußischen Prinzessin eine höchst standesgemäße Partie. Charlottes Cousine Marie, die spätere Königin von Rumänien, beschrieb sie ganz offen als eine Frau, die, wenn sie wollte, die bezaubernste Frau sein konnte, die sie je gekannt habe. Ihre Bewegungen seien katzenhaft gewesen, ihre höchst melodische Stimme hätte einen Tiger besänftigen können, und sie habe eine Leidenschaft für Schmuck und Zigaretten gehabt. Zugleich aber sei sie eine der unausgeglichensten und wankelmütigsten Frauen gewesen. Sie sei fähig gewesen, mit einem einzigen verächtlichen Wort einem anderen Menschen seine Begeisterung zu nehmen und ihm den liebsten Besitz oder den engsten Freund wertlos oder reizlos erscheinen zu lassen.[4]

In dieser Skizze steckt höchstwahrscheinlich einige Aggressivität und Übertreibung, bis zu einem gewissen Grad aber stimmt sie überein mit anderen freimütigen Portraits der ältesten Tochter des Kronprinzenpaares und läßt zumindest ahnen, was für ein schwieriges Kind sie zu Hause gewesen sein dürfte. Charlotte war zwar erst 17 Jahre alt, aber der Gedanke, diese launische und widerspenstige Tochter loszuwerden, noch dazu an einen so passenden Ehemann, war für die Eltern eine große Erleichterung, und so gaben sie ihre Einwilligung zur Heirat.

Die Hochzeit fand im Februar 1878 statt. Die Festlichkeiten mußten ein wenig reduziert werden, da der italienische König Viktor Emanuel (für Queen Victoria ein hemmungsloser Weiberheld[5]) neun Tage vorher verstorben war, aber das machte niemandem etwas aus. Der Prince of Wales erschien und bezauberte die steifen Damen und Herren des preußischen Königshauses, indem er ihnen das Gefühl von Wichtigkeit gab. Für die Kronprinzessin, die seit ihrer heftigen Auseinandersetzung im Jahre 1870 ihrem Bruder wieder nähergekommen war, bedeutete das eine große Hilfe. Charlottes Kühle war für sie ein Rätsel. Anscheinend konnte ihre Tochter gar nicht schnell genug von zu Hause wegkommen, und von dem allgemeinen Schluchzen bei ihrer eigenen Heirat war hier keine Spur. Flott wurde geheiratet, flott fuhren Charlotte und Bernhard in ihre Flitterwochen, und flott kehrten sie zurück nach Berlin, wo sie ein flottes, von ihren Eltern mißbilligtes Gesellschaftsleben führten.[6]

2

Neben der ganz normalen Opposition von Kindern gegenüber ihren Eltern, die auch bei seinen Geschwistern zu beobachten war, wurden zwischen Wilhelm und seine Eltern drei besondere Keile getrieben.

Zunächst war da die Zuneigung zu seinem Großvater, dem Kaiser, dessen Partei er bei häuslichen Diskussionen ergriff und dem er wie ein treuer Hund überallhin folgte, wo sein Jahresrhythmus ihn hinführte. »Die Saison« der deutschen Gesellschaft reichte von Neujahr bis Ostern. Die Empfänge des Hofes am Neujahrstag und die Hofbälle waren glanzvolle Versammlungen. Erstere fanden in den Staatsgemächern des Alten Palais statt, und der »Schwertadel« wie der beamtete »Briefadel« waren dort ebenso zugelassen wie das diplomatische Korps. Eine Einladung zum jährlichen Hofball, der in des Kaisers heruntergekommenem Palais gegeben wurde, war viel schwerer zu bekommen und galt in der Gesellschaft mehr als alles andere, obwohl dort weder gute Bewirtung noch gute Unterhaltung geboten wurden. Zu den Festlichkeiten gehörten auch Geburtstage, Opernbesuche und königliche Konzerte im Alten Palais. Schließlich gab es die formellen Donnerstage im Frühling und die aufgelockerten *soirées de la bonbonnière,* zu denen meist nur fünf oder sechs Freunde der Kaiserin geladen waren. Nach der Saison fuhr die Kaiserin gewöhnlich nach Koblenz, während der Kaiser seine jährliche Runde machte: nach Ems zur Kur, nach Koblenz, um mit seiner Kaiserin zu streiten, nach Mainau im Bodensee oder nach Gastein zu einer zweiten Kur nebst Biertrinken, Kegeln und Aufführungen von Laienbühnen. Den Sommer verbrachte er mit Vorliebe auf Schloß Babelsberg bei Potsdam, das ihm die Kronprinzessin nur allzu gern zurückgegeben hatte; im frühen Herbst ging er ins Manöver und im Spätherbst auf die Jagd nach Schlesien.

Prinz Wilhelm betrachtete den Verlauf der Saison und diese jährliche Runde des Kaisers mit einer Ehrfurcht, die seine Eltern gründlich irritierte. Das rückte ihn nur noch näher an seinen Großvater, der sich freute, wenn man ihn gern hatte, und an seine Großmutter, die zu dieser Zeit nicht besonders darauf erpicht war, ihn für abfällige Bemerkungen über seine liberalen Eltern zu tadeln. Sie erinnerte ihn wohl an viele Ansichten, die sie mit dem Kronprinzenpaar teilte – vor allem an den gemeinsamen Abscheu vor dem Kanzler –, aber sie unterließ es, ihn an die Loyalität zu mahnen, die er seinen Eltern schuldig war.

Das zweite Element, das Wilhelm seinen Eltern entfremdete, war seine echte Leidenschaft für die Armee. Die preußische Armee war das kraftvollste Element der deutschen Wehrmacht, und ihr Offizierskorps bestand im Unterschied zu anderen Berufsarmeen fast nur aus Adeligen. Die Bourgeoisie hatte längst begonnen, in die Kommandos der britischen und russischen Armee einzudringen und war in Frankreich bereits auf dem Weg zur Spitze. Die preußischen Garderegimenter waren dagegen nur den Abkömmlingen gräflicher oder fürstlicher Häuser, die mit »Durchlaucht« oder »Erlaucht« anzureden waren, oder den Junkern des preußischen Königreiches zugänglich. Die Junker waren im allgemeinen ein kleiner Landadel mit großen Stammbäumen und hatten im übrigen Europa keine direkte Entsprechung. Wenn es nötig war, halfen sie ihren Knechten auf dem Feld, aber sie waren ungeheuer stolz auf ihre adelige Geburt und auf ihr Recht, für den König von Preußen das Schwert zu führen. Wilhelm hatte keinerlei Mühe, sich in dieser ganz nach innen gewandten Kaste zurechtzufinden.

Er liebte das Junggesellenleben im Kasino, den Kameradschaftsgeist der Offiziere, das Biertrinken und die Weinabende und vor allem die unbedingte und aufrichtige Anerkennung des Kaisers und Königs als obersten Kriegsherrn. Sehr bald muß ihm aufgefallen sein, daß sein Großvater mit einer ungeheuren Zahl begeisterter Trinksprüche und Hochrufe gefeiert, sein Vater aber kaum je in der gleichen Weise geehrt wurde und auch nicht wirklich populär war. Wilhelm, der seinen Großvater ohnehin stets geliebt hatte, verhielt sich hier nicht anders als seine Offizierskollegen. Im übrigen zeigte er sich als vielversprechender Soldat. Er arbeitete intensiv, erwarb sich die nötigen Kenntnisse von »Gefechtstaktik«, der »englischen Attacke«, dem »Schützengefecht« mit der »Schützenlinie«, dem »Normalangriff«, dem »Salvenfeuer« und dem »Türken«, worunter man eingeübte Manöverbewegungen verstand. Bei aller Begeisterung stand er jedoch der Tatsache, daß das Reglement, nach dem die Infantrie von 1877 ausgebildet wurde, sich seit den napoleonischen Kriegen fast überhaupt nicht geändert hatte, nicht unkritisch gegenüber. Beispielsweise galt es damals »für einen preußischen Offizier als unpassend und gegen seine Ehre, sich zu decken oder gar auf die Erde niederzulegen«. Die stehenden, die Schützenlinie führenden Offiziere zeigten somit die genaue Position der kriechenden Schützen an. Man erwartete bestimmte Reformen, und Wilhelm betrachtete sie als äußerst notwendig. Vor allem verabscheute er bürokratischen Leerlauf.[7] Vorausschauend, voll Begeisterung und stolz auf die deutschen Waffen hätte er an der Seite seines Vaters stehen können, der sich schon auf manchem Schlachtfeld bewährt hatte. Die Identifikation mit seinen Offizierskollegen, die für den Kaiser schwärmten, machte dies jedoch unmöglich.

Bismarck war es, der den dritten und härtesten Keil zwischen das Kronprinzenpaar und ihren ältesten Sohn trieb.

Otto von Bismarck ist in diesem Buch bisher als eine gewaltige und meist bösartige Kraft in Erscheinung getreten. Kein ernsthafter Historiker hat ihm je seine Größe und seinen starken Einfluß auf die Geschicke Europas abgesprochen. Er war die Verzweiflung der Liberalen und der Sozialdemokraten, die ihn verabscheuten, und der dynamische Held aller politisch Rechtsstehenden. Für diese war er fast ein Abgesandter des Himmels, der richtige Mann an der richtigen Stelle in einer kritischen Periode der preußischen und der deutschen Geschichte.

Seine Herkunft war weniger hoch angesiedelt. Er hatte zwar das erforderliche Junkerblut, aber sein Vater war arm und völlig unbekannt, und seine Mutter stammte aus dem Bürgertum. Geboren wurde er in der sandigen Mark Brandenburg, vierzehn Tage nachdem Napoleons letzte, verzweifelte 100 Tage mit seinem Einzug in Paris begonnen hatten. In seinem Werk über Bismarck bemerkt A. J. P. Taylor, daß er seiner gescheiten Mutter nachschlug, obwohl er nichts für sie übrig hatte, ihren Charakter und ihre Wertmaßstäbe mißbilligte und wie sein Vater sein wollte.*[8] Er liebte das Leben auf dem Lande und war gar nicht begeistert, als seine Mutter mit seiner Familie nach Berlin zog. Nach dem Gymnasium – dem besten der Hauptstadt – besuchte er die Universität Göttingen, wo er sich durch phantastische Kleidung, Mensuren, Exzesse im Trinken und spektakuläre Liebesaffären auszeichnete. In einem adeligen Naturforscher aus dem Baltikum und einem Amerikaner, der später in diplomatische Dienste ging, gewann er dort zwei lebenslange Freunde.[9] Dann trat er in den Staatsdienst, wo er

* Diese ungewöhnliche Eigenschaft – denn normalerweise liebt ein Junge seine Mutter und steht seinem Vater mit unbewußter, ödipaler Eifersucht gegenüber – zeigt den jungen Bismarck in einer Situation, die der des jungen Wilhelm überraschend ähnlich ist. Beide leiden sie dann auch unter der wenig beneidenswerten Erbschaft mangelnder Gelassenheit.

sich wenig Lorbeeren verdiente und fortfuhr, den Damen im Milieu reicher Engländer nachzustellen. Angeblich verliebte er sich sogar in eine Tochter des Herzogs von Cleveland. Widerstrebend leistete er den unumgänglichen Militärdienst und kehrte, sobald seine Mutter gestorben war, auf die Familiengüter zurück, wo ihm seine Extravaganzen den Beinamen »der tolle Bismarck« eintrugen. Ausführliche Lektüre und religiös-philosophische Studien hatten eine gewisse mäßigende Wirkung auf ihn. Der Glaube, zu dem er sich allmählich bekehrte, war stark geprägt von den pommerschen Pietisten.[10] Die Aufgabe des Staatsmanns beschrieb er einmal als die Fähigkeit, warten zu können, »bis man den Schritt Gottes durch die Ereignisse hallen hört; dann vorspringen und den Zipfel seines Mantels zu fassen, das ist alles«.[11] Über den Glauben gelangte er auch zu seiner Ehe mit Johanna von Puttkamer, die ihm mit ihrer Tugendhaftigkeit, ihrem Verständnis, ihrer Geduld und Ruhe eine vollkommene Frau war, während er auf diese Eigenschaften keinerlei Anspruch erheben konnte, sondern treulos, halsstarrig, ungeduldig und bis zur Besinnungslosigkeit erregbar war und blieb.

Seinen Eintritt in die Politik verdankte Bismarck zunächst einem glücklichen Zufall. Zu exzentrisch, um seinen Nachbarn zu gefallen, wurde er nicht direkt, sondern nur als Ersatzkandidat in den Landtag gewählt. Dann erkrankte plötzlich der gewählte Kandidat, zog sich zurück, und Bismarck fuhr an seiner Stelle nach Berlin. Als kämpferische Natur, die er war, attackierte er die Bürokratie, was soviel hieß, wie für den König Partei ergreifen. Er wurde so reaktionär, daß man ihn an die Spitze der monarchistischen Pyramide im Landtag schob. Im Revolutionsjahr 1848 hatte er eine im Licht der nachfolgenden Ereignisse sehr interessante Patentlösung anzubieten. Der König solle abdanken, sein nach England geflohener Bruder auf seine Rechte verzichten und der junge Prinz Friedrich den Thron besteigen. Als die Aussicht auf eine konstitutionelle Regierung schwand, gab Bismarck diese Idee wieder auf und blieb fortan ein starrer Anhänger der Oligarchie. Das trug ihm schließlich den Posten eines Gesandten in Frankreich ein. Als Wilhelm, mittlerweile König von Preußen, sich dann in einer kritischen Situation befand, im Parlament eine Patt-Situation eingetreten war, und er bereits damit drohte abzudanken, rief er schließlich Bismarck zu Hilfe. Bismarck aber war nicht auffindbar. Er war nicht bei seiner Arbeit in Paris, sondern im südlichen Biarritz in eine leidenschaftliche Liebesaffäre mit der Frau des russischen Botschafters in Brüssel verstrickt. Tagelang antwortete er weder auf Briefe noch auf Telegramme. Als er sich schließlich bereit erklärte, dem Ruf seines

Königs zu folgen, tat er dies nur unter bestimmten Bedingungen. Sie wurden ihm zugestanden. Ob er nun den Zipfel von Gottes Mantel gefaßt hatte oder nicht, er hatte die Macht ergriffen und ließ sie 27 Jahre lang nicht wieder los.[12]

Fast 15 von diesen Jahren waren vergangen, als Prinz Wilhelm volljährig wurde. Er war im Schatten Bismarcks aufgewachsen und hatte dessen eisernen Griff auf alles und auf jeden immer fester werden sehen. Für einen beeindruckbaren und romantischen Jungen von 18 Jahren war Bismarck eine buchstäblich überlebensgroße Gestalt. Er war ein hochgewachsener Mann, dessen Durst und Appetit der Massivität seines Körpers entsprachen. Er war ein Feinschmecker und ein Fresser zugleich und ließ sich, wie das in zweitklassigen griechischen Restaurants üblich ist, alles auf einmal servieren. Vom gehäuften Tisch griff er dann nach Würsten, Geflügel, Wild, Fleisch, Brot, Kartoffeln, Wurzeln und Gemüse, Maccaroni, Käse und Fisch, trank dazu beträchtliche Mengen roten und weißen Wein, Bier und Cognac und spülte mit einem Ozean von Champagner nach. Er bekannte einmal, in seinem Leben 5000 Flaschen Champagner getrunken zu haben. Auch seine Möbel waren kolossal, an den Stühlen mußten die ineinander verzahnten Bretter mit dem stärksten Leim zusammengefügt werden, denn weder Nägel noch Holzstifte waren seinem Gewicht und seinen Wutausbrüchen gewachsen, in denen er, was häufig geschah, jede Selbstkontrolle verlor und alles um sich warf. Selbst seine Bleistifte waren von entsprechender Größe, jeder wie ein kleiner Spazierstock. Bismarck war überlebensgroß in allem: in seinem Groll und seiner Rache, in seiner Entschlossenheit, einen Schuldigen zu finden, wenn alles schiefging, in seiner Liebe und in seinem Haß. Einmal konnte er – zweifellos verdientermaßen – nach einem Rabelaisschen Souper und einer Sintflut von Champagner nicht schlafen und erklärte am nächsten Morgen, er habe »die ganze Nacht gehaßt«.

Bismarck war damals bereits einer der reichsten Großgrundbesitzer des Reiches. Seine zwei großen Güter waren allerdings mit überaus häßlichen und schlecht möblierten Häusern versehen: das eine bei Varzin von verrotteten Waldungen überwuchert, das andere, zehnmal größere, bei Friedrichsruh, mit einem noch häßlicheren Haus, einem ehemaligen Hotel ohne Elektrizität, dessen Schlafzimmer noch immer die alten Zimmernummern trugen. Fürst Bismarck und seiner Frau waren der mangelnde Komfort und die Banalität der Umgebung gleichgültig. Ihr Amtssitz in Berlin war unbequem und ein permanentes Chaos. Vollgestopft mit unaufgehängten Portraits, ungelesenen Büchern, unausgelegten Teppichen, halb ausgepackten Geschenken, zahllosen Jagdtrophäen und unschönen Nippsachen sowie abgelegten Kleidern sah es hier mehr aus wie eine Pfandleihe oder ein Trödelmarkt als wie die offizielle Behausung des mächtigsten Mannes in Deutschland. Freilich wohnte er auch nicht sehr häufig dort. Bismarck regierte in zunehmendem Maße von Varzin aus, das von Berlin fünf Tagstunden und 60 km schlechte Landstraße entfernt lag, oder von Friedrichsruh aus, von wo man die Reichshauptstadt mit dem Zug in zwei Stunden erreichen konnte. Diese Entfernungen verlangsamten die Amtsgeschäfte, verhinderten sie aber keineswegs. Bismarck fühlte sich wohler auf dem Lande, wo er das Leben in feudalistischem Stil genoß, durch seine Güter spazierte, seine Bauern gelegentlich mit dem Spazierstock verprügelte und sich mit Lesen, Essen und Trinken unterhielt, wenn keine Staatspapiere auf ihn warteten. Seinen Herrn, den Kaiser, suchte er täglich auf, wenn er in Berlin war, aber sonst verschwendete er keine Zeit mit Interviews und Banketten. Bei Hofe war er nur, wenn er nicht anders konnte, das diplomatische Korps sah er einmal im Jahr, und hin und wieder traf er einen der Könige und Fürsten des Reiches. Selbst der Kronprinz bekam ihn oft monatelang nicht zu sehen. Bismarck entzog sich seiner Umgebung ganz bewußt. Er hatte viele Ideen, aber er mußte sie zusammenhalten wie das Quecksilber aus einem zerbrochenen Barometer und scharf nachdenken, bevor er eine Schlußfolgerung zu Papier brachte. Hauptsächlich aus diesem Grunde sprach er ungern und nicht einmal mit den von ihm selbst gewählten Ministern über die Amtsgeschäfte. Da gab es aber auch noch andere Gründe. Bei seinem Mangel an Geduld und seiner scharfen Zunge war er stets in Gefahr, sich zu Indiskretionen hinreißen zu lassen. Nichts haßte er mehr als von einem Podium aus zu sprechen. Im Reichstag hatte er zwar lange und höchst eindrucksvolle Reden gehalten, aber seine schrille Stimme, seine Denkpausen, in denen er an einem Glas Cognac oder Wasser nippte, seine Abschweifungen und seine generelle Unrast brachten die Abgeordneten manchmal dazu, ihn durch lautes Husten oder Gelächter zu übertönen. Dann setzte er die Lorgnette auf, blickte herrisch auf die Leute hinunter und schwang einige Male sogar, wilde Drohungen ausstoßend, seine Fäuste.

Prinz Wilhelm konnte diesen Staatsmann, der seine Eltern ebenso erbarmungslos gepeinigt hatte wie er seinem geliebten Großvater unabänderlich treu geblieben war, nur wie ein unendlich geheimnisvolles Wunder anstaunen.

3

Bonn ist mit seinen Denkmälern, Parks, Alleen und Rheinpromenaden eine liebenswürdige alte Stadt. Die romanische Kathedrale erhebt sich über den Grabstätten zweier römischer Soldaten, die hier im Jahre 253 den Märtyrertod erlitten. Das Haus in der Bonngasse, in dem Beethoven geboren war, ist heute ein Museum, und seine Musik wird mit den jährlichen Festspielen in der Beethovenhalle gefeiert. Schon lange, bevor sie die Haupt- bzw. Regierungsstadt der Bundesrepublik wurde, war Bonn berühmt durch seine Universität. Im Jahre 1818 war sie im Gartenschloß Poppelsdorf untergebracht worden, das aus dem 13. Jahrhundert stammt, den Erzbischöfen und Kurfürsten von Köln gehörte und in eine kunstvoll gestaltete Landschaft mit botanischen Gärten eingebettet liegt.

Wir können so gut wie sicher sein, daß die Stadt, als Prinz Wilhelm sie im Oktober 1877 als Student bezog, noch schöner war als heute. Er hatte seine militärische Grundausbildung hinter sich, sein Offiziersexamen bestanden und seine Männer ins Herbstmanöver geführt.[13] Nun sollte er sich geistig auf die Verantwortung vorbereiten, die er eines Tages zu übernehmen hatte. Er kam in Begleitung seines Vaters, der vom Studentenleben schwärmte. Wilhelm blieb skeptisch. Er und sein Haushalt wurden in einer ziemlich großen Villa untergebracht. Theoretisch hatte er an der Universität den Status eines freien Privatmannes. Praktisch war er des Kaisers Enkel und der mutmaßliche Thronfolger. Mit dem Wunsch, politische Wissenschaft und Jurisprudenz zu studieren, hatte er seinen Kasseler Lebenslauf abgeschlossen. Dazu kamen nun noch als weitere Studienfächer deutsche Literatur, Kunstgeschichte, Philosophie, Physik und Chemie – ein Stoff also, den vielleicht seine Mutter hätte bewältigen können, dem er jedoch keineswegs gewachsen war.* Er wurde nicht wie die übrigen Studenten unterrichtet, sondern von sorgfältig ausgewählten Professoren privat bei sich zu Hause. Nur für die Vorlesungen in Experimenteller Chemie begab er sich in das Poppelsdorfer Schloß. An allen deutschen Universitäten gab es damals Korporationen, in denen die Studenten zusammensaßen und tranken und in der Hoffnung auf einen ehrenhaften

* Unter den vermischten Kenntnissen, die er aus Bonn nach Hause mitnahm, finden wir die Zubereitung von Salat – worin er von der Schwägerin des Staatsrechtlers Loersch unterwiesen wurde – sowie den Text zu einem Lied, das ihn die Autorin selbst, Carmen Sylva, die Königin von Rumänien, gelehrt hatte, und in dem Bonn als der ideale Ort »zum Bummeln« gepriesen wurde: »Bonn, Bonn, es liegt an dir – daß man bummeln muß!«

»Schmiß« alles mögliche zum Anlaß für eine Mensur nahmen. In Bonn waren es drei, die Hanseaten, die Pfälzer und die Borussen, letztere die angesehensten. Wie schon sein Vater, so durfte auch Wilhelm der Borussia beitreten, er war jedoch »nicht aktiv«, sondern nur »Konkneipant« und damit den Mensuren entzogen. Eine letzte Einschränkung seiner Studentenfreiheit bestand darin, daß er sich jederzeit für den Kaiser, für seine Familie und für bestimmte militärischen Pflichten zur Verfügung zu halten hatte. Aus seiner Autobiographie scheint hervorzugehen, daß er zu den jungen Leuten gehörte, die das Leben ernst nahmen, und sich auch selbst noch Beschränkungen auferlegte. Ausdrücklich mißbilligte er die »Schattenseiten« des Studentenlebens, namentlich »das starke Trinken«. Bonn und das linksrheinisch gegenüberliegende Königswinter waren freilich berühmt für ihre Weine, besonders für das köstliche »Drachenblut«. Wilhelm hielt einen gewissen Abstand und blieb, vielleicht auch auf Anweisung des Kaisers, den regulären Karnevalsfesten fern. Sein Hauptvergnügen scheint darin bestanden zu haben, daß er mit den Töchtern seines Nachbarn Croquet spielte oder am Abend tanzte. Außerdem war da der Rhein. Er hatte schon immer etwas für Bootsfahrten übrig gehabt, und mit einigen bevorzugten Gefährten nahm er nun gelegentlich den Dampfer nach Koblenz, um von dort am nächsten Tag nach Bonn zurückzurudern. Auch Aufführungen von Laienbühnen machten ihm Spaß, und zu seiner Freude bestand eine enge Verbindung zwischen den Studenten und den bei Bonn stationierten Königshusaren. Mehrere Male wurde er von seiner Großmutter auf das Koblenzer Schloß beordert und hat sich dabei angeblich auch gut amüsiert. Zu Pferde oder mit dem Dampfer besuchte er auch andere Schlösser am Rhein, aber den verschiedensten Quellen scheinen wir entnehmen zu dürfen, daß er am liebsten nach Hessen zu seinen dortigen Verwandten fuhr.[14]

Die jungen Leute ritten dort gern zusammen im Galopp oder ruderten auf dem See. Oder man spielte Croquet und Tennis, und Wilhelm war es durchaus zuzutrauen, daß er die Spiele plötzlich unterbrach, um zur allgemeinen Erbauung aus der Bibel vorzulesen. Man bemerkte, daß er für seine Cousine Elisabeth oder Ella, wie sie in der Familie hieß, eine besondere Vorliebe hatte. Zum Ausdruck kam sie, wie das nicht selten geschieht, indem er ihre ältere Schwester Victoria hofierte und ihr so erfolgreich das Rauchen beibrachte, daß sie mit 16 Jahren eine leidenschaftliche Raucherin war und dies auch blieb, bis sie 71 Jahre später in England starb. Er war der Älteste – wenn nicht gerade die Kinder der Battenbergs da waren, mit denen er ebenfalls verschwägert war –, und wie in jedermanns, so auch in seinen eigenen Augen, war er der Mittelpunkt. Seine Zuneigung für Ella war echt. Wenn sie sprach, schwieg er. Niemand konnte ihn so leicht beruhigen wie sie. Er mußte darauf aufmerksam gemacht werden, daß sie bereits dem Großfürsten Sergius von Rußland versprochen war. Es war ein harter Schlag für ihn, aber unverkennbar wurde dies erst aus seinem späteren Verhalten. Seine Cousins und Cousinen fanden ihn nett aber sonderbar: abrupt, redselig, von unerschöpflicher Energie, aber mit einer Neigung zum Brüten. Sie nannten ihn »den Einzigen«, was er mit einiger Mühe schluckte, und seiner Erregbarkeit wegen »Wilhelm den Plötzlichen«. Der Spitzname, den er selbst am liebsten und auch am häufigsten hörte, scheint keine weitere Bedeutung gehabt zu haben. Eines Tages nannte ihn jemand »Gondel-Billy«, und das blieb in Wolfsgarten und Darmstadt sein Name.[15]

4

Im Jahre 1878 wurde Fürst Bismarck der Mittelpunkt der europäischen Politik. Der Vertrag, mit dem der russisch-türkische Krieg geendet hatte, wurde weder von Österreich noch von England als befriedigend empfunden. Bismarck lud daher alle Beteiligten zu einem Kongreß unter seiner Präsidentschaft nach Berlin. Trotz Bedenken bei einigen wurde die Einladung schließlich von allen angenommen, und in Berlin traf man sorgfältige Vorbereitungen, um die Vertreter der Großmächte würdig zu empfangen. Bismarck, dem der Balkan völlig gleichgültig war – obwohl er einmal prophezeite, der nächste Krieg würde durch irgendeine verdammte Narrheit auf dem Balkan ausgelöst werden[16] –, ging es darum, der Welt zu zeigen, daß Berlin heute die Bedeutung hatte, die früher Wien und Paris zukam. Für den Kongreß sollte nichts zu gut sein. Da er fürchtete, die Kronprinzessin könnte versuchen, die komplexe politische Situation für ihre Zwecke auszunutzen, veranlaßte er den Kronprinzen, mit ihr auf einen Urlaub nach England zu fahren. Die beiden kündigten der Princess of Wales einen Besuch in Marlborough House an und eilten von dort zu Lord Salisbury nach Hatfield, als sie erfuhren, daß auf den Kaiser ein Attentat verübt worden war. Es war zum zweiten Mal innerhalb von zwei Monaten, daß auf ihn geschossen wurde, aber während das erste Attentat kaum der Rede wert war und auf des Kaisers Wunsch fast vertuscht wurde, war die Sache diesmal ernster. Der Attentäter hatte zwei Schrotladungen abgefeuert, die hauptsächlich in den Rücken und die Seiten trafen, aber einige der Schrotkugeln waren auch in Stirn, Hals und Handgelenk eingedrungen.[17] Wie durch ein Wunder war er nicht verblutet aber noch keineswegs außer Gefahr. Das Kronprinzenpaar kehrte sofort nach Deutschland zurück.

Bismarck war in Friedrichsruh, als ihn die Nachricht erreichte. Sobald für ihn feststand, daß der Kaiser zwar schwer verwundet war, das Attentat jedoch überleben würde, stieß er zur Überraschung seines Sekretärs mit seinem Stock auf den Boden und rief freudig: »Dann lösen wir den Reichstag auf!«[18] Er sah sofort die politischen Möglichkeiten. Die Nationalliberalen hatten ihm in seinem Kulturkampf gegen die katholische Kirche geholfen, aber da sie sich nun hartnäckig weigerten, seinen Plänen zu einem Verbot der sozialdemokratischen Partei zuzustimmen, war er entschlossen, mit ihnen zu brechen. Bismarck erkannte sogleich die politische Brisanz eines halbtoten Kaisers mit über 30 Schrotkörnern im Leib. Nachdem der Attentäter, ein reicher Arzt, das Gewehr gegen sich selbst gerichtet hatte und seinen Verletzungen erlegen war, bevor er verhört werden konnte, würde es ihm ein Leichtes sein, durch seine Freunde in der Presse auszustreuen, er sei Sozialist gewesen. Die allgemeine Empörung würde sich gegen die Sozialdemokraten und ihre Freunde, die Nationalliberalen, wenden und nach der Auflösung des Reichstages bei den Wahlen in einen Sieg seiner Anhänger ummünzen lassen. Unverzüglich eilte Bismarck nach Berlin. Der Ausführung seines Planes stand nur ein einziges Hindernis im Wege. Der Kronprinz, der erwarten durfte, als Regent eingesetzt zu werden, könnte sich der Auflösung des Reichstags widersetzen. Bismarck fand für dieses Problem eine sehr charakteristische Lösung. Der Kaiser hatte eine Menge Blut verloren und war 81 Jahre alt. Das Dokument, das er unterzeichnete, machte seinen Sohn jedoch nur zu seinem Stellvertreter und nicht zu einem Regenten mit selbständigen politischen Befugnissen. Der Kronprinz sollte lediglich die Kanzleiarbeit fortführen, Bismarck behielt die Zügel der Macht.

Prinz Wilhelm, der auf schnellstem Wege von Bonn herbeigeeilt und entsetzt war, seinen Großvater totenbleich und in Verbände gehüllt zu finden, mußte seinen Eltern helfen.[19] Es gab viel Kanzleiarbeit zu erledigen, Unmengen von Offizierspatenten und dergleichen zu unterzeichnen und dann die Tinte mit Sand zu löschen. Es war das erste Mal, daß Wilhelm Staatspapiere zu sehen bekam. Es war auch die erste internationale Konferenz, die er erlebte. Das Kronprinzenpaar hatte den Kaiser zu vertreten, die Delegierten des Berliner Kongresses zu begrüßen und die Bälle, Empfänge und Bankette durch ihre Anwesenheit zu ehren.[20] Sie taten dies in eindrucksvoller Weise: Der große, stattliche und würdevolle Kronprinz war der perfekte Hintergrund für seine kleine und lebhafte Frau. Diese war entzückt, Lord Salisbury, den englischen Außenminister, bei dem sie vor kurzem zu Besuch gewesen war, wiederzusehen und Benjamin Disraeli, damals bereits Lord Beaconsfield, den Premierminister und großen Freund ihrer Mutter, zu begrüßen. Sie schickte ihm Blumen und Erdbeeren und überschüttete ihn, wie er an Queen Victoria schrieb, mit Freundschaftsbeweisen. Disraeli zeigte sich von seiner besten Seite, sprühte von Witz, Lebhaftigkeit und Komplimenten, und als es einmal so aussah, als sollte er überlistet werden, erweckte er den Eindruck, er wolle den Kongreß verlassen, und bestellte seinen Sonderzug. Der Bluff tat seine Wirkung. Zuvor hatte er einmal gesagt, Bismarck sei »eigentlich wieder nur so ein alter Bonaparte«, aber er respektierte ihn. Bismarck wiederum bemerkte, »der alte Jude« sei der Mann, auf den man zu achten habe.[21] Und das war auch der Fall. »Dizzy«, wie er genannt wurde, bewies orientalische Schläue im Umgang mit Karatheodori Pascha, dem türkischen Delegierten, behandelte Corti, den Italiener, mit ausgesuchter Höflichkeit, begegnete dem russischen Kanzler, Fürst Gortschakow, mit martialischer Kälte und dem Österreicher Andrássy, der sich in der goldbetreßten, scharlachroten Uniform eines ungarischen Generals sehen ließ,[22] mit Festigkeit. Mit dem französischen Delegierten, einem gewissen M. Waddington, der ein halber Engländer war und einst am Bootsrennen der Universitäten von Oxford und Cambridge teilgenommen hatte, verband ihn eine epikuräische Wertschätzung der Speisen. Die beiden Feinschmecker fanden, der Preis gebühre der türkischen Botschaft, deren Pilaw so vorzüglich schmeckte, daß M. Waddington eine doppelte Portion verzehrte.[23]

Wenn auch nur am Rande, so war Prinz Wilhelm als ältester Sohn des Kronprinzen bei vielen dieser luxuriösen Darbietungen zugegen. Es war seine erste Begegnung mit der Diplomatie alter Schule, die Winston Churchill in *The World Crisis* als »höflich, diskret, friedliebend und im großen und ganzen rechtschaffen« bezeichnete und die in den Wirren nach 1918 zerfiel.[24]

Die wirkliche Arbeit des Kongresses wurde natürlich meistens außerhalb des großartigen Saales geleistet, in dem die Delegierten zusammentrafen.[25] Bei Banketten und hinter verschlossenen Türen, in Hotels und Botschaften und sogar auf besonderen Festlichkeiten zur Unterhaltung der Delegierten wurden die Balkanländer auseinandergerissen und wieder zusammengefügt. Rege diplomatische Aktivität herrschte auch auf dem Dampfer, mit dem sie als Gäste des Kronprinzenpaares auf der Havel nach Potsdam fuhren, wobei freilich ein Sturm aufzog und der Dampfer um ein Haar kenterte – was, wie ein Delegierter trocken bemerkte, ihre Probleme mit einem Schlag gelöst hätte. Disraeli beschrieb das Neue Palais, das er bei dieser Fahrt kennenlernte, als ein »Paradies des Rokoko«. Auch Sanssouci fand er entzückend, wenngleich ihm einiges dort unbefriedigend erschien. Wie Fürst Hohenlohe, nach außen hin der deutsche Delegierte, bemerkte, gab es dort nur eine einzige Toilette, und da sie nach der langen Fahrt nicht mehr länger warten konnten, versammelten sich die Großen Europas um diese.[26]

Mit Ausnahme von Disraeli, der schon vorher mit der Türkei vereinbart hatte, daß England die Insel Zypern erhalten sollte, und der sich auf dem Kongreß diese Vereinbarung bestätigen ließ, kehrten wenige Delegierte ganz zufrieden nach Hause zurück.

Nachdem Prinz Wilhelm einiges aus der Sorgfalt gelernt hatte, mit der seine Eltern die internationalen Bemühungen interpretierten, auf dem Balkan ein Gleichgewicht der Kräfte herzustellen, sollte seine Erziehung als mutmaßlicher Thronfolger auch dadurch vertieft werden, daß sein Vater ihn als Vertreter des Kaisers zur Silbernen Hochzeit von König Leopold II. von Belgien und dessen Gemahlin schickte. Wilhelm war davon nicht sehr angetan. Wie üblich, bekam er dabei bestimmte Informationen über seinen Gast und seine Gastgeberin, und diese Informationen ließen ihm die Silberne Hochzeit als Farce erscheinen. Die beiden konnten sich offensichtlich nicht ausstehen und hatten seit längerem nicht mehr zusammengelebt. Die Königin war eine Habsburgerin, die sich danach sehnte, nach Österreich oder Ungarn zurückzukehren, statt dessen aber gezwungen war, in Spa ein einsames und erbärmliches Leben zu führen. Ihr einziger Sohn war gestorben, was König Leopold ihr nie verziehen hatte, und allen ihren drei Töchtern war ein unerfreuliches Schicksal beschieden. Was den König von Belgien selbst betraf, so waren seine Lüsternheit, seine Rücksichtslosigkeit, seine Grausamkeit gegenüber seinen Kindern, seine Habsucht, seine Heuchelei und seine Habgier in aller Munde.

Dem jungen Prinzen, der gezwungen war, König Leopolds Boshaftigkeit aus nächster Nähe zu erleben, dürfte die Mitwirkung bei diesem Humbug kaum Spaß gemacht haben. Als Leopold ihm seine Minister vorstellte, rühmte er zunächst auf Französisch deren Fähigkeiten und Loyalität, um sie dann in deutscher Sprache zur höchsten Verlegenheit des Prinzen der Reihe nach mit kaltem Spott zu bedenken. Auf dem Staatsbankett, mit dem die Silberne Hochzeit gefeiert wurde, hatte Erzherzog Karl-Ludwig die Tischrede auf das Silberpaar zu halten. Aber entweder war die schauerliche Komödie zuviel für ihn oder er vergaß einfach seinen vorbereiteten Text, jedenfalls blieb er stecken und endete unvermittelt mit einem schwachen »Hoch!«. Worauf der König Leopold sich zu dem jungen Prinzen wandte und unüberhörbar sagte: »Mein lieber Wilhelm, es ist eine schöne Gabe Gottes, wenn einer ein begnadeter Redner ist!« Wilhelm war nicht weniger verlegen als der Erzherzog, und die Gesellschaft verfiel in ein Schweigen, in dem nur noch die Stimme des tauben Bruders von König Leopold zu hören war. Dessen Bemerkungen waren freilich ebenfalls alles andere als erbaulich, denn er mokierte sich über einen der Tischgäste nach dem anderen, lachte über sie und machte mit seinem Spott selbst vor den größten Respektspersonen nicht halt. Vergebens versuchte seine Tischdame, ihn zum Schweigen zu bringen, er ließ sich nicht beirren. Flehentlich sah sie zum König hinüber. Der aber stieß den zwischen den Majestäten sitzenden Wilhelm leicht an und sprach auf deutsch: »Mein lieber Neffe, siehst du, wie die Gräfin Grünne mich anfleht, ich möge doch die Tafel aufheben? Ich denke gar nicht daran. Ich lasse meinen guten Bruder ruhig noch weiterreden, denn ich erfahre auf diese Weise noch allerhand Dinge, die mir sonst keiner erzählt!« Das Hochamt und Te Deum, mit dem die Feier dieses Musterbeispiels einer unglücklichen Ehe ihren Höhepunkt erreichte, grenzte in seinem Zynismus an Blasphemie.

Von Brüssel kehrte Wilhelm direkt nach Potsdam ins Neue Palais zurück, wo seine Eltern den Besuch von Herzog Friedrich von Schleswig-Holstein-Sonderburg-Augustenburg mit seiner Familie empfangen hatten. Er war im gleichen Jahr bereits einmal Gast in deren Haus in Gotha gewesen. In der Familie waren zwei erwachsene Töchter. Die eine, Prinzessin Karoline, ein Jahr jünger als er, und die andere, Prinzessin Auguste Victoria, genannt Dona, 16 Monate älter als er. Wilhelm hatte ihr höfliche Aufmerksamkeit erwiesen. Daß er sein Herz an seine Cousine Ella von Hessen verloren hatte, steht außer Zweifel, und es war von ihm gewiß nicht zu erwarten, daß er eine Ablehnung leichten Herzens hinnehmen würde. Nun waren die Augustenburger zwar ein »souveränes Haus«, und der Herzog war lange Jahre ein Freund und Offizierskollege des Kronprinzen gewesen, sie gehörten jedoch nicht zum inneren Kreis des Hofes, und der Kaiser würde gegen eine solche Partie vermutlich Einwände erheben.

Schwer zu sagen, was Wilhelm beabsichtigte. Möglicherweise wußte er es selbst nicht genau. Wir können bei ihm keine Anzeichen für das entdecken, was seine Großmutter als »Fehltritt« zu brandmarken pflegte. Bei den Großen dieser Erde finden auch die geheimsten Dinge im grellen Licht der Öffentlichkeit statt; es ist jedoch denkbar, daß Wilhelm in der Armee oder auf der Universität loyale Freunde hatte, die ihre Mitwisserschaft nicht einmal ihren Tagebüchern anvertrauten. Aber aller Wahrscheinlichkeit nach hatte Wilhelm noch keine sexuellen Erfahrungen. Laut Bismarck war er kein triebschwacher Mensch. Der Kanzler muß über Informationsquellen verfügt haben, die den modernen Biographen nicht mehr zugänglich sind. Wenn der Prinz also das Höllenfeuer, daß ihm Dr. Hinzpeter so lang und so ausführlich geschildert hatte, vermeiden wollte, dann mußte er auf eine frühe Heirat dringen. Das Problem wuchs ihm offensichtlich geradezu über den Kopf, denn kaum waren die Besucher abgereist, verließ auch er das Neue Palais. In *Aus meinem Leben* schreibt er an dieser Stelle:

> In den ersten Septembertagen begab ich mich zur Kräftigung meiner Gesundheit in das Seebad Ilfracombe in Devonshire im Südwesten Englands. Ein lieber, netter, noch junger Gelehrter, der Mitarbeiter an den *Monumenta Germaniae* war, begleitete mich; zu meinem tiefen Bedauern ist er nicht lange danach gestorben.

Wir erfahren nicht, ob dieser Freund in Ilfracombe starb, aber Queen Victoria hörte, daß es ihrem Enkel nicht gut ging und er sich in Devonshire aufhielt, und sie lud ihn nach Schloß Balmoral ein. Wilhelm zeigte sich entsprechend dankbar. Balmoral kannte er bereits gut. Die schottischen Hochländer waren im sympathisch, sie »besitzen im Unterschied vom Engländer großen Humor«, schrieb er.*[27]

Nachdem Wilhelm unermüdlich geübt und sich zu einem erstklassigem Schützen entwickelt hatte, freute er sich, zur Jagd geladen zu werden. Seinen ersten Hirsch hatte er zwei Jahre zuvor im Potsdamer Wildpark erlegt, aber die Pirsch in Schottland war eine ganz andere Sache. Der alte Büchsenspanner seines Großvaters gab ihm eingehende Instruktionen, und so kroch Wilhelm nach der Art preußischer Schützen auf den Ellenbogen durch das dichte Heidekraut und war schließlich, durchnäßt und von Mücken zerstochen, fast am Ende seiner Kräfte, als er auf Schußweite herangekommen war. Zu seiner großen Freude gelang es ihm, einen prachtvollen Achtender zur Strecke zu bringen. Eine große Freude war es auch, als er von seiner Großmutter die formelle Erlaubnis bekam, den Royal Stewart Tartan zu tragen, und John Brown, der schottische Kammerdiener der Queen, ihn mit

* In dieser Ansicht war er sich merkwürdigerweise mit seinem Großvater, Prinzgemahl Albert, und König Leopold I. von Belgien einig. Letzterer notierte: »In Amerika soll es noch schlimmer sein, ein fröhlicher Mensch ist dort angeblich eine Seltenheit.«[28] Wir dürfen annehmen, daß die beiden sich unter Humor recht verschiedene Dinge vorstellten.

dem grünen Jagdrock (Hunting Stewart) und dem Kilt, dem roten Schottenrock, ausstattete, der zusammen mit Kniestrümpfen und Schuhen mit silbernen Schnallen am Abend getragen wurde. »Dazu kam noch ein auf besonderen Befehl meiner Großmutter hergestelltes prachtvolles, silberbeschlagenes Wehrgehenk. Dieses bestand aus einem an Ketten hängenden, mit einem hühnereigroßen Goldtopas (cairngorm) verzierten Dolch, der über einen Fuß lang war, sowie einem breiten, mit Schnallen versehenen Bandelier, an dem das alte berühmte, mit einem geschlossenen Korbgriff versehene Schwert (claymore) hing; letzteres wurde aber im Hause und zu Tisch nicht getragen. Dazu blitzte im Strumpf ein kleines, mit Goldtopas verziertes Messer. Die Tracht ist nicht nur sehr kleidsam, sondern auch sehr praktisch, sie hält warm, gestattet beim Gehen weites Ausschreiten und zeigt dabei längst nicht soviel vom Bein wie die berühmten ›Gemsledernen‹ der Tiroler, Steyrer und Oberbayern, da das Knie immer bedeckt sein muß.«[29]

Er verstand sich in diesen Tagen ganz vorzüglich mit seiner Großmutter, wußte ihre Freundlichkeit gebührend zu würdigen, fuhr mit ihr aus und zeigte Interesse an den Pflanzungen und Gärten, die sein Großvater angelegt hatte. Eigentlich wäre sie eine ideale Vertraute für seine Herzensangelegenheiten gewesen, denn sie hatte nicht nur ein echtes Interesse an seiner Zukunft und schon manches Paar zusammengebracht, sondern sie besaß auch noch den Vorzug, Ellas Großmutter zu sein und auch mit Dona in verwandtschaftlichem Verhältnis zu stehen. Es gibt jedoch keinerlei Hinweis, daß er sie ins Vertrauen gezogen hätte. Queen Victorias Briefe – die freilich nicht immer unverändert durch die Hände ihrer Tochter Beatrice gingen – wie auch Wilhelms Autobiographie *Aus meinem Leben* schweigen in diesem Punkt. Vermutlich ist hier eine gute Gelegenheit ungenutzt verstrichen.

Als Wilhelm dann nach London und von dort nach Paris weiterfuhr, fühlte er sich wesentlich besser. Er verzeichnet, daß er die Sehenswürdigkeiten besichtigte, einer Gerichtsverhandlung beiwohnte, eine Fahrt im Ballon unternahm, ins Theater ging und auf einem Spaziergang vor Präsident MacMahon den Hut zum Gruß zog. »Doch die fiebrige Hast und Unruhe des Pariser Lebens stießen mich sehr ab. Ich habe niemals Sehnsucht gehabt, die französische Hauptstadt wieder zu besuchen.«[30]

Einen Monat nach seiner Rückkehr nach Bonn hörte Wilhelm, daß im Hause Hessen die Diphtherie ausgebrochen sei. Seine Cousine Victoria war die erste, die von der Krankheit befallen wurde, aber es wurde Wilhelm streng verboten, nach Darmstadt hinüberzureiten. Vier Tage später hatte die Krankheit auch ihre Schwester Alix ergriffen. Queen Victoria schickte ihren Leibarzt nach Darmstadt, und die Kronprinzessin ließ unverzüglich einen bayerischen Spezialisten hinzuziehen. Dann steckte sich Wilhelms jüngste Cousine May an, dann Irene, dann der Großherzog selbst, und schließlich ihr einziger lebender Sohn Ernst. Das Schloß war ein Bazillenherd geworden, und Ella wurde zu ihrer Großmutter väterlicherseits geschickt.[31]

Am 16. November telegrafierte die untröstliche Großherzogin an ihre Mutter, daß May gestorben war:

DER SCHMERZ IST SCHRECKLICH, ABER GOTTES WILLE GESCHEHE.[32]

Zusammen mit den Ärzten und Schwestern arbeitete sie unermüdlich, um die übrigen durchzubringen, und obwohl Irene lange Zeit in Lebensgefahr schwebte und es so gut wie sicher schien, daß Ernst sterben würde, überlebten sie alle. Sehr bald konnte der Großherzog wieder aufstehen und im geschlossenen Wagen ausfahren. Während die anderen Kinder wieder zu Kräften kamen, mußte Ella noch fernbleiben, aber man hoffte, daß sie bald wieder nach Hause kommen konnte. Schon einen Monat nach der ersten Tragödie ereignete sich eine weitere. Die von Angst, Sorge und ununterbrochener Pflegearbeit erschöpfte Großherzogin wurde selbst angesteckt und starb am 14. Dezember, am Jahrestag des Todes ihres Vaters. Bei ihrer Bestattung, vier Tage später, bedeckte der Union Jack, die Flagge des United Kingdom, den Sarg.[33]

In den europäischen Königsfamilien war es nicht üblich, daß privater Kummer festgesetzte Termine umstieß. So wenig Queen Victoria es zugelassen hatte, daß die Heirat von Prinzessin Alice wegen des Todes von Prinzgemahl Albert verschoben wurde, so wenig erlaubte sie nun eine Verschiebung der Heirat ihres Sohnes Arthur wegen des Todes ihrer Tochter Alice. Man hatte sich, wenn möglich, den Umständen entsprechend zu verhalten, das entscheidende aber war Kontinuität. Die Dinge mußten weitergehen. Prinz Albert war bereits seit einem Jahr mit Prinzessin Luise Margarethe von Preußen, deren Eltern längst nicht mehr zusammen lebten, verlobt. Die Hochzeit fand drei Monate nach der Tragödie von Darmstadt auf Schloß Windsor statt.

Eine Menge Leute kamen dabei von Berlin nach Windsor, unter ihnen das Kronprinzenpaar und Prinz Wilhelm, während Charlotte, die kurz vor ihrer Niederkunft stand, zu Hause bleiben mußte. Die Braut kam in Begleitung ihres Vaters. Prinz Friedrich Karl von Preußen, der ein Sadist war und seine Kinder zu bestrafen pflegte, indem er seine Fingernägel unter die ihrigen preßte, ließ bei seiner Ankunft Queen Victoria wissen, wie ungern er wieder englischen Boden betrete.[34] Die Anwesenheit dieses übellaunigen Unmenschen hinderte die Queen jedoch nicht daran, die Hochzeit in großem Stil zu feiern, denn Prinz Arthur war ihr Lieblingssohn. Aber kaum war das Brautpaar in die Flitterwochen gefahren, da kündigte sich schon eine weitere Familientragödie an. Ein Telegramm rief das Kronprinzenpaar unverzüglich nach Berlin zurück, ihr elfjähriger Sohn Waldemar war an Diphtherie erkrankt.[35] Die Kronprinzessin war ihrem Waldemar mit besonderer Liebe zugetan. Von allen ihren Kindern schien er ihrem Vater in Charakter und Intellekt am ähnlichsten zu sein, und sie hatte große Hoffnungen in ihn gesetzt.[36] Während sie nach Berlin eilten, mußte der Kronprinz seine ganze Kraft aufbieten, um die steigende Aufregung seiner Frau unter Kontrolle zu halten. Auch der unempfindlichste Sohn hätte gespürt, daß er hier nur im Wege war, und für Wilhelm, der sich nutzlos, unerwünscht und seiner Mutter wieder einmal sehr entfremdet fühlte, war die Reise gewiß eine Tortur. Er versuchte dennoch, sich nützlich zu machen. In seiner Autobiographie vermerkt er knapp: »Am 27. März starb mein Bruder Waldemar an der Diphtherie. Das Leid meiner Eltern über den Verlust dieses stattlichen Sohnes war unsagbar, unser Schmerz über alle Worte tief und grausam. Dem dahingeschiedenen Bruder die Totenwache in der Friedenskirche zu halten, war das einzige, was ich ihm an Liebe noch erweisen konnte.«[37] Für das Kronprinzenpaar war der Verlust von Waldemar fast unerträglich. Er war womöglich der klügste und sicher der liebevollste ihrer Söhne, und sein Verlust öffnete in der Mutter wieder die alte Wunde, die ihr der Tod von Sigismund während des österreichischen Krieges geschlagen hatte. Sie war eine willensstarke, entschlossene Frau, aber hier fehlte nicht viel, und sie wäre daran zerbrochen. Ihre Feinde verfolgten sie unterdessen mit unvermindertem Haß. Der Priester einer streng protestantischen Sekte in Berlin ging so weit, den Tod von Prinz Waldemar als Gottes Art und Weise zu interpretieren, das stolze und fühllose Herz der Kronprinzessin zur Demut zu zwingen. Sie mußte dies mit eigenen Augen in einer Zeitung lesen.[38] Ihr Mann und viele ihrer engsten Freunde sagten, sie sei von da an nie mehr die gleiche Person gewesen.

6

Diese Todesfälle konnten auf einen nervös-gespannten jungen Mann wie Wilhelm leicht eine traumatische Wirkung haben. Das Ende seiner Studienzeit war abzusehen. Danach wünschte er fern von zu Hause und der Grabesstimmung zu leben, die seine Mutter umgab. Die Distanz, die ihm seine Apparatements im Neuen Palais boten, genügte ihm nicht mehr. Er wollte sein eigenes Haus haben und wußte, daß ihm dies, wie üblich, nur nach einer Verehelichung zugestanden wurde.

Ohne Zweifel sehnte er sich noch immer nach einer Verbindung mit Ella von Hessen. In Bonn hatte er viel Zeit mit dem Verfassen romantischer Verse verbracht, in denen er seine Liebe für sie zum Ausdruck brachte. Aber sie hatte ihn nie getäuscht und ihm nie angedeutet, daß sie seine Gefühle erwiderte. Auch ohne diesen Hinderungsgrund war Ella noch immer zu jung, um seinen unmittelbaren Bedürfnissen zu entsprechen, während andererseits Dona von Schleswig-Holstein im besten heiratsfähigen Alter stand, wofür Wilhelm nicht unempfänglich war, und aus ihrer Zuneigung zu ihm kein Hehl machte . . .

Der Prinz erwies sich seines Spitznamens »Wilhelm der Plötzliche« würdig und traf eine schnelle Entscheidung. Einen knappen Monat nach dem Tod seines kleinen Bruders ging er bei Görlitz in Unterschlesien auf die Auerhahn-Jagd. In der Nähe befand sich die Hauptresidenz des Herzogs von Schleswig-Holstein-Sonderburg-Augustenburg. Prinz Wilhelm kam zu einem scheinbar zufälligen Besuch, bat dabei den Herzog um formelle Erlaubnis, mit seiner ältesten Tochter zu sprechen, und Prinzessin Dona gab ihr freudiges Jawort.[39]

Sein Entschluß kann ihm nicht leichtgefallen sein. Er machte danach den Versuch, seine erste Liebe zu vergessen, ganz gelungen ist ihm dies jedoch nie. Ellas Photographie blieb stets auf seinem Schreibtisch.[40] Viele Jahre lang brachte er es nur bei unvermeidlichen zeremoniellen Anlässen über sich, ihr zu begegnen, und er vermied es, mit ihr zu sprechen. Und dann, 39 Jahre später, tat er sein Äußerstes, und unternahm verzweifelte Anstrengungen, um sie vor den Bolschewiken zu retten. Daß Dona an Ellas Stelle trat, war eine Notlösung.

Bevor das Verlöbnis verkündet oder auch nur als tatsächlich beschlossen betrachtet werden konnte, war noch eine Reihe von Hindernissen zu überwinden. Jede Bewegung des Prinzen wäre sofort Gegenstand intensiven Hofklatsches gewesen, aber es ist keineswegs sicher, daß Wilhelm zu diesem Zeitpunkt auch nur seine Eltern ins Vertrauen zog. Von seiner Zuneigung für Ella werden sie gewußt haben. Ihr zweiter Sohn Heinrich hatte gleichzeitig eine deutliche Neigung zu Ellas jüngerer Schwester Irene gefaßt.[41] Auch die Aufmerksamkeit, die Wilhelm den Augustenburgern erwies, sollte ihnen nicht entgangen sein. Aber Wilhelm war ein sehr unabhängiger junger Mann, und er hatte nicht die Angewohnheit, sich seinen Eltern anzuvertrauen. Nun ging es darum, sie offiziell zu konsultieren. Aber noch wichtiger als ihre Reaktion war die des deutschen Kaisers und Fürst Bismarcks, der Wilhelms zukünftigen Schwiegervater zur Zeit des schleswig-holsteinischen Krieges beleidigt hatte, indem er ihn zunächst korrekt als »Euer königliche Hoheit« angesprochen hatte, diese Anrede wenige Minuten später auf »Euer Hoheit« reduziert hatte und die Unterredung schließlich damit beendet hatte, daß er ihn mit »Euer Exzellenz« ansprach.[42] Und wenn er sich gegenwärtig auf ihn bezog, so sprach er von »diesem Idioten von Holstein«.[43]

Das Kronprinzenpaar hatte sich im Anschluß an Waldemars Begräbnis nach Homburg begeben und wollte weiter nach Italien. Anläßlich der goldenen Hochzeit des deutschen Kaisers und der Kaiserin am 11. Juni war jedoch ihre Anwesenheit erforderlich. Noch immer untröstlich, hatten sie die langen und komplizierten Zeremonien durchzustehen. Der Kaiser wirkte nervös, während die Kaiserin großartig aussah in ihrem goldenen und mit Diamanten besetzten Kleid und ihrer Perücke mit goldenen Spangen, die so orangerot war wie nur irgendeine von Queen Elisabeth I. Fürst Bismarck, den die ermüdende Zeremonie langweilte, flirtete mit den jungen Prinzessinen, und Wilhelm, der wohl wußte, wie seine Großeltern sich gegenseitig haßten und beschimpften, empfand dieses Jubiläum vermutlich ebenso als eine Farce wie jenes andere, das er in Belgien miterlebt hatte, mit dem Unterschied, daß diese für beide Seiten so unerfreuliche Ehe bereits doppelt so lang gedauert hatte wie die andere. Er sprach nun mit seinen Eltern über seine Heiratspläne. Wenn sie enttäuscht waren, so verbargen sie es gut. Zweifellos sahen sie ihren unbeständigen Sohn nicht ungern seinen eigenen Hausstand gründen. Der Generationskonflikt war in diesem Sommer sehr deutlich zutage getreten. Als seine Eltern die Wahl von Prinz Alexander von Battenberg als Herrscher von Bulgarien und eine mögliche Heirat zwischen ihm und Wilhelms Schwester Moretta positiv beurteilten, war er automatisch dagegen.[44] Als er erfuhr, daß seine Mutter fasziniert den ersten Band von *Das Kapital* las,[45] zeigte er sich sogleich als scharfer Sozialistenfeind und billigte ausdrücklich eine neue Verordnung, die es den Garderegimentern verbot, liberale Publikationen zu lesen.[46] Als sie dann ihren Abscheu vor der Gründung einer antisemitischen Liga (durch einen halbjüdischen Journalisten)[47] zum Ausdruck brachte, nahm er, obwohl er im Grunde mit ihr übereinstimmte, wiederum gegen sie Stellung. Der Tod seines kleinen Bruders, sein zunehmender Zynismus, möglicherweise auch ein Gefühl der Einsamkeit und gewiß die nervliche Anspannung, die ihn der Zwang kostete, zwischen Ella und Dona wählen zu müssen, all das mag zu seiner Aggressivität beigetragen haben. Jedenfalls unterstützten seine Eltern die Heiratspläne und baten den Kaiser um seine Zustimmung.

Hier aber erhob sich nun unerwarteter Widerstand. Wilhelm I. war stolz auf seinen Enkel und hielt diese Heirat für nicht ganz standesgemäß. Die Augustenburger waren ihm nicht ebenbürtig, ihr königliches Blut nicht königlich genug. Der Kronprinz plädierte für die Heirat, Queen Victoria ebenfalls. Aber der alte Herr wollte sich nicht erweichen lassen. Und je größer der Widerstand wurde, um so mehr beharrte Wilhelm auf seiner Dona. Allmählich gewann jedermann die Überzeugung, er sei unsterblich in sie verliebt.

Es war ein unruhiger Sommer. Wilhelms Studienzeit ging formell zu Ende. Sein »Lebenslauf« wurde abgeschlossen und zu den Akten gelegt. Er wollte verreisen, vor allem nach Ägypten, und bat seinen Großvater um Erlaubnis. Wiederum wurde sie ihm verwehrt. Er durfte für eine Weile mit seinen Eltern nach Italien, hatte sich dann aber bei seinem Regiment einzufinden.[48] Erfüllt von der Egozentrik eines frustrierten jungen Mannes, schenkte er vermutlich den politischen Krisen dieser Zeit keine besondere Beachtung. Innen- wie außenpolitisch war Bismarck gezwungen, gegen seine eigenen Überzeugungen zu handeln. Während Kaiser Wilhelm weiterhin Anlehnung an Rußland suchte und mit seinen Neffen zusammenkam, um Meinungsunterschiede im privaten Gespräch beizulegen, schloß Bismarck – obwohl er »Verträge« in Friedenszeiten für sinnlos erachtete – ein Bündnis mit Österreich-Ungarn und erzwang durch Rücktrittsdrohungen die Unterschrift seines Herrn.[49] Mit diesem Bündnis befestigte er seine Reputation in Europa, denn nach dem Ende seiner Auseinandersetzung mit den Katholiken und den Nationalliberalen schien es nun, als suchten die Österreicher bei ihm Hilfe in ihrem Kampf gegen den Radikalismus. Im Inneren entschloß er sich zur Einführung landwirtschaftlicher und industrieller Schutzzölle, womit er die Junker und das Großbürgertum eine Vernunftehe eingehen ließ und der Wirtschaft des Reiches starken Auftrieb gab.[50] Der Gewinn wurde für alle Schichten der arbeitenden Bevölkerung sofort spürbar. Seit dem Höhepunkt der Gründerjahre war es ihnen nie mehr so gut gegangen, und in den

Kneipen wurde auf das Wohl des Kanzlers getrunken. Für die Sozialdemokraten war dies eine Existenzbedrohung, denn sie konnten sich kein zufriedenes Proletariat wünschen und lehrten, daß ihre politischen Ziele nur durch Leiden und Verzicht zu erreichen seien. Arbeiter mit Geld in der Tasche ließen sich nicht beeindrucken durch die Mahnung: »Arbeiter, trinkt keinen Alkohol!« die sie auf den sozialdemokratischen Plakaten lasen.[51] Aber auch Bismarck fühlte sich bei all dem nicht wohl. Nie war seine Stellung sicherer gewesen, aber er stellte angeekelt fest, er fühle sich wie ein zweiter Metternich.[52] Seine Sicherheit gab ihm jedoch mehr Muße, so daß er sich auch um die Heiratswünsche des mutmaßlichen Thronfolgers kümmern konnte. Es kam Bismarck sehr gelegen, daß Donas Vater im Januar 1880 starb, und nun, nachdem nur mehr wenig gegen diese Heirat und vieles für sie sprach, gab auch der alte Kaiser seinen hartnäckigen Widerstand auf. Die Monarchie brauchte Nachwuchs. Das Attentat auf seinen Herren im Vorjahr hatte Bismarck stark beunruhigt. Beunruhigt war er auch über einen um sich greifenden Radikalismus. Der englische Premierminister Gladstone hatte auf einer Wahlreise von Volkssouveränität gesprochen und die Erhebung von Queen Victoria zur Kaiserin von Indien als »theatralischen Bombast und Unfug« bezeichnet.[53] Weit bedrohlicher waren freilich die anarchistischen Randerscheinungen des Radikalismus. Im Dezember 1879 hatte ein geistesgestörter Kellner auf das spanische Königspaar geschossenen,[54] und Anfang Februar des folgenden Jahres war ein Anschlag auf den russischen Zaren in dessen Speisesaal unternommen worden. Durch reinen Zufall hatte sich der Zar etwas verspätet; der französische Botschafter hatte ihn 10 Minuten aufgehalten. Dann hatte er den Arm der Zarin genommen und die Höflinge und Gäste zum Speisesaal geführt. Durch die offenen Türen blickte man bereits auf die wartende Dienerschaft hinter der im Kerzenlicht strahlenden Tafel. Plötzlich ein Blitz und ein Donnerschlag. Es herrschte völlige Finsternis, und die lange Stille, die nun folgte, wurde schließlich durch die Stimme des Zaren gebrochen: »Meine Kinder, laßt uns beten.« Lichter wurden gebracht. Wenige Fuß vor dem Zaren und der Zarin öffnete sich ein Abgrund. Der Speisesaal und die Dienerschaft, von der niemand überlebte, waren spurlos verschwunden.[55] Bismarck fand, daß ein weiterer, in direkter Erbfolge stehender Anwärter auf den königlichen und kaiserlichen Thron von Preußen und Deutschland nur gut sein konnte, und so drängte auch er den alten Kaiser, seine Zustimmung zu Wilhelms Heirat zu geben.

Nur neun Tage nach jener Katastrophe im Petersburger Winterpalais fand am St. Valentins-Tag, ganz wie es sich gehörte, in aller Stille die förmliche Verlobung zwischen Prinz Friedrich Wilhelm Viktor Albert von Preußen und Prinzessin Augusta Victoria Frederika Luise Feodora Jenny von Schleswig-Holstein-Sonderburg-Augustenburg statt. Prinz Wilhelm wurde sodann zum Hauptmann befördert und bekam sein erstes selbständiges Kommando – die Führung der 2. Kompanie des Ersten Garderegiments zu Fuß –, er enttäuschte seine Eltern jedoch darin, daß er sich nach seinem Verlöbnis keineswegs lenkbarer zeigte als vorher. Die Art, wie Prinzessin Dona ihren Wilhelm anhimmelte, erbitterte sie, denn sein Selbstbewußtsein wurde dadurch nur weiter gestärkt. Die erste Zeit ihrer eigenen Liebe hatten sie vermutlich bereits vergessen. Nach dem 2. Juni, als der Kaiser das Verlöbnis öffentlich bekanntgab, wurden Wilhelms Ansichten nur härter und unnachsichtiger als je zuvor. Die russische Zarin Marie, eine Großtante von Ella, starb einsam und ungeliebt im Winterpalais. Wilhelm erklärte, es sei eine Schande, daß der Zar im gleichen Palais auch seine Mätresse untergebracht habe und daß die letzten Stunden seiner Frau durch seine Bastarde gestört wurden, die über ihrem Zimmer spielten. Als der Zar diese Dame dann heiratete und die Bastarde legitimierte, verdammte er auch dies. Das waren verständliche Reaktionen, aber seine Mutter, die ihm an Entschiedenheit nicht nachstand, wird ihm kaum gestattet haben, diese engherzige Moral in ihrem Salon zu predigen.* Sie war gewiß erleichtert, als er mit seiner Kompanie ins Manöver fuhr oder herumreiste, um zum letzten Mal als Junggeselle Verwandte aufzusuchen. Einer dieser Besuche war ein eklatanter Mißerfolg. Vor allem aus Zuneigung zu seiner schönen Tante Alix fuhr er zum Geburtstag seines Onkels, des Prince of Wales, nach Schloß Sandringham. Trotz der vielen vergangenen und künftigen Meinungsverschiedenheiten stand auf seinem Schreibtisch neben dem Bild seiner ersten Liebe, Ella von Hessen, stets ein Bild seiner Tante Alix. Bei jenem Besuch allerdings benahm er sich wie ein Elefant im Prozellanladen und verließ Sandringham Knall und Fall zwei Tage vor seines Onkels Geburtstag. Es war jene Art von Hast, die man allmählich mit seiner Person zu verbinden begann. Eduard und Alix interpretierten sein Verhalten als absichtliche Grobheit – ein Resultat, das zu bedauern er allen Grund gehabt hätte. Die alte Abneigung seiner Tante gegen alles Preußische kam erneut zum Durchbruch. Sie weigerte sich, ihren Mann zu Wilhelms Hochzeit zu begleiten und machte später, als die

* Man darf sich fragen, ob Wilhelm sich bewußt war, daß eben dieser Zar als junger Mann das Herz von Queen Victoria erobert hatte und daß er unter veränderten Umständen auch sein Großvater hätte werden können.[56]

Dinge anfingen schiefzugehen, auch kein Hehl aus ihrer Genugtuung.[57]

Der feierliche Einzug der königlichen Braut in Berlin am 26. Februar 1881 verlief nicht ohne Zwischenfall. Die von acht schwarzen Pferden mit ihrem schweren roten und messingbeschlagenen Zaumzeug gezogene Brautkutsche bestand hauptsächlich aus bemaltem Glas. Im Sommer war es darin so stickig wie in einem Treibhaus, und im Winter fror man. Nach altem Brauch ritten an der Spitze des Zuges die Metzgermeister von Berlin, die sich in Frack und Zylinder kaum wohl fühlen konnten und von denen auch nur wenige wirklich gut im Sattel saßen, obwohl man müde Arbeitspferde für sie ausgesucht hatte.[58] Wilhelm nahm an diesem Zug nicht als Bräutigam teil, sondern als Hauptmann der Landkompanie, wozu er kürzlich befördert worden war. Die Berliner wußten den Pomp angemessen zu würdigen, genossen den rauschenden Aufflug weißer Tauben vom Brandenburger Tor, ein wesentlich größerer Genuß aber wird für sie und ihren Humor die Szene gewesen sein, in der ihr Bürgermeister die Braut mit einer völlig unhörbaren Rede willkommen hieß und die Braut eine ebenso unhörbare Erwiderung gab, sowie die Komik der Metzgermeister, und ganz ohne Zweifel ein Transparent, das für Singer-Nähmaschinen warb und das ein Mann mit Unternehmungsgeist mitten in die königliche Prozession hineingeschmuggelt hatte.[59] Die Braut erreichte das Palais, das ihr neues Heim werden sollte. In Wilhelms Worten: »Mein seliger Vater . . . reichte ihr den Arm und führte sie an der Front meiner Grenadiere, die wie Bildsäulen unter präsentiertem Gewehr standen, entlang und stellte sie ihnen als ihre zukünftige Kompanie-Mutter vor.«[60] Am nächsten Tag, einem Sonntag, fand die feierliche Vermählung statt.

Nach einem kurzen und schlichten Gottesdienst zogen die Gäste am Kaiser und an der Kaiserin und dem Brautpaar vorbei und verbeugten sich vor jedem. Für das nun folgende Diner nahmen die meisten an kleinen runden Tischen, die königlichen Hoheiten dagegen an einem großen Tisch Platz. Bei solchen zeremoniellen Anlässen übernahmen hohe Staatsbeamte dem Kaiserpaar gegenüber die Funktion von Dienern, und Mitglieder des Hochadels nahmen den Pagen die Schüsseln aus der Hand, um den königlichen Gästen zu servieren.

Dann begab sich die Gesellschaft in den Großen Weißen Saal, wo die Dekorationen in Silber und Weiß einen perfekten Hintergrund abgaben für die farbenprächtigen Kleider und Uniformen. In der Mitte des Fußbodens war als polierte Einlegearbeit ein gekrönter preußischer Adler zu sehen, auf den zu treten man sich jedoch besser hütete, da er spiegelglatt war.[61] Hier fand der hochzeitliche Fackeltanz statt, eine ausschließlich dem preußischen Hof eigene, etwas lange, aber schöne und eindrucksvolle Zeremonie. Kaiser und Kaiserin saßen auf ihrem Thron, Wilhelm und Dona auf etwas erhöhten, vergoldeten Stühlen, die übrigen Damen des Königshauses mit ihrem Gefolge in unterschiedlichen Farben zu ihren Füßen und Reihen rotgekleideter Pagen hinter ihren Stühlen. Die Prinzen stehend in Uniform. Auf das Wort eines Hofbeamten wurden fast alle Lichter gelöscht, und auf das Wort eines anderen begann das Orchester der Leibgarde, langsame und feierliche Märsche zu spielen. Die Türen öffneten sich, und der Hofmarschall mit seinem Amtsstab führte 24 Pagen in den Raum, von denen jeder eine Harzfackel trug. Im Takt der Musik schritten sie langsam durch den Raum und verneigten sich vor Prinz Wilhelm und seiner Braut. Die beiden stiegen dann zu einem Rundgang gleichen, gemessenen Schritts von ihrem Podium. Die Braut nahm sodann den Kaiser zu ihrer Rechten und ihren Bruder zu ihrer Linken bei der Hand, während Wilhelm in gleicher Weise die Hand seiner Mutter und seiner Schwiegermutter ergriff, worauf diese sechs im Saal die Runde machten. Auf diese Weise führte das Brautpaar der Reihe nach alle königlichen Gäste durch den Saal. Die Fackeln verbreiteten einen Geruch von Harz und Rauchschwaden und beleuchteten mit ihrem flackernden Licht, in dem Orden, Juwelen und Schwertgriffe glitzerten, dieses traditionsreiche und prachtvolle Schauspiel.

SECHSTES KAPITEL

Heirat und Ehe

»Der Prinz ist wirklich eine Perle«
Graf Herbert von Bismarck
zu Graf Philipp zu Eulenburg

1

Kurze Zeit nach Wilhelms Hochzeit kam es in zwei Ländern zu einem Machtwechsel: Ein weiteres Attentat der Nihilisten hatte schließlich Erfolg, der russische Zar wurde in Stücke zerrissen, und Präsident Garfield der Vereinigten Staaten von der Kugel eines Mannes getroffen, der sich in seinen gesellschaftlichen Ambitionen getäuscht sah. Er starb 80 Tage danach. Es gab jedoch Länder, in denen die Macht weniger schnell weitergegeben wurde. In Deutschland war der Kaiser 84 und in England die Queen 61 Jahre alt. Und beide schienen unsterblich zu sein. Nicht daß irgend jemand ihnen etwas Böses wünschte, am allerwenigsten die Erben. Der Prince of Wales war aufrichtig entsetzt, als wieder einmal ein Anschlag auf seine Mutter verübt wurde – wobei übrigens die Schüler des nahe bei Windsor gelegenen Eton-College den Übeltäter ihre Regenschirme spüren ließen. Die Geschichte des Absalom-David-Schicksals von Thronfolgern im jahrzehntelangen Wartestand ist jedoch noch nicht geschrieben. Je länger er darauf warten mußte, ins Zentrum des Geschehens zu rücken, um so tiefer wurde der Prince of Wales frustriert, und es dauerte lange, bis er begriff, daß die gelegentlichen Drohungen seiner Mutter abzudanken, nicht ernster zu nehmen waren als die eines Lebenskünstlers, der in trüben Stunden davon spricht, sich von den Klippen herabzustürzen.[1]

Dem Kronprinzen, der bereits seine eigenen Kräfte schwinden fühlte, ging es ebenso. So talentiert die Kronprinzessin war, der Tod zweier Söhne, die unversöhnliche Feindschaft des Kanzlers und die Indifferenz ihrer drei ältesten Kinder hatten sie gebeugt. Und die Hoffnung, Deutschland den Liberalismus zu bringen, hatte sie ganz offensichtlich begraben. Ihr Mann war mehr ein Nationalliberaler und weniger demokratisch gesonnen als sie, so daß es ihm nicht schwer fiel, die Gründung des Zweiten Reiches als große Leistung des Kanzlers anzuerkennen. Aber da ihm selbst die kleinsten Ansätze von Macht verwehrt wurden, beschäftigte er sich mit Nebensächlichkeiten, übernahm die Schirmherrschaft der Ausgrabungen von Pergamon wie vorher die von Olympia, betätigte sich als Landwirt in Bornstedt und ging mit seiner Frau und seinen drei jüngeren Töchtern auf Reisen, vor allem nach Italien, wo sie bei Portofino in äußerster Schlichtheit lebten. Mit einem solchen Schicksal aber konnte er sich nicht zufriedengeben. Er war nicht gewöhnt, seine Gefühle zu erörtern, und erschien manchen daher als unbedeutend oder gar als Geheimniskrämer. Allmählich wuchs in ihm ein Lebensüberdruß. Wenn man seinen Stolz verletzte, konnte man seine Vitalität provozieren, und so zeigte er gelegentlich Ausbrüche von Zorn. Ansonsten war er still und mürrisch.[2]

Bismarck rechnete möglicherweise damit, daß er nach dem Tode seines Herrn auch unter einem Kaiser Friedrich III. Kanzler bleiben würde, und zwar einfach mangels plausibler Alternative. Gegenüber potentiellen Rivalen kannte er kein Pardon, gab ihre tatsächlichen oder auch nur eingebildeten Schwächen dem Gespött der Öffentlichkeit preis und überschritt in der Verfolgung solcher Männer, wie er das im Falle des Grafen von Arnim getan hatte, manchmal sogar die Grenzen der Gesetze. Eines fürchtete er besonders: daß die Kronprinzessin trotz aller Schwächung, die ihr persönliches Mißgeschick zur Folge hatte, zu gegebener Zeit noch immer genug Kraft und Machtreserven aufbieten könnte, um seine Position zu gefährden. Ganz bewußt machte er sich an die Vernichtung dieser Reserven. Zunächst, indem er den Kaiser dazu bewog, auf diplomatische Missionen ins Ausland seinen Enkel statt des Kronprinzen als seinen Vertreter zu entsenden, was eine kalkulierte Beleidigung darstellte und der Kronprinzessin die Tränen der Erbitterung in die Augen trieb.[3] Und ferner, indem er sich ihres ältesten Sohnes annahm. Und da Wilhelm, wie wir bereits sahen, Schmeicheleien zugänglich war, mußte es ihm zu Kopf steigen, daß er häufig bei Deutschlands größtem Mann zu Mittag speisen und anschließend mit ihm Gespräche führen durfte.[4] Falls Bismarck sich dabei langweilte, so verbarg er es und ließ den jungen Mann plappern. Es würde sich eines Tages bezahlt machen. Und allmählich ließ er den Prinz auch die Zivilverwaltung und den Dienstbetrieb des Auswärtigen Amtes kennenlernen, freilich nur oberflächlich.[5] Der Kronprinz erhob einen formellen und ärgerlichen Protest dagegen, daß sein unreifer Sohn in die Geheimnisse der Nation eingeweiht werden sollte. Aber Bismarck, der natürlich auch dieser Meinung war und nicht die geringste Absicht hatte, dem unerfahrenen Jüngling wirklichen Einblick in seine Me ho-

3 *Wilhelm II. und Kaiserin Auguste Viktoria (Dona) mit dem Kronprinzen Wilhelm*

4 *Fürst Otto von Bismarck im deutschen Reichstag*

den zu geben, würdigte den Kronprinzen nicht einmal einer Antwort.[6]

Nur fünf Monate nach seiner Heirat wurde Prinz Wilhelm zur Begrüßung der britischen Reserveflotte geschickt, die unter dem Kommando seines Onkels, des Herzogs von Edinburgh, nach Kiel kam. Das war keine unwichtige Mission, und eigentlich wäre es Sache des Kronprinzen gewesen, hier seinen Vater zu vertreten. Die Kronprinzessin war außer sich, was Bismarck auch beabsichtigt hatte. Wilhelm war natürlich überglücklich, besonders, da er dabei auch seinen Bruder Heinrich, der sich im Kieler Schloß aufhielt, treffen konnte. Er machte seine Sache gut und gründlich und beobachtete unter anderem, wie einige der britischen Schiffe »durch ›Rasieren‹ der oberen Batterien und Auflegen von Platten auf die Schiffsseite zu Panzerschiffen umgewandelt worden« waren.[7] An Bord der Jacht seines Onkels befand sich Sir Arthur Sullivan, dessen Operetten auch in Berlin großen Anklang fanden. Nachdem er die Verbeugung des Komponisten erwidert hatte, gab Wilhelm zum allgemeinen Ergötzen das Couplet »He polished up the handle of the big front door« aus der Operette »Pinafore« zum besten. Alles war getan worden, um die Gäste davon zu überzeugen, daß sie willkommen waren. Der Stationschef von Kiel, der früher einmal in der englischen Marine gedient hatte und von daher wußte, daß britische Matrosen sich unverzüglich betrinken, sobald sie an Land gehen, hatte auch für diesen Fall vorgesorgt und die Hafenwache reichlich mit Stroh versehen lassen:

> Auf die daraus gefertigten Lagerstätten wurden die aus den Kneipen gebrachten »Leichen« schiffsweise geordnet niedergelegt, um dann stündlich von den bereitgestellten Dampfbarkassen auf ihre Schiffe gebracht zu werden; so waren diese der Sorge für ihre auf Urlaub gegangenen Mannschaften enthoben. Das britische Geschwader begrüßte diese Neuerung, die die Engländer bisher in keinem anderen Hafen der Welt erfahren hatten und die von deutscher Voraussicht und Gründlichkeit zeugten, mit anerkennendem Danke.

Es gab Bankette, Konzerte, Flottenmanöver, und zum Schluß bot sich dem Prinzen noch ein besonderer Anblick. Die beiden englischen Geschwader führten ein kompliziertes Manöver, genannt »Gridiron« vor, das man mit einem Kontertanz vergleichen könnte, und die Flaggen signalisierten »Leben Sie wohl, glückliche Reise«.

> Bald darauf bemerkten wir, daß das Schlußschiff des britischen Geschwaders achteraus sackte, d. h. seine Position nicht innehalten konnte und Signale gab; die Maschine mußte eine Havarie haben.

Mit Blitzesschnelle bedeckte das Schiff sich mit einer großen Masse Segelleinwand, und das Schiff fuhr nun unter Segel weiter. Es war das letzte Panzerschiff, das ich unter vollen Segeln gesehen habe.

Ob der alte Kaiser nun wußte, wie verärgert man im Kronprinzenpalais war oder nicht, er zeigte sich jedenfalls entzückt vom Bericht seines Enkels.[8]

2

Das Leben von Prinz Wilhelm und Prinzessin Dona begann nun in geordneten Bahnen zu verlaufen.

Dona soll ihrem Mann jedoch nicht nur ein Minimum an Mitgift aus Primkenau mitgebracht, sondern auch eine Schwiegermutter verschafft haben, die eindeutig im Begriff war, den Verstand zu verlieren. Die alte Dame hatte ein merkwürdiges System der Körperpflege. Sie teilte ihren Körper in 24 Sektionen ein und für jede dieser »Hemisphären« benötigte sie ein eigenes Waschservice mit Krug, Schüssel, Seifenschale und Handtuch.[9] Mit diesen exzessiven Bedürfnissen brachte sie natürlich den Hausstand völlig durcheinander. Außerdem wußte sie sich in Gegenwart von Männern einfach nicht mehr zu benehmen. Sogar bei Staatsbanketten leistete sie sich zweimal »unsägliche« Attacken auf ihre Tischherren, und wenn man sie daran zu hindern suchte, indem man sie zwischen ihre Tochter und ihre Hofdame setzte, wurde sie häufig rabiat, zerbrach Gläser und fing an, entsetzlich obszön zu fluchen.[10] Wilhelm ordnete an, daß ihre Besuche auf drei pro Jahr und die Besuchsdauer auf ein, zwei oder drei Wochen bzw. auf die Zahl von Tagen beschränkt wurde, die der Haushalt ertragen konnte.[11] Seine Schwägerin Feodora gefiel ihm gut, aber sein Schwager, Herzog Ernst-Günther, ein gutherziger Mensch, war zu sehr Lebemann für seinen Geschmack. Und leider gehörte er zu jenen Leuten, die Andeutungen stets überhören und nie wissen, wann es Zeit ist, einen Besuch zu beenden. Er war wie eine Klette.[12]

Für die Berliner »Gesellschaft«, in der seine elegante Schwester Charlotte dominierte, hatte Wilhelm wenig übrig. Charlotte hatte ihrem Gatten bereits eine Tochter geschenkt, dadurch aber nichts von ihrer Machtposition als Modefürstin und Mittelpunkt eines turbulenten Hauses eingebüßt. Neben ihr wirkte Dona ein wenig simpel. Wilhelm wollte es jedenfalls nicht auf den Vergleich ankommen lassen. Außer bei Hofe und Familienfeiern sahen sie sich selten.

Der Kaiser hatte seinem Enkel das Potsdamer Marmorpalais überlassen. Das große Gebäude am Heiligensee barg hinter seiner schönen Fassade ein recht unwohnliches Durcheinander merkwürdig geformter und völlig stilloser Dielen, Gänge, Treppenhäuser und Räume. Man hatte von dort allerdings einen prachtvollen Blick auf die Pfaueninsel und die Havelseen, und der Park enthielt viele künstliche Grotten aus dem 18. Jahrhundert. Potsdamer Palais' gerieten schnell in Verfall, wenn sie nicht benutzt wurden, und es war unmöglich, das Marmorpalais ohne weiteres zu beziehen.[13] Dona wünschte ferner bestimmte bauliche Veränderungen, zu denen der Kaiser seine Zustimmung gab. Die Neuvermählten lebten daher zunächst in einem Teil des alten Potsdamer Stadtpalais, wo Friedrich Wilhelm I. von Preußen den modernen militärischen Drill erfunden und die Feuerkraft der Infanterie durch die Einführung des eisernen Ladestocks vergrößert hatte. In qualvollen Anfällen von Porphyria hatte er außerdem sein Porzellan sowie die Zähne und Nasen seiner Diener zertrümmert und seinen Sohn, den späteren Friedrich den Großen, verprügelt, hungern lassen und gedemütigt. In diesen etwas makabren, aber historischen Gemächern richtete das junge Paar sich nun ein und begann sich gegenseitig kennenzulernen.[14]

Zweifellos hatten sie beide Gewohnheiten, mit denen sie sich gegenseitig auf die Nerven gingen oder verletzten. Dona wäre gewiß bestürzt gewesen, wenn sie entdeckt hätte, daß in der halbgeöffneten Schublade seines Nachttisches stets eine geladene Pistole lag.[15] Und wenn seine Hypochondrie auch meist gerechtfertigt war, so muß sie dennoch ziemlich lästig gewesen sein. Nicht weniger lästig war seine Indifferenz gegenüber den Annehmlichkeiten des täglichen Lebens. Entweder es war bewußte Nachahmung der Bedürfnislosigkeit seines Großvaters, oder Hinzpeters Lektionen waren wirklich tief in ihn eingedrungen. Denn er zog stets einen harten Stuhl einem weichen vor, badete in einer tragbaren Zinkwanne, begnügte sich dabei mit unparfümierter Kernseife und benützte beim Rasieren und Frisieren weder Rasierwasser noch Brillantine sondern nur Wasser.[16] Sein besonderer Stolz war sein Schnurrbart, über den er oft strich, auch wenn er ihn noch nicht nach oben zwirbelte. Dona dagegen, die von ihrer Herkunft vergleichsweise ein Aschenputtel war, liebte jede Art von Luxus und hatte höchst entschiedene Ansichten, was als schicklich oder unschicklich zu gelten hatte. Wilhelms falsche Manschetten, die er mit Gummibändern am Hemd befestigte, müssen ihr ebenso ein Greuel gewesen sein wie seine Socken, die zwar nicht die Öffentlichkeit, wohl aber sie zu sehen bekam, und deren gelb-grau-braune Tönung ihren Vorstellungen von königlicher Kleidung keineswegs entsprach.[17] Er wiederum mißbilligte ihre vielen Kosmetika oder Eitelkeiten, wie er sie nannte, und je größer ihre Sammlung wurde, um so schwieriger muß es für sie gewesen sein, sie vor ihm zu verstecken. Neben Toilettenwasser aller Art, Parfum, Balsam, Milch-, Frucht- und Gurkenpräparaten häuften sich bei ihr die Biere, Weine, Schnäpse, Liköre und Essig-, Kleien- und andere Essenzen nebst Crême Ambrée, Fettpuder, »elektrischen« Tropfen, Opium und Jod. Sie benützte Arsen, um frischer auszusehen, Magnesium zum Aufhellen der Nase und der Waden sowie die verschiedensten Duftpuder.[18]

Neben diesen kleinen persönlichen Eigenheiten stellten sich natürlich auch noch andere Diskrepanzen ein. Wilhelms quecksilbrigem Geist mit seinen lebhaften Interessen mußte seine Frau langweilig erscheinen, und da sie eine ordentliche, aber keineswegs überragende Erziehung genossen hatte, ließ sie sich geistig von ihm in den Schatten stellen. Sie war langsam, und seine Beweglichkeit beunruhigte sie. Mit »Wilhelm dem Plötzlichen« verheiratet zu sein, konnte kein geruhsames Leben bedeuten. Er war voller Tatendrang, während Dona zu dem untersetzten und ruhigen Typ von Frauen gehörte, wenn sie sich auch zu Pferde als eine glänzende und furchtlose Reiterin erwies.[19] Wilhelm war aufrichtig religiös, aber seine Religiosität war für ihren Geschmack zu emotional und zu tolerant. Sie war streng protestantisch, und zwar so, daß ihre sorgfältig ausgewählten Hofdamen unter dem Spitzdamen »Halleluja-Tanten« bekannt wurden.[20] Sie tat gute Werke, hatte Pastoren unter ihren Freunden und hoffte, eines Tages in der Lage zu sein, religiöse Schulen zu gründen und Kirchen zu bauen.

Von allen Gegensätzlichkeiten einmal abgesehen, waren es zwei Dinge, die eine glückliche Ehe dieses Paares garantierten. Erstens brauchte Wilhelm einen Angelpunkt und Ankerplatz, wo er sich von seiner rastlosen Umhergetriebenheit erholen konnte, und genau das war Dona. Und zweitens kam den beiden der glückliche Zufall zu Hilfe, daß Dona sich in ihren Wilhelm verliebte. Er sah gut aus, war ein kräftiger Mann und bezauberte seine Frau auch dadurch, daß sogar ein Diener, wenn er auf ihr Dekolleté blickte, seine Eifersucht erregen konnte.[21] Von Wilhelm getrennt, war Dona nie wirklich glücklich; dies aber war ein Schicksal, an das sie sich zu gewöhnen hatte. Sogar im ersten Jahr ihrer Ehe war er stets unterwegs: bei militärischen Übungen, im Offizierskasino, in den Staatskanzleien, wo er unter Anleitung der Männer, die Bismarck ausgesucht hatte, Staatskunst lernen sollte, oder er vertrat seinen Großvater bei besonderen Gelegenheiten. Dazwischen aber kamen die beiden immer wieder zusammen, und Dona verstand es, seine körperlichen Bedürfnisse, die nach Bismarcks

Urteil beträchtlich waren, so gut zu befriedigen, daß er ihr anscheinend im wesentlichen stets die eheliche Treue hielt. Daraus gingen in schöner Regelmäßigkeit eine Reihe gesunder Kinder, sechs Söhne und eine Tochter, hervor. In vieler Hinsicht war dies eine hervorragende Ehe, wenn freilich auch nie im Zweifel stand, wer hier das Kommando führte: sogar Donas Hüte waren von Wilhelm ausgewählt.

Die Mißbilligung des Kronprinzenpaares war mittlerweile förmlich mit Händen zu greifen. Zu Anfang hatte die Kronprinzessin den Versuch unternommen, ihrer Schwiegertochter zu helfen und ihr näherzukommen, obwohl Dona jenes Deutschtum verkörperte, das sie am abstoßendsten fand. Aber Dona war zu schüchtern und zu ängstlich, um darauf einzugehen. Sie war eine eigensinnige junge Frau, nicht weniger eigensinnig als die Kronprinzessin selbst, und sie wollte sich nicht unter die Fittiche nehmen oder sich von anderen leiten lassen. Aus Schüchternheit und Angst machte sie außerdem gelegentlich unpassende Bemerkungen, worauf ihre Schwiegermutter, entsetzt von soviel Niveaulosigkeit, sich nicht lange bitten ließ, Donas Fehler zu kommentieren. Die Hoffnung auf eine Versöhnung zwischen Wilhelm und seinen Eltern ging dabei in die Brüche. Eine Gelegenheit, Vater und Sohn einander wieder näherzubringen, hatte sich eingestellt, als Schliemann, der Archäologe, das Angebot machte, seinen gesamten »Schatz des Priamus«, den er bei den Ausgrabungen in Troja herausgeschmuggelt hatte, gegen Verleihung der höchsten preußischen Orden (Freiheit von Berlin und Pour le Mérite) einzutauschen, und beide stürmisch befürworteten, auf die Erpressung des alten Schurken einzugehen.[22] Aber mit diesem gemeinsamen Interesse war es bald vorbei, und Wilhelm war ganz zu Recht verärgert, als er den Eindruck gewann, daß seine Mutter seine Frau bevormunden wolle.

Als Dona ihr erstes Kind bekam – wieder ein Wilhelm – und die Salutschüsse über die deutsche Reichshauptstadt donnerten, stellte die Kronprinzessin sich die Aufgabe, ihrer Schwiegertochter wieder zu einer guten Figur zu verhelfen. Sie kaufte ihr Korsetts und hübsche Kleider und sagte ihr, sie schulde es ihrem Wilhelm, sich attraktiv zu machen. In einem Anfall jener Depression, die manche Frauen nach der Geburt befällt, sagte Dona, das sei alles nur verlorene Liebesmüh, denn Wilhelm habe klargestellt, daß es ihm nur um die Sicherung der Erbfolge ginge. Ein solcher Mangel an Selbstachtung mußte die Kronprinzessin erzürnen. Noch irritierender war für sie die Entschiedenheit, mit der Dona ihre Mißbilligung einer Heirat zwischen Wilhelms Schwester Moretta und Prinz Alexander, dem regierenden Fürsten von Bulgarien, zum Ausdruck brachte. Prinz Alexander, der in seiner Familie Sandro und in der Berliner Gesellschaft »der Beau« hieß, war in den Augen der Kronprinzessin eine ausgezeichnete Partie.

Bei der silbernen Hochzeit des Kronprinzenpaares, die eigentlich eine glückliche Familienfeier hätte sein sollen, wurden die Beziehungen nur noch gespannter. Der Prince of Wales war zugegen und strahlte vor Freude darüber, daß er zum Oberst des Fünften Pommerschen Husarenregiments ernannt worden war, wenngleich seine füllige Gestalt kaum in die eng geschnittene Uniform paßte. Durch häufiges Tennisspielen hoffte er, diesem Übel abzuhelfen. Seine Frau jedoch hatte sich strikt geweigert, nach Berlin zu kommen, und ihre preußischen Verwandten damit beleidigt.[23] Dies war die erste Trübung der festlichen Stimmung. Eine zweite bestand darin, daß die Kronprinzessin gehofft hatte, jedermann werde sich für das alte Gesellschaftsspiel der *tableau vivants,* das auf Schloß Windsor immer gespielt wurde, begeistern, daß aber nur sie selbst, ihr Bruder und liebenswürdigerweise auch ihr Mann diesen englischen Importartikel zu würdigen wußten. Es wurde nur wenig geprobt, und ihre Kinder verdarben mit ihren Streitigkeiten den ganzen Spaß. Die Aufführung selbst wurde von Charlotte verpatzt, die jedermann in den Schatten zu stellen suchte, und von Dona, die ein für eine schwangere Frau beinahe unanständig eng anliegendes Kleid trug und überdies ein Stichwort versäumte. Es war kein normales Stichwort, sondern eines, um das sich das ganze *tableau* drehte.[24] Nur mit Mühe hielt die Kronprinzessin ihren Ärger zurück, während Dona, die das sicherlich spürte, weinend zu ihrem Mann lief. Wilhelm nahm sie in Schutz. Er war bereits verärgert, weil seine schöne Tante Alix zu Hause in England geblieben war und weil Charlotte die »blöde Theaterspielerei«, als die er es jetzt betrachtete, verdorben hatte. Donas Kummer verärgerte ihn noch mehr. Er hatte keine Lust, sich die Vorhaltungen seines Onkels anzuhören, der ihm den Wunsch seiner Mutter nach einer persönlichen Aussprache übermittelte. Wir wissen nicht, ob und mit welchem Resultat ein solches Gespräch stattgefunden hat. Der Prince of Wales hatte sicher den Auftrag bekommen, mit seinem Neffen über dessen planmäßige Unfreundlichkeit gegenüber seinen Eltern zu sprechen, die darin zum Ausdruck kam, daß er überall mit großem Gefolge erschien und ihn daher niemand in ein persönliches Gespräch verwickeln konnte, und daß er sich alles zu eigen machte, was der Kanzler sagte, selbst wenn es gegen seine Eltern ging. Falls ein Gespräch stattfand, so scheint es keine Änderung in Wilhelms Benehmen bewirkt zu haben.

Im weiteren Verlauf des Jahres sandte der Prince of Wales in einem Versuch, die Dinge zu glätten und sich von seiner herzlichen Seite zu zeigen, seinem Neffen eine komplette schottische Highland-Ausrüstung. Wilhelm ließ sich darin sogleich fotografieren, wobei er versuchte, die Haltung eines großen Häuptlings einzunehmen. Auf das Foto ließ er unten den etwas rätselhaften Satz »I bide my time« drucken (was etwa bedeutet: Ich warte auf meine Zeit) und schickte Abzüge an seine Familie und seine Freunde.[25]

3

Seit Jahren hatte die Gesundheit des Kanzlers sich verschlechtert. Die Nahrungsmengen, die er seinem gewaltigen Leib und seinem Verdauungsapparat zuführte, taten ihre Wirkung und machten ihn reizbar und boshaft, auch in Kleinigkeiten, aber auf der diplomatischen Bühne Europas war er noch immer der anscheinend unzerstörbare Koloß. Im Sommer des Jahres 1883 trat bei ihm eine dramatische Schwächung ein. Er fühlte sich krank, nicht bloß unwohl sondern wirklich krank. Seine erschütterte Familie brauchte ihn nun nicht mehr zu drängen, einen Arzt aufzusuchen. Die nackte Angst trieb ihn dazu, aber er ließ nicht den Hausarzt kommen. Er wählte einen neuen, und zwar einen Juden.

Bismarcks Ansichten über die Juden waren ambivalent. Als preußischer Junker war er im Geiste des Antisemitismus erzogen worden, aber wie in den meisten Dingen, so überragte er auch in diesem Punkt das Normalmaß. Als Praktiker war er der Ansicht, daß man kein hellsichtiger Liberaler zu sein brauchte, um zu erkennen, wie ungewöhnlich nützlich die Juden in Deutschland waren. Er bemerkte einmal, man könne die Juden nicht aus Deutschland vertreiben, ohne der nationalen Wohlfahrt großen Schaden zuzufügen.[26] Weniger höflich sagte er im Hinblick auf Mischehen, gute Resultate könne man erwarten, »wenn man den christlichen Hengst von deutscher Zucht mit der jüdischen Stute zusammenbringt«.[27] Wie der Bankier der ganzen Nation, so war auch sein Bankier ein Jude. In seiner Krankheit ließ er nun einen Arzt namens Schweninger kommen, der nicht nur Jude war, sondern auch »eine Vergangenheit« hatte. Er war einmal in flagranti in einem nicht näher bezeichneten unmoralischen Akt auf einem Friedhof ertappt worden.[28] Er war jedoch hochbegabt und, obwohl er nicht mehr der Jüngste war, bereit, etwas zu riskieren und zu experimentieren, was Bismarck sehr schätzte.

Gleich bei der ersten Konsultation zeigte der Arzt, wes Geistes Kind er war, und ließ sich durch Bismarcks brüskes Benehmen keineswegs aus der Fassung bringen. Nach einer kurzen Untersuchung schloß er seine Tasche wieder und begann den Kanzler zu fragen, wieviel er esse und trinke. Bismarck verlor schnell die Geduld, und bemerkte, er sei es nicht gewohnt, ausgefragt zu werden. Worauf Schweninger sich verbeugte, als wolle er sich verabschieden, und sagte, der Kanzler benötige offenbar keinen Haus- sondern einen Tierarzt. Das war eine verblüffende Kühnheit, die jedoch ungestraft blieb. Zu jedermanns Überraschung wurde der jüdische Arzt ein Bestandteil des Haushalts. Zunächst verordnete er eine Diät aus Heringen, an die Bismarck sich auch tatsächlich hielt. Die Diät, die er danach zusammenstellte, hätte Bismarck von keinem anderen akzeptiert. Schweninger bestand auch auf körperlicher Bewegung. Ein ganzes Jahrzehnt schon hatte der Kanzler sich auf kein Pferd mehr heben lassen. Nun begann er regelmäßig auszureiten. Er aß und trank noch immer mehr als die meisten Menschen, aber er verlor 56 Pfund, seine Laune und sein Schlaf besserten sich, und er neigte weniger zu nervösen Ausbrüchen. Schweninger wurde angemessen entlohnt. Die medizinische Fakultät der Universität von Berlin wurde aufgefordert, Fürst Bismarcks Leibarzt in den Rang eines Professors zu erheben. Die Universität lehnte ab. Sie war eine der jüngsten in Europa, zu dieser Zeit aber eine der reaktionärsten, die ihre Tore ausschließlich Studenten öffnete, die sich als Abiturienten eines humanistischen Gymnasiums ausweisen konnten. Der Gedanke, einem Juden, der sich auf einem Friedhof gewisse Unanständigkeiten hatte zuschulden kommen lassen, als Professor aufzunehmen, muß dieser Körperschaft empörend erschienen sein.[29] Aber der Kanzler sprach sein Machtwort und beharrte darauf, und Ernst Schweninger bekam seinen Lehrstuhl.[30]

Den schlanker und ruhiger gewordenen Kanzler kostete es nicht allzu viel Mühe, den Redestrom des jungen Prinzen nach dem Essen anzuhören. Es war nicht schwer, aus ihm allerlei über seine Familie und seine Arbeit herauszubekommen, und Wilhelm steckte voll von Geschichten über seine Vergnügungen. Vom österreichischen Kaiser erhielt er mehrfach Einladungen zu den Herbstjagden im Gebirge. Eines Tages überließ ihm der Kaiser huldvoll seinen eigenen Stand, den er nach einer recht schwierigen Kletterpartie im dichten Frühnebel erreichte. Als der Nebel sich verzog, stellte sich heraus, daß er auf einer kleinen Felsplattform wenige Meter vor einem über hundert Meter tiefen Abgrund stand. Auf einer anderen Jagdpartie behauptete einer der Gäste, Graf Würm, er habe zwei Hirsche mit einem Schuß, einem *Double,* erlegt. Zu seinem großen Verdruß ergab der Bericht des Jagdleiters später, »daß, wie der Kaiser sich ausdrückte, der Coup morgens früh um 8 Uhr oben auf dem Berg gefallen, während der *Double* nachmittags unten im Tal erfolgt sei«.[31] Wilhelm interessierte sich auch für die Marine und war zugegen, als bei geheimen Manövern unter dem damaligen Kapitän zur See Tirpitz in der Nähe von Zoppot ein älterer Herr als Spion verhaftet wurde –, der sich jedoch als Tirpitz' Vater herausstellte.[32] Der Kanzler hörte sich das alles an. Was man ihm von Österreich zu erzählen wußte – selbst wenn es sich um Kavallerieangriffe mit gestrecktem Säbel handelte, die Wilhelm imponierten und die er in Deutschland einzuführen wünschte –, hörte er immer gern.[33] Was die Marine betraf, so genossen General Caprivi, der an ihrer Spitze stand, und Tirpitz, der Spezialist für Torpedo-Angriffe, ein wachsendes Ansehen und waren daher für Bismarck, der ein feines Gespür für potentionelle Rivalen besaß, von Interesse. Wir dürfen annehmen, daß der Kanzler dem Redestrom des Prinzen nicht ganz ohne Nutzen folgte. So manche kostbare Information wird dabei von den arglosen Lippen des Prinzen für ihn abgefallen sein.

Mit der Mutter des Prinzen ließ Bismarck freilich solche Geduld vermissen. Keine Minute ließ seine Feindseligkeit nach, selbst dann nicht, als die Kronprinzessin um ihren jüngeren Bruder Leopold, der im gleichen Jahr in Cannes an der Bluterkrankung verstarb, trauerte. Er war bereits fest enschlossen, den Plan der Kronprinzessin, die Wilhelms Schwester Moretta mit Prinz Alexander, dem Fürsten von Bulgarien, verheiraten wollte, sobald wie möglich zu durchkreuzen. Es wäre denkbar, daß der Hauptgrund des Kanzlers gegen diese Heirat einfach darin bestand, daß die Kronprinzessin sie wünschte. Seine Furcht vor Rivalen war mittlerweile jedoch eine Manie geworden, und er hatte den Verdacht, der Kronprinz würde, sobald er an der Macht wäre, Alexander zu seinem Kanzler machen. Auch könnte etwas Wahres an dem Gerücht sein, er habe Prinzessin Moretta als politisches Pfand benützen oder gar mit seinem Sohn Herbert verheiraten wollen, für den er den Posten des Außenministers vorgesehen hatte und der die Basis seiner »dynastischen« Träume bildete. Allerdings gab es für Bismarcks Abneigung gegen diese Heirat auch ein politisches Motiv, für das sein Herr, der deutsche Kaiser, viel Verständnis hatte: Prinz Alexander war zwar ein Neffe des neuen Zaren Alexander III. und war durch russischen Einfluß an die Macht gekommen, zeigte von da an jedoch antirussische Neigungen. Er entledigte sich schrittweise der russischen Mitglieder seines Haushaltes, und als er im Frühjahr 1884 die europäischen Höfe besuchte, machte er diese Gefühle überaus deutlich.[34]

Im Frühling des gleichen Jahres wurde das kleine Darmstadt vom

»königlichen Mob«, wie Queen Victoria sich ausdrückte, überfallen. Es wurde dort nämlich die Hochzeit der ältesten Tochter des hessischen Großherzogs mit Sandros Bruder, Prinz Ludwig von Battenberg – mittlerweile britischer Bürger und Leutnant der Royal Navy – gefeiert. Wieder einmal mußte ein staatlich-königliches Ereignis ungeachtet privater Trauer stattfinden. Obwohl ihr geliebter Sohn Leopold erst vor kurzem verstorben war, gab Queen Victoria den Festlichkeiten die besondere Ehre ihrer persönlichen Anwesenheit. In der von Kaiserin Augusta angeführten Berliner Delegation befanden sich auch das Kronprinzenpaar und Prinz Wilhelm mit seiner Frau. Man kann sich vorstellen, welche Gefühle Wilhelm bewegten, als kurz vor der Trauung der Großherzog die Verlobung seiner zweiten Tochter Ella mit Großfürst Sergius bekanntgab.[35] Nur wenige Stunden nach der Vermählung seiner Tochter heiratete sodann der Großherzog selbst insgeheim und in merkwürdig unüberlegter Weise eine gewisse Madame Alexandrine de Kalomine. Es dauerte drei Tage, bis die Nachricht durchgesickert war. Als dies geschah, veranlaßte Kaiserin Augusta die unverzügliche Abreise der gesamten Berliner Delegation und überließ es Queen Victoria, sich mit ihrem Schwiegersohn auseinanderzusetzen. Dies geschah ebenso rasch wie wirkungsvoll. Es war vielleicht verständlich, daß der Großherzog sich diskret mit der Gemahlin eines russischen Geschäftsträgers zu trösten suchte, nachdem der arme Diplomat sich hatte scheiden lassen und verschwunden war. Aber eine Heirat kam überhaupt nicht in Frage. Die deutschen Scheidungs- und Annulierungsgesetze bereiteten keine Schwierigkeiten, und genau 70 Tage nach seiner zweiten Heirat war der Großherzog wieder ein alleinstehender Mann.[36]

Dies war nicht das einzige Ergebnis der Darmstädter Hochzeit. Prinzessin Beatrice, Queen Victorias jüngstes Kind, hatte sich in Prinz Heinrich von Battenberg verliebt. Sie war Mamas Nesthäkchen, sollte der Trost ihrer alten Tage werden und war geradezu unentbehrlich geworden, seitdem John Brown, das ergebene Faktotum der Queen, vor knapp einem Jahr gestorben war. Als die Prinzessin tapfer ihre Neigung bekannte, zeigte sich Queen Victoria von ihrer schlechtesten Seite. Der Eröffnung folgte ein Zornesausbruch, der in unbarmherzigen Wogen über das Haupt ihrer Tochter hereinbrach. Danach behandelte sie ihre Tochter wochenlang, obwohl sie unter dem gleichen Dach lebte, wie eine Aussätzige und verkehrte mit ihr nur durch kleine Zettel.[37]

In Berlin gestalteten sich inzwischen die Beziehungen zwischen Wilhelm und seinen Eltern auch nicht harmonischer. Bismarck quälte das Kronprinzenpaar, indem er dafür sorgte, daß Wilhelm anläßlich der Großjährigkeit des russischen Kronprinzen Nikolaus als Vertreter des Kaisers nach Rußland geschickt wurde. Er fand dort eine befremdliche und bedrückende Furcht vor Anarchie. Ansonsten amüsierte er sich und verstand sich auch gut mit dem Zaren und dessen Thronfolger.[38] Als man ihn aufforderte, in einen direkten, also nicht über Bismarck oder diplomatische Kanäle laufenden Briefwechsel mit dem Zarenhaus zu treten, ließ er sich das nicht zweimal sagen und wetterte in seinen Briefen gegen seinen Vater und seine Mutter, gegen seinen Onkel, den Prince of Wales, sowie gegen den Fürsten von Bulgarien.

Die moderne Spionage ist über den Mann mit Brieftauben in der Hutschachtel und unsichtbarer Tinte aus Zwiebelsaft weit hinausgewachsen, und die modernen Supermächte trugen keine Bedenken, historische Fakten zu manipulieren, wenn sie daraus propagandistischen Nutzen ziehen konnten. Daraus folgt, daß moderne Historiker auf und zwischen beiden Seiten sich der Unverfälschtheit ihrer dokumentarischen Beweisstücke nie mehr ganz sicher sein können. Viele der nach der Revolution veröffentlichten Archive des russischen Zarenreiches und viele der Archive des deutschen Kaiserreiches, die bei der Einnahme Berlins am Ende des 2. Weltkrieges gefunden wurden, sind wahrscheinlich nicht echt, und mißtrauen müssen wir ihnen allen. Wir müssen dies vorausschicken, wenn wir nun zwei Auszüge aus Briefen zitierten, die Wilhelm nach seiner Rückkehr nach Berlin an den Zaren geschrieben haben soll:

> Ich erbitte von dir nur, um keinen Preis meinem englischen Onkel zu vertrauen. Sei nicht beunruhigt durch irgend etwas, was du von meinem Vater hören magst. Du kennst ihn, er ist gern eigenwillig und steht unter dem Einfluß meiner Mutter, und sie wird ihrerseits von der Königin von England gegängelt und läßt ihn alles durch englische Augen sehen . . .
>
> Wir werden den Prince of Wales in ein paar Tagen hier erleben; wir sind über sein Erscheinen gar nicht glücklich – verzeih, er ist dein Schwager –, mit seiner Doppelzüngigkeit und Lust am Intrigieren wird er zweifellos versuchen, entweder den Bulgaren zu ermuntern – möge Allah ihn in die Hölle verbannen – oder mit den Damen hinter den Kulissen Politik zu diskutieren. Ich werde mein Bestes tun, sie im Auge zu behalten, aber ich kann unmöglich überall sein.*[39]

Diese Briefe sind keine erfreuliche Lektüre. Bismarcks Schüler ist sein

* Wie alle Briefe, die Wilhelm an den Zaren schrieb, sind auch diese in englischer Sprache verfaßt.

stärkster Verbündeter geworden. Wilhelms Mission wurde jedenfalls als großer Erfolg gewertet. N. Giers, der russische Außenminister, schrieb: »Der die Idee gehabt hat, uns den Prinzen zu schicken, kann dazu nur beglückwünscht werden!« *[40]

Persönlich muß Wilhelm besonders zufrieden über seinen formellen Besuch im Mai gewesen sein, denn dadurch wurde es plausibel, daß er im Juni, als Ellas Hochzeit mit Großfürst Sergius gefeiert wurde, nicht schon wieder erschien. Ein Vorfall beim Hochzeitsbankett demonstrierte Bismarcks skrupellose Schläue. Durch seinen Sohn Herbert hatte er dem russischen Zaren angedeutet, daß man am deutschen Kaiserhofe die Verbindung von Prinzessin Victoria von Hessen mit einem Battenberger sehr mißbillige. Daraufhin mußte Prinz Ludwig, als er mit seiner Frau bei dem Bankett erschien, feststellen, daß er nicht in der Nähe seiner Familie plaziert wurde, sondern bei den Offizieren der königlichen Jacht *Osborne,* die von Queen Victoria dazu bestimmt war, die Mitglieder des englischen und dänischen Königshauses wieder nach Hause zu bringen. Der Großherzog von Hessen, dem man seinen Sündenfall inzwischen verziehen hatte, protestierte. Der Zar erwiderte in aller Ruhe, nach dem, was er von Berlin gehört habe, hätte er Prinz Ludwig unmöglich in die Nähe der königlichen Familie setzen können. Bismarck war gewiß kein Mann, der an morganatischen Ehen und dergleichen Anstoß genommen hätte, aber da er wußte, daß der preußische Hof in diesem Punkt weit weniger großzügig dachte, sah er darin eine geeignete Waffe in seinem Kampf gegen eine Heirat zwischen Prinzessin Moretta und Prinz Ludwigs Bruder.[41] Letzterer war trotz Wilhelms Verwünschung noch nicht von Allah in die Hölle verbannt worden, und Bismarck wußte, daß er alle nur erdenklichen Mittel aufbieten mußte, wenn er diese Heirat verhindern wollte.

Zu diesem ungünstigen Zeitpunkt gewann Queen Victorias bessere Natur die Oberhand. Sie war nun bereit, ihre Tochter Beatrice Prinz Heinrich zu geben, vorausgesetzt, dieser würde an den englischen Königshof kommen und sich dort mit Beatrice niederlassen. Prinz Heinrich gab sofort seine Zustimmung.

In Berlin gab es einen Aufschrei. Wer »den Gotha« zu würdigen wußte, der war entsetzt, daß die Tochter eines Souveräns den Sprößling einer morganatischen Ehe heiraten sollte. Prinz Heinrich wäre nicht der Sohn seines Vaters gewesen, wenn es ihm nicht gelungen

* Wilhelm trug damit zum Zustandekommen von Bismarcks größtem persönlichen Triumph bei, einem Treffen der drei Kaiser Franz Joseph, Alexander III. und Wilhelm I., das im September desselben Jahres in Polen stattfand und auf dem der Dreikaiserbund erneuert wurde.

wäre, als Offizier in die glanzvollen Gardes du Corps einzutreten. Damit sollte er seinen Ehrgeiz befriedigt haben. Die Heirat von Prinz Ludwig und Prinzessin Victoria hatte bereits genügend Ärgernis erregt. Diesmal würde es noch schlimmer sein. Und im Hintergrund stand gar noch ein dritter Battenberg und hatte ein Auge auf eine Tochter des Kronprinzen geworfen. Förmliche Protestsalven gingen auf Queen Victoria nieder. Auch Kaiserin Augusta schonte ihre alte Freundin nicht. Überraschenderweise schloß sich auch der Kronprinz diesem Chor an. Dann brachten auch noch Wilhelm und Dona ihre Einwände vor. Queen Victoria kochte vor Wut. Ihre schärfsten Worte behielt sich die Queen für ihren ältesten Enkel und dessen Frau vor. Sie schrieb an die Kronprinzessin:

> Die außerordentliche Impertinenz und Unverschämtheit und, ich muß schon sagen, die große Lieblosigkeit von Willie und der albernen Dona zwingen mich zu sagen, daß ich beiden nicht schreiben werde. Was Dona betrifft, die arme, unbedeutende Prinzessin, die nur durch Deine Güte in die Position erhoben wurde, in der sie jetzt ist – so fehlen mir die Worte. . . . Was Willie betrifft, diesen derart törichten, pflichtvergessenen und, ich muß schon sagen, fühllosen Jungen, so habe ich die Geduld mit ihm verloren und wünschte, er könnte »a good skalping« bekommen, wie die Schotten sagen.[42]

Auch das war kein erfreulicher Brief. Seine Mutter wird vermutlich dafür gesorgt haben, daß Wilhelm ihn zu Gesicht bekam. Seine Freude darüber, daß er das Kommando über das Erste Bataillon des 1st Regiment of Footguards, das als das »Erste Bataillon der Christenheit« galt, übertragen bekam, wurde durch die Bezeichnung »fühlloser Junge« zweifellos stark getrübt. Es gärte in ihm, als er hörte, daß man ihn auf Schloß Windsor nicht zu sehen wünsche. Dann versperrte ihm auch der Prince of Wales den Weg nach Sandringham. Diese Situation war es, in der der erregte Wilhelm seine Großmutter als »eine alte Hexe« bezeichnete. In seiner Haßliebe zu England fiel er von einem Extrem ins andere.

In Berlin nahmen die Ereignisse ihren Lauf. Prinzessin Moretta war außer sich. Ihrer Mutter erklärte sie, sie liebe ihren Sandro Battenberg so sehr, daß sie sich in den Kanal stürzen würde, wenn ihm etwas zustieße.[43] Zu Wilhelms großer Freude schrieb der Kaiser einen scharfen Brief an den Fürsten von Bulgarien, in dem er sich energisch gegen die Heirat aussprach. Sandro wiederum, der mit dem hohen Alter des Kaisers rechnete, wollte lieber warten, bis der Kronprinz den Thron besteigen würde, und die Sache daher vorläufig auf sich beruhen lassen.[44]

Damit wollte die Kronprinzessin sich nicht zufriedengeben. Mit größtem Eifer betrieb sie weiter die geplante Heirat. Daraus entstand erneut Zwietracht zwischen ihr und ihrem ältesten Sohn. Es kam zu einer heftigen und diesmal sogar öffentlichen Auseinandersetzung. Nicht einmal Bismarck konnte Wilhelm vor den Folgen seines Verhaltens retten. Man riet ihm, sich eine Weile von Potsdam zu entfernen und sich vom Hof zurückzuziehen, was er schmollend tat.[45] Aber ebensowenig wie die Kronprinzessin war Bismarck zufrieden mit Sandros offensichtlichem Versuch, Zeit zu gewinnen. Er machte sich daran, den guten Ruf des Prinzen zu untergraben. In der bulgarischen Hauptstadt kamen Gerüchte auf: Der Prinz sei homosexuell; zwei gutaussehende Adjutanten seien vom Zaren eilig aus Sofia abberufen worden; der Prinz leide an einer Geschlechtskrankheit.[46] In Berlin flüsterten böse Zungen gar, die Kronprinzessin begehre Sandro im Grunde für sich selbst. Bismarck erlaubte sich die Bemerkung, sie sei eine ungezügelte Frau und die wilde Sinnlichkeit, die in ihren Augen glühe, erfülle ihn mit Schrecken.[47] Und fortwährend schmiedete er Pläne, um Alexanders Souveränität durch Rußland beseitigen zu lassen. Zugleich und in zunehmendem Maße aber wurde die Gründung einer eigenen Dynastie bei ihm eine fixe Idee, und er fühlte sich erst sicher, als er seinen Sohn Herbert auf den Stuhl des Staatssekretärs im Außenministerium befördert hatte. Nun konnten seine Feinde tun, was sie wollten. Mochte der Marquis of Salisbury, Queen Victorias derzeitiger Premier- und Außenminister, seine buschigen Augenbrauen heben und vom »abscheulichen Herbert« (hateful Herbert) sprechen«[48] –, solange in der Wilhelmstraße die Fäden in der Hand seines Sohnes zusammenliefen, fühlte der Kanzler sich sicher.[49]

4

Beobachtern ist nicht entgangen, daß Prinz Wilhelm als Junge und junger Mann leicht Bekanntschaften schloß, aber wenig enge Freunde besaß. Am nächsten waren ihm seine Geschwister Heinrich und Charlotte gestanden, aber zur Zeit seiner Heirat hatten sie sich auseinandergelebt, und Dona konnte ihm nicht jene seelische Intimität geben, die für Prinzen besonders wertvoll ist.

Aus diesen Tatsachen können drei mögliche Schlußfolgerungen gezogen werden. Entweder er war psychologisch gesehen ein Einzelgänger, der niemandem uneingeschränktes Vertrauen entgegenzubringen wünschte; oder irgendwelche Hemmungen hinderten ihn daran, enge

Freundschaften zu schließen; oder er hatte so erhabene Vorstellungen von seiner eigenen Bestimmung, daß dergleichen unmöglich wurde. Letzteres könnte ihm von Hinzpeter mit seinen mythisch-exaltierten Vorstellungen vom Souverän eingepflanzt worden sein. Wie dem auch sei, Wilhelm fiel es zunehmend leichter, sich anderen Menschen anzuvertrauen, als er älter wurde. Neben seiner ansehnlichen Gefolgschaft, mit der er freilich nur in kameradschaftlichem Ton verkehrte, gab es da eine große Zahl von Höflingen, Hofbeamten und Offizierskollegen, die sich mit dem mutmaßlichen Thronfolger gut zu stellen wünschten und sich seine Freunde nannten. Durch das hohe Alter des Kaisers wurde Wilhelm der Mittelpunkt eines Klüngels, den man in anderen Ländern die Partei des Erben bezeichnet hätte. Bismarck gab dieser Partei seinen Segen, und Graf Herbert wachte darüber mit onkelhafter Sorgsamkeit. Vielleicht war diese Sorgsamkeit ein wenig zu onkelhaft. Er soll Wilhelm angeboten haben, ihm eine Geliebte zu beschaffen, falls er ein entsprechendes Bedürfnis verspüre. Es ist sehr fraglich, ob Wilhelm je auf dieses Angebot zurückkam, insbesondere, nachdem es auch Dona zu Ohren gekommen war und sie fortan in Graf Herbert ihren Todfeind erblickte.[50]

Aus der großen Zahl seiner Bekannten erkor sich Wilhelm drei Freunde, die auf sein Leben und damit auf die Geschichte Europas großen Einfluß gewinnen sollten.

Der erste war der 27 Jahre ältere Graf von Waldersee. Er war Generalquartiermeister, d. h. stellvertretender Generalstabschef. Unter seiner Leitung war Wilhelm in die Arbeitsweise des Generalstabs eingeführt worden, und er hatte seinen Schüler mit seiner phänomenalen Kenntnis geographischer Einzelheiten beeindruckt. Er sprach englisch und französisch, war voller Vitalität und eine nicht unangenehme Mischung von Humor und religiösem Eifer. Überdies steckte in ihm jene Spur Exzentrizität, die junge Menschen in älteren, nicht aber gleichaltrigen Menschen lieben. Er besaß einen Raben, den er gern auf seinen goldenen Schultertressen sitzen ließ und den niemand sonst anrühren durfte. Mit seiner starren Haltung des preußischen Offiziers, seinem Zahnbürsten-Schnurrbart und dem birnenförmigen Kopf mit kurzgeschnittenem Haar (in Berlin Stiftenkopf genannt) war er körperlich nicht besonders anziehend. Er besaß jedoch großen Charme und gewinnende Umgangsformen. Außerdem war er ein Freund von Charlotte und mit der Witwe von Donas Onkel verheiratet und gehörte somit zum innersten Kreis der Berliner Gesellschaft.

Gräfin von Waldersee, die zweite der drei Personen, mit denen Wilhelm in nähere Beziehungen trat, war eine Amerikanerin aus New

York, die die Berliner Gesellschaft mit ihrem Witz und ihrer Intelligenz bezauberte. Es wurde behauptet, bei Wilhelm habe diese Bezauberung bis in ihr Schlafzimmer geführt, aber angesichts der Tatsache, daß sie 21 Jahre älter war als er und außerdem mit ihrer angeheirateten Nichte Dona eng befreundet war – die beiden hatten viel für inbrünstige Predigten übrig –, klingt das nicht sehr wahrscheinlich. Wilhelm war in der Tat sehr empfänglich für hübsche Frauen.[51] Daisy, Princess of Pless, die Tochter von Mrs. Cornwallis-West und Geliebte des Prince of Wales, sagte, er habe nicht genug bekommen können von ihren Beweisen der Sympathie und des Verständnisses. Aber er war kein Schürzenjäger.[52] Dona und er waren oft im Salon der Waldersees im Hauptquartier des Generalstabs zu finden, und alle gingen sie zu Hofprediger Adolf Stöcker, der seine Predigten mit christlichem Sozialismus und Antisemitismus pfefferte und damit gegen die Sozialdemokratie zu Felde zog. Vielleicht schmeichelte es Wilhelm, daß ein so fähiger Soldat wie Waldersee ihn umwarb – seiner Raffiniertheit war er jedenfalls in keiner Weise gewachsen. Waldersee, den seine Zeitgenossen »den Dachs« nannten, weil er seine Nase so gern in verborgene Dinge steckte[53], war ein Intrigant par excellence. Gegen den Kronprinzen hegte er eine heftige Abneigung und bestärkte Wilhelm in dessen Illoyalität. Einmal ging er sogar soweit, dem Prinzen zu versichern, er könne auf ihn zählen, wenn es zu einem Staatsstreich gegen die Kronprinzessin kommen sollte.[54] Dem Prinzen und seinem guten Ruf war Waldersee kaum förderlich. Gräfin Waldersee war da schon besser, denn ihr protestantischer Eifer verbot übermäßiges Rauchen, Pornographie und Fluchen, und Wilhelm, der all dem nicht abgeneigt war, mußte diese Dinge der Gräfin zuliebe zunächst einmal aufgeben.[55]

Später, als Waldersee seine Memoiren veröffentlicht und Wilhelm sie gelesen hatte, schrieb er:

> Ich hielt ihn für unbedingt zuverlässig und mir treu ergeben; Worte und Taten schienen jeden Tag von neuem meine Meinung zu bestätigen. Was er des Abends an frommen und anderen Bemerkungen in sein Tagebuch eintrug, konnte ich damals freilich nicht wissen.[56]

Ein milder und großzügiger Kommentar verglichen mit Waldersees Stoßseufzer:

> Ach, wollte Gott, daß ich imstande wäre, ab und zu etwas Gutes über den Kaiser zu notieren.[57]

Der Dritte in dieser Reihe, Graf Philipp zu Eulenburg-Hertefeld, sollte sich für Wilhelm und Dona viele Jahre hindurch als echter und treuer

Freund erweisen. Er hatte viele Vorzüge: Hinter ihm lag eine glückliche Kindheit auf dem väterlichen Besitz, den er liebte und den er eines Tages auch erben würde; seine Frau, eine Enkelin des berühmten schwedischen Feldmarschalls Graf Sandels, war eine gute Partie, und aus ihrer Ehe gingen drei Söhne und drei Töchter hervor; der diplomatische Dienst fiel ihm leicht und war nie so anstrengend, daß er nicht Zeit gefunden hätte für ein breites Spektrum von Beschäftigungen; und er besaß einen scharfen Intellekt. Eine Reihe von Jahren hatte er in der Pariser Botschaft gedient, wo er sich eng mit jenem Bernhard von Bülow befreundete, der später selber eine bedeutsame Rolle in Wilhelms Leben spielen sollte. Aber Paris war für Eulenburg und seine Frau auch eine traurige Stadt, denn sie verloren dort ihr zweites Kind, und Herbert von Bismarck tat Eulenburg den Gefallen, ihn rasch auf einen verantwortlicheren Posten zu berufen, nämlich als Legationssekretär nach München. Es geschah in dieser Periode seines Lebens, und zwar 1886 auf der Frühjahrsjagd von Graf Dohna bei Prökelwitz in Ostpreußen, daß er Prinz Wilhelm näher kennenlernte. Wilhelm befand sich damals in vorübergehender Verbannung aus Potsdam.

In dieser Phase seines Lebens war Wilhelm bereit, mit extremer Intensität zu lieben und zu hassen, und als die Jagdpartie sie nun näher zusammenbrachte, fühlte er sich sofort angezogen von dem, was man Eulenburgs unpreußische Talente nennen könnte. Nicht, daß der Graf die preußischen Tugenden vermissen ließ. Er war ein glänzender Reiter und guter Schütze, und es fehlte ihm auch nicht an der gehörigen Wertschätzung von Tüchtigkeit und Selbstdisziplin. Mut und Ritterlichkeit wußte er ebenfalls zu schätzen. Aber trotz seiner vielen Fähigkeiten und Fertigkeiten zeigte er wenig Arroganz und Eitelkeit und strahlte eine Ruhe und Sanftmut aus, die unter Wilhelms Offizierskollegen selten zu finden war. Er war witzig und amüsant, wenn er auch für die damals allgemein beliebten und auch von Wilhelm sehr geschätzten derben Späße wenig übrig hatte. Auffallenderweise hat sich Wilhelm in all den Jahren ihrer Freundschaft nie etwas Derartiges mit Eulenburg erlaubt.[58] Zweifellos respektierte Wilhelm ihn als einen Weltmann mit Muße, Charme und Lebenskunst. Eulenburg war selten abweisend und kein Kritikaster, zumindest nicht von vornherein, und es faszinierte den Prinzen, daß er von Malerei nicht nur viel verstand, sondern auch selbst ein geschickter Zeichner war. Er bestärkte Wilhelm in dessen Neigung zum Malen von Seestücken. Eulenburg war nicht nur ein Musikliebhaber, sondern er komponierte auch selbst, schrieb und sang unbeschwert romantische Rosenlieder und kraftvolle nordische Skaldengesänge. Wilhelm war hingerissen von diesen Gesängen. Die Jagdpartie von Prökelwitz bekam ein ganz neues und überraschendes Gepräge, als Graf Eulenburg seine Gesänge anstimmte.

In seiner Begeisterung für Eulenburg wird Wilhelm dessen Schwächen kaum bemerkt haben: seinen Ehrgeiz zum Beispiel, seine Sentimentalität und seine katastrophale Fähigkeit, sich Feinde zu machen. Er sah nur den Lebenskünstler, den Gelehrten, den Sportsmann, Diplomaten, Soldaten, den perfekten Freund und zuverlässigen Vertrauten. Später, nach seiner Abdankung, erkannte der Kaiser, daß er Eulenburg überschätzt hatte.

> Dies ändert aber nichts daran, daß er einer der charmantesten Menschen war, die ich gekannt habe . . . Als Unterhalter war er großartig. Saß ich beispielsweise mit ihm im Zug, so konnte er aus irgendeiner kleinen Episode von einer Reise eine bezaubernde Geschichte machen und so interessant erzählen, daß man ihm zuhören mußte . . . Als Cicerone wurde er mir unentbehrlich . . . er war mein Freund und wird es auch in der Erinnerung bleiben![59]

Von Anfang an war klar, daß Wilhelm Eulenburg verehrte.

Eulenburg gibt eine kritischere, aber ebenfalls herzliche Beschreibung des Beginns dieser Freundschaft. In seinen Erinnerungen erklärt er, daß er sich von der Beziehung zu Wilhelm kaum persönlichen Nutzen habe erhoffen können, da aller Wahrscheinlichkeit nach noch viel Zeit vergehen mußte, ehe der Prinz auf den Thron kommen würde. Er zögert auch nicht, darauf hinzuweisen, daß Wilhelms Vorliebe für das Militärwesen seiner inneren Reifung im Wege stand. Ebenso wie das Internats- und Universitätssystem in England dafür sorgte, daß die Söhne der Reichen erst Jahre nach den übrigen Kindern erwachsen wurden, so bewirkte das sogenannte »Potsdamer Leben« die gleiche Retardierung der Reife in den Sprößlingen des Adels. In Wilhelms Fall war das besonders deutlich. Eulenburg faßt zusammen:

> Dem Prinzen Wilhelm, der zwölf Jahre jünger war als ich und dessen Vater noch in strotzender Gesundheit daherschritt, als ich seinen Sohn kennenlernte, stand ich warmherzig und doch beobachtend gegenüber, als er 1886 in Freundschaft für mich erglühte. Warmherzig, weil sein Enthusiasmus für meine Musik und meinen musikalischen Vortrag, der ihn fast fieberhaft begeisterte, meiner Künstlernatur wohltat, vielleicht auch meiner Eitelkeit schmeichelte . . . Aber ich stand dem Prinzen warmherzig gegenüber, weil er offen und ehrlich nicht nur meine Kunst sondern auch alle meine anderen Interessen, dazu meine glühende Liebe zu Frau und Kindern, mit einer verständnisvollen Wärme und Lebhaftigkeit umfaßte, als sei es sein Eigentum.[60]

Ihre Beziehung ist als »parfümiert«[61] beschrieben worden und hatte wahrscheinlich irgendeine Art von erotischem Inhalt, ob dieser nun körperlich zum Ausdruck kam oder nicht. Vielleicht hatte Wilhelm die homoerotische Phase, die man in der Regel durchläuft und an deren Ende man als heterosexuell, bisexuell, homosexuell oder manchmal auch asexuell in Erscheinung tritt, noch nicht ganz hinter sich. Das »Potsdamer Leben« mit seiner Betonung der Kameradschaftlichkeit, der Waffenbrüderschaft und mit seinen spartanischen Idealen soldatischer Zusammengehörigkeit brachte zweifellos ein homoerotisches Klima hervor. Wilhelm hatte in der Tat die ausgeprägte Gewohnheit, seinen Freunden auf das Hinterteil zu schlagen und jungen Männern in die Wangen zu kneifen* und aus seinen eigenen, ganz unbefangenen Worten anläßlich eines Besuches in Rußland geht deutlich hervor, daß ihm gutaussehende Männer nicht entgingen:

> Eine große Zahl von jüngeren Großfürsten trug zur Belebung des Familienbildes durch ihr jugendlich fröhliches Wesen bei. ... Die Rekruten der Chevalier-Garde und der Garde à cheval andererseits waren besonders schön gewachsene Leute, bei denen mir das fast gänzliche Fehlen der Hüften auffiel; die weißen Koller saßen auf ihren schlanken Körpern wie angegossen.[62]

Wie in England im Hinblick auf Prinzgemahl Albert, so hat sich in Deutschland bis heute das Gerücht gehalten, Wilhelm sei bisexuell veranlagt gewesen. Genau wie sein Großvater zog Wilhelm die Gesellschaft von Männern der von Frauen vor.[63] In einer kürzlich erschienenen Biographie von Prinzgemahl Albert wird behauptet, die Ausgeprägtheit seiner Hüften habe in ihm ein androgynes Element körperlich zum Ausdruck gebracht.[64] Und Daisy, Princess of Pless, sagte, im Kaiser stecke »eine Menge Weiblichkeit«.[65] Der Vergleich zwischen den beiden Herrschern läßt sich noch weiter ausdehnen. Der Prinzgemahl zeugte neun Kinder, aber mit Ausnahme eines einzigen und absurden Falles wurde sein Name nie im Zusammenhang mit einer anderen Frau genannt. Sein Enkel zeugte sieben Kinder und wurde selten mit anderen Frauen in Verbindung gebracht. Er verbrachte jedoch nur etwa 100 von 365 Tagen zusammen mit seiner Frau unter dem gleichen Dach. Das scheint zu bedeuten, daß trotz Bismarcks positiver Einschätzung von Wilhelms sexuellem Interesse er und sein Großvater keine Sexualathleten waren sondern eher eingefleischte Romantiker. Wilhelm lebte überdies in einer Epoche, in der Männer-

* Diese extrovertierte Bonhomie beschränkte sich jedoch nicht auf Männer. Gelegentlich klopfte er auch Frauen auf die nackten Schultern, und angeblich war es ihm auch zuzutrauen, daß er ihnen einen Löffel ins Dekolleté steckte.[66]

freundschaften die Regel waren. Männer konnten zusammen einen Hausstand gründen – beispielsweise hat man das Sexualleben von Sherlock Holmes und seinem Freund Watson oder von Prof. Higgins und Mr. Pickering bisher noch nicht in Frage gestellt –, und man annoncierte nach Geistlichen, die »mit Knaben« oder mit jungen Männern »gut umzugehen« verstanden.

Andererseits war das nicht alles die reine Unschuld. Es wird die Soziologen interessieren, daß »das englische Laster« in England »the German Vice« genannt wird. Es ist kaum anzunehmen, daß Wilhelm niemals erkannte, daß Eulenburg nicht nur der Musik, den Künsten und der Literatur sondern auch gutaussehenden jungen Männern zugetan war. In Offizierskreisen, wo man die Ertappten »Soldatentanten« nannte, oder auch in Königshäusern war das nichts Ungewöhnliches. König Ludwig II. von Bayern, Wagners Mäzen und der Erbauer phantastischer Schlösser, war ein Homosexueller, ebenso wie der alte König Karl von Württemberg, der sich damals durch seine Beziehung zu einem Kulissenschieber des Hoftheaters lächerlich machte. Auch Wilhelms englische Verwandten waren über einschlägige Beschuldigungen nicht erhaben. Von Prinzgemahl Albert abgesehen, bestanden auch Spekulationen im Hinblick auf seinen Enkel, Prince Albert Victor of Wales. Aus unserem zeitlichen Abstand heraus und besonders, nachdem Dokumente aus öffentlichen Archiven möglicherweise entfernt oder Skandale von Sensations-Journalisten aufgebauscht wurden, ist es schwer, diese Dinge richtig einzuschätzen; in den 80er Jahren wurden jedoch unbestreitbar Gerüchte laut, daß Prinz Albert Victor bisexuell veranlagt sei, daß er die normale Zurückhaltung vermissen lasse und unter einem weiblichen Decknamen einem notorischen Homosexuellenclub in London angehöre.[67] Wir besitzen allerdings nicht die Spur eines echten Beweises dafür, daß Wilhelm seine homoerotischen Neigungen, falls er sie hatte, auch praktizierte, und es ist unwahrscheinlich, daß so etwas hätte geheim bleiben können. Der Ausbruch seiner Leidenschaft für Eulenburg gehörte zweifellos zur späten Phase seines Entwicklungszprozesses. Emil Ludwig, Wilhelms bekannter Apologet, gestattete sich kritische Bemerkungen über »die Eitelkeit des zauberischen Tenors« und »die Naivität des bezauberten Backfisches«. Dann aber, in recht blumiger Sprache, singt er Eulenburgs Lob:

> Und doch zürnt man nicht einmal dem Grafen, daß er dem aus Verlegenheit schneidigen Preußenprinzen am Ausgang einer liebes-und phantasiearmen Jugend zum ersten Mal das Tor des romantischen Gartens aufschloß.[68]

Diese Schilderung trifft sicher etwas von dem, was Wilhelm Eulenburg verdankte. Bedeutsamer für die deutsche Geschichte war freilich, daß Wilhelm von Eulenburg in den folgenden Jahren den Rückhalt, die Ermutigung und die Führung bekam, die er bitter nötig hatte. Sein nachhaltiger Einfluß hätte auch üble Wirkungen haben können. Die Historiker sind sich im allgemeinen darüber einig, daß dies im großen und ganzen nicht der Fall war.

5

Prinz Wilhelm konnte genauso eigensinnig sein wie seine englische Großmutter. Als Oberst und Kommandeur der Gardehusaren, der er nun war, fühlte er sich Manns genug, ihrem Ärger zu trotzen. Als Prinz Heinrich von Battenberg mit seiner Frau im Neuen Palais ankam und die beiden dort den Rest ihrer Flitterwochen als Gäste der Kronprinzessin verbrachten, zeigten ihnen Wilhelm und Dona die kalte Schulter. Wilhelm beharrte auf seiner Gegnerschaft gegen die Moretta-Sandro-Verbindung.

Im September 1885 hatte Sandro es bereits so weit mit den Russen verdorben, daß der Zar seinen Neffen aus der russischen Rangliste streichen ließ und ein Heer von Agenten nach Bulgarien schickte, deren einzige Aufgabe darin bestand, für Unruhe zu sorgen. Fürst Alexander war jedoch ungeheuer populär bei seinen eigenen Untertanen, und als die Serben in Bulgarien einfielen, wurden sie unter seiner Führung geschlagen. Er wandte sich sodann von Rußland ab und der Türkei zu.[69] Was nun folgte, liest sich eher wie die Intrigenhandlung einer Romanze als wie ein Stück Historie. Die russische Antwort ließ nicht auf sich warten. Millionen von Rubel wurden für Bestechungen und für die Verbreitung neuer Verleumdungen gegen Fürst Alexander ausgegeben. Von Alkohol und Versprechungen rascher Beförderung durch die Russen erhitzt, meuterte ein Teil der bulgarischen Armee. Unter vorgehaltenem Bajonett wurde Alexander gezwungen, seine Abdankung zu unterzeichnen. Dann wurde er von russischen Agenten in Gewahrsam genommen, mißhandelt und nach Bessarabien gebracht. Als man ihn freiließ, hatte er den Mut, seine erzwungene Abdankung zu wiederrufen, und es gelang ihm, nach Bulgarien zurückzukehren. Bald aber stellte sich heraus, daß es ihm unmöglich gemacht würde, als souveräner Fürst zu regieren. Im September 1886 wurden in der Kathedrale Schüsse auf ihn abgegeben, und geschickter russischer Propaganda gelang es, ihn davon zu überzeugen, daß er als Herrscher versagt und auch in Zukunft keine Chance habe. Er wurde überredet, abzudanken, diesmal freiwillig.[70] Sogleich machte man sich auf die Suche nach dem Nachfolger. Unter den Kandidaten befanden sich drei Könige, zwei Herzöge, mehrere deutsche Kleinfürsten, zwei Generäle – der Amerikaner Sherman und der Belgier Brialmont – ein kroatischer Graf und, der Ausgewogenheit halber, auch ein Türke.[71] Aus Laune oder um den Russen zu gefallen, wählte die bulgarische Nationalversammlung das genaue Gegenteil von Fürst Alexander. Wo Alexanders Stärken lagen, da lagen die Schwächen von Prinz Ferdinand von Coburg, den Freund und Feind mit einem Fuchs verglichen. Im Gegensatz zu dem überaus männlichen Alexander trug Ferdinand Armbänder, puderte sich das Gesicht und schlief in spitzenbesetzten rosa Nachthemden. Eine Hofdame der Kronprinzessin meinte, mehr als ein Jahr werde er sich nicht auf dem Thron halten können. Aber der Vergleich mit einem Fuchs war kein Zufall. Einunddreißig Jahre lang herrschte er in Bulgarien zu jedermanns Zufriedenheit.[72]

Queen Victoria, ihre Tochter und ihre Enkelin betrachteten Sandros Abdankung als eine Katastrophe. Dem deutschen Kaiser, Bismarck und Prinz Wilhelm bestätigte sie dagegen ihre Ansicht, daß Rußland die zur Debatte stehende Heirat nie geduldet hätte und auch künftig nicht dulden würde.

Bismarck kündigte Wilhelm an, daß er nach Rußland geschickt werden könnte, um die Angelegenheit endgültig zu bereinigen. Wilhelm war nicht erfreut. Beträchtliche Schmerzen in seinem linken Ohr hatten ihn gezwungen, sich einer zweimonatigen Kur in Reichenhall zu unterziehen,[73] und er machte sich Sorgen wegen seines neuen Freundes Eulenburg, der einen schwierigen Sommer zu überstehen hatte. Die bayerische Regierung hatte Ludwig II., ihren amoralischen und unglaublich verschwenderischen Monarchen, abgesetzt, indem sie ihn für geisteskrank erklärte, worauf er sich – vermutlich in einem Anfall – ertränkte und seinen Arzt mit in das Wasser des Starnberger Sees zog. Der preußische Botschafter war gerade auf Urlaub, und so hatte Eulenburg als preußischer Geschäftsträger viel mit diesen Ereignissen zu tun. Er berichtete Herbert von Bismarck, daß er persönlich nicht an Ludwigs Geisteskrankheit glaube, daß an der Geisteskrankheit seines Bruders und Nachfolgers Otto jedoch kein Zweifel bestehen könne. Ein Prinzregent wurde ernannt, der eine Abneigung gegen die Kronprinzessin hegte. Recht geplagt von diesen diplomatischen Überraschungen kündigte Eulenburg seinen Besuch in Reichenhall an, wo er von Wilhelm und Dona mit Freuden empfangen wurde. Nach einer kurzen Erholungspause begleitete er Wilhelm zu den Bayreuther Festspielen und führte ihn im Hause Wagner ein. Herbert von Bismarck schrieb in einem Brief an Eulenburg, er hoffe, die Wagnerschen Posaunen würden die Heilung von Wilhelms linkem Ohr nicht gefährden. Sechs Stunden Zukunftsmusik, bekannte er, könnten auch einem gesunden Trommelfell arg zusetzen. In ernsthafterem Ton fährt er fort, er fürchte stets, daß der Prinz, der alles so energisch betreibe, sich zuviel zumute. Er müsse davor bewahrt werden, denn seine Gesundheit sei für die deutsche Nation von ganz unschätzbarer Wichtigkeit.

Seine Besorgnis ließ Graf Herbert allerdings die geplante Reise in den Osten nicht weniger notwendig erscheinen. Für Wilhelm war es bereits die zweite Rußlandreise in diesem Jahr, denn im Winter war er dort zur Bärenjagd gewesen. Wilhelm hatte seinen Großvater darauf hingewiesen, daß sein Vater gewiß äußerst gekränkt wäre, wenn man ihn bei dieser wichtigen Mission überginge. Aber weder er noch Bismarck beachteten diesen Einwand. Die Entscheidung war schon gefallen.[74] Kaiser und Kronprinz würden sich zu den Kaisermanövern ins Elsaß begeben, während Wilhelm in den Zug nach Brest-Litovsk zu steigen hatte, wo der Zar gerade einer großen Festungsübung beiwohnte. Als Wilhelm nach einem Abstecher zu den Bayreuther Festspielen wieder in Potsdam eintraf, fand er seine Erwartung bestätigt und seinen Vater empört, daß er übergangen worden war.

Wilhelm hatte an seiner Mission keine Freude. Der riesige Zar – mit seinen 1,90 m Körpergröße und seiner Bärenstärke stand er im Einklang mit der Ausdehnung seines Reiches – zeigte sich nicht ebenso herzlich wie bei dem vorherigen Besuch des Prinzen. Für Deutschlands Verzicht darauf, den Fürsten von Bulgarien irgendwie zu unterstützen, war von ihm kein Wort der Dankbarkeit zu hören. Und als ihm Wilhelm etwas vorwitzig sagte, der Reichskanzler werde sich ihm nicht in den Weg stellen, falls er Konstantinopel zu nehmen wünsche, brummte der russische Koloß, Bismarcks Erlaubnis sei dazu nicht vonnöten. Wenn er die Stadt haben wolle, werde er sie nehmen. Alles, was Wilhelm aus ihm herausbekommen konnte, war eine Bekräftigung seiner Treue zum Dreikaiserbündnis. Rußland sei jedoch, fügte er hinzu, nach allen Seiten offen. Wilhelms Großvater ließ er höfliche Brudergrüße übermitteln.

Kaiser und Reichskanzler waren von Wilhelms Bericht sehr bedrückt. Trotz aller Bemühungen Bismarcks wuchsen die Spannungen zwischen der deutsch-österreichischen und der slawischen Seite, deren Sache sich Rußland mehr und mehr zu eigen machte. Nicht zufällig geschah es um diese Zeit, daß der Selbstherrscher und Kaiser aller Russen den Titel Zar und sein Sohn, der Kronprinz aller Russen, den des

Zarewitsch zu führen begannen. Die einzige angenehme Überraschung, die auf Wilhelm bei seiner Rückkehr wartete, bestand darin, daß sein Vater seinen Groll überwunden hatte und ihn freundlich empfing. Er wollte alles hören, was sich in Brest-Litovsk ereignet hatte. Am Ende umarmten sie sich. Dieses Zeichen der Zuneigung war zwischen ihnen selten geworden. In den unheilvollen 18 Monaten, die nun folgten, sollte es noch seltener werden.[75]

SIEBTES KAPITEL

Drei Kaiser

»Es hat keinen Zweck, über diese Dinge ...
den Schleier des Vergessens breiten zu wollen.«
Prinz Wilhelm
über die Krankheit seines Vaters

1

Das Jahr 1887, in dem Queen Victorias goldenes Thronjubiläum gefeiert wurde, war für sie und für viele Familienmitglieder mehr das Sterbejahr des Kronprinzen.

Seit Anfang des Jahres, als es bei Hofe viel zu tun gab und der Kronprinz sich von einer Erkrankung erholte, die ihn sehr geschwächt hatte, scheint er eine gewisse Irritation im Hals verspürt zu haben. Der Klang seiner Stimme veränderte sich, und am 6. März ließ er einen Spezialisten kommen. Nach einer sorgfältigen Untersuchung wurde ihm gesagt, es handle sich um einen kleinen Knoten an der linken Seite der Stimmbänder, eine polypenartige Wucherung, die behandelt werden müsse. Der Kronprinz gab seine Erlaubnis zur Einholung einer zweiten Diagnose, er betrachtete sich jedoch nicht als krank. Allenthalben wurde der 90. Geburtstag des Kaisers am 22. März vorbereitet. Der Kronprinz hatte eine Rede mit einem Trinkspruch auf die Gesundheit des Kaisers zu halten und beabsichtigte danach, das Verlöbnis seines zweiten Sohnes Heinrich mit Prinzessin Irene von Hessen bekanntzugeben. Die beiden liebten sich seit ihrer Kindheit.

Der 90. Geburtstag des Kaisers war eine große Sache. Er war bei seinen kargen, unbekömmlichen und schwer verdaulichen Mahlzeiten geblieben, und während sein Backenbart silbergrau und buschig abstand, hatte er oben mit Ausnahme einiger Strähnen, die er jeden Morgen zur Mitte hin bürstete, alles Haar verloren. Es war nicht mehr leicht, sich mit ihm zu verständigen, denn er war sehr schwerhörig geworden, und aufgrund zahnärztlicher Fehler reduzierte sich seine Sprache auf ein Gemurmel, bei dem man oft nicht mehr sicher war, ob er Deutsch oder Französisch redete.[1] Er schaffte es jedoch noch immer, mit der

Kaiserin zu streiten, die ebensowenig kleinzukriegen war wie er, obwohl sie eine Brust durch Krebs verloren hatte, vom Rheumatismus geplagt und von der Parkinsonschen Krankheit geschüttelt wurde. Ein Beobachter der Geburtstagsfeierlichkeiten beschrieb sie als ein Wesen, halb Gerippe, halb Hexe, das man aus dem Grab geholt, zweimal geknickt, bemalt und mit Edelsteinen bedeckt hatte.[2] Noch immer aber besaß sie die Schärfe ihres Geistes und ihrer Zunge. Und nach wie vor blieb sie ihrem greisen Gemahl keine Antwort schuldig.

Die Heiserkeit des Kronprinzen wurde allgemein bemerkt. Wenige Tage nach den Feierlichkeiten versuchte ein zweiter Spezialist, die Geschwulst mit Hilfe galvanischer Ätzung zu beseitigen, was nicht nur eine äußerst schmerzhafte Behandlung war, sondern nach dem heutigen Stand unserer Kenntnisse auch eine gefährliche.[3] Sobald er wieder reisefähig war, fuhr die Kronprinzessin mit ihm nach Bad Ems, weniger zur Kur als vielmehr, um wirklich Ruhe zu finden.[4] In dieser Phase war sie vielleicht die einzige, die sich bereits ernsthafte Sorgen machte. Zur gleichen Zeit befanden sich Wilhelm und Eulenburg bei Prökelwitz auf der Rotwildjagd und sangen »Rosenlieder«. Allgemein freute man sich auf die Reise nach London zu Queen Victorias Goldenem Jubiläum, das im folgenden Monat stattfinden sollte. In der Emser Frühlingssonne schien der Kronprinz sich zu erholen, und er und seine Frau waren optimistisch gestimmt, als sie nach Berlin zurückkehrten, um erneut den Spezialisten zu konsultieren. Ihr Optimismus erwies sich als unbegründet. Die Ätzwunde war nicht verheilt, und die Geschwulst, was auch immer es war, schien sich vergrößert zu haben.[5] Nun wurde ein bedeutender Chirurg hinzugezogen. Er versuchte, die Geschwulst zunächst mittels einer Drahtschlinge und sodann mit Hilfe einer Zange zu entfernen.[6] Schließlich versuchte er es mit täglichen Anwendungen eines Glühdrahtes.[7] Eine Besserung trat kaum ein und die drei Ärzte mußten der Kronprinzessin mitteilen, daß es sich wahrscheinlich um eine bösartige Geschwulst handelte und sie zu unverzüglicher Operation rieten.[8]

Der Kronprinz wurde in Unkenntnis über seine Krankheit gelassen,[9] aber da er der Thronfolger war, mußten der Kaiser und der Reichskanzler informiert werden. Wahrscheinlich wurde in diesem Stadium auch Wilhelm nicht im unklaren gelassen. Mit charakteristischer Gründlichkeit veranlaßte Bismarck, daß drei weitere Ärzte hinzugezogen wurden. Sie bestätigten die Diagnose ihrer Kollegen. Die Operation wurde auf den 20. Mai anberaumt, und es wurde vereinbart, daß der Kronprinz davon bis zum letzten Moment nichts erfahren solle. Da erhob Bismarck Einwände.[10] Er griff eine Anregung auf, die vom Leibarzt des Kronprinzen stammte und wonach noch ein weiteres Gutachten eingeholt werden sollte.[11] Ein international bekannter Laryngologe sollte berufen werden, und Bismarck erklärte, aus politischen Gründen sollte er möglichst nicht aus Österreich oder Frankreich stammen. Doktor Wagner, der Leibarzt des Kronprinzen, soll nun vorgeschlagen haben, Dr. Morell MacKenzie aus London kommen zu lassen.[12] Seine fünf Kollegen und der Kanzler gaben ihre Zustimmung.[13]

Man hat später viel Aufhebens davon gemacht, daß ausgerechnet ein britischer Arzt geholt wurde, weil damit die Kompetenz der deutschen Medizin in Zweifel gezogen worden sei. In zahllosen Druckschriften wurde die Kronprinzessin beschuldigt, ihre eigene Nation favorisiert zu haben. Die gewichtige *Norddeutsche Allgemeine Zeitung* ging soweit, zusammen mit ihrer Tochter auch Queen Victoria zu beschuldigen – die sich de facto die Frage erlaubt hatte, ob es wirklich vernünftig sei, daß die deutschen Ärzte MacKenzie hinzuzögen, und die nun ihren Botschafter ärgerlich mit der Zurückweisung dieser Anschuldigung beauftragte. Zu ihrem wachsenden Befremden widersetzte sich Graf Herbert von Bismarck dieser Forderung mit der sonderbaren Begründung, daß die Sache dadurch nur noch schlimmer gemacht würde.[14] Zutreffend ist höchstwahrscheinlich der unparteiische Kommentar von Major Frederick Ponsonby, dem Patenkind der Kronprinzessin:

> Losgelöst von nationalen Vorurteilen, ärztlicher Rivalität und politisch vorgefaßten Meinungen ... existieren gewichtige Beweise dafür, daß er nicht von der englisch geborenen Kronprinzessin berufen wurde, der man ein Vorurteil gegen die deutschen Ärzte nachsagte, sondern in Folge des Eingreifens des Fürsten Bismarck und auf Anraten eines der deutschen Ärzte, dem die anderen zustimmten.[15]

Nach seiner Ankunft schnitt MacKenzie ein Teilchen aus der Geschwulst heraus und sandte es an Prof. Virchow, den weltberühmten Berliner Pathologen. Dieser fand das Teilchen zu klein für eine mehr als oberflächliche Untersuchung. MacKenzie schickte ihm eine größere Gewebeprobe und später auch noch eine dritte und vierte. Was nun folgte, fand zwei gegensätzliche und miteinander unvereinbare Interpretationen: Während die einen behaupteten, Virchow habe sich nicht festgelegt,[16] behaupteten andere, er habe ausdrücklich keine Spur von Krebs entdecken können.[17] Im Lichte der modernen Forschung ist letzteres wahrscheinlicher. Die sechs deutschen Ärzte waren überzeugt, daß es sich um Krebs handelte. MacKenzie, der eine große

Erfahrung mit Erkrankungen des Kehlkopfes besaß, wollte diese Diagnose in den ersten Stadien der Krankheit nicht akzeptieren. Es gab Streit. Die führenden Chirurgen unter den ärztlichen Betreuern des Kronprinzen erklärten, ihr Patient sei ein Mann des Todes, wenn er nicht operiert werde. MacKenzie dagegen erklärte, die Operation würde ihn töten. Es ist im nachhinein nicht uninteressant zu erfahren, daß die gleichen Chirurgen zwei Jahre später eben diese Operation an einem Patienten ausführten, der genau die gleichen Symptome aufwies wie der Kronprinz und noch auf dem Operationstisch verschied.[18] Gestützt auf die Zustimmung des Kaisers und des Kanzlers, entschied sich die Kronprinzessin für die These MacKenzies und gegen die Operation. Der Kronprinz würde zu Queen Victorias Jubiläum nach England fahren, seine beiden deutschen Leibärzte mitnehmen und sich der besonderen Pflege Dr. MacKenzies anvertrauen.[19] Man darf heute annehmen, daß MacKenzie bei seinem königlichen Patienten eine syphilitische Erkrankung des Kehlkopfes vermutete. Diese Diagnose wurde später auch von dem deutschen Arzt Dr. Schmidt geteilt, der dem Patienten große Dosen von Kalium Jodid, also das übliche Medikament gegen Syphilis im Spätstadium, verschreiben wollte.[20] Der Kronprinz war jedoch kein Lebemann, wie sein englischer Schwager, sondern besaß einen untadeligen Ruf. Wenn er je über die Stränge geschlagen hatte, dann war das 17 Jahre vorher bei der Eröffnung des Suezkanals geschehen, und dann war dies nun die Quittung. Jedenfalls gehörte das nicht zu den Dingen, die ein Arzt an die große Glocke hängt. Abgesehen vom hippokratischen Eid war es eine Forderung der Diskretion, den Ruf eines so allgemein geliebten Prinzen mit einer so makellosen Vergangenheit nicht zu zerstören. Das Geheimnis blieb lange Zeit gewahrt. Gerüchte tauchten im folgenden Jahr in französischen Zeitungen auf, blieben jedoch völlig unbeachtet. Im Hinblick auf Kronprinz Friedrich waren diese Geschichten einfach unglaubwürdig.

Wilhelm wußte nicht mehr als die anderen, als er entschieden gegen MacKenzie Partei ergriff. In *Aus meinem Leben* macht er kein Hehl aus seiner Bitterkeit:

> Wenn man bedenkt, daß ohne das Dazwischentreten des englischen Arztes mein Vater menschlicher Voraussicht nach wohl gerettet worden wäre, so wird man verstehen, daß ich dieser Vogel-Strauß-Politik bei jeder Gelegenheit heftigsten Widerstand entgegenstellte. Daß meine Mutter sich von der Autorität des Engländers nicht loslösen konnte, auch als die Dinge sich für alle anderen schon zu völliger Klarheit entwickelt hatten, hat mein Verhältnis zu ihr auf das Schwerste beeinträchtigt.[21]

Normalerweise schrieb Wilhelm seine Erinnerungen in einer sanfteren Tonart. Die Umstände führten ihn damals zu einem sehr impulsiven Verhalten. Er war hier wieder einmal gründlich verstrickt in seine Haßliebe zu England, wußte, daß der alte Kaiser immer schwächer wurde, hörte ferner von einem Gesetz, wonach ein unheilbar erkrankter Mann angeblich von der preußischen Thronfolge ausgeschlossen sei – ein Gerücht, dem Bismarck sofort energisch entgegentrat[22] – und wurde schließlich vom »Dachs« Waldersee und dessen Frau aufgestachelt, die sich dem Zentrum der Macht in Deutschland näher sahen als je zuvor. All diesen Einflüssen ausgesetzt, fehlte Wilhelm die innere Distanz und Ruhe, um eine unparteiisch abwartende Haltung einzunehmen. Sehr früh erklärte er sich gegen MacKenzie und sagte öffentlich, daß nicht sein Vater, sondern er als Stellvertreter des Kaisers zu Queen Victorias Jubiläum nach London fahren sollte.

Während die Ärzte sich weiter über das Schicksal des Kronprinzen stritten, wohnte Prinz Wilhelm der Grundsteinlegung des Kaiser-Wilhelm-Kanals in Kiel bei. Sein geliebter Großvater stellte ihn dabei à la suite des 1. Seebataillons. Damit hatte er wieder eine neue Uniform, auf die er stolz sein und die er beim Londoner Jubiläum tragen konnte. Es regnete Glückwünsche von allen Seiten, und nur General Bronsart von Schellendorff, der alte preußische Kriegsminister, blickte ihn über seinen Kneifer hinweg an und sagte mit der ganzen Verachtung des preußischen Heeres für die Marine: »Na, Sie sollen sich ja für dergleichen Dinge interessieren.«[23]

Eine solche kalte Dusche konnte Wilhelms Schwung allerdings nicht bremsen, sondern bestärkte ihn nur in seiner Entschlossenheit, beim Jubiläum in Marineuniform aufzutreten. Als er nach Potsdam zurückkehrte, bekam er jedoch noch einen zweiten Dämpfer aufgesetzt. Seine Mutter erklärte ihm, daß es sein Vater sein werde, der als Stellvertreter des Kaisers nach London fahren würde. Sie war fest entschlossen, er nicht weniger. Es gab eine unangenehme Szene, in der Wilhelm äußerte, MacKenzie begehe einen Fehler, wenn er alle Welt in falschen Hoffnungen wiege.[24] Schließlich wurde ein Kompromiß geschlossen, der Wilhelms Stolz befriedigte und zugleich den Kronprinzen vor übergroßer Erschöpfung bewahrte. Wilhelm übernahm die offizielle Stellvertretung seines Großvaters, wurde mit seiner Frau überall mit großem Zeremoniell begrüßt und überallhin eskortiert. Dem Kronprinzenpaar wurde hingegen ein sehr viel wärmerer Empfang bereitet, nicht nur bei Hofe, sondern auch vom Volk, denn sie gehörten ja »zur Familie«. Der Kronprinz ritt in seiner prachtvollen weißen Kürassieruniform mit silbernem Brustpanzer und einem Adler auf dem Helm neben dem Wagen her, in dem sich außer Queen Victoria auch die Kronprinzessin und, ihrer Mutter gegenübersitzend, die Princess of Wales befanden.[25] Wilhelm, Dona und ihr ältester Sohn folgten im Festzug, was wesentlich weniger großartig aussah. Als Tischdame bekam Wilhelm die dunkelhäutige Schwester von König Kala Kana von Hawaii[26], und Dona war nicht davon angetan, daß sie der Königin von Hawaii den Vortritt lassen mußte.[27] Überhaupt fand sie, daß die Arrangements zu einer bedauerlichen Menge von Mißverständnissen und Reibungen führten. In der Tat gab es einige Zwischenfälle recht unterschiedlicher Bedeutung. So wurde etwa Lord Lorne, einer von Queen Victorias Schwiegersöhnen, noch vor Beginn des Festzuges von seinem Pferd geworfen,[28] und ein Peer, der versuchte, der ungenügenden Ventilation im Festzelt dadurch abzuhelfen, daß er mit seinem Degen ein Loch in den Stoff schnitt, stach dabei einem Dienstmädchen in das Hinterteil.[29] Lord Ronald Sutherland Gower befand sich somit in einem doppelten Irrtum, als er in seinem Buch *Old Diaries* schrieb:

> It was impossible for the most fault-finding to pick a hole in any of the arrangements of this great and superb show of Royalty and People.[30] (Selbst wer sonst überall etwas auszusetzen findet, war außerstande, in die Arrangements dieser großartigen Schau von Königtum und Volk ein Loch zu pieksen.)

Die Schau hatte ihre Fehler, und Wilhelm fand sie. Ein wenig besänftigt wurde er durch seine neue Marineuniform, die er bei der großen Flottenschau in Spithead vorführen konnte,[31] und durch die Freundlichkeit seiner Großmutter, die ihm für die Fahrt nach Flushing eine königliche Jacht zur Verfügung stellte. Sehr ungern aber ließ er beim Abschied seinen Vater in der Obhut von Morell MacKenzie zurück, und als er in Deutschland ankam, ließ er daran auch keinen Zweifel.

Soviel wir wissen, hatte bis dahin noch niemand dem Kronprinzen gegenüber geäußert, daß er vielleicht Krebs hatte. Seine Frau war mit strenger Selbstkontrolle und sorgfältiger Zensur der Zeitungsberichte darauf bedacht, diese Möglichkeit zu verhindern. Nun neigte der Kronprinz zwar zu Melancholie und Weltschmerz, aber er war kein Dummkopf. Er muß intuitiv bemerkt haben, daß seine Krankheit, gleich welche es war, lebensgefährlich sein könnte, und dies wird ihn veranlaßt haben, die Gelegenheit des Jubiläums zu benützen und drei Kisten mit persönlichen Papieren nach England zu schaffen, um sie in den königlichen Archiven von Schloß Windsor sicher zu deponieren.[32] Dies sowie einige ruhige Tage auf Schloß Osborne und danach die klare, reine Luft der Highlands verschafften ihm eine gewisse Erleichterung. Das Kronprinzenpaar wohnte mit seinem Gefolge in einem Hotel in Braemar und fuhr jeden Tag hinüber nach Schloß Balmoral. Unklugerweise ergriff die Queen Partei, indem sie Dr. MacKenzie auf Wunsch ihrer Tochter in den Adelsstand erhob. Die deutsche Presse heulte erbost auf. Mit Abscheu reagierte man in der Berliner Gesellschaft auf das Gerücht, der Hofmarschall des Kronprinzen habe behauptet, daß die Kronprinzessin ein Verhältnis mit ihrem Privatsekretär habe.[33] Im September wurde es in Schottland zu kalt für den Kranken. Man begab sich nach Toblach in Tirol. Im nahe gelegenen Innichen bestimmte der Kronprinz, daß sein künftiges Potsdamer Mausoleum der dortigen Dorfkirche nachgebildet werden solle. In makabrer Stimmung wurde es auch an Ort und Stelle in Auftrag gegeben.[34] Die Kälte trieb sie weiter nach Venedig und von dort nach Baveno. Die ganze Zeit über wechselte die Kronprinzessin angstvolle Briefe mit ihrer Mutter. Sir Morell MacKenzie kam und ging und ließ einen Assistenten zurück, wenn er nicht persönlich anwesend war. In Berlin wurde das Gezeter immer lauter: ganz gleich, in welcher Verfassung er sei, der Kronprinz habe beim 25. Jahrestag von Bismarcks Regierungsantritt in Berlin zu sein. Die meisten fanden, ein hinfälliger Kaiser im Lande und ein Kronprinz außer Landes sei für die deutsche Nation kein befriedigender Zustand.

Mit Ausnahme von Charlotte kamen alle Kinder des Kronprinzen zu dessen 56. Geburtstag nach Baveno. Wilhelm fand seinen Vater gutaussehend, aber sein Versuch, bei dieser Gelegenheit mit seiner Mutter über MacKenzie zu sprechen, trug ihm nur deren »schwere Verstimmung« ein.[35]

Bald danach, am 3. November, begab sich das Kronprinzenpaar nach San Remo, wo sie die Villa Zirio gemietet hatten. Hier, in der Meeresluft und im sanften Mittelmeerklima, konnte der Kronprinz sich weniger leicht erkälten, und man hoffte auf irgendeine Art von Besserung. Aber nur 24 Stunden nach der Ankunft mußte MacKenzies Assistent eine höchst beunruhigende Veränderung feststellen. Er telegrafierte nach London, Sir Morell eilte herbei und bestätigte sogleich, daß der bisher syphilitische Kehlkopf sich in einer Weise verändert hatte, daß nunmehr auf Krebs geschlossen werden mußte.[36]

In dem nun folgenden medizinischen Disput, der rücksichtslos in der Öffentlichkeit ausgetragen wurde, warf man MacKenzie vor, er habe ein halbes Jahr zuvor nicht erkannt, daß hier ganz offensichtlich Krebs vorlag. Seine stets gleichbleibende Antwort war, daß das Geschwulst ein halbes Jahr zuvor noch kein Krebs gewesen sei.

Kurz bevor der Kronprinz MacKenzie gebeten hatte, die Syphilis-

Gerüchte, die in der französischen Presse aufgetaucht waren, zu dementieren, tat er dies, obwohl er einem Kollegen gegenüber gestand, die Franzosen hätten wahrscheinlich recht.[37] Bis dahin hatte der Kronprinz seiner Frau nachgegeben, die ihn inständig bat, auf die Lektüre der deutschen Zeitungen mit ihren unablässigen und bitteren Attacken zu verzichten. Nun aber, nachdem MacKenzie aus London herbeigeeilt war und er seiner ganzen Umgebung die wachsende Besorgnis von den Augen ablesen konnte, verlangte er die Wahrheit. Ohne Umschweife fragte er, ob seine Erkrankung Krebs sei. MacKenzie erwiderte: »Es tut mir sehr leid, dies sagen zu müssen, es sieht ganz danach aus, wir können jedoch nicht sicher sein.« Später, als er keinen Zweifel mehr haben konnte und seine Diagnose von deutschen und österreichischen Kehlkopf-Spezialisten bestätigt worden war, stellte er den Kronprinzen vor die Wahl, entweder den Kehlkopf entfernen zu lassen, was ihn seine Stimme kosten, sein Leben verkürzen und ihn möglicherweise sogar töten würde, oder sich durch den Luftröhrenschnitt, die Tracheotomie, eine Metallkanüle in die Luftröhre einsetzen zu lassen, durch welche die Atmung auch dann möglich bleibt, wenn die Geschwulst, die sonst zum Ersticken führen würde, weiterwächst. Der Kronprinz entschied sich schließlich für letzteres.[38]

Kaiser und Kaiserin, Wilhelm, Charlotte und Heinrich, Queen Victoria und Bismarck wurden offiziell in Kenntnis gesetzt, und am 12. November verlautete ein amtliches Bulletin »daß die Krankheit auf die Existenz eines bösartigen, neuen Gewächses von krebsartigem Charakter zurückzuführen ist.«[39] Nun, nachdem es der Welt bekannt war, schrieb der Kronprinz gelassen in sein Tagebuch:

»Somit werde ich wohl mein Haus bestellen müssen.«[40]

Das wichtigste war nun für ihn, sein Kriegstagebuch, das offene Kritik an Bismarck enthielt, nach England in Sicherheit zu bringen. In der Annahme, daß der Kanzler seine Spione auch in San Remo hatte, bat er Sir Morells Assistenten, Dr. Howell, um seine Mithilfe. Ein sorgfältiger Plan wurde ausgeheckt. Die drei Bände des Tagebuchs wurden für jedermann sichtbar auf den großen Tisch im größten Zimmer der Villa Zirio gelegt. Eines Nachts wurde dann Dr. Howell dringend zu einem Kranken außer Haus gerufen. Er ließ die drei Bände in seiner Tasche verschwinden und fuhr, da die französischen und englischen Häfen und Bahnhöfe vermutlich überwacht wurden, direkt nach Berlin. Dort weckte er in den frühen Morgenstunden den britischen Botschafter, und als die Tagebücher in einer sicheren Diplomatentasche unterwegs nach England waren, befand Dr. Howell sich bereits wieder in San Remo.[41]

Es gab auch andere, weniger wichtige Angelegenheiten zu regeln, und der Kronprinz erledigte sie mit einer äußeren Ruhe, die jedermanns Bewunderung erregte. Nur seiner Frau gegenüber konnte er seine wahren Gefühle zeigen. Einmal brach er in Tränen aus und beklagte sein Geschick: »Daß ich so eine schreckliche, ekelhafte Krankheit haben muß und für euch alle zum Ekel und eine Last sein muß! Ich hatte gehofft, meinem Lande nützen zu können. Warum ist der Himmel so grausam gegen mich? Was habe ich getan, um so geschlagen und verdammt zu sein? Was wird aus dir werden? . . .«[42]

Zwei Tage später traf Wilhelm ein, und die Kronprinzessin schrieb an ihre Mutter, er sei nicht auf ihren Wunsch hin gekommen und sei gegenwärtig ziemlich im Wege. Wahrscheinlich hatte Queen Victoria ein besseres Gespür für Wilhelms Schwächen und Schwierigkeiten als ihre Tochter, und so stimmte sie zwar zu, daß er überaus lästig und irritierend sein konnte, suchte jedoch, vermittelnd zu wirken. Dazu war es freilich bereits viel zu spät, denn zu diesem Zeitpunkt war Wilhelm durch nichts mehr von seinem Potsdamer Standpunkt abzubringen, daß sein Vater hätte gerettet werden können, wenn er im Mai operiert worden wäre. Ebenso wenig war die Kronprinzessin davon abzubringen, daß ihr Sohn gefühllos sei. Ihr Kummer, ihre Angst und ihre nervliche Erschöpfung, alles wirkte zusammen und machte zu dieser Zeit ein gutes Verhältnis zu irgendeinem ihrer drei ältesten Kinder unmöglich. Was noch nie eine besonders gute Beziehung gewesen war, verschlechterte sich jetzt zusehends. Alle drei, und besonders Wilhelm, zweifelten sie an der Echtheit ihrer Leidenschaft für ihren Mann und schrieben ein Gutteil ihres Kummers der Tatsache zu, daß sie, die so ungeheuer lange auf die Macht gewartet hatte, nun ihre politischen Hoffnungen zerrinnen sah. Als Wilhelm, getragen von der Autorität seines Großvaters und in Begleitung von Dr. Schmidt aus Frankfurt sowie zwei weiteren Ärzten in San Remo ankam, konnte sich keiner von ihnen willkommen fühlen. Er selbst schrieb später:

> Als ich am Abend des 9. November die wundervoll am Mittelmeer, inmitten eines Olivenhaines gelegene Villa Zirio betrat, erregte meine Ankunft wenig Freude bei meiner Mutter. . . Unten an der Treppe stehend, mußte ich ihre Vorhaltungen über mich ergehen lassen und ihre entschiedene Weigerung vernehmen, mich zum Vater zu lassen; . . . da hörte ich oben auf der Treppe ein Geräusch, sah hinauf und erblickte meinen Vater, der mir entgegenlächelte. Ich stürzte die Treppe hinauf, und mit unendlicher Rührung hielten wir uns umfangen . . .[43]

Zu seinem Mißvergnügen bekam Wilhelm zwei Zimmer im Hotel

Victoria zugewiesen, das bereits von Reportern und Photographen mit ihren lästigen Blitzlichtapparaturen überfüllt war und die er in der Mehrzahl als »MacKenzies Kreaturen« betrachtete. Den Auftrag des Kaisers, ausfindig zu machen, an genau welcher Krankheit der Kronprinz litt, führte er mit methodischer Präsizion aus. Er forderte sie »der Reihe nach – dem Alter entsprechend – auf, ihr Urteil abzugeben.« Wilhelms Bericht zufolge verlor die Mutter nur einmal ihre Selbstkontrolle: »Fest an meinen Arm geklammert, gewann sie erst nach geraumer Zeit ihre Selbstbeherrschung wieder.«[44]

Die Kronprinzessin schrieb an ihre Mutter eine andere Version der Ereignisse:

> Du fragst mich, wie Willy sich benahm, als er hier war. Er war so roh, unangenehm und frech wie nur möglich, als er ankam ... Er sagte anfangs, daß er nicht mit mir spazierengehen wolle, »da er zuviel zu tun habe« – er müßte mit den Ärzten sprechen. Ich erwiderte ihm, daß die Ärzte mir und nicht ihm zu berichten hätten, worauf er antwortete, er habe Befehl vom Kaiser, auf der richtigen Behandlung zu bestehen, darauf zu achten, daß die Ärzte nicht beeinflußt würden, und dem Kaiser über seinen Papa zu berichten! Ich meinte, das sei nicht nötig, da wir dem Kaiser selber Nachricht gäben. Er sprach vor anderen und drehte mir dabei halb den Rücken zu, so daß ich ihm sagte, ich würde seinem Vater davon Mitteilung machen, wie er sich benähme und ihn bitten, daß ihm das Haus verboten würde – und verließ das Zimmer. Darauf sandte er mir sofort den Grafen Radolinsky nach, um mir zu sagen, daß er nicht hatte unhöflich sein wollen, und mich zu bitten, Fritz nichts zu sagen ... So ging alles gut aus, und wir hatten viele nette kleine Spaziergänge und Gespräche zusammen. Er war auch ganz freundlich zu Sir Morell usw. ... Wenn ihm nicht in Berlin aller möglicher Unsinn in den Kopf gesetzt wird, ist er ganz nett und traitabel ...[45]

Die Wahrheit dürfte wohl irgendwo zwischen diesen beiden Darstellungen zu suchen sein.

In der Hauptstadt wirkte alles zusammen, um das Selbstgefühl des Prinzen zu steigern. Da der Kaiser leidend war und der Kronprinz im fernen San Remo weilte, die Staatsdokumente aber von irgend jemandem unterzeichnet werden mußten, wurde Wilhelm dazu autorisiert. Das war ein vernünftiger Schritt, denn er befand sich an Ort und Stelle, aber sein Vater war davon tief verletzt. Graf Eulenburg schrieb kluge und aufmunternde Briefe und schickte zur Bekräftigung seiner Freundschaft ein Geschenk, aber niemand war da, der den Speichelleckern die Tür gewiesen hätte, die sich nun dem aufgehenden Stern zuwandten. Niemand bot ihm Führung oder setzte ihm Widerstand entgegen. Seine Großeltern waren zu alt und schwach, um ihn im Zaum zu halten. Der Kanzler verspürte ebenfalls das Gewicht seiner Jahre und hatte Mühe, das damals gerade höchst gespannte deutsch-russische Verhältnis zu meistern. Der Zar war bei seinem Berlin-Besuch über ein Minimum an Höflichkeit nicht hinausgegangen.* Bismarck untersagte daraufhin der Reichsbank, russische Wechsel zu diskontieren, damit die Russen einen Krieg gegen Deutschland wenigstens nicht mit deutschem Geld führen konnten.[47] Für andere Dinge hatte er sehr wenig Zeit und Kraft. Als er aber sah, wie Wilhelm umschmeichelt wurde und dieser gar an den Zusammenkünften von Hofprediger Stöckers Christlichen Sozialisten teilnahm, schritt er ein. Durch einen von ihm finanzierten Zeitungsmann ließ er den Prinzen dafür tadeln, daß er sich in solche Angelegenheiten mischte. Er tadelte ihn auch persönlich, als Wilhelm ihm in taktloser Übereilung den Entwurf einer Proklamation an die deutschen Fürsten für den Fall seiner Thronbesteigung übersandte. Er riet dem jungen Mann, sie unverzüglich zu verbrennen.[48] Durch die Haltung des Kanzlers widerspenstig geworden, verfiel Wilhelm in eine kurze und für ihn uncharakteristische Phase des Antisemitismus. Zweifellos unter dem Einfluß Stöckers kündigte er an, er werde, sobald er auf den Thron gekommen sei, dem jüdischen Einfluß auf die Presse Einhalt gebieten. Das wäre ein Verstoß gegen die Verfassung, erklärte ihm der Innenminister. Worauf sich Wilhelm verhielt wie viele stolze junge Männer, wenn sie aus eigener Dummheit den Boden unter den Füßen verlieren, und die Sache nur noch schlimmer machte, indem er großspurig erklärte: »Dann schaffen wir sie ab.«[49]

Es muß für ihn eine Erleichterung gewesen sein, sich für eine Weile wieder militärischen Angelegenheiten zuzuwenden, auf die er sich verstand, die ihm Spaß machten und in denen er selten daneben griff. Die kriegerische Haltung des Zaren veranlaßte Kaiser und Kanzler, eine Überprüfung der militärischen Situation anzuordnen und den Generalstabschef mit einer Studie über die Erfordernisse eines Zweifrontenkrieges zu beauftragen. Wilhelm war zugegen, als der 88jährige Feldmarschall Graf von Moltke in aufrechter Haltung und ungetrübter geistiger Klarheit den Bericht verlas. Es war ein Meisterwerk. Unter

* Am Bahnhof fuhr der Waggon des Zaren über die Stelle mit dem roten Teppich hinaus, an der Bismarck wartete, so daß der alte Mann den Bahnsteig entlanglaufen und brüllen mußte: »Je suis de prince Bismarck!« Was einen der russischen Adjutanten zu der bissigen Bemerkung veranlaßte: »Ça explique mais ça n'excuse pas.« (Das ist eine Erklärung, aber keine Entschuldigung!)[46]

anderem empfahl der Bericht die Stationierung von Truppen in Ostpreußen, den kostspieligen Bau von Brücken über die Weichsel und die Nogat sowie eines Straßen- und Eisenbahnnetzes in Ostpreußen, in dessen Wald- und Seenlandschaft es dergleichen noch kaum gab. Die hier versammelte Gruppe alter Herren besaß genug Weitblick, sich alle diese Empfehlungen zu eigen zu machen. Nur Wilhelm war noch jung genug, um später, in der Zeit von 1914 bis 1918, erkennen zu können, wie groß dieser Weitblick gewesen war.

2

Das Jahr 1888 wurde in Deutschland das Drei-Kaiser-Jahr genannt.[50] Der Januar und der Februar waren melancholische Monate. Aller Augen waren auf das Palais des Kaisers Unter den Linden gerichtet, wo der alte Soldat langsam aus dem Leben schied, und auf die ferne Villa Zirio, wo sein Sohn ebenfalls dem Tode entgegensah. Vieler Augen richteten sich auch auf Prinz Wilhelms Berliner Wohnsitz. Für den oberflächlichen Betrachter sah es so aus, als verlaufe sein Leben in unverändert gleichmäßigen Bahnen. Er war weiter mit seiner Arbeit im Außenministerium beschäftigt, unterzeichnete in Vertretung seines Großvaters Staatsdokumente und gab seinen ältesten, bereits sechsjährigen Sohn in die Hände eines sorgfältig ausgewählten Lehrers. Er wurde zum Generalmajor befördert, wechselte sein Kommando und beobachtete fasziniert, wie der alte Kanzler die Gefahr eines Krieges mit den Russen dadurch auf ein Minimum reduzierte, daß er mit ihnen ein äußerst riskantes, aber in seinem Falle erfolgreiches Katz-und-Maus-Spiel trieb. Er verkündete der Welt die Geheimartikel des deutsch-österreichischen Bündnisses und brachte dann ein neues Wehrgesetz ein. »Wir müssen, kurz und gut«, rief er im Reichstag aus, »in diesen Zeiten so stark sein wie wir irgend können.« Und er fuhr fort: »Die Hechte im europäischen Karpfenteich hindern uns, Karpfen zu werden, indem sie uns ihre Stacheln in unseren beiden Flanken fühlen lassen.«[51]

In seiner nervösen Unsicherheit beging Wilhelm zweifellos viele Fehler. Er fuhr erneut nach San Remo, wo die Tracheotomie nun notwendig geworden und dem Kronprinzen ein Atmungsrohr in den Hals eingesetzt worden war. Die durch dieses Rohr ein- und ausgeatmete Luft verursachte ein schreckliches Geräusch. Der Kronprinz konnte sich nur noch schriftlich mitteilen. Wilhelm überbrachte den Befehl des Kaisers, der Kronprinz solle so rasch wie möglich nach

Hause kommen. Erschrocken über den Anblick seines Vaters, der ihm stark abgemagert, mit gelber Gesichtsfarbe und von ständigem Hustenreiz gequält, gegenüberstand, bat ihn Wilhelm, zu seinem Volk nach Berlin zurückzukehren, statt im Ausland den Mittelpunkt einer Horde von Journalisten zu bilden, die wie hungrige Geier die Villa Zirio umlagerten.[52] Auch politisch war es für den Kronprinzen wichtig, gesehen zu werden, denn manche Deutsche glaubten ihn schon tot.* Aber die Kronprinzessin wußte, daß in Berlin ungewöhnlich kaltes Wetter herrschte, und wollte nichts von einer Abreise ihres Mannes hören. Wilhelm konnte nichts dagegen tun. Vermutlich hatte er auch Verständnis für die Ansicht seiner Mutter, das mildere Klima von San Remo sei für einen Kranken viel günstiger. Er empfand das auch am eigenen Leibe. Er war unmittelbar vom Begräbnis seines Vetters in Bayern nach San Remo gekommen; in der Kälte hatte sich sein altes Ohrenleiden wieder bemerkbar gemacht. Etwas gedankenlos verwünschte er die Schmerzen in Gegenwart seines Vaters, der soviel mehr durchgemacht hatte. Sein Vater schrieb auf einen Zettel, er solle lernen zu leiden, ohne zu klagen.[54] Was eigentlich nur eine väterliche Mahnung war, wirkte auf den stolzen Wilhelm demütigend. Nach einigen unerfreulichen Tagen mit seinen Eltern reiste er ab. In seinen eigenen Worten: »Tiefbedrückt und hoffnungslos reiste ich nach Berlin zurück.«[55]

Die Version der Kronprinzessin finden wir in einem Brief an Queen Victoria:

> Zwischen Willy und uns war diesmal alles harmonisch. Er hat uns gestern morgen verlassen. Kein Wort der Sympathie oder Liebe sprach er aus, und ich war unglücklich zu sehen, wie hochmütig er geworden ist und wie entsetzlich er posiert! Ohne Zweifel ist dies die Wirkung davon, daß man ihm so oft gesagt hat, daß er in weniger als einem Jahr Kaiser sein würde. Sein Besuch brachte aber keine Verstimmung, und er mischte sich auch dieses Mal nicht in unsere Angelegenheiten.[56]

Es wird oft nicht berücksichtigt, daß Wilhelms scheinbar so grenzenloses Selbstvertrauen zweifellos untergraben wurde durch die fortwährenden Klagen über seine Unreife und durch die Neigung seiner Familie, ihn als einen überalterten Schuljungen zu betrachten. Höchstwahrscheinlich blickte er Anfang 1888 seiner künftigen Rolle als Monarch einfach darum mit so großer Nervosität entgegen, weil ihm eingeredet worden war, daß er dazu noch völlig ungeeignet sei, und weil

* Graf Radolinsky war kurz zuvor in der festen Meinung in der Villa Zirio aufgetaucht, den Kronprinzen nicht mehr am Leben zu finden.[53]

er spürte, daß ihn das Herrscheramt zwangsläufig bis zu einem gewissen Grad von den wenigen Freunden entfernen würde, die er hatte. Er mußte sich auch innerlich einstellen auf den Verlust seines Großvaters, den er immer geliebt hatte, und eines Vaters, den er bewundert hatte und mit dem ihn viele glückliche Erinnerungen verbanden. In einer Beurteilung seines Charakters sollten diese Tatsachen nicht außer acht gelassen werden.

Der Kaiser starb so schlicht, wie er gelebt hatte. In eine weiße Uniformjacke und einen roten Schal gekleidet, lag er in seinem Feldbett, und langsam schwand sein Leben dahin. Der einzige große Unterschied zwischen seinem Leben und seinem Sterben bestand darin, daß er nun seine Frau anlächelte, die sich an sein Bett hatte rollen lassen und stundenlang seine Hand hielt. Aufgrund ihres Parkinsonismus sah es aus, als schüttle sie seine Hand, aber das machte ihm nichts aus. An der anderen Seite des Feldbettes saß seine einzige Tochter, die Großherzogin von Baden, die gerade ihren zweiten Sohn verloren hatte. Am Fußende stand der aus San Remo zurückgekehrte Prinz Wilhelm. Gelegentlich verwechselte der Greis ihn mit seinem Sohn, dem Kronprinzen, und legte ihm die Allianz mit Rußland ans Herz. Zugegen waren neben seinem Kammerdiener und dem Hofkaplan auch die hohen Staatsbeamten und die Beamten seines Militärkabinetts. Immer wieder erschien auch der Kanzler im Krankenzimmer, oft in Tränen. Bei Tagesanbruch des 9. März richtete der Kaiser einige Worte an seine Tochter. Sie stand auf, ging in sein Arbeitszimmer, nahm von seinem Schreibtisch die Miniatur von Prinzessin Elisa Radziwill, die dort fast 70 Jahre lang gestanden hatte und drückte sie ihrem Vater in die Hand.[57] Er verlangte nach Champagner und nippte am Glas, die Markierung der Flasche brachte er jedoch nicht mehr zuwege.[58] Um 20 Minuten nach 8 Uhr starb er. In Berlin herrschte an diesem Morgen Schneegestöber.

Friedrich III. regierte 90 Tage lang als Kaiser und König. Seine erste Amtshandlung bestand darin, daß er seiner Frau den Schwarzen Adlerorden ans Kleid heftete. Dann machte er sich auf die Reise nach Berlin. Er lehnte es ab, unterwegs Halt zu machen, um sich von den deutschen Fürsten begrüßen zu lassen. Das hätte seine Kräfte überstiegen, vor allem aber hatte er wenig Respekt von jenen »Königen von Napoleons Gnaden«, wie er sie nannte.[59] Sein Wunsch, den Namen Friedrich IV. zu führen, um damit an die Hohenstaufenkaiser des Mittelalters anzuknüpfen, wurde vom Kanzler unterbunden, der hochachtungsvoll telegrafierte, Deutscher Kaiser sei er nur in seiner Eigenschaft als König Friedrich III. von Preußen. Zu diesem Schritt fand der Kanzler die Unterstützung einer überraschenden Allianz zwischen der neuen Kaiserin Victoria und ihrem ältesten Sohn und derzeitigen Kronprinz Wilhelm.[60]

Wilhelm hatte bereits aus San Remo eine unmißverständliche Depesche erhalten.

> IN TIEFER BETRÜBNIS ÜBER DEN TOD MEINES VATERS, BEI DEM ES NICHT MIR, ABER DIR VERGÖNNT WAR, ZUGEGEN ZU SEIN, SPRECHE ICH BEI DER THRONBESTEIGUNG DIE FESTE ZUVERSICHT AUS, DASS DU IN TREUE UND GEHORSAM ALLEN EIN BEISPIEL SEIN WIRST![61]

Nun wurden Vorbereitungen getroffen, damit das neue Kaiserpaar die Gemächer ihrer Tochter Charlotte im Charlottenburger Schloß beziehen konnte. Sie waren gut heizbar, und da sich das Schloß ein wenig außerhalb der Stadt in einer Parklandschaft befand, war hier mit weniger Staub zu rechnen – der für den Hals des Kronprinzen Gift war – als in den übrigen Berliner Palais.

Der Kaiser kam mit dem Kanzler und den preußischen Staatsministern in Leipzig zusammen. Herzliche Begrüßungen wurden ausgetauscht. Friedrich III. wußte Bismarcks Verdienste für das Zweite Kaiserreich zu schätzen, wenn auch mit einigen Einschränkungen, und er hatte die Ergebenheit, mit der Bismarck seinem Vater gedient hatte, nie verkannt. Am status quo sollte zunächst nicht gerüttelt werden. Ein wohl nicht ganz unparteiischer Beobachter notierte, die Kaiserin habe dabei »einfach nur zugeschaut«.

Wenn wir diesem Beobachter trauen dürfen, so tat die Kaiserin genau das gleiche, als ihr Sohn sie im Charlottenburger Schloß willkommen hieß. Wilhelm küßte seinem Vater die Hand und half ihm beim Aussteigen, sprach aber nicht, aus Angst, die Stimme könnte ihm versagen. Seine innere Bewegung war zu groß. Als er seine Mutter begrüßen wollte, wandte sie sich ab und schien sich ohne ein Anzeichen, daß sie ihren Sohn bemerkt hatte, mit dem Kaiser zu beschäftigen. Er biß sich auf die Lippen, sagte jedoch nichts.[62]

Ein solches Verhalten hätte auch bei dem unempfindlichsten Sohn einen tiefen Eindruck hinterlassen, und unempfindlich war Wilhelm nie. Dadurch läßt sich viel von seinem späteren Verhalten seiner Mutter gegenüber erklären, wenn nicht entschuldigen. Seine Trauer um seinen Großvater war völlig echt und wurde noch vertieft durch die Tatsache, daß sein Vater zu krank war, um an der Beisetzung teilnehmen zu können, und nur weinend von seinem Fenster aus zusehen konnte, wie sich der Trauerzug zum Mausoleum hin bewegte. Der Prince of Wales hatte die Feier seiner eigenen Silbernen Hochzeit abgekürzt und war in Vertretung seiner Mutter nach Berlin gekommen, wo er für das neue Kaiserpaar eine Quelle des Trostes war. Wenig Tröstliches aber kam in den folgenden Tagen von Prinz Wilhelm. Im Hause seiner Mutter wurde er von vielen als Rivale betrachtet. Angeblich hat er einmal, als er mit seiner Mutter einen Augenblick allein war, die Spannung nicht mehr ertragen und sie gebeten, ihm zu erklären, was zwischen sie gekommen war. Die Kaiserin soll dies als eine Unverschämtheit betrachtet und ihm vorgeworfen haben, er habe versucht seinen Vater zu entthronen. Er stritt dies entschieden ab, aber seine Mutter wollte nicht hören. Angeblich zuckte sie die Achseln und sagte, eine Lüge mehr oder weniger würde bei einem so undankbaren Sohn kaum ins Gewicht fallen, was ihn den Respekt vergessen ließ, den er seiner Mutter noch immer schuldete. Er soll ihr gedroht haben, sie an diese Worte zu erinnern, wenn er einmal der Herr sei, den Raum ohne ihre Erlaubnis verlassen und die Tür hinter sich zugeschlagen haben.[63] Das ist wahrscheinlich etwas übertrieben, aber es ist ein Hinweis auf die Bitterkeit, in der beide Seiten sich verhärteten.

Wilhelms Behauptung, er habe seinen Vater während dessen kurzer Regierungszeit kaum je zu Gesicht bekommen, liegt wahrscheinlich nicht sehr weit von der Wahrheit entfernt.[64] Sein Erscheinen hätte einfach zuviel Aufregung bedeutet und das wollte die Kronprinzessin ihrem Gemahl unter allen Umständen ersparen. Sie hoffte unterdessen noch immer, daß Sandro am Ende ihre Tocher Moretta heiraten werde, obwohl dies ein aussichtsloses Bemühen war, da dieser Bräutigam für Bismarck überhaupt nicht in Frage kam und der Kaiser nicht in der Verfassung war, sich seinem Kanzler zu widersetzen, selbst wenn er dies gewollt hätte. Diese Heirat weiter zu betreiben, war auch taktlos, denn damit veranlaßte sie Wilhelm, Sandro zu sagen, er würde jeden, der in diese Richtung arbeite, als einen Feind Deutschlands betrachten und als solchen behandeln.[65] Im übrigen widersetzte sich nun auch Sandros Vater den Heiratsplänen mit der Begründung, sein Sohn habe bereits eine Beziehung zu einer Schauspielerin angeknüpft und diese habe ihn zum ersten Mal seit vielen Jahren glücklich gemacht.[66] Schließlich war auch noch Queen Victoria dagegen.[67] Die weise alte Dame erschien privat in Berlin, um ihren geliebten Schwiegersohn ein letztes Mal zu sehen. Sie traf auch Bismarck, der von ihrer Persönlichkeit höchst beeindruckt war.*

* Bismarck soll nach der Unterredung mit hochgezogenen Augenbrauen ausgerufen haben, das sei eine Frau, mit der man Geschäfte machen könne.[71] Moritz Busch gegenüber, der sein Pressesekretär und einer seiner beiden persönlichen Assistenten war, äußerte sich Bismarck freilich etwas weniger enthusiastisch und sagte, Großmama habe sich »ganz vernünftig« benommen.[72]

Sie stattete auch ihrer alten Freundin, der verwitweten Kaiserin Wilhelm, die »einen ziemlich erschreckenden Anblick« bot, einen Besuch ab.[68] Für ihre Tochter, die Kaiserin, tat sie, was sie konnte, bat sie jedoch, das Sandro-Moretta-Projekt nicht zu forcieren. Denn falls sie tatsächlich heirateten, müßten sie Deutschland verlassen und, da Sandro kein Vermögen besaß, von Luft und Liebe leben. Die Sache sei einfach nicht realisierbar und sollte ohne Wilhelms Zustimmung auch nicht in Aussicht genommen werden. Die Queen kam dann auch mit Wilhelm zusammen und ließ ihn getreu der Familiengewohnheit, ihn als Kind zu behandeln, versprechen, sich künftig besser zu benehmen. Obwohl sie erschüttert war, als sie ihrem Schwiegersohn ein letztes Lebewohl sagte, ließ sie dabei ihren Gefühlen nicht freien Lauf. Sie küßte ihn und nahm einen Strauß Vergißmeinnicht entgegen. Es war ein tieftrauriger Abschied, als ihr Zug aus dem Bahnhof fuhr, und sie ließ eine Tochter zurück, die kaum noch wußte, wie sie die Tragik der nun folgenden Tage ertragen sollte.[69]

Solange er dazu in der Lage war, versuchte der Kaiser, seinen Pflichten nachzukommen. Seine Leistungen waren jedoch mehr symbolischer Natur. Aus aller Welt wurden ihm von Wohlmeinenden und Mitfühlenden unfehlbare Heilmittel geschickt. Phenol aus Frankreich, Whisky aus Schottland, gemahlenes Perlmutt aus England und lebende Würmer aus den Vereinigten Staaten. Aber niemand konnte etwas an der Tatsache ändern, daß der Kaiser ein sterbender Mann war.[70] Zum Spazierengehen im Garten war er manchmal in der Lage. Er pflegte dort in einem Zelt zu sitzen und zu versuchen, an seinen Papieren zu arbeiten oder seiner verhutzelten alten Mutter zu schreiben, die trotz ihrer Schüttellähmung von Zeit zu Zeit zu ihm gebracht wurde. Einmal fuhr er sogar in den Grunewald und ein andermal nach Berlin, wo seine Untertanen ihm einen begeisterten Empfang bereiteten. Aber die kaiserliche Macht entglitt ihm von Tag zu Tag mehr. Die Kaiserin schrieb ihrer Mutter schon einen Monat nach deren Besuch:

> Was ich über Wilhelm sagte, ist keineswegs übertrieben. . . . Er ist in einem »Ring«, einer Coterie, deren Hauptbestreben es ist, Fritz in jeder Beziehung zu paralysieren. Wilhelm ist sich dessen nicht bewußt.[73]

Wir sind nicht in der Lage, wirklich zu beurteilen, inwieweit sich Wilhelm damals von seiner Umgebung leiten ließ. Zweifellos war vieles töricht, was er tat. Die tracheotomische Röhre im Halse seines Vaters mußte ausgewechselt werden, und der deutsche Arzt, der die Operation ausführte, machte seine Sache nicht gut, so daß der Kaiser große Schmerzen zu leiden hatte. Der Fehler wurde zwar rasch behoben, aber

Sir Morell MacKenzie drohte abzureisen, falls jener deutsche Arzt die Erlaubnis bekäme, den Patienten noch einmal zu berühren. Prof. Bergmann, um den es hier ging, schäumte vor Wut. Für die Antiliberalen wurde er sogleich ein sehr prominenter Mann, und Wilhelm war unklug genug, ihn zum Essen einzuladen. Das war entweder eine unglaubliche Taktlosigkeit oder ein Akt des Trotzes, oder Wilhelm ließ sich hier von anderen benützen. Gleich aus welchen Gründen es geschah, das Ereignis trug gewiß nicht zur Steigerung von Wilhelms Ansehen bei.[74]

Es gab auch andere Dinge, die man ihm positiv anrechnen sollte. Von Eulenburg ließ er sich metaphorisch formulierte Ratschläge gefallen, die ein Mann mit ausgeprägterem Hochmut unerträglich gefunden hätte. Sein Freund sandte ihm ein Bild, das er in einem Bazar zugunsten der Opfer einer kürzlichen Flutkatastrophe aufgetrieben hatte. Darunter stand geschrieben: »Der hochmütige Ausdruck des Frosches ist klassisch und predigt uns ausdrucksvoll, *bescheiden* zu bleiben . . .«[75]

Wilhelm benahm sich auch anständig, als Waldersee sich schließlich einmal zuviel herausnahm und sagte, »man sei eben in allen loyalen Zivil- und Militärkreisen äußerst verstimmt über das ›Frauenregiment‹, das von Charlottenburg aus über Preußen-Deutschland indirekt durch den kranken Kaiser ausgeübt werde . . .« und den Prinzen aufforderte, »die Befehle aus Charlottenburg seitens Seiner Majestät, des Kaisers, an Seine Kaiserliche Hoheit nicht auszuführen . . .« Wilhelm erinnerte Waldersee daran, daß er erst vor kurzem seinem Vater den Fahneneid geschworen hatte, und daß er jeden Befehl, der aus dem Charlottenburger Schloß komme, ausführen werde. »Und sollte ein solcher etwa lauten«, fuhr Wilhelm fort, »General Graf Waldersee ist wegen versuchter Verleitung des Brigadekommandeurs der 2. Gardeinfanteriebrigade zum Ungehorsam gegen seinen Kaiser und Bruch seines Fahneneides vor den Sandhaufen zu stellen und zu erschießen, dann würde er den Befehl – mit Freuden – voll und ganz ausführen.«[76] Graf von Waldersee hatte, wie der Berliner sagen, sein Pulver verschossen – und gründlich daneben getroffen.

Im April und dann noch einmal im Mai war der Kaiser bereits dem Tode nahe, aber unter Aufbietung aller Kräfte erfüllte er seine väterliche Pflicht, als sein Sohn Heinrich am 24. Mai Prinzessin Irene von Hessen heiratete. Für einen Tag wurde die Hoftrauer abgelegt. In voller Uniform empfing der Kaiser die Prinzessin persönlich bei ihrer Ankunft in Berlin, und bei der Trauung stand er aufrecht, die Hand auf die Armlehne des Rollstuhles seiner Mutter gestützt. Die pfeifenden und gurgelnden Geräusche, die aus der tracheotomischen Röhre drangen, ließen seine königliche Haltung nur um so eindrucksvoller in Erscheinung treten.[77] Es war eine imponierende Demonstration preußischen Mutes und preußischer Entschlossenheit, die jedermanns Bewunderung erregte. Sein einstiger Adjutant, Feldmarschall Graf Moltke, erklärte danach, er habe schon viele tapfere Männer gesehen, aber keinen so tapfer, wie der Kaiser sich an diesem Tage gezeigt habe.[78] Wilhelm, der bereits gesehen hatte, wie sein Vater sein Todesurteil aus dem Munde der Ärzte »gleich einem Helden«[79] entgegengenommen hatte, war erschüttert. Ella war zugegen, zusammen mit Großfürst Sergius, was für Wilhelm gewiß keine Erleichterung bedeutete, aber er zeigte seine Gefühle ebensowenig wie sein Vater. Der weniger disziplinierte Prince of Wales brach förmlich zusammen, und als Graf Herbert Bismarck geringschätzig von diesem Sterbenden sprach und sagte, ein Mann, der nicht reden könne, sei auch nicht regierungsfähig, verbarg er nicht, wie tief ihn das schockierte. Später erklärte er seiner Mutter: »Wenn ich nicht in Betracht gezogen hätte, daß es vor allem um gute deutsch-englische Beziehungen ging, hätte ich ihn hinausgeworfen.«[80]

Ob und wie nahe Vater und Sohn in dieser schweren Zeit zusammenstanden, können wir nur vermuten. Der Kaiser war von seinem Kampf gegen die Krankheit und von seinem Versuch, die Staatsgeschäfte nicht aus dem Auge zu verlieren, völlig in Anspruch genommen und sah seinen Thronerben selten. Man hat Wilhelm und seinen Freunden unterstellt, daß der Kaiser ihnen nicht schnell genug starb,[81] aber es sind keine Hinweise darauf zu finden, daß Wilhelm wie ein Aasgeier auf die Krone wartete.

Es war üblich, daß der Hof sich Ende Mai von Berlin entfernte. Der Kaiser wollte nach Hause, wie er sagte, und sein Sohn ergriff die erforderlichen Maßnahmen. Die Eisenbahn hatten die Ärzte verboten, da die Vibrationen eine Gefährdung der tracheotomischen Röhre darstellten. Eine Fahrt im Wagen wäre wegen des aufgewirbelten Staubes gefährlich gewesen. Wilhelm schlug vor, den Wasserweg zu wählen. Das Charlottenburger Schloß war durch einen Kanal mit den Gewässern zwischen Berlin und Potsdam verbunden, und Kaiser Wilhelms alter Raddampfer war gerade durch eine neue Dampfjacht ersetzt worden. Da sie ein niedriges Deck hatte, konnte man sie über einen horizontalen Steg betreten. Am 31. Mai stattete der Kaiser dem Mausoleum seines Vaters einen letzten Besuch ab und fuhr dann mit seiner ganzen Familie zum Neuen Palais. Es war eine traurige Fahrt, denn während am Ufer der Havel die Leute zusammenliefen und Blumen auf Deck warfen, um ihrem sterbenden Kaiser ihre Zuneigung zu bekunden,[82] fuhr er an vertrauten Stellen vorüber, von denen er wußte, daß er sie nie wiedersehen würde: der Pfaueninsel, auf der sein Vater sich im Revolutionsjahr 48 verborgen hatte und wo sein Sohn Wilhelm durch Einlegen des Rückwärtsganges seine Schwester Charlotte ihrem künftigen Ehemann buchstäblich in die Arme geworfen hatte; oder etwa den Stellen, an denen er mit seinen Kindern zum Schwimmen, Rudern, Fischen und Eislaufen gewesen war. Wilhelm war so ergriffen vom Anblick seines Vaters, der von alledem Abschied nahm, daß er sich auf die Brücke flüchtete. Dort stand der Kapitän »das Steuerrad fest in der Hand, starr vor sich in die Ferne blickend, die Zähne fest zusammengebissen, während die Tränen in seinen mächtigen rötlichen Seemannsbart hinabrannen«.[83]

Im Neuen Palais bezog der Kaiser Räume im Erdgeschoß, so daß er bei gutem Wetter unmittelbar den Park von Sanssouci betreten konnte. Er freute sich sehr, wieder zu Hause zu sein, und äußerte den Wunsch, das Neue Palais möge fortan den Namen Friedrichskron tragen.[84] Von hier aus unternahm er einen politischen Schritt, der die Konservativen erbitterte und der den Progressiven gefiel. Er entließ Robert von Puttkamer, den reaktionären Innenminister, der in eine Bestechungsaffäre verwickelt war.[85] * Als letzten königlichen Gast empfing er seinen alten Freund, König Oskar von Schweden, der später über den Kaiser sagte, Deutschland werde seinesgleichen kein zweites Mal erleben. Am folgenden Tag kam Bismarck nach Friedrichskron. Der sprachlose, sterbende Mann machte eine letzte versöhnliche Geste. Er ergriff die Hand seiner Frau und legte sie in die des Kanzlers. Beide verstanden und taten, was von ihnen erwartet wurde, aber zu viel war bereits vorgefallen, als daß es sich um eine aufrichtige Versöhnung hätte handeln können.

Über die endgültige Todesursache des Kaisers gibt es zwei Versionen. In *Aus meinem Leben* schreibt Wilhelm, die Ärzte hätten ihm gesagt, sein Vater könne keine Nahrung mehr zu sich nehmen, da das Innere des Halses völlig zerstört sei.[86] Der anderen, wahrscheinlicheren Version zufolge geriet etwas Nahrung durch die Luftröhre in die Lunge und verursachte eine Lungenentzündung.[87] Am 14. Juni erklärten die Ärzte, der Kaiser habe nur noch wenige Stunden zu leben. Auf seine direkte Anweisung waren der Kaiserin und ihren unverheirateten Töchtern zur finanziellen Sicherung ihrer Zukunft bereits drei Viertel

* Die zahlreichen Feinde der Kaiserin legten die Entlassung Puttkamers ihr zur Last. In Wirklichkeit war es Bismarck, der dem Vorschlag des Kaisers zustimmte und sich dafür eine Verlängerung der Legislaturperiode des künftigen Reichstages von 3 auf 5 Jahre einhandelte.

ihres Erbes bzw. ihrer Mitgift durch den widerstrebenden Bismarck ausbezahlt worden.[88] Die Kaiserin entschloß sich nun, die Tagebücher, die ihr Mann während der letzten zehn Jahre geführt hatte, in Sicherheit zu bringen. Sie ließ den Berliner Korrespondenten des *New York Herold* kommen und übergab in Anwesenheit von Sir Morell MacKenzie ein versiegeltes Paket, das er unverzüglich zur britischen Botschaft bringen sollte. Von dort ließ sie es durch den Militärattaché ihrer Mutter übersenden.* Das Testament des Kaisers wurde ebenfalls in Sicherheit gebracht.[89]

Am Morgen des 15. Juni wurden die Kinder des Kaisers sowie Dona, Bernhard und Irene geholt. Einer nach dem andern kamen die Diener herein, um Abschied zu nehmen. Dann verabschiedeten sich die Ärzte, die nichts mehr tun konnten, nacheinander mit einer steifen Verbeugung am Fußende des Bettes. Die Hofkaplane waren zugegen, und alles Erforderliche wurde getan. Die Kaiserin hielt die Hand ihres Mannes. Er schrieb mit zittriger Hand als letzte Botschaft die Worte: »Victoria, ich und die Kinder . . .« Der Sinn war klar, er freute sich, seine Familie um sich zu sehen.

Dann wurde er zusehends schwächer. Stundenlang wartete man geduldig in dem heißen stickigen Raum, bis er nach einer längeren Bewußtlosigkeit plötzlich hustete, noch dreimal Atem holte, kaum merklich zusammenzuckte und verschied.

Die Kaiserin küßte seine Hände und legte sie auf das Bett. Dann nahm sie einen verwelkten Lorbeerkranz von der Wand, dem sie ihm bei seiner Rückkehr aus dem Deutsch-Französischen Krieg gegeben hatte und legte ihn auf seine Brust. In den Arm legte sie ihm sein Schwert und auf das Herz ein Medaillon mit ihrem Bild nebst einer Locke ihres Haares. Dann verließ sie den Raum.[90]

* Aus einer Eintragung in Queen Victorias Tagebuch vom 17. Juni 1888 geht hervor, daß dieses Paket sicher in Balmoral ankam. »Oberst Swain kam aus Berlin an . . . Er brachte einige Papiere, die Fritz in meine Obhut zu geben wünschte.«

ACHTES KAPITEL

Im Schatten Bismarcks

»Der Kaiser ist wie ein Ballon,
wenn man ihn nicht fest am Strick hielte,
ginge er wer weiß wohin.«
Fürst von Bismarck über Wilhelm II. im Jahre 1888

1

Es war ein persönliches und politisches Unglück, daß Kaiser Wilhelm II. – er zog den deutschen Titel dem französischen vor –[1] so plötzlich im Alter von 29 Jahren an die Macht gelangte. Im Gegensatz zu den meisten Herrschern des Hauses Hohenzollern, die viel Zeit hatten, sich auf ihre Königsrolle vorzubereiten, blieb Wilhelm nur die gespenstisch kurze und spannungsreiche Regierungszeit seines Vaters. Und im Gegensatz zu den meisten preußischen Königen vor ihm fiel ihm zugleich mit der preußischen Krone die Verantwortung für die mehr als 50 Millionen Deutschen zu. »Kaiser Wilhelm II.«, bekannte sein Leibarzt Dr. Leuthold dem österreichisch-ungarischen Botschafter, »... dessen herrliche Geistes- und Herzensgaben ich so hoch bewundere, war zu lange in Potsdam gewesen und kennt die Welt zuwenig und beurteilt alles noch etwas vom Standpunkt des früheren Husarenobersten.«[2] Auch hatte Bismarck, was wir nicht vergessen dürfen, dafür gesorgt, daß Wilhelms Ausbildung in außen- und innenpolitischen Angelegenheiten auf ein Minimum beschränkt blieb. Dazu kamen charakterliche Beschränkungen, von denen einige mit der Zeit schwanden, während andere sich erst noch entwickelten. Sie machten weit mehr Schlagzeilen als die Vorzüge des Kaisers. Ohne Zweifel war er eitel. Er ließ sich gern fotografieren und malen und liebte es, dabei zu posieren. Da es ihm mißfiel, daß seine Frau mit ihrem langen Rücken ihn bei Tisch kleiner erscheinen ließ, als er wirklich war, setzte er sich stets auf ein Kissen, um so den Unterschied auszugleichen.[3] Er neigte auch zu Morbidität. Wohin er ging, von Palast zu Palast und von kaiserlicher Jacht zum Jagdhaus und sogar zu Besuch bei Freunden, überall schleppte er als schauriges *memento mori* Bilder seiner verstorbenen Verwandten und Freunde mit, alle auf dem Totenbett aufgenommen. Auf einer Kommode oder an sonst einem geeigneten Ort pflegte er sie aufzustellen und einen Öldruck des Gekreuzigten darüber zu hängen.[4] Bei aller Leutseligkeit mit seinen Adjutanten war er ferner sonderbar kühl im Umgang mit seinen Söhnen. Bei seiner einzigen Tochter war das anders. Sie wurde von ihm verwöhnt und bekam von allem das Beste.

Wir können keinerlei Anzeichen dafür entdecken, daß er auf seine Söhne eifersüchtig gewesen wäre, und bei seltenen Gelegenheiten verzichtete er auch auf das straffe Regiment, das er sonst zu führen pflegte. Seit seiner Thronbesteigung soll er mit ihnen durch den Chef seines Militärkabinetts verkehrt und Familienangelegenheiten mittels Zustellung von »Kabinettsorders« geregelt haben.[5] Es mag dies ein Nebenprodukt von Bismarcks 20jähriger Lobpreisung des monarchischen Prinzips gewesen sein. Wie sein Großvater Wilhelm I. glaubte er, daß er von Gott eingesetzt und nur ihm Rechenschaft schuldig sei, im Unterschied zur Anspruchslosigkeit und Bescheidenheit seines Großvaters war Wilhelm jedoch der Meinung, daß dies in Kleidung, Haltung und Tat zum Ausdruck kommen sollte. Klarer als die meisten Herrscher begriff er die Bedeutung, die seine Untertanen der Entfaltung von äußerer Pracht beimaßen und daß diese in sich selbst ein *instrumentum regni* war. Allerdings trieb er diese Prinzipien ins Extrem und erklärte einmal einem verblüfften Kollegen auf dem Thron, die Hohenzollern seien Sachwalter Gottes auf Erden.[6] Er fand, daß sein Hof soviel Prunk wie nur möglich entfalten und ein feststehendes Protokoll haben sollte, und bei allem Sinn für soziale Verantwortung besaß er doch, wie sein Großvater, Prinzgemahl Albert, jenen Abscheu vor dem »Mob«, von dem auch eine große Zahl theoretischer »Sozialisten« in aller Welt erfüllt ist. Der auffallendste Fehler des Kaisers war jedoch seine ganz ungewöhnliche Rastlosigkeit. Bisher war sie vom Hofprotokoll eingedämmt worden, nun aber war für ihn die Zeit gekommen, sich in einen Wirbel von Aufregungen zu stürzen, wozu ihn, medizinisch gesprochen, vermutlich eine physiologische Fehlfunktion trieb. Da er sich leicht langweilte und zu Hause unruhig wurde, konnte es passieren, daß er die widerstrebende Kaiserin schon bei Tagesanbruch aus dem Bett zerrte, weil er plötzlich Lust auf einen Galopp bekommen hatte.[7] Oder er entschloß sich unversehens, allein zu irgendeinem entlegenen Ziel aufzubrechen. Ein regulärer Jahresrhythmus kam erst zustande, als er bereits etwa eineinhalb Jahre regierte. Danach galt er zwar als festgelegt, war jedoch plötzlichen und unerklärlichen Veränderungen unterworfen. Bereits die ersten vier Monate seiner Herrschaft trugen ihm den Spitznamen »der Reisekaiser« ein, und bei Hofe wurden die Initialen W. I. R. als »Wilhelm Immer Reisefertig« gelesen. Bei seinen mehr phlegmatischen Untertanen machten ihn derartige Exzentrizitäten eher populär. Eine Hamburger Dame bemerkte dazu: »Das Ärgerliche am Kaiser ist, daß er die Braut bei jeder Hochzeit und die Leiche bei jeder Beerdigung sein möchte.«[8]

Das ist die eine Seite des Bildes. Er besaß natürlich viele Fähigkeiten und Verdienste, wenn diese auch nicht ganz so deutlich in Erinnerung blieben wie seine Mängel. Einer seiner wichtigsten Vorzüge war sein ernsthaftes Interesse an anderen Menschen. Das war Hinzpeters Werk, der seinen ehemaligen Schüler nun in sozialen Angelegenheiten beraten durfte. Die englische Gouvernante seiner Tochter, die keinerlei Neigung hatte, dem Kaiser schön zu tun, bekannte, er sei »in jeder Hinsicht demokratischer als sein Hof.«[9] Und obwohl er die Erziehung eines preußischen Offiziers genossen hatte, war er weder Antisemit noch Antiamerikaner oder ein Feind von Menschen, die sich hochgearbeitet hatten. Aus jener Proklamation an die deutschen Fürsten, die zu verbrennen Bismarck ihm geraten hatte, geht hervor, daß er von deren Rolle innerhalb des deutschen Reiches eine aufgeklärtere Auffassung vertrat als sein liberaler Vater. Diese Auffassung änderte sich später. In einem aber änderte er sich nie: obwohl selbst Protestant, wußte er, daß religiöse Intoleranz für sein Reich schädlich wäre. Seine gescheite Mutter gab zu, daß er zwar leicht lenkbar sei, aber viel Verstand habe.[10] Wenn wir jedoch die Wirkung einer Erziehung daran messen, ob ein Mensch bereit und in der Lage ist, in der Welt der Gedanken die Vorstellungen eines Gegners zu würdigen, so können übrigens beide, Sohn wie Mutter, kaum als vollständig erzogene Menschen gelten. Dennoch hatte Wilhelm von seinen Eltern und von Prinzgemahl Albert kein geringes geistiges Potential geerbt. Sein Leben lang interessierte er sich für Archäologie, Geschichte und Militärwissenschaft sowie für Malerei und Plastik, und er las durchaus nicht engherzig ausgewählte Literatur in drei Sprachen. Naturwissenschaft und Technik machten ihm besonderen Spaß, und er speicherte in seinem Gedächtnis eine Unmenge von Daten über die entlegensten Dinge wie etwa landwirtschaftliche Maschinen, Boiler, Kräne, Pumpen, Trambahnen, Generatoren, Zahnheilkunde und Schiffsbau.[11] Und er war stolz auf den wirtschaftlichen Aufschwung, der Berlin anstelle von Frankfurt zur deutschen Bankmetropole machte und ihr den Titel »Weltstadt« eintrug. Zu diesen geistigen Qualitäten kam noch, daß ihm wenige in der Fähigkeit gleichkamen, eine Geschichte zu erzählen, und daß er auch ein guter Segler, Schwimmer, Schütze und Reiter war und auch einen Wagen zu kutschieren verstand. Er besaß körperlichen und moralischen Mut, war absolut unermüdlich und hatte – was ich bei der Einschätzung seines Charakters für sehr wichtig halte – ausgeprägten Sinn für Humor.[12]

Seiner auffallenden Neigung, sich fotografieren zu lassen, verdanken wir eine genaue Kenntnis seines Aussehens zur Zeit seiner Thronbesteigung. Sein Schnurrbart mit den nach oben geschwungenen Spitzen, der täglich von einem Friseur gepflegt wurde, war das hervorstechendste Merkmal seiner Erscheinung.* Da er sich sehr aufrecht hielt, wirkte er größer als er wirklich war. Er hatte viel aschblondes, lockiges Haar, das er nicht in preußischem Bürstenschnitt trug, sondern vom linken Scheitel aus sorgfältig zurückkämmte. Sein verkrüppelter Arm wurde durch seine eigene Geschicklichkeit und die seiner Schneider sorgfältig und erfolgreich verdeckt. Für den Geschmack seiner englischen Verwandten trug er zu viele Ringe, meist Diamanten und Saphire. Sie standen jedoch nicht im Widerspruch zu seinem gesamten Auftreten. Als Junge sah er gut aus, als alter Mann ebenfalls. Wenn er auf Fotografien aus seiner Regierungszeit weniger gut wirkte, dann oft, weil er gern »ein Gesicht machte«, sein etwas kurzes Kinn mit dem Grübchen vorreckte und streng dreinblickte. Wenn er nicht vor einer Kamera stand, konnten seine hellblauen, unruhig blinzelnden Augen vor Ärger grau und hart werden. Im allgemeinen aber blickten sie freundlich und standen im Einklang mit der Herzlichkeit, mit der er Besucher fast ausnahmslos empfing. Er konnte in der Tat etwas Bestrickendes an den Tag legen und wirkte stets ungekünstelt und freimütig.[14] Falschheit und Irreführung scheinen ihm völlig fremd gewesen zu sein.** In seinem Buch *Das kaiserliche Berlin* bemerkt der Historiker Gerhard Masur: »Sogar seine strengsten Kritiker geben zu, daß Wilhelm eine faszinierende Persönlichkeit war, daß es ihm leichtfiel, jeden zu beeindrucken, der mit ihm in Kontakt kam.«[15]

* Herr Haby, sein Friseur, wurde durch seine Bartpomade »Es ist erreicht« allgemein bekannt.[13]

** Es verdient Beachtung, daß Arthur Balfour, Lord Salisburys Neffe und Nachfolger als Premierminister, der anerkanntermaßen zu den besten Köpfen, den brillantesten Meistern der Konversation und den einnehmendsten Persönlichkeiten seiner Zeit zählte, bekannte, er habe »nie eine anregendere Stunde erlebt« als jene, die er mit dem Kaiser verbrachte. Er fügte hinzu, Kaiser Wilhelm II. und König George V. seien die einzigen Monarchen gewesen, mit denen er je von Mensch zu Mensch habe sprechen können.[16]

2

Es sind keinerlei Anzeichen dafür zu finden, daß die verwitwete Kaiserin irgendwie öffentlich zur Kenntnis genommen hätte, daß ihr ältester Sohn Deutscher Kaiser war, als sie das Sterbezimmer Friedrichs III. verließ. Da sie ansonsten Wert legte auf Schicklichkeit und Umgangsformen, muß daraus geschlossen werden, daß ein Übermaß des Schmerzes sie daran hinderte, sich korrekt zu verhalten. Dies aber war ein großer Fehler. Es kann Wilhelm nicht entgangen sein, daß seine eigene Mutter seine Thronbesteigung ignorierte, und er wird es als ein Zeichen dafür verstanden haben, daß sie entschlossen war, ihn nicht als ihren Souverän, sondern weiterhin mehr als einen problematischen Sohn zu betrachten. Das war ein Punkt, bei dem er, wie wir sehen werden, überempfindlich reagierte.

Eine halbe Stunde, nachdem ihr Mann verschieden war, wollte die Kaiserin, noch immer halb betäubt vor Schmerz, im Park einige weiße Rosen schneiden, um sie auf den Leichnam ihres Mannes zu legen. Zu ihrer Verwunderung stand sie plötzlich vor Soldaten. Einer von ihnen bat sie, wieder in das Haus zu gehen, und geleitete sie zurück. Niemand, so wurde ihr gesagt, dürfe das Haus ohne unterschriebene Erlaubnis verlassen. Der Zweck dieser Maßnahme wurde nur allzu deutlich. Die Räume des Kaisers, auch ihre eigenen, überhaupt alles, wo Dokumente vermutet werden konnten, wurden von den Soldaten gründlich durchsucht. Wilhelm inspizierte persönlich die Räume seiner Mutter.[17] Als Queen Victoria davon hörte, war sie empört, obwohl sie selbst die Hüterin der Dokumente war, die ihr Enkel suchte und die aus Deutschland herausgeschmuggelt worden waren. Die Tatsache, daß er seiner Mutter ein derartig verletzendes Benehmen zumutete, zeigt, daß Wilhelm entschlossen war, als Herr im Haus aufzutreten.

Am gleichen Tag erreichte Wilhelm ein Telegramm aus Balmoral:

ES BRICHT MIR DAS HERZ. TU FÜR DEINE LIEBE MUTTER, WAS DU NUR KANNST, UND VERSUCHE, IN DIE FUSSSTAPFEN EINES SO GUTEN, EDLEN UND GÜTIGEN VATERS ZU TRETEN.

GROSSMAMA V.R.I.[18]

Es war ein höflicher Wink, von dem die Queen freilich selbst nicht glaubte, daß er eine starke Wirkung haben werde. Ihre sarkastische Beschreibung von Deutschlands neuen Regenten Wilhelm, Dona und Bismarck verrät ihre wahren Gefühle: »Two so unfit + one so wicked!« (Zwei so Unfähige und ein so Bösartiger!)[19]

Kaiserin Friedrich, wie sie fortan genannt wurde, wandte sich an

Dona mit der Bitte, sie möge versuchen, Wilhelm im Zaume zu halten – was eine recht naive Einschätzung des Verhältnisses zwischen den beiden zu erkennen gibt. Sie bat auch den Kanzler um eine Unterredung. Bismarck lehnte ab, er sei zu beschäftigt mit Arbeit für seinen neuen Herrn.[20]

Der neue Herr genoß seine Macht. Er brach ein Versprechen, das er seiner Mutter gegeben hatte, und ordnete eine Autopsie seines Vaters an. Das Entsetzen und die Empörung seiner Mutter vermochten nicht, ihn umzustimmen. Deutschland verlange endgültige Klarheit über die Krankheit des Kaisers. Es ging auch um Munition gegen MacKenzie, der seine Darstellung des Falles zweifellos in Druck geben würde. Nur mit größter Mühe konnte Wilhelm davon abgebracht werden, MacKenzie unter Hausarrest zu stellen. Am folgenden Tag fuhr Kaiserin Friedrich mit ihren drei jüngeren Töchtern nach Bornstedt.[21]

Kaiser Wilhelm II. hatte drei vordringliche Pflichten zu erfüllen. Die erste war eine Art Krönungsproklamation und die Abnahme des Treueeides der Streitkräfte. Es war eine feierliche Zeremonie, die ihm sehr am Herzen lag:

> So gehören wir zusammen – Ich und die Armee – so sind wir füreinander geboren, und so wollen wir unauflöslich fest zusammenhalten, möge nach Gottes Willen Friede oder Sturm sein.[22]

Seine zweite Pflicht erforderte die Entgegennahme eines versiegelten Briefes, der ihm vom Justizminister überreicht wurde. Sein Großonkel, Friedrich Wilhelm IV., der in geistiger Umnachtung gestorben war, verpflichtete darin alle sein Nachfolger, die ihm aufgezwungene Verfassung wieder abzuschaffen. Der Brief trug die Initialen von Wilhelms Großvater und Vater. Wilhelm verbrannte ihn, versiegelte das Kuvert und vermerkte unter seinen Initialen die Worte »Inhalt gelesen und vernichtet.« Das Kuvert ging zurück zu den Akten.[23]

Die dritte Pflicht war die Beisetzung seines Vaters. Dies geschah bald nach der Autopsie in unziemlicher Hast. Emil Ludwig berichtet:

> ... während man die Kapelle dekoriert, steht der Sarg wie eine Arbeitskiste zwischen den Hämmernden.

Die Bevölkerung war nicht zugelassen, ausländische Fürsten ebensowenig. Eine Ausnahme bildete der Prince of Wales, der in Begleitung seiner Frau und ihres ältesten Sohnes, Prinz Albert Victor sowie Prinzessin Luises Mann, Lord Lorne, zum dritten Mal innerhalb von drei Monaten nach Berlin kam. Er schrieb seiner Mutter einen zurückhaltenden Bericht von der Beisetzung, sprach von der vorzüglichen Musik, vom Reitpferd des Kaisers, das unaufhörlich hinter dem Leichenwagen wieherte, und von seiner tiefen Trauer, die ihn beim Abschied von diesem hervorragenden Menschen erfüllte.[24] Daneben hatte er freilich auch das Gefühl, der Kaiser werde ohne Anzeichen echter Trauer eigentlich nur schlecht und recht verscharrt.[25] Er war zwar Oberst von Blüchers Husaren, und die Beisetzung fand zufällig am Jahrestag der Schlacht von Waterloo statt, aber er war bereits soweit, daß er die enge rote Uniform, die so preußisch aussah, verabscheute. Er hätte gewiß Wilhelm von Döring zugestimmt, der in einem Brief an Eulenburg schrieb:

> Ich sah so den Zug an mir vorbeiziehen. Die Truppen wundervoll, die Geistlichkeit lachend, schwatzend, der Feldmarschall Blumenthal mit der Standarte auf dem Rücken, hin- und hertorkelnd, sprechend. Es war schauderhaft.[26]

Kaiserin Friedrich war während der Beisetzung in Bornstedt geblieben, kehrte dann aber nach Friedrichskron zurück, um das, was ihr und ihrem Mann gehörte, zusammenzusuchen und einzupacken. Wilhelm hatte angekündigt, daß er das Palais für sich selbst benötige. Man werde etwas für sie finden. Der Prince of Wales hatte eine Botschaft seiner Mutter mitgebracht, die ihre älteste Tochter einlud, jederzeit und unbegrenzt nach England zu kommen. Gerührt und noch immer überwältigt von ihrem Kummer, vertraute die verwitwete Kaiserin ihrem Bruder an, welche Demütigung sie zu erdulden hatte. Aus unerfindlichen Gründen hatte Wilhelm bereits angeordnet, daß Friedrichskron wieder Neues Palais zu nennen sei. Briefpapier mit dem Aufdruck *Friedrichskron* wurde vernichtet. Außerdem hatte die Kaiserin das Testament ihres Mannes präsentiert, das, wie sie genau wußte, einen Passus enthielt, der es Wilhelm »als Kindespflicht« auferlegte, seine Schwester Moretta mit Prinz Alexander von Battenberg zu verheiraten, und Wilhelm hatte die feierliche Verpflichtung total ignoriert. Statt dessen hatte er Sandro geschrieben, daß Bismarck weiterhin sein Veto einlegte und daß überhaupt sein Großvater wie sein Vater gegen diese Heirat gewesen seien.[27] Der Prince of Wales wußte besser als seine Schwester, wie die Dinge mit Prinz Alexander in Wahrheit standen, und er bat sie, die ganze Sache zu vergessen. Im übrigen tat er sein Bestes, für ihre Zukunft zu sorgen.

Er zwang sich zu Freundlichkeit gegenüber Wilhelm und Dona und fragte, wo seine Schwester künftig leben solle. Er bekam keine befriedigende Antwort. Dann schluckte er seinen Stolz hinunter und versuchte es mit Liebenswürdigkeit gegenüber den Bismarcks. Im Laufe einer Konversation fragte er, ob es tatsächlich die Absicht des verstorbenen Kaisers gewesen sei, vergangenes Unrecht wieder gut und Frankreich territoriale Zugeständnisse zu machen sowie dem Herzog von Cumberland seinen Privatbesitz in Hannover wieder zurückzugeben. Die Bismarcks waren entsetzt von dergleichen Vorstellungen und verbreiteten, der Prince of Wales sei ebenso antipreußisch gesonnen wie Kaiserin Friedrich.[28] Sogleich war der Skandal da. Der neue Kaiser erklärte, sein Onkel habe die Abtretung von Elsaß-Lothringen empfohlen und damit das Andenken von Kaiser Friedrich verunglimpft. Die Wunde, die sich hier öffnete, sollte nie wieder heilen.

Der Kaiser zeigte seine wahren Gefühle, indem er anläßlich seiner Thronbesteigung einen Sonderbotschafter zu Queen Victoria entsandte, der als Adjutant seines Vaters diesem besonders ablehnend gegenübergestanden hatte. Dieser wurde dementsprechend eisig empfangen. Der Kaiser beschwerte sich darüber. Seine Großmutter rechtfertigte in einer lakonischen Bemerkung die Kälte des Empfanges:

> Die Königin wünschte, daß er kalt sein solle. Sie hat den General zuletzt als Adjutant ihres Schwiegersohnes gesehen. Als er herkam, sprach er kein Wort der Trauer über des Kaisers Tod aus und freute sich über die Thronbesteigung seines neuen Herrn.[29]

Nachdem sie auf diese Weise ihren Standpunkt klar gemacht hatte, fragte sie Wilhelm in einem persönlichen Brief, welche Behausung seine Mutter bekommen werde. Mit der Villa Liegnitz bei Potsdam war sie nicht einverstanden, denn, so schrieb sie, »eine Kaiserin kann nicht gut in einer kleinen Villa wohnen«.[30] Sodann bezog sie sich auf Gerüchte, Wilhelm sei im Begriff, gekrönte Häupter zu besuchen, und gab ihrer Hoffnung Ausdruck, er werde vorher einige Monate verstreichen lassen. Es war dies eine direkte Mahnung daran, daß er dem Andenken seines Vaters zumindest eine symbolische Zeit der Trauer schulde.

Wilhelm ließ erkennen, daß er zwar seine Großmutter respektiere, sich aber nicht von der Königin von England einschüchtern lasse. Er machte auch klar, daß man ihm nicht mit persönlichen Empfindlichkeiten kommen dürfe. In einer rasch hingeworfenen, wenn auch höflichen Antwort ließ er wissen, daß er seiner Mutter verschiedene Palais in Berlin, Homburg und Wiesbaden angeboten und daß sie bisher nur um eine kleine Bleibe in Potsdam gebeten habe. Und er schloß den Brief mit der Ankündigung, daß er am Ende des Monats nach Rußland fahren werde:

> Das Geschick, das über Nationen hängt, wartet nicht, bis die Etikette der Hoftrauer erfüllt ist.[31]

Queen Victoria telegrafierte ihrem Premierminister:

> SIE KÖNNEN DAMIT RECHNEN, DASS WIR MIT UNSEREM ENKEL UND FÜRST BISMARCK, DIE ES DARAUF ABGESEHEN HABEN, ZU DEN

ÄLTESTEN FORMEN DES REGIERENS ZURÜCKZUKEHREN, IM TONE SEHR KÜHLER HÖFLICHKEIT VERKEHREN WERDEN.[32]

Lord Salisbury war ganz ihrer Meinung. Er hatte keinen guten Eindruck vom neuen Kaiser. »Er ist falsch«, pflegte er in seinen Bart zu murmeln, »er ist falsch.«

Mit dem Tode Friedrichs III. erloschen alle Hofämter und mußten neu besetzt werden. Der junge Kaiser bewies dabei organisatorische Fähigkeiten, die Bereitschaft, sich beraten zu lassen und eine ungewöhnlich gute Beurteilung von Menschen. Der Reichskanzler und sein Sohn, Graf Herbert von Bismarck, wurden in ihren Ämtern bestätigt, und sie empfahlen einen neuen Chef des Zivilkabinetts. Sie billigten auch die Ernennung von General von Hahnke als Chef des Militärkabinetts und die Ablösung des Kriegsministers. Letzterer war dogmatisch und allen Neuerungen abgeneigt. Und das Schlimmste war: Er benahm sich seinem neuen Herrn gegenüber herablassend. Er wurde entlassen.[33] Gleichzeitig ließ Wilhelm eine Reihe älterer Generäle in den Ruhestand treten, um jüngere Männer befördern zu können, und er nahm, wenn auch ungern, den Rücktritt von Feldmarschall von Moltke an, der, in seinem 90. Lebensjahr stehend, erklärte, daß er nicht länger als Generalstabschef dienen könne. Man versuchte Moltke als Präsident des Verteidigungsrates mit vollen Befugnissen im Amt zu behalten, aber er weigerte sich, weiterhin an der Spitze der Armee zu stehen.[34] Für den Posten des Generalstabschefs empfahl er General von Waldersee.

Wie zu erwarten war, hatte Wilhelm an diesem Vorschlag keine Freude, denn nur allzu deutlich erinnerte er sich an jenen unerfreulichen Vorfall, als Waldersee entschieden zu weit gegangen war. Er besprach das Problem mit General von Hahnke, dem neuen Chef seines Militärkabinetts, der sich durch geistige Klarheit und brillante Formulierungen auszeichnete.[35]

Hahnke äußerte freimütig seine Ansicht, daß der Feldmarschall Waldersee aufgrund seiner herausragenden militärischen Fähigkeiten zu Recht empfohlen habe und daß der Kaiser ebenfalls zu Recht zögere, ihn zu ernennen, da Waldersee ganz ohne Zweifel ein politischer Intrigant sei. Die Lösung sei, sich die militärischen Fähigkeiten Waldersees nutzbar zu machen, zugleich jedoch der politischen Wühlarbeit des »Dachses« eine Schranke zu setzen.[36]

Der Kaiser handelte in diesem Sinne. Waldersee fühlte sich geehrt und erhoben, ohne zu ahnen, daß er mit jener niederträchtigen Bemerkung über das »Frauenregiment« in Wahrheit sein Pulver verschossen hatte. Anscheinend hatte er Wilhelms unverhohlene Warnung, er würde ihn auf kaiserlichen Befehl vor einem Sandhaufen erschießen lassen, und zwar mit Vergnügen, als reine Maskerade aufgefaßt. Er hatte sich nicht die Mühe gemacht, die Unterredung in seinem Tagebuch zu vermerken, was als sicheres Zeichen für die geringe Bedeutung zu werten ist, die er der ganzen Angelegenheit beimaß. Wilhelm hatte sie jedoch nicht vergessen. Genau wie Hahnke geraten hatte, verließ er sich fortan auf Waldersees Urteil ausschließlich in militärischen Belangen. Er ließ nie erkennen, daß er die Freundlichkeit, mit der er ihn weiterhin behandelte, innerlich nicht empfand, aber gestattete dem General niemals irgendwelchen politischen Einfluß. Der Kaiser unterstrich die bedeutende Verringerung des militärischen Einflusses bei Hofe – womit er eine Menge Leute verblüffte – auch durch die Auflösung der *maison militaire,* auf die sowohl sein Großvater als auch sein Vater großen Wert gelegt hatten.

Zu ernennen waren auch die vier obersten Beamten des kaiserlichen Haushaltes, die bei Hofe selbst vor den Mitgliedern nicht regierender Fürstenhäuser Vorrang besaßen: der Großkämmerer, der Oberhofmarschall, der Obermundschenk sowie die weniger wichtigen Posten des Zeremonienmeisters und des Stallmeisters. Philipp Eulenburgs Vetter, Graf August zu Eulenburg, wurde Oberhof- und Hausmarschall, und Kapitän Lyncker, der bereits Wilhelms kleinen Haushalt geleitet hatte, als er noch Prinz war, blieb Hofmarschall.[37] Wilhelm besetzte auch den Haushalt der Kaiserin, ernannte ihren Hofmarschall, ihre Erste Kammerfrau, fünfzehn Hofdamen und ihre Ehrendamen.[38] Überhaupt, wenn man bedenkt, wie viele Posten in dieser Hofgesellschaft, die in fünfzig verschiedene Kategorien eingeteilt war[39], zu besetzen waren, so kann man nur staunen über die Schnelligkeit und Sicherheit, mit welcher der Kaiser sich dieser Aufgabe entledigte.

Nachdem er diese Listen mit Namen gefüllt hatte, überraschte er seine Untertanen mit der Feststellung, daß er keine Krönung wünsche.[40] In Anbetracht seiner Vorliebe für Prachtentfaltung sowie der Menge des Geldes, das ihm nun plötzlich zur Verfügung stand*, war das ein untypischer Entschluß, aber er fand, wie Bismarck sagte, daß eine Krönung in der Verfassung nicht vorgeschrieben sei und sein Großvater alles Nötige getan habe, als er sich in der Kapelle des Königsberger Schlosses selbst zum König »von Gottes Gnaden« krönte. Wichtiger war ihm die Eröffnung seines ersten Reichstages im großen Saal des Alten Palais, 14 Tage nach dem Tod seines Vaters. Dies ge-

* Mit einem Vermögen von 140 Millionen Mark war er bei weitem der reichste Einwohner Berlins. Der zweite in der Liste von Millionären, an denen Berlin damals reich war, besaß nur 47 Millionen.[42]

schah mit viel Prunk und Festlichkeit, und Wilhelm verpflichtete sich, die Politik seines Großvaters fortzuführen. Es entging seinen Zuhörern nicht, was er damit sagen wollte.[41]

Nachdem all dies erledigt war, ließ der Kaiser seiner Rastlosigkeit freien Lauf und begab sich auf seine erste große Tour. Er reiste in Begleitung ausgewählter Attachés und politischer Berater sowie seines Kammerdieners Schulze, der bereits der Kammerdiener seines Vaters gewesen war und auch der seinige blieb, bis er lange nach dem Ersten Weltkrieg in Holland starb. Wilhelm gab sich nicht mit dem bescheidenen Reisestil seines Großvaters zufrieden, der mit kalten oder überhitzten Wartesälen und mit den Menus der Bahnhofsgaststätten vorliebgenommen hatte. Ein nagelneuer Kaiserlicher Sonderzug wurde eilig zusammengestellt. Er bestand aus 12 Waggons, außen in Dunkelblau und Elfenbein und innen in Weiß und Gold. Der Salonwagen des Kaisers war mit blauer Seide gepolstert und enthielt eine Menge Kandelaber, und seine Schlaf-, Bade- und Speisewagen waren nicht weniger luxuriös. Das Gefolge mußte sich mit Schlafwagen begnügen. In weiteren Waggons waren die Küche und eine umfangreiche Garderobe untergebracht. Dazu kamen noch Gepäckwagen. Um diese beträchtliche Last auf die Geschwindigkeit zu bringen, die der Kaiser wünschte, waren zwei Lokomotiven vonnöten. Ingenieure und Zugführer waren gelegentlich in Gehrock und Zylinder gekleidet.[43] Der Kaiser war der einzige, der an der Geschwindigkeit seine Freude hatte. Das Gefolge hätte es vorgezogen, die Consommé nicht aus Tellern löffeln zu müssen, deren Rand nach innen gekrümmt war, und nicht ständig in Gefahr zu geraten, von Koteletts, Bratenstücken oder Gemüse bombardiert zu werden.[44] In langsameren Zügen hätte es sich auch besser schlafen lassen. Aber dem Kaiser war es lieber, durch die Landschaft zu donnern. In Deutschland mußte er wie jeder andere Bürger Kilometergeld bezahlen, obwohl die meisten Eisenbahnlinien dem Staat gehörten. Jenseits der Grenzen konnte er in der Regel kostenlos reisen.[45]

Die erste Tour führte ihn nach Rußland, denn sein Großvater hatte ihm die Pflege des deutsch-russischen Verhältnisses ans Herz gelegt. Er führte eine riesige Sammlung von Geschenken mit sich, die von unbedeutenden Orden verschiedener Grade bis zu Fotografien von ihm selbst in goldenen Rahmen und einer ganzen Kollektion von Juwelen reichten.[46]

Wie geruhsam damals regiert wurde, geht daraus hervor, daß in diesem Sommer und Herbst des Jahres 1888 alles seinen regulären Gang zu nehmen schien, obwohl der Kaiser im allgemeinen im Ausland weilte und der Reichskanzler – der zugleich als Außenminister, Preußischer Ministerpräsident und Handelsminister fungierte – bald nach der Eröffnung des Reichstags aus Berlin verschwand und in Varzin oder Friedrichsruh das Leben eines Landedelmannes führte.[47] Die Steuern wurden eingetrieben, und die Polizei sorgte für Ruhe und Ordnung. Alles übrige lag in den Händen Herbert von Bismarcks in der Wilhelmstraße.

Kaiserin Friedrich hatte mit Abscheu zur Kenntnis genommen, daß einer der Ärzte ihres verstorbenen Mannes einen detaillierten Bericht über dessen Krankheit veröffentlicht hatte. Sie betrachtete das als ungehöriges Eindringen in ihre Privatsphäre.[48] Nun war es Sir Morell MacKenzie, der sie empörte, weil er unter dem Titel *Frederick the Noble* einen Angriff auf die deutschen Ärzte publizierte. Er machte die Sache damit nur noch schlimmer. MacKenzie schien keinen Unterschied zu sehen zwischen der persönlichen Verteidigung seiner beruflichen Kompetenz und einer öffentlichen Beschimpfung seiner ärztlichen Kollegen. Er ging soweit, einen von ihnen als Gewohnheitssäufer zu bezeichnen. Die deutsche Presse erging sich in hysterischen Gegenangriffen; wobei unter anderem behauptet wurde, MacKenzie sei in Wahrheit ein Jude names Moritz Marcowicz. Sir Morell bekam von seinen englischen Kollegen keine Schützenhilfe, sein Buch wurde vom Royal College of Physicians offiziell verurteilt.[49] Kaiserin Friedrich appellierte an ihren Sohn, er möge von seiner Autorität Gebrauch machen und diesem medizinischen Gezänk über den Leichnam seines Vaters ein Ende setzen. Er unternahm jedoch nichts. Sie hatte den Eindruck, daß er ihre Wünsche generell ignorierte und daß überhaupt mit Ausnahme ihrer drei jüngeren Töchter und ihrer Dienerschaft, die ihr ergeben war, niemand irgendwie für sie eintrat. Dem Protokoll nach war es die Mutter des Kaisers und nicht seine Frau oder Großmutter, die am preußischen und am russischen Hof in der Rangordnung die zweite Stelle einnahm. Kaiserin Friedrich aber zeigte man die kalte Schulter und plazierte sie nach ihrer Schwiegermutter und Dona an dritter Stelle. Ironischerweise war es der verkrüppelte »Drache am Rhein«, ihre Schwiegermutter mit der Schüttellähmung, die von den Leuten als Autorität angesehen wurde. »Mein Haus existiert nicht«[50], schrieb Kaiserin Friedrich verzweifelt an ihre Mutter. Sie fand es allmählich beängstigend, daß sie von Höflingen und Staatsbeamten ohne Höflichkeit und Rücksicht behandelt und als *quantité négligeable* betrachtet wurde. Als Wilhelm durch königlichen Erlaß verfügte, daß die schriftliche Hinterlassenschaft seines Vaters zu entsiegeln und Einblick in sie zu nehmen sei, bat sie eilends ihre Mutter, die drei Behälter mit seinen Papieren und Tagebüchern, die in den englischen königlichen Archiven lagerten, zurückzuschicken. Beamte der preußischen Krone inspizierten sie gründlich und hinterlegten einiges, darunter Kaiser Friedrichs Tagebuch aus dem deutsch-französischen Krieg, in den Berliner Archiven des Königshauses. Anscheinend hatte nun einer der besten Freunde des damaligen Kronprinzen Friedrich, ein hervorragender Jurist und Diplomat, diese Aufzeichnungen 1873 zu Gesicht bekommen und Auszüge davon angefertigt. Der Zufall wollte es, daß dieser Herr, Professor Geffcken, jetzt in der *Deutschen Rundschau** eine nicht mehr als 20 Seiten lange Zusammenfassung drucken ließ, ohne Kaiserin Friedrich oder sonst irgend jemanden vorher zu fragen. In diesen Seiten wurde nachgewiesen, daß ein Teil des Verdienstes, das Bismarck für die Gründung des Zweiten Reiches beanspruchte, eigentlich Kaiser Friedrich zukam. Bismarck bezeichnete den Abdruck zuerst als Fälschung und pflichtete dann dem Kaiser bei, der von einer Verletzung des Staatsgeheimnisses sprach. Es wurde sogar der Versuch unternommen, den Herausgeber der *Deutschen Rundschau* vor Gericht zu stellen. Ein zeitgenössischer Kritiker bemerkte, Bismarck pflege die Gründung des Zweiten Deutschen Kaiserreiches als seine spezielle Käsemarke zu betrachten, und wenn jemand ein Stück abhaben wolle, so sei er ein Dieb.[52]

Nachdem er sich auf seiner Reise nach Rußland gut amüsiert hatte, entschloß Wilhelm sich, seinem anderen Verbündeten, dem Österreichischen Kaiser in Wien, einen ersten Besuch als Deutscher Kaiser abzustatten. Es muß dahingestellt bleiben, ob er schon im vorhinein wußte, daß sein Onkel, der Prince of Wales, zu gleicher Zeit in Wien sein werde. Jedenfalls fuhr er fort, sich seinem Onkel zu entfremden, denn er ließ Kaiser Franz Joseph wissen, eine gleichzeitige Anwesenheit des Prince of Wales sei inakzeptabel. Franz Joseph war in großer Verlegenheit, denn er mußte nun seinen englischen Gast zur Abreise bewegen.[53] Nicht genug damit, daß er seinen Onkel gedemütigt hatte, gab Wilhelm seinem alten Freund, dem Kronprinzen Rudolph, den vertraulichen Rat, wenn ihm der Prince of Wales einen sehr liebenswürdigen Brief schreibe, dann könne er ihn ja eventuell beantworten. Worauf Rudolph einem Freund schrieb: »Der Kaiser dürfte bald eine große Konfusion in Europa anrichten.«[54]

Die frühere Freundschaft zwischen Wilhelm und Rudolph kühlte

* Diese angesehene Zeitschrift war 1874 von einem deutschen Juden gegründet worden und galt als Sprachrohr der geistigen und kulturellen Elite Berlins. Politisch vertrat sie den rechten Flügel der Nationalliberalen Partei. Sie entsprach ungefähr dem englischen Quarterly Review und der französischen Revue des Deux Mondes. Die Zeitschrift wurde 1942 von den Nazis eingestellt.[51]

sich merklich ab. Als typischer Habsburger fand Rudolph die Pose des neuen Kaisers etwas lächerlich, was Wilhelm mit seiner empfindlichen Sensibilität nicht lange verborgen blieb. Als Habsburger wie er im Buche steht erwies sich Rudolph auch darin, daß er seine Frau bald langweilig fand und oft seiner eigenen Wege ging. In *Aus meinem Leben* schrieb Wilhelm recht ungeschminkt über die Verschlechterung seines Verhältnisses zu Rudolph. Er mißbilligte dessen Zynismus im Hinblick auf den christlichen Glauben und den beißenden Witz, mit dem Rudolph sich über Menschen lustig machte, die zu einer Erwiderung keine Gelegenheit hatten. Und eines mißbilligte er besonders: »Vor allem die Idee des Preußentums war ihm in der Seele verhaßt.«[55]

Der Kaiser kehrte nach Deutschland zurück, um in der glanzvollen schwarz-weißen Uniform der Totenkopfhusaren auf seinem Schimmel an den Herbstmanövern teilzunehmen. Er leitete militärische Operationen, sang am Sonntag in einem riesigen Zelt gefühlvolle Kirchenlieder und ignorierte ostentativ den Militärattaché der Britischen Botschaft. Oberst Swaine war sehr überrascht, denn er war mit dem Kaiser bis dahin auf bestem Fuße gestanden, aber der Kaiser hatte nicht vergessen, daß Swaine auch mit dem Prince of Wales eng befreundet war, und es war ihm hinterbracht worden, was sein Onkel vor kurzem erklärt hatte: »Wilhelm der Große muß erst noch lernen, daß er am Ende des 19. Jahrhunderts lebt und nicht im Mittelalter.«[56] Dergleichen wollte Wilhelm sich nicht sagen lassen. Es wurden Noten an den deutschen Botschafter in London gesandt, in denen es um die beleidigende Gewohnheit des Prince of Wales ging, Wilhelm nicht als den Deutschen Kaiser zu behandeln, sondern als den ungezogenen Neffen. Die Queen, der Prince of Wales und Lord Salisbury waren empört, aber da war nichts zu machen. Wilhelm bestand darauf, mit dem Respekt behandelt zu werden, der ihm als Repräsentant der deutschen Nation gebührte.

Wie nicht anders zu erwarten, bedeutete Wilhelms Thronbesteigung für seinen Freund Graf Philipp zu Eulenburg eine weitere Vergrößerung seines Einflusses. Aus der erst kürzlich veröffentlichten Korrespondenz Eulenburgs geht jedoch eindeutig hervor, daß dieser Einfluß im persönlichen wie brieflichen Verkehr auf eine Verstärkung vernünftiger und eine Abschwächung zügelloser Tendenzen hinwirkte.[57]

Der Kaiser unternahm in diesem Jahr noch eine weitere Reise, nämlich nach Rom. Seines Schwester Charlotte und ihr Mann fuhren eilends voraus, um ihn dort empfangen zu können, was Kaiserin Friedrich als Speichelleckerei empfand. Bei seiner Rückkehr hielt er vor dem

Berliner Stadtrat eine Rede, in der er betonte, er reise nicht zum Spaß. Er ließ die Stadtväter wissen, seine Reisen seien harte Arbeit. Er sei der erste Botschafter und Repräsentant seines Landes.[58]

Inzwischen hatten sich die Probleme, die Kaiserin Friedrichs Zukunft betrafen, teilweise von selbst gelöst. Das Angebot der Villa Liegnitz war zurückgezogen worden. Statt dessen sollte ihr auf Wunsch jederzeit das Potsdamer Staatspalais zur Verfügung stehen. Daß es dazu oft kommen würde, war allerdings unwahrscheinlich, denn sie hatte Besuche vorher anzukündigen und um Erlaubnis zu bitten. Aber sie konnte sich nach Bornstedt in der Nähe von Potsdam zurückziehen, besaß ihr Palais in Berlin und hatte schließlich vor kurzem noch ein Palais bei Kronberg gekauft, die sogenannte Villa Reiss, die sie umzubauen beabsichtigte. Die Villa sollte den Namen Friedrichshof bekommen und bezeichnenderweise einem englischen Landhaus so ähnlich werden wie nur möglich.* Architekten und Gärtner waren bereits am Werk. Ihre Gefühle, vor allem die gegenüber ihren drei älteren Kindern, hatten sich indessen nicht gewandelt. »Wenn ich meine Söhne an der Seite unserer Feinde sehe, kann ich mir vorstellen, was Cäsar empfand, als Brutus ihn erstach.«[59]

Kaiserin Friedrichs Zukunft war nun gesichert, und sie fand, es sei Zeit, sich einen seit Monaten gehegten Wunsch zu erfüllen und ihre Mutter in England zu besuchen. Lord Salisbury war dagegen. Er erklärte, es wäre politisch klüger, den Besuch auf einen späteren Zeitpunkt zu verschieben. Aber Lord Salisbury, der gewaltige Staatsmann, stand hier gegen Queen Victoria und Kaiserin Friedrich, und deren Allianz war er nicht gewachsen. Er gab nach.

An einem Novembermorgen begleitete der Kaiser seine Mutter und seine drei jüngeren Geschwister zum Berliner Bahnhof. Es war ein Zeichen des Respekts, den ein Sohn seiner Mutter schuldete. Sie sah es als ein Zeichen der Buße. [61]

Queen Victoria hatte ihre Jacht *Victoria & Albert* nach Flushing gesandt. Zur besonderen Ehre ihrer Tochter fuhr sie dann noch persönlich zu den Docks hinunter, was sie noch nie zuvor getan hatte. Die verwitwete Kaiserin, über deren schwarzen Trauerkleidern zwei weiße Bänder flatterten, warf sich ihrer weinenden Mutter in die Arme. Die drei hinter ihr stehenden Töchter waren ohne weiße Bänder von Kopf bis Fuß in Schwarz gekleidet, und alle hatten sie rote Augen von den

* Grundlage des Entwurfes war Flete Manor in der Grafschaft Devonshire mit deutschem und italienischem Einschlag. Das Palais ging später in den Besitz von Prinz Philipp von Hessen über. Das heutige Schloßhotel Kronberg wird in Fodor's Führer beschrieben als ein »einzigartiges Anwesen, vielleicht das beste Schloßhotel in der Bundesrepublik.«[60]

vielen Tränen.[62] Zwei Tage nach ihrer Ankunft feierte Kaiserin Friedrich ihren 48. Geburtstag. Ihre Mutter schenkte ihr einen Blumenstrauß und einen Beitrag zur Errichtung eines Mausoleums.[63]

3

Im folgenden Jahr gewann die Hektik des Kaisers feste Formen. Von dem Moment, in dem er aus dem schwer verhangenen Ehebett kroch, dessen Laken und Decken festgezogen waren, damit jede Möglichkeit von Zugluft ausgeschlossen blieb, bis zu dem Moment, an dem er wieder hineinschlüpfte, war Wilhelm ununterbrochen in Bewegung. Zuerst eilte er in sein Ankleidezimmer und nahm in einer gewöhnlichen, bemalten Zinkwanne ein heißes Bad, wonach er sich mit mehreren Kübeln kalten Wassers übergoß, in dem Meersalz aufgelöst war. Dann auf den Stuhl des wendigen Herrn Haby, der ihn rasierte und dem Schnurrbart seinen speziellen Schwung verlieh. Schließlich wurde die Uniform angezogen, die zu der jeweiligen ersten Tätigkeit des Tages paßte. Ein späteres Wechseln war damit nicht ausgeschlossen. Der Kaiser war derart erpicht darauf, in passender Kleidung aufzutreten, daß man scherzte, er käme zu einer Aufführung des *Fliegenden Holländers* in Marineuniform und zum Diner des Berliner Automobilclubs als General der Ingenieure. Seinen Onkel, den Prince of Wales, nannte er einen »alten Pfau«, aber seine eigene Eitelkeit war nicht zu übersehen. Ebenso unübersehbar war seine Sammlung von Uniformen. Neben einer beträchtlichen Anzahl ausländischer Uniformen besaß er von jedem einzelnen der über 300 preußischen Regimenter sowie der noch viel zahlreicheren bayerischen, württembergischen und sächsischen Regimenter eine komplette Garnitur. Nicht zu vergessen die Uniformen der Marine. Jede enthielt ihre besonderen Abzeichen, Schärpen, Mützen, Hüte, Helme, Tschakos, Bärenmützen, Kürasse, Epauletten, Schnüre, Knoten, Gürtel und Patronentaschen nebst einem ganzen Arsenal von Schwertern, Lanzen und Seitenwaffen. Seine gesamte Heeres- und Marinegarderobe war so groß, daß sie in einem Saal voller riesiger Schränke untergebracht werden mußte und ein Kammerdiener, der innerhalb kürzester Zeit jeden Wunsch seines Herrn zu erfüllen hatte, von morgens bis abends damit beschäftigt war. Nach dem Ankleiden kam gewöhnlich ein Galopp, und nach dem Frühstück nahm er ein vom Auswärtigen Amt zusammengestelltes Konzentrat der Nachrichten entgegen.*[64] Dann gab er Audienzen, be-

* Prinzessin Daisy of Pless behauptet in ihren Private Diaries (London 1950), daß diese in Gold gedruckt waren und daß sie gesammelt als das Goldene Journal bezeichnet wurden, aber das dürfte kaum den Tatsachen entsprechen.[65]

gab sich auf die Jagd oder Truppeninspektionen, nahm die Mahlzeiten in Offizierscasinos oder mit der Kaiserin ein und besuchte gelegentlich eine Theater- oder Opernvorstellung. Am Abend las er oft in englischen Zeitungen oder Büchern oder spielte gelegentlich auch eine Partie Billard.

Durch die sonderbare Verfassung des Deutschen Reiches, die Heeres- und Marineangelegenheiten der Zuständigkeit des Reichstages entzog und diesem nur das Budgetrecht ließ, das er in monotoner Automatik ausübte, war der Kaiser die einzige Verbindung zwischen dem Militär und dem Parlament. Notgedrungen mußte er vieles dem Kanzler und dem Außen- und Innenminister sowie seinen politischen Beratern überlassen. Und er verbrachte weniger Zeit mit Aktenstudium – etwa 2 Stunden pro Tag – als die meisten zeitgenössischen Monarchen. Queen Victoria war ständig an den *despatch boxes* ihres Arbeitszimmers zu finden, und Kaiser Franz Joseph fast den ganzen Tag an seinem Stehpult. Auch der Zar war ein unermüdlicher Arbeiter. Wilhelm dagegen wollte, wie er es nannte, sich nicht in Details ertränken lassen. Wo es dagegen um die königliche Alltagsroutine ging, hatte er ein starkes Pflichtgefühl. Unermüdlich wohnte er zeremoniellen Eröffnungen und Feiern bei, hielt Reden, empfing Abordnungen und war stets zugegen, wenn eine Truppenschau, ein Manöver, eine Hofjagd oder dergleichen abgehalten wurden.

Als Verfechter der Tradition änderte Wilhelm den Ablauf der Berliner Saison nicht, sondern gestaltete sie nur ein wenig lebendiger. Nach dem großen Ostereiersuchen im Bellevue-Park verlief das Jahr nach einem bestimmten Muster: Zu Pfingsten kam das Schrippenfest, das bereits lange vor Friedrich dem Großen eingeführt worden war und bei dem die Potsdamer Garnison eine besondere Mahlzeit bekam. Sie bestand aus Rindfleisch, Pflaumen und Reis, wurde in riesigen Kupferkesseln gekocht und an langen, traditionell mit Fichten- und Tannenzweigen geschmückten Tischen gegessen, und zwar nicht nur von den Soldaten, sondern auch vom Diplomatischen Corps, von den Gästen und von der gesamten königlichen Familie.[66] Im Mai begab sich der Kaiser nach wie vor zu Graf Dohna nach Prökelwitz, um auf die Jagd zu gehen und lange Gespräche mit Eulenburg zu führen. In diesem Monat fuhr er auch gern zu den Wiesbadener Festspielen. Der Juni war für den Besuch großer Städte und, gegen Ende des Monats, für die Kieler Regatta vorgesehen. Die Kieler Woche war nicht nur ein sportliches und gesellschaftliches Ereignis, sondern auch darum wichtig, weil sie für die weniger bedeutenden Minister, die im Unterschied zu den wichtigen Ministern und Staatssekretären ihren obersten

Dienstherrn nicht in mehr oder weniger regelmäßigen Abständen zu Gesicht bekamen, die einzige Gelegenheit im ganzen Jahr bot, dem Kaiser persönlich gegenüberzutreten.[67] Im Juli unternahm der Kaiser an Bord der *Hohenzollern,* einem Kriegsschiff, das er nach seinen persönlichen Bedürfnissen zu einer Privatjacht hatte umbauen lassen, seine jährliche Kreuzfahrt an die norwegischen Fjorde. Die Kaiserin hatte ihre eigene Jacht, die *Iduna,* mit einer Köchin aus Brighton, die ihre Herrin als »Mum« anzureden pflegte.[68]

Anfang August begaben sich Kaiser und Kaiserin gemeinsam zum Abschluß der Englischen Saison nach Cowes. Von dort wurde dann der Hof nach Schloß Wilhelmshöhe bei Kassel, also in die Nähe des Gymnasiums verlegt, das Wilhelm besucht hatte. Im September hielt sich die Familie kurze Zeit im Neuen Palais auf und reiste sodann auf das an der Ostseeküste gelegene kaiserliche Landgut. Wiederum in Begleitung von Eulenburg und anderen ausgewählten Freunden fuhr der Kaiser von dort weiter in die Nähe der russischen Grenze, wo er bei Rominten eine Jagdhütte besaß. Zum Geburtstag der Kaiserin am 22. Oktober wurde er zurück in Potsdam erwartet, danach aber fuhr er fast jedes Jahr nach Donaueschingen in Baden zu Fürst Fürstenberg. Weihnachten verbrachte man im Neuen Palais und den Neujahrstag im Alten Palais in Berlin, womit eine neue Saison begann.

Im Frühjahr 1889, als der neue Kaiser begann, seinen Jahresrhythmus festzulegen, wurde die europäische Gesellschaft von zwei Skandalen erschüttert. Zunächst starb unter tragischen Umständen der österreichische Kronprinz. Es kursierte eine Unmenge von Gerüchten. Der Kronprinz sei auf der Jagd tödlich verunglückt. Er sei zusammen mit seiner Geliebten mit Zyankali vergiftet im Bett aufgefunden worden. Er sei im Duell gestorben. Ein Förster habe ihn getötet, weil er seine Tochter verführt habe. Erzherzog Johann habe ihm mit einer Flasche den Schädel zertrümmert. Im Verlauf einer Orgie habe er sich selbst erschossen. Die offizielle *Wiener Zeitung* verkündete, er sei am Schlaganfall gestorben, korrigierte diese Nachricht jedoch in einer späteren Ausgabe durch die Information, er sei einem Herzanfall erlegen. Der britische Botschafter dürfte kaum übertrieben haben, als er berichtete: »It's all mystery, mystery, mystery.« Die Wahrheit scheint zu sein, daß der Kronprinz zuerst seine Geliebte und dann sich selbst erschoß. Nach katholischem Ritus durfte ein Selbstmörder nicht in geweihter Erde begraben werden. Der Kaiser ordnete eine Obduktion an. Diese ergab, daß Rudolph an einer Verletzung gestorben war, die er sich selbst zugefügt hatte, und daß sein Schädel eine Mißbildung aufwies, die zeitweilige geistige Störungen verursacht haben konnte. Eine weitere offizielle Verlautbarung gab es nicht. Man wies darauf hin, daß der Kronprinz mütterlicherseits ein Wittelsbacher war, bei denen Geisteskrankheiten recht häufig auftraten, und daß er in den letzten Monaten an Depressionen und Kopfschmerzen gelitten hatte. Damit war dem Kanonischen Recht Genüge getan, und Rudolph wurde in der Habsburger Gruft beigesetzt, wo bereits 112 seiner Vorfahren ruhten. Mit Ausnahme des belgischen Königspaares, das mit dem Kronprinzen verwandt war, wurden keine gekrönten Häupter geladen. Das tote Mädchen wurde offiziell nie erwähnt und im Kirchhof einer Abtei begraben. Das Ganze war eine ungeheure Sensation. Der päpstliche Nuntius sagte zu Wilhelms Botschafter, daß sein Gewissen offiziell gesprochen rein sei. Es war jedoch das erste Mal, daß ein Nuntius im vollen Ornat der Bestattung »eines Mörders und Selbstmörders« beizuwohnen hatte.[69]

Weniger als einen Monat danach kam der nächste königliche Skandal. Alexander von Battenberg, der einst souveräne Fürst Alexander von Bulgarien, heiratete seine Schauspielerin, nahm den Namen Graf Hartenau an und entschloß sich – zur grimmigen Freude des Kaisers – in Österreich zu leben. Wilhelm war mit seinen jüngeren Schwestern durch keine starken geschwisterlichen Gefühle verbunden. Heinrich, Charlotte und er hatten sich stets abseits gehalten. Als er die Nachricht erhielt, bemerkte er spöttisch, sie dürfte seiner Mutter das Mittagessen versüßt haben.[70] Er konnte sich sehr genau ausmalen, wie man den Skandal in England aufnehmen würde. Prinzessin Moretta war die Leidtragende. Ihren schönen, kühnen Sandro hatte sie nun für immer verloren. Kaiserin Friedrich, der damit ihr glühendster Wunsch versagt blieb, war verärgert, konnte sich jedoch zugleich des Gedankens nicht erwehren, daß sie selbst eine der Hauptursachen für Morettas Kummer war. Queen Victoria, deren Gewissen ebenfalls nicht ganz rein war, versuchte aufmunternd zu wirken. Sie schloß sich der Meinung ihres Schwiegersohns, Heinrichs von Battenberg, an, daß sein Bruder geradezu mit Gewalt zu diesem drastischen Schritt getrieben worden sei. Mit Moretta hatte sie aufrichtiges Mitgefühl und legte ihrer Tochter nahe, es mit der Suche nach Ersatz für Sandro nicht allzu eilig zu haben. Kaiserin Friedrich brauchte jedoch einen solchen Ersatzmann. Ihre Tochter Sophie und Prinz Konstantin, der Herzog von Sparta und griechische Thronfolger, hatten die Absicht, im Laufe des Jahres zu heiraten. Als die ältere Schwester wäre Moretta gewiß sehr verletzt, wenn für sie niemand gefunden würde. Die Queen wiederholte ihre Warnung vor Übereilung und schlug vor, Moretta solle den Sommer im wesentlichen bei ihr verbringen. Das Mädchen neigte zur

5 *Friedrich III., der 90-Tage-Kaiser*

6 *Königin Victoria mit ihrer ältesten Tochter (Prinzessin Friedrich), ihren drei ältesten Söhnen und ihrem Enkel Kaiser Wilhelm II. Hinten von links: Arthur Herzog von Connaught, Alfred Herzog von Sachsen-Coburg-Gotha, Kaiser Wilhelm II., Prinz von Wales (später König Eduard VII. von England)*

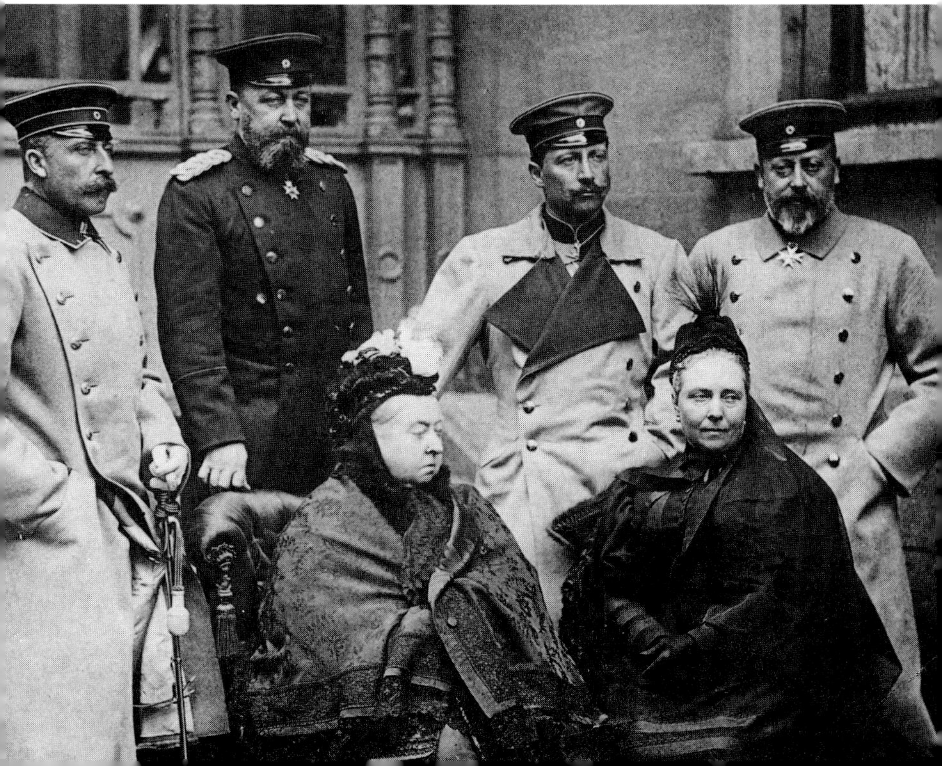

7 *General Leo von Caprivi, Reichskanzler 1890– 1894*

8 *Friedrich von Holstein, die Graue Eminenz Auswärtigen Amt 1878–1906*

9 *Fürst Bernhard von Bülow, Reichskanzler 1900–1909*

10 *Theobald von Bethmann Hollweg, Reichskanzler 1909– 1917*

Rundlichkeit und hatte versucht, seine Figur durch Diät zu halten. Für ihre Großmutter war das Unfug. Sie solle ordentlich essen und jeden Morgen um 11 Uhr Whisky und Milch zu sich nehmen . . .[71] Als man sich dann ein wenig von dem Schock erholt hatte, äußerte die Queen ihrer Tochter gegenüber, es wäre ja vielleicht auch denkbar, daß Sandro sich wirklich in seine Schauspielerin verliebt habe. Dergleichen kam in den Romanen von Marie Corelli vor, die sie in letzter Zeit gern las. Kaiserin Friedrich zeigte sich ganz als die Tochter ihres Vaters. »Marie Corelli schreibt Mist für Halbgebildete«, warf sie ihrer Mutter an den Kopf.[72] Auch Queen Victoria ging eben nicht aus jedem familiären Gefecht als Siegerin hervor. Ihren romantischen Romanen bleib sie jedoch treu, und sie war hingerissen, als sie diesen Sommer auf Schloß Windsor einmal in einer sternklaren Nacht ein Fenster öffnete und von einem Soldaten, der am Fuß der Schloßmauer Wache stand, mit einem Dienstmädchen verwechselt und mit leidenschaftlichen Worten umworben wurde.[73]

Als einer der kühlsten Köpfe unter den konstitutionellen Monarchen ihrer Zeit hatte sich die Queen zwar in ihrem Hause und gegenüber ihrem Premierminister recht vehement über das Benehmen ihres Enkels ausgelassen, dabei aber nie aus dem Auge verloren, daß die Belange des Königreiches vor denen der Familie rangierten. Als Bismarck mit dem Gedanken einer deutsch-britischen Allianz spielte, wußte Lord Salisbury, daß seitens der Queen höchstens mit einem symbolischen Widerstand zu rechnen war. Persönlich war sie sogar äußerst interessiert an einer solchen Annäherung. Graf Herbert von Bismarck erschien zu Verhandlungen in London. Es kam schließlich nichts dabei heraus, aber sie meinte, der Versuch sei die Mühe wert gewesen. Ihr Enkel war ganz offensichtlich der gleichen Meinung. Er war im Juni überaus aktiv gewesen, war vom Jagen bei Prökelwitz nach Kiel, von dort zum Empfang des Schah von Persien nach Berlin und dann weiter nach Dresden, Stuttgart und schließlich noch einmal nach Kiel gefahren. Am letzten Tag des Monats begab er sich an Bord der *Hohenzollern* auf seine erste norwegische Kreuzfahrt, aber damit war sein Bewegungsdrang noch längst nicht erschöpft. Er ließ seine Großmutter in England wissen, daß er mit ihrer Erlaubnis gern bei der Cowes Regatta zugegen wäre. Zugleich bat er sie, das Amt eines Ehrenobristen im Ersten Dragonerregiment anzunehmen. Die Queen schluckte ihre familiären Gefühle hinunter, nahm an und lud Wilhelm zur Cowes Regatta nach Osborne ein. Und was für ihn das Schönste war: Sie verlieh ihm den Rang eines britischen Admirals. Seine enthusiastische und ein wenig konfuse Antwort ließ er durch den britischen Botschafter in Berlin übermitteln:

> ... Was für ein Gedanke, die gleiche Uniform zu tragen wie St. Vincent und Nelson. Ich fühle mich ein wenig, wie Macbeth sich gefühlt haben mag, als ihn plötzlich die Hexen mit dem Ruf empfingen: »Heil dir, Than von Glamis« und »Heil dir, Than von Cawdor!«[74]

Der Wille der Königin, Familienzwist zurücktreten zu lassen, gewann die Oberhand. Als die *Hohenzollern* in der Straße von Solent eintraf, kam der Prince of Wales mit seinem Schwager und seinen beiden Söhnen persönlich an Bord, um den Kaiser und seinen Bruder Heinrich zu begrüßen und sie nach Osborne zu begleiten. Wilhelm trug die englische Admiralsuniform und war entschlossen, einen guten Eindruck zu machen. Keiner konnte charmanter sein als er, wenn er wollte, und so wurden ihm sogar die zweieinhalb Stunden Verspätung verziehen, die in diesem Hause, in dem soviel Wert auf Pünktlichkeit gelegt wurde, normalerweise unentschuldbar waren. Er zeigte im Umgang mit seiner Großmutter und allen seinen Verwandten viel Wärme und Herzlichkeit. Am zweiten Tag seines Besuches boten die Deutschen der Queen eine Flottenparade, und als sie deren Schiff, die *Alberta,* passierten, ertönte von den deutschen Schiffen *God save the Queen.* Vor dem Dinner präsentierte ihr Wilhelm eine Abordnung von vier Offizieren seines Dragonerregiments. Sie verstand sich prächtig mit General von Hahnke, dem Chef des Militärkabinetts, und am dritten und letzten Tag des Besuches wurde das gute englisch-deutsche Einvernehmen damit besiegelt, daß die Queen ihrem Enkel Heinrich den Hosenbandorden verlieh und Wilhelm seinen Vetter, Prince George of Wales, mit dem Schwarzen Adler Orden auszeichnete. Seiner Großmutter hatte er eine von Begas stammende Büste seiner selbst mit Helm mitgebracht.[75]

Wilhelm war von dem Erfolg seines Besuches begeistert. Die Feindseligkeit zwischen Friedrichshof und dem Neuen Palais verringerte sich dadurch nicht, aber das hatte Wilhelm auch nicht erwartet. Die Gründe dafür hatte er sich bereits zurechtgelegt und äußerte sie dem britischen Botschafter gegenüber ganz unverhohlen:

> Meine Mutter und ich haben den gleichen Charakter. Ich habe ihren geerbt. Dieses gute, hartnäckige englische (sic!) Blut in unserer beider Adern will nicht nachgeben. Die Folge ist, daß es schwierig wird, wenn wir einmal nicht der gleichen Meinung sind.[76]

Mit mehr Bitterkeit und weniger innerem Abstand bestätigte Kaiserin Friedrich diese Aussage in einem Brief an ihre Mutter:

Da er kein Gefühl für seine Mutter hat, kann er sich nicht wundern, wenn sie, die ihm soviel Liebe und Sorgfalt hat zuteil werden lassen, sich nur mit Schmerz erinnern kann, daß er ihr Sohn ist ... Er hat es in seiner Gewalt, dies zu ändern, wenn er will. Ich kann nichts tun, noch werde ich jemals nachgeben, ihm gefällig sein und alles geduldig und stillschweigend tragen ...[77]

Der Kaiser war in diesem Jahr oft mit seinem Freund Eulenburg zusammen, und wenn sie getrennt waren, wechselten sie häufig Briefe und Telegramme.

Ihre enge Beziehung gab natürlich Anlaß zu Eifersüchteleien und Verdächtigungen. Allmählich entstand die Legende, der junge Kaiser werde durch die Schmeicheleien Eulenburgs verdorben. Das Gegenteil scheint der Fall gewesen zu sein. Eulenburg stärkte Wilhelms Charakter durch klugen und aufrichtigen Rat. Wenige andere waren in dieser Zeit dazu bereit oder in der Lage. Im September beispielsweise schrieb er dem Kaiser sehr freimütige, mahnende Worte über dessen Erregbarkeit und Reiselust:

Ich flehe Ew. Majestät an ... nicht übermäßig zu arbeiten und unruhig zu sein. Meine Nerven waren ebenso wie diejenigen Ew. M., und wenn ich durch gnädigen Urlaub mich als simpler Privatmamn wieder zurechtmachen kann, vermögen Ew. M. allerhöchst sich niemals einen so intensiven Urlaub zu geben. Daher sind prohibitive Maßregeln allein ja das Richtige – d. h. das Tempo in Ew. M. Leben muß möglichst kurz gehalten werden.[78]

Eine andere Legende, genährt von Waldersee, der sich zurückgesetzt fühlte, entstand mit dem Gerücht, Eulenburg habe versucht, den Kaiser zum Spiritismus zu bekehren. Das war natürlich Unsinn. Wenn es ihm gelungen wäre, so hätten wir gewiß mehr darüber gehört. In der Tat hatte sich Eulenburg von der Manie der 80er Jahre anstecken lassen und die aus Amerika importierte Pseudoreligion des Spiritismus angenommen. Und am Anfang ihrer Bekanntschaft hatte er bei Wilhelm, der leicht zu beeindrucken war, auch tatsächlich Interesse dafür erregt. Aber er war vernünftig genug einzusehen, daß dieses Interesse dem Monarchen schaden könnte, und er warnte ihn daher vor dem Spiritismus.[79] Aus unserem zeitlichen Abstand heraus ist es schwer, die Freundschaft zwischen Wilhelm und Eulenburg vollständig zu durchleuchten, aber Wilhelms Neigung, sich Helden zu suchen, zu denen er aufblicken konnte, macht es wahrscheinlich, daß Eulenburg eher der Verehrte als der Verehrende war. Dennoch empfand der Graf dem Kaiser gegenüber zweifellos echte Zuneigung, und ihm und Deutschland zuliebe war er offensichtlich bereit, durch Ratschläge oder gar durch unverblümte Warnungen das Mißfallen seines jungen Herren zu riskieren.

Diese Unverblümtheit gab ihm eine besondere Position. Sie ist Bismarck nicht entgangen. Bismarcks Frau stand mit dem Grafen in gutem Einvernehmen – sie nannte ihn »unseren nordischen Barden Phili« –, und da er Eulenburg nicht als potentiellen Rivalen für das Kanzleramt betrachtete, beschloß er, sich Eulenburgs zu bedienen. Zunächst sollte er den Kaiser zügeln. Und sodann sollte er als eine Art Sonderbotschafter des Auswärtigen Amtes beim Kaiser fungieren. Als Graf Herbert ihn darum anging, zeigte Eulenburg sich bereit, diese Aufgabe zu übernehmen. Vermutlich hatte er nicht das Gefühl, etwas Unrechtes zu tun, wenn er sich zugleich in Bismarcks Gunst und der des Kaisers sonnte. Wilhelm hatte allerdings bereits deutlich zu erkennen gegeben, daß ihm Bismarcks Interesselosigkeit gegenüber seinen außenpolitischen Ansichten nicht behagte.

Der Kanzler machte sich nicht die Mühe, seinen jungen Herrn taktvoll zu behandeln. Mit freundlicher Verachtung blickte er auf den unerprobten Grünschnabel und verwies ihn an seinen Sohn im Außenministerium. Das hätte der Kaiser hinnehmen können, wenn Graf Herbert der sensible Mann gewesen wäre, für den sein Vater ihn hielt. Aber das war er nicht. Er gab sich energisch und selbstbewußt[80] und trieb Wilhelm zwangsläufig in eine störrische Haltung. Eulenburg riet aus seiner privilegierten Position heraus zur Geduld. Wir haben Gründe dafür anzunehmen, daß er die schlaue Methode, mit der Bismarck sich im Amt hielt, indem er Krisen schuf, die er dann wie ein Zauberer wieder löste, bald durchschaute und als eine Art Diktatur betrachtete, durch welche die Autorität des wahren Machtzentrums, nämlich des Kaisers, untergraben wurde. Im November 1888 hatte er sich mit einer Gruppe von Beamten assoziiert, die alle die Methoden des Kanzlers inakzeptabel fanden, sich ein Deutschland ohne ihn jedoch noch immer nicht vorstellen konnten. Ihr Ziel war, die Macht der beiden Bismarcks einzuschränken, und sie wußten sehr wohl, daß es bei ihren Plänen darauf ankam, strategisch günstige Gelegenheiten geduldig abzuwarten.[81]

Im Oktober kam der Zar nach Deutschland. Nach außen hin war es ein Höflichkeitsbesuch, mit dem er den Antrittsbesuch des Kaisers in Rußland erwiderte. Im Grunde aber kam er, um mit Bismarck zu sprechen, der sein Alter und seine Leiden vergaß und sich auf den Weg nach Berlin machte. In einer privaten Unterredung zeigte der Zar sich sehr huldvoll, bat den Kanzler, sich zu setzen, während er selber stehenblieb, was ein unkönigliches, aber psychologisch sehr wirksames

Verhalten war. Sie sprachen über den Rückversicherungsvertrag, und zwar so geheim, daß der Kaiser kaum etwas über die einzelnen Bedingungen erfuhr. Der Kanzler war wie vom Donner gerührt, als der Zar auf ihre zukünftigen Beziehungen zu sprechen kam und ihn plötzlich ganz freundlich mit der Frage konfrontierte: »Aber sind Sie auch sicher, daß Sie im Amt bleiben werden?« Er hatte das starke Ressentiment des Kaisers bereits gespürt.[82]

Im Verlauf des Winters änderte die Anti-Bismarck-Fronde ihr Ziel. Bismarck sollte nicht länger die Möglichkeit haben, dem Kaiser Autorität zu entziehen. Für den Februar waren Reichstagswahlen vorgesehen. Man durfte annehmen, daß Bismarck seinen gewohnten Wahlkampf führen würde.

Der Führer dieser Fronde war ein vereinsamter und zurückgezogen lebender Mann, Graf Herbert von Bismarcks Vortragender Rat in der Wilhelmstraße, Baron Friedrich von Holstein. Fünfzehn Monate zuvor hatte er eine Handvoll ausgewählter Gäste in Berlins berühmtes Restaurant Borchardt zu einem Essen geladen, das schwerwiegende Folgen für die Geschichte Europas haben sollte. Die Gäste waren Graf Philipp zu Eulenburg, dessen Vetter Graf August, der kaiserliche Oberhofmarschall, sowie zwei einflußreiche Adjutanten des Kaisers.[83] Holstein war Stammkunde im Restaurant Borchardt und als Gourmet bekannt, der die »primeurs« jedes Jahrgangs liebte. Im übrigen war er ein Mann mit beträchtlicher politischer Macht, den Fürst Bismarck – dem er alles verdankte – auf die erste Sprosse der politischen Leiter gestellt hatte. Angesichts dieser Gäste speiste man in einer konspirativen Atmosphäre. Es war auch nicht die letzte gemeinsame Mahlzeit, die hier eingenommen wurde.

Das herkömmliche Bild Holsteins gleicht mehr einer Karikatur als einem Portrait. Seine zahlreichen Spitznamen sind wenig schmeichelhaft, er wurde u. a. »der Reichsjesuit«, »der Maulwurf« oder »die Spinne« genannt, und es kostete die modernen Historiker einige Mühe, ihn zu entdämonisieren und die wahre Gestalt zu erfassen.[84] Er war jedoch mit soviel Schmutz beworfen worden, daß auch danach noch einiges hängen blieb. Folgendes ist in Kürze die Lebensgeschichte dieser umstrittenen Gestalt.

In seiner Jugend war Holstein ein Schürzenjäger. Er erwarb sich diesen Ruf in London, wo er während des Schleswig-Holsteinischen Krieges in der Botschaft diente, und angeblich hegte er seit dieser Zeit aufgrund der britischen Haltung gegenüber den preußischen Aktionen eine Abneigung gegen die Engländer.[85] Er wurde nach Washington versetzt, wo er die Frau des Vorsitzenden im außenpolitischen Senatsausschuß kompromittierte, sich duellierte und zurückgerufen wurde.[86] Bismarck benützte ihn sodann als Spion, um sich seines Botschafters in Paris, des populären Grafen Harry von Arnim zu entledigen, den der Kaiser persönlich protegierte und dem die Kaiserin sehr gewogen war. Graf Arnim hatte viele Freunde, und als Holstein nach Berlin zurückkehrte, mußte er feststellen, daß man ihn gesellschaftlich mied. Er war das Opfer eines Scherbengerichts, stand vor verschlossenen Türen und war gesellschaftlich ein toter Mann.[87] Er mußte sich an Bismarck wenden, um in der Arbeit einen Ersatz für sein früheres, einer Vielzahl verschiedener und interessanter Damen gewidmetes Leben zu finden. Nachdem er auf der Bühne der internationalen Diplomatie die Rolle eines Erotikers gespielt hatte, wurde er, wie es heißt, ein Frauenhasser. Er zog sich gänzlich zurück. In der kleinen und schäbigen Wohnung, die er nahm, ließ er sich von einer alten Frau versorgen. Er speiste und trank allein, wobei er Borchardts Küchenchef zuvor eingehende Instruktionen gab, und durchsetzte allmählich das Bismarcksche System der Außenpolitik mit seinem eigenen geheimen System, dessen Operationen kaum zu beobachten oder zu entdecken waren.[88] Angeblich unternahm er diese Unterminierung der Macht seines Herrn und Meisters, weil dessen Söhne Herbert und Bill ihm nicht genügend Respekt erwiesen und zu oft ihren Scherz mit ihm getrieben hatten.[89]

Bismarcks System funktionierte. Es herrschte strenge Disziplin. Die Beamten hatten Tag und Nacht erreichbar zu sein. Höhere Beamte mußten auf Abruf innerhalb von wenigen Minuten zur Verfügung stehen. Dringende Angelegenheiten bekamen den Vermerk »Cito«, wurden in rote Aktendeckel gesteckt und mußten binnen 24 Stunden erledigt werden. Auf jedem Dokument wurde der Weg, den es nahm, mit Eingang und Ausgang festgelegt. Die Berichte der Botschafter wurden von Graf Herbert mit den Worten »Dem Kaiser nicht vorlegen« oder »Nicht für den Kaiser« oder »Für den Kaiser umarbeiten« versehen, aus denen deutlich genug hervorgeht, welche Grenzen der Macht des Kaisers gesetzt waren.[90] Graf Herbert und sein Vater waren sehr zufrieden mit der reibungslosen Präzision, mit der die Maschine, die sie geschaffen hatten, arbeitete. Was sie nicht wußten, war, daß Holstein bestimmte Dokumente innen mit der Bemerkung versah: »Den Bismarcks nicht vorlegen« oder »Nicht für die Bismarcks« oder »Für die Bismarcks umarbeiten«. Holstein und seine Untergebenen waren es, die das letzte Wort hatten.

Seine Machtgier war mit einem Verfolgungswahn verbunden. Stets blieb er die graue Eminenz im Hintergrund. Ohne Einladung konnte niemand zu ihm in sein separiertes Speisezimmer im Restaurant Borchardt vordringen. Niemand hatte Zutritt zu seinen unansehnlichen Räumen in der Großbeerenstraße, wo sein großer Safe stand, den diejenigen, die unter ihm zu leiden hatten, seinen »Giftschrank« nannten. Er enthielt die dunklen Geschichten mancher vornehmer Familien und »nützlicher« Leute. Jeder, der etwas zu verbergen hatte, und wenn es nur Jugendsünden waren, fürchtete »die Spinne«. Er führte eine sorgfältig aufgeschlüsselte Liste von Drogensüchtigen, Alkoholikern, Ehebrechern, Homosexuellen, Soldatentanten, Spielern, Verschuldeten, Bankrotteuren und sogar Erpressern, d. h. von jedem, der irgendeine Gewohnheit oder Abnormität zu verstecken wünschte.[91] Im Ministerium hielt sich Holstein die Menschen durch zwei livrierte Türsteher vom Leibe, die jedermann rigoros den Zutritt verwehrten, außer er hatte *le droit de la porte.* Dieses Zutrittsrecht gewährte er aufstrebenden jungen Männern, besonders wenn sie gut aussahen und kulinarisch interessiert waren. Aber sobald er den wissenswerten Klatsch, den sie zu bieten hatten, aus ihnen herausbekommen hatte, ließ Holstein diese auserwählten Jünglinge wieder zurücktreten und entzog ihnen das *droit de la porte.* So ängstlich hütete Holstein seine Papiere, daß er sein Büro keinen Augenblick verließ und sich daher eines Nachttopfes bedienen mußte, den er in einem Schrank aufbewahrte.[92] Theoretisch stand er in enger Verbindung mit Graf Herbert, mit dem er täglich zusammenkam, aber in Wirklichkeit besaß keiner von beiden das Vertrauen des anderen. Graf Herbert hatte entweder vergessen, daß sein Vater den Vortragenden Rat als »den Mann mit den Hyänenaugen« beschrieben und ihn »in zweiter und dritter Stelle äußerst nützlich, aber gefährlich an entscheidender Stelle« gefunden hatte, oder es war diesem unermüdlichen Gebirgswanderer mit seiner Trauerkleidung und seiner kleinen Brille gelungen, ihn zu hypnotisieren.

Es könnte sein, daß der verschrobene alte Erpresser in der Wilhelmstraße durch die Bemühungen um seine Entdämonisierung allzu rein gewaschen wurde. Wir können so gut wie sicher sein, daß er, aus welchen Gründen auch immer, ein Einsiedler wurde und daß sich dadurch die vorhandene Neigung zum Verfolgungswahn verstärken mußte. Ebenso sicher ist, daß er Intrigen liebte und daß seine oberste Loyalität seiner eigenen Person galt. Daß sich um seiner Person Legenden rankten, kann nicht bezweifelt werden, und sie können nicht alle der Grundlage entbehren.[93] Und was auch immer die Wahrheit über sein Wesen sein mag, Holstein wartete ungeduldig auf die Wahlen vom Februar 1890.

Einen Monat vorher breitete sich eine aus Rußland kommende Grippeepidemie über ganz Europa aus. Zu ihren vornehmsten Opfern gehörten der Herzog von Aosta, ehemals König Amadeo von Spanien, und des Kaisers Großmutter. Letztere wünschte zu sterben und verschied friedlich. Zweifellos hätte es ihr gefallen, sich aufgebahrt liegen zu sehen. Es war ein Anblick von imperialer Großartigkeit. In goldenes, mit Hermelin besetztes Tuch gehüllt, einen goldenen Myrtenkranz über ihrer Perücke, mit bemalten und lackierten Wimpern und Augenbrauen und unter einem mit Goldpailletten besetzten Schleier lag sie inmitten von Blumen in ihrem Sarg, als ob sie, wie ihre Schwiegertochter bemerkte, in ihrem Bett läge: »Sie sah fabelhaft und wirklich wie ein junger Mensch aus.« Kaiserin Friedrich war von Rom aus herbeigeeilt, zu spät für das Sterbebett, aber noch rechtzeitig für die Aufbahrung und die anschließende Beisetzung. Vielleicht bedauerte sie ihre Eile, denn niemand schenkte ihr die geringste Beachtung. Die Hofbeamten erwiesen ihr wenig Respekt. Dann mußte sie entdecken, daß die Aufsicht über das Rote Kreuz und andere karikative Tätigkeiten, die ihre Schwiegermutter bis zuletzt nicht aus den Händen gegeben hatte und auf deren Übernahme sie sich intensiv vorbereitet hatte, unmittelbar an Dona übergehen sollten. Das war ein weiterer Schlag, und sie protestierte.[94] Wilhelm befand sich mitten in einer Auseinandersetzung mit seinem Kanzler und hatte keine Zeit, sich diesem Problem zu widmen. Immerhin war er so erfolgreich in diesem Kampf, daß Bismarck, der keine Möglichkeit ungenutzt lassen wollte, Kaiserin Friedrich eine langersehnte Genugtuung verschaffte. Er suchte sie auf, mit der Mütze in der Hand, und bat sie um ihre Hilfe bei der Ausräumung des Mißverständnisses zwischen ihm und dem Kaiser. Sie erwiderte, daß sie keinerlei Einfluß auf ihren Sohn besitze. Er, Bismarck selbst, habe ihn völlig zunichte gemacht.[95]

Mit Bismarck stand es in der Tat nicht gut. Sein zweiter, Graf Bill genannter Sohn erklärte, sein Vater sei nicht mehr in der Lage, den Vorschlaghammer zu schwingen. So war es in der Tat. Auch seine Wut wußte er nicht im Zaum zu halten. Graf Herbert tat, was er konnte, um zu verhindern, daß sich die Situation weiter verschlechterte, aber sein Vater benahm sich wie ein verwundeter Bär. Dieser junge Hohenzollernsprößling, der so viele seiner Anschauungen in Frage stellte, reizte ihn über das Maß des Erträglichen hinaus.

Bismarck selbst hatte die Lebensbedingungen der Arbeiterschaft durch seine Sozialgesetzgebung verbessert, war darin jedoch nicht sehr weit gegangen. Wilhelm braute nun ein sehr gezieltes Programm zusammen, in dem von einer Regelung der Arbeitszeit, von Löhnen und Fabrikinspektionen die Rede war. Der Kanzler sprach abwertend von Humanitätsduselei und verweigerte zum ersten Mal seit der Gründung des Zweiten Kaiserreiches die Gegenzeichnung. Er versuchte es auch mit seinem alten Trick, eine Krise heraufzubeschwören, um dann zur Stärkung seiner Macht als der heroische Retter aufzutreten. Mit seinem Sozialistengesetz, dessen Verlängerung jetzt zur Debatte stand, trieb der Kanzler die Arbeiter dazu, bei den Reichstagswahlen von 1890 die Sozialdemokratische Partei zu wählen. Sie bekam auch tatsächlich mehr Stimmen als jede andere Partei. Aufgrund des Wahlsystems erhielt sie zwar nur 35 Sitze, während die katholische Zentrumspartei, die weniger Stimmen hatte, 108 Sitze bekam, aber es war ein moralischer Sieg. Genau wie er es geplant hatte, blickte nun fast jeder auf Bismarck und erwartete von ihm die Rettung vor dem drohenden Radikalismus. Er verstärkte seinen Druck noch durch die Verlautbarung, mit dem neugewählten Reichstag sei nichts anzufangen. Das Zweite Kaiserreich müsse aufgelöst und ein neues geschaffen werden, in dem die Lehren von Marx und Lassalle verboten sein müßten. Seiner meisterhaften Menschenbehandlung gelang es sogar, den Kaiser vorübergehend mit diesen Ideen anzustecken. Er sagte, mittels Provokateuren könne er innerhalb eines Tages einen »Aufstand« inszenieren: »Da können Sie die Leute niederkartätschen!«[96] Aber damit hatte er sich übernommen. Wilhelm war sein ganzes Leben lang ein Mann der Drohungen und des Gebrülls, aber nie ein Mann der Gewalt.[97] Außerdem sah er sich in seinen romantischen Vorstellungen als *roi des gueux,* als König der Armen. Er ließ Bismarck wissen, daß es mit Repressionen nicht getan sei. Der Kanzler reagierte rasch. Um am Ruder zu bleiben, war er jetzt zu einem Kompromiß mit der Zentrumspartei bereit und ließ deren Führer, Ludwig Windthorst, zu sich bitten. Windthorst verhielt sich sehr vorsichtig und sagte später, er sei an ein politisches Sterbebett getreten. Wilhelm erklärte, Bismarck habe nicht das Recht, ohne seine Zustimmung mit Parteiführern zu konferieren, und erinnerte ihn mit höflichen Worten daran, daß er kein Premierminister sei, sondern der Reichskanzler, und daß er als solcher nicht dem Parlament, sondern nur dem Kaiser verantwortlich sei. Daraufhin holte Bismarck eine Kabinettsorder von Friedrich Wilhelm IV. aus dem Jahre 1852 hervor, wonach der Verkehr zwischen dem König und den Ministern über den Ministerpräsidenten zu laufen habe. Wilhelm erwiderte in aller Ruhe, daß diese Order veraltet und auch gar nicht durchführbar sei, wenn der Ministerpräsident den größten Teil des Jahres auf dem Land verbringe. Er gab den Auftrag, neue Bestimmungen auszuarbeiten, worauf sich Bismarck zunächst ausweichend auf die Außenpolitik verlegte. Er erwähnte Rußland und die Existenz eines Bündnisses. Um den Kaiser zu reizen – für einen anderen Grund fehlt jeder Anhaltspunkt –, las er ihm aus einem Botschaftsbericht vor, in dem Zar Alexander III. ihn als »un garçon malélevé et de mauvaise foi« (einen schlecht erzogenen und böswilligen Jungen) genannt hatte. Bleich vor Ärger drehte sich der Kaiser auf dem Absatz um und verließ den Raum. Seiner Anweisung, daß die Kabinettsorder von 1852 durch eine neue zu ersetzen sei, kam der Kanzler nicht nach, sondern er bot seinen Rücktritt an. Zu seinem wütenden Erstaunen wurde der Rücktritt angenommen. Und was schlimmer war, sein langes und für den Kaiser wenig schmeichelhaftes Rücktrittsgesuch durfte nicht veröffentlicht werden, während die Antwort, die der Kaiser drucken ließ, zu verstehen gab, daß er Bismarcks Rücktritt aus Gründen des Alters und der Gesundheit angenommen habe. Bismarck wurde mit seinen eigenen Waffen geschlagen. Die Fronde hatte gesiegt.

Der Kanzler hatte sein eigenes Aperçu vergessen, daß der Kaiser ein Ballon sei, und hatte den Strick losgelassen. Seine letzten Tage in der Reichskanzlei waren nicht angenehm. Die Tatsache, daß sein Nachfolger bereits seine Räume bezog und die Amtsgeschäfte übernahm, zeigte, daß er schon eine ganze Weile zuvor designiert worden war.* Bismarck selbst sortierte eilig die Dokumente aus, die er bei der geplanten Niederschrift seiner Memoiren benötigte. Sie füllten über 300 Kisten. Die Fürstin machte sich an den Abtransport der zahllosen Geschenke, die ihr Gemahl in den vergangenen 28 Jahren erhalten hatte, ihrer keineswegs kostbaren Möbel sowie 13 000 Flaschen Champagners und ungeheurer Mengen von Zigarrenschachteln. Die beiden begaben sich zu Kaiserin Friedrich und schlossen ostentativ Frieden mit ihr. Im Mausoleum von Kaiser Wilhelm I., seinem »alten Herrn«, legte Bismarck Rosen nieder. Danach empfingen er und seine Frau zu Hause das Abendmahl, aber als der Pastor zu einer Predigt über »Liebe deine Feinde« ansetzte, wurde er von Fürstin Johanna energisch aus dem Zimmer geschoben. Seinen ehemaligen Ministern, die sich mit einer Ausnahme entschieden hatte, im Amt zu bleiben, gab Bismarck ein Diner. Es wurde eine trübe Mahlzeit. Die Gegeneinladung lehnte er ab und zu keinem seiner langjährigen Untergebenen und Kollegen sprach er ein Wort. Der Kaiser verlieh ihm den Rang eines Generaloberst der Preußischen Armee sowie den Titel eines Herzogs von Lauenburg (den er, wie er sagte, zu benützen gedachte, wenn er einmal inkognito zu reisen wünschte). Ein Geldgeschenk lehnte er ab, er verglich es mit dem Betrag, den man dem Postboten zu Weihnachten in die Hand

* Holstein und die Seinen kannten den Namen von Bismarcks Nachfolger schon vor dessen Ernennung.[98]

drückt. Als er Berlin verließ, säumten große Menschenmengen die Straße. Am Bahnhof wurde er mit einer Ehrengarde formell verabschiedet. Die Kapelle spielte einen langsamen Marsch. »Begräbnis erster Klasse«, bemerkte er, als der Zug sich in Bewegung setzte.[99] Der Feldmarschall von Moltke kommentierte die Nachricht von der Entlassung mit den Worten: »Wenig schöne Geschichte.«[100]

In Anbetracht seines Temperaments hatte der Kaiser in der langen Krise ein bemerkenswertes Maß von Ruhe an den Tag gelegt. Selbst wenn es vor allem persönliche Motive waren, aus denen er sich Bismarcks entledigte, so stimmten diese doch zumindest überein mit einer historischen Notwendigkeit. Im ganzen Reich gab es viele nachdenkliche Menschen, die auf ein Ende der Ära Bismarck mehr oder weniger sehnsüchtig warteten. Als dieses Ende dann aber kam, wurde es ungläubig bestaunt. Die älteren Reaktionäre murrten ein wenig, während die Sozialisten triumphierten. Graf Waldersee, der sich nach Bismarcks Posten verzehrte, sagte, der alte Kanzler sei zu ausdauernder Arbeit nicht mehr in der Lage gewesen, habe sich jedoch hartnäckig geweigert, die Arbeit anderen zu überlassen, weil er fürchtete, daß man ihnen dann zuviel Verdienste zubilligen könnte. Schon 1889 hatte Holstein zu Herbert Bismarck gesagt: »Wenn Ihr Vater Schweninger nicht gekannt hätte, wäre er tot, aber er wäre untergegangen wie eine große glänzende Säule. Jetzt lebt er noch, aber er wird alt wie andere Menschen auch.«[101]

Der Kaiser rechtfertigte seinen Schritt gegenüber Queen Victoria und Kaiser Franz Joseph, sonst aber vorläufig gegenüber niemandem.[102] Was sein Volk betraf, so wahrte er die Formen – je nach dem Standpunkt könnte man auch sagen, die Fassade – und erklärte, er beklage den Verlust von Deutschlands größtem Staatsmann. Doch Fürst Bismarck sei in seinem 75. Lebensjahr völlig außerstande, das volle Gewicht der Verantwortung weiter zu tragen. Die Bismarcks wollten sich jedoch nicht unter den Schutz seiner Höflichkeit stellen. In Memoranden Graf Herberts, der kein Blatt vor den Mund zu nehmen pflegte, und in unsignierten, aber unverkennbar von Bismarck stammenden Briefen und Zeitungsartikeln wurden gegen den Kaiser von der Verschlagenheit bis zur ungerechten Undankbarkeit alle nur möglichen Vorwürfe erhoben. Wilhelm verzichtete klugerweise auf gleichartige Erwiderungen. Er wußte, daß er in einem Wettstreit der Beschimpfungen mit zwei Politikern, die so sehr mit allen Wasser gewaschen waren wie die Bismarcks, unterliegen würde. Er zog es vor, mit der Höflichkeit zu operieren, die von ihm erwartet wurde. Sein Hauptziel war, die Öffentlichkeit zu beschwichtigen und sie der politischen

Kontinuität zu versichern. Er sandte ein unchiffriertes Telegramm an Hinzpeter, was eine seiner Möglichkeiten war, königliche Verlautbarungen auf Umwegen in die Zeitungen zu bringen, und bediente sich dabei einer seiner Lieblingsmetaphern:

DAS AMT DES WACHHABENDEN OFFIZIERS AUF DEM STAATSSCHIFF IST MIR ZUGEFALLEN! DER KURS BLEIBT DER ALTE! VOLLDAMPF VORAUS![103]

NEUNTES KAPITEL

Volldampf voraus!

»... herrlichen Tagen führe ich euch entgegen.«
Ansprache des Kaisers
beim Festmahl des
Brandenburgischen Provinziallandtages am 24. 2. 1892

1

Daß die Wahl des Kaisers bei der Suche nach dem Nachfolger auf General Graf Georg Leo von Caprivi fiel, war für viele eine Überraschung. Für die Waldersees war es ein Schlag, von dem sie sich nie wieder erholten. Kaiserin Friedrich, die meinte, Wilhelm sei auf dem Wege, eine Art Zar zu werden, der durch Ukasse regieren wolle, sagte, sie wisse nicht, ob sie lachen solle oder weinen. In einem Brief an ihre Mutter schrieb sie, das einzig passende Kabinett für Wilhelm würde aus dem phantastischen Dichter Jules Verne, dem reaktionären Antisemiten Richard Wagner sowie aus Lord Randolph Churchill und Lord Charles Beresford bestehen, die beide bekannt waren für ihren Wankelmut.[1] Auch Caprivi selbst mag von der Ernennung überrascht gewesen sein, denn als Chef der Admiralität war er zurückgetreten, als Wilhelm sich in seine Angelegenheiten gemischt hatte. Seitdem war er Divisionskommandeur bei Hannover gewesen und hatte geglaubt, sich in tiefster kaiserlicher Ungnade zu befinden.[2] Wilhelm hatte dennoch eine gute Meinung von ihm, und es war ihm besonders willkommen, daß auch Bismarck Caprivi schätzte. Er vertraute auf seine Intuition, sein Gespür für den richtigen Mann. Bereits sechs Wochen vor Bismarcks Sturz hatte er Caprivi mitgeteilt, welches Schicksal ihn erwarte.

Es war keine besonders populäre Ernennung. Als preußischer Soldat wurde Caprivi von den Sozialdemokraten mit Mißtrauen betrachtet, während er bei den Junkern, zu denen er gehörte, als Liberaler verdächtig war. Bei seinen wenigen Freunden hieß er wegen seines runden Schädels, seiner breiten Stirn und seines langen Schnurrbartes »der Seehund«. Er hatte auch etwas von der freundlichen Schwerfälligkeit dieses Tieres. Mit Ausnahme des Rückversicherungsvertrages mit Rußland, den er nicht erneuerte,* setzte er die bisherige Politik sanft, aber entschieden fort. Er war vielleicht ein wenig phantasielos und kein politischer Feuerkopf, aber er war ein harter Arbeiter. Solange Caprivi mit seinen Vorstellungen nicht denen des Kaisers, vor allem seinen ehrgeizigen Flottenplänen, in die Quere kam, war dieser mit seinem neuen Kanzler sehr zufrieden. Es gab noch weitere Posten zu besetzen. Der Kaiser hatte naiverweise gehofft, Bismarcks Sohn werde fortfahren, das Außenministerium zu leiten, aber Graf Herbert war stets bereit, seine Interessen denen seines Vaters zu opfern.** Er faßte seine Weigerung in recht hysterische Worte:

> Ich bin mit allen Fäden meiner Existenz so an meinem Vater festgewachsen, daß ich meine einzige Genugtuung darin finde, für ihn zu leben und zu wirken, mit dem ganzen Rest meiner Kräfte, über die ich verfüge. Ein Dasein ohne ihn kann ich mir gar nicht vorstellen, es müßte ein Zustand sein, wie unsere alten nordischen Sagen ihn ausmalen, daß er eintreten werde, wenn der Wolf Fenris einst die Sonne verschlungen haben sollte: kalte Nacht, Verwirrung und Verzagtheit überall![3]

Der entscheidende Mann, Baron von Holstein, blieb jedoch auf seinem Posten, und Baron Adolf Marschall von Bieberstein, der badische Gesandte in Berlin, war durchaus in der Lage, Graf Herbert zu ersetzen.*** Eulenburgs Einfluß verminderte sich nicht. In all den 16 Jahren, die nun folgten und in denen Holstein als Vortragender Rat in

* Dies geschah nicht auf Wunsch des Kaisers, der seines Großvaters Mahnung, am Bündnis mit Rußland festzuhalten, nie vergessen hatte; aber Caprivis Haltung gegenüber Rußland war vom Mißtrauen des konservativen Soldaten erfüllt, und der neue Außenminister war völlig ratlos, als er unter seinen Akten einen Vertrag fand, der so geheim war, daß selbst der Kaiser wenig davon wußte. Wilhelm gab seinen unglückseligen Beratern in der Wilhelmstraße, die es besser hätten wissen sollen, nach, aber er tat es ungern, und bei einer persönlichen Begegnung mit dem Zaren im gleichen Jahr schluckte er die grobe Beleidigung herunter, die Bismarck ihm serviert hatte, und tat sein Bestes, wieder zu guten Beziehungen zu kommen. Die Reaktion des Zaren war herzlich. In *Ereignisse und Gestalten 1878 bis 1918* berichtet er, der Zar habe erklärt: »Für die Beziehungen zwischen uns beiden, mein lieber Wilhelm, wird der Sturz des Fürsten die besten Folgen haben. Das Mißtrauen wird schwinden.«[4] Er setzte sich für die Erneuerung des Rückversicherungsvertrages in modifizierter und loserer Form ein. Aber Caprivi wollte nichts davon wissen. Bereits 17 Monate nach diesem Zusammentreffen zwischen Kaiser und Zar hatten sich Rußland und Frankreich formell geeinigt, im Fall einer Bedrohung des Friedens gemeinsam zu handeln.[5]

** Trotz heftiger Verliebtheit mußte Graf Herbert einmal auf eine Heirat verzichten, weil die Dame mit einem Feind seines Vaters verwandt war.[6]

* * * Für Bismarck war der Marschall, wie er in einem unsignierten Beitrag für eine Hamburger Zeitung schrieb, »der unfähige Kleber aus dem Breisgau.«[7]

der Wilhelmstraße fungierte, traf er mit dem Kaiser nur ein einziges Mal persönlich zusammen. Er wußte, wie sehr seine Macht davon abhing, daß er nicht zu fassen war.

Das Deutsche Kaiserreich fuhr weiterhin Volldampf voraus. Die Künste blühten, die Industrie expandierte, überall herrschte Ordnung. Im Gegensatz zu seinem Vorgänger ließ der neue Kanzler den gediegenen Zeitungen aller politischen Richtungen umfassende Informationen zukommen. Es war ein Schritt zur Verbreitung der Wahrheit und zur Erziehung der Massen, aber die Presseleute fanden, unter Bismarck, der sie mit dem Geld zu bestechen pflegte, das er dem hannoverschen Königshaus gestohlen hatte, sei es schöner gewesen. Ein weiterer Schritt in die richtige Richtung war ein kaiserlicher Erlaß, in dem Wilhelm erklärte:

> Ich muß es mißbilligen, wenn der Eintritt in das Offizierskorps abhängig gemacht wird von einer übermäßig hohen Privatzulage, welche die Söhne wenig begüterter, aber nach Gesinnung und Lebensauffassung dem Offizierskorps nahestehender Familien der Armee fernhalten muß . . .[8]

Noch war die Armee nicht bereit, das Bürgertum ins Offizierskorps aufzunehmen, aber die Zeit dafür lag nicht mehr in weiter Ferne. Wilhelm war klug genug, dies zu erkennen. Kurze Zeit darauf bewies er ein ebenso großes Maß an Vernunft. In völlig illegaler und impulsiver Weise hatte Fürst Bismarck, bloß um Ärger zu stiften, ausländischen Journalisten bestimmte Informationen über innere Angelegenheit des Deutschen Reiches gegeben. Die Folge war große Aufregung in aller Welt, bis Wilhelm geschickt für Ruhe sorgte, indem er der Presse gegenüber verlauten ließ:

> Seine Majestät unterscheiden zwischen dem Fürsten Bismarck früher und jetzt und wollen . . . alles vermieden sehen, was dazu beitragen könnte, der deutschen Nation das Bild ihres größten Staatsmannes zu trüben.[9]

In Varzin oder Friedrichsruh, wo Bismarck die Münzen sorgfältig mit dem Reichsadler nach oben legte, um »dieses falsche Gesicht« nicht sehen zu müssen, wird sich der Kaiser durch diese Worte kaum beliebter gemacht haben.

Graf Philipp zu Eulenburg war nicht gerade begeistert, als er unmittelbar nach Bismarcks Sturz an den Württembergischen Hof versetzt wurde. Es handelte sich um eine Art von Beförderung, aber Stuttgart war ein Industrie- und Handelszentrum, das wenig Anspruch auf Schönheit erheben konnte. Es war ein überaus merkwürdiger Hof. Des alten König Karls Liebe galt noch immer seinem Kulissenschieber.

Die Königin nahm so wenig Anteil an allem, daß sie noch nicht einmal von Bismarcks Sturz gehört hatte und sich nur noch daran erinnern konnte, daß sie die Tochter von Zar Nikolaus I. war. Die Schwester des Königs war eine wuchtige Dame mit einem herzhaften Appetit und einer Leidenschaft für purpurnen Samt, so daß sie von der Ferne immer wie eine große Pflaume aussah. Sie war die Mutter des Thronfolgers Prinz Wilhelm, der infolge der unglaublichen Verwandtschaftsverhältnisse im württembergischen Königshause nicht nur der Enkel eines seiner Onkel war, sondern auch sein eigener Neffe.[10] Sodann gab es noch die Herzogin Eugenie, die den Hof durch eine besonders heftige Form des Veitstanzes in Atem hielt. Ein Dragonerfeldwebel mußte ihr durch die Korridore des Palais nachlaufen und von Zeit zu Zeit sie selbst oder das Mobiliar davor bewahren, zu Schaden zu kommen.[11] Von allen möglichen Posten hätte Eulenburg den Stuttgarter zuletzt gewählt, aber es wartete hier eine besondere Aufgabe auf ihn, denn Kaiserin Friedrich hatte schließlich in dem schüchternen und nicht sehr begabten jungen Soldaten, Prinz Adolf von Schaumburg-Lippe, einem nahen Verwandten des württembergischen Thronfolgers Prinz Wilhelm, einen Mann für Prinzessin Moretta gefunden. Die Hochzeit war auf November angesetzt. Ironischerweise fand Eulenburg an seiner Arbeit in Stuttgart allmählich Gefallen und schloß mit Prinz Wilhelm so innige Freundschaft, daß er noch viele Jahre später immer wieder zu Besuch kam. Er hatte sich jedoch noch kaum eingewöhnt und dafür gesorgt, daß die Schwester des Kaisers in Ehren unter die Haube kam, als er von Holstein die Mitteilung erhielt, daß er auf Wilhelms besonderen Wunsch als preußischer Botschafter nach München gehen sollte. Obwohl dies eine Rückkehr in seine vertrauten Gefilde bedeutete, hatten ihn die Attraktionen des Stuttgarter Hofes bereits soweit gefesselt, daß er recht ungern Abschied nahm.

Die Hochzeit zwischen Prinzessin Moretta und Prinz Adolf von Schaumburg-Lippe fand am 19. November in der Kapelle des Alten Palais in Berlin statt. Der allgemeine Eindruck war, daß Moretta durch die Verbindung mit einem so nachlässig gekleideten Niemand ihr Schicksal besiegelte, aber sie war entschlossen zu heiraten, und diesmal verstellte ihr niemand den Weg.

Die Familienversammlung bot Gelegenheit zum Ausbruch eines heftigen Streits. Prinzessin Sophie hatte unter der Obhut jener Hebamme, die Kaiserin Friedrich als Haushälterin eingeschmuggelt hatte, im Juli ihr erstes Kind geboren, und als sie nun nach Berlin kam, kündigte sie an, daß sie zum griechisch-orthodoxen Glauben übertreten werde. Sie stieß damit auf eisige Ablehnung.[12] Dona, die gerade ihr sechstes Kind erwartete, ließ in diesem Fall ihre gewohnte Nachgiebigkeit vermissen.

Kaum waren Moretta und Adolf zu ihren Flitterwochen nach Kairo abgereist, als sie eine Szene machte. Sie ließ Sophie kommen und fragte sie, ob das wahr sei, was sie da gehört habe. Sophie bejahte die Frage und gab zu bedenken, daß es, abgesehen von allen anderen Überlegungen, für eine zukünftige Königin von Griechenland doch nur vernünftig sei, die Religion ihres Landes anzunehmen. Dona wies sie streng zurecht und sagte ihr, sie befände sich damit auf dem Weg in die Hölle.[13] Auch Wilhelm, das Oberhaupt der Evangelischen Kirche von Preußen, verweigerte seine Zustimmung. Sophie erwiderte scharf und nicht gerade höflich und warf die Tür hinter sich zu. Angeblich machte sich der Kaiser die Mühe, seiner Schwester bis hinunter nach Homburg zu folgen, wo sie eine Weile bei ihrer Mutter bleiben wollte, und gestiefelt und gespornt soll er im Wohnzimmer von Kaiserin Friedrich gestanden und erklärt haben, er werde seiner Schwester, falls sie abtrünnig werden würde, den Weg nach Deutschland versperren.[14] In einem Telegramm an den König von Griechenland wiederholte er diese Drohung. Aber weder er noch Dona konnten Sophie von ihrem Vorhaben abbringen. Mitten in diesem Streit kam Donas Sohn Joachim als Frühgeburt zur Welt. Er war viel kleiner und schwächer als seine Brüder, und Wilhelm zögerte nicht, seine Schwester für Donas Aufregungen verantwortlich zu machen. Sophie machte sich nichts daraus. Im folgenden Frühjahr wurde sie in die griechisch-orthodoxe Kirche aufgenommen. Auf das Drängen ihrer Mutter hin setzte sie Wilhelm ihre Gründe für diesen Schritt in einem langen Brief auseinander. Er blieb jedoch hart und ihre Antwort – in einem offenen Telegramm an ihre Mutter – lautete:

> ANTWORT ERHALTEN. BLEIBT BEI DEM, WAS ER IN BERLIN SAGTE. SOLL DREI JAHRE LANG GELTEN. VERRÜCKT. ABER MACHT NICHTS. SOPHIE.[15]

2

Bei einem sorgfältigen Studium des Auf und Ab im Leben des Kaisers ist zu erkennen, daß er von Zeit zu Zeit durch kritische Phasen ging, in denen Ruhe und Besonnenheit von mehr oder weniger langen Perioden der Reizbarkeit und der Labilität abgelöst wurden. Eine Hofdame berichtete, bei Wilhelm habe ein ständiges Bedürfnis nach Stimulanzien bestanden, und er habe oft bis zu fünf Eierliköre pro Tag getrunken.[16] Vom Standpunkt der modernen Medizin können wir jedoch sagen, daß er in Wirklichkeit besonders nach politischen oder familiären Krisen keine stimulierenden, sondern beruhigende Mittel brauchte.

Man ist übereinstimmend der Meinung, daß die Trennung von den Bismarcks trotz der bemerkenswerten Gelassenheit, die er dabei an den Tag legte, für Wilhelm eine starke Nervenbelastung darstellte. Er litt unter Angriffen in der Presse und schrieb in seinen Erinnerungen:

> Alles, was geschah, wurde von der sich dem Fürsten bereitwilligst zur Verfügung stellenden und sich oft noch bismärckischer als Bismarck selbst gebärdenden Presse schlecht gemacht, lächerlich gefunden und unterschiedslos in Grund und Boden kritisiert.[17]

Er war sehr verstimmt, als man in der Presse aus unbekannten Gründen seine und Caprivis ausgezeichnete Idee angriff, die damals in britischer Hand befindliche wichtige Insel Helgoland für die Inseln Sansibar und Witu in Ostafrika einzutauschen, deren Bedeutung für Deutschland weit geringer war. Wenn es Bismarck gewesen wäre, der diesen Handel mit Lord Salisbury abgeschlossen hätte, so wäre er in der Presse gewiß als die Tat eines großen Staatsmannes gefeiert worden. Was der Kaiser und sein neuer Kanzler statt dessen zu hören bekamen, war eine Flut von Schmähungen.

Wilhelm zeigte eine gewisse Würde, als ein Denkmal seines Vaters in Windsor enthüllt wurde, ohne daß irgend jemand sich die Mühe gemacht hätte, ihn davon offiziell in Kenntnis zu setzen. Er begnügte sich damit, durch einen Adjutanten einen Kranz niederlegen zu lassen.[18] Um so mehr ärgerte ihn der Protest seiner Mutter, die sich darüber beschwerte, daß er sich weigerte, die Stadt Berlin ein Denkmal seines Vaters errichten zu lassen. Er wies darauf hin, daß Berlin seinem Vater bereits im Kaiser Friedrich Hospital eines gesetzt habe und daß der Staat, nachdem er Reinhold Begas mit einem Reiterstandbild von Kaiser Wilhelm I.* beauftragt hatte, das gleiche für seinen Vater tun solle. Kaiserin Friedrich hielt jedoch ihren Protest aufrecht und schrieb ihrer Mutter, Wilhelm wünsche offensichtlich nicht, daß der Nachwelt ein sichtbarer Beweis der Popularität seines Vaters überliefert werde.[19]

Ihre permanenten Klagen erbitterten Wilhelm, und als das Außenministerium Anfang 1891 den Vorschlag machte, jemand aus der unmittelbaren Umgebung des Kaisers solle die Gefühle erkunden, mit

* Diese Scheußlichkeit ersten Ranges zeigt eine Gestalt zu Pferde, von der Siegesgöttin geleitet und einer Schar von Engeln, Pferden und Löwen umgeben, und wurde von den Berlinern prompt »Wilhelm in der Löwengrube« getauft.[20]

denen man in Frankreich auf Deutschland reagiere, fand er, daß dies etwas für seine Mutter wäre. Sie war stets gern nach Frankreich gereist, hatte sich dort auch nach dem deutsch-französischen Krieg mehrere Male inkognito aufgehalten, und in der kaiserlichen Familie konnte man am ehesten von ihr erwarten, daß sie in der Lage wäre, eine Annäherung der beiden Länder einzuleiten. Hocherfreut begab sie sich mit ihrer Tochter, Prinzessin Margarethe, zu einem halboffiziellen Besuch der Republik. Es wurde ein katastrophaler Mißerfolg. *La mystique d'Alsace* – das Verlangen des französischen Volkes nach Rache für Sedan und die erlittenen Demütigungen – ließ die französischen Zeitungen plötzlich machtvoll über die »Beleidigungen der Franzosen« ins Horn stoßen. Die deutsche Presse schlug im gleichen Ton zurück, und obwohl sie selbst an diesem Fehlschlag völlig unschuldig war, reiste Kaiserin Friedrich rasch nach London weiter, um zu vermeiden, daß man sie persönlich beleidigte.[21] Wilhelm war wütend. Es war der letzte politische Auftrag, den er seiner Mutter gab. So aufgeregt war er, daß er beinahe einigen gerissenen ausländischen Unternehmern, die eine verrückte Geschichte verbreiteten und an einem Krieg nicht schlecht verdient hätten, auf den Leim gegangen wäre und um ein Haar seinen Botschafter in Paris durch einen General ersetzt hätte. Auf einem Bankett des Brandenburgischen Provinziallandtages ließ er dann seine aufgestaute Wut auf diejenigen los, die sie verdient hatten, nämlich die Zeitungsleute:

> Es schleicht ein Geist des Ungehorsams durch das Land; gehüllt in ein schillernd verführerisches Gewand, versucht er die Gemüter meines Volkes und die mir ergebenen Männer zu verwirren; eines Ozeans von Druckerschwärze und Papier bedient er sich . . .[22]

Wenige Tage später erhielt er einen Brief von dem Mann, der es wagen durfte, ihm kritisch entgegenzutreten: »In der Begabung Eurer Majestät für Reden liegt eine Gefahr: daß Ew. Majestät zuviel von dieser Begabung Gebrauch machen.«[23] Eulenburg war gerade dabei, Stuttgart zu verlassen, zum Bedauern von König Karl und seinem Hof, und nach München zu gehen, um dem dortigen Prinzregenten von Bayern sein Beglaubigungsschreiben zu überreichen. Es stand ihm eine schwierige Aufgabe bevor, denn ein großer Teil der bayerischen Bevölkerung hätte eine Trennung ihres Landes vom Deutschen Reich begrüßt. Außerdem hatte er den Auftrag, den päpstlichen Nuntius im Auge zu behalten. Dennoch fand er die Zeit, Pressekommentare über die Brandenburger Rede zu sammeln und dem Kaiser durch den Außenminister zukommen zu lassen.

Aber selbst durch den Rat seines Freundes war Wilhelm zur Zeit nicht zu besänftigen. Nur drei Wochen später verkündete er in einer Rede:

> Der Soldat und die Armee, nicht Parlamentsmehrheiten und -Beschlüsse haben das Deutsche Reich zusammengeschmiedet. Mein Vertrauen beruht auf der Armee . . .[24]

Es bedeutete eine weitere Nervenbelastung, als Bismarck in einer Nachwahl in den Reichstag gewählt wurde, und zwar ausgerechnet als Kandidat der Nationalliberalen. Das alte Ungeheuer nahm diesen Sitz zwar de facto nie in Anspruch, aber das konnte der Kaiser damals nicht wissen. Im Juni kam Eulenburg zu Besuch nach Potsdam und beklagte die Tatsache, daß Wilhelm sich von Leuten informieren ließ, denen Klatsch und Verleumdung alles andere als fremd waren. Wichtige oder nützliche Dinge dagegen wurden ihm vorenthalten.[25] Der Kaiser und sein Kanzler kamen offensichtlich nicht gut miteinander aus. Wilhelm hatte Pläne zum Bau einer großen Flotte und hoffte, daß Caprivi als ehemaliger Chef der Admiralität ihn dabei unterstützen würde. Der Kanzler aber erklärte, gute Beziehungen zu England seien wichtiger, und Schlachtschiffe auf Kiel zu legen, sei kein geeignetes Mittel, sich bei einer Nation von Seefahrern beliebt zu machen.

So groß waren die Aufregung des Kaisers und die Niedergeschlagenheit der Kaiserin, daß die ihnen Wohlgesonnenen schlimme Dinge befürchteten, als das Kaiserpaar sich Anfang Juni 1891 auf Staatsbesuch nach England begab. Die Atmosphäre war besonders explosiv, weil erst einen Monat zuvor ein Skandal bekannt geworden war, in dessen Mittelpunkt der Prince of Wales stand. Es war ans Licht der Öffentlichkeit gekommen, daß er in Tranby Croft, einem englischen Landhaus, in anrüchiger Gesellschaft und mit hohen Einsätzen an verbotenen Glücksspielen teilgenommen hatte, worauf Wilhelm sich nicht gescheut hatte, schriftlich zum Ausdruck zu bringen, daß er von einem Oberst der Blücher-Husaren ein anderes Benehmen erwarte.[26] Dennoch wurde die Form gewahrt. In Begleitung zweier seiner Brüder und mit der preußischen Uniform korrekt gekleidet, empfing der Prince of Wales seinen Neffen, den Kaiser, und führte ihn zu Queen Victoria. Auf dem Lack des königlichen Benehmens war kein einziger Kratzer zu sehen. Als der Besuch offiziell zu Ende war, sandte Wilhelm ein höfliches Telegramm mit seiner herzlichen Danksagung und fuhr an Bord der *Hohenzollern* nach Norwegen. Dona blieb privat in England und begab sich mit ihren sechs Söhnen nebst einer Schar von Hauslehrern, Gouvernanten und Kindermädchen zu einem Urlaub an der See nach Felixstowe in Suffolk.

Wilhelm wollte zur Segelregatta zurückkommen, um seine neue

Jacht *Meteor* in ihrer Klasse teilnehmen zu lassen. General Caprivi, der für die Gefühle des Prince of Wales ein besseres Gespür hatte als der Kaiser, schlug eine Verschiebung auf das nächste Jahr vor. Er muß recht verblüfft gewesen sein, als Wilhelm, ohne mit der Wimper zu zucken, erwiderte, die Hohenzollern seien in England nie populär gewesen; er werde nach Cowes zur Regatta gehen und mehr sei dazu nicht zu sagen. Er fuhr hin, quartierte sich mit beträchtlicher Gefolgschaft in Osborne ein, ging seinem Uncle Bertie auf die Nerven, setzte auch seine Großmutter, die bereits angedeutet hatte, daß derartige »regelmäßige Besuche nicht ganz wünschenswert« seien, einigermaßen in Verlegenheit und amüsierte sich indessen königlich.[27]

Die Seeluft und die Einschränkungen an Bord dürften ihm die nötige Erholung verschafft haben, denn er kehrte frisch und munter nach Berlin zurück. Aber schneller als gedacht brachte ihn Waldersee in Bedrängnis. Der Generalstabschef riskierte entweder bewußt eine Beleidigung des Kaisers oder er verlor die Selbstkontrolle, jedenfalls spielte der Kaiser in seiner ausführlichen Analyse der Manöver des Heeres eine recht klägliche Rolle. Kritik aus dritter Hand, vor allem von seiten der Presse, war Wilhelm verhaßt, und während er privat und respektvoll vorgetragene Kritik, so scharf sie auch sein mochte, sehr gut vertrug, wollte er sich doch nicht vor seinen Generälen lächerlich machen lassen. Prompt entließ er Waldersee aus seinem Amt und entfernte ihn auch, so gut es ging, vom Hofe, indem er ihn für die nächsten sieben Jahre als Kommandant eines Armeekorps nach Altona schickte.[28]

Mit seiner plötzlichen Entscheidung gewann er die Zustimmung weiter Kreise. Nur wenig Leute waren den Waldersees gewogen. Der Nachfolger des Grafen, General Alfred von Schlieffen, war ein schlanker, eleganter Offizier mit Monokel, der hohe Intelligenz mit persönlicher Bescheidenheit verband und in seinem Beruf aufging. Seine Planung für den Fall eines Zweifrontenkrieges hatte für den Ausgang des ersten Weltkrieges wesentliche Bedeutung. Der Kaiser war mit Schlieffen sehr zufrieden, und der neue Generalstabschef war viel zu sehr preußischer Offizier, um je deutlich zu machen, ob er mit dem Kaiser zufrieden war oder nicht.[29]

Wieder einmal wirkte sich die Anstrengung, die es ihn kostete, sich eines hochgestellten Quertreibers zu entledigen, in einer Art Nervenkrise aus. Als im Oktober der König von Württemberg starb und Eulenburgs Freund, Prinz Wilhelm, auf den Thron kam, nahm der Kaiser, obwohl das sonst gar nicht seine Art war, kaum davon Notiz.

Kaum einen Monat später beging er einen Schnitzer allererster

Ordnung. In München, wo Eulenburg sein Bestes tat, die Separatistenbewegung einzudämmen, schrieb er in das Gästebuch der Stadt »Suprema Lex Regis Voluntas« (Der Wille des Königs ist oberstes Gesetz). Das Resultat war allgemeine Empörung, denn, wie Kaiserin Friedrich ihrer Mutter schrieb, »ein Zar, ein unfehlbarer Papst, die Bourbonen und unser armer Karl I. könnten einen solchen Satz von sich gegeben haben.«[30]

In den *Social and diplomatic memories* von Sir Rennell Rodd, dem späteren Sir Rennell of Rodd, finden wir eine recht glaubwürdige Erklärung für diese ansonsten ziemlich unglaubwürdige imperiale Geste. Er weist darauf hin, daß es im Münchner Rathaus zwei Gästebücher gab: das Goldene Buch der Stadt für die hohen Würdenträger und ein zweites für die weniger bedeutenden Honoratioren. Durch einen Zufall wurde dem Kaiser letzteres vorgelegt, und als dann der Irrtum entdeckt wurde, bat ihn der Prinzregent von Bayern, sich auch noch in das Goldene Buch einzutragen. Wilhelm sagte, das sei nicht nötig, aber als der Prinzregent auf seinem Wunsch beharrte, trug er das lateinische Zitat ein und wollte damit sagen, daß er sich dem Prinzregenten beuge, der hier als König fungierte und dessen Wille für ihn oberstes Gesetz sei. Der schwergeprüfte preußische Botschafter in Bayern kann diese Erklärung jedoch nicht plausibel gefunden haben. Eulenburg schrieb seinem Herren:

> Weshalb Ew. Majestät das Wort schrieben, habe ich nicht zu fragen. Aber ich würde ein feiges Unrecht begehen, wenn ich nicht von der schlimmen Wirkung schriebe, die das Wort in Süddeutschland verursachte, wo mich Ew. Majestät zum Aufpassen hingesetzt haben. In erster Linie hat das Wort an höchster Stelle und bei der Regierung deshalb sehr verletzt, weil hier *Regis Voluntas* – Wahnsinn ist! (Wahnsinn zweier Könige). ... Alle Parteien ohne Ausnahme haben sich durch das Wort Ew. Majestät verletzt gefühlt, und es war dazu angetan, in schmählichster Weise gegen Ew. Majestät ausgebeutet zu werden. Wenn Ew. Majestät nicht im September den ausgezeichnet günstigen, ja enthusiastischen Eindruck in Bayern hinterlassen hätten, so ständen wir jetzt – das kann ich Ew. Majestät versichern! – vor einer sehr schweren Kalamität.[31]

Wilhelm ließ sich das sagen, aber er gab keine Erklärung. Ebensowenig versuchte er, durch erläuternde Worte die Wirkung der Rede auszulöschen, die er im gleichen Monat vor Rekruten gehalten hatte. Eine leidenschaftliche Stelle dieser Rede wurde in der antimonarchistischen Presse zweifellos vergröbert. Hier eine der drei vorhandenen Versionen:

Ihr habt mir Treue geschworen ... es gibt für Euch nur einen Feind, und der ist mein Feind. Bei den jetzigen sozialistischen Umtrieben kann es vorkommen, daß ich Euch befehle, Eure eigenen Verwandten, Brüder, ja Eltern niederzuschießen – was ja Gott verhüten möge – aber auch dann müßt Ihr meine Befehle ohne Murren befolgen ...[32]

Wilhelm war sich der Tatsache bewußt, daß er wie Queen Victoria »über der Politik« stand, aber er hatte beträchtliche Befugnisse und er vertrat mit Nachdruck die Ansicht, daß Deutschland nie eine Demokratie im englischen Sinne sein sollte. Und davon wich er nicht ab, d. h. er ließ sich leiten von den Ideen, die Hinzpeter ihm beigebracht und von dem Beispiel, das sein Großvater ihm gegeben hatte. Politisch war Deutschland das Land, in dem reaktionärer und revolutionärer Extremismus aufeinanderprallten. Der Kaiser wurde im Reichstag von den Sozialdemokraten angegriffen, aber es wurde nie ein Versuch unternommen, seine Befugnisse mit konstitutionellen Mitteln zu beschneiden, und nur zweimal wurde er persönlich bedroht. Das erste Mal, im November 1900, warf eine schwachsinnige alte Frau ein Beil nach ihm, das ihn jedoch nicht traf,[33] und das zweite Mal, im März 1903, verletzte ihn ein junger Mann durch einen Wurf mit einem Eisenstück unter dem rechten Auge.[34]

Seine jährliche Rede als Markgraf vor dem Brandenburgischen Landtag gab seinen Ministern stets Anlaß zur Besorgnis. Die Rede von 1891 hatte ihm den scharfen Protest Eulenburgs eingetragen. Im folgenden Jahr ließ er sich leidenschaftlich über seine göttliche Mission aus, nahm den Allmächtigen als preußischen Verbündeten in Anspruch und tat den Ausspruch: ... herrlichen Tagen führe ich Euch entgegen.[35]

Seine Zuhörer waren hingerissen, seine Worte sprachen unmittelbar zum preußischen Herzen. Aber seine Mutter war der Verzweiflung nahe und erklärte, sie fühle sich wie eine alte Ente, die ein Küken, das sie ausgebrütet habe, davonschwimmen sehe, und sein Freund Eulenburg rief ihm ins Bewußtsein, daß er seine Existenz als Markgraf von Brandenburg nicht von der des deutschen Kaisers abtrennen könne. Die Bayern fänden an dieser Betonung Preußens gar keinen Gefallen, und die Rede habe sehr böses Blut gemacht.[36] Wilhelm entschuldigte sich sofort telegraphisch bei seinem Freund. Er gab zu, daß es ihm nicht gut ginge und daß sein Zustand auf Überanspannung und Überarbeitung zurückzuführen sei. Unglücklicherweise sandte er das Telegramm *en clair,* also unchiffriert.[37] Im gleichen Jahr sandte er ein weiteres unchiffriertes Telegramm nach München:

LASSEN SIE SICH DURCH DAS GESCHREI DER DÄMLICHEN BAYERISCHEN TREUE DOCH NICHT IRRE MACHEN, DIE AUF JEDEN BLÖDSINN REINFÄLLT, DEN ES DEN BERLINER FREISINNIGEN IHR VORZULEGEN GEFÄLLT. ICH HABE WEIDLICH ÜBER DIE UNGLAUBLICHE TORHEIT DER GUTEN BAYERN GELACHT!

Eulenburgs sarkastische Antwort:

Ew. Majestät haben die große Gnade gehabt, mir seinerzeit eine kleine Chiffre »für besondere Fälle« zu geben. Ich habe diese Chiffre in zwei Jahren allerdings nur ein- oder zweimal benutzt. Wollen Ew. Majestät nicht die Gnade haben und diese Chiffre für solche Mitteilungen benutzen, wie ich sie gestern erhielt? . . . Ich bitte Ew. Majestät *flehentlich,* in einem Telegramm an mich *en clair* auszusprechen, daß ich den Inhalt des letzten Telegramms nicht so tragisch nehmen möchte, . . . oder *wollen* Ew. Majestät den Kampf? Nun, dann werde ich am Platze sein, aber ich bitte um Instruktionen.[38]

Wilhelm wollte keinen Kampf. Er beruhigte seinen indignierten Botschafter und keiner von beiden war lange böse. Noch im gleichen Monat gingen sie in Prökelwitz gemeinsam zur Jagd und waren so gute Freunde wie eh und je. Auf der Kreuzfahrt nach Norwegen im Juli tranken sie Brüderschaft, und der Kaiser gebrauchte in ihrem Umgang von da an stets das vertrauliche Du. Einem so wechselhaften Herrn zu dienen, war jedoch nicht einfach.

3

Caprivi hatte völlig recht, als er annahm, Wilhelms Flottenpläne würden von englischen Staatsmännern mit argwöhnischen Augen betrachtet werden. Wilhelm wurde von seinen diplomatischen Ratgebern höflich darauf aufmerksam gemacht, daß mit einem sehr freundlichen Empfang in England kaum zu rechnen sei. Obendrein gab Queen Victoria ihm sehr deutlich zu verstehen, daß sie es nicht sehr passend fände, wenn ihr deutscher Enkel sich den Besuch der Cowes Regatta zur Gewohnheit machte. Aber alle diese Andeutungen und Warnungen stießen bei Wilhelm auf taube Ohren. Er kündigte einfach sein Kommen an, und als er in der Straße von Solent einlief, bot er seiner Großmutter an, ihr seine Kapelle für ein Konzert zu schicken. Sie lehnte mit der Begründung ab, sie befinde sich noch in Trauer um ihren Enkel und ihren Schwiegersohn.* Für deutsche Kapellen war das jedoch kein Grund zu verstummen.[39] Wilhelm respektierte zwar die

* Großherzog Ludwig von Hessen war am 13. März 1892 gestorben.

Trauer der Queen, aber er ließ sich davon den Genuß der Segelregatta und des gesellschaftlichen Lebens von Cowes nicht beeinträchtigen. Ganz offensichtlich plante er, die Regatta in seinen Jahresrhythmus zu integrieren. In dieser Entschlossenheit wurde er ein wenig schwankend, als er im folgenden Jahr zur Zeit einer Krise in den englisch-französischen Beziehungen eintraf und ein Krieg drohte, in den auch Deutschland hineingezogen werden konnte. Er war sofort einem Nervenzusammenbruch nahe, weigerte sich, für England Partei zu ergreifen, und ging den ganzen Tag an Bord der *Meteor* segeln. Philipp Eulenburg, dem er persönlich die Wahl überlassen hatte, als Botschafter nach London, Paris oder Wien zu gehen, und der ihn überrascht und verletzt hatte, als er Wien den Vorzug gab, blieb zurück, um den Prince of Wales zu unterhalten, der mit der ihm eigenen Unersättlichkeit von 10 bis 4 Uhr nachmittags frühstückte und der durch eine mürrische Anspielung auf die körperliche Behinderung seines Neffen seine schlechte Laune zum Ausdruck brachte. »Wenn man ihn mit seinem lahmen Arm oben auf Deck sehe«, sagte er, »so müsse einem doch Angst werden, daß er sich Schaden täte.«[40]

Eulenburg konterte, so gut es ging, betonte den hervorragenden Gleichgewichtssinn, den sein Herr trotz seines Handicaps besaß, und seine Kühnheit als Kavallerist. Als man ihm bei der Parade des vorigen Jahres einen übermütigen Hengst gegeben hatte, habe er sich von seinen Leuten nicht dazu bewegen lassen, das Pferd zu wechseln, sondern darauf bestanden, es zu reiten und in seine Gewalt zu bekommen. Diese Bemerkung tat ihre Wirkung. Der Prince of Wales saß bei seiner gewaltigen Körperfülle nicht sehr gut zu Pferde und wagte ungern einen Sprung.[41] Das politische und gesellschaftliche Gewicht des Prinzen unterschätzte Eulenburg nicht und faßte seinen Eindruck folgendermaßen zusammen:

Ich habe ihn gründlich kennengelernt: Ein kluger, liebenswürdiger, aber sehr verschlagener Mensch mit ganz üblen Verbrecheraugen – nicht unser Freund.[42]

Der Rest der Woche verlief ohne weitere Unannehmlichkeiten. Wilhelms jung verheirateter Vetter, der Herzog von York, und seine Frau kamen aus den Flitterwochen zurück und wurden von der Familie, von Blaujacken und Freiwilligen sowie 900 Schulkindern mit grünen Zweigen begeistert empfangen. Dann besiegte der Prince of Wales mit seiner Jacht einen Amerikaner, was große Befriedigung auslöste, wie seine Mutter schrieb, und der Kaiser gewann den *Queen's Cup*.[43]

Aufgrund seines festen Glaubens, daß der Friede in Europa am besten durch die Verständigung der souveränen Herrscher untereinander zu wahren sei, hatte Wilhelm stets ein starkes Interesse daran, mit seinen Kollegen auf den Thronen zusammenzutreffen. Bei Familienfeiern war er immer zugegen und anläßlich der Heirat von Queen Victorias Neffen, dem neuen Großherzog von Hessen, mit seiner Cousine Victoria, der Tochter des Herzogs von Edinburgh, konnte er die Queen in Deutschland begrüßen. In Coburg, wo das Ereignis stattfand, gab es eine große Versammlung des »Royal mob«. Seitdem der Versuch, Prinz Sandro mit Moretta zu verheiraten, mißglückt und ihrer Enkelin soviel Unglück gebracht hatte, war Queen Victoria von ihrer Lieblingsrolle als Heiratsvermittlerin ziemlich abgekommen. Nun machte Wilhelm sich daran, diese Rolle zu übernehmen. Den Zarewitsch Nikolaus, der dem Herzog von York so ähnlich sah, daß man sie für Zwillinge hätte halten können, kannte er gut und fand ihn sehr nett. Nikolaus hatte ihn soweit ins Vertrauen gezogen, daß Wilhelm von seiner kurzen und leidenschaftlichen Affäre mit Mathilde Kschessinska, einer Tänzerin des kaiserlichen Balletts, wußte, mit der er in einem von Rimskij-Korssakow gemieteten Haus zusammengekommen war.[44] Er wußte auch, daß ihm 1889 anläßlich eines Besuches bei Ella, der Großfürstin Sergius, deren Schwester Alix von Hessen aufgefallen war. Sie war damals ein 17jähriges Mädchen mit rotgoldenem Haar, und der Zarewitsch ein sanfter, 21jähriger Mann mit blauen Augen gewesen, der seinem bärenhaften Vater überhaupt nicht glich. Nikolaus hatte sich auf der Stelle in das Mädchen verliebt, aber seine Eltern widersetzten sich energisch seinem Wunsch, sie zu heiraten. Sie war zwar eine Enkelin Queen Victorias, eine Cousine ersten Grades des deutschen Kaisers und die Schwester der Großherzogin Sergius, aber sie kam von einem »Pumpernickelhof«, wie Carlyle es nannte.[45] Außerdem war sie ein unternehmungslustiger Wildfang, der Banjo spielte. Und schlimmer noch: Nachdem sie hauptsächlich bei Queen Victoria aufgewachsen war,[46] mußte sie als ein halbenglisches Mädchen angesehen werden. Am russischen Hof war man zu dieser Zeit stark gegen England eingenommen. Großfürst Wladimir, der Bruder des Zaren, betete täglich, er möge lange genug leben, um Englands Todesglocken läuten zu hören.[47] Dann aber wurde der riesige Zar krank. Neben einer Reihe anderer Beschwerden bekam er ein Nierenleiden. Es schien unmöglich, daß ein so kraftstrotzender Mann dem Zusammenbruch nahe war. Da er es für die Sicherheit Rußlands wichtig fand, daß der Zarewitsch verheiratet war, gab er widerstrebend seine Zustimmung. Aber Nikolaus hatte noch nicht gewonnen. Es war für eine zukünftige Zarin absolut unerläßlich, der griechisch-orthodoxen Religion anzugehören, aber Prinzessin Alix war der Gedanke, ihre

Religion zu wechseln, äußerst zuwider. Ihre Schwester Ella, die diesen Schritt freiwillig und gern vollzogen hatte, versuchte, ihr über die Schwierigkeit hinwegzuhelfen, und wurde darin von Wilhelm unterstützt, wenn dieser auch mit Ella noch immer nicht über den Austausch bloßer Höflichkeiten hinaus sprechen konnte. Daß auch Wilhelm sie zum Wechsel der Religion drängte, muß angesichts der Art, wie er seine Schwester Sophie behandelt hatte, merkwürdig erscheinen. Nicht weniger merkwürdig war sein Versuch, sich dadurch zu rechtfertigen, daß eine Deutsche auf dem Zarenthron diplomatisch wünschenswert sei, denn im Falle seiner eigenen Mutter hatte er stets beklagt, daß sie in ihrem Herzen Engländerin geblieben und niemals in ihrer neuen Heimat aufgegangen sei. Inkonsequenz oder nicht, Wilhelm war jedenfalls sehr entschieden für diese Heirat. Er nahm Nikolaus beim Arm, führte ihn in sein Zimmer, schnallte ihm den Degen an, sagte ihm, er solle sich ermannen, drückte ihm die nächstbesten Blumen in die Hand und schickte ihn damit auf den Weg zu Alix. Dieser Sturmangriff war jedoch ein Mißerfolg. Prinzessin Alix weigerte sich strikt, ihre Religion aufzugeben. Dann aber führte Wilhelm eine lange Unterredung mit ihr, und da er einer der Beredtsten seiner Familie war, hatte er Erfolg, wo andere gescheitert waren. Er fuhr seine Cousine zu dem Haus, in dem der Zarewitsch wohnte und inszenierte die zweite Phase des Angriffs. Diesmal willigte sie ein.[48] Der Zarewitsch war entsprechend dankbar für die Intensität, mit der Wilhelm sich ins Zeug gelegt hatte. Von nun an waren sie nicht nur protokollarische »Cousins«, sondern traten in ein reales Verwandtschaftsverhältnis. In ihrem Briefwechsel, den sie in englischer Sprache führten, redeten sie sich mit »dearest Nicky« und »dearest Willy« an.[49] Zumindest dem Anschein nach wurde ihre Freundschaft tiefer und stabiler, und Wilhelm hatte das Gefühl, er könne sich zu seinem Erfolg gratulieren.

Zu Hause hatte ihm Dona mit ihrem siebten Kind seine einzige Tochter geschenkt.[50] Für Wilhelms Strenge seinen Söhnen gegenüber dürfte teilweise Hinzpeter oder vielleicht auch das brutale Beispiel von Friedrich des Großen Vater verantwortlich sein. Er hielt sie auf Distanz und gab sich in ihrer Nähe selten natürlich. Seine einzige Tochter dagegen wurde von ihm verwöhnt.[51] Sie war für ihn auch ein Grund, häufiger zu Hause zu bleiben.

Manchen Geschichten zufolge herrschte am kaiserlichen Hofe eine schäbige Art von Prachtentfaltung: eine besonders für Gäste nicht sehr angenehme Mischung von Glanz und Flitterkram, Sparsamkeit und Verschwendung. Der Prince of Wales wurde bei seinem offiziellen Besuch in Berlin recht ordentlich untergebracht, aber seine Dienerschaft klagte über einen sehr spürbaren Mangel an Bequemlichkeit.[52] Im kaiserlichen Haushalt mußte manches hingenommen werden. Der Kaiser liebte Dackel, die sich freilich nicht immer die Mühe machten, einen Laternenpfahl zu suchen und oft an den Kleidern von Hofdamen ihr Geschäft verrichteten. Und sie schnappten gern nach den Waden der Damen, rissen Löcher in Stoffe und zerfetzten jeden Fächer oder Handschuh, den man in ihrer Reichweite liegen ließ. Wilhelm pflegte mit einem Paar dieser unerquicklichen Köter durch seine Paläste zu laufen, und die Mißstimmung, die sie verursachten, ignorierte er entweder oder er bemerkte sie überhaupt nicht. Als man Graf August zu Eulenburg fragte, warum er diese Dackel nicht in aller Stille vergiftete, bekannte er, daß er daran gedacht habe, daß er aber mehr als alles andere die Möglichkeit fürchtete, der Kaiser könnte dann dem Beispiel Bismarcks folgen und sich dänische Doggen zulegen.[53] Die Dienerschaft hatte natürlich mehr unter all dem zu leiden als die Mitglieder des kaiserlichen Haushalts. Von der Kaiserin wurde ihnen ihr Geschick auch nie erleichtert. Entweder machte niemand sie darauf aufmerksam oder sie war so beschäftigt mit ihren vielen Werken christlicher Nächstenliebe, daß ihr eigenes Heim dabei zu kurz kam. Es kursierten Geschichten, daß es an Hand- und Bettüchern für die Diener mangelte und sie monatlich nur einmal gewechselt wurden. Der gesamten Dienerschaft innerhalb und außerhalb des Palastes standen nicht mehr als zwei Badezimmer zur Verfügung. Deren Zinkschüsseln faßten kaum zwei Liter Wasser, und das Verhältnis von Personal zu Toiletten – die kein Fenster hatten und in denen ständig eine Kerosinlampe brannte – war 26:1.[54]

Viele dieser Geschichten sind zweifellos übertrieben, denn rund um den Hof blühten natürlich Gehässigkeiten und Eifersüchteleien. Und trotz aller Umständlichkeit und einer gewissen unbezweifelbaren Schäbigkeit darf man nicht vergessen, welches die Hauptschauplätze des Hofes waren: In Berlin das großartige Alte Palais, das Andreas Schlüter gegen Ende des 17. Jahrhunderts erbaut hatte, und in Potsdam das Neue Palais mit der Eleganz seines Rokoko. Auch andere königliche Bauten hatten ihre großen Vorzüge. Schloß Wilhelmshöhe, das vom hessischen Kurfürsten nach dem Krieg von 1866 geplündert worden war und das von Napoleons Bruder Jerome, der dort sieben Jahre lang als König von Westfalen regierte, im Empirestil möbliert war, konnte man ein kleines Versailles nennen. Ein anderer Lieblingsort der Hohenzollern war das königliche Gut bei Cadinen in Westpreußen. Es war ein gewöhnliches Landhaus und lag am Ende einer Kastanienallee. Es hatte Obst- und Gemüsegärten und einen verwilderten Lustgarten, in dessen malerischem Teich Unken Tag und Nacht ihre klagenden Rufe ertönen ließen.[55] Daneben standen die kleinen Häuser der Bauern, die Schuppen und Scheunen, und Gänse, Hühner und Schweine liefen in den Höfen umher. Cadinen war ein so totaler Gegensatz zum Neuen Palais, daß jeder es liebte, den das Glück dorthin führte. Wenn der Kaiser mit seiner großen Gefolgschaft dort anrückte, wurde es allerdings eng, und die meisten Mitglieder des Haushalts blieben dann im kaiserlichen Sonderzug auf einem Abstellgleis. Noch weiter im Osten gab es die kaiserliche Jagdhütte bei Rominten. Sie war ein massiver Holzbau aus norwegischer Kiefer und bestand aus zwei durch eine Galerie miteinander verbundenen Teilen. Auch dorthin begab man sich gern, obgleich die Doppelreihen von Holzstämmen, die ihre Wände bildeten, spürbare Nachteile aufwiesen, da sie für Geräusche und Gerüche durchlässig waren. Gelegentlich war man gezwungen zu flüstern, und – wie die Gouvernante der Tochter des Kaisers es ausdrückte – wenn sich im Souterrain ein Diener eine Zigarre anzündete, so bekam das die Kaiserin in ihrem Wohnzimmer sogleich zu spüren.[56]

Einige Aufregung gab es, als am kaiserlichen Hof plötzlich Postsendungen mit Fotomontagen auf der Basis obszöner Bilder einzutreffen begannen. Die in Paris hergestellten und, »was erotische Phantasie anbelangt, nicht mehr zu überbietenden Fotos«, trugen die eingeklebten Köpfe wohlbekannter Mitglieder des Hofes.[57] Selbst der Kaiser und die Kaiserin wurden darin nicht verschont. Eine splitternackte Frauengestalt in verfänglicher Situation trug beispielsweise das Gesicht der Kaiserin, der dazugehörige, fast ebenso nackte Mann das Gesicht von Hofpastor Stöcker. Zusätzlich zu diesen Bildern wurde der Hof mit anonymen Briefen überflutet, in denen diese oder jene Interna angedeutet oder direkt ausgesprochen waren. Der empörte Kaiser gab Vollmacht, der Sache auf den Grund zu gehen, aber es kam nichts dabei heraus. Die anonymen Sendungen stammten offenbar von zwei verschiedenen Urhebern. Die Polizei wurde eingeschaltet; auch sie blieb erfolglos.[58] Bei Hofe wurden viele ganz verstört, täglich erwarteten sie, lächerlich gemacht oder entdeckt zu werden. Es war, als hätte Baron von Holstein plötzlich seinen Giftschrank geöffnet.

Die Urheber der obszönen Fotomontagen und der schlimmen Briefe blieben weiterhin unentdeckt. Die Pornographen waren unermüdlich. In weniger als zwei Jahren verschickten sie über 200 Sendungen (einem Bericht zufolge waren es sogar 400). Eines Tages erhielt nun der Zeremonienmeister, Baron von Schrader, ein besonders übles Bild, in dem auch ein Foto von ihm verwendet war, und er fand, daß dies nur das Werk von Herrn Leberecht von Kotze, seinem Todfeind bei

Hofe, sein konnte. Es störte ihn nicht, daß Herr von Kotze ein besonders guter Freund des Kaisers war. Schrader säte Verdacht, und seine Saat ging auf. Auf Kotzes Schreibtisch wurde ein Löschpapier mit dem Abdruck einer Handschrift gefunden, die derjenigen in den pornographischen Briefen ähnlich war. Schrader denunzierte Kotze, und die »Beweisstücke« genügten dem Kaiser, um Kotzes Verhaftung anzuordnen.[59] Während Kotze im Gefängnis auf sein Militärtribunal wartete, ging jedoch die Flut der obszönen Briefe ungehindert weiter, und die allgemeine Verlegenheit war groß. Es war Ostern, und wie als Kompensation für die ungerechte Einkerkerung sandte Wilhelm seinem früheren Freund ein großes Osterei mit einigen Flaschen Alkoholica ins Gefängnis und gab ihm mit seiner Uniform auch seinen militärischen Rang zurück.[60] Für Kotze war damit noch nichts vergeben und vergessen. Er verlangte ein Militärtribunal und stürzte sich dann, nachdem dieses seine Unschuld verkündet hatte, in eine Reihe von Duellen, in denen er zwar verstümmelt wurde, seinen Feind Schrader aber tötete.[61] Nachdem sie durch ihr Weiterwirken bewiesen hatten, daß Kotze unschuldig war, wurden die Pornographen entweder ihres Treibens müde oder, was wahrscheinlicher ist, sie mußten befürchten, daß ihre Entdeckung bevorstand. Man nimmt an, daß einer von ihnen ein naher Verwandter der Kaiserin war und daß seine Geliebte ihm behilflich war. Gesagt wurde nichts, aber es war wohl kein Zufall, daß von nun an Donas Bruder, Herzog Ernst Günther, seine Zeit bei Hofe ebenso rationiert bekam und jeweils nur eine Woche bleiben durfte, wie vorher seine Mutter mit ihrem geheimnisvollen System von Waschungen. Auch wurde ihm angedroht, ausgewiesen zu werden, sollte er den Versuch machen, sich in Berlin oder Potsdam einzuquartieren.[62] In schwesterlicher Zuneigung bemühte Dona sich, eine passende Frau für ihn zu finden, aber die erste war ihm zu grob, und die zweite lehnte er ab, weil sie zwar eine Prinzessin war aber von einem skrupellosen Diener bereits ein Kind hatte. Die dritte, Prinzessin Marie von Edinburgh-Coburg, wollte ihn nicht haben.[63] Ernst Günthers mutmaßliche Komplizin wurde schärfer angefaßt. Sie war eine im Deutschen Reich völlig schutzlose französische Marquise. Zwei Beamte der politischen Polizei brachten sie an die Grenze und schärften ihr ein, nie wieder einen Fuß auf deutschen Boden zu setzen.[64]

Wieviel von diesem moralischen Verfall Wilhelm verborgen blieb, wissen wir nicht. Er traf Entscheidungen, aber sie waren vielleicht auf weniger Informationen gegründet als eigentlich vorhanden waren. Die Kaiserin konnte eine beträchtliche Durchsetzungskraft entwickeln, wenn es galt, ihren Mann abzuschirmen. Der impulsive und phantasievolle Mann mußte durch einen so langen und intensiven Skandal an seinem Hof in seinem Stolz verletzt werden. Andererseits war er auch in der Lage, sich über Unerfreuliches hinwegzusetzen und sich Kompensationen zu verschaffen. So war es ein höchst willkommener Segen, als Queen Victoria ihm den Rang eines Oberst der First Royal Dragoons verlieh. Er konnte es kaum erwarten, in seiner neuen Uniform auf Schloß Osborne zu erscheinen, um seiner Großmutter zu danken und dem dienstältesten Offizier des Hauses seine Aufwartung zu machen. Wie sich herausstellte, war dies Sir Henry Ponsonby, der Privatsekretär der Queen, der im Schloß keine Uniform hatte und dessen Jacke einen nach den Worten des Prince of Wales das Fürchten lehren konnte. Eilends suchte der Prince, ihm eine bessere zu verschaffen, aber als er zurückkam, war der Kaiser bereits eingetroffen und hatte sich mit dramatischem Salut vorgestellt. In seiner schäbigen alten Jacke hatte Sir Henry dem Kaiser die Hand geschüttelt und ihn im Namen der britischen Armee willkommen geheißen.[65] Danach begab sich Wilhelm mit seinem Onkel Arthur, dem Herzog von Connaught, zu einer Parade bei Aldershot, an der auch eine Schwadron der Royals teilnahm, um mit seinen Offizieren zu speisen. Von dort aus überquerte er eine stürmische Nordsee, um bei Manövern seiner eigenen Armee dabei zu sein.[66]

4

General von Caprivi tat sein Bestes, ein gewissenhafter Kanzler zu sein, aber die Tatsache, daß er in viereinhalb Jahren zehnmal seinen Rücktritt anbot, weist darauf hin, wie schwierig es war, an Bismarcks Stelle zu treten und den, wie der Kaiser es nannte, »Neuen Kurs« zu steuern. Die Historiker haben die Gestalt Caprivis sehr unterschiedlich gezeichnet. Der eine sieht ihn als einen aufrichtigen und maßvollen Mann mit bedeutenden administrativen Fähigkeiten, der mit des Kaisers »Liberalismus« übereinstimmte und eine ordentliche Sozialgesetzgebung in Gang zu bringen suchte.[67] Der andere sieht ihn als einen politischen Don Quixote, der gegen die Windmühlen der sozialen Ungerechtigkeit anrannte, ohne auch nur den Versuch zu machen, die wirtschaftlichen Grundlagen, auf denen sie beruhte, anzutasten.[68] Ein dritter beschreibt seine Politik als vernünftig, aber »politisch schwach«, da nur Wilhelms konsequente Unterstützung sie zum Erfolg hätte führen können.[69] Die heuschreckenartige Sprunghaftigkeit des Kaisers beraubte Caprivi jedoch eines solchen Rückhalts. Aus der

Summe der Informationen können wir entnehmen, daß er außenpolitisch tapfer aber erfolglos nach einem Bündnis mit England und einer gewissen Annäherung an Frankreich strebte, und daß er andererseits ziemlich unbedenklich bereit war, Österreich gegen Rußland auch im Falle eines Konfliktes auf dem Balkan zu unterstützen.[70] Diese Abkehr von seiner Politik erbitterte den in seinem Ruhestand schmorenden Bismarck. Seinen größten Zorn erregte Caprivi allerdings dadurch, daß er im Garten der Reichskanzlei »ruchlos« Bäume fällen ließ, um mehr Licht hereinzulassen.[71] Innenpolitisch machte Caprivi sich willig die generelle Sorge des Kaisers für die Wohlfahrt seiner Untertanen zu eigen, aber durch die Art, wie er dies tat, gab er zu mehreren politischen Kontroversen Anlaß. Während seiner Amtszeit wurden beispielsweise Arbeitsgerichte ins Leben gerufen und eine gesetzliche Regelung der Arbeitszeit von Frauen und Kindern eingeführt. Ferner wurden die Sozialistengesetze nicht erneuert, die Polen in Ostpreußen und die Franzosen im Elsaß bekamen mehr Freiheiten, und ein neues Heeresgesetz reduzierte die Dienstzeit der Wehrpflichtigen von drei auf zwei Jahre.[72]

Seine Neuerungen entfremdeten Caprivi den Industriellen, den Reaktionären und dem konservativen Militär. Aber das war keineswegs alles. Im Glauben, daß Deutschland dazu bestimmt sei, sich als große Industrienation von billigen Importen zu ernähren, schloß er nicht weniger als 38 Handelsverträge mit dem Ausland ab. Der unmittelbare Effekt war einerseits, daß die Lebensbedingungen der Armen in Deutschland sich verbesserten und sie aufgrund der billigeren Lebensmittel und ihrer günstigeren Situation auf dem Arbeitsmarkt weit weniger Neigung zeigten, nach Übersee auszuwandern; für die preußischen Junker bedeutete dies andererseits eine Beeinträchtigung ihrer Interessen. Die ostelbischen Junker, die sich gerade erst zum »Landbund« zusammengeschlossen hatten, erklärten, der preußische Adelige und deutsche General Caprivi sei ein Verräter seiner Klasse, und die rechtsgerichtete *Kreuzzeitung* schrieb, der deutsche Bauer werde nun geneigt sein, den Kaiser als seinen politischen Feind zu betrachten.[73] Indem er seinem Kultusminister gestattete, ein Gesetz einzubringen, das dem Klerus den Religionsunterricht in preußischen Schulen überließ, entzweite Caprivi sich sodann mit den antiklerikalischen Nationalliberalen.[74] Der allgemeine Aufschrei war so leidenschaftlich, daß der Kaiser sich wieder nach Hubertusstock in seine Jagdhütte flüchtete, um das Ende der Affäre abzuwarten.[75] Als er in die Hauptstadt zurückkehrte, nahm er es hin, daß das geplante Gesetz wieder fallengelassen wurde und der Kultusminister zurücktrat, und er akzeptierte auch

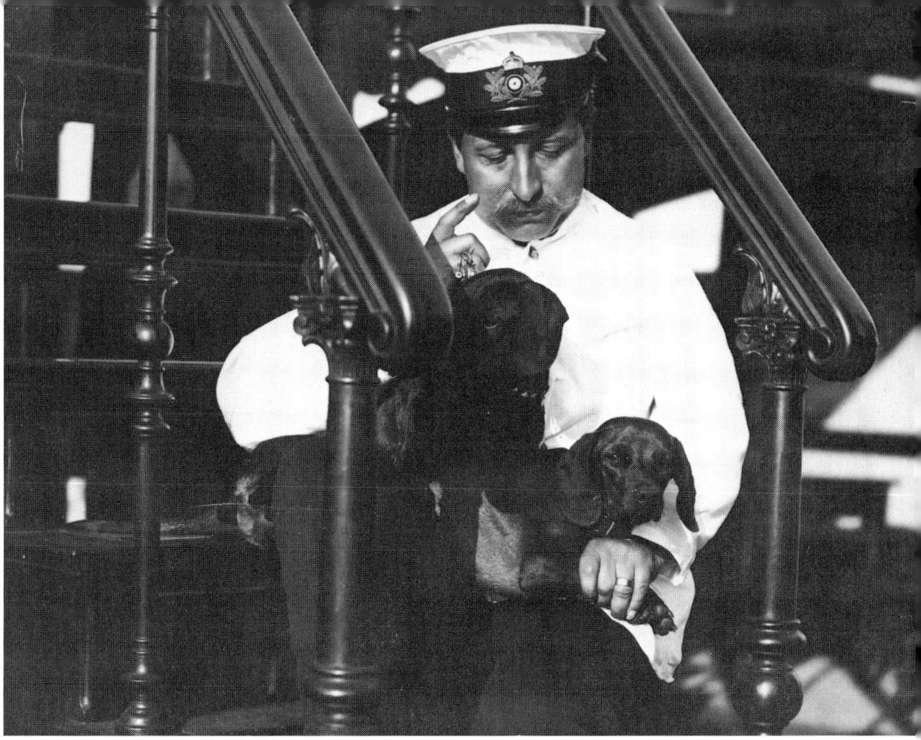

11 *Wilhelm II. mit zweien seiner »gefürchteten« Hunde*

12 *Wilhelm II. und Kaiserin Auguste Viktoria im November 1907 bei einer Ausfahrt*

13 *Wilhelm II. mit seinen sechs Söhnen bei einer Parade*

14 *Wilhelm II. mit dem Generaldirektor der Hamburg-Amerika-Linie (HAPAG), Albert Ballin, beim Stapellauf des Passagierdampfers »Bismarck«*

Caprivis Vorschlag, das Amt des preußischen Ministerpräsidenten dem preußischen Junker und lupenreinen Reaktionär Graf Botho zu Eulenburg, einem Vetter Philipps zu Eulenburg, zu übertragen. Da Caprivi weiterhin die preußische Delegation beim Bundesrat anführte, gab es natürlich Schwierigkeiten, aber das schien damals ein gangbarer Weg zur Besänftigung der Nationalliberalen und der Junker zu sein.

Wilhelm erhob Caprivi in den Grafenstand, kam jedoch mit ihm nicht viel besser zurecht als vorher mit Bismarck. »Caprivi«, sagte er recht offen und ein wenig grob, »Sie gehen mir schrecklich auf die Nerven«, und die Kommunikation zwischen ihnen begann hauptsächlich über Kiderlen-Wächter, einen Untergebenen Holsteins im Außenministerium, oder über Eulenburg zu laufen.[76]

Wie der Kaiser, so war auch der Kanzler der Meinung, daß Bismarck mit seinen unaufhörlichen Pressekampagnen nicht ungestraft davonkommen durfte. Als Graf Herbert eine Österreicherin heiratete, bekam die Deutsche Botschaft von Caprivi die Anweisung, jede Beteiligung an der Zeremonie abzulehnen, und Wilhelm bat Kaiser Franz Joseph, von dem ehemaligen Reichskanzler keine Notiz zu nehmen.[77] Bismarcks Reaktion bestand darin, daß, abgesehen von den engsten Angehörigen der beiden beteiligten Familien, überhaupt niemand eingeladen wurde. Eulenburg gab Caprivi den weisen Rat, Versöhnlichkeit sei besser als eine langwierige Fehde. Der Kaiser solle sich das Schweigen des alten Mannes durch Überlassen eines der königlichen Palais in Berlin erkaufen. Caprivi war anderer Meinung und sah keinen Grund, diese Empfehlung an seinen Herrn weiterzuleiten. Inzwischen hatte sein Vetter, Prinz Albert, mit Wilhelm über die Notwendigkeit irgendeiner Form von Verständigung gesprochen. Falls Bismarck nämlich als erklärter Feind des Kaisers sterben sollte, so würde ihm die Nachwelt dies kaum verzeihen. Dieses Argument machte auf Wilhelm Eindruck, besonders als Bismarck 1893 plötzlich bettlägerig wurde und von einer ernsthaften Erkrankung gesprochen wurde. Ohne sich mit Caprivi darüber zu verständigen, telegrafierte er Bismarck seine Anteilnahme und bat ihn, sich sobald wie möglich von Varzin in das gesündere Friedrichsruh zu begeben oder mit irgendeinem der kaiserlichen Schlösser in Mitteldeutschland vorlieb zu nehmen. Bismarck telegrafierte seinen Dank, sagte aber, daß »die gewünschte Heilung sich am allerwahrscheinlichsten in der altgewohnten Häuslichkeit am ehesten einstellen« werde. Wilhelm, der Bismarcks Vorliebe für alten Rheinwein kannte, sandte ihm daraufhin eine Flasche Steinberger Kabinett Goldbeeren Auslese und machte ihm damit auch tatsächlich eine Freude.[78] Caprivi begann einzusehen, daß es sich politisch leichter leben ließe, wenn Bismarck der Stachel gezogen wäre, und auf Eulenburgs ursprüngliche Anregung eingehend, schlug nun er dem Kaiser vor, Bismarck eines der Berliner Palais zur Verfügung zu stellen. Bismarck lehnte wiederum ab, war aber genügend angetan von der freundlichen Einladung, um zum ersten Mal seit seiner Entlassung auf Besuch nach Berlin zu kommen und beim Kaiser als Gratulant zu dessen 35. Geburtstag seine Aufwartung zu machen. Gestützt auf die Arme seiner Söhne Herbert und Bill erklomm er die Freitreppe des Alten Palais und wurde oben vom Kaiser mit Umarmung und Kuß begrüßt und zu einem Gespräch ins Haus geführt. Sobald die Unterhaltung jedoch auf die Politik kam, wechselte Wilhelm das Thema. Das gleiche tat er auch bei dem anschließenden festlichen Frühstück und bei der gemeinsamen Fahrt, die sie durch die Straßen Berlins unternahmen. Beratungen über große Politik sollte es zwischen beiden nicht mehr geben. Für den Augenblick war Bismarck jedoch besänftigt.*[79]

Zu Ostern des gleichen Jahres bewies Wilhelm, daß er seinen Humor noch nicht verloren hatte. Ein Professor Quidde hatte unter dem Titel »Caligula, eine Studie über römischen Cäsaren-Wahnsinn« mit großem Erfolg eine direkt auf Wilhelm gemünzte Satire publiziert. Unter den Tausenden von Lesern, die er fand, war auch Wilhelm. Als ein englischer Freund, Lord Lonsdale, nach Berlin kam und Wilhelm ihm eine Büste von sich selbst schenkte, war gerade kein Sockel zu finden. Man behalf sich mit dem Sockel einer der klassischen Büsten, die im Korridor standen, und der Kaiser kommentierte dies mit den Worten: »Ach so! Das war gewiß Caligula!«[81] Weit weniger gelassen reagierte er freilich, als eine Zeitung errechnete, daß er nicht weniger als 199 der vergangenen 365 Tage auf Reisen verbracht hatte.[82] Und ausgesprochen verstört war er, als der *Kladderadatsch* gegen die Cliquenwirtschaft in der Regierung zu Felde zog. Der Kaiser, so hieß es, verkehre mit seinem Kanzler nur indirekt durch Eulenburg, Kiderlen-Wächter und Holstein, die als »Graf Troubadour aus Malzheim«, »Geheimrat von Spätzle« und »Geheimrat von Austernfreund« apostrophiert wurden. Im Stile besten Berliner Humors wurde mit ihnen sehr ernsthaft ins Gericht gegangen. Die Verfasser waren Bismarcksche Diplomaten, was damals freilich noch nicht bekannt war, und der wütende Holstein suchte sie vergeblich ausfindig zu machen. Die Angriffe waren so scharf, daß man erwog, vor Gericht zu gehen, aber der

* Zwei Jahre später verursachte er große Aufregung durch die Veröffentlichung des geheimen Rückversicherungsvertrages, und Wilhelm erwog allen Ernstes, ihn wegen Geheimnisverrats verhaften zu lassen. Man überredete ihn jedoch, sich eines Besseren zu besinnen.[80]

Kaiser war dagegen, denn er befürchtete, die Sache könnte dadurch nur noch mehr Publizität bekommen und sein eigentümlicher Regierungsstil könnte noch unfreundlichere Kommentare finden. Das konnte auch Holstein mit seinem Geheimhaltungsbedürfnis nur recht sein. Etwas aber mußte getan werden. Kiderlen-Wächter forderte den Herausgeber des *Kladderadatsch* zum Duell und verletzte ihn schwer. Holstein, der für seine Duelle bekannt war, forderte drei vermeintlich Schuldige, die jedoch alles abstritten und die Duelle verweigerten. Unter dieser Frustration litt er nur um so mehr und er bat Eulenburg, den Kaiser Druck ausüben zu lassen, damit wenigstens ein Duell zustande käme. Eulenburg weigerte sich, dies zu tun, und obwohl der Kaiser, dem Holsteins Kummer zu Ohren kam, ihn damit zu trösten suchte, daß er ihn zum »Wirklichen Geheimen Rat« beförderte, als der er mit »Euer Exzellenz« anzureden war, blieb Holstein verstimmt.[83] Eulenburg, dem seine dreifache Rolle als Deutscher Botschafter in Österreich, Holsteins Sprachrohr gegenüber dem Kaiser und als Laufbursche zwischen Kaiser und Reichskanzlei allmählich beschwerlich wurde, machte seinem Herzen in seinem Tagebuch Luft: »Hätte ich doch drei Köpfe und ein Herz und nicht drei Herzen und einen Kopf!«[84]

Für diesen Wunsch hätte er bei Kaiser Wilhelm Verständnis finden können. Wilhelm hatte Caprivi bei allen seinen Neuerungen unterstützt, aber nun, im Jahre 1894, als Bismarck in Berlin erschien, begann sein Liberalismus unter dem Druck seiner militärischen Berater und der Unpopularität von Caprivis Maßnahmen abzubröckeln.[85] Von der aufgeklärten Ansicht, die er 1888 von der Stellung der Fürsten im Reich gehegt hatte, war so wenig übriggeblieben, daß Prinz Ludwig von Bayern sein heftiges Mißfallen erregte, als er 1894 erklärte, er betrachte sich nicht als Vasall des Kaisers. Auch der junge König von Württemberg fiel in Ungnade, als er dem Kaiser sagte, es stünde im Belieben der Fürsten, die Verfassung umzustürzen, denn sie hätten nie einen Schwur auf sie geleistet. Dieser Sinneswandel könnte auch damit zusammenhängen, daß Prinz Alfred, der Herzog von Edinburgh, nach dem Tode des alten Roués Herzog Ernst den Thron des Herzogtums Sachsen-Coburg bestieg. Wilhelm hatte für ihn ebenso wenig übrig wie für seinen Onkel, den Prince of Wales. Es wäre ihm gewiß ein Vergnügen gewesen, Onkel Alfred als seinen Vasallen zu behandeln.

Der neue Kurs ging zu Ende, als Caprivi mit dem preußischen Ministerpräsidenten, Graf Botho zu Eulenburg, in Konflikt geriet. Als eine Woge anarchistischen Terrorismus' durch Europa ging und der französische Staatspräsident auf dem Weg zu einem Bankett erschossen wurde, wollte Graf Botho die Sozialistengesetze erneuern. Caprivi war entschieden dagegen. Der Kaiser erinnerte sich an einen Rat Bismarcks: »Mit dem Deutschen Reich ist es so so, la la. Suchen Sie nur, Preußen stark zu machen. Es ist egal, was aus dem anderen wird.«[86] Wilhelm war zwar bestrebt, ein moderner Monarch zu sein, über der Parteipolitik zu stehen und für sein Volk zu sorgen, den Verlockungen des Preußentums konnte er jedoch nicht widerstehen. Er gab Graf Botho seine Unterstützung. In einer Rede in Königsberg, dem preußischsten aller Orte, stieß er ins preußische Horn:

> Nun, meine Herren, an Sie ergeht jetzt mein Ruf: Auf zum Kampf für Religion, für Sitte und Ordnung, gegen die Parteien des Umsturzes!«[87]

Caprivi stand allein. Im Lauf der Zeit hatte er sich mit allen verfeindet: mit den Junkern, der Armee, der Marine, der Schwerindustrie, den Nationalliberalen, dem Klerus, den Nationalisten und dem Preußischen Landtag. Selbst Holstein trat nur noch halbherzig für ihn ein, denn er hielt den Kanzler weniger für einen Politiker als vielmehr für einen »Geschichtsphilosophen«.[88]

Wilhelm befand sich auf der Jagd bei Liebenberg, als die Caprivi-Graf-Botho-Krise in ihr entscheidendes Stadium trat. Er kam zu der Überzeugung, daß er sich von beiden trennen mußte.[89] Caprivi zog sich auf sein Gut zurück und starb fünf Jahre später. Im Gegensatz zu seinen Amtskollegen veröffentlichte er keine Apologie und keine Attacken und schrieb auch keine Memoiren. Manche meinten, der Grund liege darin, daß er nichts zu sagen hatte. Aber er hatte in der Regierung die Stimme des Ausgleichs vertreten und war bis an sein Lebensende davon überzeugt geblieben, daß er seinen Herrn in einer kritischen Zeit im Stich gelassen hatte. Es wurde behauptet, er sei an gebrochenem Herzen gestorben.[90]

ZEHNTES KAPITEL

Die Ära Stumm

»Der Dreizack gehört in die deutsche Faust.«
Kaiser Wilhelm II.

1

Unter den Herrschern Europas besaßen neben Kaiser Wilhelm nur noch der Zar, der österreichische Kaiser und der Papst nicht nur theoretisch, sondern tatsächlich das Recht, den höchsten Regierungsbeamten selbst zu bestimmen. Als Caprivis Sturz unvermeidlich geworden war, gab es hinsichtlich seines Nachfolgers in der Presse viele Spekulationen. Philipp zu Eulenburg galt als Favorit. Zuvor hatte man daran gedacht, daß er anstelle von Marschall Außenminister werden könnte, aber Eulenburg war in Wahrheit nie der richtige Mann, denn zu solchen ehrgeizigen Zielen fehlte ihm die nötige Energie. In seiner Botschaft, der gewaltigen Neuen Burg in Wien, im Namen von Deutschland sprechen zu können, war für ihn seinem eigenen Urteil zufolge manchmal eher schon zuviel als zuwenig. Die Vorstellung, Außenminister zu werden, war ihm unerträglich. An Bernhard von Bülow schrieb er: »Ich armes Huhn, zum Adler zurecht gemacht!«[1] Um so weniger kam für ihn das noch höhere, glanzvollere Amt in Frage.

Der Kaiser war der extremen Ansicht, daß ohne seine Zustimmung niemand ein Amt auszuschlagen oder gar zurückzutreten habe. »Ich sage meinen Ministern, wenn sie zu gehen haben, nicht sie mir.«[2] Eulenburg mußte seinen Freund daher in dieser Richtung bearbeiten, um ihn von der geplanten Ernennung abzubringen. Er hatte damit Erfolg. Danach berieten sie gemeinsam, wer der nächste Kanzler werden sollte. Wilhelms Vetter, der Großherzog von Baden, meinte, man solle einen Interimskanzler benennen, um dann in aller Ruhe nach dem richtigen Mann suchen zu können, und schlug Chlodwig zu Hohenlohe-Schillingsfürst vor. Hohenlohe konnte trotz seiner Jahre auf Holsteins Unterstützung zählen, der ihn für den besten Kandidaten hielt, und der Kaiser ließ sich von seinem Vetter und von Holstein zu dieser Wahl überreden. Niemand machte auf die kaiserliche Inkonsequenz aufmerksam, die darin bestand, daß Bismarck »aus Altersgründen« mit 75 in den Ruhestand zu treten hatte, während jetzt ein Kanzler dieses Amt übernahm, der in seinem 77. Lebensjahr stand.

Ein Zweig der Familie Hohenlohe war mit Queen Victoria und damit auch mit dem Kaiser verwandt. Die Hohenlohe-Schillingsfürst waren mütterlicherseits auch Verwandte der Kaiserin, und so übernahm der Fürst das Amt mit dem unschätzbaren Vorteil, als »Onkel Chlodwig« der kaiserlichen Familie anzugehören. Hinter sich hatte er eine ausgezeichnete Laufbahn als bayerischer Ministerpräsident, deutscher Botschafter in Paris und zuletzt Stadthalter von Elsaß-Lothringen. Der belesene, intelligente und witzige Mann, der ungeheuer vernünftig und nicht leicht aus der Fassung zu bringen war, ist Deutschlands Lord Salisbury genannt worden.[3] Ein größerer Gegensatz zu Fürst Bismarck ist kaum denkbar: kühl, wortkarg, gelassen, von kleiner Statur, kurz, ein quicklebendiger »junger 75er«.[4] Es kursierten Gerüchte, er sei in seiner Pariser Zeit das Opfer von Erpressungen gewesen. Wenn das der Fall war, dann hatte er gezahlt und den Mund gehalten.[5] Einer seiner Brüder war Kardinal und gehörte zu den Beratern von Leo XIII., ein anderer war Kämmerer von Kaiser Franz Joseph, ein dritter nannte sich Herzog von Ratibor und heiratete Donas Hofdame.[6] Hohenlohes Frau, mit der er gewöhnlich französisch sprach, hatte riesige Ländereien in Rußland mit in die Ehe gebracht, und ihr bevorzugter Zeitvertreib war die Bärenjagd. An seinen Söhnen hatte er wenig Freude. Sein Ältester heiratete zuerst eine griechische Prinzessin und nach ihrem Tod eine Schauspielerin, brach dann völlig zusammen und mußte in einer privaten Anstalt untergebracht werden. Ein anderer seiner Söhne heiratete eine 19 Jahre ältere Italienerin.[7]

Hohenlohes Ernennung war eine Sensation. Er war ein Bayer und frommer Katholik, und seine Wahl bedeutete, daß sowohl der Reichskanzler wie auch der Außenminister aus Süddeutschland stammten. Überdies besaß er im Gegensatz zu seinen Vorgängern ein patriarchalisches Selbstbewußtsein, verstand es zu delegieren, seine Mitarbeiter zu motivieren und zu führen. Caprivis idealistischer Versuch, sich bei den Massen beliebt zu machen, hatte allgemein verstimmt und sogar die Sozialdemokraten verdrossen. Fürst Hohenlohe war da realistischer; seine lange Lebenserfahrung hatte ihn einen gewissen Zynismus gelehrt. Die Schutzzölle, durch die sich die preußischen Gutsbesitzer bereicherten, waren ihm so gleichgültig wie alle anderen Standes- und Gruppeninteressen.

Mit einer Gelassenheit, die nicht ganz echt sein konnte, kam der neue Kanzler ganz ausgezeichnet mit dem stürmischen Temperament

des Kaisers zurecht, präsidierte seinem Kabinett und stellte, so gut er konnte, die einflußreichsten Lobbies zufrieden: Die Junker, die noch höhere Schutzzölle, Eisenbahn- und Steuervergünstigungen sowie direkte Subventionen forderten, die Industriellen, die für ihre Produkte einen Markt brauchten und daher nach Konzessionen im Ausland und nach Kolonien riefen, die Zentrumspartei, die trotz ihrer großen Zahl von Abgeordneten im Reichstag nie als staatstragende Partei anerkannt worden war und ihren Mitgliedern beweisen wollte, daß sie der Nation ebenso loyal gegenüberstand wie der katholischen Kirche, und schließlich die kulturelle Oberschicht, die sich an der Geburt und dem Wachstum des Zweiten Deutschen Reiches berauschte und in der Außenpolitik nach einem handgreiflichen Ausdruck ihres Nationalismus verlangte. Von diesen vier Gruppen übten die Industriellen den größten Druck aus. Ihr Erfolg war schwindelerregend. Um 1900 hatte die deutsche Eisen- und Stahlproduktion die britische überflügelt und war ständig auf der Suche nach neuen Absatzmärkten.[8] Deutsche Historiker haben aus diesem Grunde die ganze Epoche nach Baron Karl von Stumm-Halberg, dem herrischen Abgeordneten der deutschen Reichspartei, der sich als »freien Konservativen« bezeichnete, die »Ära Stumm« genannt. Stumm war der König der saarländischen Schwerindustrie und gestattete in seinem Machtbereich keine Versammlungen von Sozialdemokraten oder Christlichen Sozialisten.[9]
Die Reaktionäre hatten wieder Oberwasser. Großgrundbesitzer und Industrielle fanden es nützlich, die von bestimmten Gruppen ins Leben gerufenen patriotischen Bewegungen zu fördern und zu finanzieren. Die Interessen, die hinter Gründungen wie der Deutschen Kolonialgesellschaft (1887), dem Alldeutschen Verband (1891) und dem Flottenverein (1898) standen, waren unschwer zu erraten. Viele Mitglieder ihrer Komitees standen untereinander in Verbindung und waren gewiß keine reinen Idealisten. Stumm und Krupp unterstützten beispielsweise den Flottenverein – besser gesagt investierten in ihn – und ernteten in Gestalt des kaiserlichen Flottenprogramms reiche Früchte. Die aktivste dieser Gruppen, der Alldeutsche Verband, war aus Protest dagegen gegründet worden, daß das englische Helgoland für die deutschen Protektorate Sansibar und Witu – »ein Hosenknopf für einen ganzen Anzug!«[10] – eingetauscht wurde. Der Verband, dem führende Männer der Schwerindustrie angehörten, fand starken Anklang bei Lehrern, Geschäftsleuten und Handwerkern, also bei »patriotischen Theoretikern, die in der Vergrößerung ihres Vaterlandes einen Ausgleich suchten für die Unzulänglichkeiten in ihrem persönlichen Dasein.«[11] Sie waren antisemitisch, antipolnisch und überhaupt

allem Undeutschen feindlich gesonnen. Und sie waren die ersten, die das Wort vom »Herrenvolk« zu ihrem Schlachtruf erhoben. Zahlenmäßig klein – der Verband kam über 22 000 Mitglieder nie hinaus[12] – wußte er sich doch mit seinen schrillen Tönen Gehör zu verschaffen. In Österreich ließen die Alldeutschen ihrem Antisemitismus innerhalb wie außerhalb des Abgeordnetenhauses freien Lauf. In diesem Zusammenhang darf auch nicht vergessen werden, daß eines der Gründungsmitglieder dieses Verbandes, Alfred Hugenberg, der spätere Direktor bei Krupp, Leiter einer Filmgesellschaft und des mächtigsten Presseimperiums der Weimarer Republik, einer der Männer war, die Hitler an die Macht brachten.[13]

Kaiser und Kanzler tolerierten das Emporkommen dieser patriotischen Bewegungen, mehr nicht. Sie waren der Ansicht, der Flottenverein könnte sich als nützlich erweisen – zu Wilhelms Erleichterung billigte Hohenlohe sein Flottenprogramm – und die Kolonialgesellschaft werde einen Beitrag zur Beschaffung neuer Absatzmärkte für die deutsche Industrie leisten. Aber keiner von beiden hatte etwas für die Exzesse der Alldeutschen übrig, besonders für ihren Rassismus, der nur Unruhe stiften konnte. Im Deutschen Reich war die Situation der Juden weit günstiger als in Rußland oder Frankreich,[14] und seitdem Hofprediger Stöcker seinen Einfluß verloren hatte, war Wilhelm erstaunlich frei von Antisemitismus. Als Prinzessin Sophie von Weimar sich erschoß, weil es ihr verboten wurde, einen jüdischen Bankier zu heiraten,[15] ging Wilhelm rasch über die Affäre hinweg. Der springende Punkt war, daß ein nicht-jüdischer Bankier genauso wenig in Frage gekommen wäre. Antisemitische Parteien gediehen nicht im wilhelminischen Deutschland und ihre Doktrin blieb auf einzelne, allerdings sehr angesehene Intellektuelle beschränkt, wie etwa Professor Heinrich von Treitschke oder den philosophischen Hans-guck-in-die-Luft Houston Stewart Chamberlain[16] und dessen Schwiegervater Richard Wagner oder auf bürgerliche Exzentriker wie Wilhelm Marr und die Alldeutschen.* Wilhelm machte aus seiner Geringschätzung für die Alldeutschen kein Hehl und erklärte öffentlich, sie seien unfähig, konstruktive Gedanken zu entwickeln.[17] Sein eigenes rassistisches Vorurteil bestand in der weit verbreiteten Furcht vor der »gelben Gefahr«, was ihn jedoch nicht hinderte, sich zustimmend zu äußern, als der Sohn eines

* Wagner hatte möglicherweise einen gar nicht so seltenen Grund für seinen Antisemitismus: ein jüdisches Erbteil. Nietzsche hielt ihn für den illegitimen Sohn eines jüdischen Schauspielers namens Ludwig Geyer.[20] Merkwürdigerweise steht es bei Wilhelm Marr, von dem das Schlagwort »Antisemitismus« stammt, sogar fest, daß er der Sohn eines jüdischen Schauspielers war.[21]

seiner hochgestellten Hofbeamten eine Japanerin heiratete.[18] In einer Ansprache an Soldaten und Siedler sagte er einmal auch:

> Haben Sie stets vor Augen, daß die Leute, die Sie dort (in Südwest-Afrika) treffen, wenn sie auch eine andere Hautfarbe haben, gleichfalls ein Herz besitzen, das ebenfalls Ehrgefühl aufweist. Behandeln Sie diese Leute mit Milde.[19]

Wilhelms neuer Konservativismus war ein widerwilliges Zurückgehen auf den *status quo ante.* Der Grund dafür liegt einfach darin, daß Caprivis Experiment in Demokratie fehlgeschlagen war. Seine Innenpolitik konnte überhaupt nicht als Politik bezeichnet werden. Alle Interessengruppen zu befriedigen, war unmöglich. Das Zeitalter war so dynamisch, daß eine klare innenpolitische Linie seine Kräfte wie auch die des Kanzlers und dessen Apparates überstieg. Man lebte von einem Tag zum anderen, suchte hier sich anzupassen, dort etwas zurechtzurücken, Kompromisse zu schließen, Konfliktsituationen einzudämmen und das Los verfolgter Minoritäten zu verbessern. Und alles dies unter einem übergeordneten Ziel: der allmählichen Entfaltung der deutschen Macht, durch die das Vaterland eine Kraft werden sollte, mit der gerechnet werden mußte, und die Kolonien eine Quelle des Überflusses. Dieses Konzept fand wenig Kritiker, denn es schien allen Vorteile zu bringen. Nur einige liberale Denker und politische Philosophen sahen darin den Keim zu einem Unheil. Der klügste von ihnen war vielleicht ein alter, in Berlin lebender Herr namens Theodor Fontane, der sich als Journalist, Kriegskorrespondent und Reiseschriftsteller einen Namen gemacht hatte, ehe er im Alter von 60 Jahren seine Laufbahn als führender Romancier begann, die 20 Jahre lang dauern sollte. Fontane ist für die deutsche Sozialgeschichte von großem Wert. Er hat uns das alte Berlin und die Mark Brandenburg vor ihrer plötzlichen Industrialisierung porträtiert. Er war auch ein Prophet. Er wußte, daß das von Bismarck begründete und von Wilhelm übernommene Regime nur eine begrenzte Lebensdauer haben würde. Er prophezeite den Untergang aller Imperien, des deutschen ebenso wie des holländischen und englischen. Die ganze Kolonialpolitik sei Irrsinn, schrieb er 1897 an einen englischen Freund, und mit dem Militarismus müsse schnellstens gebrochen werden, denn er sei unerträglich geworden.[22] Aber nur die Sozialdemokraten, die durch die strenge Schule von Marx, Engels und Lassalle gegangen waren, dürften ihm zugestimmt haben. Ansonsten stand er ziemlich allein. Der deutsche Arbeiter war kein Revolutionär. Allen Tendenzen in dieser Richtung war durch die politische Anerkennung der Arbeiterpartei, ihrer Vertretung im Reichstag, einem System der Sozialversicherung sowie durch Vollbeschäftigung und die Möglichkeit der Auswanderung der Nährboden entzogen worden.[23] Im großen und ganzen stand der deutsche Arbeiter auf seiten des Kaisers, wenn es darum ging, das Reich zu stärken. Wie ihr Kaiser forderte er eine kraftvolle Flotte zum Schutz der deutschen Interessen und Kolonien. Man forderte »Weltpolitik«.

Vor dem brandenburgischen Landtag entwickelte Wilhelm seine Vorstellungen von Expansion und versprach: »Brandenburger, zu Großem sind wir noch bestimmt, und herrlichen Tagen führe Ich euch entgegen.«[24]

2

Wilhelms Außenpolitik stammte nach außen hin zum Teil von ihm selbst und zum Teil von Marschall. In Wahrheit wurde sie jedoch meist aus dem Hintergrund von Eulenburg und Holstein gelenkt. Rußland sollte den Franzosen entfremdet und zur Kooperation mit Deutschland gebracht werden. Der Kaiser meinte, das sei unschwer zu machen. Alexander III. war tot, und Wilhelms »Dearest Nicky« war jetzt Zar. Er drängte ihn, sie sollten sich gemeinsam dem Ansturm der gelben Rasse entgegenstemmen. Für Rußland mit seinen Ambitionen im Fernen Osten und seiner Besorgnis über die wachsende Macht Japans hatte diese Idee ihren Reiz. Und Wilhelm war klug genug zu erkennen, daß Rußland, das nach China und Japan blickte, weniger auf das achten würde, was in Europa und im Nahen Osten vorging.[25] England galt es sich zunächst ein wenig vom Leibe zu halten. Als Lord Salisbury bemerkte, daß das ottomanische Reich am Zerfallen war, und vorschlug, es solle durch internationale Abmachungen unter den Großmächten aufgeteilt werden, wollte Holstein nichts davon wissen.[26] Und als Großbritannien dagegen protestierte, daß die Buren mit Deutschland ein Abkommen über den Bau einer Eisenbahnlinie zwischen der Delagoa-Bucht und Pretoria schlossen und es damit den Deutschen ermöglichten, Transvaal zu erreichen, ohne britisches Territorium zu überqueren, verteidigte Holstein das Abkommen energisch. Großbritannien bestand darauf, daß Transvaal nur eine beschränkte Souveränität besitze. In der Londoner Konvention von 1884 hatten die Buren sich verpflichtet, keine Abkommen mit anderen Ländern zu schließen. Die Deutschen erklärten, sie hätten diese Konvention nicht unterzeichnet und seien daher auch nicht an sie gebunden. Die Eisenbahnlinie wurde gebaut, und der Kaiser sandte zur Eröffnung der Strecke ein Glückwunschtelegramm.[27] Dann unternahm der

Brite Dr. Jamesson am 29. Dezember 1895 seinen berühmten Einfall in das Gebiet von Transvaal, und Marschall ordnete an, daß ein Kreuzer in die Delagoa-Bucht einlaufen sollte und Marinetruppen dort landen würden, falls der Schutz deutscher Interessen dies erfordere. Nach anfänglichen Erfolgen wurde Dr. Jamesson mit seinen Freibeutern jedoch von den Buren umzingelt und zur Kapitulation gezwungen. Der Kaiser übermittelte Präsident Krüger telegrafisch seine Glückwünsche. Angeblich hatte Wilhelm die Absicht gehabt, Truppen landen zu lassen, und Marschall das Telegramm nur vorgeschlagen, um ihn zu besänftigen. Andere dagegen schließen sich Wilhelms Behauptung an, er habe sich wider sein (und Holsteins) besseres Wissen zu diesem Telegramm überreden lassen. Wie auch immer, die »Krüger-Depesche« war wie ein Stich in ein Wespennest.[28]

Die Briten waren damals und auch später äußerst empfindlich im Hinblick auf das, was sie ihre inneren Angelegenheiten in Südafrika nannten. Das deutsche Südwest-Afrika war zwar angrenzendes Gebiet, aber die Äußerung des Kaisers wurde dennoch als ein Akt unzulässiger Einmischung angesehen. Erst drei Wochen zuvor waren die Briten vom amerikanischen Präsidenten Cleveland als Aggressoren denunziert worden, weil sie von Britisch Guinea aus nach Venezuela eingedrungen waren. Er hatte für die Vereinigten Staaten das Recht beansprucht, dem Aggressor entgegenzutreten,[29] aber in diesem weitaus beleidigenderen und, wie sich herausstellte völlig ungerechtfertigten Angriff sahen die Briten eine wesentlich schwächere Provokation als in dem Telegramm des Kaisers. Aus irgendeinem unerfindlichen Grund waren sie ganz entschieden der Meinung, als Enkel der Queen und Sohn der Princess Royal habe Wilhelm ihre Politik zu unterstützen. Der Prince of Wales sprach von einer »unbegründeten« Unfreundlichkeit – als ob sein Neffe zur Freundlichkeit verpflichtet sei – und drängte seine Mutter, Wilhelm ein »good snubbing« zu verpassen, ihn also ordentlich zurechtzuweisen.[30] In einem höflichen und zurückhaltenden Privatbrief brachte sie ihr tiefes Bedauern über das Telegramm zum Ausdruck und teilte ihrem Enkel mit, daß es in England einen sehr unangenehmen Eindruck gemacht habe:

> Die Aktion von Dr. Jamesson war natürlich ganz verkehrt und völlig ungerechtfertigt, aber angesichts des sehr speziellen Verhältnisses zwischen Transvaal und Großbritannien wäre es, glaube ich, viel besser gewesen, zu schweigen.[31]

Wir können heute noch nicht sicher sein, ob Dr. Jamesson zu seiner illegalen Aktion durch den britischen Kolonialminister Joseph Chamberlain ermutigt wurde oder nicht. Was wir jedoch wissen, ist, daß

Wilhelm dem Zaren bereits versichert hatte, er werde, komme, was da wolle, den Engländern nie gestatten, Transvaal auszulöschen.[32]

Wilhelm bekam fünfzig, meist anonyme Schmähbriefe pro Tag und hörte, daß die Offiziere der First Royal Dragoons in England sein Bild zerhackt und ins Feuer geworfen hatten. Aber er schluckte seinen Stolz hinunter und nannte seiner Großmutter in seiner Antwort drei Gründe für sein Telegramm. Erstens sei er glücklich gewesen, daß nach dem plötzlichen Ausbruch von Feindseligkeiten der Friede wieder hergestellt worden war; zweitens hätten seine in Transvaal lebenden Untertanen und die dortigen deutschen Investitionen seines Schutzes bedurft und er sei daher glücklich über den Fehlschlag von Dr. Jamesson gewesen; und drittens seien es Rebellen gewesen, die hier niedergeworfen worden waren. Sodann gab Wilhelm einen Teil der Schuld der englischen und deutschen Presse und brachte seine Hoffnung zum Ausdruck, daß Deutschland und England bald wieder Freunde würden. Er schloß seinen Brief mit der Frage, was der Herzog von Wellington und der alte Blücher sagen würden, wenn sie das erlebt hätten.[33] Ironischerweise war es im übrigen Dr. Jamesson und seine Kühnheit, die Rudyard Kipling zu Wilhelms Lieblingsgedicht *If* inspirierten.[34]

In Queen Victoria wurde dieser Ärger rasch verdrängt durch die wenige Tage danach eintreffende Nachricht, daß Prinz Heinrich von Battenberg im Ashanti Feldzug an Typhus verstorben war. Ihre Trauer wurde noch vertieft durch das Mitleid mit ihrer Tochter Beatrix. In England geriet der Vorfall jedoch nicht in Vergessenheit. Der britische Botschafter in Berlin sagte später, alle Mißverständnisse zwischen den beiden Ländern gingen auf die Krüger-Depesche zurück. Auch Wilhelm vergaß die Affäre nicht. Drei Tage nach Absendung des Telegramms beschäftigte er sich auf zwei wichtigen Konferenzen mit der Vergrößerung der deutschen Flotte.[35]

Kaum ein Jahr später – es war das Jahr, in dem Queen Victoria ihr diamantenes Thronjubiläum feierte – geriet der Kaiser wieder in Konflikt mit England. Griechenland und die Türkei kriegten sich wegen Kreta in die Haare, und sowohl aufgrund politischer Interessen als auch aufgrund seiner Zuneigung zu den Türken ergriff der Kaiser Partei für den Sultan, obwohl seine eigene Schwester mit dem griechischen Kronprinzen verheiratet war. Wieder waren die Engländer, die auf seiten der Griechen standen, entrüstet über sein »schändliches Verhalten«.[36]

Bei dem glanzvollen diamantenen Jubiläum der Queen, das in diesem Sommer gefeiert wurde, wäre Wilhelm liebend gern dabeigewesen

– nicht als Monarch, sondern als Enkel –, aber das war angesichts der vorausgegangenen Ereignisse ausgeschlossen. Er wurde nicht einmal eingeladen. Seine Mutter und drei seiner Geschwister nahmen teil und wurden von den Londonern als Angehörige der »Royal Family« akzeptiert.[37] Lord Ronald Sutherland, der zehn Jahre zuvor die Art gerühmt hatte, wie damals das goldene Jubiläum gefeiert worden war, bemerkte nun:

> Der einzige Mißton bestand darin, daß beim Vorüberreiten eines deutschen Generals ein Stöhnen durch die Menge ging. Man spürte, was für ein Glück es war, daß der deutsche Kaiser nicht persönlich erschienen war.[38]

Die Feindseligkeit, die hier seinem Volk und seiner Person entgegenschlug, ist Wilhelm ganz ohne Zweifel zu Ohren gekommen. Daß er sich in steigendem Maße mißverstanden und verkannt fühlte, wurde oft beobachtet. In diesem Jahr mußte er in der Tat einiges einstecken. Nur auf Dona und ihre phlegmatische Unerschütterlichkeit schien Verlaß zu sein, nur sie schien Anteil zu nehmen. Von Freund Eulenburg aus Wien kamen nur lange Klagelieder. Die Fürsten des Reiches wurden unter Führung des Königs von Sachsen unruhig und opponierten gegen seine kaiserliche Autorität.[39] Und als während der griechisch-türkischen Krise auf einem Wohltätigkeitsbazar in Paris ein verheerendes Feuer ausbrach, in dem 200 Menschen umkamen, unter ihnen die Schwester der Kaiserin von Österreich, und er aus seinem Privatvermögen eine ansehnliche Summe für den Rettungsfond stiftete, bekam er wenig Dank. Die französischen Zeitungen nannten es eine Teilrückzahlung der Reparationen von 1870, was eine bewußte Beleidigung war. Er suchte sich mit Arbeit zu betäuben und widmete sich mit seiner ganzen Energie dem Aufbau der großen kaiserlichen Flotte.

Zur Verteidigung der deutschen Küsten und zum Schutz der deutschen Kolonie hätten im Grunde Kreuzer genügt. Der Kaiser, der Flottenverein und Krupp verlangten jedoch Schlachtschiffe. Das deutsche Offizierskorps davon zu überzeugen, daß der Ruhm der deutschen Waffen in Zukunft ebenso zu Wasser wie zu Felde entschieden werde, war eine Aufgabe, die Wilhelm seine ganze Überredungskunst abverlangte. Dem Reichstag die nötigen Gelder zu entlocken, erforderte sogar einen noch größeren Aufwand. Im Neuen Palais knöpfte er sich wichtige Abgeordnete und einflußreiche Leute vor. Mahans *Influence of Sea Power on History* lag auf seinem Nachttisch. Er konnte das Buch fast auswendig, und wenn man ihm eine Gelegenheit bot, zitierte er daraus endlos lange Passagen.[40] In diesem Jahre 1897 hatte er bereits gegen die Sozialdemokraten gewettert, die seiner gesamten Politik ablehnend gegenüberstanden, und sie als eine gottlose, »revolutionäre Pest« bezeichnet, »die ausgerottet werden müßte bis auf den letzten Stumpf«.[41] Auf seinem gewohnten Forum, dem Festmahl des Brandenburgischen Provinziallandtags, hatte er sodann Furore gemacht, indem er in der gleichen Überspanntheit erklärte, sein Großvater wäre, wenn er im Mittelalter gelebt hätte, heilig gesprochen worden, »und Pilgerzüge aus allen Ländern wären hingezogen, um an seinen Gebeinen Gebete zu verrichten«. Bismarck und Moltke wurden dabei als »Handlanger« eingestuft.[42]

Kanzler Hohenlohe drängte auf Mäßigung, weil damit die Zustimmung des Reichtages eher zu gewinnen war, und als der Kaiser impulsiv an einen Staatsstreich dachte, zwang er ihn durch eine Rücktrittsdrohung zur Besinnung. Wilhelm gab für diesmal nach, aber der Groll gegen diejenigen, die ihm im Weg standen, kochte in ihm weiter. Er schrieb seinem Bruder Heinrich einen Brief, in dem er die widerspenstigen Abgeordneten als »vaterlandslose Gesellen und Verbrecher« bezeichnete.[43] Prinz Heinrich hielt es für richtig, diesen Brief der versammelten Mannschaft seines Schiffes vorzulesen.

Im Frühling und Sommer dieses Jahres gab es ministerielle Amtswechsel. Marschall, dessen Begeisterung für den Flottenbau etwas lau war, wurde des Außenministeriums enthoben, als Botschafter ins ferne Konstantinopel geschickt und durch Bernhard von Bülow ersetzt.* Auch im Innenministerium gab es einen Wechsel. Dem Kaiser am wichtigsten aber war, daß der Staatssekretär der Marine, Admiral von Hollmann, in Pension ging und der dynamische und hochintelligente Admiral Alfred von Tirpitz an seine Stelle trat.[45] Er besaß das Durchsetzungsvermögen, das politische Geschick und die Organisationsfähigkeit, um dem Kaiser das zu verschaffen, was er am meisten begehrte. Wie eine Bulldogge verbiß er sich in diesen Flottenbau, und da er im Gegensatz zu den meisten Marineoffizieren recht umgänglich war, fanden selbst seine Gegner im Reichstag Gefallen an ihm. Der Politiker Tirpitz war keineswegs schlechter als der Admiral.

* Holstein weinte ihm keine Träne nach. Im Verlaufe eines Diners bei Borchardts am 8. Juni erklärte er Philipp Eulenburg, er habe (was ein Irrtum war) in Marschall einen der *Kladderadatsch*-Verschwörer entdeckt, und wenn er nicht seines Amtes enthoben worden wäre, hätte er dies publik gemacht. Holsteins Verfolgungswahn war offensichtlich weit fortgeschritten. Er warnte Eulenburg: »Mit eisernem Besen muß derjenige kehren, der jetzt ins (Auswärtige) Amt kommt. Marschall hat einen heimlichen perniziösen Kampf gegen alles geführt, was Preuße, Adel und politischer Beamter war. Er hat die zweite Abteilung auf den Schild erhoben und die Lebenskraft der politischen Abteilung unterbunden!«[44]

Im Jahr seiner Ernennung zum Staatssekretär der Marine besuchte er Fürst Bismarck in Friedrichsruh. Der Besuch war ein kluger Schachzug, denn der Ex-Kanzler verfügte noch immer über eine riesige Anhängerschaft, und obwohl er angeblich mit Hohenlohe auf gutem Fuße stand, war er kein Freund von dessen Amtsführung. Außerdem hatte ihn seit geraumer Zeit kein führender deutscher Staatsmann aufgesucht. Tirpitz hoffte, durch seine versöhnliche Geste Bismarcks Zustimmung zum Flottenprogramm zu finden. Zu seinem Entsetzen fand er den Riesen in einem erbärmlichen Zustand.[46] Noch immer klagte er, daß ihm seine Frau fehle, die vor drei Jahren gestorben war, und seine Welt hatte sich zu der des Rollstuhls verengt. Er verbrachte seine Zeit, indem er brütenden Gedanken nachhing und immer wieder die Bibel, Schiller, Shakespeare und die Romane der Dumas las – sonst nichts.[47] Er nahm große Mengen Morphium und hielt sich Wärmflaschen an die Wangen, um seine Neuralgien zu lindern. Der große Esser beschränkte sich nun auf geschabtes Fleisch und konnte nur mit Mühe sprechen. Aber während des Besuches von Tirpitz trank er eineinhalb Flaschen Champagner, der ihm gut zu tun schien, und brachte dann seine entschiedene Meinung zum Ausdruck, daß Deutschland innerhalb seiner Grenzen bleiben solle. Küstenverteidigung und Torpedoboote seien ausgezeichnete Mittel, aber in einer großen Schlachtflotte sähe er keinen Sinn.[48]

Nicht einmal ein Besuch des Kaisers im Dezember 1897 konnte Bismarck dazu bringen, seinen Namen für Flottenpropaganda herzugeben. Statt dessen hielt er Wilhelm einen kurzen Vortrag darüber, daß seine Flotte nicht zu verachten sei, daß er sich jedoch auf sein Offizierskorps verlassen müsse, wenn er über die Köpfe seiner Minister hinweg regieren wolle.[49] Der Wink fand bei Wilhelm kein offenes Ohr.

Mehr nach des Kaisers Geschmack war das stillschweigende Einverständnis, mit dem Zar Nikolaus zur Kenntnis nahm, daß sich Deutschland die Bucht von Kiautschou als Kohlenstation für die deutsche Flotte in Ostasien aneignete* und im gleichen Monat unter dem Kommando von Wilhelms Bruder sich eine Schwadron dorthin einschiffte, um die kaiserliche Flagge zu setzen. Es war innerhalb der Familie ein offenes Geheimnis, daß die etwas konfusen Reden Heinrichs häufig aus der Feder seines wortgewaltigeren Bruders stammten, der damit die innere Konsistenz seiner Politik gewährleisten wollte. Manchmal aber vergaß Heinrich seinen Text oder ließ sich dazu hin-

* Im März 1898 schloß Deutschland mit China darüber einen »Pachtvertrag« über 99 Jahre.[50]

reißen, aus dem Stegreif zu sprechen, was stets Unheil bedeutete. In diesem Fall brachte ihn unglücklicherweise die plötzliche Ankündigung, der Kaiser werde persönlich erscheinen und an Bord dinieren, aus dem Gleichgewicht. Dabei beauftragte Wilhelm dann feierlich seinen Bruder, im Fernen Osten mit eiserner Faust durchzugreifen. In China waren nämlich vor kurzem zwei deutsche Missionare der katholischen Kirche ermordet worden, und die Zentrumspartei machte einen großen Wirbel im Außenministerium. All dies zusammen und die hektische Aufgeregtheit, von der ganz Kiel erfüllt war, führten dazu, daß Prinz Heinrich in seiner Rede dem Rachedurst freien Lauf ließ. Noch bedauerlicher war jedoch, daß er sich in der Annahme irrte, es handle sich um eine interne Ansprache auf dem Achterdeck. Seine Worte kamen in die Presse und wurden in der ganzen Welt gelesen. Sie lauteten folgendermaßen:

> Das eine versichere ich Eurer Majestät: Mich lockt nicht Ruhm, mich lockt nicht Lorbeer, mich zieht nur eines: das Evangelium Eurer Majestät geheiligter Person im Auslande zu künden, zu predigen jedem, der es hören will, und auch denen, die es nicht hören wollen.[51]

Trotz des Hohns, der sich nach dieser denkwürdigen Lobeshymne über die deutsche Flotte und die kaiserliche Familie ergoß, trotz der Sozialdemokraten, Bismarckianer und Fortschrittler, ja sogar trotz der wohlmeinenden Warnung seitens Kaiserin Friedrich, die Bülow persönlich aufsuchte und ihn vor der ernsthaften Gefahr einer Entfremdung Englands warnte, gelang es dem Kaiser dank seiner umsichtigen Behandlung der Armee und dank der Strategie von Tirpitz, sein Flottenprogramm am 28. März 1898 durch den Reichstag zu bringen.

Im Juli dieses Jahres telegrafierte Wilhelm seiner Großmutter, daß er gerade bei Molde das Flaggschiff der englischen Schwadron inspiziert habe:

> ICH MÖCHTE MEINE GENUGTUUNG DARÜBER ZUM AUSDRUCK BRINGEN, DASS ICH SOEBEN GELEGENHEIT HATTE, EINIGE STUNDEN MIT SO VIELEN MEINER CHARMANTEN OFFIZIERSKOLLEGEN ZU VERBRINGEN.[52]

Der Ausdruck »brother officers«, den er für die englischen Offiziere benützte, wird Queen Victoria kaum mißfallen haben. Offensichtlich wußte er seinen Rang als britischer Admiral zu schätzen. Es war eine freundliche Geste. Nur drei Tage später schrieb Kaiserin Friedrich ihrer Mutter nach Windsor aus ihrem neuen, schönen Schloß Kronberg:

> Ich bin ganz sicher, daß Wilhelm an einer Annäherung an England SEHR VIEL gelegen ist und daß er von ganzem Herzen hofft, Eng-

land werde sich erkenntlich ZEIGEN und ihm auf halbem Wege entgegenkommen.[53]

Lord Salisbury ließ die Queen sogleich wissen, er stimme mit seinem Kolonialminister darin überein, daß die Politik der »splendid isolation« nicht mehr befriedigend sei.

Wenn England seinen Isolationismus aufgeben und sich nach Verbündeten auf dem Kontinent umschauen wollte, dann hatte es nur die Wahl zwischen Deutschland und dem russisch-französischen Block. Auf allen Ebenen, mit Ausnahme der Presse, mußte ein deutsch-englisches Bündnis die »natürlichste« Lösung scheinen. Wilhelm hatte entsprechend reagiert, zwar vorerst noch keine eingehenden Vorschläge gemacht, sondern sich auf freundliche Gesten beschränkt; diese waren jedoch äußerst kühl aufgenommen worden. Sein Botschafter in London betonte, es bestünde keinerlei Gefahr, daß Deutschland zwischen die Stühle fallen könne, und Bülow, der Außenminister, unterstrich, daß die anderen Mächte Deutschland dringender bräuchten als umgekehrt. Wilhelm hielt seine Enttäuschung und seine persönlichen Gefühle genügend unter Kontrolle, um in dreifache Hochrufe auf die Königin von England auszubrechen, als ihn während einer Truppenschau bei Hannover die Nachricht von der Schlacht von Omdurman erreichte. Aber wenn auch Lord Salisbury so tat, als wüßte er nicht warum, so hatte Wilhelm doch Grund, sich abgewiesen zu fühlen.

3

Im Jahre 1898 wurden zwei große Staatsmänner zu Grabe getragen.

Am Himmelfahrtstage starb William Gladstone. Sein letzter, sehr bezeichnender Wunsch war, seine Familie möge für ihn, für alle christlichen Glaubensbrüder und alle Unglücklichen und Elenden beten. Bei seiner Beerdigung im nördlichen Seitenschiff der Kathedrale von Westminster waren der Prince of Wales und sein Sohn, der Herzog von York, unter den Sargträgern zu finden.[54]

Im Juli ging es auch mit Bismarck zu Ende. Er blickte dem Tod ohne Widerstreben entgegen. Seit Jahren hatte er nicht mehr gehen können. Trotz riesiger Mengen von Morphium hatte er einen Großteil seines Greisenalters unter ständigen Schmerzen gelebt. Er hatte Moltke und seine beiden Jugendfreunde überlebt. Schweninger, sein jüdischer Arzt, konnte ihm nicht mehr helfen. Man ließ seine Söhne holen, und mit seinen Schwestern saßen sie in den letzten Stunden bei ihm. Manchmal sang er eine Melodie, manchmal lasen seine Töchter ihm Schillersche Verse vor. Einmal pfiff er *La donna è mobile.* Als das

Ende kam, war es so bezeichnend wie bei Gladstone. Man wollte ihm einen Teelöffel Eierlikör einflößen. Da ergriff er das Glas, rief mit lauter Stimme »Vorwärts!« und trank es aus. Am 30. Juli, kurz vor elf Uhr abends verschied er.[55]

Der Kaiser befand sich auf seiner jährlichen Kreuzfahrt nach Norwegen, als ihn die Nachricht erreichte. Er diktierte einen eindrucksvollen Tagesbefehl zu Ehren des großen Staatsmannes, telegrafierte Bismarcks Kindern sein Beileid, schlug vor, die Totenmesse im Berliner Dom abzuhalten, wobei er den Angehörigen die Benutzung der königlichen Kirchenstühle anbot, und nahm sofort Kurs auf Kiel. Aber der tote Bismarck fügte sich seinen Wünschen ebensowenig wie der lebende. Er hatte sorgfältige Anweisungen hinterlassen, daß er auf keinen Fall im Berliner Dom, sondern im Mausoleum von Friedrichsruh zu bestatten sei.[56] Wilhelm fuhr zur Beisetzung in Begleitung einer Schar von Generälen und Admiralen. Man bereitete ihnen einen kühlen Empfang. Der Kaiser und seine Begleiter standen auf der einen Seite des Sarkophags, die Familie Bismarck auf der anderen. Der Gottesdienst war kurz und nur in einer Hinsicht bemerkenswert: Der ungewöhnlichste unter den Monarchen seiner Zeit nahm Abschied vom ungewöhnlichsten aller preußischen Junker. Es war das letzte Zusammentreffen zweier kraftvoller Männer, die beide ihre großen Talente, ihre Schwächen und ihre Grenzen hatten. Auf Bismarcks persönliche Anweisung bestand die Grabinschrift lediglich aus den Worten:

HIER RUHT FÜRST BISMARCK
EIN TREUER DEUTSCHER DIENER WILHELMS I.[57]

Dies war der Auftakt eines Kampfes, der sehr lange dauern sollte. Einen Tag nach Bismarcks Tod überließ Moritz Busch, Bismarcks Presseagent, den Zeitungen eine Abschrift von Bismarcks Rücktrittsschreiben, das Wilhelm nicht hatte veröffentlichen lassen. Noch im gleichen Jahr publizierte Busch (zunächst in England) eine dreibändige Polemik mit dem Titel: *Bismarck: Secret Passages from his Life,* mit deren Veröffentlichung er offensichtlich nur auf den Tod des Alten im Sachsenwalde gewartet hatte. Cotta, der für Bismarcks Memoiren soviel bezahlt hatte, brachte nun den ersten Band heraus.* Er war ebenso

* Dieser erste Band von *Gedanken und Erinnerungen* trug damals noch den umgekehrten Titel *Erinnerung und Gedanke.* Insgesamt waren es drei Bände. Die beiden ersten Bände hatte Bismarck Lothar Bucher, der dreißig Jahre lang sein engster Mitarbeiter war, in unregelmäßigen Abständen diktiert. Laut A. J. P. Taylor bekam Bucher für seine hingebungsvollen Dienste nur ein einziges Mal ein Wort der Anerkennung zu hören.[58] Der dritte Band, den Graf Herbert zu Papier gebracht hatte und der von Bismarcks Sturz handelte, erschien erst 1921. Wilhelm las ihn im Exil und versah sein Exemplar mit sorgfältigen Randbemerkungen.[59]

wie der zweite Band kein gut aufgebautes Buch: diskursive Erinnerungen mit einer Fülle zusammenhangloser Details und vollgestopft mit Materialien, die Bismarcks Mitarbeiter aus der riesigen Masse staatlicher und persönlicher Dokumente angeschleppt hatte. Da dieser schon sechs Jahre vor seinem Herrn verstarb, war das Werk auch unvollständig. Was Cotta nun herausbrachte, war das Konglomerat, das er hinterlassen hatte. Wenn auch hie und da Bismarcks literarische Meisterschaft hervorblitzte, war es für seine Anhänger doch eine Enttäuschung. Er trat darin als erbarmungslos rachsüchtiger Spötter in Erscheinung. Der Kaiser war wütend, denn dieser erste Band war ein leidenschaftlicher Bismarckscher Trompetenstoß gegen das Haus Hohenzollern. Die positive Nebenwirkung dieser Empörung bestand darin, daß sie ihn seiner Mutter näherbrachte, als er ihr seit Jahren gestanden hatte, denn die beiden urteilten hier sehr ähnlich. Brieflich redete er sie mit »geliebte Mama« an.[60] Keiner von beiden freute sich auf den zweiten Band.

Um die Spannung dieses Jahres abzuschütteln, beschloß Wilhelm, im Herbst das Heilige Land zu besuchen. Die Reise brachte seinen Jahresrhythmus durcheinander, aber er meinte, daß das auch etwas Gutes haben könne. Thomas Cook, die englische Reiseagentur, wurde beauftragt, alle nötigen Vorbereitungen für ein ausgedehntes Reiseprogramm im Oktober zu treffen.[61]

Am 10. September traf die erschütternde Nachricht ein, daß Kaiserin Elisabeth von Österreich von einem italienischen Anarchisten in Genf ermordet worden war. Sie war gerade im Begriff, sich an Bord eines Raddampfers auf den Genfer See zu begeben, als der Attentäter auf sie zusprang und sie ins Herz stach.* Eine Stunde später war sie tot.[62] Es war das dramatische Ende eines dramatischen unglücklichen Lebens. Ihr erstgeborenes Kind, ein Mädchen, war schon in den ersten Lebensjahren verstorben. Ihr Schwager, der prachtvolle Maximilian, wurde Kaiser von Mexiko, aber in einem Aufstand wurde er verraten und vor ein Hinrichtungskommando gestellt. Teile seines zerstückelten Körpers wurden als Souvenirs versteigert.[64] Ihr Sohn, Kronprinz Rudolph, fand bei Mayerling einen tragischen und skandalösen Tod. Innerlich kam sie weder mit ihrem Ehemann zurecht, der ihr ergeben

* Ihre Königliche Hoheit, Prinzessin Alice, Gräfin von Athlone, erinnerte sich daran, daß ihre Mutter erzählt hatte, ein Wahrsager habe prophezeit, von den schönen Wittelsbacher Töchtern würde die eine durch Feuer, die andere durch Stahl und die dritte durch Wasser sterben. Die Herzogin von Alençon verbrannte ein Jahr zuvor in einem Pariser Wohltätigkeitsbazar, Kaiserin Elisabeth wurde erstochen und die dritte Schwester ertrank.[63]

war, noch mit dem Leben am Wiener Hof. Sie verbrachte den größten Teil der letzten fünfunddreißig Jahre ihres Lebens als Gräfin Hohenems inkognito auf Reisen und wurde dabei zusehends exzentrischer. Sobald er von ihrer Ermordung hörte, fuhr er zu Kaiser Franz Joseph nach Wien. Die langwierigen Beisetzungszeremonien waren noch kaum zu Ende, als die Königin von Dänemark, die Mutter jener Tante Alix von Wales, starb, deren Portrait seit Jahren neben dem Ellas seinen Schreibtisch schmückte. Dann erlitt seine eigene Mutter, die ihm in letzter Zeit weniger kritisch und mehr freundschaftlich gegenübergestanden hatte, einen Unfall beim Reiten im Taunus. Ihr Pferd scheute vor einer Dreschmaschine, warf sie ab und schleppte sie eine ganze Weile am Steigbügel über den Boden. Charakteristischerweise ließ sie keine Klagen hören und verbat sich alle Aufregung, trug jedoch eine ernsthafte Verletzung der Wirbelsäule davon.[65]

Das physische Stehvermögen des Kaisers war nie in Zweifel gezogen worden, aber diese Serie von Schicksalsschlägen ging nicht spurlos an ihm vorüber. Er vergewisserte sich, daß seine Mutter nicht in Lebensgefahr schwebte, fuhr dann aber gegen Ende Oktober auf seine Tour durch den Nahen Osten. Das nominelle Reiseziel war die Einweihung der protestantischen Erlöserkirche in Jerusalem. Mit ihm fuhren Dona, Bülow und Eulenburg sowie ein Schwarm von Militärs und Klerus. Nachdem er also diesmal nicht wie gewöhnlich *en garçon* reiste, sondern in Begleitung der Kaiserin, des Außenministers und des Wiener Botschafters, wurde diese Reise von den Großmächten mit einigem Argwohn beobachtet.

Sein erstes Etappenziel war Konstantinopel, wo er vom türkischen Sultan als alter Freund begrüßt wurde. Abdul Hamid II., der Sohn einer schwindsüchtigen Sklavin, trug aufgrund des Blutvergießens, das er veranlaßt hatte, den Spitznamen »Abdul der Verdammte« bzw. »Das Ungeheuer von Yildiz Kiosk«, was der Name einer über der Stadt gelegenen Festung war. Von den drei Sultanen, die mehr als oberflächliche Beziehungen mit den Großmächten angeknüpft hatten, war er bei weitem der verschlagenste. Sein Vater war ein träger, rundlicher Herrscher gewesen, von dem man nur noch wußte, daß er das europäische Bett in der Türkei eingeführt hatte. Sein Onkel, der ihm auf den Thron gefolgt war, fiel einer Palastrevolution zum Opfer und beging entweder Selbstmord oder wurde mit einem Schlag auf den Kopf beseitigt. Abduls älterer Bruder war ein Säufer, der gern auf das Sultanat verzichtete, um sich kurz aber gründlich dem Alkohol hingeben zu können. Abdul selbst war zwar der Sultan des gewaltigen ottomanischen Reiches und als Kalif des Islam für 300 Millionen Moslems der

Schatten Gottes auf Erden, aber einen erhebenden Anblick bot er nicht. Er war ein verhutzeltes Männchen mit einer großen Hakennase, und sein schütterer Bart war, wie die Sitte es verlangte, rot gefärbt. Außerdem hatte er eine Heidenangst vor Elektrizität, Krankheit und Menschenmengen, wodurch er sein ganzes Leben als Gefangener seiner Leibwächter verbrachte, hinter denen er sich in neurotischer Qual verbarrikadierte, obwohl er keinem einzigen von ihnen traute und einen Geheimdienst von über 20 000 Agenten beschäftigte und hinter jedem einzelnen Leibwächter herspionieren ließ. Er war ein sehr harter Arbeiter, und abgesehen davon, daß er unter und hinter den Möbeln nach potentiellen Attentätern suchte und Verdächtige mit seinem perlmuttgeschmückten Revolver niederschoß, hatte er eine Vorliebe für westliche Amüsements. Neben dem ererbten Harem hielt er sich eine belgische Mätresse, ruderte gern auf einem künstlichen See bei Yildiz Kiosk, spielte Musik von Offenbach und las Sherlock Holmes.[66] Trotz seines neurotischen Charakters konnte das Ungeheur von Yildiz auch charmant sein. Beim ersten Besuch des Kaisers im Jahre 1889 hatte er ihn regelrecht umworben und sich dadurch die deutsche Unterstützung im griechisch-türkischen Konflikt gesichert. Nun kehrte er wiederum seinen Charme hervor, und während Dona sich über den Schmutz beschwerte, der überall herrschte, und angstvolle Momente zu überstehen hatte, als sie und ihre Damen mit Hutnadeln auf Insekten Jagd machten, die aus den Mauern hervorkrochen,[67] fand Wilhelm Gefallen an der Großartigkeit des orientalischen Hofes und an den freundlichen Aufmerksamkeiten des Sultans. Die Tatsache, daß die Engländer Ägypten praktisch dem ottomanischen Reich entrissen hatten, trieb den Sultan in die Arme Deutschlands, und er ließ seine Armee von deutschen Offizieren ausbilden. Er war auch bereit, mehr zu geben als nur äußerliche Zeichen der Freundschaft, was Wilhelm ermutigte, ihn für die deutschen Katholiken um die Dormitio Beatae Mariae Virginis, also jenen Ruheplatz zu bitten, wo Maria der Überlieferung nach vor ihrer Himmelfahrt gelegen hatte. Er erklärte dem Sultan, warum ihm an diesem Geschenk lag, und der Sultan willigte ohne weiteres ein.[68] Er bot dem Kaiser auch eine Leibwache von zwei syrischen Soldaten an, die ihn im Heiligen Land beschützen sollten, und Wilhelm war von dieser Geste sehr angetan.[69] Das war jedoch längst nicht alles. Es wurden auch wichtige politische Konzessionen vergeben. Zwei Monate nach dem Besuch des Kaisers bekam Deutschland die Erlaubnis, auf der Ostseite des Bosporus einen Hafen und einen Bahnhof zu bauen und vom rumänischen Konstanza nach Konstantinopel eine Stromleitung zu legen. Der deutsche Traum – und britische

Alptraum – einer Bahnverbindung zwischen Berlin und Bagdad rückte seiner Verwirklichung näher.[70]

Auf ihrer Weiterreise nach Palästina fand die kaiserliche Pilgerschar die Hitze unerträglich. Wilhelm war jedoch entschlossen, die Reise zu genießen, und von solchen Entschlüssen war er nicht leicht abzubringen. Flankiert von den syrischen Leibwächtern, führte er seinen Hof durch Jerusalem und durch die trotz des Schmutzes und der äußeren Unansehnlichkeit eindrucksvollen Heiligen Stätten. In Anwesenheit vieler Generalsuperintendenten der evangelischen Kirche weihte Wilhelm die Erlöserkirche ein, die von Deutschen in Jerusalem gebaut worden war. Und da er es der Einheit des Reiches wegen wichtig fand, keine Parteilichkeit zu zeigen, übergab er alsdann den deutschen Katholiken in Palästina den Ruheplatz Mariä, den ihm der Sultan geschenkt hatte.[71] Mit einem deutschen Priester erörterte er Baupläne und die Frage, wer für den Ort verantwortlich sein sollte.*

Es war auf dieser Palästinareise, als der berühmte österreichische Zionist Theodor Herzl sich an den Kaiser wandte. Er war mit vier seiner Gesinnungsfreunde aus Wien gekommen, um Wihelms Hilfe zum Aufbau der jüdischen Kolonie in der ursprünglichen Heimat zu gewinnen. Das erste Zusammentreffen geschah zufällig am Straßenrand, aber es führte zu einer zweiten Begegnung, wo der Kaiser die fünf Zionisten dann in seinem Zelt empfing.[72] Wilhelm fand die zionistischen Pläne durchaus nicht reizlos. Die zionistische Bewegung, mit der er wohlvertraut sei, beruhe auf einem gesunden Gedanken, sagte er. In Palästina sei Platz für jedermann, und die eigenen Beobachtungen hätten ihn davon überzeugt, daß der Boden anbaufähig sei, man müsse nur für Wasser und Bäume sorgen.[73]** Es ist schwer zu sagen, was hinter Wilhelms allgemeiner Befürwortung von Herzls Plan stand, und es steht dem Biographen nicht zu, ihm willkürlich bestimmte Motive zu unterstellen. Man hat angenommen, es sei ihm ernsthaft darum gegangen, eine Heimstätte für deutsche Juden zu finden. Seit 27 Jahren, d. h. seit der Gründung des Zweiten Reiches, hatten die deutschen Juden sich der vollständigen wirtschaftlichen Emanzipation erfreut, und viele von ihnen hatten sich in der Politik, den

* Am Ende entschied er, daß die Benediktiner der Beuroner Kongregation die Stätte übernehmen sollten. Im Jahre 1906 bezogen sie das neben der Marienkirche erbaute Kloster.[74]

** Letzteres war leichter gesagt als getan. Obwohl inzwischen fast ein Jahrhundert voll gewaltiger technischer Fortschritte vergangen ist, Bewässerungssysteme, die Entsalzung des Meerwassers und künstliche Wolkenbildung vorangetrieben wurden, nach Wasser gebohrt und Pflanzen gezüchtet wurden, die in Brackwasser gedeihen, ist das Problem noch immer nicht vollständig gelöst.[75]

Künsten und anderen Berufen ausgezeichnet. Nirgends gab es eine größere Zahl von Juden als in Berlin, und es ist ein bislang ungeklärtes Phänomen, daß es immer zum Antisemitismus kommt, wenn die Minorität der jüdischen Bevölkerung ein bestimmtes Verhältnis zu den übrigen Einwohnern des Landes überschreitet.[76] Neun Jahre nach seiner Begegnung mit Herzl klagte Wilhelm über die Zahl der Juden in seinem Reich und erklärte, wenn er sein Volk nicht zurückhielte, käme es zu Pogromen.[77] In seiner Abwehr dieser Tendenz war er nicht sehr erfolgreich; dafür sorgten schon die akademischen Theoretiker, das preußische Offizierskorps und der Alldeutsche Verband.

Merkwürdigerweise hat Wilhelm später in einem handschriftlichen Memorandum bestritten, Herzl je begegnet zu sein.[78] Man hat dieses sonderbare Verhalten mit verschiedenen Hypothesen zu erklären versucht, in der Regel jedoch angenommen, daß er vermeiden wollte, seine allgemeine Billigung des Zionismus widerrufen zu müssen. In Wahrheit litt er ein wenig an der von Wissenschaftlern *Pseudologia fantastica* genannten krankhaften Lügensucht, die unter phantasievollen Kindern und übererregbaren Erwachsenen recht häufig anzutreffen ist. Es handelt sich um eine Art unschuldiges Lügen, durch das sich der »Lügner« meist keinerlei Vorteil, sondern nur das Vergnügen verschafft, eine leicht durchschaubare Unwahrheit hervorzubringen. Es ist eine Form der Schauspielerei, nichts weiter. Elf Jahre später bestritt Wilhelm beispielsweise ohne ersichtlichen Grund, daß ein bestimmter Arzt je seine Mutter behandelt habe, was ebenso sinnlos und unklug war, wie die Begegnung mit Herzl zu leugnen.[79] In Palästina versetzten die Hitze und die Exotik des Landes den Kaiser in einen Zustand hochgradiger Nervosität. Er fand nämlich trotz seiner entschieden christlichen Frömmigkeit und trotz der Tatsache, daß er sich auf einer Pilgerfahrt befand, die Atmosphäre unter den Heiden weit anziehender als unter den Juden und unter den Christen. Er trat öffentlich in der Kleidung eines Beduinenscheichs auf, reiste weiter nach Damaskus, wo er von den Untertanen des Sultans ekstatisch begrüßt wurde, am Grabmal Saladins einen Kranz niederlegte und von der Zuneigung Harun al Raschids zu Karl dem Großen sprach und damit endete:

> Möge der Sultan und mögen 300 Millionen Mohammedaner, die, auf der Erde verstreut lebend, in ihm ihren Kalifen verehren, dessen versichert sein, daß zu allen Zeiten der deutsche Kaiser ihr Freund sein wird.[80]

Im europäischen Gleichgewicht der Mächte waren bereits gefährliche Störungen zu beobachten. Lord Kitchener von Karthum, der englische General, hatte sich, nachdem er 10 000 Derwische getötet hatte, nilaufwärts bis zu einem Ort namens Faschoda durchgeschlagen, wo er auf einen Dampfer stieß, der in Einzelteilen quer über den ganzen Kontinent geschleppt worden war, um hier montiert und auf den Fluß gesetzt zu werden. Er war mit senegalesischen Soldaten und neun französischen Offizieren bemannt. Wo er gedacht hatte, den Union Jack aufzupflanzen, sah er nun die republikanische Trikolore wehen. Kitchener war vernünftig genug, statt Kugeln Höflichkeiten auszutauschen und die Angelegenheit den Staatsmännern zu überlassen.[81] Franzosen und Engländer standen sich stolz und empört über die Konfrontation gegenüber. Wenn Frankreich über die nötigen Mittel verfügt hätte, durch die Dreyfus-Affäre nicht innerlich gespalten gewesen wäre und seinen englandfeindlichen Außenminister nicht gerade noch rechtzeitig durch einen englandfreundlichen ausgewechselt hätte, so hätte das Krieg bedeuten können. Aber M. Delcassé, der neue Außenminister, war ein Freund der Engländer und wollte sie nicht ins deutsche Lager treiben. Zur Enttäuschung des Kaisers schwand die Kriegsgefahr, und die Vertreter der beiden Kolonialmächte setzten sich zusammen, um eine gegenseitig annehmbare Regelung ihrer Interessen in Afrika zu vereinbaren. Weder England mit seinen 100 Millionen Moslems im indischen Subkontinent noch Rußland mit seinem Drang aus dem Schwarzen Meer konnte die euphorische Damaskus-Rede des Kaisers angenehm in den Ohren klingen. Und Frankreich hatte über der Dreyfus-Affäre keineswegs Elsaß-Lothringen vergessen. Der alte Kaiser von Österreich, König Umberto von Italien und das Ungeheuer von Yildiz – von denen keiner sonderlich zählte – schienen Wilhelms einzige Verbündete zu sein.

Am 29. Januar 1899 feierte Wilhelm seinen 40. Geburtstag. Er schrieb an Queen Victoria, die Last seines Amtes sei oft schwer zu tragen, und bezeichnete sich dabei selbst als ihren »queer and impetuous colleague« (ihren sonderbaren und ungestümen Kollegen).[82] Sie notierte in ihrem Tagebuch: »Ich wollte, er wäre in seinem Alter klüger und weniger impulsiv!«[83] Gegen Schmeicheleien war die Queen freilich selber nicht gefeit. Einige ihrer Höflinge schreckten in diesem Punkt vor nichts zurück. Ihr Porträt war bereits in Kempes neuen Fenstern zur Lady Chapel von Winchester Cathedral zu finden.[84] Sie war jedoch eine überaus besonnene alte Dame und wußte mit dieser Art von Aufmerksamkeiten fertig zu werden. Ihrem Enkel, bei dem die Schmeicheleien gewiß nicht weniger dick aufgetragen wurden, fiel dies bedeutend schwerer. Die *Vossische Zeitung,* ein berühmtes und liberales Berliner Blatt, das aus dem 18. Jahrhundert stammte, feierte ihn anläßlich seines 40. Geburtstages in den exaltiertesten Tönen:

Der heute 40 Jahre alt wird, ist ein Kaiser, ein Cäsar, mehr als ein Napoléon I., und zwar nicht nur für uns Deutsche, nein, für die ganze Welt! Heute sind alle Augen Europas auf die Ufer der Spree gerichtet, auf unser altes, schönes Königsschloß, in dem das Idol, der Gott des Tages, uns die Ehre schenkt, zu residieren.[85]

Diese Art von Verherrlichung verlieh Wilhelm nicht selten ein übertriebenes Selbstgefühl, ließ ihn gegen tatsächliche oder eingebildete Beleidigungen empfindlich reagieren. Zu dieser Zeit nun war er besonders schlecht auf Lord Salisbury und seine Großmutter zu sprechen. Er hatte es sich in den Kopf gesetzt, zum 80. Geburtstag der Queen nach England zu fahren und ihr seine sieben Kinder vorzuführen. Aber die Queen lud weder ihn noch seine Familie nach Osborne ein, sondern erklärte, es wäre ihr zuviel Aufwand. Den Berichten über das Programm, das sie an ihrem Geburtstag bewältigte, ist jedoch zu entnehmen, daß sie offenbar über sehr ansehnliche Energiereserven verfügte und daß auch die Anwesenheit ihres Enkels keineswegs über ihre Kräfte gegangen wäre.[86] Ihr Botschafter in Berlin, Sir Frank Lascelles, bemerkte »die bittere Enttäuschung des Kaisers«, daß er »seinen Lieblingsplan« nicht ausführen konnte.[87] Auch Bülow soll gesagt haben, Wilhelm habe die Ablehnung sehr schlecht verwunden. Auf jeden Fall veranlaßte dieser Umstand Wilhelm dazu, eine überaus entschiedene Haltung einzunehmen, als die Queen sich nach dem Tode des Erben von Onkel Alfred in der Frage der Erbfolge an die beiden Landtage wandte, ohne den deutschen Kaiser einzuschalten. Wilhelm verweigerte seine Einwilligung und drohte seiner Großmutter und Lord Salisbury mit einem Veto des Reichstags. Der Herzog von Connaught verzichtete dann auf seine Rechte und auf die seines Sohnes, und schließlich wurde der Herzog von Albany als Thronfolger nominiert und nach Deutschland geschickt, um sich dort umzutun und in der deutschen Armee zu dienen.[88]

Nachdem er seine Meinung über diesen Akt der Einmischung somit kundgetan hatte, ließ er den britischen Militärattaché kommen und wissen, daß er die Politik seines Landes unbegreiflich finde.

Er sagte (berichtete der Attaché seinem Botschafter), daß er seit Jahren der einzige wahre Freund Großbritanniens auf dem europäischen Kontinent gewesen sei, daß er alles getan habe, die britische Politik zu fördern und zu unterstützen und daß er dafür nichts bekommen habe als Undank.[89]

Der Kaiser hatte den nicht ganz unberechtigten Eindruck, daß die Briten sich in aller Welt Kolonien aneigneten und daß sie nicht »fair« waren. Besonders interessiert war er an den Samoa-Inseln im Pazifik.

Salisbury erklärte, sie müßten unter den drei Protektoratsmächten England, Deutschland und den USA aufgeteilt werden, und da es sich nur um zwei Inseln handle, sei das unmöglich. Seine olympische Ruhe und seine mangelhaften Geographie-Kenntnisse – es waren nämlich nicht zwei, sondern drei Inseln – machten Wilhelm rasend.[90] Den englischen Botschafter in Berlin fuhr er mit den Worten an: »Sagen Sie Ihrem Volk, es solle sich anständig benehmen!«[91] Und drei Tage nach ihrem Geburtstag übersandte er Queen Victoria einen sehr aufschlußreichen Brief:

> ... leider muß ich feststellen, daß man in Deutschland zur Zeit sehr schlecht auf England zu sprechen ist ... Lord Salisbury's Regierung muß lernen, uns zu respektieren und als Ebenbürtige zu behandeln ... Ich hatte so heftig gewünscht, an Deinem Geburtstag bei Dir zu sein.[92]

Eine Einladung nach Cowes, die ihm als Trost angeboten wurde, schlug er kurzerhand aus. Die Queen erwiderte in der gleichen Tonart:

> Ich zweifle, ob je ein Souverän einem anderen, und dazu noch seiner eigenen Großmutter, in solchen Worten über dessen Premierminister geschrieben hat.[93]

Aber Wilhelm bereute nichts, sondern beharrte auf seinem Standpunkt. Er wurde allenfalls noch nervöser. Als der Zar, der Oberbefehlshaber der größten, wenn auch bei weitem nicht schlagkräftigsten Armee der Welt eine Abrüstungskonferenz vorschlug, nannte Wilhelm diesen Vorschlag lächerlich. In der Ära Stumm kam Abrüstung überhaupt nicht in Frage. Immerhin wurde auf Anregung des Zaren in Den Haag ein Gerichtshof zur Regelung internationaler Streitfragen eingerichtet. Wilhelm hatte widerwillig seine Unterstützung zugesagt, was er nun jedoch bedauerte. Damit Nikolaus sich nicht vor ganz Europa zum Narren mache, schrieb er, müsse man dem »Nonsense« zustimmen. »In meiner Praxis werde ich mich für später aber nur auf Gott und mein scharfes Schwert verlassen und berufen! Und Sch ... auf die ganzen Beschlüsse!«[94]

Das war sein privater Kommentar. Noch deutlicher brachte er seine Meinung über den Reichstag zum Ausdruck, als dieser entschlossen war, ein Gesetz zum Schutz von Streikbrechern zu blockieren, das er gern durchgebracht hätte. Öffentlich, d. h. mittels eines unchiffrierten, also für die Presse bestimmten Telegramms an seinen alten Lehrer Hinzpeter, kündigte er an, daß er dessen Geburtsstadt ein Standbild Friedrichs des Großen stiften wolle, und nannte es »ein Wahrzeichen, daß gleich wie in diesem Ahn auch in Mir ein unbeugsamer Wille ist, den einmal als richtig erkannten Weg allem Widerstand zum Trotz unbeirrt weiterzugehen.«[95]

Durch diesen Wink mit dem Zaunpfahl drohte er den Abgeordneten, den Reichstag aufzulösen und ohne ihn zu regieren, falls sie sein Gesetz zurückwiesen. Das Resultat war ein allgemeiner Aufschrei der Empörung.

Philipp Eulenburg war zwar bereits ein kranker Mann, scheute sich aber nicht, mit seinem Herrn offen zu sprechen. Auf der norwegischen Kreuzfahrt ging er mit Wilhelm am Strand spazieren und riet ihm, mehr die Ruhe zu bewahren und nicht zu weit zu gehen. »Ein Gefüge wie der deutsche Staat«, sagte er, sei »ein feines, subtiles Werk, ein in einem Glasschrank stehendes Kunstwerk. Wenn der Glasschrank zerschlagen werde, so sei auch das Kunstwerk in Gefahr.«[96] Er krönte seine Mahnung mit einer Botschaft aus dem Grabe. Kardinal Hohenlohe habe ihn auf seinem Totenbett gebeten, den Kaiser davor zu warnen, daß eine Reihe hochgestellter Persönlichkeiten ihn »für unzurechnungsfähig erklären« und absetzen würde, falls er sich unverantwortlich verhalten und zur Idee der absoluten Monarchie zurückkehren sollte. Eulenburg nahm dieser Warnung den Stachel, indem er betonte, daß er die guten Absichten und die »zweifellos moderne Seite« des Kaisers kenne, die »einen fast fortschrittlichen Charakter« trage. Sie werde jedoch »paralysiert durch eine zu hart an die Öffentlichkeit tretende Energie«. Wilhelm erwiderte, »nicht ohne Schärfe«, er beanspruche für sich lediglich »das freie Wort wie jeder deutsche Mann«.[97] Zur Besserung seiner Gemütsverfassung trug schließlich bei, daß er eine Änderung in Lord Salisburys Politik entdecken konnte. Offenbar hatte sich die britische Regierung zu der Einsicht durchgerungen, daß nun wirklich etwas geschehen mußte, um den erzürnten Kaiser zu besänftigen. Die Queen wurde überredet, ihre Einladung nach Osborne zu der Cowes Regatta zu erneuern. Er lehnte wiederum ab, aber er schrieb, ein Besuch auf Schloß Windsor im November wäre ihm willkommen.[98] Seine Großmutter war einverstanden. Wilhelm hatte jedoch noch immer einen Trumpf in der Hinterhand, mit dem er zeigen konnte, wie tief ihn der englische Zweig seiner Familie verletzt hatte. Er sandte seine Jacht *Meteor* zur Regatta nach Cowes, wo sie den Queens Cup gewann, und sandte danach an seinen Onkel, den Prince of Wales, in dessen Eigenschaft als Kommandant der Yacht Squadron folgendes Telegramm: YOUR HANDICAPS ARE APPALLING.[99]*

Die britische Regierung fand, daß etwas Besonderes vonnöten sei, und übergab die Samoa-Inseln an Deutschland. Wilhelm nannte sie

* Womit er sich über die britischen Regeln der Vorgabe beschwerte.

»die Perle in meiner Krone« und erhob Bülow für seinen Anteil an den Verhandlungen in den Grafenstand. Außerdem nahm es der Prince of Wales auf sich, seinen Neffen nach dem Besuch auf Schloß Windsor nach Sandringham zu bitten. Dieses kleine Zugeständnis machte sich bezahlt. Als im Oktober dieses Jahres der Burenkrieg ausbrach und jedermann in Europa mit den Buren zu sympathisieren schien, trat Wilhelm auf die Seite Englands.

4

In diesem Sommer des Jahres 1899, als er den Kaiser an die Bedeutung und die Zerbrechlichkeit der Verfassung mahnte, befand Eulenburg sich selber in einem Zustand hochgradiger Nervosität. Als Vertrauter des Kaisers hatte er sich seit Jahren den Böswilligkeiten ehrgeiziger Leute ausgesetzt, und seinem Privatleben fehlte der Schutz der nötigen Diskretion.[100] Bülow verdankte ihm viel, neigte jedoch nicht zu Dankbarkeit. In Holstein muß ferner der Neid gegen Eulenburgs Einfluß gewachsen sein. Außerdem stand er Wilhelms persönlichem Regierungsstil kritisch gegenüber[101] und kam zu dem Schluß, daß er den Kaiser am besten durch einen Angriff auf dessen Freund attackieren könne. Das Intrigenspiel machte es Eulenburg schwer, Bülows Feindseligkeit rasch zu erkennen. Noch im März 1896 vertraute er ihm an, daß es seiner Meinung nach das Ziel der Männer um Holstein sei, »dem Kaiser die Kehle zusammenzuschnüren«.[102] Als Bülow das Außenministerium übernahm, entdeckte er in den Geheimarchiven ein Memorandum, aus dem hervorging, daß Eulenburg vom Besitzer einer Wiener Badeanstalt etwa zu der Zeit erpreßt worden war, als Kaiser Franz Josephs jüngerer Bruder, ein hemmungsloser Homosexueller, der bei den Wienern als »der Erzherzog vom Bad« bekannt war, aus dem Kaiserreich verbannt wurde.[103] Bülow erwähnte dies gegenüber Eulenburg, der prompt einen, wie er selbst es später nannte, Nervenzusammenbruch erlitt.[104] Er fuhr nach Karlsbad und Gastein, aber diese Kuren änderten nichts daran, daß er monatelang mit nervlicher Erschöpfung daniederlag.[105] In Wien versuchte er das Gesicht zu wahren, aber er war merklich stiller und beschränkte sich im gesellschaftlichen Leben auf seine Pflichten. Häufig fiel er in Ohnmacht.[106] Holstein schrieb ihm quälende Briefe, und dann, nach zwölf Jahren ununterbrochenen Briefwechsels, verstummte er und schien sich zu verschließen wie eine Austernmuschel.[107] Eulenburg war zutiefst erschrocken. Es war mittlerweile klar, daß er ein aktiver Homosexueller war oder gewesen war und daß Bülow wie auch Holstein Beweise dafür in Händen hatten.[108] Falls diese Dinge an den Tag kämen, würden sie nicht nur seinen gesellschaftlichen Ruin bedeuten, sondern indirekt auch die Stellung des Kaisers schwer erschüttern. Die wirksamste Lösung wäre gewesen, sich so rasch wie möglich ins Privatleben zurückzuziehen, aber Wilhelm, der die wahren Gründe für die nervöse Erschöpfung des Freundes nicht kannte, wollte nichts davon hören.

Schlecht und recht hielt Eulenburg sich aufrecht. Als er auf der Nordlandreise jene feierliche Warnung vom Totenbett des Kardinals übermittelte, war er von Angst und Verzweiflung erfüllt, aber er hätte seinem Herren einen besseren Dienst erwiesen, wenn er ihn über seine katastrophalen eigenen Angelegenheiten ins Bild gesetzt hätte. Da Holstein ihn nur als ein Mittel betrachtete, durch das er den Kaiser treffen konnte, schuldete er Wilhelm gewiß volle Aufklärung, aber Eulenburg hatte nicht nur seine Angst, sondern auch seinen Stolz, und er schwieg. Sein Mangel an Aufrichtigkeit brachte ihn in eine verzweifelte Lage. Er unternahm einen letzten Versuch, seinen Feind umzustimmen und suchte ihn im September persönlich auf. Aber Holstein ließ sich verleugnen, und Eulenburg, dessen Angst wuchs, schrieb in sein Tagebuch, das sei das Ende.[109] Im folgenden Monat, in dem der Burenkrieg ausbrach, kündigte der Kaiser nach einer Jagd bei Liebenberg an, er wolle seinen alten Freund in den Fürstenstand erheben. Er war recht verstimmt, als sein Vorschlag bei Eulenburg auf ängstliche Abwehr stieß. Aber Eulenburg saß in der Falle, denn da er nicht erklären konnte, warum ihm diese Ehrung nicht willkommen war, mußte er nachgeben. Am Neujahrstag des Jahres 1900 wurden er und Graf Dohna preußische Fürsten.* Im Juli war er nervlich bereits so erschöpft, daß er an Bord der *Hohenzollern* erneut einen Rücktrittsversuch unternahm, den Wilhelm aber wiederum nicht gelten ließ. Mit jenem Mangel an Mitgefühl und Verständnis, das oft Menschen kennzeichnet, die selber selten krank sind, sagte er, sein Freund in Wien sei ihm unentbehrlich.[110] In der Annahme, daß Holstein vor dem Zustechen sein Messer erst noch wetzen werde, ergab sich der Fürst in sein Schicksal.

Der Kaiser war hocherfreut, als Eulenburg schließlich nachgab. Es

* Eulenburg schrieb in sein Tagebuch: »Die Gratulationscour nahm kein Ende – und niemand vermochte mir in mein Herz zu sehen. . . . es war mir völlige Gewißheit, daß diese ›Erhebung‹ den vorhandenen Gift- und Gallenstoff zu bedenklichen Wirkungen entwickeln mußte. Darum war das, was wohl einem jeden ›weltlich‹ denkenden Menschen ein hoher Genuß sein mußte, mit soviel Bitternis vermengt, daß ich mich eines unheimlichen Gefühls nicht erwehren konnte.«[111]

war ein weiterer kleiner Sieg in einer seit einiger Zeit anhaltenden Serie persönlicher Triumphe. Es war ihm gelungen, durch kaiserlichen Erlaß[112] den Widerstand der Universitäten gegen überfällige Reformen zu brechen, und ein zweites und äußerst befriedigendes Flottengesetz war – auch zur Freude der Werften und Fabriken von Stumm, Krupp und Woermann – durch den Reichstag gebilligt worden.[113] Und ausnahmsweise stand er auch mit seinen englischen Verwandten auf bestem Fuße. Der Herzog und die Herzogin von York hatten ihn gebeten, als Taufpate ihres dritten Sohnes Harry zu fungieren,[114] und obwohl die deutsche Presse leidenschaftlich für die Buren eintrat, tat der Kaiser dies nicht. Bei der Entsetzung von Kimberley telegrafierte er seine begeisterten Glückwünsche, und als ein halbverrückter Jugendlicher in Brüssel auf den Prince of Wales schoß, seine tiefe Bestürzung. Und da er noch immer entschlossen war, der Queen irgendwie seine Familie zu präsentieren, sandte er ihr zu ihrem 81. Geburtstag eine große, mit Fotografien Donas, seiner sechs Söhne, seiner Tochter und seiner selbst bedeckte Uhr.[115] Wilhelm war jedoch noch immer von Familiensorgen bedrückt. Seine Mutter hatte sich nie ganz von ihrem Sturz erholt, und die Ärzte diagnostizierten nun Krebs der Wirbelsäule. Es stand ihr Schreckliches bevor, und wie so oft verdrängte in ihm das Mitgefühl die Bitterkeit vergangener Streitigkeiten und rückte die Erinnerung an glücklichere Zeiten wieder in den Vordergrund. Er besuchte sie oft,[116] und mit gespannten Interesse verfolgten sie gemeinsam die britischen Siege und Niederlagen in Südafrika. Seine Gegenwart machte ihr bewußt, wie sehr sie vergeben und vergessen wollte und wie wenig sie dazu in der Lage war. Zur gleichen Zeit hatte Wilhelm Schwierigkeiten mit seinem ältesten Sohn, dem Kronprinzen, der das aktive Offizierskorps verlassen hatte und nun seine Zeit bei seinem Regiment in der Umgebung von untätigen Speichelleckern verbrachte. Ironischerweise entwickelte sich erneut ein David-Absalom-Problem. Als der Kronprinz volljährig wurde, mußte er feststellen, daß er nicht mehr Freiheit hatte als zuvor. Sein Vater überwachte alles, was er tat, und der Kronprinz führte daher ihm zum Trotz ein äußerst bewegtes Leben. Dona, bei der er Hilfe in diesen Familienproblemen suchen mochte, war entsetzt, als er ihr sagte, daß er die Absicht habe, die drei jüngsten Söhne auf die Militärakademie bei Plön zu schicken. Sie besaß starke mütterliche Instinkte und wollte ihre Kinder stets um sich haben. Drei waren bereits außer Hause, nun sollten drei weitere in jungen Jahren von ihr getrennt werden. Sie weinte, schmollte und war gar nicht zu beruhigen.[117]

Dann stürzte sein Freund, Erzherzog Franz Ferdinand, der österreichische Thronfolger, alle Welt in eine Woge der Entrüstung, als er sich mit einer Gräfin vermählte. Kaiser Franz Joseph ließ ihn vor seinen Geheimen Räten, dem Fürst-Erzbischof von Wien und dem Fürstprimas von Ungarn, mit der Hand auf der Bibel folgenden Eid schwören: »Diese meine Ehe ist eine morganatische und sie soll jetzt und immerdar als eine solche anzusehen sein!«[118] Wilhelm wußte nicht recht, wie er sich als Kaiser in dieser delikaten und hochproblematischen Frage verhalten solle. Den schlimmsten Schlag versetzte seinem Nervensystem dann jedoch am 5. Juli die Ermordung des deutschen Geschäftsträgers in Peking während des Boxeraufstands. Der Kaiser von China bot Brandopfer und Prozessionen an, um den Mord zu sühnen, aber Wilhelm wies das als völlig ungenügend zurück. Das Telegramm, das er von Brunsbüttelkoog an Queen Victoria schickte, die in diesen Unruhen ebenfalls eine Reihe ihrer Untertanen verloren hatte, lautete:

ES WIRD ERNST. WILHELM I. R.[119]

Generalfeldmarschall Graf Waldersee bekam eine neue Chance. Er wurde zum Oberbefehlshaber einer Strafexpedition ernannt, und da diese aus Truppen verschiedener Nationalitäten zusammengesetzt war, wurde er scherzhaft der »Weltmarschall« genannt.[120] Während die Vorbereitungen vonstatten gingen und die große weiße *Hohenzollern* in norwegischen Gewässern kreuzte, verließ ein Befehl nach dem anderen den Funkraum. Generalarzt von Leuthold beobachtete die wachsende Erregung des Kaisers mit Besorgnis, und Fürst Eulenburg versuchte, seine eigenen Bedrückungen hintanzustellen und seinen Freund zu beruhigen. Im Jahre 1900 waren bereits vier dicke Bände von Wilhelms Reden erschienen, von denen viele nicht geeignet waren, das Ansehen des Kaisers und seines Landes zu fördern. Eulenburg sah, daß in Wilhelm, der einfach nicht zu beruhigen war, eine weitere Rede gärte. Es ging um das, was er dem aufbrechenden Expeditionskorps sagen sollte. Wenn er bei seinem Text blieb, so war nichts zu befürchten, aber jedermann wußte, wie leicht er sich von seiner eigenen Rhetorik hinreißen ließ. Die *Hohenzollern* nahm Kurs auf Bremerhaven, und dort ließ der schlaue Eulenburg alle Journalisten, die zur Verabschiedung der Truppen erschienen waren, an Bord kommen. Er sagte ihnen »daß seine Majestät sehr erregt über den Schimpf sei, der der deutschen Nation angetan worden sei«,[121] und diktierte ihnen dann den Text der Rede, die der Kaiser einige Stunden später zu halten beabsichtigte. Der »üblen kleinen Reportergesellschaft«, wie er sie nannte, war es gerade recht, den Text mitstenographieren zu können – damals bekam man solche Texte selten –, und sie eilten zum Zug nach Berlin. Um ein Haar wäre die Überlistung geglückt, aber ein Reporter war von den Beamten übersehen und zufällig nicht an Bord gebeten worden. Und aus seiner Feder erfuhr die Welt von einem der dramatischsten Ausbrüche des Kaisers.[122]* Bülow, der als Staatssekretär des Äußeren zugegen war, bemerkte eine Stange, an der ein Behälter befestigt war, und fragte sich, ob er zum Trocknen von Tauen oder von Wäsche diente oder ob es sich um ein ihm unbekanntes Gerät der Marine handelte. Er war recht unangenehm überrascht, als er den Kaiser in den Behälter klettern und ihn als Kanzel benützen sah.[124] An der Rede war zunächst nichts auszusetzen, aber dann ließ Wilhelm sich, wie Eulenburg gefürchtet hatte, von der Erregung hinreißen und brach in die Worte aus:

> Bewährt die alte preußische Tüchtigkeit, zeigt euch als Christen im freudigen Ertragen von Leiden, möge Ehre und Ruhm euren Fahrnen und Waffen folgen! . . . Pardon wird nicht gegeben, Gefangene werden nicht gemacht. Wer euch in die Hände fällt, sei euch verfallen. Wie vor 1000 Jahren die Hunnen unter König Etzel sich einen Namen gemacht, der sie noch jetzt in Überlieferung und Märchen gewaltig erscheinen läßt, so möge der Name Deutscher in China auf 1000 Jahre durch euch in einer Weise bestätigt werden, daß niemals wieder ein Chinese es wagt, einen Deutschen auch nur scheel anzusehen! . . .[125]**

Es war eine unglückliche Rede. Die Betonung des Kaisers, daß kein Pardon gegeben werde, wurde von wenigen hervorgehoben. Im Osten war das die Regel, und sie war von den Briten in der Indischen Meuterei befolgt worden, ohne daß sie damals zu Kommentaren Anlaß gegeben hätte. Aber die Rede vermittelte der Welt erstens den falschen Eindruck, Wilhelm sei nicht bloß ein Säbelrassler, sondern wirklich bereit, das Schwert zu ziehen, und zweitens die ebenso falsche Vorstellung, die Deutschen seien irgendwie verwandt mit den Hunnen.[126] Im Grunde war die ganze Rede eine Farce, denn als der »Weltmarschall« am Tatort eintraf, war Peking bereits einer Streitmacht erlegen, die sich aus Indern, Japanern, Russen, Amerikanern und Engländern zusammensetzte. Waldersee begab sich auch sogleich auf das diplomatische Parkett und erlegte den Chinesen Bedingungen auf, gegen die sie sich monatelang sträubten. Währenddessen vergnügte er sich mit der Frau eines ehemaligen chinesischen Gesandten in Berlin.[127]

* Das Verdienst, die Presse überlistet zu haben, beansprucht freilich nicht nur Eulenburg, sondern auch Bülow in seinen Memoiren.[123]

* * Dieser Text ist die Version der offiziösen *Nordwestdeutschen Zeitung,* der von dem des offiziellen *Reichsanzeigers* ein wenig abweicht.

Den kaiserlichen Gefühlsausbrüchen folgten gewöhnlich Zeiten der Zurückhaltung, aber nach der Rede von Bremerhaven gab es für Wilhelm keine Rast. Drei Tage später wurde der König von Italien von einem anarchistischen Italo-Amerikaner erschossen. Der Kaiser war bestürzt. Am gleichen Tag noch erfuhr er, daß sein Onkel Alfred, der regierende Herzog von Sachsen-Coburg, an Krebs gestorben war. Er traf alle nötigen Vorbereitungen, damit Prinz Karl, der Herzog von Albany, die Nachfolge antreten konnte, und drückte Queen Victoria sein aufrichtiges Beileid aus. Dann mußte er hören, daß der Queen selbst die Kräfte schwanden. Er empfand seiner Großmutter gegenüber nicht nur herzliche Zuneigung, sondern er blickte auch mit Schrecken der Herrschaft seines Onkels Eduard entgegen. Im Spätherbst war ein weiteres unerfreuliches Ereignis zu verzeichnen. Fürst Hohenlohe wollte die vielen direkten und indirekten Demütigungen, die er in der Presse erfahren mußte, nun doch nicht mehr länger hinnehmen. Zugleich mit seinem Protest sandte er Wilhelm sein Rücktrittsgesuch, und dieser fühlte sich verpflichtet, es anzunehmen.[128] In seinem 82. Lebensjahr stehend, nahm Onkel Chlodwig nicht ungern Abschied von seinen Bemühungen, die Legislative und die Exekutive miteinander in Einklang zu bringen. An seine Stelle trat, wie schon lange geplant, Bülow. Eulenburg sandte seinem vermeintlichen Freund seine Glückwünsche:

> Deutschland befriedigen und den Kaiser nicht verletzen – das steht auf Deiner Fahne. Gott wird Dir auf dem Seile, auf dem Du gehen mußt, die Balancierstange halten, das ist meine Hoffnung und meine Zuversicht.[129]

Und nicht weniger bühnenreif ließ Wilhelm vernehmen: »Er wird mein Bismarck werden.«

Wie andere führende deutsche Politiker, so hatte auch Bülow seinen Spitznamen. Caprivi war der Seehund, Holstein die Spinne gewesen. Bülow wurde zutreffend »der Aal« genannt.

Das Königreich Preußen feierte zu Beginn des Jahres 1901 seinen 200. Geburtstag. Zur gleichen Zeit kam Deutschland einem Bündnis mit England näher als je zuvor. Freiherr von Eckardstein, der deutsche Geschäftsträger an der Londoner Botschaft, traf mit Joseph Chamberlain auf einer Party in Chatsworth zusammen, und man erwog die Möglichkeit eines Bündnisses. Die Einzelheiten sollten später ausgehandelt werden, der springende Punkt war jedoch, daß England sich seinen Isolationismus nicht mehr leisten konnte. Es mußte wählen zwischen dem Dreibund, zu dem sich Deutschland, Österreich-Ungarn und Italien zusammengeschlossen hatten, und dem Zweibund, der zwischen Frankreich und Rußland bestand. Eckardstein und Graf von Hatzfeldt-Wildenburg, der in den sechzehn vorausgegangenen Jahren der deutsche Botschafter in London gewesen war, flehten Bülow an, diese offene Tür nicht zuzuschlagen. Holstein und die Wilhelmstraße waren im Prinzip für ein vorteilhaftes und sorgfältig ausgehandeltes Bündnis, aber sie mißtrauten den Engländern und waren entschlossen, so wenig Zugeständnisse zu machen wie nur möglich. Und während Eckardstein bei all seinen guten Absichten etwas Stümperhaftes an sich hatte, war Hatzfeldt-Wildenburg ein kranker Mann. Das Wichtigste aber war, daß Bülow insgeheim die Befürchtung hegte, England werde Deutschland in einen ruinösen Krieg gegen Rußland hineinziehen.[130]

Diplomatie braucht Zeit. Während diese Zeit verging und Eckardstein nach Berlin berichtete und Berlin Instruktionen kabelte, lag Queen Victoria im Sterben. Der Kaiser verließ sofort die preußische 200-Jahr-Feier und eilte mit dem Herzog von Connaught, dem Vertreter Englands bei diesen Feiern, an ihr Sterbebett. Eckardstein erwartete sie im Hafen. Im Zug nach London erzählte er seinem Herrn von den britischen Vorschlägen. Der Kaiser drahtete an Bülow, die Engländer schienen den Deutschen nun auf dem lang erwarteten Weg entgegenzukommen. Der Kanzler schenkte dieser Idee ein freundliches Lächeln und sabotierte sie im gesamten Verlauf der Verhandlungen.[131]

In Victoria Station wurde Wilhelm vom Prince of Wales in preußischer Uniform empfangen, und die beiden reisten gemeinsam nach Schloß Osborne auf der Insel Wight. Seine »unvergleichliche Großmama« starb dort in Wilhelms Armen. Zusammen mit dem Leibarzt der Queen nahm er Maß für den Sarg, und mit dem Herzog von Connaught legte er ihren winzigen und zerbrechlichen Leichnam hinein.[132] Er überraschte jedermann durch sein Zartgefühl und die offensichtliche Echtheit seiner Trauer. Andererseits ärgerte er damit die Deutschen und vor allem Dona, die nicht gern zu Hause zurückgelassen wurde, sowie Bülow, der mit Entsetzen an die unbeschränkten Möglichkeiten seines Herrn dachte, Deutschland auf eine politische Linie festzulegen, die ihm zuwider war. Gewiß schloß Wilhelm sich energisch dem Drängen Eckardsteins an, die Gelegenheit für ein Bündnis nicht ungenutzt verstreichen zu lassen, aber er fand es nicht angebracht, während des Begräbnisses seiner Großmutter politische Amtsgeschäfte mit englischen Ministern zu erörtern. Er verbrachte viel Zeit im Kreise seiner englischen Verwandten und übte dort ausführliche Kritik an seinem Sohn, dem Kronprinzen, der erst nach ihm herbeigeeilt war. Was auch immer seine privaten Gefühle sein mochten, der neue König Eduard VII. zeigte sich seinem Neffen gegenüber für seine Anteilnahme dankbar. Zu seiner Freude konnte er auch beobachten, daß Wilhelm nun auf viel besserem Fuß mit seiner Mutter zu stehen schien, ihre Schmerzen, die sie so tapfer ertrug, ihn wahrhaft bekümmerten, und sie für ihn »von einem Hauch Poesie umgeben« schien.[133] Er ernannte den Kaiser zum britischen Feldmarschall, Prinz Heinrich zum Vizeadmiral der Royal Navy und verlieh dem Kronprinzen den Hosenbandorden.[134] Beim Begräbnis seiner Großmutter zeigte Wilhelm sich von seiner besten Seite und beeindruckte die englische Bevölkerung sehr – was man vom König der Belgier nicht behaupten konnte.[135] Nur allzu deutlich brachte er zum Ausdruck, wie sehr er seine Großmutter vermißte. Kaum jemand konnte glauben, daß damit das viktorianische Zeitalter zu Ende gegangen war. Überall auf der Welt fragten sich die Menschen, auch wenn sie die Queen nie gesehen hatten, wie es ohne sie weitergehen sollte. Die Zukunft schien unsicher und bedrohlich. Für Wilhelm, der sie gewiß nicht weniger geliebt und bewundert hatte als seinen Großvater Wilhelm I., bedeutete ihr Tod weit mehr. Es war, als sei ihm eine Stütze aus der Hand geschlagen worden. In vollem Gegensatz zur öffentlichen Meinung in Deutschland ehrte er den General, den auch seine Großmutter geehrt hatte: Er verlieh Feldmarschall Lord Roberts den Schwarzen Adler Orden.[136] Und bei einem Diner, das König Eduard VII. ihm zu Ehren gab, tat er sein Möglichstes, ihre beiden Länder aneinanderzubinden. Er betonte, wieviel ihnen gemeinsam wäre und wie stark sein Glaube sei, daß England und Deutschland einander bald besser kennenlernen und gemeinsam für den Weltfrieden sorgen würden. Er schloß mit den Worten:

> Wir sollten ein englisch-deutsches Bündnis schließen. Während wir für das Festland verantwortlich wären, würde es Ihnen die Seeherrschaft sichern. Angesichts eines solchen Bündnisses könnte sich in Europa keine Maus ohne unsere Erlaubnis rühren, und die Nationen würden mit der Zeit die Notwendigkeit erkennen, ihre Rüstung zu vermindern.[137]

So könnte sein Vater gesprochen haben. Oder auch Prinzgemahl Albert.

ELFTES KAPITEL

In der Greifzange

»Wenn man in Deutschland
doch nur stillsitzen könnte,
dann würde bald die Zeit kommen,
wo uns die gebratenen Tauben in den Mund fliegen.«
Graf Paul von Hatzfeldt-Wildenburg
Deutscher Botschafter in London, 1885–1901

1

Als Eduard VII. den gekrönten Häuptern Europas traditionsgemäß seine Thronbesteigung bekanntzugeben hatte, wählte er als Abgesandten für die Höfe der Kaiser von Deutschland und Rußland sowie der Könige von Sachsen, Dänemark, Schweden und Norwegen seinen Freund, den Herzog von Abercorn. Der Kaiser empfing ihn und sein Gefolge mit besonderer Freundlichkeit.[1] Auch als sein Onkel zu einem Privatbesuch bei Kaiserin Friedrich in Friedrichshof erschien, legte er ein Höchstmaß von Freundlichkeit an den Tag und ertrug geduldig die ungewöhnliche Taktlosigkeit Eduards, die darin bestand, daß sich unter den wenigen Begleitern, die er mitgenommen hatte, auch Sir Francis Laking, sein Leibarzt, befand. Die Ärzte von Kaiserin Friedrich waren über dessen Erscheinen ebensowenig erbaut wie ihre Vorgänger im Falle von Wilhelms Geburt und der Krankheit seines Vaters. Wir wissen heute, daß Laking größere Mengen von Morphium mit sich führte, da deutsche Mediziner mit dergleichen Drogen sparsam umzugehen pflegten und Eduard der Gedanke unerträglich war, seine Schwester könnte Schmerzen leiden.[2] Bekannt geworden ist mittlerweile auch, daß Kaiserin Friedrich den Besuch ihres königlichen Bruders auch zur Ausführung eines besonderen Planes benützte. Sie ließ den Assistenten von dessen Privatsekretär, Major Ponsonby, kommen, der zufällig auch ihr Patenkind war, und bat ihn, ihre Privatpapiere mit nach England zu nehmen. Er erklärte sich dazu bereit und nahm an, daß es sich um ein kleines Paket handeln werde. Zu seiner Überraschung waren es zwei in schwarzes Öltuch gepackte und verschnürte

Schrankkoffer, die in den frühen Morgenstunden von Stallburschen in sein Zimmer gebracht wurden. Da er zum Gefolge des Königs gehörte, wurde sein Gepäck natürlich keiner Kontrolle unterworfen, und so gelangten die Koffer unversehrt nach England.[3]

Kaiserin Friedrich zeigte damit, daß sie von der Urteilskraft ihres Sohnes noch immer nicht viel hielt. Sie tat ihm damit ein wenig Unrecht. Beim Tode seines Vaters hatte er sich unter Bismarcks Einfluß recht taktlos – wenn auch nicht ganz unbegründet – verhalten. Es ist unwahrscheinlich, daß irgendein Souverän, wenn er auf den Thron kommt, Wert darauf legt, daß private Darstellungen umstrittener familiärer und politischer Angelegenheiten aller Welt publik gemacht werden. Seitdem war Wilhelm jedoch reifer und milder, wenn auch nicht ruhiger geworden, und was ihn betraf, so fühlte er sich seiner Mutter so nahe, wie er sich ihr seit den Tagen, in denen sie zusammen im Kronprinzenpalais gemalt hatten, nicht mehr gefühlt hatte. Kaiserin Friedrich war jedoch offensichtlich entschlossen, dafür zu sorgen, daß ihre Kümmernisse, ihre Demütigungen und ihre Ansichten eines Tages der Öffentlichkeit bekannt würden. Am 5. August 1901 ging ihr tragisches Leben zu Ende, und sogleich begannen die unglaublichsten Gerüchte über sie zu kursieren. Es wurde behauptet, »die Engländerin« habe gewünscht, nackt und nur in die englische Flagge gehüllt begraben zu werden, und ihr (englischer) Sarg solle durch einen anglikanischen Bischof insgeheim nach England gebracht und in Windsor beigesetzt werden. Eine Variante des Gerüchts lautete, zum Begräbnis solle ein anglikanischer Bischof eingeschmuggelt werden.[4] Es gab auch Gerüchte, die in die entgegengesetzte Richtung zielten: daß Friedrichshof ebenso von Soldaten umgeben sei wie seinerzeit beim Tode von Kaiser Friedrich das Neue Palais, und daß das Haus nach Papieren durchwühlt werde. Einige Soldaten tauchten in der Tat auf, aber es waren nur zwölf Unteroffiziere aus Kaiserin Friedrichs eigenem Regiment, die als Sargträger dienen sollten.[5] Die Tatsachen waren weit ungewöhnlicher als die Gerüchte. Ihre Angelegenheiten waren, wie zu erwarten, in bester Ordnung. Wenn sie nicht von vielen betrauert wurde, so zeigten doch die wenigen durch die Tiefe und Intensität ihrer Trauer, wie sehr sie geliebt worden war. Als die Nachricht von ihrem Tode eintraf, eilte Eduard mit seiner Frau Alexandra sofort herbei. Alexandra brachte einen Kranz von Blumen mit, die sie auf Schloß Windsor, also am Lieblingsort von Kaiser Friedrich, gepflückt hatte.[6] Eduard kam mit einem vertraulichen Memorandum bezüglich einer deutsch-englischen Annäherung, das er zu verwenden gedachte, falls man auf dieses Thema zu sprechen käme.[7] Wilhelm fuhr nach Frankfurt, um seine königlichen Gäste zu begrüßen, und begleitete sie nach Homburg. Dort begannen die Trauerfeierlichkeiten. Dann geleiteten die Trauergäste den Sarg nach Potsdam, wo die Kaiserin in jenem Mausoleum beigesetzt wurde, in dem bereits ihr Mann und ihre Söhne Sigismund und Waldemar ruhten. König Eduard war tief bewegt und nicht weniger erschüttert als sein Neffe, und statt nun zu politischen Dingen überzugehen, drückte er Wilhelm das Memorandum seines Außenministers in die Hand. Wilhelm gab es weiter.[8]

Während Bülow und Holstein mit den Aufzeichnungen wenig anfangen konnten, zürnte nun der englische Außenminister seinem Herrn, und Eduard war äußerst verlegen. Freundschaftlichere Gefühle zwischen den beiden Ländern wurden damit nicht gefördert, und es wurde für Wilhelm nur noch schwieriger, seinen erklärten Wunsch nach einer Annäherung zwischen Deutschland und England durchzusezten. Daß diese Politik damals so unpopulär war, ist schwer zu erklären. Deutschland schien ein progressives Land zu sein. Die Wirtschaft blühte. Seit 50 Jahren war Deutschland eine kulturell führende Nation und das Zentrum des organisierten Sozialismus.[9] Die deutsche Hauptstadt war die Wiege der Quantentheorie und der Allgemeinen Relativitätstheorie sowie großer Fortschritte auf dem Gebiet der theoretischen Physik.[10] Max Reinhardt revolutionierte das Berliner Theater,[11] und Henry van der Velde und Muthesius brachten den Jugendstil zur Blüte.[12] Die Berliner gebärdeten sich areligiös und aufgeklärt und als echte Zyniker. Es hieß beispielsweise, man würde den berühmten Löwen Unter den Linden brüllen hören, falls einmal eine Jungfrau an ihm vorbeigehen sollte.[13] Aber all der Reichtum an Erfindungen, Neuerungen und Revolutionen auf sozialem wie künstlerischem Gebiet und dieses großartige Ambiente des Fortschritts schienen auf die Massen überhaupt keine und auf die Intelligenzschicht nur eine recht geringe Wirkung auszuüben. Der durchschnittliche deutsche Intellektuelle war ein von Selbstzufriedenheit strotzender Chauvinist. Die Berliner Universität und andere Zentren der Wissenschaft waren im wesentlichen mit Menschen besetzt, die sich unter der Herrschaft der Junker, der Bourgeoisie und des Militärs ausgesprochen wohl fühlten.[14] Daraus folgte, daß der Kaiser mit seinem Wunsch nach einer Annäherung an England und einer Revision der bisherigen Politik praktisch allein stand. Die von Bülow geführte Exekutive war ebenso gegen ihn wie die überwältigende Mehrheit des Reichstages. Unterstützung fand er nur bei Eckardstein und Hatzfeldt, die jedoch ignoriert wurden, weil sie durch ihren langen Aufenthalt in England angeblich verführt worden waren.[15] Der tief verwurzelte preußische

Chauvinismus, die nationale Selbstgefälligkeit und vor allem die Presse mit ihrer Macht ohne Verantwortung, die sich seit Jahren in England und Deutschland aufeinander eingeschossen hatte, standen in totalem Gegensatz zu Wilhelms Plänen. Wilhelm gab trotzdem nicht nach. Die Gründe dafür sind teilweise in einer gewissen Hartnäckigkeit zu suchen, die in ihm lag, teilweise auch in seinem Wunsch zu testen, wieviel seine theoretische Macht praktisch wert war, vor allem aber darin, daß er zwei Monate nach dem Tode seiner Mutter im Hause Eulenburg einem Mann begegnete, der ihm so etwas wie eine Mission gab.

Houston Stewart Chamberlain teilte viele Vorurteile mit dem Ku-Klux-Klan. Er konnte keine Juden und keine Katholiken leiden, glaubte an die Reinheit des Blutes, an Organisation und an die »moralische Weltordnung«.[16] Es war weder ein Zufall, daß er der Schwiegersohn des Antisemiten Richard Wagner war, noch daß seine *Grundlagen des 19. Jahrhunderts,* in denen er seine Vorstellungen vom »Deutschtum« darlegte, eines der Lieblingsbücher Adolf Hitlers wurde. Alles Teutonische war ihm heilig, der Fortschritt der Menschheit war in seinen Augen abhängig von der Macht Deutschlands, und seiner erklärten Meinung nach verließ Gott sich einzig und allein auf die Deutschen.[17]

Fürst Eulenburg teilte offenbar die antisemitischen Vorurteile der preußischen Junker und war in dieser Haltung durch seinen Aufenthalt in Wien noch bestärkt worden. Er schrieb dem Kaiser eine Anzahl höchst unerfreulicher antisemitischer Briefe, war jedoch ebenso wie dieser mit Juden befreundet, vor allem mit Baron Nathaniel Rothschild,[18] dem Haupt der österreichischen Linie der Familie, und er fand, man müsse »einen Unterschied zwischen Juden und – Juden machen«.[19] Trotz seines großen Einflusses gelang es ihm nie, den Kaiser zum Antisemitismus zu bekehren. Das gelang auch Chamberlain nicht. Wilhelm besaß die Fähigkeit, aus dem, was die Leute redeten, das herauszugreifen, was ihm zusagte, und den Rest zu ignorieren. Chamberlains Vorstellungen von der »Mission des Deutschtums« fesselte ihn ebenso wie dessen (von Hitler später zensierte) Ansicht, daß in einer schwierigen weltpolitischen Situation das Haus Hohenzollern der einzige Trumpf sei, den Deutschland in Händen halte.[20] In Momenten der Verärgerung verwünschte Wilhelm die Juden – oder die Polen in Ostpreußen und die Franzosen in Elsaß-Lothringen –, aber ein echter Rassist war er nie. Dennoch ließ er sich das heilige Vertrauen gefallen, daß Chamberlain in ihn als den Angelpunkt der deutschen Weltmachtpolitik setzte.[21]

Das Außenministerium und die Reichskanzlei reagierten konsterniert auf die Haltung des Kaiseres, besonders da er fortfuhr, die Bildung eines deutsch-englischen Bündnisses als seine Aufgabe zu betrachten. Mit vereinten Kräften ließen Bülow und das Außenministerium der Möglichkeit eines formellen Bündnisses einfach dadurch keine Chance, daß sie zu hohe Gegenleistungen forderten. England konnte diese Bedingungen unmöglich akzeptieren, und ein Jahr nach Chamberlains Anregung gab Bülow dem Plan den Gnadenstoß. Eine Weile vorher hatte Chamberlain die britische Armee gegen den Vorwurf der Unmenschlichkeit im Burenkrieg verteidigt und gesagt, die britischen Soldaten seien niemals so weit gegangen wie die Soldaten anderer Nationen in Polen, im Kaukasus, in Algerien, in Tonkin oder Rußland oder etwa im Deutsch-Französischen Krieg. Darauf nahm nun Bülow am 8. Januar 1902 im Reichstag Bezug. Er beschuldigte Chamberlain, die Dinge zu verzerren und sagte mit Friedrich dem Großen: »Er beißt auf Granit«.[22] Die Reaktionen ließen nicht lange auf sich warten. Sowohl Chamberlain als auch König Eduard hatten Unterredungen mit dem betrübten Eckardstein und ließen keinen Zweifel daran, daß an ein deutsch-englisches Bündnis nicht mehr zu denken war. »Es ist nicht zu machen«, sagte der König höchst definitiv.[23] Etwa zu dieser Zeit schloß England ein Abkommen mit Japan.[24]

Wilhelm weigerte sich hartnäckig, das Handtuch zu werfen. Er und sein Onkel hatten wenig füreinander übrig. Dennoch schien es ihm wichtig, daß England dem Deutschen Reich zumindest wohlwollend gegenüberstand. Dementsprechend erhielt sein neuer Botschafter in London, Graf Metternich, den Auftrag, dem König zur Kapitulation der Buren im Mai 1902 seine Glückwünsche auszusprechen.[25] Einen Monat später kamen drei führende Generäle der Buren nach Europa, um für Spenden für einen Hilfsfond zu werben. Sie wurden von König Eduard empfangen, in Holland mehr, und in Frankreich weniger freundlich aufgenommen, und kamen schließlich mit der Hoffnung auf den deutschen Kaiser nach Berlin. Obwohl Richthofen, sein neuer Staatssekretär für Auswärtiges, diesen Schritt entschieden mißbilligte, verweigerte Wilhelm den Generälen eine Audienz, als er erfuhr, daß sein Onkel dies gern sähe.[26] Danach bereitete er Lord Roberts und dem britischen Kriegsminister bei den Manövern einen herzlichen Empfang und »überschüttete sie mit Komplimenten und mit seiner Gastfreundschaft«.[27] Schließlich akzeptierte er auch noch eine Einladung nach Sandringham, wo man auf die Jagd ging und am 9. November 1902 König Eduards 61. Geburtstag feierte. Unterwegs inspizierte er auch sein eigenes Regiment, die Royal Dragoons.[28]

In der Wilhelmstraße beobachtete man Wilhelms Diplomatie mit gemischten Gefühlen. Man fürchtete dort, daß Deutschlands Weltpolitik mißlingen würde, wenn man sich allzu sehr an England, der größten Weltmacht, orientierte. Richthofen und Bülow waren besonders besorgt, denn in diesem Sommer durfte Eulenburg endlich seinen Abschied nehmen. Wilhelm versuchte noch immer, sich gegen das Unvermeidliche zu stellen, aber das Drängen Eulenburgs und seiner Ärzte ließen ihn einsehen, daß es nötig war. Es wurde die Fiktion aufrechterhalten, daß der Fürst sich für Konsultationen »zur Disposition« halten werde.[29] Aber es war klar, daß dies selten der Fall sein würde; Eulenburg und der Kaiser waren auch von einem regelmäßigen Briefwechsel abgekommen.[30] Der durch sein Missionsgefühl gestärkte Wilhelm glaubte, er könne nun auch ohne die beruhigende Hand seines Freundes auskommen. Die Beamten des Außenministeriums und der Reichskanzlei hatten daran ihre Zweifel.

Obwohl Eduard sich die größte Mühe gab, war der Besuch in England kein voller Erfolg. Die Jagd war großartig organisiert. Zur Unterhaltung des Kaisers waren der Violinist Jan Kubelik, der Illusionist Albert Chevalier und Sir Henry Irving, der große Schauspieler, eingeladen. Aber in Gegenwart seines Onkels fühlte Wilhelm sich nie wirklich wohl. Er war von beiden die weitaus tüchtigere, zugleich aber die weniger ausgeglichene Persönlichkeit. Eduards verbindliches und weltmännisches Benehmen machten Wilhelm unruhig, und schienen ihm alles zu verderben, was speziell für ihn herbeigeschafft worden war. Außerdem ging er mit seinem eigenen Beitrag zu diesem Besuch, einem Vortrag über die Vorzüge eines aus Kartoffeln gewonnenen Alkohols gegenüber dem Benzin als Brennstoff für Automobile, seinem Onkel auf die Nerven. Als Wilhelm sich nach Norden wandte, um die Lonsdales in Lowther Castle zu besuchen, hörte man seinen Onkel ein »Gott sei Dank ist er weg« murmeln.[31]

Wilhelm fand Deutschland bei seiner Rückkehr von einem Skandal geschüttelt. Sein Freund, der unendlich reiche und auch großzügige Industrielle Alfred von Krupp, den er persönlich in Essen und in seiner Villa auf Capri besucht hatte, war vom sozialdemokratischen *Vorwärts* aufs Korn genommen worden. Unter dem Titel »Krupp auf Capri« hatte er in einem Artikel von Nachforschungen der italienischen Polizei gesprochen, die das »Nest« aufgestöbert hatten, in dem Krupp und seine deutschen Freunde sich angeblich mit italienischen Knaben vergnügt hatten. Aufgrund dieser Vorgänge, so hieß es, habe Viktor Emanuels Regierung es Krupp untersagt, jemals wieder italienischen Boden zu betreten. Als Krupp den Artikel zu Gesicht bekam, telegrafierte er an Bülow, der einer Konfiszierung der betreffenden Nummer des *Vorwärts* und einer Anklageerhebung gegen den Herausgeber wegen Verleumdung zustimmte. Die an die Öffentlichkeit gelangten Exemplare dieser Nummer haben inzwischen Sammelwert. Durch den Kaiserlichen Hofkämmerer bat Krupp den Kaiser am 21. November, eine Erklärung seitens der italienischen Regierung zu verlangen. Am Morgen des folgenden Tages um sechs Uhr war Krupp tot. Angeblich hatte ihn der Schlag getroffen, aber der Totenschein war voller Widersprüche.[32] Daß es dem Herausgeber des *Vorwärts* gelungen wäre, einen italienischen Polizeibericht – falls er ihn überhaupt hätte bekommen können – in einem deutschen Gerichtsverfahren zu benützen, muß bezweifelt werden. Nicht weniger zweifelhaft scheint es, ob er als führender Sozialist in der Lage gewesen wäre, Einblick in die Akten des Berliner Polizeipräsidenten zu gewinnen. Man nahm und nimmt allgemein an, daß Krupp seine Orgien nicht auf fremden Boden beschränkte, sondern eine Anzahl junger italienischer Kellner in das Berliner Hotel Bristol verfrachtet hatte, und daß er in der plötzlichen Erkenntnis der Hoffnungslosigkeit seines Falles Selbstmord verübte. Es ist möglicherweise auch bezeichnend, daß Krupps Witwe die Verleumdungsklage danach mit der Begründung zurückzog, ihr Mann sei nun nicht mehr in der Lage, seine Ehre persönlich zu verteidigen.[33] Entweder guten Glaubens oder weil er meinte, es sei für Deutschland besser, manche Wahrheiten nicht ans Licht kommen zu lassen, weigerte sich der Kaiser dennoch, dieser Geschichte Glauben zu schenken. Er nahm persönlich an Krupps Begräbnis teil und betonte, daß er Krupps Freund gewesen sei. Es war in hohem Maße seinem Einfluß zuzuschreiben, daß das Kruppsche Imperium erhalten blieb.

In Wilhelms Augen schien es fast unglaublich, um wieviel freundlicher die Verhältnisse zwischen dem United Kingdom und dessen Erbfeind, der Republik Frankreich, sich gestalteten, seit sein Onkel Eduard sich darum bemühte. Und es war dies kein diplomatisches Manöver des Kabinetts, sondern ein persönlicher Triumph des Königs. Als Eduard nach Paris kam, war er mit dem Ruf »Vivent les Boers!« empfangen worden, aber nachdem er vier Tage lang seinen Charme hatte spielen lassen, bekam er bei seinem Abschied ein »Vive notre Edouard!«, »Vive le Roi!« zu hören.[34] Und dies kaum zwei Monate, nachdem die Zeitschrift *L'Assiette au Beurre* eine patriotische, antibritische Karikatur gebracht hatte, in der eine Frau ihr Unterhemd hochhebt und dabei einen nackten, struppigen Leib sehen läßt, der unverkennbar die Züge seiner Majestät des britischen Königs trägt.[35]

Wilhelm sah seine Chance. Japan war mit England verbündet,

Frankreich mit Rußland, und wenn England zu einer Verständigung mit Frankreich kam, steckte es den Kopf in eine Schlinge, denn zwischen Rußland und Japan bestand ein bedeutender fernöstlicher Interessenkonflikt, und es konnte nur eine Frage der Zeit sein, bis es zwischen beiden zum Krieg kam. Wenn sich Frankreich dann auf Seiten Rußlands schlug, mußte England für Japan Partei ergreifen und sich damit für immer von den beiden anderen Gegnern Deutschlands trennen. In diesem Winter war der Kronprinz nach Rußland geschickt worden, um die Familienbande mit dem Zaren und der Zarin zu festigen. Nun schickte Wilhelm dem Zaren zur Bestärkung der Brüderlichkeit, die seiner Meinung nach zwischen ihren beiden Ländern bestehen sollte, ein allegorisches Gemälde, das er selbst entworfen, wenn auch nicht ausgeführt hatte, und auf dem er in glänzender Rüstung, ein großes Kreuz haltend, zu sehen war, während Nikolaus bequem in eine byzantinische Robe gehüllt sich zurücklehnte und zu ihm aufblickte. Im Hintergrund kreuzten deutsche und russische Kriegsschiffe. Für Wilhelm war es ein Tribut vom »Admiral des Atlantik« an den »Admiral des Pazifik« – Titel, die er für sie beide ohne Bezug auf andere Nationen in Anspruch nahm.[36] Gleichzeitig entschied er sich, England in der Entwicklung guter Beziehungen zu den USA zuvorzukommen. Ein Vorteil für ihn bestand darin, daß sich in den USA die Einwanderer aus Deutschland im allgemeinen dem Land ihres Ursprungs näher fühlten als die Engländer, Schotten, Iren oder Walliser. Außerdem war 1901, nachdem Präsident McKinley im Temple of Music von Buffalo dem Attentat eines Anarchisten zum Opfer gefallen war, mit Theodore Roosevelt ein Präsident an die Macht gekommen, der dem Kaiser ungewöhnlich ähnlich war. Er war drei Monate älter als Wilhelm. Beide pflegten »Mücken zu töten, als ob es Löwen wären«. Beide hatten sich vorgenommen, »dem Bösen in der Welt ein Ende zu setzen«. Sie waren beide brillante Unterhalter mit schauspielerischem Talent und auffallende, elektrisierende Persönlichkeiten. Beide konnten sie nicht still sitzen, waren indiskret und leutselig.[37] Verblüffenderweise waren sie in vielen Dingen auch noch gleicher Meinung. Beide waren sie progressiv gesonnen und hatten ein soziales Bewußtsein, ohne dabei jedoch in Illusionen zu verfallen. Roosevelt, der Sozialreformer, sagte einmal, der einzige Weg, den Anarchismus des Proletariats niederzuhalten, sei, zehn oder zwölf seiner Anführer zu erschießen.[38] Und der Sozialreformer Wilhelm kannte keine Geduld mit Streikenden, wenn sie sich der öffentlichen Mehrheit widersetzten. Als einmal Militär eingesetzt wurde, um einem Streik der Straßenbahner zu begegnen, drückte er telegrafisch seine Hoffnung aus, daß mindestens

500 Streikende von den Soldaten niedergemacht würden.[39] Wilhelm ergriff die Gelegenheit, mit dem Mann bekannt zu werden, der ihm so ähnlich war, und trat mit ihm in eine ausführliche Korrespondenz. Er war auch ausnehmend freundlich zu Amerikanern, die nach Deutschland kamen. Sehr oft führte er sie persönlich durch das Neue Palais und wies sie auf bestimmte Gegenstände hin, indem er entweder deren Geldwert nannte oder ihre historische Faszination kennzeichnete. Im Gegensatz zu vielen seiner Untertanen fand er Amerikaner amüsant und für seine Aufmerksamkeiten empfänglich, wenn auch ihre Gewohnheit, alles kaufen zu wollen, schwer zu ertragen war. Er erhielt Angebote für alle möglichen Teile seiner Uniform oder für Federn aus dem Hut der Kaiserin, und ein besonders reicher Souvenirjäger fragte nach dem Preis des Brandenburger Tores, das er Stück für Stück in den amerikanischen Midwest zu schaffen gedachte. Von Amerikanern ließ er sich auch Vertraulichkeiten gefallen, die er sonst niemandem gestattet hätte. So ließ er sich beispielsweise von Mr. Armour aus Chicago – Fleischkonserven en gros – auf die Schulter klopfen oder von einem Vanderbilt vor aller Welt einen »good fellow« nennen.[40]

2

Wilhelms persönliche, d. h. sich ganz um seine eigene Person drehende Diplomatie fand nicht die Zustimmung des Berufsdiplomaten von Bülow, der jetzt sein Kanzler war, aber mit Hilfe Holsteins und dessen Geschicklichkeit hatte dieser keine große Mühe, alle diplomatischen Anstrengungen Wilhelms, die nicht im Einklang mit der Politik der Wilhelmstraße standen, wieder zunichte zu machen.

Bernhard von Bülow verdiente seinen Spitznamen. Er war in der Tat so schlüpfrig wie ein Aal. Als vierter Kanzler des Zweiten Deutschen Kaiserreiches war er zugleich dessen jüngster und zweifellos charmantester. Er verstand es, seinen Herrn mit zahllosen Anekdoten zu unterhalten, und machte ihn in seinem Hause mit vielen interessanten Persönlichkeiten bekannt. Bülow verbreitete auch die Illusion, außerordentlich begabt zu sein. Zu seinem Talent für Fremdsprachen kam die Fähigkeit, für die jeweilige Person zum richtigen Zeitpunkt das richtige Wort zu finden. Nützliche Fakten und Zahlen, die er sich zu merken wußte, verstand er so gut einzusetzen, daß er den Eindruck universeller Kenntnisse vermittelte.[41] Aber seinen Ruf als bedeutender Redner und Urheber einprägsamer Formeln wie vom »Platz an der Sonne« verdankte er im Grunde der Findigkeit und Arbeitskraft seiner

Beamten in der Reichskanzlei. Sie lieferten ihm eine Mappe mit hübschen Redewendungen, die zu einer Vielzahl von Situationen paßten und mit denen er seine Reden so ausschmückte, daß sie ihm den Titel »Silberzunge« eintrugen.[42] Er konnte seine Herkunft aus dem preußischen Junkertum, die ihn politisch rechts stehen ließ, nicht verleugnen, aber er war so sehr darauf bedacht, alles für alle zu sein, daß ihn zwar keineswegs immer alle politisch unterstützten, von den sieben politischen Blöcken im Reichstag* aber jeweils sechs ihn als ihren »lieben Bernhard« betrachteten. Den Sozialdemokraten war er natürlich ein unversöhnlicher Gegner. Er betrachtete sich selbst als einen »zweiten Bismarck«[43], aber während Bismarck ein großer Staatsmann gewesen war, war Bülow nur ein sehr geschickter Politiker mit genau der Beimischung von Scharlatanerie, die zu jedem erfolgreichen Politiker gehörte. Sein größter Nachteil bestand im Hinblick auf seinen König und sein Land in seiner Ziellosigkeit. »Weltpolitik« war ein wohlklingendes Schlagwort, aber der Kanzler hatte keinen positiven Plan, wie sie durchzusetzen sei. Holstein besaß bei allen seinen Fehlern eine unvergleichliche Kenntnis der diplomatischen Mechanismen, und man konnte sich auf seine Fähigkeiten verlassen, den Außenminister und die Botschaften zu steuern. Aber der deutsche Wunsch, in einer offenkundig sich verschlechternden internationalen Situation Bismarcks nichtaggressive Politik fortsetzen zu wollen, war zumindest kurzsichtig. Bülow ließ eine Idee nach der anderen Revue passieren, befürwortete die eine, ließ die andere fallen, akzeptierte neue Anregungen, um auch diese wieder aufzugeben, und schaffte es während der ganzen Zeit, die er an der Macht war, nie, eine zusammenhängende politische Linie zu entwickeln.[44] Seine ganze Kanzlerschaft glich einem mit vielen guten Gewürzen versehenen, aber ungekochten und damit auch ganz und gar unverdaulichen Gulasch.

Der »liebe Bernhard« gab sich beträchtliche Mühe, zu demonstrieren, daß er das volle Vertrauen des Kaisers besaß. Ein Besucher der Reichskanzlei bekam gleich beim Eingang auf einem kleinen Tisch eine große Zahl von Ansichtskarten zu sehen, die alle vom Kaiser stammten und mit denen er von seinen Reisen Grüße gesandt hatte. Angeblich wurde dieser Tisch von zwei Detektiven vor der Entweihung durch Souvenirjäger bewahrt.[45] Und sehr lange Zeit stand der Kanzler auch tatsächlich in der Gunst seines Herrn. Bülow gefiel Wilhelm, denn er war jünger als seine Vorgänger und schien geduldiger

* Diese waren die Zentrumspartei, die Sozialdemokraten, die Konservativen und die Freien Konservativen, die Nationalliberalen, die Fortschrittspartei, die Polen, Dänen, Elsaß-Lothringer, Hannoveraner und die Antisemiten.

und beflissener zu sein, Anweisungen von oben auszuführen. De facto war Wilhelm der gescheitere von beiden; d. h. er war nun den Kinderschuhen entwachsen und hatte die Fähigkeit entwickelt, verblüffend schnell das Wesentliche eines Sachverhalts oder den springenden Punkt in einem langen und komplizierten Bericht oder Interview zu erfassen. Seine Zusammenfassungen waren hervorragend.[46] Aber er faßte die Dinge vielleicht zu schnell auf, nämlich so schnell, daß er ganz natürlicherweise die Oberflächlichkeit der Gründlichkeit vorzuziehen lernte, und das machte es Bülow leicht, ihn hereinzulegen.[47] Er ließ sich von der oberflächlichen Intellektualität Bülows blenden und war der ehrlichen Meinung, Bülow sei ihm überlegen. Er sah in ihm seinen politischen Mentor und überschüttete ihn mit allen Ehrungen, die er zu vergeben hatte. Wenn er in Berlin war, gingen sie jeden Morgen zusammen spazieren und pflegten dabei einen freien Meinungsaustausch. So jedenfalls beschrieb es Wilhelm in seinen politischen Memoiren. Er will dem Kanzler erklärt haben, »diplomatisieren« oder gar »finassieren« dürfe man dem Engländer gegenüber nicht – das gehe nur bei lateinischen und slawischen Völkern.[48] Er warnte den Kanzler auch vor Holstein, denn er hatte plötzlich die schmerzliche Entdeckung gemacht, daß Holstein die erzielten Erfolge für sein Außenministerium »einheimste«, daß es jedoch die Schuld des »impulsiven jungen Herrn« war, wenn die Sache nicht nach Wunsch ging.* Holstein war Wilhelm auch durch seine Verschlagenheit und Geheimniskrämerei lästig. Seine Denkschriften, schreibt Wilhelm, »waren zweifellos geistreich und bestechend, aber oft so verklausuliert und zweideutig wie die Orakel der Pythia zu Delphi«.[49] Bülow nahm diesen Rat entgegen, aber Wilhelm mußte schließlich bemerken, daß er nicht danach handelte: »Trotz meiner Warnung – die nur eine Wiederholung der mir seinerzeit von Bismarck gegebenen war – hat Bülow viel mit Holstein gearbeitet oder arbeiten müssen.«[50] Und das »Finassieren« mit den Engländern konnte er auch nicht lassen. Es ist dies ein nachträglich in den 20er Jahren geschriebenes Urteil. Zu diesem Zeitpunkt muß auch Wilhelm von Gerüchten gehört haben, wonach Holstein etwas gegen Bülow in seinem »Giftschrank« hatte. Entweder handelte es sich um homosexuelle Angelegenheiten, oder, was wahrscheinlicher ist, Bülows Frau hatte sich vor ihrer Heirat Indiskretionen zuschulden kommen lassen, und kompromittierende Briefe waren in Holsteins Hände gelangt.[51] Falls diese Gerüchte der Grundlage entbehrten – in Holsteins Nachlaß ist kein entsprechender Hinweis zu

* In *Ereignisse und Gestalten* gibt Wilhelm nicht an, woher er diese Information hatte, wir dürfen jedoch annehmen, daß sie von Eulenburg stammte.

finden –, so arbeitete Bülow aus dem einfachen Grunde mit Holstein zusammen, weil er auf dessen diplomatisches Wissen und Können angewiesen war. Anfangs war Wilhelm jedenfalls glücklich, ihn am Ruder zu wissen und seine Schmeicheleien zu genießen. Es entging ihm, daß seine eigenen Anregungen mit großer Liebenswürdigkeit abgelehnt oder bis zur Unkenntlichkeit verändert wurden. Er glaubte damals, daß man die Dinge dem »lieben Bernhard« überlassen und sich selbst auf Reisen begeben konnte. Aber allmählich änderte sich diese Meinung. Sein Vertrauen schwand, und seine Kritik wuchs. Und als es zu spät war, erkannte er, was für einen Aal er zum Kanzler hatte.

Weit mehr Sorgen machte dem Kaiser zu dieser Zeit freilich sein ältester Sohn. Es hatte sich herausgestellt, daß Donas Befürchtung, der achtjährige Knabe zeige ein ominöses Interesse für die Damenwelt, keineswegs unbegründet gewesen war. Der schlanke junge Mann mit dem Profil Friedrichs des Großen spielte mit monotoner Regelmäßigkeit den eleganten Wüstling. Seine erste Liebe waren die Pferde, seine zweite die Frauen, und von beiden ließ er sein Lebtag lang nicht ab.[52] Sein Vater hätte für die Situation, in der sich der Kronprinz befand, vielleicht mehr Verständnis aufbringen sollen: Jung, reich, von Schmeichlern umgeben, hatte er jede erdenkliche Möglichkeit, auf Abwege zu geraten, während er auf den Thron wartete. Aber Wilhelm selbst hatte ja auf den Thron kaum warten müssen und er ärgerte sich über die moralische Laxheit seines Sohnes. Er wurde alt genug, um zu erleben, daß der Ruf des zwanghaften Schürzenjägers, den der Kronprinz sich erworben hatte, insofern auch für die deutsche Geschichte eine Rolle spielte, als dadurch die Position der Monarchisten zu einer Zeit geschwächt wurde, in der reale Möglichkeiten für eine Rückkehr zur Monarchie bestanden.[53] In den Augen des Kaisers war der junge Mann dekadent, und die Schuld dafür gab er hauptsächlich dem Beispiel seines Onkels Eduard VII., der auch Taufpate des Kronprinzen war und der seine lange Wartezeit ebenfalls mit der Existenz eines Lebemanns ausgefüllt hatte. Als der Kronprinz zum erstenmal kräftig gegen die Lebensregeln seines Elternhauses verstieß, war das in England geschehen. Er war privat zu Besuch nach London und Liverpool gefahren und hatte sich in einer Reihe von Landhäusern aufgehalten. Zu diesen gehörte Schloß Blenheim, wo er sich in eine 18jährige Amerikanerin namens Gladys Deacon verliebte. Auf dem Rückweg wollte er einen Abstecher nach Paris machen, aber sein Vater erlaubte das nicht, sondern schlug statt dessen eine Fahrt durch Holland vor, vermutlich in der naiven Erwartung, dem Prinz würden die flachen Niederlande weniger zu Kopf steigen als die fiebrige Atmosphäre von Frankreich.

Einige Wochen nach seiner Rückkehr gingen die Eskapaden des Kronprinzen durch alle Zeitungen. Seine Neigung zu Gladys Deacon war im *Le Matin* zu lesen. Im *Daily Telegraph* stand, er habe ihr einen wertvollen Ring geschenkt, den er von Queen Victoria zur Konfirmation bekommen hatte.[54] Der Kaiser war so gründlich verärgert, daß er dem Kronprinzen nicht gestattete, auf der nachträglichen Krönung Eduards VII. das Deutsche Reich zu vertreten. An seiner Stelle fuhr Prinz Heinrich und wurde, da er kein Thronfolger war, in den Hintergrund gedrängt, was die deutsche Presse als eine Beleidigung wertete. Der Kronprinz zeigte keine Reue und fuhr fort, sich zu vergnügen. Als Student zeichnete er sich nicht aus und selten trat er in Vertretung seines Vaters in Erscheinung. Im Jahre 1903 liierte er sich mit der amerikanischen Primadonna Geraldine Farrar, verließ Bonn, und man sprach von einer Weltreise, die er zusammen mit seinem Bruder Eitel Friedrich unternehmen werde. Aber die Kaiserin legte ihr Veto ein. Sie tat das selten, aber in diesem Falle war sie entschlossen zu verhindern, daß ihr Sohn den Erdball mit einer Kette von Todsünden überzöge.[55]

Die Reise wurde auf den Nahen Osten beschränkt. Die Prinzen waren die Ehrengäste von Abdul dem Verdammten, der dem Kronprinzen, nachdem ihm dieser auf der Geige vorgespielt hatte, die Goldene Medaille der Türkei für Kunst und Wissenschaft verlieh. Dann wurden sie festlich empfangen von ihrer Tante Sophie in Athen, trafen ihren Großonkel König Eduard in Neapel und fuhren weiter nach Rom, um dabeizusein, als ihre Eltern bei einem Staatsbesuch in Italien und beim Vatikan eintrafen.[56] Ihre Mutter war glücklich, sie gesund und wohlbehalten wiederzusehen. Als strenge Protestantin war sie freilich gar nicht glücklich über den fälligen Besuch bei Papst Leo XIII. Sie brachte dies dadurch zum Ausdruck, daß sie sich weigerte, den protokollarisch vorgeschriebenen Umhang zu tragen, und statt dessen mit einem ihrer riesigen Hüte erschien. Und sie war auch nicht gerade herzlich zu dem alten Herrn, auf dessen weißer, aus der Wolle ungeborener Schafe gewobener Soutane überall die Spuren von Schnupftabak zu sehen waren.[57] Aber Wilhelm glich diesen Mangel an Begeisterung aus, und der Papst, der zu würdigen wußte, was der Kaiser für die große Zahl von Katholiken unter seinen Untertanen getan hatte, begrüßte ihn als »geistigen Erben Karls des Großen«.[58]

15 *Wilhelm II. in der Uniform der Totenkopfhusaren*

16 *Fürst Philipp zu Eulenburg-Hertefeld mit seiner Frau*

17 *Wilhelm II. mit Großadmiral von Tirpitz und Generalstabschef von Moltke*

3

Kaiser Wilhelm befand sich jetzt auf dem Höhepunkt seines Lebens, und es ist interessant, zu studieren, wie seine Zeitgenossen, vor allem die objektiveren, ihn schilderten.

Prinzessin Alice, Gräfin von Athlone, war zu der Zeit, als sich ihr Bruder, der Herzog von Albany und Coburg, an der Kadettenschule von Lichterfelde zum deutschen Offizier ausbilden ließ, oft bei Hof anzutreffen. In ihren Erinnerungen spricht sie ganz offen vom schwankenden Temperament ihres Cousins Wilhelm. Er sei ein merkwürdiger, leicht aufbrausender Mann, der seine Ausbrüche allerdings sogleich bereute und wiedergutzumachen versuchte, was er angerichtet hatte.[59] Sie hielt ihn auch für einen Mann, der es genoß, Menschen einzuschüchtern, aber sie durchschaute sein Säbelrasseln.[60] Wie die Mehrheit der Historiker, so war auch sie der Meinung, daß Wilhelm 1914 von der Kriegspartei benützt wurde und kein Mann der Gewalt war: »Wilhelm war der letzte, der den Krieg gewollt hätte.«[61] Und schließlich nannte sie ihn einen von Natur gütigen und großzügigen Mann und einen Fürsten von beachtlichem moralischem Mut.

Mit ebenso charakteristischen Pinselstrichen zeichnet ihn eine andere Engländerin, die eine gute Beobachterin war und ihn lange kannte. Miss Anne Topham trat im August 1902 auf Schloß Wilhelmshöhe ihren Posten als Gouvernante von Prinzessin Viktoria Luise, der einzigen Tochter des Kaisers, an.[62] In ihren *Memoirs of the Kaiser's Court* zeichnet Miss Topham in einer Reihe reizender Vignetten ein Bild der kaiserlichen Familie und ihrer bevorzugten Wohnsitze. Sie selbst tritt dabei als eine überaus vernünftige, gerechte und humorvolle Engländerin in Erscheinung, der ihre Arbeit Spaß machte. Sie hatte weder Gründe noch den Wunsch, ihren kaiserlichen Arbeitgebern in ihrem Buch zu schmeicheln, und berichtet auch keinen Hofklatsch, obwohl sie dazu gewiß in der Lage gewesen wäre. Ihre Darstellung besitzt daher eine Authentizität, die vielen Memoiren dieser Zeit fehlt. Und das gilt insbesondere für den Freimut, mit dem sie den Kaiser schilderte, nachdem sie ihn besser kennengelernt hatte. Sie schrieb ihr Buch in dem langen, heißen Sommer, der dem Ausbruch des Ersten Weltkrieges vorausging, und gestattete sich nicht, die Wolken zu kommentieren, die sich in dieser Zeit zusammenbrauten. Das erste, das sie bei ihrer Ankunft in Deutschland entdeckte, schrieb sie, war die Tatsache, daß es keine patriotischere Nation gab als die deutsche und daß dieser Patriotismus sich fast gänzlich auf die Person des Kaisers konzentrierte.[63] Sie bemerkte, daß der Kaiser so wenig wie seine Tochter frei war von der »hohenzollernschen Cholerik« und daß er gelegentlich in napoleonische Attitüden verfiel.[64] Als er anfing, Tennis zu spielen und sich in der nahe gelegenen Kaserne oder unter seinen Söhnen Partner suchte, hatte niemand Freude daran. Die jungen Offiziere oder Prinzen konnten keine Sekunde vergessen, daß der Mann, der da in weitem Hemd und Krawatte auf der anderen Seite des Netzes stand, der Kaiser war, und er wiederum konnte nie wissen, ob seine Partner ernsthaft mit ihm spielten oder ihn absichtlich gewinnen ließen. Dennoch gab er das Tennisspielen nicht auf. Miss Topham sah in ihm ganz offensichtlich durchaus nicht die Witzfigur oder die Gestalt des gefährlichen Irren, als die er in bestimmten Teilen der Presse ihrer Heimat gezeichnet wurde. Er konnte seine Umgebung in Erstaunen versetzen, aber ein Herrscher hat die Möglichkeit, sich über Hemmungen hinwegzusetzen und sich Exzentrizitäten zu leisten. Die englische Königsfamilie beispielsweise bot als Vorbild häuslicher Normalität ebenfalls einen erstaunlichen Anblick. Prinzgemahl Albert, Wilhelms Großvater, lief 1858 während einer Typhus-Epidemie durch Schloß Windsor und suchte die Leute zu beruhigen, indem er ihnen die ungewöhnlichen Worte zuwarf: »Keep your pecker up!«[65], was soviel heißt wie »Laßt euch nicht unterkriegen!«, was aber auch anders verstanden werden kann. Und Wilhelms Großmutter, Queen Victoria, verblüffte die Etonboys, die ihr zur Mafeking Night mit einer Serenade aufwarteten, indem sie sich gegen Ende des Konzerts von einem indischen Diener ein großes Glas Whisky reichen ließ.[66] Wilhelms Onkel Eduard VII. rückte allen seinen Besuchern mit Waage und Zentimetermaß zu Leibe und führte über diese Daten Buch, und er war der Schrecken der Straße nach Brighton, wo er seinen Chauffeur antrieb, schneller zu fahren und allen anderen Motorisierten mit den Fäusten drohte.[67] Georg V. schließlich hatte, als er starb, nicht jenen Schulbuchsatz »And how are things in the Empire?« auf den Lippen, sondern angeekelt von der Äußerung eines seiner Leute, es werde ihm bald wieder gut genug gehen, um sich in Bognor Regis zu erholen, verschied er mit einem halblauten »Bugger Bognor!«[68] Mit preußischer Gründlichkeit gelang es Wilhelm, sich zum größten aller dieser Schockierer aufzuschwingen. Bei einem Besuch in Italien umgab er sich mit Hünen, wodurch die Winzigkeit des neuen Königs von Italien betont zur Geltung kam.[69]* Die gleiche Taktlosigkeit legte er an den Tag, als man

* Darin glich er dem Vater Friedrichs des Großen, der seine berühmten zwei Meter großen Potsdamer Grenadiere mittels Geld, Kidnapping oder Bestechung in seine Gewalt brachte und sie sogar zu züchten suchte, indem er seine Giganten mit Gigantinnen verheiratete.[70]

ihm die Rekonstruktion der mit Schrumpfköpfen geschmückten Hütte eines Häuptlings zeigte und er erklärte, daß er in dieser Gestalt auch gerne die Mitglieder seines Reichstages sähe.[71] An Bord der *Hohenzollern* pflegte er in pastorale Kleider zu schlüpfen, sein Gesicht weiß schminken zu lassen und dann seiner »Gemeinde«, für die es kein Entrinnen gab, stundenlange Predigten zu halten.[72] Und in aller Frühe ließ er seine Gäste auf Deck zur Morgengymnastik antreten.[73] Nicht selten übernahm er die Funktion des Kapellmeisters der Potsdamer Garde und schwang den Taktstock. Im Gegensatz zu jenen Ministern, die sich ängstlich fragten, wann und wie sich der nächste kaiserliche Einfall gestalten werde, begrüßte Miss Topham die darin zum Ausdruck kommende Unabhängigkeit:

> Der Kaiser kennt kein stereotypes Verhaltensmuster, und das bildet einen seiner reizvollsten Wesenszüge. Wenn ihm nicht nach Herumlaufen und nach Verteilung huldvoller Freundlichkeiten zumute ist, dann tut er das einfach nicht.[74]

Sie bewunderte die Spannweite seiner Interessen und die Unersättlichkeit seines Wissensdurstes[75], worin er seiner Mutter und seinem Großvater, Prinzgemahl Albert, nachschlug. Mit Malern, Architekten, Bildhauern, Schriftstellern und Wissenschaftlern, Theologen und Philosophen, Archäologen und Altphilologen stand er auf freundschaftlichem Fuß. Miss Topham rühmte auch seine Vorliebe für die frische Luft. Wenn er zu Hause war, ging der Kaiser jeden Nachmittag mit der Kaiserin spazieren,[76] und mit ungewöhnlicher Energie pflegte er dazu noch zu reiten, zu schießen, zu jagen, zu rudern, Wagen zu lenken, Schlittschuh zu laufen und Schlitten zu fahren. Die tägliche Hauptmahlzeit bei Hofe war das Mittagessen, was daher mit viel Zeremonie im Schloß eingenommen wurde. Aber wenn das Wetter es gestattete, fanden das Frühstück, der Tee und das Abendbrot im Freien statt. Picknicks waren eine Leidenschaft der Familie. Bei den einfachsten kochten Kinder und Eltern abwechselnd, aber es gab auch regelrechte Picknick-Bankette, wo dann Köche und Diener zu einer ausgewählten Stelle vorausgeschickt wurden und die kaiserliche Familie gemächlich in der Kutsche nachkam.[77] Gelegentlich hatte Miss Topham aber auch Grund zu seufzen, denn wenn der Kaiser zu Hause war, verdreifachte sich das Lebenstempo, und jeder mußte jederzeit bereit sein, in der jeweils passenden Kleidung irgendwohin aufzubrechen. Das hatte etwas Entnervendes. Eine Hofdame klagte: »Wir sind wie Juden beim Passah-Fest und müssen stets mit dem Stab in der Hand gestiefelt und gespornt dastehen und bereit sein, entweder durch die Flure eines Schlosses oder die Pfützen einer Straße zu laufen.«[78] Miss

Topham gestattete sich aber auch noch einige andere kritische Bemerkungen. Da sie vermutlich eine britische Suffragette war, mißbilligte sie die Tatsache, daß der Kaiser, wie die meisten Männer und Frauen seiner Zeit, nicht das geringste Interesse an der Frauenrechtsbewegung zeigte. Zu ihrem Entsetzen ging er so weit, sogar die Hüte der Kaiserin selbst auszuwählen.[79] Auch seine Angst vor Ansteckung fand sie lästig, denn wenn Wilhelm entdeckte, daß im Palast ein Fall von Masern oder Mumps aufgetreten war, dann hatte der ganze Hof binnen einer halben Stunde zu einem anderen Ort aufzubrechen. Einmal hatte man sich entschieden, den Winter auf Schloß Bellevue statt im Alten Palais zu verbringen – eine von jedermann begrüßte Abwechslung –, als Prinz Oskar, der gerade aus Italien zurückgekommen war, an Windpocken erkrankte. Alles einpacken und umziehen erwies sich jedoch als zwecklos, denn kaum waren sie dort angekommen, als Prinz August Wilhelm mit der gleichen Krankheit zu Bett mußte. Wieder gab es einen großen Aufruhr. Die plötzliche Flucht war schlimm genug gewesen, jetzt stellte sich auch noch heraus, daß sie überflüssig war. Mangelnde Verständigung hatte bewirkt, daß die Kaiserin dem Kaiser zuliebe auf dem Umzug bestanden hatte, obwohl er, wie er dann zur unangenehmen Überraschung aller verkündete, die Windpocken bereits viele Jahre vorher gehabt und damals einfach die Anweisungen des Arztes befolgt hatte.[80] Für eine englische Lady war das eine ärgerliche Art von Leerlauf. Sie mißbilligte auch, daß der Kaiser seine Tochter verwöhnte, denn ein verzogenes Kind war natürlich weniger leicht zu erziehen. Einmal schenkte er Prinzessin Viktoria Luise sogar ein frisch geschrubbtes Ferkel mit blauer Schwanzschleife. Als das normale Schicksal von Ferkeln näherrückte, fragte sich Miss Topham, was passieren würde, aber sie hätte sich ihre Sorgen sparen können. Die Prinzessin war nicht zimperlich. Als das Schweinchen größer wurde, verkaufte sie es an einen Metzger, steckte den Erlös ein und verzehrte mit Genuß die Würstchen, die daraus gemacht wurden.[81] Aber Miss Topham fand fast alles verzeihlich, was der Kaiser tat, denn er besaß soviel »sense of humour«.[82] Wenn er lachte und dabei vor Vergnügen auf den Boden stampfte, so war es unmöglich, nicht mitzulachen. Und er fand viel, worüber er lachen konnte. Gelegentlich hänselte er die Leute, was eine grausame Form des Humors sein kann, wenn nämlich die Zielscheibe des Spottes nicht die Möglichkeit hat zurückzuschlagen, aber das war auch eine Methode, aufgeblasenen Menschen ihre Einbildung auszutreiben. Im Scherz gab er Miss Topham den Spitznamen »The dreadnaught« (Das Schlachtschiff), und zwar nicht, wie man annehmen könnte, aufgrund ihrer Gestalt, sondern aufgrund ihrer Nationalität und der englischen Flottenrüstung. Sie nahm daran keinerlei Anstoß.[83] Wie Queen Victoria war er ein guter Nachahmer von Geräuschen. Sein Meisterstück, das seine Tochter prachtvoll zu kopieren verstand, war die Öffnung einer Sektflasche und das gluckernde Eingießen in das Glas.[84] Vor allem aber konnte er den Beweis des echten Humors antreten: er konnte über sich selbst lachen. So brachte er Miss Topham in Verlegenheit, indem er Exemplare des *Punch* hervorzog, in denen er als Seeschlange, als Leierkastenmann oder mit riesigem Schnurrbart abgebildet war, und sie fragte, ob sie die Karikatur zutreffend fände. Wenn sie konnte, versuchte sie den *Punch* zu verstecken, um solche heiklen Momente zu vermeiden.[85]

Einige weniger erfreuliche Charakterzüge des Kaisers sind seiner Cousine, Prinzessin Alice, und Miss Topham vielleicht verborgen geblieben. Die Grausamkeit, die in seiner Neigung zum Hänseln steckte, fand ihren körperlichen Ausdruck beispielsweise darin, daß er manchmal seine Ringe nach innen drehte und dann mit dem eisernen Händedruck seiner Rechten den Leuten absichtlich weh tat.[86] Und in seinem herrischen Gehabe überschritt er manchmal das Maß des Gewohnten. Prinzessin Marie-Luise von Schleswig-Holstein, eine weitere Cousine, berichtet, Wilhelm habe befunden, daß sich Radfahren für eine preußische Prinzessin nicht zieme, und er habe die Mißachtung dieses Gebots prompt mit 14 Tagen Hausarrest für sie und ihren Gemahl geahndet.[87] Er befand sich gern in Gesellschaft von Frauen, aber mehr als vage Gerüchte, daß er seiner Frau jemals untreu gewesen sei, gab es nicht. Michael Balfour äußert in seiner hervorragenden biographischen Studie des Kaisers die plausible Ansicht, intellektuelle Neugier habe die Mätressen ersetzen müssen.[88]

In einer Beurteilung seines Charakters darf schließlich ein Hinweis auf seinen Mut nicht fehlen. Im Herbst 1903 begann der Kaiser, seine Stimme zu verlieren. Zur gleichen Zeit schmerzte sein linkes Ohr und eiterte. Das Ohr war rasch geheilt, aber die Heiserkeit blieb. Bald konnte er nur noch flüstern. Seine Ärzte drängten ihn zu einer Seereise. Ohne jeden Zweifel erinnerte er sich daran, daß sich sein Vater im Jahre 1887 in genau dem gleichen Zustand befunden hatte. Man war damals fest davon überzeugt, daß eine Neigung zum Krebs vererbt werden konnte, und man kann sich Wilhelms Gefühle vorstellen, als seine Ärzte eine Geschwulst in seinem Kehlkopf entdeckten. Man riet zu eben der Operation, die sein Vater abgelehnt hatte. Listers Arbeiten auf dem Gebiet der Asepsis hatten der Chirurgie neue Wege eröffnet, aber die alte Angst vor Operationen war noch keineswegs gebannt, besonders für einen gefühlsbetonten und phantasievollen Menschen wie den Kaiser. Es war nicht das Messer, das er fürchtete. Die orthopädischen »Kuren« seiner Kindheit und das schreckliche Lernen, zu Pferde das Gleichgewicht zu bewahren, hatten ihn gelehrt, Schmerzen auszuhalten, was auch sein Zahnarzt bestätigte. Er war jedoch ein nervöser Patient, der dazu neigte, sich immer das Schlimmste auszumalen, und da er die schrecklichen Einzelheiten der Krankheit seines Vaters und dessen Todes nur allzu genau kannte, war es ein besonderer Beweis von Mut, daß er den Rat der Ärzte annahm. Die Operation wurde durchgeführt. Seinem Kehlkopf wurde ein Polyp entnommen, die Geschwulst jedoch für gutartig befunden. Der Kaiser war überaus tapfer, erholte sich rasch, und sobald es nur ging, nahm er seine Arbeit energisch wieder auf.[89]

4

Genau vier Wochen, nachdem die Geschwulst aus seinem Hals entfernt worden war, schrieb der Kaiser – in englischer Sprache – an den Zaren einen Brief über Schiffe und Kanonen und fügte einen Bericht bei, wonach die Japaner insgeheim von den Chinesen beliefert wurden. Er schloß diese Botschaft mit »Tata. Herzliche Grüße für Alix von Deinem ergebenen Freund und Vetter toujours en vedette, Willy.«[90] Wilhelm war offenbar entschlossen, seine Privatdiplomatie fortzusetzen.

Sein nächster Schritt in diese Richtung galt der Unterstützung des Planes, den der Chef des Generalstabes, Graf Alfred von Schlieffen, zu einer eventuell nötigen Niederwerfung Frankreichs ausgearbeitet hatte. Dieser Plan basierte auf der Strategie, die Hannibal bei der Schlacht von Cannae angewandt hatte, und folgte Clausewitz, dessen Wort beim deutschen Militär fast soviel galt wie die Heilige Schrift und für den Geschwindigkeit und Entschlossenheit wichtiger waren als alles andere. Im Falle eines Krieges gegen den Zweibund hielt Schlieffen es für das Entscheidende, Frankreich zu besiegen, während Rußland noch dabei war, seine schwerfällige Militärmaschinerie in Gang zu setzen, und dann mittels des perfekten Transportsystems, das die Eisenbahndivision ausgearbeitet hatte, die siegreichen Divisionen an die Ostfront zu werfen.[91] Schlieffen war der Ansicht, daß ein Frontalangriff gegen die französischen Grenzbefestigungen nicht rasch genug zum Erfolg führen würde. Mit gutem Grund fand er, daß man am schwächsten Punkt, nämlich an der französisch-belgischen Grenze, anzusetzen habe.

Der politische Aspekt, der darin bestand, daß die belgische Neutralität bereits 1839 von Preußen, Österreich, Rußland, Frankreich und England garantiert worden war, ging die Armee nichts an. Wilhelm hielt es für seine Pflicht, sich mit diesem Punkt persönlich zu befassen. Im Januar 1904 lud er daher König Leopold von Belgien nach Berlin ein und eröffnete ihm, daß Deutschland im Falle eines Krieges notgedrungen durch das neutrale Belgien marschieren müsse. Für die Erlaubnis dazu versprach er als Gegenleistung nicht nur die Wiedergutmachung aller eventuellen Beschädigungen durch Truppenbewegungen, sondern auch die Erweiterung Belgiens durch Angliederung des französischen Flandern, des Artois und des Gebiets der Ardennen. In Wilhelms Augen war das vermutlich ein faires, für einen so abscheulichen Monarchen wie Leopold sogar allzu faires Angebot, aber er begriff nicht, daß Leopold zwar keinen Funken von Reputation mehr besaß, daß er sich jedoch mit allen seinen Untaten gegenüber seiner eigenen Familie und gegenüber den Eingeborenen des Kongo stets noch im Rahmen der Gesetze gehalten hatte. Zu Wilhelms Verdruß setzte der alte Schurke eine Miene der Rechtschaffenheit auf und hielt ihm einen Vortrag über das Wesen der konstitutionellen Monarchie und darüber, daß die belgischen Kammern einen solchen Vorschlag niemals auch nur in Erwägung zögen. Wilhelm ließ zunächst einige säuerliche Bemerkungen über souveräne Herrscher und Parlamente und schließlich die ganze Angelegenheit fallen. Sein Vorschlag wird Leopold kaum schockiert haben, aber es wurde behauptet, daß dieser hinterher so empört und verblüfft war, daß er bei der Abfahrt am Bahnhof den Helm verkehrt herum aufsetzte.[92] Der Grund seiner Bestürzung lag jedoch vermutlich eher in der Vorstellung, auf seinem Staatsgebiet könnte ein Krieg ausgefochten werden. Seit 30 Jahren hatte er an der Verteidigungsbereitschaft Belgiens gearbeitet und die größten und besten Kanonen bestellt, die Krupp liefern konnte. Als er von Berlin zurückkam, schrieb er nach London, rief seine Minister zusammen und befahl die Befestigung Antwerpens. Um Wilhelm zu besänftigen, sorgte er durch Bestechungen dafür, daß ein Teil der deutschen Presse schrieb, die neuen Verteidigungsmaßnahmen seien notwendig, da Belgien einen französischen Angriff befürchte.[93] Aber weder Wilhelm noch sein Generalstab reagierten mit sonderlichem Verdacht oder auch nur Interesse. Sie waren der Ansicht, Schlieffens großer Ansturm würde sich, ganz gleich ob mit den Belgiern oder gegen sie, als unwiderstehlich erweisen.

Bülow mißbilligte diese fürstliche Konferenz entschieden, und Wilhelm war arg enttäuscht. Er hatte Zustimmung und Lob erwartet.

Aber Bülow wich von seinem Standpunkt nicht ab. Ein militärischer Plan werde unwirksam, meinte er, wenn er nicht geheim bleibe. Der belgische König kenne nun die deutschen Absichten in ihren Umrissen und würde zweifellos seine Schutzmächte informieren.* Trotz dieser Abfuhr, die Bülow ihm erteilte, war Wilhelm nicht gesonnen, auf seine Prärogativen zu verzichten. Als drei Wochen später der lang erwartete Krieg zwischen Rußland und Japan ausbrach, ließ er keinen Zweifel, auf welcher Seite er stand. Er hoffte, als Rußlands Verbündeter werde Frankreich hineingezogen, und die Chancen einer englisch-französischen Verständigung würden sich, da England mit Japan verbündet war, vermindern. Aber im Hinblick auf Konflikte mit außereuropäischen Mächten hatte Frankreich sich Rußland gegenüber lediglich zu Konsultationen verpflichtet. Diese Konsultationen fanden auch statt, aber gleichzeitig schloß Frankreich ein formelles Bündnis mit England, durch das viele Differenzen zwischen den beiden Ländern ausgeräumt wurden. Was Wilhelm nach der »gelben Gefahr« besonders fürchtete, war die Gefahr eines Zweifrontenkrieges aufgrund einer »Einkreisung« oder, wie er es nannte, die »Greifzange Gallien–Rußland«. Die im April 1904 verkündete *Entente Cordiale* zwischen Paris und London vergrößerte seine Befürchtungen, die er zweifellos seinem Freund Eulenburg anvertraute, als er bald danach zur Vermählung von dessen ältestem Sohn nach Liebenburg kam.

Eulenburg war zu diesem Zeitpunkt jedoch in sehr schlechter Verfassung.[95] Sein Gesundheitszustand war katastrophal. Statt seiner hatte Wilhelm nun zwei neue Ratgeber. Der eine war Albert Ballin, der deutsch-jüdische Industrielle, der die blühende Schiffslinie Hamburg-Amerika besaß. Er ging mit dem Kaiser auf Kreuzfahrt und auf die Jagd bei Rominten.[96] Der zweite neue Vertraute war ein Familienmitglied, nämlich seine junge Schwägerin Prinzessin Feodora von Schleswig-Holstein, eine unverheiratete Exzentrikerin, die auf der Bornstedter Farm lebte, wo Wilhelm als Junge so glücklich gewesen war. Prinzessin Feodora weigerte sich, als Schwester der Kaiserin aufzutreten und bestand darauf, in den Berliner Geschäften wie jede andere Kundin behandelt zu werden. Sie war die beste Aquarellmalerin der Familie und schrieb recht düstere Bücher über Armut und über das Leben der Bauern. Besonderes Vergnügen machte ihr Versteckspielen auf der Bornstedter Farm.[97] In vielen Fällen war sie anderer Meinung als

* De facto hatte in diesem Jahr ein Offizier des deutschen Generalstabes den gesamten Schlieffen-Plan an die Franzosen verkauft. Er tat dies auf melodramatische Weise, indem er Teile des Planes in Paris, Nizza und Brüssel übergab und dabei seinen Kopf so in Bandagen hüllte, daß nur seine Augen und sein Schnurrbart zu sehen waren.[94]

ihr Schwager, aber Wilhelm schätzte ihren Humor und auch ihre Bereitschaft, seine schwierigen Kinder gelegentlich beiseite zu nehmen und ihnen eine Standpauke zu halten.[98]

Im Jahr 1904 wurde König Eduard zur Kieler Woche eingeladen. Zu Wilhelms Mißvergnügen hatte sein Onkel bereits Frankreich, Portugal, Italien und Österreich Staatsbesuche abgestattet, sich in Deutschland bislang jedoch nur privat aufgehalten. Wie sein Onkel zuvor in Sandringham so war auch er entschlossen, diesen Besuch nach besten Kräften erfolgreich zu gestalten. Dem Feinschmecker Eduard zuliebe überwachte er die Zusammenstellung der Menüs und zeigte sich zuvorkommend, indem er auf dem Promenadendeck der *Hohenzollern* inmitten einer kleinen Landschaft von Topfpflanzen, künstlichen Teichen und Wasserfällen ein Kanapee aufstellen ließ. Er sorgte dafür, daß sich die Hochseeflotte mit allem Zubehör dem König blitzblank präsentierte und beorderte ihm zu Ehren eine große Menge Truppen nach Kiel.[99] Mißverständnisse, Durcheinander und unglückliche Zwischenfälle blieben dennoch nicht aus. Als die Engländer ankamen, war es stockdunkel und es regnete in Strömen. Unmittelbar nach dem Anlegen Truppen inspizieren zu müssen, war für einen älteren Herrn eine leichte Zumutung. Die mit Ordensverleihungen sparsamen Engländer waren überdies nicht auf den Ordensregen vorbereitet, der auf dem Kontinent bei Staatsbesuchen auf das königliche Gefolge herabzuprasseln pflegte, und ungern ließen sie sich dazu bewegen, ihre strengen Regeln in diesem Falle etwas großzügiger zu handhaben.[100] Und schließlich verstand König Eduard, der mit der guten Absicht nach Kiel gekommen war, seinen Neffen zu beruhigen und ihm zu erklären, daß die englisch-französische *Entente* nicht als Bedrohung Deutschlands gedacht war, die Demonstration deutscher Militärmacht als bewußte Provokation. Seine Marineoffiziere waren der gleichen Meinung. Nachdem ihnen die deutsche Flotte vor Augen geführt worden war, schärften diese Herren, als sie nach Hause zurückkehrten, ihren Politikern und der Öffentlichkeit ein, daß ein verstärkter britischer Flottenbau unumgänglich sei. In seiner nicht gerade klugen Begrüßungsansprache zeigte Wilhelm offen seine Karten und erregte die Feindseligkeit seiner englischen Gäste. Er ließ sich gehen, und obwohl seine Flotte die jüngste der Welt war, sagte er, daß in ihr die Erneuerung der Seemacht des Deutschen Reiches zum Ausdruck komme.[101]

Die höfliche, in großer Ruhe und ausgezeichnetem Deutsch vorgetragene Antwort des Königs war ein desillusionierender Affront. Er sagte, er sei gern nach Kiel gekommen, da er schon immer ein Interesse für – und hier machte er eine kleine Pause – den Segelsport gehegt habe. Er freue sich, daß es dem Kaiser gelungen sei, so viele seiner Untertanen für diesen Sport zu gewinnen. Und damit setzte er sich wieder hin.[102] Es war eine öffentliche Demütigung, die ihm Wilhelm nicht verzeihen konnte. Da er fürchtete, sein Bruder könne zu anglophil werden, bestand er darauf, an einem Bankett teilzunehmen, das Prinzessin Heinrich dem König in ihrem Kieler Haus in Hemmelmark gab, und langweilte alle mit einer langen Rede. König Eduard brachte seine Langeweile beleidigend deutlich zum Ausdruck.[103] Und zu guter Letzt, als Wilhelm davon sprach, daß Rußland im Krieg gegen Japan in Wahrheit Europa vor der schrecklichen gelben Gefahr verteidige, brach sein Onkel, statt für seinen Verbündeten Japan einzutreten, in lautes Gelächter aus.[104] Auch dies war für Wilhelm eine unverzeihliche öffentliche Abfuhr.

In den folgenden Monaten hackten Onkel und Neffe wie Kampfhähne aufeinander herum.

Der König nannte den Kaiser den »glänzendsten Versager der Weltgeschichte«[105], und als der Kronprinz sich zur Erleichterung seiner Eltern endlich auch einmal standesgemäß, nämlich in Prinzessin Cäcilie von Mecklenburg-Schwerin, verliebte, verhinderte er mit einer völlig unzulänglichen Begründung, daß der Prince of Wales der Hochzeit beiwohnte.[106] Der verärgerte Wilhelm nannte seinen Onkel »den alten Pfau«,[107] ließ abfällige Kommentare über seine Liaison mit Miss George Keppel fallen,[108] und da er wußte, daß der König sich in Cowes gelegentlich die Gastfreundschaft von Sir Thomas Lipton gefallen ließ, erzürnte er ihn durch die Bemerkung, er gehe »mit seinem Krämer segeln«.[109] Anderthalb Jahre lang scheinen die beiden nur über zwei Punkte der gleichen Meinung gewesen zu sein:[110] daß die Frauenbewegung unstatthaft sei [111] und daß, wie Eduard sich dem deutschen Flottenattaché in London gegenüber ausdrückte, »die Presse in allen Ländern verrückt« sei.[112]

Je schmerzhafter dem Kaiser bewußt wurde, daß sein Einfluß in England geschwunden war, um so stärker suchte er Anlehnung bei seinem Cousin, dem Zaren. Politisch war das nicht unvernünftig, und als man in Europa erfuhr, daß die Japaner die russische Pazifikflotte und dann auch noch die Schwadron von Wladiwostok zerstört hatten, überschüttete Wilhelm die Russen mit Bekundungen seiner Anteilnahme. Er war überrascht und beunruhigt, und daß das gewaltige Rußland von einer jungen fernöstlichen Macht gedemütigt werden konnte, schockierte ihn. Als sich dann die russische Balkanflotte auf den Weg rund um die Welt machte, um die Japaner zu vertreiben, verursachte sie einen internationalen Zwischenfall. Im Glauben, es handle sich um feindliche Schiffe, eröffnete sie in der Nordsee das Feuer auf britische Fischkutter. Der Hauptfehler der Russen bestand darin, daß sie sich, als sie ihren Irrtum bemerkten, nicht damit aufhielten, Überlebende zu retten. Es gab Verwundete, und zwei Seeleute ertranken. Die Engländer, und insbesondere König Eduard, schäumten vor Empörung. Der Zar telegrafierte sein Bedauern nach London, aber das war nicht genug. Herausfordernd beschatteten Schiffe der Royal Navy die russische Flotte, bis der Zar ärgerlich ihren Abzug verlangte. Dies geschah.[113] Zweifellos erwartete England, mit Rußland, das ja mit Frankreich verbündet war, später ins Gespräch zu kommen. Wilhelm ergriff die Gelegenheit und bot dem Zar an, die Ostseeflotte, die ohne solche Hilfe kaum den Fernen Osten erreichen konnte, mit Kohle zu versorgen. Der Zar nahm an. Die Briten protestierten. Wilhelm wiederholte sein Angebot. Verärgert über Englands Verhalten sagte der Zar, es sei höchste Zeit, Einhalt zu gebieten.

> Der einzige Weg (schrieb er), besteht darin, daß Deutschland, Rußland und Frankreich sich unverzüglich zusammentun . . . Könntest Du bitte die Grundlagen eines solchen Bündnisses entwerfen und skizzieren? . . . Frankreich kann nicht anders als sich seinem Verbündeten anschließen.[114]

Auf eine solche Einladung hatte der Kaiser nur gewartet. Er bestand jedoch darauf, daß das Bündnis ohne vorherige Konsultation Frankreichs geschlossen werde. Zu Recht vermutete er, die französische Regierung werde einem so raschen Ende der Entente mit England nicht zustimmen. In sehr charakteristischer Weise suchte er seine Befürchtung zu verhüllen:

> . . . da sie keine Fürsten und Kaiser sind, bin ich nicht in der Lage, sie – in einer Vertrauensfrage wie dieser – auf denselben Fuß zu stellen wie Dich, meinesgleichen, meinen Vetter und Freund.[115]

Diese privaten Verhandlungen mußten jedoch für eine Weile ausgesetzt werden, denn die Wogen der Katastrophe schlugen über dem Zaren zusammen. Im Januar 1905 mußten die Russen bei Port Arthur vor den Japanern kapitulieren. Die Niederlage war so unerwartet und unehrenhaft, daß durch das ganze russische Reich eine Welle der Unzufriedenheit lief. In Bessarabien löste sie ein antisemitisches Pogrom aus, denn man war es von jeher gewöhnt, jedes nationale Unglück den Juden zur Last zu legen, und der Antisemitismus blühte im zaristischen Rußland ebenso wie später im sowjetischen. Das Pogrom wurde am dritten Tag eingestellt, aber die allgemeine Kritik an der Kriegsführung war Wasser auf die Mühlen der Revolutionäre, die sich ihrer zur Agitation bedienten. Viele Arbeiter streikten. In St. Petersburg führte Pater Gapon, eine merkwürdige Mischung aus Visionär und Polizeiagent, eine Demonstration vor das Winterpalais. Man wollte den Zaren um Befreiung von der wirtschaftlichen Tyrannei der Industriellen bitten. Die Sache wurde ein grausiger Fehlschlag. Der Zar konnte die Delegation gar nicht empfangen, denn er befand sich im einige Meilen entfernten Zarskoje Selo. Und obwohl die Demonstranten Ikonen trugen und »Gott erhalte den Zaren« sangen, eröffneten die Truppen vor dem Winterpalais das Feuer. Mit dem »Blutsonntag«, wie der Tag genannt wurde, begann eine Periode des Aufruhrs, der Meutereien und der Streiks in Fabriken und Schulen sowie der Ermordung von Regierungs- und Polizeibeamten. Gapon entkam, klagte den Zaren der Tyrannei an, wurde dann aber von seinen eigenen Anhängern als Agent der Polizei aufgehängt. Drei Wochen später wurde Großfürst Sergius, der Onkel des Zaren, in Moskau das Opfer eines Attentats. Seine Witwe war Ella, die hessische Cousine, an die Wilhelm einst sein Herz verloren hatte. Kennzeichnend für sie war, daß sie sich, nachdem sie ihren Mann buchstäblich in Stücke zerrissen gefunden hatte, um den sterbenden Kutscher kümmerte, daß sie den Attentäter im Gefängnis aufsuchte und sich erbot, für sein Leben zu bitten, was dieser jedoch nicht erlauben wollte, und daß sie später ein Kloster für Krankenschwestern gründete, den Orden von Martha und Maria, und sich dann dorthin mit einer treuen Dienerin für den Rest ihres Lebens zurückzog, um für die Armen von Moskau zu sorgen. Niemand hat aufgezeichnet, wie Wilhelm die Nachricht von dieser Tragödie aufnahm. Aber wir können uns denken, was in ihm vorging. Es war nur eine unter vielen Tragödien in diesem blutigen Jahr, durch die Kaiser und Zar einander näherkamen. Für Rußland und seine Freunde war es eine qualvolle Zeit.

Der Zar war so damit beschäftigt, gegen die Japaner zu kämpfen und in Rußland die Revolution niederzuhalten, daß das Land auf die Stufe einer quantité négligeable herabsank und Bülow und Schlieffen, angetrieben von Holstein, die Gelegenheit einer Kraftprobe mit Frankreich und England ergriffen. Die *Entente Cordiale* beinhaltete, daß das Zentrum der englischen Einflußsphäre im Mittelmeerraum Ägypten und das der französischen Marokko sein sollte. Holstein wies darauf hin, daß die deutschen Rechte in Marokko vor 15 Jahren von den Großmächten anerkannt worden waren und daß man den deutschen Handelsinteressen entweder die Tür offenhalten oder soliden Kolonialbesitz für die deutschen Rechte einhandeln sollte. Bülow sah darin einen vollkommenen Ausdruck seiner Vorstellung von Weltpolitik und drängte den Kaiser, sich nach Marokko zu begeben, um die deutschen Ansprüche persönlich zur Geltung zu bringen. Er sei zufällig auf einer Frühjahrskreuzfahrt im Mittelmeer und könne mit seinem gemieteten Linienschiff ohne weiteres im Hafen von Tanger einlaufen. Wilhelm war dagegen. Er war sehr für entschlossenes Auftreten, aber in Bülows diplomatischem Manöver witterte er eine echte Gefahr. Die deutschen Interessen in Marokko waren keinen Krieg wert. In einer Rede, die er im März 1905 in Bremen hielt, bevor er sich zu seiner Kreuzfahrt einschiffte, machte er dies unmißverständlich deutlich:

> Ich habe mir gelobt, aufgrund meiner Erfahrungen aus der Weltgeschichte niemals nach einer öden Weltherrschaft zu streben. ... Das Weltreich, das ich mir geträumt habe, soll darin bestehen, daß vor allem das Deutsche Reich von allen Seiten das absolute Vertrauen eines ruhigen, ehrlichen, friedlichen Nachbarn genießen soll ...[116]

Die ruhigeren, nachdenklicheren Reden des Kaisers fanden in der Presse nie die gleiche Beachtung wie seine mehr exotischen Ausbrüche. In den meisten europäischen Zeitungen wurde die Bremer Rede ignoriert, wohingegen kaum eine von ihnen acht Tage später die Nachricht überging, daß Wilhelm tatsächlich Fuß auf den umstrittenen Boden Marokkos gesetzt hatte.

Dabei war es in diesem Fall keineswegs einfach, überhaupt an Land zu kommen. Als er sah, welche Mühe es machte, dürfte Wilhelm bedauert haben, daß er sich von Bülow hatte überreden lassen. Es herrschte hoher Seegang, und sein gechartertes Linienschiff war zu groß, um in Tanger festzumachen. Er mußte daher in einem kleinen Boot übersetzen, und nach dem Zustand zu urteilen, in dem der deutsche Generalkonsul zu seiner Begrüßung an Bord kam, mußte er sich da auf einiges gefaßt machen. Der Generalkonsul, der in der kompletten Uniform eines bayerischen Ulanenregiments steckte, kletterte mühsam die Strickleiter hinauf und näherte sich seinem Souverän, wie er sich selbst ausdrückte, »auf allen Vieren«.[117] Nachdem es Wilhelm trotz seines verkümmerten Arms gelungen war, in das hin- und hergeworfene Boot zu klettern, wurde ihm ebenso rasch übel wie seinem Generalkonsul. An Land wartete auf ihn zur Begrüßung der Onkel des Sultans sowie ein höchst temperamentvoller arabischer Hengst, an dem er seine Geschicklichkeit und die Kraft seines gesunden Armes erproben konnte. Er saß auf, mußte jedoch feststellen, daß der Hengst schwer zu beherrschen war. Das Tier scheute vor der Menschenmenge – »Italiener und südfranzösische Anarchisten, Schwindler und Abenteurer« –, die ihre Begeisterung für den Kaiser durch Gebrüll und Abfeuern ihrer Flinten zum Ausdruck brachte. Irgendwie gelangte er dann zur deutschen Legation. Dort stieg er von seinem Pferd, und zu des Sultans Onkel und dem französischen Minister gewandt, versuchte er, das Getöse der Hochrufe und Gewehrsalven, zu dem noch der Klang einer Kapelle kam, mit der deutschen Forderung nach Handelsfreiheit zu übertönen. Den Sultan suchte er als den Souverän eines unabhängigen außereuropäischen Landes zu behandeln. Danach trug sein Hengst ihn zurück zu dem nicht weniger unruhigen Motorboot.[118] Das Schiff fuhr weiter nach Gibraltar, wo eines der Begleitfahrzeuge bei der Einfahrt einen britischen Kreuzer rammte.[119] Dort traf er mit Prinz Ludwig von Battenberg zusammen, bekräftigte, daß Deutschland im Mittelmeer keine Ambitionen hätte, machte aber aus seiner Abneigung gegen Frankreich keinen Hehl. »Wir kennen die Straße nach Paris«, sagte er, »und wenn es nötig ist, machen wir uns noch einmal auf den Weg dorthin.«[120]

Die Anmeldung deutscher Ansprüche in Marokko wurde ein kleiner diplomatischer Triumph für Deutschland. Der Sultan lud die Großmächte ein, in einer Konferenz über die Zukunft des Landes zu entscheiden. Deutschland stimmte sofort zu. England, Italien und Spanien wollten Zeit gewinnen und die Reaktion Frankreichs abwarten. Aber als Delcassé, der englandfreundliche französische Außenminister, sich weigerte, an irgendeiner Konferenz teilzunehmen, setzte Berlin die Franzosen unter Druck. Delcassé mußte zurücktreten, obwohl die *Entente Cordiale* sein Werk war.[121] Bezeichnenderweise war es der Tag seines Rücktritts, der 6. Juni, an dem Wilhelm seinen Ärger hinunterschluckte und den Mann, der ihn veranlaßt hatte, in Tanger zu landen, und der nun wieder sein »lieber Bernhard« war, in den Fürstenstand erhob.[122] Außerdem schlug er Präsident Loubets Einladung zu einem Besuch in Frankreich aus und pfefferte seine formell und höflich gehaltene diplomatische Antwort mit einer kaiserlichen Rede bei Kassel, die niemanden in Zweifel ließ über seine Gefühle: »Das Gebot der Stunde heißt: das Pulver trocken, das Schwert geschliffen und die Faust am Degen halten!«[123] Frankreich mit seiner bürgerlichen Regierung und seiner bürgerlichen Eitelkeit war ihm unsympathisch.

Im gleichen Juni spaltete sich Norwegen von Schweden ab und entschied sich für das monarchische System. Der Kaiser war begeistert. In aller Stille – für den Fall eines Mißerfolgs – unterstützte er die Kandidatur eines seiner Söhne für den norwegischen Thron, aber König Eduard saß am längeren Hebel, und sein Neffe und Schwiegersohn, Prinz Karl von Dänemark, wurde von den Norwegern als König Haakon gewählt.[124] Wilhelm war ein wenig enttäuscht, aber worauf es ihm ankam, war, daß Norwegen nun, mit welchen Machtbeschränkungen auch immer, eine Erbmonarchie war.

Die schrecklichen Erfahrungen, die Zar Nikolaus II. in diesem Jahr machen mußte, blieben dem Kaiser unvergeßlich. Die zweite, aus der Ostsee herbeigeeilte russische Flotte ereilte das gleiche Schicksal wie die erste. In der Schlacht von Tsuschima, der größten Seeschlacht seit Trafalgar, wurde sie von Admiral Togo vernichtet.[125] Der Zar war gezwungen, Präsident Roosevelts Vermittlungsangebot anzunehmen. Er sandte seinen Finanzminister Sergius Witte als Unterhändler nach Amerika.[126] Der Ausbruch der Revolution, die in Rußland an allen Ecken und Enden aufflackerte, konnte nur mit Mühe verhindert werden. Leo Trotzki übernahm die Führung der Menschewiki. Und im Exil wartete Lenin ungeduldig auf eine Gelegenheit, zurückzukommen und sich an die Spitze der Bolschewiki zu stellen. Im Juli hielt Wilhelm die Zeit für gekommen, ein deutsch-russisches Abkommen vorzuschlagen. In einem privaten Telegramm, das er dem Zaren schickte, lud er ihn zu einem Treffen in einem der finnischen Fjorde ein. Der Zar glaubte darauf eingehen zu müssen. Man verabredete die Insel Björkö als den Treffpunkt, wo sich die *Hohenzollern* und die *Standart,* die Jacht des Zaren, einfinden sollten. Die beiden Herrscher kamen nicht in Begleitung ihrer Außenminister, wenn auch Tschirschky, der das deutsche Außenministerium repräsentierte, dabei war und die Artikel des Bündnisses kannte, die sein Herr vorzuschlagen gedachte. Am ersten Tag trafen sich die beiden Cousins zu einem gemeinsamen Essen, und am nächsten Morgen trug Wilhelm seinen Vertragsentwurf vor. Für den Fall, daß sie von einer anderen europäischen Macht angegriffen würden, sollten Rußland und Deutschland sich zu gegenseitigem militärischem Beistand zu Wasser und zu Lande verpflichten und keinen Separatfrieden schließen. Dazu kamen noch zwei weitere Artikel: erstens, daß das Bündnis nicht vor einem Friedensvertrag zwischen Rußland und Japan in Kraft treten sollte und daß es noch ein Jahr nach der Kündigung durch einen der beiden Vertragspartner Gültigkeit haben sollte; und zweitens, daß Frankreich vertraulich von Rußland in Kenntnis des Abkommens gesetzt und zum Beitritt eingeladen werden sollte. Der Vertrag war überraschend einfach und gefiel dem Zaren. Er erklärte sich bereit zu unterzeichnen. Die Unterschriften wurden von Admiral Birilew, dem russischen Marineminister, und von Tschirschky beglaubigt.[127]

Beglückt vom Erfolg ihres Zusammentreffens kehrten die beiden Monarchen nach Hause zurück. Ihre Minister bereiteten ihnen keinen herzlichen Empfang. Dem Zaren wurde untertänigst mitgeteilt, er könne nicht in dem einen Vertrag Frankreich seine Unterstützung gegen Deutschland und in dem anderen Vertrag Deutschland seine Unterstützung gegen Frankreich zusichern. Weniger respektvoll – obwohl der Vertrag de facto für Deutschland weit vorteilhafter war als für Rußland – monierte Bülow, daß er sich nur auf Europa bezog, während Deutschlands beste Verteidigung gegen England in einem russischen Angriff auf Indien bestand. Er reichte seinen Rücktritt ein.

Für Wilhelm war das ein schwerer Schock. Die feste Überzeugung, in der er von Finnland zurückgekehrt war, lautete:

> So ist der Morgen des 24. Juli 1905 bei Björkö ein Wendepunkt in der Geschichte Europas geworden, dank der Gnade Gottes, und eine große Erleichterung der Lage für mein theures Vaterland, das endlich aus der scheußlichen Greifzange Gallien–Rußland befreit werden wird . . .[128]

Baron von Richthofen, sein Außenminister, soll darauf bestanden haben, daß dem Kaiser eine scharfe Lektion erteilt und er damit von seinen Interventionen abgebracht werde. Wenn dem so war, so war es eine äußerst wirksame Lektion. Wie das bei phantasievollen Menschen leicht geschieht und bei Wilhelm oft der Fall war, folgte der Euphorie eine tiefe Depression. Wilhelm war so entnervt von der Vorstellung, mit Bülow seinen festen und bequemen Rückhalt zu verlieren, daß er kaum noch wußte, was er tat. In dem hysterischen Brief, mit dem er seinen Kanzler bat, seinen Rücktritt zurückzunehmen, drohte er de facto mit Selbstmord.[129] Aber kaum hatte er den Brief abgesandt und Bülow ihm mittels eines Telegramms versichert, daß er bleiben werde, hatte er auch schon wieder Oberwasser. Zumindest konnte von Selbstmordgedanken keine Rede mehr sein.

Ihr Versuch, autokratisch zu regieren, brachte die beiden Cousins jedoch keineswegs einander näher, sondern wirkte eher als ein Keil zwischen ihnen. Graf Witte schloß mit Japan einen für Rußland außerordentlich günstigen Friedensvertrag und wurde aufgefordert, auf dem Rückweg dem Kaiser bei Rominten einen Besuch abzustatten. Offizielle Einladungen des Deutschen Kaisers, des Reichskanzlers und des Königs von England hatte Witte bereits mit der Begründung abgelehnt, daß er nach Hause eilen und seinem Herrn Bericht erstatten müßte. Sein Besuch in Rominten wurde von Wilhelm daher als ein Kompliment des Zaren verstanden und gewürdigt.[130] Er hatte von Witte, der nicht nur ein Staatsmann, sondern als Mathematiker auch ein Experte auf dem Gebiet der Infinitesimalrechnung war, eine sehr hohe Meinung und war nicht überrascht, als Witte dem Zaren erklärte, der einzige Weg, die Revolution zu verhindern, sei die Umwandlung Rußlands von einer Autokratie in eine halbkonstitutionelle Monarchie. Ende Oktober geschah dies, und Witte übernahm die Regierung. Schon nach kurzer Zeit erlag er jedoch den Angriffen von rechts und von links,[131] und bei seinem Nachfolger, der sich gern gelangweilt gab, einen englischen Backenbart trug und seine Zeit hauptsächlich mit der Lektüre französischer Romane verbrachte,[132] ging das sogar noch schneller. Es blieb nun Peter Stolypin, einem bärtigen Mitglied des Landadels, überlassen, die Revolution dadurch niederzuhalten, daß er einerseits eine neue Klasse von Millionen kleiner Landbesitzer schuf, und andererseits so viele Terroristen hinrichten ließ, daß die Schlinge des Henkers die »stolypinsche Krawatte« genannt wurde.[133] Mit echter Besorgnis beobachtete Wilhelm die Versuche des Zaren, seiner Schwierigkeiten Herr zu werden, und die Tatsache, daß sein Cousin sich an den Vertrag von Björkö nachträglich nicht gebunden fühlte, entlockte ihm eine kluge Bemerkung. Der Zar sei kein Verräter, sagte er, sondern nur schwach. Schwäche sei nicht Verrat, sie erfülle jedoch dessen sämtliche Funktionen.[134] Durch das Verhalten des Zaren während der Zeit, in der sein Land eine Katastrophe nach der anderen durchlief, ließ sich seine Ansicht weitläufig belegen. Als zusätzliche Belastungsprobe für den Zaren erwies sich die Tatsache, daß sein einjähriger Thronfolger Alexis an der Bluterkrankheit litt. Durch ihre Töchter hatte Queen Victoria diese Krankheit vielen europäischen Herrscherhäusern vererbt.* Das Bewußtsein, daß sein Sohn an dieser Krankheit litt, hatte auf den Zaren eine tiefe Wirkung. Er wurde ein Fatalist und zog sich immer mehr in sich selbst zurück.[135] Während Witte und seine Nachfolger sich abmühten, die herkömmliche Ordnung in Rußland zu erhalten, führte das Oberhaupt dieser Ordnung in einem kleinen Palais bei Peterhof und in Zarskoje Selo das abgesonderte Leben eines Privatmanns.[136]

5

Das Ergebnis der britischen Parlamentswahlen im Januar 1906 zeigte der Welt, in welche Richtung der Wind wehte. Es war dies weniger daran abzulesen, daß die Macht von den Konservativen auf die Liberalen überging, als vielmehr an den Menschen, aus denen sich das neue House of Commons zusammensetzte. In den Worten von Eduards Privatsekretär: »Die alte Vorstellung, das Unterhaus sei eine Versamm-

* Zwei der drei Söhne von Prinz Heinrich, dem Bruder des Kaisers, sowie zwei Söhne der spanischen Königin waren Bluter.

lung von ›Gentlemen‹, wurde zu Grabe getragen.«[137] Viele neue Mitglieder waren niedriger Herkunft. Die Labour Party war stark vertreten. Die auffallend große Menge von 180 Abgeordneten bestand aus Nonkonformisten und war daher gegen das »Establishment« gerichtet; es wurden de facto mehr »Dissenters« in das Parlament gewählt als je zuvor seit den Tagen Cromwells.[138] Für A. J. Balfour, der von seinem Onkel Lord Salisbury die Führung der konservativen Partei übernommen hatte, bestand das Ärgernis weniger in der Niederlage seiner Partei als vielmehr in diesem Heraufkommen einer Meritokratie. Durch seinen Privatsekretär ließ er den König wissen, daß man in England nun mit »sozialen Schwierigkeiten« zu rechnen habe, und schloß mit dem Satz: »Wenn ich mich nicht sehr irre, so bedeuten die Wahlen von 1906 den Anbruch einer neuen Epoche.«[139]

Als im Jahr der englischen Wahlen auch in Deutschland Reichstagswahlen abgehalten wurden, war das Resultat ganz anders. Ein führender Sozialdemokrat bezeichnete den Reichstag einmal verächtlich als »das Feigenblatt des Absolutismus«,[140] und der Kaiser sprach nicht weniger verächtlich von der »Schwatzbude«.[141] Dennoch war der Reichstag nicht ohne Macht, und Bülow, der im allgemeinen so geschickt Regie führte, mußte feststellen, daß man ihm die Gelder verweigerte, die er gebraucht hätte, um eine Rebellion der Hereros in Deutsch-Südwestafrika zu unterdrücken. Seine einzige Zuflucht war die Auflösung des Reichstags, und was folgte, waren die sogenannten »Hottentotten-Wahlen«.[142] Das Resultat war nicht weniger bemerkenswert als das der britischen Wahlen, wenn auch aus sehr unterschiedlichen Gründen. In den Wahlen von 1890 hatten die Sozialdemokraten unter den sieben Machtgruppierungen den sechsten Platz eingenommen, sich dann jedoch allmählich nach vorne gearbeitet und 1893 auf den fünften, 1898 auf den dritten und 1903 auf den zweiten Platz vorgeschoben. Nun waren sie plötzlich wieder auf den fünften Platz zurückgefallen.[143] Die Mehrheit im Reichstag eroberten sie erst fünf Jahre später.

Zu Beginn des neuen Jahres trat Schlieffen als Chef des Generalstabs in den Ruhestand, und Helmuth von Moltke, der Neffe des ersten Moltke, trat an seine Stelle. Er war größer und weniger still als sein eleganter Onkel. Und er neigte zur Melancholie. Bei seiner Ernennung durch den Kaiser sagte er, er habe keine Ahnung von der Organisation eines Feldzugs und er sei übermäßig selbstkritisch. Er soll gesagt haben, ihm fehle die Fähigkeit, alles auf eine Karte zu setzen.[144] Aber Wilhelm heiterte ihn auf, gab ihm den freundlichen Spitznamen »trauriger Julius« und ließ sich von Moltkes unpreußischen Exzentrizitäten, die darin bestanden, daß er sich mit Cellospielen und Ölmalerei beschäftigte, deutsche und französische Verse las und den anthroposophischen Lehren von Mary Baker Eddy anhing, nicht irritieren. In seinem neuen Generalstabschef fand Wilhelm einen weiteren jener unschätzbaren Ratgeber, die sich nicht scheuten zu sagen, was sie dachten. Eine von Moltkes ersten düsteren Prophezeiungen war ein Echo der Warnung seines Onkels, bei jedem zukünftigen Krieg würde es sich wahrscheinlich um eine langwierige Angelegenheit handeln. Bereits Clausewitz, das militärische Orakel, hatte geraten, sich vor einem Abnützungskrieg zu hüten, und Schlieffens Plan war bekanntlich auf einen kühnen Vernichtungsschlag gegründet, aber Moltke hatte eine Vorahnung, daß ein Krieg im industriellen Zeitalter die nationalen Kräfte nicht nur vollständig entfesseln, sondern auch vollständig verbrauchen würde.[145] Wenn ein so freimütiger Generalstabschef für den Kaiser persönlich sehr vorteilhaft war, so mußte es doch fraglich scheinen, ob ein so melancholischer Prophet der rechte Mann für diesen Posten war.

Eine weniger umstrittene Ernennung, ja eine der besten des Kaisers im Jahre 1906, war die seines Freundes Wilhelm Bode zum Direktor der Berliner Museen und Galerien. Weder der Amerikaner Berenson noch der Engländer Duveen, dessen Einkäufe hauptsächlich für den Export in die USA bestimmt waren, übertrafen Bode in der Fähigkeit, Kunstschätze ausfindig zu machen. Der Kaiser ermutigte Bode durch Zuschüsse aus eigenen Mitteln und nutzte seinen Einfluß, hochgestellten Persönlichkeiten in Deutschland Geschenke an die staatlichen Museen zu entlocken. Um dem Staat eine Privatsammlung zu sichern, griff er notfalls auch zur Verleihung von Adelstiteln. Er verschmähte es auch nicht, direkt um ein Geschenk zu bitten. Mit der Hilfe seines Herrn verwandelte Bode die Museen und Galerien der Hauptstadt in ein Juwel, um das sie in vielen europäischen Ländern beneidet wurde.[146]

Mit einer dritten Ernennung war der Kaiser weniger erfolgreich. Richthofen war während seiner Amtszeit verstorben, und Wilhelm machte Tschirschky, dem er die Beglaubigung des Vertrags von Björkö verdankte, zu seinem Außenminister.[147] Tschirschky hatte das Unglück, daß fast gleichzeitig mit seiner Ernennung die Konferenz von Algeciras stattfand. Präsident Roosevelt, der die Konferenz angeblich einberufen hatte, bekam dafür – sowie für seine Vermittlung im Konflikt zwischen Rußland und Japan – den Friedensnobelpreis.[148] Der wirkliche Druck aber ging von Deutschland aus, das in dieser Konferenz Frankreich von England loszueisen gedachte. Was diese Hoffnung zunichte machte, waren einerseits die Unfähigkeit und Arroganz der eigenen Vertreter und andererseits die Geschicklichkeit des britischen Delegierten, dem es rasch gelang, Deutschland zu isolieren. Nur bei den Österreichern und den Marokkanern fanden die Deutschen Unterstützung.[149] Holstein drängte noch immer auf eine Verfechtung der deutschen Ansprüche. Der Kaiser, dem nun sein Kanzler zur Seite trat, schlug versöhnlichere Töne an. Durch die Algeciras-Akte übernahm die von einem Schweizer Generalinspekteur geführte französische und spanische Polizei im Namen des Sultans die Aufrechterhaltung der öffentlichen Ordnung in Marokko[150], während Deutschland sich mit Konzessionen und der kleinen Genugtuung zufriedengeben mußte, daß das Land nun theoretisch nicht mehr ausschließlich unter französischer, sondern unter internationaler Kontrolle stand.[151] Wieviel die Amerikaner von der wirklichen Situation begriffen, zeigte sich in einem Telegramm, in dem Roosevelt dem Kaiser »seine herzlichsten Glückwünsche zum epochemachenden politischen Erfolg von Algeciras« aussprach.[152] Nachdem die Konferenz jedoch die *Entente Cordiale* nicht geschwächt, sondern gestärkt und den Russen gezeigt hatte, daß es vorteilhaft sein könnte, sich mit den Briten zu arrangieren, dürfte Wilhelm sie kaum als einen epochemachenden Erfolg angesehen haben.[153] Er gab Bülow die Schuld, der sie an Holstein weitergab. Verärgert reichte Holstein seinen Rücktritt ein.

Angeblich hatte der Vortragende Rat es sich zur Gewohnheit gemacht, seinen Ansichten mit Hilfe eines Rücktrittsschreibens Nachdruck zu verleihen. Tschirschky hatte beispielsweise dadurch seinen Ärger heraufbeschworen, daß er sein Büro verschloß und Holstein nun nicht mehr wie gewohnt unangemeldet hereinspazieren konnte. Prompt bot Holstein seinen Rücktritt an.[154] Welches der verschiedenen Rücktrittsgesuche es nun auch war und welche Begründung es auch immer enthielt, es wurde am 6. April auf Empfehlung des Kanzlers vom Kaiser angenommen. Tags zuvor war Bülow im Reichstag während des Versuchs in Ohnmacht gefallen, einige über die Konferenz von Algeciras erzürnte Abgeordnete zu besänftigen. Er wird es kaum bedauert haben, daß er im Bett lag und für niemanden zu sprechen war, während sich im Reichstag die mißliche Debatte hinzog und Holstein seine Entlassung in Händen hielt.[155] Holstein war 69 Jahre alt und hatte zwei Star-Operationen hinter sich, aber mit einem Mal seine Arbeit und die Macht zu verlieren, die er so viele Jahre lang ausgeübt hatte, war ein Schlag, von dem er sich nie wieder erholte. Lange nach Holsteins Tod schrieb Fürst Eulenburg an einen Freund über die »Abschlachtungswut« und die »impulsive Art einer verbissenen inneren Leidenschaft« dieses Mannes.[156] »Der Unglückliche wurde oft in den Nachtstunden einsam in der Wilhelmstraße beobachtet, wenn er zu den Fenstern des Auswärtigen Amtes hinaufspähte.«[157] »Verbittert und erschöpft« sei er einsam gestorben,[158] schrieb Eulenburg, der erfahren mußte, wie bitter und rachsüchtig der entlassene Vortragende Rat sein konnte.

ZWÖLFTES KAPITEL

Debakel

»Ich bin ein Versuchskaninchen des Schicksals.«
Fürst Philipp zu Eulenburg

1

Einen Tag nach Holsteins Ausscheiden aus dem Amt verlieh der Kaiser dem Fürsten Philipp zu Eulenburg die höchste preußische Auszeichnung, den Schwarzen Adler Orden.[1] Einen knappen Monat danach erhielt der Fürst einen eingeschriebenen Brief, in dem der Wirkliche Geheimrat Baron von Holstein ihn der Intrige beschuldigte: »Ihr langjähriges Ziel, meine Beseitigung, ist nun endlich erreicht.« Nach dieser phantastischen Anschuldigung folgte im weiteren Verlauf des Briefes der fatale Satz: »Aus gewissen Gründen ist es freilich bedenklich, mit Ihnen zu verkehren.«[2] Holstein hatte die Tür seines Giftschrankes wieder einmal einen Spalt weit geöffnet.

Der Fürst entschied sich für einen raschen Gegenschlag. Er eilte nach Berlin und ließ Holstein durch einen Sekundanten seine Forderung überreichen: Kugelwechsel bis Kampfunfähigkeit oder Tod. Da er noch immer im Dienst des Auswärtigen Amts »zur Disposition« stand, setzte er auch Tschirschky davon in Kenntnis, daß er Holstein in einer Ehrensache gefordert hatte. Holstein reagierte sonderbar. Trotz seiner Kurzsichtigkeit war er ein ausgezeichneter Pistolenschütze, der regelmäßig am Schießstand anzutreffen war. Als seinen Sekundanten wählte er boshafterweise einen alten Freund Eulenburgs, der sich dieser Pflicht jedoch nicht entziehen konnte. Dann aber machte er eine vollständige Kehrtwendung und schickte folgende Ehrenerklärung:

> Nachdem der Fürst zu Eulenburg auf sein Ehrenwort erklärt hat, daß er zu meiner Entlassung in keiner Weise mitgewirkt hat, auch allen gegen mich gerichteten Presseangriffen vollständig fernsteht, ziehe ich die in meinem Briefe an ihn am 1. d. M. gebrauchten verletzenden Ausdrücke hiermit zurück.
>
> HOLSTEIN[3]

Noch am gleichen Tag notierte der Fürst in düsterer Vorahnung, damit sei die Angelegenheit noch nicht zu Ende. Er hatte recht. Holstein folgte dem Beispiel Bismarcks und begann, eine Zeitung in Süddeutschland mit Artikeln zu beliefern, in denen das Auswärtige Amt und der Kaiser und gelegentlich auch Bülow angegriffen wurden. Es handelte sich nicht etwa nur um eine ausgedehnte Apologie, sondern um einen äußerst planmäßig angelegten Rachefeldzug für seine Entlassung. In einem Brief vom 16. August verdrehte er die Tatsachen so, daß er selbst dabei in günstigem Licht erschien:

> Vor einigen Monaten ging ich gegen einen erheblich jüngeren Mann – nicht den ersten Besten – von dessen bösem Willen und Tun gegen mich ich überzeugt war, schriftlich in der schärfsten Weise vor, nannte ihn u. a. einen verächtlichen Menschen. Er reagierte, indem er seinen Freund sandte, welcher meinem Beauftragten einfach sagte, der Angegriffene sei bereit, auf Ehrenwort zu erklären, daß er nie etwas gegen mich an den betreffenden Stellen gesagt oder veranlaßt habe! Ich verlangte diese Erklärung eigenhändig und schriftlich – und bekam sie. Voilà![4]

Holsteins Kehrtwendung hatte Eulenburg verblüfft und erschreckt. Noch viel größer war sein Erschrecken, als er zwei Tage später entdecken mußte, daß Holstein sich mit dem Herausgeber der Zeitschrift *Die Zukunft* verbündet hatte, der bis dahin einer seiner erklärten Feinde gewesen war. »Was werden nun *diese beiden* brauen?« schrieb er in sein Tagebuch.[5]

Die Zukunft wurde von einem der rätselhaftesten Journalisten seiner Zeit herausgegeben. Mit Namen Arnold Witkowski wurde er 1861 als sechster Sohn eines jüdischen Kaufmanns geboren, brach im Alter von 15 Jahren mit seiner Familie, ließ sich taufen, nannte sich Maximilian Harden und wurde Schauspieler. Gerhard Masur vermutet, daß sein Hang zur Bühne einer tiefliegenden exhibitionistischen Neigung entsprang.[6]

Sein Berufswechsel zum Journalismus geschah bezeichnenderweise im Jahr von Bismarcks Entlassung. Eulenburg gibt an, »daß Harden dem Kaiser seine Feder anbot«, dieser jedoch durch einen Flügeladjutanten mit den Worten zurückgewiesen wurde: »Er habe keinen Verkehr mit jemand von der Presse und wolle nichts damit zu tun haben.«[7] Bismarck war weniger wählerisch. Mit Vergnügen ließ er Harden wissen, was er von Caprivis »neuem Kurs« hielt und welche Bitterkeit ihn im Hinblick auf den Kaiser und seinen Hof erfüllte. Seit diesem Jahr 1892 richtete sich das, was Harden schrieb, gegen die herrschende Schicht in Deutschland. Er war auch ein Gegner der Bourgeoisie und der Sozialisten, wenn auch die unpolitische Arbeiterschaft mit seinem Mitgefühl rechnen durfte. Seine im wesentlichen von ihm selbst geschriebene Wochenzeitung *Die Zukunft* fand eine breite Leserschaft. Bedeutende Journalisten, nicht nur aus Deutschland, sondern auch aus Rußland, Frankreich und England schrieben für sein Blatt, und er verfügte über ungewöhnlich gute Informationsquellen: Theaterleute, Maler, Politiker, Bankiers und Industrielle. Dreißig Jahre hindurch ging er nie von seiner sorgfältig erarbeiteten Angriffsmethode ab. Welche persönlichen Motive ihn in einen so ausdauernden Kampf gegen die herrschende Schicht trieben, ist freilich nie wirklich klar geworden. Daß er sich vom Ekel vor menschlichen Schwächen leiten ließ, ist ebenso unwahrscheinlich, wie daß er einfach ein heuchlerischer Sensationalist war. Vielleicht genoß er die Opposition um der Opposition willen.[8] Das Bündnis mit seinem alten Feind Holstein war für beide gleichermaßen vorteilhaft. Es stillte Holsteins säuerlichen Rachedurst und versetzte Harden in die Lage, noch kraftvoller in sein Lieblingshorn gegen die Herrschaft der Hofclique zu stoßen.

Dieser gerissene und alles andere als zimperliche Publizist begann seine Kampagne im November 1906 mit einem Artikel, den er ominös »Präludium« betitelte. Es war ein Angriff gegen das, was er die »Liebenberger Tafelrunde« und die »unmännliche Kamarilla« nannte.[9] Eulenburg wurde beschuldigt, er betreibe eine für das Reich schädliche Politik, wolle Bülow durch einen Kanzler ersetzt sehen, der sich mehr von seinen Ansichten leiten ließe, und bestärke den Kaiser in seinem Hang zum Absolutismus.[10] Die Betonung lag auf dem Wort »unmännlich«. Eulenburg wurde nicht direkt, sondern allenfalls in kleinen Anspielungen der Homosexualität bezichtigt, aber ein anderes Mitglied der angeblichen »Kamarilla«, sein Freund Graf Kuno von Moltke, der Militärkommandant von Berlin und Vetter des Generalstabschefs, kam weniger glimpflich davon. Harden beschuldigte ihn offen der Homosexualität und gab an, er habe seine Information von Moltkes geschiedener und inzwischen wieder verheirateten Frau, die eine recht hysterische Dame war.[11] Kurz vor dieser Attacke war Wilhelm zu Besuch auf Schloß Liebenberg gewesen. Unter den übrigen Gästen hatten sich Kuno von Moltke und der französische Legationsrat Raymond Lecomte befunden, der für seine Homosexualität bekannt war. Mit seinem Angriff auf des Kaisers Freunde wollte Harden zweifellos den Kaiser selbst treffen.[12]

Eulenburg war konsterniert, als er erfuhr, daß Bülow nur vier Tage, nachdem der Kaiser Liebenberg wieder verlassen hatte, im Reichstag Hardens Behauptung weder zurückwies noch die Richtigkeit des Vorwurfes bestritt, daß der Kaiser unter dem Einfluß einer unerwünschten Clique stehe, sondern zum Stichwort »Kamarilla« lediglich sagte, man könne diese fremde Giftpflanze in Deutschland nicht einpflanzen »ohne großen Schaden für Fürsten und Volk«.[13] Das war ein charakteristisches Beispiel für Bülows Doppelzüngigkeit, und es muß für Eulenburg der erste Hinweis auf die Unzuverlässigkeit seines angeblichen Freundes gewesen sein.* Ein aufrichtiger Freund, Baron Berger, suchte Harden zur Einstellung seiner Kampagne zu bewegen, was ihm jedoch nicht gelang. Und Bülow gab Eulenburg lediglich den Rat, für einige Zeit aus der Schußlinie zu verschwinden, also ins Ausland zu gehen.[15] Das war kein schlechter, aber auch kein uneigennütziger Rat. Eulenburg verbrachte den Winter in der Schweiz, und Harden, der die erste Runde gewonnen hatte, wartete in seiner Ringecke auf den Gong für die nächste.[16]

Schwer zu sagen, was der Kaiser von diesen Vorgängen wußte. Wahrscheinlich wird man diese Nachrichten nicht bis zu ihm haben durchdringen lassen, und außerdem hatte Wilhelm im Jahre 1906 und auch zu Anfang des folgenden Jahres ein besonders anstrengendes Programm zu bewältigen.

Der mißglückte Anschlag eines Anarchisten auf seine Cousine, Prinzessin Ena, nach ihrer Heirat mit dem König von Spanien; die Geburt seines ersten Enkels, der wiederum auf den Namen Wilhelm getauft wurde; zwei angstvolle Tage, als man glaubte, ein Angriff der Engländer und die Zerstörung der deutschen Flotte stünden unmittelbar bevor,[17] das schlechte Benehmen des Kronprinzen in St. Moritz, wo er sich nur um die jungen Engländerinnen kümmerte und seine Landsleute links liegen ließ,[18] sowie eine entschiedene Verschlechterung seiner Beziehung zu König Eduard; all dies war genügend Grund zu Aufregung und Besorgnis. Er legte seinem Onkel auf dem britischen Thron eine Menge zur Last – nicht zuletzt, daß er die kaiserliche Autorität beim Kronprinzen unterminiere[19] –, und bei einem sehr öffentlichen Anlaß, dem Johanniter-Diner, kochte sein Zorn über. Er litt gerade an einer nervösen Magenverstimmung, und die schweren Speisen verursachten ihm starkes Sodbrennen. Fast den ganzen Abend hindurch ertrug er das Unbehagen und den Schmerz schweigend. Dann fing er an, aufgeregt über die Politik Englands und die Intrigen seines Onkels zu reden. Verwundert hörten ihn einige

* Bülow hatte Harden insgeheim die für seine Kampagne erforderliche Information zugespielt, daß Eulenburg und Moltke den Kaiser als »das Liebchen« zu bezeichnen pflegten. Außerdem bestärkte er Holstein in dessen Glauben, Eulenburg sei tatsächlich für seinen Sturz verantwortlich gewesen.[14]

Ritter des Johanniter-Ordens erklären: »Er ist ein Satan; man glaubt es gar nicht, was für ein Satan er ist.«[20] Mit solchen öffentlichen Fauxpas fiel Wilhelm zwar nicht aus seiner Rolle, die bestehenden Spannungen zwischen England und Deutschland waren damit jedoch gewiß nicht abzubauen. Die Widerstandskraft des Kaisers nahm zusehends ab. Zu sehr hatten die Aufregungen des Winters und seine Pflichten während der Saison, die ihn immer mehr langweilten, belastet. Als dann Eulenburg Mitte April die Schweiz verließ und auf Schloß Liebenberg zurückkehrte und Berlin von der zweiten Welle des Kamarilla-Skandals erschüttert wurde, wurde die Belastung für den Kaiser fast zu groß.

Kaum war Eulenburg zurück, als Harden sich, wie er es angekündigt hatte, mit frischer Energie und Munition erneut auf ihn und seine angeblichen Genossen stürzte. Die am 27. April erscheinende Nummer der *Zukunft* enthielt eine Liste bekannter Aristokraten. Es wurden ihnen homosexuelle Aktivitäten zur Last gelegt, auf die gemäß Paragraph 175 des Strafgesetzbuches Gefängnis stand. Wieder nannte Harden den Namen des Berliner Militärkommandanten Kuno von Moltke sowie den Eulenburgs, und zwar diesmal nicht in der Form von Andeutungen, sondern in unverhüllter Direktheit.[21] Dazu kamen zwei Grafen Hohenau, die Flügeladjutanten des Kaisers und als Söhne seines Großonkels Prinz Albert aus morganatischer Ehe auch seine Blutsverwandten waren. Auf der Liste standen auch noch die Namen des dritten Flügeladjutanten, Major Graf Lynar, des kaiserlichen Zeremonienmeisters, Graf Wedel, eines Kriegsveteranen von 1870 und engen Freundes von Eulenburg, General Paul von Leszczynski.[22]

Vom journalistischen Standpunkt aus war das ein Knüller: die Offenlegung der moralischen Dekadenz höchster Gesellschaftskreise. Daß diese mutmaßlichen Homosexuellen Verwandte, Freunde und direkte Untergebene des Kaisers waren und daß zwei von ihnen, Graf Wilhelm Hohenau und Graf Lynar, 18 Jahre zuvor Queen Victoria vom Kaiser als Vertreter ihres Garderegiments in Osborne vorgestellt worden waren, gab dem Skandal noch eine besondere Würze.[23]

Harden behauptete auch, Eulenburg habe den Kaiser zu seiner nachgiebigen Haltung auf der Konferenz von Algeciras bewogen, und stellte in diesem Zusammenhang fest, der homosexuelle französische Legationsrat Raymond Lecomte sei ein Vertrauter Eulenburgs seit den 80er Jahren und mit dem Kaiser seit 1895 bekannt gewesen. Es war unschwer zu erkennen, daß er damit sagen wollte, die deutschen Interessen in Marokko seien dem französischen Einfluß zum Opfer gefallen.[24]

Wenn auch der Skandal die größere Öffentlichkeit nicht sonderlich beeindruckte, so bedeutete er doch für den Hof eine gewaltige Erschütterung. Wer kein Freund von Hardens Opfern war, drängte darauf, daß der Kaiser in Kenntnis zu setzen sei, aber keiner wollte diese Aufgabe selbst übernehmen. Der Chef des Militärkabinetts, Graf Hülsen-Haeseler, war kein Freund Eulenburgs, aber er weigerte sich, in Aktion zu treten, da es sich bei Eulenburg, dem Haupt der Beschuldigten, um keinen Angehörigen der Armee handelte. Selbst General von Plessen, des Kaisers Generaladjutant, der anläßlich von Pressekampagnen dem Kaiser gegenüber erklärt hatte, es müsse sofort geschossen werden, dann höre dergleichen auf,[25] und der auch für seine Ergebenheit gegenüber seinem Herrn bekannt war, fand nicht den Mut, ihn über diese jüngsten Enthüllungen in der Presse zu informieren. Am 3. Mai war es schließlich der Kronprinz, der die beiden Hardenschen Artikel seinem Vater zeigte. Der Kaiser las sie, dankte seinem Sohn und schwieg. Der Kronprinz ließ später vernehmen, die sittliche Reinheit seines Vaters sei so groß gewesen, »daß er sich die Möglichkeit solcher Verirrungen kaum vorstellen konnte«.[26] Dies ist jedoch unwahrscheinlich. Schon Emil Ludwig, Wilhelms erster Biograph, stellte sehr entschieden fest: »Perverse Betätigungen und wunderliche Neigungen, wie sie durch alle Grade ineinander übergingen, waren in allen Graden auch dem Kaiser bekannt . . .«[27] Ludwig begründet seine Behauptung damit, daß einige Jahre zuvor ein Kriminalinspektor dem Kaiser ein versiegeltes Paket vermacht habe, das in einem Kartenregister die Namen von über 100 Homosexuellen aus den höchsten Kreisen sowie Dokumente enthielt, daß der Kaiser jedoch das Siegel ungebrochen ließ und nur kurz sagte: »Polizeisache. Schicken Sie das Paket an den Polizeipräsidenten.«[28] Diese Geschichte ist zwar nirgendwo sonst zu finden, entspricht jedoch Wilhelms Abneigung, sich mit unangenehmen Tatsachen zu befassen. Nun war er dazu gezwungen. Er mußte eine Entscheidung fällen.

Wilhelm war zu sensibel und zu intelligent, um nicht zu bemerken, daß viele Leute begonnen hatten, hinter seinem Rücken zu flüstern. Seine nun folgenden Aktionen haben viele, unter ihnen auch Emil Ludwig, veranlaßt, ihn der Treulosigkeit gegenüber seinem ältesten Freund anzuklagen.[29] Ob es ihm nun darum ging zu demonstrieren, daß er selbst mit den angeblichen Perversionen nichts zu tun habe, oder den Thron vor weiteren Beschmutzungen zu bewahren, Wilhelm war jedenfalls der Meinung, daß energisch gehandelt werden müsse. Er machte bei Hofe klar, daß er den Anschuldigungen gegen Eulenburg keinen Glauben schenkte[30], aber er verlangte, daß Eulenburg und auch Moltke ihren Abschied nahmen. Ferner bestand er darauf, daß sie gegen Harden einen Verleumdungsprozeß anstrengen sollten. Andernfalls hätten sie das Land zu verlassen. Die übrigen Angeschuldigten wurden der militärischen Gerichtsbarkeit überlassen.

Mit seiner Wirkung auf den Kaiser konnte Harden zufrieden sein. Er hatte seiner Selbstachtung und seinem Selbstvertrauen einen schweren Schlag versetzt. Als sein alter Lehrer Hinzpeter starb, nahm er an der Bestattung teil.[31] In Kassel traf er seinen Onkel König Eduard und akzeptierte halbherzig eine sehr halbherzige Einladung, England im Herbst einen Besuch abzustatten. Als dann die Zeit näherrückte, hatte er das Gefühl, diesen Strapazen nicht gewachsen zu sein und ließ sich aus Gesundheitsgründen entschuldigen. König Eduard kannte die wahren Gründe, stellte jedoch fest, eine plötzliche Absage könnte nun, nachdem alle Vorbereitungen getroffen waren, zu einer Verstimmung zwischen den beiden Ländern führen.[32] Widerstrebend brachen Wilhelm und Dona zu ihrem Staatsbesuch auf, aber die Abwechslung erwies sich als günstig. Der König und die Königin von Spanien befanden sich ebenfalls in England, und es gab Jagdpartien, Bankette und andere Vergnügungen.[33] Als Dona nach Deutschland zurückkehrte, mietete Wilhelm in Bournemouth von Oberst E. J. Montagu-Stuart-Wortley ein Haus. Er fand Gefallen an dem Oberst und lud ihn als Gast nach Berlin ein. Aber als es nach Deutschland zurückging, machte sich seine alte Nervosität wieder bemerkbar. Sie wuchs noch, als er hörte, daß König Carlos von Portugal zusammen mit seinem Thronfolger vor den Augen der Königin und ihres jüngeren Sohnes aus einem Hinterhalt erschossen worden war.[34] Auch dies war wieder der Anschlag eines Anarchisten, und die noch lebenden Herrscher waren von Niedergeschlagenheit und düsteren Vorahnungen erfüllt.

In seinem ersten Prozeß blieb Moltke erfolglos, aber beim zweiten Anlauf wurde Harden zu 4 Monaten Gefängnis verurteilt. Harden legte sofort Berufung ein. Seine Informationen waren hieb- und stichfest, und das Urteil wurde kassiert.[35] Moltke, der damit seinen guten Ruf verloren hatte, zog sich ins Privatleben zurück.

Dann behauptete plötzlich ein homosexueller Journalist namens Brand, der Reichskanzler habe ebenfalls gegen Paragraph 175 des Strafgesetzbuchs verstoßen. Bülow reagierte blitzschnell, und Brand wurde verurteilt. Eulenburg wurde als Zeuge aufgerufen und stritt im Verlauf der Verhandlungen unter Eid alles ab, was ihm in Hardens Prozeß gegen Moltke zur Last gelegt worden war.[36]

Der schwerkranke Fürst Eulenburg mußte länger durch den Schlamm dieser Prozesse waten als jedes andere von Hardens Opfern. In einer Münchner Zeitung stand zu lesen, Harden habe von Eulenburg Schweigegeld erhalten. Unverzüglich verklagte Harden die Zeitung, und im Verlauf der Verhandlungen gelang es ihm, den Fürsten geschickt in eine Falle zu locken. Zwei Zeugen – von denen der eine allerdings bereits 32 Vorstrafen hinter sich hatte und der andere ein ängstlicher Mensch war, der leicht den Kopf verlor – beschworen vor dem Münchner Gericht, daß der Fürst ihnen gegenüber vor 15 Jahren unsittliche, wenn auch vor dem Gesetz nicht strafbare Handlungen begangen habe. Wenn das stimmte, dann hatte Eulenburg in Bülows Prozeß gegen Brand einen Meineid geschworen.[37] Der preußische Oberstaatsanwalt Isenbiel nahm zur Kenntnis, was vor dem bayerischen Gericht geschehen war, und erhob am 5. Juni Anklage gegen Eulenburg wegen Meineids.[38] Der auf Schloß Liebenberg bettlägerige Fürst mußte drei polizeiliche und polizeiärztliche Untersuchungen über sich ergehen lassen. Beim dritten Mal wurden ihm die beiden Männer gegenübergestellt, die in München gegen ihn ausgesagt hatten. Sie blieben bei ihrer Aussage. Der Gerichtsarzt hatte eine bedeutende Verschlechterung im Gesundheitszustand des Fürsten festgestellt. Zu seiner bereits bestehenden Krankheit trat ein schwerer Anfall von Angina pectoris. Schwach wie er war, beschrieb er die Lage der Dinge in seinem Tagebuch: Sein Ruf sei durch die Presse vollkommen zerstört, seine Familie dadurch rettungslos getroffen; weder Selbstmord noch Flucht ins Ausland, nicht einmal Aufnahme in einem Irrenhaus würden daran etwas ändern. Schließlich wurde der vom Reichskanzler und Preußischen Ministerpräsidenten, Fürst von Bülow, unterzeichnete Haftbefehl ausgesprochen und Eulenburg angesichts seiner Krankheit in die Berliner Charité eingeliefert.[39]

In der Umgebung des Kaisers bemerkte man, daß er sich noch nie so beklommen und gereizt gezeigt hatte. Er verfolgte die Verhandlungen in den Zeitungen, konnte daran aber wenig Freude haben.[40] Es spricht nicht für ihn, daß er keine einzige Begegnung mit Eulenburg oder Moltke herbeiführte, um ihnen eine Gelegenheit zu geben, sich zu den Anschuldigungen zu äußern.[41] Auch daß er Fürstin Eulenburg in der Zeit, in der ihr Mann in der Charité gefangengehalten wurde, nicht ebenfalls dort unterbringen lassen wollte, spricht nicht für ihn. Die Fürstin schrieb ihm daraufhin einen Brief, in dem sie ihm vorwarf, einen alten Freund im Stich zu lassen, und in dem sie als die einzige Person, die dem Fürsten treu geblieben sei, das Recht beanspruchte, in seiner Nähe zu sein und sein Schicksal zu teilen. Wilhelm änderte seinen Entschluß, und Fürstin Eulenburg durfte bei ihrem Gemahl bleiben.[42] Aber der Verfall von Eulenburgs körperlichen und geistigen Kräften ging weiter. Der Schwarze Adler Orden wurde ihm abverlangt, um bis zum Ende des Prozesses in Berlin »hinterlegt« zu werden. Nicht ohne einen gewissen Stolz ließ Eulenburg den Orden zusammen mit vier anderen Auszeichnungen zurückschicken. Im Begleitschreiben an den Kanzler des Schwarzen Adler Ordens nannte er seine Gründe:

> Ich habe . . . bei der besonderen Gnade, mit der mich Majestät durch mehr als 20 Jahre ausgezeichnet haben – und der ich mich bis an mein Lebensende in tiefer Dankbarkeit erinnern werde! – der Verleihung der vielen Orden und Ehrenzeichen nur einen ganz persönlichen Wert beigelegt. Deshalb haben diese Gegenstände ihren Wert auch vollkommen verloren mit dem Augenblick, da Se. Majestät im Andrang der öffentlichen und privaten Meinungen mich plötzlich fallenließen.[43]

Der Kaiser bewahrte sein grimmiges Schweigen, während die gegen Eulenburg vorgebrachten Beweise geprüft wurden. Von den 145 gegen ihn geladenen Zeugen erwiesen sich 133 als unhaltbar. Der Rest genügte dem Oberstaatsanwalt jedoch zur Erhebung der Anklage wegen Meineids.[44]

Wilhelm versuchte zu dieser Zeit, seinem normalen Leben nachzugehen. Wie alle anderen Reichsfürsten begab er sich nach Wien, um Kaiser Franz Joseph zum diamantenen Jubiläum zu gratulieren. König Eduard beabsichtigte, dem Zaren bei Reval einen Besuch abzustatten, und sein Neffe zog daraus den (diesmal irrigen) Schluß, er plane den Abschluß eines Geheimvertrages, und entschloß sich daher, ihm die deutsche Macht eindrucksvoll vor Augen zu führen. Als sich der König auf seiner Jacht dem Kieler Kanal näherte, wurde er zu seiner Überraschung von Prinz Heinrich und fast der gesamten deutschen Flotte begrüßt. Die ganzen 98 Kilometer ließ auf den Kanalufern eine Schwadron der deutschen Kavallerie nach der anderen ihre Hochrufe ertönen.

Als der Prozeß gegen Eulenburg schließlich eröffnet wurde, war Wilhelm in Kiel bei der Regatta.[45] Von den »Verdachtsmomenten«, die im Verlauf des Verfahrens zusammengetragen wurden, blieb am Ende nur die Aussage eines gewissen Jakob Ernst übrig, der Eulenburg während der Zeit, als er in München preußischer Geschäftsträger war, gelegentlich auf den Starnberger See gerudert hatte. Es traten auch – zum Teil freiwillig – eine Reihe von Entlastungszeugen auf, hohe Staatsbeamte, wie der kaiserliche Oberhofmarschall, Freunde aus München, Baron Albert Rothschild aus Wien, Beamte, die für ihn gearbeitet hatten, frühere Angestellte des fürstlichen Hauses sowie Eulenburgs Diener.[46] Aber Eulenburg war nun ein schwerkranker Mann.

Über zwei Wochen lang wurde er täglich von seiner Zelle in der Charité in den Gerichtssaal getragen. Dann brach er zusammen und war nicht mehr transportfähig.[47] Das Gericht siedelte in die Charité über, und die Verhandlung ging weiter, bis die Ärzte übereinstimmend erklärten, daß der Angeklagte aufgrund seiner Schmerzen, seines Fiebers und seiner Ohnmachtsanfälle der Verhandlung nicht mehr folgen könne. Das Gericht zog sich zurück und erklärte nach einstündiger Beratung die Verhandlung für vertagt. Regelmäßige gerichtsärztliche Gutachen und ein vergeblicher Versuch, das Verfahren wieder aufzunehmen, führten am Ende zu einer permanenten Vertagung.[48]

Nach fast fünfmonatiger Haft wurde der verhandlungsunfähige Eulenburg als physisches Wrack aus der Charité entlassen.[49] Auf Schloß Liebenberg führte er danach ein zurückgezogenes Leben, und der vertagte Fall wurde nie zu Ende geführt. Seine Gesundheit besserte sich ein wenig, so daß er in der Lage war, bis zu seinem Tod im Jahr 1921 sich als scharfer Beobachter zu vielen deutschen Problemen zu äußern. Wie nicht anders zu erwarten, enthalten Eulenburgs *Erinnerungen, Tagebücher und Briefe aus dem Nachlaß* recht harte Urteile über den Kaiser, Maximilian Harden und dessen Rasse.[50]

Unter beträchtlichen persönlichen Einbußen hatte Harden einen Sieg errungen; ob er damit etwas Gutes geleistet hatte, ist allerdings eine andere Frage. Es war der Höhepunkt seiner journalistischen Laufbahn. In der *Zukunft* zog er auch weiterhin gegen den Hof, den Kaiser und die Militärs vom Leder – und später auch gegen die Weimarer Republik –, aber ein Coup dieser Größenordnung gelang ihm kein zweites Mal. Im Jahre 1922 wurde er als Jude von SA-Leuten auf der Straße zusammengeschlagen. Er emigrierte in die Schweiz, wo er 1927 starb.

Nach außen hin bewahrte der Kaiser seine frostige Haltung. Offenbar hielt er es für seine Pflicht, dem unausgesprochenen Vorwurf zu trotzen, er habe seinen früheren Freund schlecht behandelt. Innerlich aber hinterließ die Affäre tiefe Spuren in ihm. Nie wieder brachte er irgend jemandem soviel Vertrauen entgegen wie Eulenburg. Bezeichnenderweise war es Houston Stewart Chamberlain, dem er enthüllte, was es ihn gekostet und was er dadurch zu leiden hatte, daß er durch die Machenschaften eines jüdischen Journalisten um einen hochgeschätzten Freundeskreis gebracht wurde, und wie grausam und demütigend es gewesen war, hilflos zusehen zu müssen, wie ihre guten Namen durch den Schmutz gezogen wurden.[51] Als alter Mann und nachdem die Feuer des Streits niedergebrannt waren, bekannte er auch freimütig, was er Eulenburg verdankte:

Wenn er in unser Potsdamer Heim trat, war es stets, als flute

Sonnenschein in den Alltag. Der Freund, der er mir damals war, ist er Jahrzehnte hindurch in Treue geblieben. Was an den Anklagen verschiedenster Art ist, die gegen ihn erhoben werden, darüber wird dereinst die Geschichte ihr Urteil fällen. Ich meinerseits werde ihm stets ein dankbares Andenken bewahren.[52]

2

Kurz nachdem Fürst Eulenburg aus der Charité entlassen wurde, traf Oberst Montagu-Stuart-Wortley, dessen Gast Wilhelm in Bournemouth gewesen war, zu einem Besuch in Deutschland ein. Er brachte Aufzeichnungen der gemeinsamen Gespräche des vergangenen Jahres mit sich und erklärte dem Kaiser, er fände seine Ansichten so interessant, daß sie einer breiteren Öffentlichkeit zugänglich gemacht und veröffentlicht werden sollten. Wilhelm fühlte sich geschmeichelt und gab seine Zustimmung. Ein fiktives Interview mit Montagu-Stuart-Wortley wurde ausgearbeitet und Bülow unterbreitet.

Bülow erhielt den Artikel im Urlaub. Ob ein Reichskanzler jemals wirklich Urlaub nehmen konnte, war schon damals, als es in der Diplomatie noch weniger hektisch zuging, sehr fraglich. Und dieses Jahr war besonders ereignisreich. Der Reichskanzler mußte sich mit der Revolution befassen, die in der Türkei ausgebrochen war. Der Sultan war klug genug, sich auf die Seite seiner Feinde zu schlagen, nachdem er sie nicht besiegen konnte, obwohl das eine merkliche Verringerung der Zahl von Spionen, Wächtern, Adjutanten und Musikanten bedeutete, die in seinem Dienst standen.[53] Ferner hatte Österreich durch die Annektierung der beiden türkischen Provinzen Bosnien und Herzegowina die europäische Krise beschleunigt.[54] Der Reichskanzler hatte sich davon jedoch nicht abhalten lassen, an die Nordsee zu fahren und die Meeresluft zu genießen, und dort erhielt er nun den Text des kaiserlichen Interviews. Bülow sollte es lesen und kommentieren, aber er tat keines von beiden, sondern leitete es an das Auswärtige Amt weiter, von wo es mit einigen kleinen Änderungen versehen zu ihm zurückkam. Auch diesmal las Bülow den Text nicht. Im festen Glauben, sich mit seinem Kanzler abgestimmt zu haben, gab nun Wilhelm seine Druckerlaubnis, und am 28. Oktober 1908 erschien der Artikel im *Daily Telegraph.*[55]

Im Grunde genommen enthielt das Interview wenig Neues. Daß Wilhelm sich über Englands hartnäckige Weigerung ärgerte, in ihm seinen besten und treuesten Freund in Europa zu erblicken, war bekannt.

18 *Eine Kriegspostkarte von 1915: Kaiser Wilhelm II. mit Kaiser Franz Joseph von Österreich*

19 *Wilhelm II. mit Hindenburg und Ludendorff im Großen Hauptquartier in Spa*

20 *Wilhelm II. bei einem Inspektionsbesuch an der Ostfront, wo er Soldaten einer Gardedivision mit dem Eisernen Kreuz auszeichnet*

Ebenso bekannt war, daß er für sich in Anspruch nahm, den Engländern die Interessen seines eigenen Landes geopfert zu haben, als er sie im Burenkrieg unterstützte. Wilhelm erklärte auch, er werde im Lande seiner Mutter gröblich mißverstanden, und es werde dort nicht anerkannt, daß er allein in der Lage sei, die antibritischen Gefühle seiner Landsleute im Zaume zu halten. Wenn das auch der englischen Öffentlichkeit verborgen geblieben war, so wußten doch König Eduard, seine Minister und eine Reihe informierter Leute ganz ohne Zweifel, daß der Kaiser und sein Generalstab für die Engländer im Burenkrieg einen strategischen Plan ausgearbeitet und Queen Victoria und Lord Roberts übersandt hatten. Daß diese Pläne keine günstige Aufnahme gefunden hatten, war noch nie ausgesprochen worden. Schließlich bekräftigte der Kaiser, die deutsche Flotte sei nicht zum Einsatz gegen England, sondern zum Schutz der deutschen Interessen im Fernen Osten bestimmt – womit freilich kein Schiffsjunge hüben oder drüben hinters Licht zu führen war.[56]

Nachdem es sein Ziel gewesen war, die beiden Länder einander näherzubringen, reagierte Wilhelm zunächst befremdet und sodann entsetzt auf den »Novembersturm«, der nun losbrach. Was Montagu-Stuart-Wortley im Sinn hatte, als er die Veröffentlichung solcher Ansichten betrieb, läßt sich nicht mit Bestimmtheit sagen. Er hätte allerdings wissen können, daß seine Landsleute sich nicht gern als völlig übergeschnappt (»mad as March hares«) bezeichnen ließen, nur weil sie einen bestimmten ausländischen Souverän nicht als ihren besten Freund anerkennen wollten.[57] In Deutschland war der öffentliche Aufschrei sogar noch lauter. Die Konservativen fühlten sich vom Kaiser verraten. Und die Linken, die auf eine Reduzierung seiner Macht abzielten, erklärten, er habe die Interessen eines ausländischen Staates vor die des eigenen Landes gestellt.[58]

Wenn es je einen Moment gab, in dem eine Änderung der Verfassung und eine Einschränkung der kaiserlichen Befugnisse denkbar waren, dann zum damaligen Zeitpunkt. Daß es trotz des vielen Lärms, der sich erhob, nicht dazu kam, läßt sich auf verschiedene Weisen erklären. Die überzeugendste Erklärung ist wahrscheinlich darin zu suchen, daß in den Augen vieler Intellektueller die Tage des Kaisers als politischer Führer bereits gezählt waren. Maximilian Harden, Wilhelms alter Feind, unterstrich das in der *Zukunft.* Das Reich sei der Herrscher, schrieb er, und nicht der Kaiser, die Verfassung brauche nicht geändert zu werden, sie biete dem Volk genug.[59] Die Armee muß dabei ebenfalls berücksichtigt werden. Das Offizierskorps schuldete außer dem Kaiser niemandem Gehorsam. Das Bürgerliche Gesetzbuch galt nicht für Soldaten.[60] Theoretisch hätte der Kaiser die Verfassung zerreißen und allein auf die Armee gestützt regieren können. Ferner darf man nicht vergessen, daß der Kaiser – was häufig übersehen wird – bei der Mehrheit der Deutschen aller Schichten, mit Ausnahme vielleicht der Bayern, durchaus beliebt war. Es gab wenige Herrscher, die sich der lästigen Pflichten des Monarchen so eifrig und so gut entledigten wie Wilhelm, und wenige Souveräne haben das oberste Gebot des Monarchen, sich seinem Volk zu zeigen, so unermüdlich befolgt. Und schließlich konnte eine Nation, die ihren Herrscher als ihren »Obersten Kriegsherrn« bezeichnete, stolz sein auf einen Kaiser, der diese Rolle so überzeugend zu spielen verstand. In diesem Stadium seines Lebens wurde Wilhelm als eine exotische Mischung aus Don Quixote und Parzival angesehen, und während manche seiner Reden und Äußerungen ernst genommen und allgemein gewürdigt wurden, war dies bei anderen Gelegenheiten nicht der Fall. Das *Daily Telegraph*-Interview war ein äußerst unglückliches Beispiel für letzteres.

Wilhelms Verblüffung verwandelte sich rasch in Wut, als er erfuhr, daß der Kanzler den Artikel, der ihm zweimal vorgelegt worden war, einfach nicht gelesen hatte. Seine Wut steigert sich sogar noch, als er entdeckte, daß er dem schlüpfrigen Bülow gegenüber in einer Zwickmühle saß. Der Kanzler verhielt sich insofern korrekt, als er seinen Rücktritt anbot, wobei er jedoch genau wußte, daß der Kaiser ihn angesichts der öffentlichen Meinung und der noch andauernden Bosnien-Krise[61] nicht annehmen konnte. Der einzige Trost, den er zu bieten hatte, war das Versprechen, im Reichstag klarzustellen, was geschehen war, und damit die Kritiker des Kaisers zum Schweigen zu bringen. Das beste, was er tun könne, riet Bülow seinem Herrn, sei nach außen hin Ruhe zu bewahren und an den bereits gefaßten Reiseplänen festzuhalten.[62] Wilhelm stimmte zu. Zweifellos hatte er das Bedürfnis, sich den Tränen seiner Frau, den Vorwürfen seiner Freunde und dem Ansturm der Kritik für eine Weile zu entziehen. Er fuhr nach Österreich, ging mit Erzherzog Franz Ferdinand bei Eckardsau auf die Jagd, brachte in einer Treibjagd 65 Hirsche zur Strecke, war in Schönbrunn zu Gast bei Kaiser Franz Joseph und danach im badischen Donaueschingen bei Fürst Max zu Fürstenberg.[63] Der Fürst und die Seinen taten ihr möglichstes, um ihn aus seiner Depression herauszuholen, durch Nachrichten aus Berlin wurde diese jedoch noch vertieft. Sein Kanzler hatte ihn im Stich gelassen. Die versprochene Klarstellung vor dem Reichstag stellte sich als eine Selbstverteidigung Bülows und eine schulmeisterliche Kritik an den kaiserlichen Eigenwilligkeiten heraus.[64] Der Kanzler erklärte, daß der Kaiser in Zukunft »auch in

Privatgesprächen jene Zurückhaltung beobachten« werde, »die im Interesse einer einheitlichen Politik und für die Autorität der Krone gleich unentbehrlich ist.« Und er schloß mit den Worten: »Wäre dem nicht so, so könnten weder ich noch meine Nachfolger die Verantwortung tragen.«[65] »Der Aal« machte seinem Spitznamen alle Ehre. Sein Verrat und seine verächtliche Schamlosigkeit waren mehr, als Wilhelm ertragen konnte. Vor Max von Fürstenberg brach er in Tränen aus.[66] Es war ein regelrechter Nervenzusammenbruch. Der Fürst und die Fürstin versuchten, ihn so gut es ging zu beruhigen, aber ein grotesker Unfall am letzten Abend seines Aufenthalts in Donaueschingen verschlimmerte seinen Zustand nur noch mehr. Nach dem Diner erschien Graf Hülsen-Haeseler, um, wie er das gelegentlich tat, als Ballettänzerin kostümiert, einen Tanz vorzuführen, und fiel dann vom Schlag getroffen zu Boden. Zwei Ärzte bemühten sich um ihn, aber alle Wiederbelebungsversuche waren vergeblich, und da die Leichenstarre bereits einsetzte, hatte man die größten Schwierigkeiten, dem General sein Ballerinakostüm auszuziehen und ihn wieder in seine Uniform zu kleiden. Er wurde im großen Salon des Schlosses aufgebahrt und am folgenden Morgen bestattet. Der Kaiser war völlig verstört. Er hatte nicht nur einen hochgeschätzten Freund und Ratgeber verloren, sondern es war ihm auch klar, daß die Umstände von Hülsen-Haeselers Tod Anlaß zu sehr unfreundlichen Kommentaren geben konnten. Er verließ Baden als ein gebrochener Mann.[67]

Benommen von diesen Ereignissen oder in einem verzweifelten Versuch, seine Position zu retten, soll Wilhelm nun einem amerikanischen Journalisten ein zweites, noch katastrophaleres Interview gegeben haben, in dem er, gewissermaßen als Beweis für seine Liebe zu seinem Volk, den Engländern die Leviten las.[68] Der Journalist gab seinen Text an die *New York World,* die eine Zusammenfassung druckte. Darin hieß es, der Kaiser sehe sein Land auf dem Weg in eine Katastrophe und habe seinen Onkel als korrupt und einen deutsch-englischen Krieg als unvermeidlich bezeichnet.[69] Das Auswärtige Amt erklärte, daß dieses hochexplosive Gemisch frei erfunden sei, und nachdem in New York Nachforschungen angestellt worden waren, drahtete der Eigentümer der Zeitung dem Reichskanzler, daß das veröffentlichte Interview jeder überzeugenden Grundlage entbehre.[70]

Wir wissen nicht, wie der Kaiser auf dieses journalistische Kabinettstückchen reagierte, aber er war bereits auf einem seelischen Tiefpunkt angelangt, der kaum noch weiter zu senken war. Bei seiner Rückkehr ins Neue Palais bat Bülow um eine Unterredung. Der Kanzler hatte einen schweren Stand, denn von links zürnte man ihm, weil er die Gelegenheit zu einer Verfassungsänderung hatte verstreichen lassen, und von rechts zürnte man ihm, weil er den Kaiser als einen Narren hingestellt hatte. Es ist kaum zu glauben, aber er erschien im Neuen Palais, hielt Wilhelm eine Strafpredigt und verlangte dann seine Unterschrift unter ein äußerst demütigendes Schriftstück. Der Kaiser sollte darin »die Stetigkeit der Politik des Reiches« bekräftigen, »die Ausführung des Reichskanzlers im Reichstage« billigen und »den Fürsten Bülow Seines fortdauernden Vertrauens« versichern.[71] Wilhelm befand sich noch immer in der Zwickmühle: Wenn er Bülows Rücktritt verhindern wollte, mußte er unterzeichnen. So tat er, was von ihm verlangt wurde, und ein hochzufriedener mit so gut wie diktatorischen Vollmachten ausgestatteter Bülow ließ die kaiserliche Erklärung veröffentlichen. Kurze Zeit danach schwang der Kaiser sich zu einer Art herausfordernder Geste auf. Als er in der Berliner Stadthalle eine Rede zu halten hatte, bestand er darauf, daß der Reichskanzler sie verfaßte. Vor aller Augen empfing er dann das Manuskript aus dessen Händen, las es mit monotoner Stimme herunter und reichte es dem Kanzler zurück.[72] Aber mehr als eine Geste war das nicht. Bülow blieb ihm überlegen, und das machte Wilhelms Zusammenbruch komplett.

Dieses Debakel – nach dem Eulenburg-Skandal – raubte ihm seine gesamte Energie.[73] Er litt an Schwindelanfällen und Schüttelfrost und mußte mit Gesichtsneuralgien ins Bett. Plötzlich fand er dann, er könne es nicht länger ertragen. Er ließ seinen ältesten Sohn kommen und Bülow durch den Hofkämmerer mitteilen, daß er abdanken wolle. Zutiefst erschrocken bat die Kaiserin Bülow, zuerst bei ihr zu erscheinen. Sie fragte ihn ohne Umschweife, ob er den Kaiser zum Abdanken bewegen wolle. Bülow versuchte sie zu beruhigen. Dann traf der Kronprinz ein und begab sich zu seinem Vater. Über eine Stunde saß er bei ihm und ließ eine Flut von Selbstmitleid und Bitterkeit über sich ergehen. Danach suchte der Kronprinz den Kanzler auf, der, wie er notierte, den Eindruck hatte, der junge Mann strebe nach der Krone. Aber irgend jemand, möglicherweise war es Dona, stärkte Wilhelm den Rücken. Er besann sich eines anderen und sprach nicht mehr von Abdankung. Lustlos, still und um Jahre gealtert war er jedoch unfähig, die schwere Depression abzuschütteln, die der Nervenkrise folgte. Er funktionierte wie ein Automat, benahm sich, als sei er in tiefster Trauer, und da niemand das Schweigen brechen wollte, in das er sich hüllte, wurde in seiner Umgebung nur noch geflüstert. Die Kaiserin ließ ihre beiden Söhne Oskar und Joachim aus Plön kommen und hoffte, sie könnten ihren Vater mit ihrer Lebhaftigkeit aufheitern. Sie ließ auch Prinz Ethelbert aus Kiel holen, den ältesten ihrer noch unverheirateten Söhne, aber trotz einer angeregten Unterhaltung über Marineangelegenheiten konnten weder er noch seine beiden jüngeren Brüder an Wilhelms Zustand etwas ändern. Weihnachten ging vorüber. Noch nie war es so freudlos gefeiert worden. Natürlich gab es Leute, die aus diesen Veränderungen im Wesen des Kaisers und im Ablauf seines Programms den Schluß zogen, der Kaiser habe den Verstand verloren. Es wurden Gerüchte verbreitet, die sich noch jahrelang hielten. In Wirklichkeit war die Krise jedoch schon fast vorbei.[74]

Am Neujahrstag begann die Saison, und wie üblich siedelte der Hof von Potsdam nach Berlin über, wo der Kaiser die Neujahrswünsche des Diplomatischen Korps entgegennahm. Er gab deutlich zu erkennen, daß er diesem Ereignis und vor allem der Fahrt durch die Stadt durchaus nicht freudig entgegenblickte. Es erwies sich jedoch als heilsam. Zu seiner Überraschung wurde er mit Ovationen begrüßt. Über der scharfen Kritik hauptsächlich linksgerichteter Intellektueller, die sein Amt als einen Anachronismus und sein Verhalten als unverantwortlich ansahen, hatte Wilhelm die Tatsache übersehen, daß sie nur einen sehr kleinen Teil der Bevölkerung darstellten. Nun brachte der größere Teil seine begeisterte Loyalität zum Ausdruck, und je weiter die Saison voranschritt, um so weniger blieb er im Zweifel darüber, daß er bei der Mehrheit seiner Untertanen wirklich beliebt war.[75] Als sein Onkel, König Eduard, zu seinem ersten und einzigen Staatsbesuch nach Deutschland kam, wirkte der Kaiser, wenn auch um Jahre gealtert, gänzlich wiederhergestellt.

3

Der Februar des Jahres 1909 war für einen älteren Herrn, der an Bronchitis litt, ein besonders schlecht gewählter Zeitpunkt, um das eiskalte Berlin zu besuchen, aber die Minister des Königs maßen dem Besuch größte Bedeutung bei. Unglücklicherweise hielt der König die Zeitungsente der *New York World* für authentisch und gab sich tief beleidigt.[76] Zwar versuchte sein Neffe, den Besuch erfolgreich zu gestalten,[77] aber eine Reihe von Zwischenfällen sorgte dafür, daß der asthmatische und ungeduldige König Grund fand, sich zu ärgern. Als erstes hatte sein Diener bei ihrer Ankunft an der brandenburgischen Grenze, wo eine Ehrengarde auf den König wartete, vergessen, ihn aufzuwecken. In den zehn Minuten, die er dann brauchte, um sich in seine enge preußische Uniform zu zwängen, spielte die Militärkapelle ohne Unterlaß »God Save the King«.[78] Diesem schlechten Start, der den König erzürnte, folgte ein Mißverständnis am Lehrter Bahnhof in Berlin. Als der Zug in Berlin einfuhr, stieg der König nicht aus seinem Salonwagen, vor dem Kaiser und Kaiserin mit der gesamten Familie warteten, sondern aus dem der Königin, der fünf Wagen weiter zurückstand.[79] Dann gab es Schwierigkeiten mit den Pferden vor dem Wagen der Kaiserin und Queen Alexandra. Die störrischen Tiere wollten sich nicht rühren, und Dona und ihr Gast mußten in einen anderen Wagen umsteigen, wodurch die ganze Prozession durcheinander kam. Der Kaiser war gekränkt, und sein Onkel wartete ungeduldig darauf, endlich weiterzukommen.[80] Es gab ein ausgedehntes Programm zu bewältigen. Der größte Erfolg des Königs und sein bedeutendster Beitrag zu besseren Beziehungen zwischen den beiden Ländern war ein Besuch im Berliner Rathaus. Dort geriet er zwar durch das viele Treppensteigen außer Atem, aber als er aus den Händen der kleinen Tochter des Bürgermeisters einen goldenen Becher als Geschenk überreicht bekam, trank er den Berlinern zu und hielt in wohlklingendem Deutsch eine denkwürdige Rede.[81] Es herrschte jedoch sehr schlechtes Wetter, und das Programm war zwar gut organisiert, aber es erschöpfte den König. Zur allgemeinen Überraschung schlief er während eines Familienbanketts ein. Das gleiche geschah auch bei einer Gala-Ballettaufführung von *Sardanapalus,* wo er von realistischen Feuern auf der Bühne aufgeweckt wurde und sehr erschrak. Nach einem Mittagessen bei der britischen Botschaft erlitt er einen asthmatischen Anfall und fiel in Ohnmacht.[82] Es war jedoch nichts Ernsthaftes, und noch am gleichen Abend konnte er an einem offiziellen Ball im Alten Palais teilnehmen und zusehen, wie fehlerlos die lange Reihe der Tänzer ihre Quadrillen und Menuette tanzte.[83] Im Vergleich zur Lässigkeit seines eigenen Hofes fand er das preußische Protokoll sehr steif. Er verlangte eine Zigarre und erhielt die Antwort, das Rauchen im Schloß sei nicht gestattet. Er bat um ein Glas Whisky, aber Whisky gab es keinen. Dann wollte er sich zum Kartenspielen zurückziehen und mußte sich sagen lassen, daß das am preußischen Hofe nicht üblich sei.[84] Bevor der königliche Sonderzug am nächsten Tag wieder abfuhr, sprach der Kaiser zu seinem Onkel über Bülows Verrat und sagte, er werde ihn bei nächster Gelegenheit entlassen. Das war jedoch das einzige politische Gespräch, das sie hatten.[85] Der Assistent von König Eduards Privatsekretär bemerkte, wie wenig sich der Kaiser in der Gegenwart seines Onkels wohl fühlte: »Immer gab es forcierte Witze, und wenn die beiden zusammen waren, schien die Atmosphäre elektrisch geladen.«[86] Es war ihre letzte Begegnung.

König Eduard fuhr nach Hause in eine Welt von Schwierigkeiten: Budgetprobleme, soziale Probleme und große Probleme mit der Flotte. Um das deutsche Flottenprogramm zu übertreffen, wurden nicht weniger als acht äußerst kostspielige Dreadnoughts auf Kiel gelegt. Dies und die Unterstützung, die Bülow den Österreichern weiterhin in der Frage der Annexion von Bosnien und Herzegowina gewährte – wodurch Rußland sich England annäherte –, waren schlechte Vorzeichen für den Frieden in Europa. Europa war nunmehr in zwei große Blöcke gespalten. Im Vergleich zu den anderen Mächten kam Italien geringe Bedeutung zu, so daß der alte Dreibund de facto nur aus dem Zweibund zwischen Deutschland und Österreich bestand, während es Frankreich und England gelungen war, mit Rußland die *Triple Entente* zu schließen. Sich in keinen Balkankonflikt hineinziehen zu lassen, mit den Russen befreundet zu bleiben und in einer Welt von fünf Großmächten nie weniger als zwei Verbündete zu haben, diese Grundpfeiler Bismarckscher Außenpolitik waren nun von Bismarcks ehemaligem Schüler Bülow vollständig aufgegeben worden.[87]

Bis in den März hinein beschränkte der Kaiser die Kontakte zu seinem Reichskanzler auf das für die Abwicklung der Regierungsgeschäfte Unvermeidliche. Bülow war sich dessen sehr bewußt. Nach wiederholten Bitten bewilligte ihm Wilhelm eine persönliche Unterredung in der Bildergalerie des Alten Palais. Dort versuchte der Kanzler, sein Verhalten im vergangenen November zu rechtfertigen, während der Kaiser ihm in aller Deutlichkeit sagte, daß er mehr Unterstützung erwartet hatte. Dennoch kam es zu einer Art von Versöhnung.[88] In einem vermutlich chiffrierten Telegramm informierte der Kaiser seinen Bruder Prinz Heinrich:

ICH HABE BÜLOW VERZIEHEN, NACHDEM ER MICH UNTER WEINKRÄMPFEN UM PARDON GEBETEN HAT!

Und zum Zeichen, daß die Differenzen mit Bülow behoben waren, speisten Kaiser und Kaiserin noch am gleichen Abend in der Reichskanzlei. Für eine Weile mußte es so scheinen, als habe »der Aal« wieder die Oberhand gewonnen, aber als ein gewisser Rudolf Martin ein Pamphlet veröffentlichte, in dem er »die Gemeinheit des Fürsten Bülow entlarvte«, nannte Wilhelm es ein »sehr gutes Buch« und empfahl es sehr eindringlich allen seinen Freunden.[89]

Im Mai 1909 starb Baron Friedrich von Holstein. Der rachsüchtige Mann, der Fürst Eulenburg, Graf Kuno von Moltke und manchen anderen Vertrauten des Kaisers aus dem Weg geräumt und so viele Jahre hindurch Material für seinen »Giftschrank« gesammelt hatte, wurde gewiß nicht von vielen betrauert. Möglicherweise hatte Bülow Grund, ihm dafür dankbar zu sein, daß er gewisse Dinge nicht öffentlich bekannt gemacht hatte. Und zweifellos wurde der alte Herr vom Besitzer und von den Kellnern des Restaurants Borchardt vermißt. Seinen berühmtesten Nachruf bildete eine Karikatur im *Simplicissimus.* Die Bayern hatten viel für Eulenburg und wenig für die Juden übrig. Das Resultat war in Olaf Gulbranssons Zeichnung ein riesiger Maximilian Harden hinter einem Labortisch und mit einer Flasche in der Hand. Vor ihm der winzige und leblose, an einen Destillationsapparat angeschlossene und an seiner Brille und seinem Hut erkennbare Holstein. Und darunter die Worte: »Nachdem Harden ihm all sein Gift abgezapft hatte, starb Holstein.«[90]

Nur einen Monat später wurde Bülows Versuch, die Erbschaftssteuer einzuführen, im Reichstag zu Fall gebracht. Gestützt auf den Kaiser hätte er sich halten und seinen Angriff später erneut vortragen können, aber der Kaiser stand ganz offensichtlich nicht hinter ihm. Er begab sich an Bord der vor Kiel liegenden *Hohenzollern,* wo Wilhelm der Regatta beiwohnte, und übergab sein Rücktrittsgesuch. Der Kaiser dankte ihm höflich, steckte das Schreiben ein und nahm Bülow, um jedes weitere Gespräch zu unterbinden, zum Essen mit auf die Jacht des Fürsten von Monaco. Ohne zu wissen, woran er war, kehrte Bülow nach Berlin zurück. Ganze drei Wochen lang mußte er warten. Er war gern Reichskanzler gewesen, und da er wußte, wie wankelmütig der Kaiser sein konnte, war es durchaus denkbar, daß er den Rücktritt am Ende nicht annehmen würde. Schließlich konnte Bülow seinen Rücktritt in der Presse lesen. Für seine Dienste am Reich sollte er den Schwarzen Adler Orden in Brillanten erhalten. Wilhelm versah den Rücktritt mit einem Funken Ironie. Nach der offiziellen Verabschiedung im Garten des Alten Palais kündigte er an, er werde zusammen mit Dona bei den Bülows am folgenden Abend speisen.[91]

Als Wilhelm sich eine Weile danach mit dem König von Württemberg im Garten des Alten Palais befand, zeigte er diesem genau die Stelle, an der die Verabschiedung stattgefunden hatte. Seine Worte verrieten, wie tief ihn der Verrat seines »lieben Bernhard« getroffen hatte: »An dieser Stelle«, sagte er, »habe ich das Luder fortgejagt!«[92]

DREIZEHNTES KAPITEL

Die eisernen Würfel rollen

»Es liegt wie Schwefel in der Luft«
Karl Fürstenberg,
Berliner Handelsgesellschaft

1

Es war nicht ganz leicht, einen Ersatz für Bülow zu finden. Der Kaiser zog eine ganze Reihe von Kandidaten in Erwägung, von denen er dann wieder abkam, und seine Wahl fiel schließlich auf einen Mann, den Bülow empfohlen hatte, den er persönlich seit seiner Kindheit kannte und der seit zwei Jahren als Staatssekretär im Reichsamt des Inneren gearbeitet hatte.

Theobald von Bethmann Hollweg war ein hochgewachsener, 1,90 m großer, starkknochiger und muskulöser Mann. Er trug einen preußischen Stiftenkopf und sah in Uniform glänzend aus. Fast einen Kopf größer als der Kaiser und die meisten seiner Minister weit überragend, wirkte er in seiner furchterregenden Massivität wie ein zweiter Bismarck. In Wahrheit war er fast das genaue Gegenteil von Bismarck, ein milder, höflicher und ununterbrochen arbeitender Mann, der fast sein ganzes bisheriges Leben im Dienst des preußischen Staates zugebracht hatte und daher eher ein Verwaltungsfachmann war als eine Führernatur.[1] Da ihm überdies eine selbständige politische Konzeption fehlte, übernahm er, so gut es ging, die »Weltpolitik« seiner Vorgänger.[2]

Von Außenpolitik verstand er wenig, wollte sich aber auch nicht auf Bülows letzten Staatssekretär, Baron von Schön, verlassen, und bat daher den Kaiser, jenen Kiderlen-Wächter zu berufen, der seinerzeit in der Attacke des *Kladderadatsch* als »Geheimrat von Spätzle« apostrophiert worden war und der den Herausgeber der Zeitschrift dann im Duell verwundet hatte. Kiderlen hatte sich einmal der Gunst des Kaisers erfreut. Auf Kreuzfahrten nach Norwegen hatte er sich durch seine kräftigen Witze und komischen Theatervorstellungen hervorgetan, bei denen er beispielsweise gemeinsam mit einer zweiten Person als siamesischer Zwilling auftrat: »Zusammengewachsen waren wir mit einer großen Cervelatwurst.«[3] Als Wilhelm jedoch zu Ohren kam, daß Kiderlen hinter seinem Rücken sich gern über ihn lustig machte und respektlos von der Kaiserin sprach, wurde er als Botschafter nach Bukarest abgeschoben.[4] Dreizehn Jahre später kam er während der Bosnien-Krise als Berater zurück in die Wilhelmstraße und bewies dort, daß sein kritischer Geist im rumänischen Exil keineswegs verkümmert war, sondern sich im Gegenteil noch geschärft hatte. Er war noch gröber und vulgärer als früher und er trank zuviel, aber er war Deutschlands kenntnisreichster Experte in auswärtigen Angelegenheiten. Wilhelm sagte Bethmann, er werde bald finden, daß er sich eine Laus in den Pelz gesetzt habe, und gab seine Einwilligung zu Kiderlens Beförderung nur widerstrebend.[5]

Kiderlen wandte sich unverzüglich dem neuralgischen Punkt der deutschen Außenpolitik, dem Verhältnis mit England, zu und wählte als Mittelsmänner Ballin, den jüdischen Reeder und Freund des Kaisers, sowie Sir Ernest Cassel, den ebenfalls jüdischen Bankier König Eduards.[6] Admiral von Tirpitz zeigte sich endlich bereit, über ein vernüftiges Abkommen in der Flottenrüstung mit sich reden zu lassen. Er und der Kaiser wollten England von seinem »Two-Power-Standard« abbringen, der forderte, daß die Royal Navy stärker zu sein hatte als die zweit- und drittstärkste Flotte zusammengenommen, und der de facto bereits überholt war.[7] Ballin und Cassel leisteten Schwerarbeit. Tirpitz strebte im Schiffsbau ein Verhältnis von drei zu vier an. Für England würden sich dadurch die erschreckend hohen Rüstungsausgaben reduzieren und dem Land dennoch die größte Flotte der Welt lassen, während Deutschland, in Tirpitz' Worten »wenigstens in einem Verteidigungskrieg gegen England militärische Chancen« hätte.[8] Aber Kiderlen knüpfte an diesen Vorschlag das Verlangen nach einem politischen Abkommen, und das paßte der Liberalen Partei nicht, die in England am Ruder war. Man stand vor den Unterhauswahlen, und die Liberalen mußten damit rechnen, daß eine Annäherung an Deutschland nicht geeignet war, ihre Popularität zu vergrößern.[9] So ließ man die Angelegenheit wieder fallen, und erst 1912 wurde der Plan wieder aufgegriffen. In der Zwischenzeit blickte Kiderlen nach Rußland und suchte ein Abkommen zu schließen, durch das der Status quo auf dem Balkan erhalten blieb.[10]

Der neue Reichskanzler machte sich indessen an die praktisch undurchführbare Aufgabe, den Reichstag, die Junker, die Industriellen und den Generalstab unter einen Hut zu bringen. Er machte sich auch die Mühe, seinem Herrn die Fettnäpfchen aus dem Weg zu räumen, in die dieser so gern trat. Wo das Milieu oder die Umstände geeignet waren, dem Ungestüm des Kaisers freie Bahn zu lassen, gab er ihm entweder zuvor eine freundliche Warnung mit auf den Weg, oder er ließ das Programm so arrangieren, daß dem Kaiser wenig Raum blieb, Reden zu halten und Diskussionen fast gänzlich ausgeschlossen blieben. Wenn alle diese Mittel versagten, so suchte er wenigstens zu verhindern, daß Indiskretionen in die Presse gelangten.[11] Mit dieser Art sanfter Zensur erwies er Wilhelm einen guten Dienst. Es war dies ein neuer Anfang. Die früheren Kanzler hatten den Kaiser entweder gescholten oder ihm seinen Willen gelassen oder ihn öffentlich zum Narren gemacht.

Der Kaiser gewann allmählich seine Energie wieder, und in alter Unermüdlichkeit nahm er sein Jahresprogramm wieder auf, wobei er hie und da zur Auflockerung eine Unterbrechung einschaltete. Da er stets am technischen Fortschritt interessiert war, befürwortete er die Entscheidung des Generalstabs, eine Anzahl von Offizieren in der Luftschiffahrt ausbilden zu lassen. Die Vorführung eines Luftschiffes erfüllte ihn derartig mit Begeisterung, daß er, ungeachtet der Tatsache, daß das 20. Jahrhundert erst zehn Jahre alt war, Graf Ferdinand von Zeppelin als größten Deutschen des 20. Jahrhunderts bezeichnete.[12] Ebenso begeistert war er von dem amerikanischen Piloten Orville Wright, der im September 1909 auf dem riesigen Potsdamer Paradeplatz seine Flugkünste zeigte. Eine halbe Stunde lang sah er zu, wie Wright in einem Doppeldecker bei prachtvollem Sonnenuntergang seine Runden drehte, und gratulierte ihm danach herzlich.[13]

Zu dieser Zeit gab es in den europäischen Königshäusern viele Sterbefälle. Leopold II., der belgische Menschenverächter, starb in seinem Brüsseler »Palmenpavillon«. Mit Gewalt wurde seine schreiende Geliebte, eine französische Prostituierte, die er sieben Jahre zuvor aufgelesen hatte, aus dem Zimmer gejagt.[14] Dann brach an einem Freitagnachmittag im Mai König Eduard zusammen, während er mit zwei Kanarienvögeln spielte, und inmitten seiner Familie, des Haushalts und der höchsten Staatsbeamten verstarb er noch in der gleichen Nacht.[15] Sein Tod bedeutete für die Geschichte Europas einen noch größeren Einschnitt als der von Queen Victoria. Er stand mit den meisten Herrschern und führenden Staatsmännern seiner Zeit in verwandtschaftlichen oder persönlichen Beziehungen und hatte sich den Beinamen »Edward the Peacemaker« (Eduard der Friedensstifter) erworben. Wilhelm war nicht der Meinung, daß er ihn verdiente. Er war überzeugt, daß sein alter Onkel die Saat des Krieges in Europa gesät habe,[16] und diese Ansicht beruhte ganz auf Gegenseitigkeit. Wenige

Tage vor seinem Tod hatte Eduard auf dem Heimweg von Biarritz eine alte Freundin, die Comtesse de Greffuhle, in Paris besucht und zu ihr gesagt: »Ich habe nicht mehr lange zu leben. Und dann wird mein Neffe Krieg machen.«[17] Keiner von beiden hatte für den anderen viel Geduld oder Verständnis aufgebracht. Zusammen mit acht weiteren regierenden Herrschern, fünf Thronfolgern und Dutzenden von Prinzen und Prinzessinnen folgte Wilhem dem Sarg als einer der Hauptleidtragenden, wenn auch mit sehr gemischten Gefühlen. Einerseits war er stolz darauf, in seiner »zweiten Heimat« zu sein, und stolz darauf, daß die Menge ihn hochleben ließ; andererseits aber ärgerte er sich über König Ferdinand von Bulgarien und Erzherzog Franz Ferdinand von Österreich, die sich um den Vortritt stritten,[18] und fragte sich, ob sich unter seinem Vetter, dem neuen König Georg V., die englische Politik ändern würde. Im übrigen war er von der Beisetzung seines Onkels tief bewegt. Lord Esher, der einer von König Eduards engsten Freunden und Beratern gewesen war und der seine verborgensten Gedanken kannte, schrieb: »Ich bin fest davon überzeugt, daß der einzige wirklich Trauernde unter all diesen königlichen Besuchern dieser merkwürdige Kaiser war.«[19]

Während Wilhelms Abwesenheit war der Kronprinz sein Stellvertreter. Als er die große Frühjahrsparade abnahm, wurde er von einem russischen Anarchisten – einem Geisteskranken, wie sich später herausstellte – mit einer Konservendose beworfen.[20] Von seinem Pflichteifer war Wilhelm jedoch nicht begeistert. Es gab in diesem Juni eine 100-Jahr-Feier des Todes von Königin Luise. Sie war eine der beliebtesten Gestalten der preußischen Geschichte, aber ihr Ururenkel nahm an der Feier nicht teil und wurde von seinem verärgerten Vater vorübergehend unter Hausarrest gestellt.[21] Weit ernster zu nehmen war, daß sich der Kronprinz von den Alldeutschen einspannen ließ und daß Kronprinzessin Cäcilie, wenn auch ihr Eheleben nicht ganz den Vorstellungen des Kaiserpaares entsprach, das Eintreten ihres Mannes für diese aufkommende Kriegspartei voll und ganz billigte.[22] Zweimal hatte Wilhelm seinem Sohn die Erlaubnis verweigert, nach England zu fahren, und erst vor einem Jahr hatte er aus politischen Gründen gegen einen Privatbesuch in den Vereinigten Staaten, den Präsident Taft bereits begeistert begrüßt hatte, sein Veto eingelegt.[23] Nun fand er jedoch, es wäre besser, die beiden für eine Weile außer Landes zu wissen, auf einer großen Reise etwa. Zunächst wollte er sie in den Fernen Osten nach Indien schicken, aber dann modifizierte er den Plan. Zuerst sollten sie inkognito nach Ceylon reisen, und von Colombo sollte der Kronprinz zu einem Staatsbesuch nach Indien und die

Kronprinzessin zu einem privaten Urlaub nach Ägypten aufbrechen. Der Grund soll darin gelegen haben, daß die Kronprinzessin ihrem Schwiegervater eines Tages ins Gesicht sagte, es sei doch merkwürdig, daß er von seinem Sohn genau den absoluten Gehorsam erwartete, den er seinen eigenen Eltern schuldig geblieben sei.[24] Aber es ist unwahrscheinlich, daß die Kronprinzessin es wagte, einen so empfindlichen Nerv zu berühren und einem Mann zuliebe, der sie regelmäßig mit seinen Seitensprüngen demütigte, den Zorn des Kaisers zu erregen. Wahrscheinlicher ist, daß der Kaiser, der wußte, wie schlecht es zwischen den beiden stand, der Meinung war, eine kurze und von ihm gutgeheißene Trennung würde den Klatsch dämpfen und die beiden vielleicht wieder einander näherbringen. Er schrieb an Georg V., ob ein Besuch seines Sohnes in Indien willkommen wäre, und im britischen Reichsamt für Indien wurden die nötigen Vorbereitungen für seinen Empfang getroffen.[25]

Bevor er aufbrach, ergriff der Kronprinz anläßlich der Investitur des Rektor Magnificentissimus der Albertina-Universität in Königsberg die Gelegenheit, sich den Beifall der Alldeutschen zu sichern. In seiner Rede trat er dafür ein, die Jugend mit patriotischen Gefühlen zu begeistern, und schloß mit den Worten:

> Vielmehr sehnen wir uns nach Betonung unseres deutschen nationalen Volkstums im Gegensatz zu den internationalisierenden Bestrebungen, welche unsere gesunde völkische Eigenart zu verwischen drohen.[26]

Zweifellos verabschiedete sich das Kaiserpaar am 2. November nicht ohne Erleichterung von ihrem aggressiven Sohn und dessen Frau, aber selbst über eine Entfernung von fast 5000 Kilometern hinweg gab der Kronprinz Anlaß zu Besorgnis. Im Januar fand er auf einem Ball eine birmesische Prinzessin so ungeheuer anziehend, daß er eine in Anbetracht seines Staatsbesuches fast unglaubliche Verantwortungslosigkeit an den Tag legte und sich einige Tage später von seiner Begleitung davonstahl, um an den Ort des Balles zurückzukehren. Dort fand er seine Prinzessin allerdings nicht allein, sondern inmitten ihrer gesamten Familie wieder. Groß war die Aufregung der für seine Sicherheit verantwortlichen deutschen und englischen Begleiter, als der Kronprinz spurlos verschwunden war und ein ihm zu Ehren veranstaltetes Galadiner ohne ihn stattfinden mußte.[27] Auch sein Vater war von dieser Nachricht alles andere als erfreut.

Als der Kronprinz und seine Frau nach Deutschland zurückkehrten, waren keinerlei Anzeichen dafür zu erkennen, daß ihre Beziehung sich gebessert hatte. Der Kronprinz war sehr enttäuscht, daß er keines der militärischen Kommandos bekam, die er sich gewünscht hatte, um in Berlin bleiben zu können. Statt dessen wurde er in eine Art Verbannung, nämlich als Regimentskommandeur nach Danzig geschickt.[28] Diesen Posten brauche er jedoch erst einige Monate später anzutreten, und indem er sich in der Zwischenzeit verantwortungsvoller und zuverlässiger zeigte, konnte er den Kaiser vielleicht noch umstimmen. Er fuhr mit seiner Frau zu den Geburtstagsfeierlichkeiten von Zar Nikolaus nach Rußland und ging mit dem Zaren täglich rudern, litt jedoch sehr unter den Sicherheitsvorkehrungen, die für ihn getroffen worden waren. Vermutlich waren sie ihm auch bei seinen Vergnügungen hinderlich. »Das Kronprinzenpaar ist hier einer freundlichen, fast warmen Stimmung begegnet, die durch keinen Mißton getrübt wurde.« So lautete der offizielle Bericht des Botschafters, aber die Besorgnis des Vaters werden diese Worte kaum zerstreut haben.[29]

Besser aufgenommen wurden sie in England, wo der Kronprinz als Stellvertreter des Kaisers der Krönung Georgs V. beiwohnte. Aber seine Bewegungsfreiheit vermittelte ihm den falschen Eindruck, er könne tun und lassen, was er wolle. Georg V. hatte freundlicherweise den Herzog von Buccleuch und andere gute Freunde gebeten, den Kronprinzen einzuladen, aber dieser sagte, er gehe lieber nach Ranelagh zum Polospielen. Die Kronprinzessin flehte ihn an, aber er wollte nichts hören und brachte die deutsche Botschaft in eine recht peinliche Situation. Schließlich mußte ihm der Flottenattaché ins Gesicht sagen, daß es seine Pflicht gegenüber dem König sei, zu den Buccleuchs zu gehen. Er hörte zwar nicht auf zu grollen, aber er ging.[30]

Kurz nach der Krönung Georgs V. kam es unter dem Druck der Liga und einer Anzahl Industrieller zu einer zweiten Marokko-Krise. Bei einem Besuch in London erfüllte Wilhelm die Bitte seines Kanzlers, mit Georg V. über die Marokko-Frage zu sprechen. Er brachte heraus, daß die Engländer – nachdem die Franzosen fortfuhren, Marokko ebenso als Kolonie zu behandeln wie die Engländer Ägypten – die Algeciras-Akte als eigentlich nicht mehr bestehend ansahen und der Meinung waren, »man tue wohl am besten, sie der Vergessenheit anheim zu geben«.[31] Damit waren die Deutschen nicht einverstanden. Die Unternehmer wollten in Marokko investieren, und die Alldeutschen wollten dort ihre Flagge wehen lassen. Bethmann hatte nicht die Absicht, in Nordafrika an Einfluß zu verlieren, aber es war ihm nicht klar, was sein Staatssekretär im Auswärtigen Amt im Schilde führte. Schließlich machte er ihn betrunken und brachte heraus, daß es ihm um Kolonien in Zentralafrika ging, die er für einen Verzicht auf die deutschen Rechte in Marokko einzuhandeln gedachte. Der Kaiser, der die Demütigung des Reiches in der ersten Marokko-Krise keineswegs vergessen hatte, fürchtete eine zweite.[32] Das ließ er Bethmann im Mai auch wissen. Aber Kiderlen ergriff die Gelegenheit, die ihm die Kieler Woche bot, wo Wilhelm sich in euphorischer Stimmung befand, und erklärte ihm, er habe sich mit M. Cambon, dem französischen Botschafter in Berlin, beinahe schon geeinigt, und es müsse nur noch ein wenig Druck ausgeübt werden. Wilhelm, der Kiderlen loswerden und zu seiner Nordlandfahrt aufbrechen wollte, stellte seine Bedenken hintan und gab seine Zustimmung zur Entsendung des deutschen Kanonenboots *Panther* zu dem an der afrikanischen Atlantikküste gelegenen Agadir.[33] Die Engländer fürchteten sofort, die Deutschen wollten durch die Einrichtung eines Marinestützpunkts Gibraltar bedrohen und verlangten eine Erklärung.[34] Kiderlen gab keine Antwort. Statt dessen setzte er seine Verhandlungen mit Cambon fort und erklärte, daß Deutschland nun nicht mehr nur Teile des französischen Kongo, sondern das ganze Gebiet haben wolle. Cambon war sprachlos.[35] Als dem Kaiser ein Bericht über die Verhandlungen vorgelegt wurde, war er entsetzt. Er ließ die *Hohenzollern* umkehren und telegrafierte Bethmann, daß Frankreich in seiner Abwesenheit nicht bedroht werden dürfe. Was er fürchtete, war Krieg. Frankreich nicht weniger. Wilhelm rechnete mit einer sehr unangenehmen Reaktion der Engländer, womit er auch Recht hatte. In seiner Eigenschaft als Schatzkanzler brachte Lloyd George dies in einer Rede vor den Bankiers der City of London zum Ausdruck. Er betonte, daß es nötig sei, Streit anders als durch das Schwert zu schlichten, fügte dann jedoch hinzu:

> Wenn uns eine Situation aufgezwungen würde, in der der Frieden nur durch das Aufgeben der großen und wohltätigen Stellungen erhalten werden könnte, die England sich in Jahrhunderten des Heroismus und des Erfolges erworben hat . . ., dann, ich betone es, würde ein Frieden um jeden Preis eine Erniedrigung sein, die ein großes Land, wie das unsrige, nicht hinnehmen könnte.[36]

Die Bankiers ahnten nicht, wovon die Rede war, aber der deutsche Botschafter ahnte es, als er von der Rede in der Presse las.[37] Bethmann sandte eine so gepfefferte Protestnote nach London, daß die britische Admiralität die Flotte zusammenzog. Während Deutschland und Frankreich sich über ihre Differenzen aussprachen, blieb England de facto in permanentem Alarmzustand. Sämtliche Tunnels und Brücken der lebensnotwendigen südöstlichen Eisenbahnlinien wurden Tag und Nacht überwacht.[38] Schließlich wurde ein deutsch-französisches

Abkommen erzielt. Als Gegenleistung für die Anerkennung der französischen Rechte in Marokko durch die Deutschen überließen die Franzosen den Deutschen Teile des französischen Kongo. Das Gebiet enthielt zwei Flüsse, die für den deutschen Export aus dem Kamerun wichtig waren. In Deutschland war damit jedoch niemand wirklich zufrieden, zumindest der Kaiser nicht, der von Maximilian Harden in der *Zukunft* als »Wilhelm der Friedfertige« beschimpft und damit indirekt der Feigheit bezichtigt wurde, und auch jene mehr zurückhaltenden Deutschen nicht, die gehofft hatten, Bethmann werde sich von Bülows Imperialismus distanzieren. Es war Kiderlen nicht gelungen, Frankreich von seinen Verbündeten in der Tripleallianz zu trennen. Das Bündnis war im Gegenteil enger als je zuvor. Die großen Industriellen, die in Frankreich Eisenerz und Aktien kauften, hatten es schwerer als früher. Auch die Unternehmer, die in Marokko investiert hatten, fühlten sich im Stich gelassen. Aber die schärfste Kritik kam, wie nicht anders zu erwarten, von den Alldeutschen. Bethmann wurde im Reichstag angegriffen und beschuldigt, zuviel Nachgiebigkeit zu zeigen, seiner Aufgabe nicht gewachsen zu sein und sich demütigen zu lassen.[39] Der Kaiser war entsetzt, daß unter denen, die seinen Kanzler beschimpften, auch der Kronprinz zu finden war.

Kaum hatte dieser sich in Danzig unter dem Kommando von General von Mackensen, dem Freund und Flügeladjutanten seines Vaters, eingefunden, als er auch schon inoffiziellen Urlaub nahm und wieder in der Hauptstadt erschien. Er ging in den Reichstag und erregte allgemeines Aufsehen, indem er seine Zustimmung zur Rede eines konservativen Abgeordneten, der den Reichskanzler scharf angriff, dadurch bekundete, daß er laut applaudierte, mit dem Knauf seines Degens auf die Logenbrüstung schlug und zustimmend nickte. Als der Kaiser von diesem Benehmen hörte, ließ er seinen Sohn ins Alte Palais kommen und wusch ihm gehörig den Kopf. Er ließ auch den Reichskanzler kommen, um den Kronprinzen durch diesen in Kenntnis davon zu setzen, was in Marokko wirklich vorgefallen war, und ihm die Situation genau zu erklären.[40] Aber weder die Ermahnung noch die Erklärung machten auf den Kronprinzen Eindruck. Tags darauf begeisterte er die Berliner, indem er in einem Zeppelin über der Stadt erschien, und am Abend wurde er, als er sich in der kaiserlichen Loge des Zirkus sehen ließ, mit Ovationen empfangen.[41] Durch seine bedenkenlos-aggressive Politik war er über Nacht das Idol junger Offiziere, Studenten und Nationalisten geworden.[42] Er wurde nach Danzig zurückbeordert, aber der Kaiser und sein Kanzler wußten, daß er weiter von denen benützt werden würde, die besessen waren von dem Gedanken an die Vergrößerung des Zweiten Reiches. Der deutsche Botschafter am englischen Königshof berichtete, der Kronprinz werde jetzt als *persona non grata* betrachtet. König Georg V. ließ wissen, daß er für eine derartige Insubordination des Kronprinzen gegenüber seinem Vater kein Verständnis habe.[43] Wilhelm machte sich nicht die Mühe zu erklären, daß sein Sohn nicht zu bändigen war und immer nur tat, was ihm beliebte.

2

Zu welchem Zeitpunkt der Kaiser die Überzeugung gewann, der Krieg sei unvermeidlich, ist eine umstrittene Frage.

Im Januar 1912 gab es Reichstagswahlen, und die Sozialdemokraten überwanden den Rückschlag der »Hottentotten-Wahlen« und errangen 110 Sitze. Es war ein Erdrutsch, wenn auch die anderen Parteien durch Koalitionsbildungen die Durchsetzung grundlegender sozialistischer Gesetze zu verhindern wußten. Einer der Abgeordneten war ein Sohn von Wilhelm Liebknecht, der den *Vorwärts* redigiert hatte und mit Marx persönlich befreundet gewesen war. Karl Liebknecht war nun ein echter Revolutionär, der sich den Umsturz des Staates zum Ziel gesetzt hatte, und ein leidenschaftlicher Antimilitarist. Sein jesuitisch-schlauer Plan war, die Jugend bereits vor dem Militärdienst instruieren zu lassen, das System damit von innen her auszuhöhlen und Deutschland auf diese Weise aus den Klauen des Militarismus zu befreien. Er hatte diese Idee 1907 in einem Pamphlet veröffentlicht, war dann wegen Majestätsbeleidigung ins Gefängnis gewandert und wurde, wie viele andere revolutionäre Führer, aus dem Gefängnis in den Reichstag gewählt. Dort besaß er auch bei seiner eigenen Partei nicht viel Beliebtheit oder Vertrauen, aber die Tatsache, daß er überhaupt gewählt worden war, konnte als ein Zeichen der Zeit gelten.[44] Es gab viele, die mit der Bismarckschen Reichsverfassung nicht mehr zufrieden waren. Sie verlangten Veränderungen. Die hochangesehene und weitverbreitete liberale *Frankfurter Zeitung* beispielsweise warf der Reichsregierung permanent und vehement ihr Versagen vor, und es ist kaum anzunehmen, daß ihre Leserschaft je daran dachte, ihren Liberalismus mit einem Nationalismus zu vertauschen.[45] Die Opposition war jedoch nicht nur ungenügend organisiert, sondern ihr fehlte auch der Elan, der nötig gewesen wäre, um der Oligarchie die Macht aus den Händen zu winden, und die Intellekutellen, die der Opposition Antrieb hätten geben können, glichen dem Kaiser in ihrem mangelnden Sinn für Proportionen.[46] Deutschland war ein politisches Wolkenkuckucksheim.

Da eine neue Flottenvorlage zu verabschieden war, verabredeten Ballin und Cassel neue deutsch-britische Gespräche. Die Briten sandten Haldane im Februar auf inoffizielle Mission nach Berlin. Er war gewählt worden, weil er vorzüglich Deutsch sprach, aber obwohl er Unterredungen mit dem Kaiser, mit Tirpitz und mit dem Reichskanzler führte, zweifelte jede der beiden Seiten an der Aufrichtigkeit der anderen. Die Gespräche wurden abgebrochen, und während Haldane vorgeworfen wurde, er sei pro-deutsch, stand Bethmann im Geruch, probritisch zu sein.[47]

Im Oktober dieses Jahres war auf dem Balkan wieder einmal der Teufel los. Bulgarien, Serbien und Montenegro griffen mit Unterstützung Griechenlands die Türkei an und gewannen in einem Monat mehrere Feldzüge. Fürst Karl von Lichnowsky, der neue deutsche Botschafter am englischen Königshof, schrieb später, die Aufteilung des türkischen Erbes habe das Gespenst eines europäischen Krieges aufsteigen lassen.[48] Er hatte recht. Im November mobilisierten Österreich und Rußland.[49] England unternahm keine spektakulären Schritte, und überraschenderweise unterließ das auch Deutschland, obwohl der Kaiser am 8. Dezember die Vertreter von Armee und Marine zu einem Kriegsrat einberief, bei dem die Zivilregierung ausgeschlossen blieb. Wilhelm war besorgt über einen Bericht Lichnowskys aus London. In einem Gespräch mit ihm hatte Haldane feierlich und warnend verkündet »England könne und wolle sich nicht nachher einer einheitlichen kontinentalen Gruppe unter Führung einer einzigen Macht gegenübersehen.«[50] Er fügte hinzu, im Falle eines europäischen Krieges werde England damit logischerweise auf die Seite Frankreichs gezogen. Es ist schwer zu sagen, welche Bedeutung dieser Bemerkung Haldanes im Dezember 1912 beizumessen war, aber sie mußte ins Kalkül der deutschen Pläne einbezogen werden.

Die Professoren Fritz Fischer und Adolf Gasser sowie andere deutsche Historiker, die im Jahre 1961 die patriotische deutsche Selbstzensur durchbrachen, weil diese keine Existenzberechtigung mehr hatte, stellten die kategorische Behauptung auf, daß die Entscheidung für einen europäischen Krieg nicht erst 1914 fiel, sondern damals in diesem Kriegsrat des Jahres 1912.[51] Kurz zuvor hatte General Friedrich von Bernhardi unter dem Titel *Deutschland und der nächste Krieg* ein Buch veröffentlicht, in dem er schrieb:

> Auf die eine oder andere Weise muß mit Frankreich abgerechnet werden, wenn wir Armfreiheit für unsere Weltpolitik gewinnen wollen ... Frankreich muß so vollständig niedergeworfen werden, daß es uns nie wieder in den Weg treten kann.[52]

Der General war zwar von Schlieffen entlassen worden,[53] dennoch steckte in diesem Buch mehr als hinter anderen Büchern, die ebenfalls den Krieg an die Wand malten, wie etwa Childers *The Riddle in the Sands,* Le Queux' Serie in der *Daily Mail* über eine deutsche Invasion in England oder das Buch eines August Niemann, das unter dem Titel *The Coming Conquest of England* schließlich auch in England verbreitet wurde.[54] Fritz Fischer ist sogar der Meinung, daß Bernhardi die Grundströmung des deutschen Generalstabs repräsentierte, aus dem er entlassen worden war.[55] Es muß den Historikern überlassen bleiben zu entscheiden, ob hier eine Generalprobe für 1914 stattfand oder nicht, aber der Nicht-Spezialist wird sich kaum darüber wundern, daß ein Kriegsrat in irgendeiner Form stattfand, nachdem die Balkankrise drei der beteiligten Mächte zur Mobilmachung veranlaßt hatte und England offen auf die Seite Frankreichs getreten war. Der deutsche Generalstab ging von bestimmten Prämissen aus. Rußland hatte seit der schmachvollen Niederlage gegen Japan seine Streitkräfte reorganisiert – soweit die Person von General Wladimir Suchomlinow, des Kriegsministers, dies gestattete. Dieser Mann, der so rund und auch so kahl war wie ein Ei, war eine regelrechte Null, und es gab keinen, der das Spiel mehr und die Arbeit weniger liebte als er. Sein Hauptaugenmerk galt seiner vierten, 32 Jahre jüngeren Frau. Seine restliche Aufmerksamkeit widmete er der Anhäufung eines Vermögens durch Korruption.[56] Militärisch zeigte er eine sentimentale Vorliebe für den Kavallerieangriff mit gezogenem Säbel oder aufgepflanztem Bajonett und verschwendete kein Geld auf moderne Waffen. Auf die Vorstellung, der Krieg könne ein Artillerie-Duell werden, blickte er verächtlich herab und unternahm nichts zum Aufbau von Waffen- oder Munitionsfabriken. Rußlands Menschenpotential war zwar ungeheuer, aber das Land besaß wenig Eisenbahnen, und die Schwerfälligkeit, mit der 1912 die Mobilmachung vonstatten ging, zeigte den großen Rückstand gegenüber anderen europäischen Armeen. Der deutsche Geheimdienst wußte das genau und hatte berechnet, daß Rußland zu einem großen europäischen Krieg nicht vor 1916 gerüstet war.[57] Beim deutschen Geheimdienst hatte man auch von den Franzosen keine besonders hohe Meinung. Sie hatten in den vergangenen 43 Jahren nicht weniger als 42 Kriegsminister verbraucht, und ihr Offizierskorps rekrutierte sich hauptsächlich aus Bürgerlichen, die zum Teil sogar aus dem einfachen Mannschaftsgrad hervorgegangen waren. Der deutsche Militärattaché in Paris berichtete, der Direktor der Ecole Supérieure de la Guerre, Ferdinand Foch, sei ein abstruser Denker, der sich vor allem mit militärischen Prinzipien befasse und so ordinäre Dinge wie Drill, Disziplin,

Feuerschutz und Feuerkraft oder Taktik darüber vernachlässige. Und selbst während der europäischen Krise vom Dezember 1912 diskutierten die Franzosen hauptsächlich die geplante Änderung ihrer seit 1830 kirschroten Uniformhosen. Im Parlament rief ein Abgeordneter leidenschaftlich aus: »Le pantalon rouge, c'est la France!«[58]

Die deutsche Armee dagegen war in optimaler Verfassung. Der preußische Kriegsminister beschwerte sich sogar einmal darüber, daß die Kasernen und Exerzierplätze keine weiteren Rekruten mehr aufnehmen könnten. General Erich Ludendorff, der Leiter der Aufmarsch-Abteilung im Generalstab, fand das inakzeptabel. Er war ein geborener Organisator und stopfte zu dieser Zeit eine stets wachsende Zahl von Rekruten in die Kasernen.[59] Angesichts dessen und trotz seiner melancholischen Vorhersage, daß jeder zukünftige Krieg eine lange und zermürbende Angelegenheit sein werde, kam Generaloberst Helmuth von Moltke zu dem Schluß, je früher der Krieg ausbreche, um so besser. Im Kriegsrat sagte er, seit der Gründung der Tripleallianz habe sich keine bessere Gelegenheit geboten. Zumindest hätten seine Soldaten jetzt Zeit, mit den Franzosen und den Engländern nach dem Schlieffenplan fertig zu werden, bevor die Russen an die Reihe kämen.[60] In anderen Worten, man erwog einen Präventivkrieg. Moltke war der Generalstabschef, und seine Ansicht hatte ein entsprechend großes Gewicht. Sein Motto war bekannt: »Erst wägen, dann wagen!«[61] Der Kaiser erkannte, welche Bedrohung ein wenn auch schlecht gerüstetes Rußland darstellte, aber es bestand die Hoffnung, daß die vier Staaten, die die Türkei besiegt hatten, sich Österreich-Ungarn anschließen und damit Deutschland gegen Frankreich freie Hand geben würden. Um Lord Haldanes Herausforderung zu begegnen, mußte die deutsche Flotte britische Truppentransporter etwa bei Dünkirchen torpedieren und die Themse-Mündung verminen. Es war Admiral Tirpitz, der den Kriegsrat darauf aufmerksam machte, daß es klüger wäre, mit dem Ausbruch des Krieges, falls dieser unvermeidlich sei, so lange zu warten, bis der im Bau befindliche Flottenstützpunkt auf Helgoland fertig und der Kieler Kanal genügend erweitert wäre, um unbeladene Schlachtschiffe passieren zu lassen.[62]

Damit endete der Kriegsrat. Und Lichnowskys Gespenst eines europäischen Krieges in der Folge einer Balkankrise wurde 1913 in London durch ein Abkommen unter den Großmächten vorerst beseitigt. Unter der Voraussetzung, daß ein unabhängiger Staat Albanien geschaffen werde, verzichteten die Türken dabei auf einen Großteil ihres europäischen Territoriums. Die Siegermächte waren damit nicht zufrieden, und so war der Friedensvertrag keine Sicherung gegen die Möglichkeit einer Wiederholung. Der Balkan blieb der rauchende Vulkan, mit dessen regelmäßigen Ausbrüchen zu rechnen war.[63]

Kiderlen-Wächter war inzwischen im Amt gestorben. Auf dem Totenbett hatte er Bethmann eingeschärft, Kaiser Franz Joseph klar zu machen, daß Deutschland nur einen Konflikt mit Rußland als Bündnisfall betrachten würde, nicht dagegen irgendein »Abenteuer« auf dem Balkan.[64] Seine langen Jahre des Exils in Bukarest hatten Kiderlen offenbar nicht gelehrt, die Bedeutung dreier neuer Fakten zu erkennen: daß erstens der Separatismus in der Donaumonarchie eine derartige Bedrohung des Friedens geworden war, daß Kaiser Franz Joseph seine slawischen Untertanen als potentielle Unruhestifter betrachtete und entschlossen war, ihnen notfalls eine Lektion zu erteilen; daß zweitens Rußland mit dem Pan-Slawismus sein Schicksal unlösbar an das der Slawen auf dem Balkan geknüpft hatte; und daß drittens Bethmann Hollweg und der Kaiser nicht mehr in der Lage waren, die Alldeutschen und die preußische Kriegspartei im Zaum zu halten, und sie den Krieg bereits für unverzichtbar hielten. Die Frage war nur noch, wann und wodurch er ausgelöst würde. Wilhelm fand die Aussicht auf einen europäischen Krieg manchmal erdrückend und war oft depressiv und gereizt. Der Kanzler war gewiß kein herzloser Mann, aber er war das Muster eines Beamten, und dadurch, daß er am Ausgang des Krieges keinen Zweifel hegte, war er fähig, die Bildung eines Großdeutschen Reiches als Kriegsziel zu formulieren.[65]

3

In *The World Crisis* beschreibt Sir Winston Churchill in seinem gravitätischen, manchmal an die Genesis erinnernden Stil die damalige westliche Zivilisation:

> Nationen und Reiche stiegen allenthalben majestätisch empor, gekrönt mit Fürsten und Potentaten und gewiegt in den Schätzen, die sich in langer Friedenszeit angehäuft hatten. Alle hatten sie, so schien es, sicher und fest auf einer gewaltigen Konsole Platz gefunden. Die zwei mächtigen europäischen Systeme standen sich, in ihre glitzernde und klirrende Rüstung gehüllt, jedoch ruhigen Blicks gegenüber ... Die alte Welt bot, als ihre Sonne sank, einen schönen Anblick.[66]

Berlin war die Szene der letzten großen monarchischen Festivität vor dem Auseinanderbrechen dieser alten Welt. Das Jahr zuvor hatte der

Herzog von Cumberland und Teviotdale, Braunschweig-Lüneburg[67] seinen ältesten Sohn gebeten, die Familie bei der Beisetzung von König Friedrich VIII. von Dänemark zu vertreten. Auf dem Weg zu diesem Begräbnis seines Onkels war der 31jährige Prinz in Deutschland zu schnell gefahren und tödlich verunglückt.[68] Als der Kaiser davon hörte, schickte er den Kronprinzen und dessen Bruder, Prinz Eitel-Friedrich, damit sie Hilfe leisten und den Leichnam zur Bestattung überführen konnten.[69] Es war dies ein Akt der Höflichkeit, den der Herzog zur Kenntnis nehmen mußte. Gern wird er dies kaum getan haben, denn er war der Erbe jenes blinden Königs Georg V. von Hannover, der 1866 sein Königreich und sein riesiges Privatvermögen – das in Bismarcks »Reptilienfond« wanderte und zur Bestechung der Presse verwendet wurde – an Preußen verloren hatte. Sechsundvierzig Jahre lang hatte der Herzog ostentativ außerhalb von Deutschland in Gmunden am österreichischen Traunsee gelebt und sich geweigert, die Familienfehde mit Wilhelm I., Friedrich III. oder Wilhelm II., die wie er den Hosenbandorden trugen, zu beenden. Letzterer hatte alles getan, um zu irgendeiner Art von Versöhnung zu gelangen, aber immer, wenn er ein Zusammentreffen arrangiert hatte, zog der Herzog es vor, entweder überhaupt nicht zu erscheinen oder bereits vor Wilhelms Ankunft wieder zu verschwinden.[70] Nun jedoch oblag es ihm, dem Kaiser für die Aufmerksamkeit zu danken, die er dem Tode seines Erbfolgers gewidmet hatte, und er sandte seinen dritten Sohn, Prinz Ernst August nach Berlin, um seine Dankbarkeit persönlich zu übermitteln. Der Prinz begegnete dort der einzigen Tochter des Kaisers, Prinzessin Viktoria Luise, und obwohl sie nur für ein oder zwei Stunden zusammenkamen und ihre Eltern unversöhnliche Feinde gewesen waren, verliebten sie sich ineinander und erklärten, daß sie heiraten wollten.[71]

Der Kaiser konnte seiner Tochter nichts abschlagen, aber wie man es schaffte, dem alten Herzog die Einwilligung zu einem solchen Schritt abzuringen, ist nicht bekannt geworden. Zweifellos setzte ihn seine Frau, eine Schwester von Queen Alexandra und der Witwe des Zaren, gewaltig unter Druck, und vielleicht fand er auch selbst, daß die Welfen und die Hohenzollern nach so langer Zeit des Streits endlich Frieden schließen sollten. Jedenfalls gab er zur Freude seiner vielen Verwandten und des Berliner Hofes seine Zustimmung. Wilhelm fiel in einen Zustand größter Aufregung, was auch der König von Bulgarien zu spüren bekam, der gerade in Berlin war, um Krupp einen großen Auftrag zu erteilen, und dem der Kaiser in seiner Überschwenglichkeit einen Schlag aufs Hinterteil versetzte. Wutentbrannt entzog König Ferdinand seinen Auftrag der Firma Krupp und vergab ihn statt dessen an die französische Rüstungsfirma Schneider.[72]* Zur gleichen Zeit hielt Professor J. A. Cramb, ein Deutschland-Spezialist, in London eine Vortragsreihe über den nahenden Ausbruch des Krieges.[73]** Die Planung der Hochzeit seiner Tochter enthob den Kaiser für eine Weile dieser düsteren Ankündigungen, und darin ließ er sich dann weder von König Ferdinand noch von Prof. Cramb beeinträchtigen. Er war entschlossen, eine Hochzeit zu feiern, deren Glanz der preußischen Tüchtigkeit und der Größe seines Vermögens entsprach.***

Die wichtigsten Gäste waren Georg V., der Vetter des Kaisers und dessen Frau Queen Mary. Sein Außenminister hatte dem König mitgeteilt, daß es sich angesichts der mangelnden Stabilität in Europa um einen Privatbesuch handeln müsse. Georgs Vater hätte diesen Umstand zweifellos zum Anlaß für eine höflich bedauernde Absage genommen, und seine Minister und die englische Presse wären zufrieden gewesen. Aber König Georg und Queen Mary empfanden echte Zuneigung für den deutschen Kaiser und waren entschlossen, der Hochzeit in Berlin beizuwohnen. Im übrigen interpretierte Wilhelm das Wort »privat« auf seine Weise: Er selbst, die Kaiserin, ihre Söhne und Töchter, alle fanden sich am Bahnhof ein, um das englische Königspaar feierlich zu begrüßen.[77]

Aus Rußland kamen der Zar und die Zarin, beide sehr verändert. Sein Gesicht war vom Leid gefurcht, denn es war ihm unmöglich geworden, seinem Krönungseid treu zu bleiben. Peter Stolypin, der Ministerpräsident und Staatssekretär des Zaren, war vor seinen Augen ermordet worden; ein religiöser Fanatiker names Rasputin – dem die Geheimpolizei allerhand üble Dinge nachweisen konnte – hatte starken Einfluß auf die Familie ausgeübt und den Namen seiner geliebten Frau in den Schmutz gezogen.[78] Sie war nicht mehr die lebhafte Prinzessin, an die man sich in Deutschland so gut erinnerte, sondern eine schwierige, neurotische Dame, die an Ischias litt und deren Gedanken sich nur noch um die Tatsache drehten, daß ihr einziger Sohn ein Bluter war.[79] Wilhelm freute sich über die Ehre, die die beiden seiner

* König Ferdinand von Bulgarien war nicht der einzige, dem dies widerfuhr. Auch der regierende Großherzog von Mecklenburg-Strelitz erhielt im Casino der Garde-Ulanen einen Schlag auf den Hintern und beklagte sich bitter über diese »Späße des Kaisers«.[74]

* * Er machte seine Zuhörer darauf aufmerksam, daß in England kaum 20 militärwissenschaftliche Werke pro Jahr erschienen, während sich diese Zahl in Deutschland auf beinahe 700 belief. »Falls Deutschland«, so schloß Prof. Cramb, »nichts von seiner alten Tapferkeit verloren hat, so gibt es Krieg, und zwar sicher und bald.«[75]

* * * Wilhelms Privatvermögen betrug etwa 140 Millionen Mark.[76]

Tochter erwiesen und war der Meinung, daß es ihnen gut tun werde, sich für eine Weile außerhalb Rußlands aufzuhalten.

Weitere Gäste waren Margarete, die Schwester des Kaisers, und ihr Mann, Friedrich Karl von Hessen, die verwitwete Tante des Kaisers, Großherzogin von Baden, mit ihrem Neffen, Prinz Max, sowie viele andere Verwandte der Hohenzollern, der Cumberlands, Holsteins, Hessen und Coburger. Die Söhne des Kaisers hatten jeder, als sie erwachsen wurden, eine Wohnung in Berlin und ein Palais in Potsdam erhalten, und außer dem Kronprinzen waren auch die Prinzen Eitel-Friedrich und August-Wilhelm bereits verheiratet. Ihre Häuser standen den Verwandten und Hochzeitsgästen offen. Vor der Trauung wurden viele Besuche ausgetauscht. Man trank Tee und fuhr zusammen aus und ging reiten, erneuerte alte Bekanntschaften und machte neue. Ein letztes Mal gab es eine solche Zeit voller Klatsch und Gelächter, in der die Kammerdiener und Zofen alle Hände voll zu tun hatten, die Kleider zurechtzulegen, die zu den Feierlichkeiten gebraucht und oft mehrmals am Tage gewechselt wurden. Es gab Bälle, Bankette, Galavorstellungen in der Oper, es wurde defiliert bis zum Umfallen, und in Potsdam wurde eine große Militärparade abgehalten.[80] Die Cumberlands, oft auch Braunschweiger genannt, benahmen sich untadelig. Und der Herzog, der früher immer verschwunden war, ließ sich nun trotz seiner fast 70 Jahre ständig sehen. Äußerst korrekt hatte er das Volk des ehemaligen Königreiches Hannover in einer Botschaft aufgefordert, gemeinsam mit ihm die Vereinigung der beiden Königshäuser zu feiern.

Als die Hochzeit vorbei und die Gäste abgereist waren, erlitt Wilhelm eine Art nachträglichen Schock. Seine geliebte einzige Tochter hatte ihn verlassen, aber es lastete auch schwer das Bewußtsein auf ihm, daß er viele von denen, die jetzt seine Gastfreundschaft genossen und ihm ihre Zuneigung und Freundschaft gezeigt hatten, bald unter den Gegnern seines Reiches wiederfinden würde. Nicht lange danach besuchte ihn ein alter Freund Queen Victorias, Bischof Boyd-Carpenter. Er fand den Kaiser ständig zwischen Zuversicht und tiefster Verzweiflung hin- und hergerissen. »Als ich mich verabschiedete«, schrieb der Bischof, »hatte ich den Eindruck, eine große Furcht bedrücke ihn.«[81] Der 15. dieses Monats war der 25. Jahrestag von Wilhelms Thronbesteigung. Das Jubiläum wurde angemessen gefeiert, aber dem Kaiser machten die Feiern wenig Freude. Er war in Melancholie gehüllt, das ganze Leben erschien ihm fade, und seine Stimmung wurde noch trüber, als seine Schwiegertochter, die Frau von Prinz Eitel-Friedrich, mit einem anderen Mann durchbrannte.[82] Die

Torheiten seines ältesten Sohnes verdüsterten ihn dann noch mehr. Der Kronprinz war plötzlich auf die Idee gekommen, sein Erbe sei bedroht, und telegrafierte dem Kanzler unchiffriert, es solle seinem Schwager nicht gestattet werden, den Titel »Herzog von Braunschweig« zu führen, ehe er nicht formell für sich und seine Nachkommen auf die Krone von Hannover verzichtet habe. Wilhelm gab Bethmann kurz die Anweisung, den Hitzkopf durch die Mitteilung abzukühlen, daß der Treueeid, den der Braunschweiger bei seinem Eintritt in die deutsche Armee geschworen hatte, völlig ausreichend sei.[83] Dem Kronprinzen war das nicht genug. Am 19. Oktober kamen in Leipzig die Reichsfürsten zur Feier der Völkerschlacht zusammen, bei der Wilhelms Großvater als 16jähriger gegen Napoleon gekämpft hatte. Um seine Unabhängigkeit zu bekunden, fuhr der Kronprinz nach Bayern auf ungenehmigten Urlaub. Das Telegramm, das ihn zurückrief, war so formuliert, daß er gehorchte. Bei seiner Rückkehr wurde er in Leipzig streng zur Rede gestellt.[84] Im gleichen Monat schickte ein pensionierter bayerischer General dem Kronprinzen den Entwurf einer neuen Reichsverfassung, die starke antisemitische Bestimmungen enthielt, und verlieh der Hoffnung Ausdruck, es möge sich bald ein Führer auf diesem Wege zeigen.[85] Der Kronprinz, der sich geschmeichelt fühlte und dem Entwurf völlig zustimmte, leitete das Dokument an den Kanzler weiter, der damit jedoch nichts zu tun haben wollte und den Kaiser bat, seinen Sohn zur Ordnung zu rufen. Lustlos versuchte Wilhelm, dies zu tun. Auch er war der Meinung, daß eine jüdisch bestimmte Presse schädlich sein konnte, aber eine Zensur, sagte er, wäre noch schädlicher, denn die Meinungs- und Pressefreiheit sei ein Sicherheitsventil. Die Vorstellung, die Juden sollten aus dem Deutschen Reich vertrieben werden, behandelte er mit Verachtung:

> Wir würden unserem Nationalwohlstand und Erwerbsleben einen Schlag versetzen, der uns auf den Zustand vor 100 Jahren zurückwerfen und zugleich aus der Reihe der Kulturnationen ausscheiden würde.[86]

Aber der Kronprinz war der Vernunft nicht zugänglich. Er fuhr fort, königliche Anstandsregeln mit Füßen zu treten und tat sein Möglichstes, die Autorität Bethmann Hollwegs zu untergraben. Als bei einem Treffen von Alldeutschen ein scharfer Gegner Bethmanns das Wort ergriff, telegrafierte der Kronprinz seine Glückwünsche. Und nur wenige Tage danach, als es in dem elsässischen Städtchen Zabern zu einem Zusammenstoß zwischen der Zivilbevölkerung und den Militärs kam, war der Prinz weit davon entfernt zu begreifen, daß hier die Ignoranz und die Dummheit eines einzelnen deutschen Leutnants die ganze Nation in Verruf und sogar in ernsthafte Kriegsgefahr brachte, sondern schickte dem Vorgesetzten dieses Leutnants ein Glückwunschtelegramm.[87] Der Kaiser brachte seinen Zorn nur privat zum Ausdruck, was viele nicht verstanden. Er begriff aber, daß es ein Fehler gewesen war, den Kronprinzen nach Danzig zu schicken, wo er keineswegs streng überwacht werden konnte. Der Kronprinz schrieb in seinen Erinnerungen:

> Seine Majestät nahm mir mein liebstes Regiment und befahl mich nach Berlin, damit mir meine allzugroß gewordene Selbstständigkeit beschnitten werden könne.[88]

Seine Abberufung aus Danzig fand einigen Widerhall in der Öffentlichkeit. Im Berliner Metropoltheater lachte das Publikum allabendlich über das Wortspiel: »Wenn Vater pfeift, dann danz-ick.«[89] Formell wurde er nun zum Generalstab versetzt und war damit leichter unter Kontrolle zu halten. Aber nichts konnte ihn daran hindern, sich mit den Alldeutschen zu verbinden und Telegramme loszulassen. Im März 1914 befanden beide sich auf der gleichen Jagd, als Gottlieb von Jagow, der neue Staatssekretär im Auswärtigen Amt, den Fürsten Ratibor in gespielter Ernsthaftigkeit bat, den Kaiser nicht zu erschießen – denn der Junge sei noch viel schlimmer.[90]

4

Die österreichisch-ungarische Doppelmonarchie, Deutschlands einziger nennenswerter Verbündeter, befand sich in einem kläglichen Zustand. Sie war voll von politischen und sozialen Unruhen, die von der Geheimpolizei gerade noch unter Kontrolle gehalten wurden, und sogar die kaiserlich-königliche Armee kam 1913 durch einen großen Skandal in Mißkredit. Ein Paket, das an ein Postfach im Wiener Hauptpostamt adressiert war, wurde nicht abgeholt und folglich nach Berlin zurückgesandt, von wo es kam, und dort geöffnet. Es enthielt eine sehr hohe Geldsumme nebst einer Liste von Namen und Adressen. In Berlin nahm man sich des Falles sogleich an: Man schickte das Paket erneut an das angegebene Postfach und wartete auf den Abholer. In den nun folgenden Wochen ließ die Aufmerksamkeit der Polizei nach, so daß sie, als das Paket schließlich abgeholt und sie telefonisch benachrichtigt wurde, zu spät im Postamt eintraf, um den Mann verhaften zu können. Durch eine Reihe unglaublicher Zufälle kam dann doch noch heraus, daß es sich um Oberst Alfred Redl, den ehemaligen Chef der Spionageabwehr und der militärischen Geheimpolizei, d. h. um einen für seine Enttarnung und Verhaftung von Spionen hochdekorierten Mann handelte, der zur Zeit die Achte Armee in Prag kommandierte und dem Generalstab angehörte. Wenn er nicht in Panik verfallen wäre und versucht hätte, sich aus dem Staube zu machen, hätte die Geheimpolizei es absurd gefunden, in ihm den gesuchten Mann zu vermuten.[91] Seine Homosexualität war kein Geheimnis und wurde von der Armeeführung akzeptiert, wenn, wie das bei Redl der Fall war, nichts davon an die Öffentlichkeit drang. Er hatte einen gutaussehenden Leutnant als seinen Neffen ausgegeben und die weniger reputierlichen Elemente des österreichisch-böhmischen »Milieus« gemieden. Aber dann erinnerte man sich, daß er eine kurze Affäre mit einem russischen Adeligen und Militärattaché in Wien hatte, daß er ferner einmal in Geldverlegenheit gewesen war, weil er einen teuren Geschmack hatte, den er sich eigentlich nicht ganz leisten konnte, daß er dann aber recht gut situiert wirkte. Diese Umstände zusammen mit seinem Fluchtversuch ließen die Geheimpolizei und das Offizierskorps zu dem Schluß kommen, daß er ein Verräter war. Wieviel Schaden er angerichtet hatte, war damals noch nicht bekannt. Er hatte russische Spione verraten, die den Österreichern Informationen verkauft hatten, und hatte selber Einzelheiten höchst wichtiger und geheimer Pläne verraten. Um Redls Ruhm als Enttarner von Spionen zu festigen, lieferten ihm die Russen mit orientalischer Schläue systematisch Opfer, die in ihren Tod gingen, ohne auch nur zu ahnen, daß sie ihrem Herrn geopfert wurden. Seine Schande wurde von seinen Offizierskollegen sehr schmerzlich empfunden. Sie suchten ihn eines Nachts auf, ließen ihn mit geladener Pistole allein, und Redl tat, was von ihm erwartet wurde. Der Generalstabschef war darüber glücklich, aber Erzherzog Franz Ferdinand war nicht nur als frommer Katholik erschüttert über diesen »Selbstmord«, sondern er erkannte auch, daß man Redl hatte sterben lassen, ohne aus ihm alles herauszubringen, was er über die russische Spionage wußte.[92] Dieser Armee-Skandal und die wachsenden politischen Unruhen der nachfolgenden Monate waren für die Verbündeten von Österreich-Ungarn ein Grund für Besorgnis.

Im Juni 1914 besuchte der Kaiser Erzherzog Franz Ferdinand in Konopischt. Es war ein privater Besuch, bei dem der Kaiser vor allem die berühmten Konopischter Rosen sowie die Treibjagden genießen wollte; denn der Thronfolger der Doppelmonarchie war ein so leidenschaftlicher Jäger, daß er selbst in diesem heißen Juni nicht auf sein Vergnügen verzichten wollte und seine Leidenschaft so wenig zügeln konnte, daß er schon auf der Fahrt zum Revier aus dem Coupé-Fenster auf Krähen schoß.[93] Der Besuch war auch eine freundschaftliche Geste, denn Wilhelm war einer der wenigen regierenden Herrscher, die Franz Ferdinands »morganatische« Frau mit der gleichen Höflichkeit behandelten wie eine Dame »von Geblüt«. Er fand auch ihre Kinder sehr nett. Der Besuch war dennoch kein reiner Urlaub auf dem Lande. Obwohl nämlich der alte Kaiser Franz Joseph Österreich-Ungarn als unbestrittener Herrscher regierte und sein Erbfolger klagte, er erfahre von den Staatsgeschäften »weniger als der letzte Hausknecht in Schönbrunn«[94], und obwohl die Herrschaft in Deutschland keineswegs in den Händen von Kaiser Wilhelm ruhte, sondern in denen der Schicht von Junkern, Offizieren und Industriellen, deren Ziel der Krieg war, sprachen die beiden in Konopischt doch über den Dreibund und über Bündnispflichten. Der Erzherzog verabscheute Ungarn, und sein Plan war »den Dualismus durch den sogenannten Trialismus abzulösen und neben einem vorwiegend deutschen und einem magyarisch beherrschten Reichsteil einen südslawischen zu setzen« und diesem auch sein eigenes Parlament zu geben.[95] Er wollte auch die österreichisch-ungarische Armee nach deutschem Vorbild reformieren und ihr »Evidenzbüro« durch einen Generalstab wie den preußischen ersetzen.[96] Es ist behauptet worden, er habe seine Ansichten sehr deutlich ausgesprochen und Wilhelm, seinen Gast, mit der Frage in die Enge getrieben, was Deutschland tun würde, falls die Österreicher gezwungen wären, gegen die Serben und die slawischen Terroristen vorzugehen. Wilhelm habe, so heißt es, ausweichend geantwortet.[97] Womit sich der Erzherzog, der anscheinend an Bluthochdruck und extremer Reizbarkeit litt und der überhaupt kein nachgiebiger Mann war, jedoch nicht zufrieden gegeben habe. Kurz vor der Abfahrt des Zuges habe er noch einmal gefragt, was der Kaiser tun werde, wenn Österreich »in Balkan-Händel verstrickt« werde, und der Kaiser habe darauf sehr deutlich zu verstehen gegeben, daß »das Deutsche Reich niemals einen Krieg nach zwei Seiten auf Sein und Nichtsein führen könne und dürfe«.[98]

Am 16. Juni verließ der Kaiser Österreich. Am 24. Juni, als man sich in Kiel zur Regatta versammelte – auch ein britisches Geschwader war dabei –, eröffnete er den verbreiterten Kieler Kanal.[99] Sein Bruder Heinrich wie auch seine Schwester Sophie, die Königin von Griechenland, hielten sich in diesem Sommer in England auf. Sie führten informelle Gespräche mit dem englischen Königspaar, wurden als »diplomatische Kanäle« angesehen und sandten Wilhelm optimistische Berichte.[100] Dieser aber spürte, daß die beiden sich irrten. Er mißtraute Sir Edward Grey, dem britischen Außenminister, und betrachtete dessen Angewohnheit, während internationaler Krisen zum Angeln zu gehen, nicht als einen Ausdruck britischen Phlegmas, sondern als

Pose.[101] Er war sicher, daß es Krieg geben werde. Die gleiche Ansicht vertrat der kluge amerikanische Oberst House, der zwei Jahre zuvor Woodrow Wilson von einem juristischen Lehrstuhl auf den Präsidentenstuhl im Weißen Haus geführt hatte und der seitdem sein engster bzw. sein einziger enger Berater war.[102] In Wilsons Namen hatte sich der gedrungene, rätselhaft schweigsame, unaufdringliche und merkwürdig untexanische Texaner mit den Gesichtszügen eines orientalischen Herrschers auf Friedensmission nach Berlin begeben.[103] Sein Bericht lautete: »Ganz Deutschland ist elektrisch geladen. Alle Nerven sind gespannt. Ein Funke, und das Ganze geht los.«[104]

Am Sonntag, dem 28. Juni, ging Wilhelm an Bord seiner herrlichen Jacht *Meteor,* um ein Rennen mitzufahren. Plötzlich wurde die Jacht, die Kurs auf Norden genommen hatte, von einer Barkasse der Admiralität überholt. Man brachte Nachrichten aus Österreich. An ihrem 14. Hochzeitstag waren Erzherzog Franz Ferdinand und seine Frau von einem slawischen Terroristen in Sarajewo, der Hauptstadt von Bosnien-Herzegowina, erschossen worden.[105] Wilhelm, der noch vor 14 Tagen mit den beiden und ihren drei Kindern in Konopischt zusammen gewesen war, konnte es kaum fassen.*

Unverzüglich ließ Wilhelm die kaiserliche Flagge auf Halbmast setzen, brach die Regatta ab und eilte nach Potsdam.[106] Er schickte Kaiser Franz Joseph ein Beileidstelegramm und ließ durchblicken, daß er beabsichtige, zur Beisetzung nach Wien zu fahren. Zu seiner Überraschung wurde er aufgefordert, dies zu unterlassen. Durch den österreichischen Botschafter erfuhr er, daß auch der Kronprinz von Rumänien und seine Frau gebeten worden waren, nicht zu erscheinen. Auf diese Weise hoffte man, König Peter von Serbien, falls er teilzunehmen wünschte, fernzuhalten. Im übrigen war auch der schwankende Gesundheitszustand des alten Kaisers zu berücksichtigen.[109] Wilhelm mußte fernbleiben und nahm mit Überraschung und Abscheu zur Kenntnis, wie Franz Joseph auf die Ermordung seines Thronfolgers reagierte. König Georg V. notierte am Mordtag: »Was für ein Schock für den lieben alten Kaiser.«[110] In Wahrheit aber nahm Franz Joseph

* Eine Ironie des Schicksals liegt in der Tatsache, daß es die Eitelkeit des Erzherzogs war – er ließ sich bei besonderen Anlässen in seine Uniform einnähen, um besser auszusehen –, die ihn letztlich das Leben kostete. Er hätte vielleicht gerettet werden können, wenn man den Blutstrom hätte stoppen können, aber man mühte sich vergebens, die Uniform aufzuknöpfen, und als man endlich den Grund erkannte und eine Schere holte, war es zu spät.[107] Eine noch grimmigere Ironie lag darin, daß der Mann, der bereit war, den Slawen ihr eigenes Parlament zu geben, im Auftrag des Geheimdienstes im serbischen Generalstab ermordet wurde. Damals wußte man das noch nicht, sondern hielt sich an einen serbischen Studenten, der dem Geheimbund »Schwarze Hand« angehörte.[108]

die Nachricht bemerkenswert gelassen auf und betrachtete die Ermordung als Gottes Strafe dafür, daß sein Neffe gegen den kaiserlichen Willen morganatisch geheiratet hatte. Der Erzherzog wußte, daß seine Frau, sollte sie vor dem Kaiser sterben, niemals im Familiengrab der Habsburger Aufnahme finden würde, und hatte daher in seinem Testament verfügt, daß sie beide auf Schloß Arnstetten, einem seiner Landgüter, zu begraben seien. Selbst bei ihrer kurzen Aufbahrung hatte der Sarg des Erzherzogs eine Stufe höher zu stehen als der seiner Frau. Franz Joseph nahm am Requiem teil, aber an keiner weiteren Zeremonie. Der Obersthofmeister bestimmte, daß der Erzherzog, der immerhin Generalinspekteur der Armee gewesen war, ohne militärische Ehren, ohne Glockengeläute, Meßdiener und Chorsänger im Leichenzug zu begraben sei. Einige Angehörige der Aristokratie trotzten dieser Anweisung und folgten dem Sarg zu Fuß in ungeordneter Prozession bis zum Bahnhof. Der neue Thronfolger, Erzherzog Karl und seine Frau, Erzherzogin Zita, bekamen Anweisung, beim letzten Akt der Beisetzung zugegen zu sein, aber sie reisten nicht im gleichen Wagen wie die drei verwaisten Kinder.[111] Die Särge wurden im Morgengrauen während eines heftigen Gewitters mit einer Fähre über die Donau geschafft. Während der Überfahrt schlugen Blitze neben der Fähre ein, und beinahe wären die Särge im Fluß versunken. Franz Ferdinand hatte mit seiner Frau und seinen Kindern zurückgezogen gelebt und war daher in der Familie nicht sehr beliebt. Unter den erbärmlich wenigen Kränzen fiel ein großer Kranz von Rosen auf, den Kaiser Wilhelm persönlich geschickt hatte.[112]

5

Am 4. Juli bat Graf von Szögyény-Marich, der österreichische Botschafter, um eine Audienz, wurde zum Mittagessen ins Neue Palais gebeten und übergab dem Kaiser zwei Briefe. Der eine betraf die Balkanpolitik der Tripleallianz im allgemeinen. Der andere war ein persönliches Schreiben von Kaiser Franz Joseph, in dem er die Serben direkt und den Panslawismus indirekt für das Attentat in Sarajewo verantwortlich machte und ankündigte, daß er den »Herd von verbrecherischer Agitation in Belgrad« nicht ungestraft lassen werde.[113]

Weniger als drei Wochen waren vergangen, seit Wilhelm in Konopischt dem Erzherzog erklärt hatte, daß Deutschland einen Zweifrontenkrieg auf Leben und Tod nicht führen könne und wolle. Nun aber gefragt, gab er seiner Meinung Ausdruck, daß Rußland nicht in der

Lage sein werde, in eine Strafaktion einzugreifen, die Kaiser Franz Joseph vielleicht zu unternehmen gedachte. Deutschland stehe zu seiner Bündnispflicht. Beim Eintreffen der Briefe hatte Wilhelm nicht versäumt, seinen Kanzler holen zu lassen, und als Bethmann kam, stimmte er seinem Herrn zu und betonte, Deutschland betrachte den österreichisch-serbischen Konflikt als innere Angelegenheit Österreichs und als Sache des österreichischen Kaisers. Nur der unwahrscheinliche Fall einer russischen Intervention würde auch Deutschland auf den Plan rufen.[114] Graf von Szögyény-Marich verließ das Neue Palais verständlicherweise hochzufrieden. Keine weiteren Konsultationen zu verlangen, dürfte auf deutscher Seite ein Fehler gewesen sein.[115]

Angesichts dieser Situation schlug Wilhelm vor, die Einschiffung nach Norwegen aufzuschieben, aber Bethmann bat ihn, dies nicht zu tun. Die jährliche Nordlandfahrt des Kaisers im Juli war so selbstverständlich geworden, daß jede Abweichung wahrscheinlich Besorgnis und mit Sicherheit Verdacht erregt hätte. Der Staatssekretär im Marineamt, Admiral Tirpitz, war auf Urlaub im Engadin, und der Generalstabschef Moltke zur Kur in Karlsbad. Weder der Kaiser noch der Reichskanzler dachten daran, sie zurückzurufen, aber ihre Stellvertreter wurden nach Potsdam beordert, um eine Zusammenfassung dessen zu hören, was geschehen war. Danach bestieg der Kaiser seinen Wagen und schiffte sich ein. Die Entente nannte das später einen Kronrat, der am 5. Juli in Potsdam zusammengetreten sei, um Österreich-Ungarn anzustacheln und Kriegspläne zu schmieden.[116] In Wahrheit waren bei diesen zwei Unterredungen neben den beiden Offizieren lediglich der Kaiser, die Kaiserin und ein Lakai zugegen.[117]

Es war ein sehr heißer Juli, was von einigen als schlimmes Vorzeichen aufgefaßt wurde. König Ferdinand, der bulgarische Fuchs, ahnte, worauf die Ereignisse zuliefen. Karl Fürstenberg, der Berliner Bankier, bemerkte, es liege Schwefel in der Luft. Im fernen Tokio sagte der deutsche Marineattaché, man fühle so etwas wie Beileid über ein noch nicht ausgesprochenes Todesurteil.[118] Die Mehrheit aber war nirgends so hellsichtig. In England war die Regierung damit beschäftigt, den Ausbruch eines Bürgerkriegs in Irland zu verhindern. Die »Gesellschaft« aber war ganz mit ihren mehr oder weniger vornehmen Vergnügungen, ihren Dinners und Pferderennen und Regatten beschäftigt. In Frankreich bereiteten Präsident Poincaré und sein Premierminister sich auf einen für das Ende des Monats geplanten Staatsbesuch in Rußland vor. Ferner gab es eine Finanzkrise, und die Bauern wurden trotz des guten Wetters rabiat. Was die Franzosen jedoch am meisten interessierte, war ein Gerichtsverfahren gegen die Frau eines ehemaligen Finanzministers, die den Herausgeber des *Figaro* aufgesucht und ihn erschossen hatte, um die Ehre ihres Mannes, die durch einen kompromittierenden Brief an eine junge Dame bedroht war, zu retten.[119]

In der Donaumonarchie herrschte ein Streit zwischen dem ungarischen Premierminister, der für eine gemäßigte Politik plädierte, und seinem österreichischen Kollegen, der den Serben ein Ultimatum stellen wollte, das darauf angelegt war, zu einer raschen Strafaktion in Form eines begrenzten Krieges zu führen. Man bemühte sich jedoch, Rußland und Frankreich nicht zu provozieren, und da der französische Staatsbesuch am 20. Juli beginnen sollte, entschied man sich, mit dem Ultimatum zu warten, bis er vorbei und die Staatsmänner wieder getrennt waren. Am 10. Juli wurde der Vertreter Österreichs in Belgrad zurückbeordert, um seine Instruktionen zu empfangen. Er war sehr überrascht, als ihn am Abend der russische Botschafter in Wien anrief, von dem man wußte, daß er die »Schwarze Hand«, den serbischen Geheimbund, genau kannte und in der serbischen Politik ein gewichtiges Wort mitzureden hatte. Ob er plante, die Glut des slawischen Nationalismus dem europäischen Frieden zuliebe etwas abzukühlen – eine Anzahl von Historikern kam zu dieser Mutmaßung –, werden wir nie genau wissen. Denn kaum hatte er dem österreichischen Minister in höflichen Worten sein Beileid für den Mord in Sarajewo zum Ausdruck gebracht, als er auch schon starb – und zwar eines natürlichen Todes.[120]*

Das meiste von all dem, wenn auch keineswegs alles, wurde dem Kaiser durch Bethmann Hollweg getreu berichtet. Der Reichskanzler beklagte sich auch darüber, daß der Kronprinz öffentlich seinen Beifall für einen gedruckten Vortrag bekundet hatte, in dem er, Bethmann, angegriffen wurde. Er bat den Kaiser, seinen Sohn ins Gebet zu nehmen.[122] Wilhelm tat dies auch und forderte seinen Sohn auf, in dieser so schwierigen Zeit mehr Umsicht an den Tag zu legen. Wilhelm hatte den Eindruck, daß das Zünglein an der Waage zwischen Krieg und Frieden völlig unkontrolliert hin und herzuckte. Auf die Berichte, die an Bord der *Hohenzollern* eingingen, kritzelte er hektische Randbemerkungen. Er ärgerte sich über die Bedächtigkeit der Österreicher, die Zaghaftigkeit der Ungarn und über einen britischen Vermittlungsvorschlag. Das Warten und die Spannung regten ihn auf. Seine Gedanken standen stark unter dem Einfluß des Militärs, die ihn

* Seine Tochter zweifelte daran. Sie äußerte ihren Zweifel so laut, daß sich das Gerücht verbreitete, ihr Vater sei von der österreichischen Kriegspartei ermordet worden.[121]

auf der *Hohenzollern* umgaben. Deren Stimme war es, die er in seinen Randbemerkungen vernehmen ließ.[123]*

Am 22. Juli erfuhr Sir Edward Grey, der britische Außenminister, das Ultimatum an Serbien werde so formuliert werden, daß es unannehmbar sei. Grey ließ Fürst Lichnowsky, den deutschen Botschafter, kommen und setzte ihn in Kenntnis der englischen Erwartung, daß Deutschland sich nicht mit unerfüllbaren Forderungen identifizieren werde. Wilhelm war bestürzt, als er diese Nachricht erhielt. Offenbar sah Grey die österreichisch-serbische Auseinandersetzung nicht als internen Konflikt an. Wilhelms Randbemerkung dazu lautete:

> Das ist eine ungeheuerliche Britische Unverschämtheit. Ich bin nicht berufen, à la Grey S. M. dem Kaiser Vorschriften über die Wahrung seiner Ehre zu machen! ... Grey begeht den Fehler, daß er Serbien mit Österreich und anderen Großmächten auf eine Stufe stellt! Das ist unerhört! Serbien ist eine Räuberbande ...[124]

Wilhelm wollte nach Berlin zurück, aber Bethmann riet weiterhin ab und betonte erneut, wie wichtig es sei, die Erregung von Besorgnis und Verdacht zu vermeiden. In Wahrheit war er vermutlich der Ansicht, ein aufgeregter und sprunghafter Kaiser in Berlin würde ihm die Erfüllung seiner Aufgabe nur erschweren. Die Kriegspartei wollte ihn auf jeden Fall zu diesem Zeitpunkt aus dem Wege haben.

Am Abend des 23., an dem der französische Staatsbesuch zu Ende ging, gab Poincaré an Bord des Schlachtschiffes *France* ein Bankett zu Ehren des Zaren und der Zarin. Die Gäste wurden von vier 304-cm-Kanonen überragt. Der Zar erklärte dem französischen Präsidenten, und wiederholte es später auch gegenüber dessen Botschafter, er sei nach reiflicher Überlegung zu der Meinung gekommen, daß der Kaiser vorsichtig genug sei, sein Land nicht in ein wildes Abenteuer zu stürzen, und daß Kaiser Franz Joseph nur noch den einen Wunsch habe, in Frieden zu sterben.[126] Zu diesem Zeitpunkt war jedoch auf ausdrücklichen Befehl Kaiser Franz Josephs, der den Slawen eine Lektion erteilen wollte, bereits ein praktisch unannehmbares Ultimatum nach Belgrad unterwegs. Der britische Außenminister nannte es das erschreckendste Dokument, mit dem je ein Staat einen anderen konfrontiert habe.[127]

Bezeichnenderweise bekam es der Kaiser, dem der Text nicht vorgelegt worden war, erst in einer norwegischen Zeitung zu Gesicht. Die Hälfte der gesetzten Frist von 48 Stunden war bereits abgelaufen. Er-

* Überaus deutlich geht dies aus Briefen hervor, die Philipp zu Eulenburg 1919 schrieb und die Dr. John Röhl von der Universität von Sussex auf dem Speicher des Hauses Hertefeld in einem Waschkorb entdeckte.[125]

bost gab er Befehl, die *Hohenzollern* zu wenden und Kurs auf Kiel zu nehmen.[128] Er wußte, daß die Dritte Reserveflotte der Engländer sich mit der Ersten und Zweiten Flotte vereinigt hatte, und daß die Seestreitkräfte für Sommerübungen und zur Grand Revue, der großen Flottenschau, bei Spithead zusammengezogen waren.[129] Er gab daher seiner eigenen, verstreut liegenden Hochseeflotte den Befehl, nach Wilhelmshafen und Kiel zu fahren und dort Kohle zu nehmen.[130] Bethmann Hollweg wandte ein, der Befehl an die Flotte sei ein provokativer Akt, und äußerte noch einmal seine Meinung, der Kaiser solle seine Kreuzfahrt fortsetzen, aber diesmal setzte sich Wilhelm darüber hinweg und bemerkte: »Das wird immer toller, jetzt schreibt mir der Mann sogar vor, daß Ich Mich Meinem Volke nicht zeigen darf!«[131] Während er nach Hause fuhr, erschien ein pazifistisches Manifest der Sozialdemokraten, das mit den Worten schloß: »Nieder mit dem Krieg! Es lebe die Solidarität des Volkes!«[132] Und da sie das Verbot ihrer Partei befürchteten, beeilten sich die Sozialdemokraten, ihre Gelder in die Schweiz zu schaffen.

Am Sonntag, dem 25. Juli, durchfuhr das erste deutsche Kriegsschiff den erst vor kurzem verbreiterten Kieler Kanal.[133] Dies und die Zusammenziehung der deutschen Hochseeflotte versetzte den First Sea Lord of the Royal Navy, Ludwig von Battenberg, in eine wenig beneidenswerte Lage. Seine Flottengeschwader lagen vor Spithead versammelt, aber wenn kein Gegenbefehl kam, würden sie sich am Montag wieder auflösen, und die Offiziere und Mannschaften der Reservearmee würden nach Hause zurückkehren. Sein politischer Vorgesetzter, Winston Churchill, war für ein langes Wochenende verschwunden und hatte damit ihm die Entscheidung überlassen. Mutig sandte er der Reserveflotte das Signal, nicht zu demobilisieren, hielt die Erste und Zweite Flotte beisammen und strich jeden Landurlaub. Den König und das Außenministerium setzte er telegrafisch von seiner Entscheidung in Kenntnis.[134]*

Am Nachmittag des gleichen Tages traf der Schwager seiner Frau, Prinz Heinrich, zu einem Besuch im Buckingham Palast ein und bekam von König Georg den Rat, nach Hause zu fahren, da die Nach-

* Marinehistoriker sind übereinstimmend der Meinung, daß dies die richtige Entscheidung zum richtigen Zeitpunkt war, aber sie wurde ihm schlecht vergolten. Er verdankte seine Stellung nicht seinen verwandtschaftlichen Beziehungen, sondern hatte sich vom Kadetten bis zum Ersten Seelord hochgearbeitet. Der damals 60jährige Mann war ferner seit 46 Jahren regulärer britischer Staatsbürger und seit 30 Jahren mit einer Cousine Georgs V. verheiratet. Da er aber als Deutscher geboren war, wurde er etwa zwei Monate nach Ausbruch des Krieges seines Amtes enthoben und später auch noch dazu veranlaßt, seinen Titel abzulegen, seinen Namen zu ändern und sich Mountbatten zu nennen.

richten schlecht seien. Der König fügte hinzu, die Engländer hätten mit niemandem Streit und hofften, neutral bleiben zu können, es sei jedoch möglich, daß sie durch ihre Bündnispflichten in einen europäischen Krieg hineingezogen würden. Prinz Heinrich war zuversichtlich genug, nicht sofort umzukehren, sondern vorher noch in Eastbourne seiner Schwester, Königin Sophie von Griechenland, einen Besuch abzustatten. Als er schließlich in Kiel ankam, übersandte er seinem Bruder Wilhelm die Nachricht, daß England versuchen werde, sich aus allem herauszuhalten und neutral zu bleiben. Wilhelm verstand, England sei entschlossen, neutral zu bleiben,[135]* aber als dieses Mißverständnis passierte, waren die Ereignisse bereits weit fortgeschritten.

Er traf in Potsdam ein und mußte zu seiner gründlichen Verärgerung feststellen, daß seine Ankunft ebenso wie die von Moltke und Tirpitz dem Reichskanzler gar nicht recht war. Aus London kam ein Telegramm mit dem Vorschlag, eine Konferenz zwischen Grey und den Botschaftern von Deutschland, Italien und Frankreich einzuberufen. Lichnowsky drängte auf eine Annahme des Vorschlags. Realistischerweise glaube er nicht mehr an eine mögliche Lokalisierung des Konflikts, sondern war der Überzeugung, daß die als »Nibelungentreue« hochstilisierte Bündnispflicht nicht die Orientierung der gesamten deutschen Politik zu determinieren brauche. Als er zu Beginn des Krieges auf diese angespannten Tage zurückblickte, erklärte er, in der Politik sei das »teils – teils« brauchbarer als das »entweder – oder«, die Deutschen aber hätten sich auf letzteres versteift.[136]** Lichnowsky schloß mit den ernsten Worten:

> Ich möchte dringend davor warnen, an die Möglichkeit der Lokalisierung auch fernerhin zu glauben, und die gehorsamste Bitte aussprechen, unsere Haltung einzig und allein von der Notwendigkeit leiten zu lassen, dem deutschen Volke einen Kampf zu ersparen, bei dem es nichts zu gewinnen und alles zu verlieren hat.

Angeblich ließ Bethmann Hollweg in dem Telegramm, mit dem er Lichnowskys Botschaft an den Kaiser weiterleitete, diesen letzten Satz weg. Der Kaiser soll der Antwort zugestimmt haben, die bereits nach

* Bei dieser Auffassung blieb er vermutlich bis 1938, als der volle Wortlaut dessen, was König Georg zu Prinz Heinrich gesagt hatte, veröffentlicht wurde.

** Das Memorandum, das Lichnowsky im Januar 1915 verfaßte, enthielt diese und auch andere Kostbarkeiten nicht. Sie kamen erst ans Licht, als Dr. John Röhl sich 1970 auf die Jagd nach Dokumenten machte. Er hatte erstaunliches Glück. Nachdem er in Schloß Hertefeld an der holländischen Grenze auf dem Speicher in einem Wäschekorb wichtige Eulenburg-Dokumente gefunden hatte, entdeckte er Lichnowskys Memorandum in einer Truhe im Keller eines württembergischen Schlosses bei Hemmingen.[139]

London gesandt worden war. Darin war der interne Charakter des österreichisch-serbischen Konflikts betont und Lichnowsky angewiesen worden, in London die Notwendigkeit zu betonen, die Gefahr zu »lokalisieren«.[137]

Die Art, wie der Reichskanzler die ganze Angelegenheit handhabte, ist etwas sonderbar. Vielleicht kam das davon, daß er mehr ein Administrator war als eine Führernatur. Lord Haldane, ein gelernter Philosoph und Jurist, der einen ungewöhnlich scharfen Blick für Menschen hatte, hielt ihn für einen »ehrlichen Menschen im Kampf mit Widrigkeiten«.[138] Zweifellos blickte ihm der Generalstab über die Schulter und ließ ihm wenig Handlungsfreiheit, aber aus den 1972 veröffentlichten privaten Tagebüchern seines Intimus Kurt Riezler geht hervor, daß er sich an einem gewissen Punkt von der Idee leiten ließ, mit einem großen diplomatischen Coup die Tripleallianz zu zerstören und durch Kriegsdrohung ein Bündnis mit Rußland zu erreichen.[140] Als er dann sah, welche Karten er tatsächlich in der Hand hatte, bekannte er sich zu der fatalistischen Ansicht, Deutschland werde kaum etwas anderes übrig bleiben, als Krieg zu führen. Es würde zumindest die russischen Horden im Zaume halten und für den Status quo in Europa, den er offenbar als moribund ansah, eine heilsame Erschütterung bedeuten.[141] Es fällt schwer, eine derartig zynische Haltung mit dem zu vereinbaren, was wir über Bethmann Hollwegs Charakter wissen, aber er war zumindest so ehrlich, die Situation, die von der Kriegspartei heraufbeschworen wurde, nicht zu ignorieren und nach bestem Wissen und Gewissen im Interesse Deutschlands zu handeln. Zweifellos hätte er es vorgezogen zurückzutreten, aber als preußischem Beamten und Reserveoffizier war es ihm selbstverständlich, daß es gerade in Krisenzeiten galt, seine Pflicht zu tun. Ganz offensichtlich war er dagegen, dem Kaiser einen starken Einfluß auf das Vorgehen der Reichsregierung einzuräumen. Seine Motive dafür bestanden wahrscheinlich auf der untersten Ebene aus der Befürchtung, sein Herr könnte mehr Schaden anrichten als nützen, und auf der obersten Ebene aus der Besorgnis, die Beteiligung des Kaisers könnte dessen Ansehen schaden. Bethmann stellte dem Kaiser gegenüber die Situation nie in ihrem vollen Ernst dar und ließ ihm wichtige Tatsachen und Nachrichten gekürzt oder gar nicht zukommen. Wilhelm bekam beispielsweise die serbische Antwort auf das österreichische Ultimatum erst 24 Stunden, nachdem es in der Reichskanzlei eingetroffen war, in die Hände. Als er sie dann las, war er sehr erleichtert. Er fand sie versöhnlich und betrachtete sie als einen großen moralischen Sieg für Wien: »die Kapitulation demüthigster Art liegt darin orbi et urbi verkündet, und durch sie entfällt jeder Grund zum Kriege«. In der Tat waren die Serben den Österreichern außerordentlich weit entgegengekommen. Wilhelm gab Bethmann schriftliche Anweisung, die Österreicher zum Abwarten aufzufordern, und bot zugleich seine Vermittlung an, aber als sein Telegramm in Wien eintraf, war es bereits zu spät. Österreich hatte an Serbien den Krieg erklärt.[142]

Wilhelm war zwar nur zur Hälfte über die Vorgänge informiert, aber er wußte genug, um zu erkennen, daß Österreich sich durch seine Zurückweisung der großzügigen serbischen Antwortnote die Sympathie der Großmächte verscherzt hatte und daß damit keine Möglichkeit mehr bestand, den Konflikt zu lokalisieren. In der Tripleallianz wollte jedoch, wie er bestürzt feststellen mußte, niemand daran glauben, daß die zerfallende Doppelmonarchie die Kraft und den Willen aufbringen könnte, einen Krieg zu erzwingen, und man gab daher eher der Berliner Ermutigung als der Wiener Halsstarrigkeit die Schuld.[143] Um sich aus dieser Schlinge zu ziehen, hätte Deutschland geltend machen müssen, daß Umstände eingetreten seien, die es von seinen Verpflichtungen gegenüber dem Dreibund befreiten. Aber Bethmann wollte sich darauf ebensowenig einlassen wie der deutsche Außenminister. An diesem Punkt entschloß sich Wilhelm einzugreifen. Er glaubte noch immer an die Handlungsfreiheit souveränder Herrscher, und da er annahm, König Georg V. habe ihm zugesichert, daß England neutral bleiben werde, sandte er am 28. Juli dem Zaren ein langes Telegramm, in dem er für den Frieden plädierte. Am nächsten Tage ließ er diesem Telegramm noch ein zweites folgen.[144]

Angeblich rief noch am gleichen Tag der Kronprinz den Herausgeber einer Zeitung an und teilte ihm mit, die Russen hätten bereits mobil gemacht. Ob es tatsächlich der Kronprinz war, der dies tat, spielt keine Rolle. Sein Name genügte. Er war der anerkannte Führer der preußischen Kriegspartei, und man wußte, wie indiskret er war.[145] Auch die Wahl der Zeitung war bezeichnend: Der *Berliner Lokalanzeiger* war eine Tageszeitung, die ihre große Auflage keiner politischen Richtung verdankte, sondern ihren Sensationsberichten und sentimentalen Fortsetzungsromanen.[146] Die Zeitung brachte aufgrund des Telefonats ein Extrablatt heraus. Der Irrtum wurde erst berichtigt, nachdem bereits Tausende von Exemplaren verkauft waren und der Schaden nicht wiedergutzumachen war.[147] Während dessen beschossen die Österreicher über die Donau hinweg bereits Belgrad, und der Zar ordnete kurze Zeit nach Bekanntwerden der Nachrichten des *Berliner Lokalanzeigers* die Teilmobilisierung in den vier an Österreich grenzenden Militärbezirken an.[148]

Diese Nachricht war für Wilhelm ein Schock. Schlimmer noch war eine Depesche, in der ihn Graf Pourtalès, der deutsche Botschafter in St. Petersburg, wissen ließ, der russische Außenminister habe erklärt, daß die militärischen Entscheidungen nicht mehr rückgängig zu machen seien und Serbien nicht seinem Schicksal überlassen werden könne.[149] Wilhelm wußte, wie schwach der Zar war. Er kannte auch die Korruptheit und Untüchtigkeit des russischen Kriegsministers. Er wußte, wie ungenügend die russische Armee ausgerüstet und auf einen modernen Krieg eingerichtet war. Aber er war sich auch darüber im klaren, daß man im russischen Generalstab entschlossen war, zu kämpfen und die Schande der Niederlage gegen Japan zu tilgen – und daß die russische Armee, wie gut oder schlecht ausgerüstet sie auch immer sein mochte, eine gewaltige Streitmacht darstellte. Ihre Friedensstärke betrug eine Million vierhunderttausend Mann. Durch die Mobilisierung der ausgebildeten Reserve würde sie auf viereinhalb Millionen anschwellen.[150]

In dieser Nacht des 30. Juli 1914 stand Wilhelm ganz im Bann der unausweichlichen Gewißheit des Krieges. Seine ganze Bitterkeit und sein ganzes Elend ergoß sich in ein langes, leidenschaftliches Memorandum. Seine Überzeugung, daß Deutschland einer Intrige zum Opfer gefallen war, und seine Enttäuschung, daß die Tripleallianz seine Bemühungen fortwährend mißachtet hatte, brach aus ihm hervor, und er schwor, dem Schurken, der hinter all dem stand, Rache. Dieser Schurke war für ihn nicht etwa Serbien oder Rußland, sondern England und das britische Empire.[151] Es wurde ein erschreckendes und erschütterndes Dokument, was dieser Mann da in seiner Erregung und seinem Entsetzen und am Ende seiner Kräfte hinkritzelte. Es konnte unmöglich von jenem Klischee-Kaiser stammen, der in den Augen der gegnerischen Propaganda Europa in einen Krieg gehetzt hatte und stolz darauf war.

Irgendwie gelang es Wilhelm, sich zusammenzunehmen und genügend Kraft für den folgenden Tag zu sammeln. Es wurde ein ereignisreicher Tag. Kaiser Franz Joseph befahl die Generalmobilmachung. Aus Ostpreußen kamen Nachrichten von russischen Truppenbewegungen an der Grenze. Wilhelm unternahm einen weiteren Versuch. Sorgfältig wählte er die Worte, mit denen er den Zaren in einem dritten Telegramm bat, alles noch einmal zu überdenken. Die Antwort war ausweichend, und es trafen weitere Nachrichten über Truppenbewegungen im Osten ein. Wilhelm gab Graf Pourtalès in St. Petersburg telegrafisch Anweisung, den russischen Außenminister davon in Kenntnis zu setzen, daß in Berlin der »Zustand drohender Kriegsgefahr« erklärt worden war. Es war dies ein im diplomatischen Protokoll nicht enthaltener, von ihm erfundener Ausdruck, mit dem er Zeit gewinnen wollte. Wilhelm sagte, er werde die Mobilmachung anordnen, wenn Rußland nicht binnen zwölf Stunden alle kriegerischen Handlungen eingestellt hätte.[152] Danach, in einem Zustand höchster nervlicher Angespanntheit, ging er auf die Hochzeit seines Sohnes Oskar. Der 26jährige Prinz hatte sich in eine Hofdame der Kaiserin verliebt, und Wilhelm hatte einer so unstandesgemäßen Partie seine Einwilligung verweigert, bis seine Tochter, die Herzogin von Braunschweig, diese von ihm als Taufgeschenk zu ihrem ersten Kind erbat. Er ließ sich zwar umstimmen, war jedoch auch weiterhin kein Freund einer so morganatischen Heirat, die zu diesem Zeitpunkt auch bestimmt keine glückliche Feier war.[153] Am Abend erfuhr der Kaiser das Schlimmste, daß nämlich der Zar tags zuvor bereits die allgemeine Mobilmachung unterzeichnet hatte. Nun blieb nur noch eines zu tun. Am 1. August befahl auch er die Mobilmachung, und eine Stunde später erklärte er Rußland den Krieg. Der Reichskanzler schloß seinen Situationsbericht vor dem Bundesrat mit den Worten:

Wenn nun die eisernen Würfel rollen, wolle Gott uns helfen.[154]

Die Würfel rollten bereits. Der Beginn der französischen Mobilmachung war für Mitternacht angesetzt. In Berlin strömten die Menschen auf die Straßen, unter ihnen auch Sozialdemokraten. Die Sozialdemokratische Partei Deutschland, die stärkste Gruppierung innerhalb der sozialistischen Internationalen, hatte eine plötzliche Kehrtwendung vollzogen. Für den Fall eines Krieges hatte sie sich auf die Ausrufung eines Generalstreiks festgelegt, aber nun hatte sich die Mehrheit der Partei dagegen ausgesprochen.[155]* Die Franzosen, die sich ihres englischen Verbündeten nicht ganz sicher fühlten, hielten alle ihre Truppen 10 Kilometer von der Grenze entfernt, um keine Unklarheiten darüber aufkommen zu lassen, wer der Angreifer war.[156]

Wilhelm, den weiterhin die Angst vor einem Zweifronten-Krieg quälte, gab sich am 1. August für kurze Zeit der Hoffnung hin, daß es nur im Osten Krieg geben werde. Fürst Lichnowsky hatte telegrafiert, er sei von Grey gefragt worden, ob damit gerechnet werden könne, daß Deutschland Frankreich nicht angreife, falls Frankreich neutral bliebe. Der Kaiser griff überglücklich nach diesem Strohhalm. Er ließ

* Diese Aktion ist als ein Trauertag im marxistischen Kalender bezeichnet worden.[157] Lenin in seinem Exil wollte einfach nicht glauben, daß es tatsächlich passiert war, und hat es den Führern der Sozialdemokratie nie verziehen. Das Resultat war die Zersplitterung der Partei in Fraktionen der Mehrheitssozialisten, der Unabhängigen und der Internationalisten. Die Kriegspartei wurde damit einer tiefsitzenden Angst enthoben.[158]

für seinen Generalstabschef Champagner kommen und sagte ihm, er solle den Aufmarsch im Westen fallenlassen.[159] Moltke war wie vor den Kopf gestoßen. Seit Tagen befand er sich in einem Zustand höchster Aufregung, weil ihm Rußland die für den Schlieffenplan nötige Zeit stahl. Die Franzosen in einer ganz bestimmten Zahl von Tagen niederzuwerfen, war keine leichte Aufgabe, aber aufgrund großartiger Generalstabsarbeit lief die Mobilmachung wie am Schnürchen. Ein Zug nach dem anderen beförderte Truppen, Kanonen und Nachschub an die Front, und der Generalstab war in der seltsamen Lage, die Hände in den Schoß legen zu können.[160] Moltke erwiderte dem Kaiser, daß sein Vorschlag undurchführbar sei. Ein so gigantisches militärisches Manöver, das seit Jahren geplant und jährlich auf den neuesten Stand gebracht worden war, könne nicht einfach umdisponiert werden. »Wenn Eure Majestät darauf bestehen«, erklärte Moltke, »das gesamte Heer nach dem Osten zu führen, so werden Sie nur einen wüsten Haufen ungeordneter bewaffneter Menschen ohne Verpflegung haben.« Der Kaiser versetzte ärgerlich: »Ihr Onkel hätte mir eine andere Antwort gegeben!«[161] Der Generalstabschef war tief getroffen, aber er blieb bei seiner Meinung. Bethmann und Jagow entwarfen ein Telegramm nach London. Für alle Fälle sandte Wilhelm noch ein zweites an seinen Vetter, den König von England, in dem er erklärte, Deutschland würde von einem Einmarsch in Frankreich absehen, wenn Frankreich mit Englands Unterstützung seine Neutralität anböte. König Georgs Antwort ließ nicht lange auf sich warten. Er stellte fest, daß Greys Anfrage mißverstanden worden sei. Sie habe sich auf Frankreich und Rußland zugleich bezogen. Der Kaiser ließ Moltke kommen. »Jetzt können Sie machen, was Sie wollen«, sagte er.

Zehn Monate zuvor hatte man bei einem Diner im Neuen Palais an veilchengeschmückten Tischen gesessen und den jungen König Albert von Belgien gewarnt: Im Falle eines Krieges mit Frankreich werde Deutschland durch Belgien marschieren müssen. Wie sein Onkel Leopold war Albert nach Hause gefahren und hatte seine Vorbereitungen getroffen.[162] In Albert wie in Wilhelm floß Coburger Blut. Seine Mutter stammte aus dem Hohenzollern-Sigmaringischen Zweig der Familie. Sein Schwiegervater war ein bayerischer Herzog. Am 1. August appellierte er als Herrscher und als Verwandter an Wilhelm, die belgische Neutralität zu respektieren. Am 2. August wurde das Großherzogtum Luxemburg von deutschen Truppen besetzt, und der deutsche Botschafter in Brüssel empfing ein Telegramm aus Berlin sowie einen am 29. Juli abgesandten und durch Kurier überbrachten Umschlag. Es war ein Ultimatum, das er weisungsgemäß abends um 8 Uhr des gleichen Tages im belgischen Außenministerium überreichte. Der Prolog war ein Versuch, den Franzosen die Schuld zuzuschieben. Dann kam die Hauptsache: Belgien solle den deutschen Truppen, die durch belgisches Territorium marschierten, wohlwollende Neutralität bezeigen. Es wurden Garantien für großzügige Kompensationen angerichteter Schäden und für die Souveränität des Landes angeboten. Den Schluß bildete die Forderung nach einer Antwort binnen 12 Stunden.[163] Unter Vorsitz des Königs tagte der belgische Staatsrat, und genau in der geforderten Zeit erhielt der deutsche Botschafter die belgische Antwort auf das Ultimatum. Es war eine Ablehnung.[164] König Alberts Reaktion auf die deutsche Forderung nach freiem Durchmarsch war die Übernahme des Oberbefehls und die Anweisung, alle Brücken über die Meuse und an der luxemburgischen Grenze sowie alle Eisenbahntunnels zu sprengen. Daraufhin erklärte Wilhelm Frankreich den Krieg. Da Deutschland der Angreifer war, konnte Italien sich seiner Bündnispflichten nach dem Dreibund entziehen und die Mobilmachung verweigern. Der 4. August brachte die letzte Entscheidung. Die deutschen Truppen marschierten in Belgien ein, und der britische Botschafter bekam Anweisung, Bethmann Hollweg aufzusuchen und ein sofortiges Ende der Verletzung neutralen Territoriums zu fordern. Andernfalls werde Deutschland um Mitternacht der Krieg erklärt.[165]

Deutschland hatte sich damit als einzelne, nur von einem schwachen Verbündeten unterstützte Großmacht auf einen Krieg gegen drei Großmächte eingelassen, und als Italien sich auf die Seite der Entente schlug, waren es sogar vier. Sechs Millionen deutsche Soldaten und die deutsche Flotte standen gegen zehn Millionen und die größte Flotte der Welt.[166] Es war eine unglaubliche Negation von Bismarcks Politik, die hier der Nation aufgezwungen wurde, die in Bismarck ihren Helden verehrte. Wilhelm war der ehrlichen Überzeugung, seine Freunde und Verwandten auf den Thronen, der Zar und König Georg hätten ihn im Stich gelassen. »Wenn meine Großmutter noch am Leben wäre«, sagte er entrüstet, »würde sie das nie geduldet haben.«[167] Aber viel demütigender muß er die Tatsache empfunden haben, daß er theoretisch die Macht hatte, den Krieg zu verhindern, daß ihn die Stärke der Kriegspartei diese Macht jedoch nicht ausüben ließ.

Scharenweise liefen die aufgeregten Berliner vor das Alte Palais und riefen nach dem Kaiser. Bleich und abgespannt und bereits in feldgraue Uniform gekleidet, erschien er schließlich auf dem Balkon über dem Hauptportal. Die Hochrufe wollten kein Ende nehmen. Für das Volk war er das Symbol des Sieges, und es grüßte ihn hysterisch. Seine Reaktion war untypisch, aber angemessen. Er erhob seine Hände und in das Schweigen rief er: »Nun empfehle Ich Euch Gott, geht in die Kirchen, kniet nieder und bittet um Hilfe für unsere Soldaten!«[168]

Der Reichstag hatte einstimmig die Kriegskredite bewilligt und einen inneren Burgfrieden erklärt, demzufolge Parteien aufhörten, die Regierung oder sich gegenseitig zu kritisieren. Der Kaiser berief die Abgeordneten in den Weißen Saal des Alten Palais und verkündete formell, daß sich Deutschland im Kriegszustand befand. Sein Talent für griffige Parolen ließ ihn ferner verkünden: »Ich kenne keine Parteien mehr, ich kenne nur noch Deutsche!«[169]

Paul Cambon, der französische Botschafter in Deutschland, sagte nicht ohne Ergriffenheit zu seinem englischen Kollegen: »Es gibt heute Abend drei Leute in Berlin, die bedauern, daß der Krieg ausgebrochen ist: Sie, ich und Kaiser Wilhelm.«[170] Er hatte recht. Nicht weniger recht hatte König Georg, als er den österreichischen Botschafter mit der Bemerkung verabschiedete: »Ich glaube nicht, daß Wilhelm den Krieg wollte, aber er fürchtete die Popularität seines Sohnes. Der Kronprinz und seine Partei haben den Krieg gemacht.« *[171]

Als Fürst Lichnowsky England verließ, beklagte einer der Botschaftsangehörigen Deutschlands Isolierung. Er fragte, ob denn niemand dem Vaterland wohlgesonnen sei. Ein zynischer Kollege antwortete, er glaube, Siam sei freundlich gesonnen. **[172]

* Diese Äußerung König Georgs wurde erst 1970 bekannt.[173]

** Später stellte sich heraus, daß auch Siam auf seiten der Entente in den Krieg eintrat.[174]

VIERZEHNTES KAPITEL

Das blutige Spiel der Macht und des Zufalls

»Es war ein Kopf-an-Kopf-Rennen bis zuletzt.«
Winston Churchill über den 1. Weltkrieg

1

Lange vor dem ersten »Großen Krieg« hatten die Fortschritte der militärischen Wissenschaft und Technik den Charakter des Krieges geändert, nicht aber den Geist der Soldaten. Im Jahre 1866 hatten sie in der Schlacht von Königgrätz auf beiden Seiten mit Bravour gefochten. Ein österreichisches Reservekorps war zum Klang von Trommeln und Pfeifen mit fliegenden Fahnen in die Schlacht gezogen und hatte binnen 20 Minuten 200 Offiziere und 10 000 Mann verloren. Ein preußisches Regiment ging mit 30 Offizieren und 9000 Mann in die Schlacht, an deren Ende noch zwei Offiziere und 400 Soldaten übrig waren.[1] Bei der Schlacht von Sedan im Jahre 1870 konnte der preußische König einen von Gallifet kommandierten französischen Kavallerieangriff beobachten, der im mörderischen Kugelhagel steckenblieb. Aber die Überlebenden sammelten sich, bildeten Schwadronen und griffen erneut und immer wieder an. Bewundernd stand der König vor soviel Heroismus und rief: »Ah! Les braves gens! Les braves gens!«[2] Das gleiche geschah 1914. Die Deutschen, wie auch ihre Feinde, glaubten, es handle sich um einen raschen Feldzug, und in den ersten Monaten wurden ungewöhnliche Heldentaten vollbracht. Mit Säbeln und Lanzen bewaffnete deutsche Ulanen versuchten, die Haelen Brücke in Belgien zu stürmen. Von 8 Uhr morgens an rannten sie immer wieder in die feindlichen Gewehrsalven, und um 6 Uhr abends waren die meisten von ihnen verblutet.[3] Bei Onhaye gelang es einer französischen Brigade, in verwegener Attacke mit aufgesetztem Bajonett eine wesentlich größere Streitmacht sächsischer Truppen niederzumachen.[4] Bei Mons und im Kampf um Ypres, wo es galt, den deutschen Vormarsch zu stoppen, verlor das ursprüngliche britische Expeditionsheer einen großen Teil seiner Truppen, unter ihnen viele ihrer besten Soldaten.[5] An der Ostfront verlor die 18. russische Division 330 ihrer 370 Offiziere bereits in den ersten Gefechten, und das berühmteste aller russischen Regimenter, die Preobraschenskij-Garde, verlor 48 ihrer 70 Offiziere.[6]

Aus der Sicht des letzten Viertels unseres Jahrhunderts erscheinen fast jedermann diese katastrophalen Verluste als tragische Vergeudung und als spektakuläre Beispiele menschlicher Dummheit. Um so notwendiger ist es, daran zu erinnern, daß sie damals nicht so empfunden wurden. In der Brust eines jeden, der damals unter die Soldaten ging, lebte ein Verlangen, wenn nicht nach Krieg, so doch im Falle eines Krieges, sich ehrenvoll zu schlagen und sich womöglich mit Ruhm zu bedecken. Da sich 1914 das Offizierskorps und die Kader aus Berufssoldaten und echten Freiwilligen zusammensetzten und diese als erste fielen, war ihr Tod zwar eine Tragödie für ganz Europa, wurde jedoch nicht als sinnloses Gemetzel empfunden.[7] Es herrschte noch nicht die bittere Enttäuschung, der Ekel und der Haß gegen unfähige Generäle, politische Karrieristen und industrielle Profitmacher, die sich in allen Armeen breitmachten, nachdem von den Soldaten der ersten Stunde neun Zehntel gefallen waren und die Männer, die nachrückten, das Gefühl bekamen, sie befänden sich, wie H. G. Wells es nannte, in einem »war without a point«.[8]

Der Kaiser hatte Sinn für Opfermut und wünschte sich damit zu identifizieren. Man hat ihm später vorgeworfen, er habe sein Volk im Stich gelassen, als Not am Mann war, und es wäre reizvoll, der spekulativen Frage nachzugehen, ob das Schicksal des Hauses Hohenzollern nicht ganz anders verlaufen wäre, wenn Wilhelm als Brennpunkt der Autorität in Berlin geblieben wäre, und das Bedürfnis nach einem sichtbaren Oberhaupt im Sieg wie auch in der Niederlage zu befriedigen gesucht hätte.[9] Wilhelm befand sich in einer schwierigen Lage. Seine Feindin, die *Times* spottete, seine militärischen Kenntnisse seien »denen eines Stabstrompeters« gleichzusetzen,[10] aber als Oberster Kriegsherr hatte er den verfassungsgemäßen Auftrag, die militärische Strategie des Heeres und der Marine zu befürworten oder zu verwerfen. Im übrigen waren ihm die militärischen Angelegenheiten keineswegs so fremd, wie die *Times* meinte, und er war um einiges intelligenter als König Georg oder der Zar. Und zur allgemeinen Überraschung war er auch klug genug, die militärischen Entscheidungen anderen zu überlassen. Mit wenigen Ausnahmen unterzeichnete er die Befehle, die ihm vorgelegt wurden.[11] Um dies jedoch ohne großen Zeitverlust tun zu können, mußte er sich im Hauptquartier oder in dessen Nähe aufhalten. Auch hielt er es für seine Pflicht, sich durch Inspektionsreisen den Truppen und der Flotte zu zeigen und sie dadurch zu ermutigen.

Obwohl dies politisch sehr ungünstig war, sah man daher, seitdem das Hauptquartier am 16. August 1914 nach Koblenz verlegt wurde, den Kaiser nur noch selten in Berlin. Es waren traurige Rundreisen, die er nun im gepanzerten Automobil oder oft auch in seinem königlichen Sonderzug, dessen Glanz durch einen dunkelgrünen Anstrich gedämpft worden war, zu unternehmen hatte. Im Lauf der Zeit übersiedelte er mit dem Oberkommando sukzessive nach Luxemburg, Charleville, Posen, Pleß, Bad Kreuznach und schließlich nach Spa.

Oft begleitete ihn die Kaiserin, und sein Gefolge von Beratern (von Gegnern »die Hydra« genannt) umgab ihn ständig.[12] Der 73jährige Graf von Plessen war seit Wilhelms Thronbesteigung im Jahre 1888 und auch jetzt auch noch immer sein Flügeladjutant. Er war ein Erz-Reaktionär, von dem Eulenburg bereits 1894 geschrieben hatte, er spreche von nichts anderem als vom »Schießen«.[13] Zum Lohn für seine Dienste machte Wilhelm ihn zu Beginn des Krieges zum Generaladjutanten. Die drei Männer, aus denen »die Hydra« ferner bestand, waren der Chef des Militärkabinetts, General von Lyncker, der Chef des Marinekabinetts, Admiral von Müller, und der Chef des Zivilkabinetts, von Valentini.

Dieses Gefolge und die Kaiserin, die ihm getreu zur Seite stehen wollte, erwiesen ihm einen schlechten Dienst. Dona meinte, er müsse bei Kräften gehalten werden, und erfüllte ihm daher nicht seinen Wunsch, nach der allgemeinen Rationierung zu leben.[14] Sie hatte damit keine Mühe, denn Wilhelm kannte zwar genau die einzelnen Bestandteile der Armeerationen, aber er wußte wahrscheinlich nicht, was die meisten seiner Untertanen aßen bzw. nicht aßen. Und in der guten, aber falschen Absicht, Ärger von ihm fernzuhalten,[15] ließ ihn sein Gefolge oft in Unkenntnis der tatsächlichen Vorgänge. Außer im Fall der Flotte waren die Auswirkungen auf den Verlauf des Krieges gering. Für die Flotte war der Kaiser jedoch aufgrund der Flottengesetze in besonderem Maße verantwortlich. Es gelang auch dem wortgewaltigen Staatssekretär im Marineamt, Admiral von Tirpitz, nicht, den Kaiser zu einem vollen Einsatz der Waffe, die sie gemeinsam geschmiedet hatten, zu bewegen. Aus der Ferne bildete die Royal Navy ihre Blockade und ließ nur sorgfältig rationierte Gütermengen für neutrale Länder durch, und abgesehen von Gefechten wie denen bei Helgoland und Skagerrak (Jütland), denen jedoch keine große strategische Bedeutung zukam, und einem blitzartigen Vorstoß zur Beschießung ostenglischer Küstenstädte wurde die deutsche Hochseeflotte kaum eingesetzt. Wilhelm scheute das Risiko.[16] Tirpitz, der sich auf ein Nebengleis geschoben fühlte, beklagte sich bitter über die Männer, die den Kaiser umgaben und die es sich zur Aufgabe gemacht hatten, ihren Herrn vor den schlimmsten Aspekten des Krieges abzuschirmen. »Die Wächter auf der Mauer« nannte er sie treffend, mit der »sich der Kaiser selber umgeben hat«.[17]

Die Nachrichten, die Wilhelm dennoch erreichten, machten es denen, die mit ihm zu leben hatten, nicht leicht. Nie konnte man wissen, wie gut oder schlecht er sich am nächsten Tag fühlen würde, das Auf und Ab seines Stimmungsbarometers war unberechenbar. Im allgemeinen war er ein weichherziger, von ritterlichen Gefühlen gegenüber dem Feind erfüllter Mann, gelegentlich aber war er auch das Gegenteil, und dann kamen in Ausbrüchen blutdürstiger Wildheit Phrasen wie »Macht keine Gefangenen!« oder »Tötet so viele von den Schweinen, wie Ihr könnt!« über seine Lippen. In manchen Augenblicken hatte er das Gefühl, wirklich nützlich zu sein, wenn auch vielleicht nur als jemand, den man in trüben Tagen hochleben lassen konnte. Es gab aber auch Zeiten, wenn ihn Rückschläge an der Front oder eine eingebildete Mißachtung seitens eines überarbeiteten Stabsoffiziers in Melancholie versinken ließen. Einmal brachte jemand ein Bild und fragte, ob er es gemalt habe. Er schüttelte den Kopf und bemerkte, wenn er soviel Talent hätte, wäre er jetzt ein Künstler und nicht ein Kaiser in so schrecklicher Lage.[18]

Während Woche um Woche verging, verfolgte Wilhelm die Kämpfe an beiden Fronten mit großer Sorgfalt und bezeichnenden Reaktionen. Da er einige Hoffnungen in den Schlieffen-Plan setzte, galt seine Hauptsorge den Armeen im Osten. Dort waren zwar der russische Kriegsminister korrupt, das Kommisariat kraftlos und die Truppen schlecht bewaffnet,[19] aber der Feind schien zwei große Trümpfe zu besitzen. Der eine war das praktisch unerschöpfliche russische Menschenpotential, der andere bestand in der Person des Oberkommandierenden, General Großfürst Nikolaus Nikolajewitsch, der bei den Soldaten aller Dienstgrade Verehrung und Vertrauen genoß. Seine Armeen schlugen die Österreicher an der galizischen Front, aber sein Hauptstoß richtete sich gegen Ostpreußen. Die nördliche Erste Armee stand unter dem Kommando eines Generals mit dem deutsch klingenden Namen Rennenkampf, und die südliche Zweite Armee unter dem des asthmatischen Melancholikers General Samsonow. Rennenkampf eilte die Ostseeküste entlang, und da die Hauptmacht der deutschen Truppen im Westen stationiert war, gelang es ihm, ziemlich tief nach Ostpreußen einzudringen. Der Kaiser war in heller Aufregung, bis Moltke den dortigen General, der versagt hatte, ablösen ließ und ihn durch zwei Männer ersetzte, die im weiteren Verlauf der deutschen Geschichte eine besondere Rolle spielen sollten: General Paul von Hindenburg und Beneckendorff, einen Veteranen der Feldzüge von 1866 bis 1870, der bereits in Pension war und reaktiviert wurde, und General Erich Ludendorff, der sich bereits in Belgien durch die Einnahme des befestigten Lüttich ausgezeichnet hatte.[20] Formell hatte zwar Hindenburg den Oberbefehl, aber er ließ sich derart von Ludendorff leiten, daß er der *New York Times* zufolge den Spitznamen »General, was sagen Sie?« erhielt.[21] Ludendorff ging ein hohes Risiko ein. Er überließ Rennenkampf die Früchte seines kleinen Sieges und warf den größeren Teil seiner Truppen gegen Samsonow. Innerhalb von fünf Tagen hatte er dessen Armee vernichtend geschlagen und Samsonow zum Selbstmord getrieben. Hundertzehntausend russische Soldaten waren gefallen und neunzigtausend in Gefangenschaft geraten. Die Deutschen betrachteten diese Schlacht als eine Revanche für die Niederlage, die der Deutsche Ritterorden im Mittelalter gegen die Slawen erlitten hatte, und nannte sie daher die Schlacht von Tannenberg. Hindenburg und Ludendorff wandten sich dann gegen Rennenkampf und vertrieben ihn in der Schlacht an den masurischen Seen aus Ostpreußen.[22] An der österreichischen Front hatten die Russen mehr Erfolg, aber auf einen Hilferuf der Franzosen hin zogen sie zwei ihrer vier südlichen Armeen aus Galizien ab, um sie gegen die hoffnungslos überlegenen, besser ausgebildeten, besser ausgerüsteten und unendlich besser geführten deutschen Truppen zu werfen und dadurch die Franzosen zu entlasten. Am Ende des Jahres 1914 waren mehr als 1 Million Russen gefallen, verwundet oder in Gefangenschaft geraten.[23]

Der deutsche Geheimdienst bestätigte, daß die Franzosen um dieses Opfer der Russen gebeten hatten, da Paris in Gefahr schien. In Wirklichkeit war das nicht der Fall. Der Kaiser war entsetzt und Moltke sehr unruhig, als der den Vormarsch anführende General von Kluck entschied, daß Paris vorerst zu warten habe. Entscheidend im Sinne des Schlieffen-Plans war, daß der Gegner schnell umfaßt und vernichtet wurde, und Paris in die Umfassungsbewegung einzuschließen, hätte eine Erweiterung der deutschen Front um mehr als 70 Kilometer bedeutet. Kluck wußte, daß das unmöglich war. Der Abzug zweier Armeekorps an die Ostfront und der entschlossene Widerstand des Feindes hatte alles in Frage gestellt. Dem österreichischen Generalstabschef gegenüber bekannte Moltke, daß der Vormarsch in Belgien brutal gewesen war. Der Generalstab hatte größte Schwierigkeiten, mit den völlig unerwarteten Verzögerungen fertig zu werden, und der vom Schlieffen-Plan hypnotisierte Kluck hatte sich über die Reichweite seiner Nachschubzüge und seiner schweren Artillerie hinaus vorgewagt. Man schrieb bereits den 31. August, und nach dem Schlieffen-Plan mußte der vollständige Sieg an der Westfront bis zum 9. September erreicht sein. Kluck wußte, daß mit seiner verschwitzten, hungrigen und erschöpften Armee Paris nicht zu nehmen war. In Gewaltmärschen ließ er seine Truppen hinter den sich zurückziehenden Franzosen und Briten her nach Südosten eilen. Um nicht den Mut zu verlieren, durften sie von dieser Änderung der Marschrichtung nicht erfahren. Während sie mit Blasen an den Füßen marschierten, sangen sie, um sich wachzuhalten.

Am 1. September stieß Klucks Vorhut schließlich auf die im Rückzug befindlichen Briten, die kehrtmachten und ihm zwei Tage lang Gefechte lieferten, bevor sie über die Marne setzten. Ein Rückstand von zwei Tagen gegenüber dem Schlieffen-Plan bedeutete für Kluck die drohende Katastrophe. Obwohl seine Truppen seit 19 Tagen nicht mehr zur Ruhe gekommen waren, trieb er sie zur Verfolgung der Franzosen an. Er stand nur 30 Kilometer vor Paris entfernt, aber seine Marschrichtung führte von der Hauptstadt weg. Die Franzosen, denen seine Bewegungen nicht entgangen waren, vermuteten eine Falle. Eine bei einem gefallenen deutschen Kavallerie-Offizier gefundene Karte verriet, daß er plante, Paris zu umgehen, aber die Franzosen konnten es noch immer nicht glauben. Am 2. September, dem Jahrestag ihrer Demütigung bei Sedan, setzte sich die französische Regierung per Sonderzug nach Bordeaux ab. Während dessen warfen sich die Truppen der Pariser Garnison, von denen 6000 mit Taxis an die Front befördert wurden, in Klucks Flanke. Kluck mußte sich wenden, um diesem Ansturm zu begegnen, und dadurch öffnete sich zwischen der Ersten und der Zweiten deutschen Armee eine Lücke. Am 9. September – nach dem Schlieffen-Plan sollte das der letzte Tag des Feldzuges sein – bekam Kluck den Rückzugsbefehl. Die Deutschen waren gezwungen, sich auf eine Linie zurückzuziehen, die immerhin noch ganz Belgien und den gesamten Nordosten Frankreichs bis zur Aisne in deutscher Hand ließ.[24] Moltke, der an einer unheilbaren Nierenkrankheit litt und verzweifelt war über seinen Mißerfolg, wurde seines Kommandos enthoben. Praktisch ohne vorherige Konsultationen ernannte Wilhelm an seiner Stelle den bisherigen preußischen Kriegsminister, General von Falkenhayn,[25] der ein schöner Mann und ein harter Krieger war und der nun mit Unterstützung des Kaisers einen Durchbruchsversuch bei Ypres unternahm. Es wurde ein Mißerfolg.[26] Die Deutschen gruben sich ein. In den Schützengräben begann, was nach Clausewitz zu meiden war wie die Pest, der Abnützungskrieg.

Dem Kronprinzen war das Kommando über die Fünfte Armee

übertragen worden, und er hatte Befehl, sich strikt an das zu halten, was ihm sein Stabschef zu tun riet. Das tat er so vorzüglich, daß ihm, als die Fünfte Armee Longwy einnahm, das Eiserne Kreuz Erster und Zweiter Klasse verliehen wurde. Nie waren die Beziehnungen zwischen Vater und Sohn besser gewesen.[27] Bald aber verschlechterten sie sich wieder, denn nach dem Rückschlag an der Marne mußte der Kronprinz sein Hauptquartier nach Stenay zurückverlegen, und dort begann er, luxuriös und elegant und erotisch freizügig zu leben und fiel auch in sein altes Laster der Indiskretion zurück. Einem amerikanischen Journalisten verkündete er: »Wir haben den Krieg verloren. Lange Zeit noch wird er dauern – aber für uns ist er längst verloren.«[28]

2

Der Kaiser zweifelte nun nicht mehr, daß Moltke mit seiner Prophezeiung, der Krieg werde eine langwierige Angelegenheit sein, recht gehabt hatte. Verbissen fuhr er zwar fort, seine Pflicht zu tun, aber wie viele andere fand er sich nicht mehr zurecht. Dreimal hatte Bismarck den Krieg als ein Mittel benützt, seinen Willen durchzusetzen, und ihn »das blutige Spiel der Macht und des Zufalls« genannt, aber seine Kriege waren mit dem jetzigen nicht zu vergleichen. Für Wilhelm schien er nur noch wenig mit dem zu tun zu haben, was er über bewaffnete Auseinandersetzungen gelernt hatte. Zivilisten, die in bisherigen Kriegen eine so kleine Rolle gespielt hatten, daß sie auf den Ausgang keinen Einfluß nehmen konnten, waren nun ebenso wichtig und in einigen absurden Fällen sogar wichtiger als der kämpfende Soldat oder Seemann. Da gab es zum Beispiel unter seinen Feinden zwei Männer, die durch die Macht der Presse, die ihnen zu Gebote stand, die ganze Konzeption ritterlicher Kriegsführung über den Haufen warfen. Es handelte sich um Lord Northcliffe, den Besitzer der *Daily Mail* und der *Times,* und um Mr. Horatio Bottomley, der den *John Bull* herausgab. Die beiden starteten eine Kampagne gegen »feindliche Ritter des Hosenbandordens«, und aufgrund des Drucks, den sie ausüben konnten, mußte König Georg acht Namen von der Liste der Ordensträger streichen und die Entfernung von deren Fahnen aus der St.-Georgs-Kapelle anordnen. Zu ihnen gehörten Kaiser Wilhelm, der deutsche Kronprinz, der Herzog von Cumberland und dessen Sohn, der Herzog von Braunschweig, sowie der junge Herzog von Albany und Sachsen-Coburg-Gotha.[29] In einer späteren Phase des Krieges machte die englische Presse einen ähnlichen Wirbel um die Tatsache, daß ihr eigener

König und seine Frau sowie sehr viele Angehörige des britischen Herrscherhauses durch Abstammung oder Heirat oder durch beides eigentlich Deutsche waren. Die Zeitungsbesitzer brachten es fertig, daß die Battenbergs, von denen sieben im aktiven Dienst ihres Landes standen oder gestanden hatten, ihren Fürstentitel aufgeben und sich Mountbatten nennen mußten. Der Familienname der Königin durfte nicht mehr von Teck, sondern mußte Cambridge lauten, und der König gab seinem Hause den neuen Familiennamen Windsor.[30] Für Wilhelm war das Ganze eine Farce. Er drohte damit, *The Merry Wives of Windsor* unter dem Titel *Die lustigen Weiber von Sachsen-Coburg-Gotha* aufführen zu lassen.[31] Er wußte, daß es in der Welt der europäischen Fürstenhäuser kaum zu vermeiden war, daß im Kriegsfalle Vettern, ja sogar Brüder, auf verschiedenen Seiten kämpften.

Das Versagen des Schlieffen-Planes und die daraus resultierende gewaltige Ausdehnung der Westfront führten zu einer ernsten Verknappung an Lebensmitteln. Dem Soldaten ging es im Durchschnitt viel besser als dem Zivilisten. Zuerst sorgten die hohen Preise für eine Rationierung, dann wurde durch Marken (»Brotkarten«) rationiert, wobei die Menge der Nahrungsmittel von Stadt zu Stadt und von Land zu Land variierte. Das Wort »Ersatz« wurde ein internationales Fremdwort. Ersatzkaffee, Tee- und Tabakersatz, synthetische Getränke und Konserven wurden auf den Markt gebracht und auch gekauft. Es mangelte auch an Brennstoff, Kleidung und Medikamenten. Kriegsgewinnler und Schwarzmarkthändler hatten Hochkonjunktur.[32] Zugleich mit dem Hunger und der Kälte wuchs auch die Unzufriedenheit. Das war wohl unvermeidlich, aber der Kaiser sah darin einen unerhörten und entwürdigenden Fehltritt eines kriegführenden Landes. Seine spartanisch-preußischen Ideale waren ihm schon in frühester Kindheit eingebleut worden, und während er echtes Mitgefühl mit der hungernden und frierenden Zivilbevölkerung empfand und die britische Blockade weit barbarischer fand als den Einsatz von Giftgas oder den U-Boot-Krieg, konnte er kein Verständnis für den Bruch des »Burgfriedens« aufbringen, mit dem die Parteien zu Beginn des Krieges im Interesse des Vaterlandes auf jede interne Kritik verzichtet hatten. Für ihn waren sie wortbrüchig geworden. Ein Artikel in der *Frankfurter Zeitung* veranlaßte ihn zu einer Bemerkung, die seine Ansicht zusammenfaßt: »Politik hält im Krieg den Mund, bis Strategie ihm das Reden wieder gestattet.«[33] Das war eine beschränkte, veraltete, unhaltbar gewordene und vielleicht von vorneherein naive Vorstellung, die Wilhelm noch viel Ärger kosten sollte. Echte Ironie lag in der Tatsache, daß er vielleicht weniger der Gegenstand von

Kritik gewesen wäre, wenn er es vorgezogen hätte, in der Hauptstadt und in ständigem Kontakt mit der Bevölkerung zu bleiben. Da ihn aber niemand zu sehen bekam, glaubte jedermann, er lasse es sich in bequemer Sicherheit gut gehen, und so begann der Reichstag als sichtbare Verkörperung der Autorität, eine wichtige Rolle zu spielen.

Die wirksamsten aller Kritiker waren die Revolutionäre, die Metternich als Schlangen im Gras des Staates bezeichnet hatte. Vor allem zwei von ihnen arbeiteten unermüdlich an der Veränderung des Status quo, einer von ihnen innerhalb des Reichstags. Der Abgeordnete Karl Liebknecht war ein notorischer Demagoge. Wer seinen Vater geschätzt hatte, verweigerte ihm den politischen Respekt. Er war der erste Sozialist, der gegen die Bewilligung weiterer Kriegskredite stimmte. Er fuhr persönlich nach Belgien und kam zurück mit unbequemen Fragen nach Geiselerschießungen und nach Plünderungen. Er kannte keine Ruhe. Liebknechts parlamentarische Einwürfe und Anfragen wurden für die Regierung eine Plage. Im Reichstag konnte er nicht zum Schweigen gebracht werden und auch dadurch, daß man ihn in die verhaßte Armee steckte, konnte man ihm nur teilweise den Mund stopfen, denn auch dann noch hatte der das Recht, zu jeder Reichstagssitzung nach Berlin zu kommen und der Regierung Steine in den Weg zu legen.[34] Außerhalb des Reichstages konnte er sich auf einige glühende Anhänger stützen, allen voran Rosa Luxemburg, eine kleine, hinkende Mittvierzigerin, die große Hüte und Sonnenschirme liebte. Bei Kriegsaubruch war sie in der Welt des internationalen Sozialismus de facto nicht weniger bekannt und weit beliebter als Lenin. Geistig war sie ihm ebenbürtig, besaß einen Witz, einen Charme und eine persönliche Wärme, die Lenin fehlten, und stand dessen Theorie der Anwendung von Terror und persönlicher Diffamierung sehr kritisch gegenüber. Außerdem war sie der Meinung, daß eine kleine Gruppe von Verschwörern nicht das moralische Recht habe, im Namen der Revolution die Macht zu ergreifen. Ihrer Überzeugung nach mußte zuvor das gesamte Proletariat dazu gebracht werden, die Vorzüge des Sozialismus zu begreifen.[35] Die hochintelligente Tochter eines reichen jüdischen Kaufmanns im russischen Teil Polens hatte ein abenteuerliches Leben geführt, bevor sie sich in Berlin niederließ, um für die Sozialdemokratische Partei zu arbeiten. Um das Risiko einer Ausweisung zu vermeiden, ging sie eine rein formale Ehe mit dem Sohn eines Parteifunktionärs ein und widmete sich ausschließlich der Arbeit in der Partei. Sie wurde deren überragender Kopf, einer ihrer besten Redner und zu Beginn des Krieges auch ihr schärfster Kritiker. Als sie versuchte, eine illegale Zeitung herauszubringen, wurde sie verhaftet und ohne

Gerichtsverfahren in »Schutzhaft« genommen. Man machte es ihr so bequem wie möglich, gab ihr Schreibmaterial und ließ sie Briefe an ihre Freunde schreiben. Auf diese Weise hatte sie die Muße, ein wichtiges Dokument zu verfassen. Es wurde das Manifest der Internationalisten unter den deutschen Sozialdemokraten. Mit Liebknecht, dem Feuerkopf im Reichstag, blieb sie ständig in Kontakt.[36] Die »Wächter auf der Mauer« dürften dafür gesorgt haben, daß von Liebknechts »Einwürfen« dem Kaiser nichts zu Ohren kam. Nicht entgangen sein wird ihm jedoch die Existenz einer revolutionären Gruppe, als bei seinem 57. Geburtstag im Jahre 1916 unter den Bekanntmachungen und Plakaten, die wie gewöhnlich an die Wände geklebt wurden, auch ein alles andere als freundliches zu finden war, das mit »Spartakus« signiert war. Auch die darin enthaltene Anspielung auf die antike Geschichte wird ihm nicht entgangen sein. Es folgte eine ganze Reihe aufrührerischer Flugblätter, und Liebknecht verschaffte sich die Publizität des Märtyrers, als er auf dem Potsdamer Platz »Nieder mit der Regierung! Nieder mit dem Krieg!« rief und dafür zu vier Jahren Zuchthaus verurteilt wurde.[37]

Die unbekümmerte Aufkündigung des Burgfriedens war in dieser schwierigen Zeit eine sehr gefährliche Sache. Die hungernden und sich hauptsächlich von Gemüse ernährenden Deutschen sprachen vom »Kohlrübenwinter«. Die britische Blockade hatte sich als die stärkste Kriegswaffe erwiesen. Kaiser und Reichskanzler waren gedrängt worden, den unbeschränkten U-Boot-Krieg zu befehlen, um damit die Blockade zu brechen. Sie hatten ihre Zustimmung jedoch stets verweigert. Es ging nicht einfach nur darum, daß eine solche Aktion fast mit Sicherheit Amerika auf seiten der Entente, der sich nun auch Japan und Italien angeschlossen hatten, in den Krieg ziehen würde, sondern auch darum, daß Deutschland trotz der Katastrophe wie der Versenkung des Linienschiffes *Lusitania*, bei der 1200 Passagiere ertranken und die zivilisierte Welt empört war, noch immer eine leichte moralische Überlegenheit zu verzeichnen hatte, da die Hungersnöte des ganzen Reiches die zivilisierte Welt empörten.[38] Überdies standen die deutschen Armeen trotz der Qualen, die die Zivilbevölkerung litt, an der Schwelle des Sieges. Mit Verstärkungen, die von der Westfront abgezogen worden waren, hatten Hindenburg und Ludendoff die Russen aus Polen, Litauen und dem Kurland – also dem ehemaligen Gebiet des Deutschen Ritterordens – vertrieben. Auch in Galizien standen keine Russen mehr, und dadurch, daß Bulgarien sich den Mittelmächten angeschlossen hatte, bestand nun die ersehnte Eisenbahnverbindung mit der Türkei. Im Westen warf Falkenhayn seine Truppen in einer gewaltigen Offensive gegen Verdun, wobei die Verluste der Alliierten zunächst über den eigenen lagen. Für den weiteren Verlauf der Schlacht war die Erhaltung der Truppenmoral von großer Bedeutung. Gerade als die Soldaten so müde und abgekämpft waren wie noch nie, veranstaltete Liebknecht seine Antikriegs-Demonstration. Falkenhayn verlor die Schlacht. Defätismus ist etwas Ansteckendes, und im ganzen Land begann man sich zu fragen, ob der Krieg durch Feldschlachten im herkömmlichen Sinne überhaupt noch zu gewinnen sei. Am Ende der Schlacht von Verdun betrugen die deutschen Verluste seit Beginn des Krieges 2½ Millionen Mann.[39]

Weder die Kaiserin noch sein Gefolge konnten vor Wilhelm verbergen, daß die öffentliche Meinung besonders nach dem Ende des »Burgfriedens« im Reichstag einen politischen Richtungswechsel verlangte. Das wurde von drei Ereignissen unterstrichen. Da ihm der uneingeschränkte U-Boot-Krieg wiederum verweigert wurde, reichte Tirpitz verärgert seinen Rücktritt ein und bekam ihn auch.[40] Dann starb im November der greise Kaiser Franz Joseph und sein Großneffe Karl folgte ihm auf den Thron.[41] Und schließlich trat Rumänien auf seiten der Entente in den Krieg ein und wurde von einer deutsch-österreichischen Armee rasch ausgeschaltet. Bethmann Hollweg schlug vor, man solle jetzt, wo kein Verlust an Ehre zu befürchten sei, Vernunft beweisen und ein Friedensangebot machen. Wilhelm stimmte zu. In seiner Note an die Alliierten unterstrich der Reichskanzler die militärische Stärke der Mittelmächte und sagte, man schlage Verhandlungen vor, weil man eine Politik der Vernichtung des Feindes abstoßend finde. Falls der Kampf trotz dieses Friedesangebots weiterginge, müsse er die Verantwortung dafür vor der Menschheit und vor der Geschichte zurückweisen.[42]

Zum Unglück für die ganze Welt hatte wenige Tage zuvor der interne Zwist innerhalb der englischen Liberalen Partei einen Höhepunkt erreicht. Herbert Asquith war ausgebootet worden und mit Lloyd George ein gänzlich anders gearteter Premierminister ans Ruder gekommen. Er war ein gerissener und harter Kämpfer und ein glänzender Organisator, der sein Land zum Sieg führen sollte, aber es steht außer Frage, daß seine Amtsübernahme eine Vulgarisierung des politischen Führungsstils bedeutete.[43] In diesem kritischen Moment seiner Laufbahn mußte er sich nun als starker Mann profilieren. Am 19. Dezember fegte er das deutsche Friedensangebot als eine Falle vom Tisch,[44] und fragte:

> Was läßt uns nach den Worten des Kanzlers hoffen, daß der arrogante Geist der preußischen Militärkaste nicht genau so beherr-

schend bleiben wird, wenn wir jetzt einen Frieden zusammenstoppeln?[45]

Rasch hatte er als brillanter Redner das Unterhaus auf seiner Seite und damit – auf Kosten einer Friedensmöglichkeit, so gering sie auch sein mochte – seine Position gefestigt. Präsident Wilson, der als Vermittler tätig war, drängte auf einen Gedankenaustausch zwischen der Entente und den Mittelmächten. Lloyd George erwiderte, daß er den Deutschen nicht traue. Das Friedensangebot des deutschen Reichskanzlers bezeichnete er als ein Kriegsmanöver und schickte Wilson eine Liste der Minimalforderungen, von deren Erfüllung die Entente den Abschluß eines Waffenstillstands abhängig machte.[46] Diese Forderungen waren so hart und demütigend und standen so wenig im Verhältnis zu Deutschlands militärischer Stärke, daß ihre Annahme ausgeschlossen war. Der Präsident war so empört, daß Deutschland, wenn es ihm zu diesem Zeitpunkt ein Friedensangebot unter vernünftigen Bedingungen zugesandt hätte, England höchstwahrscheinlich gezwungen hätte, in Verhandlung zu treten. Die Macht dazu hatte er, denn er hätte ein Export-Embargo gegen England verhängen können, und den Willen zum Frieden hatte er auch.[47] Aber wiederum zum Unglück für Europa ließen die Mittelmächte diese Gelegenheit ungenutzt verstreichen. Der Grund lag zum Teil darin, daß sowohl der Kaiser als auch der Reichskanzler den amerikanischen Präsidenten für probritisch hielten, weil er gegen die Blockade nicht energisch genug protestiert hatte, hauptsächlich jedoch darin, daß in Deutschland ein Mann zu herrschen begann, der an einen vollständigen Sieg und an wesentliche Annexionen glaubte. Es war General Erich Ludendorff, der Held der Ostfront, als der er zusammen mit Hindenburg auftrat.

Sein Ehrgeiz und seine außerordentlichen Fähigkeiten hatten Ludendorff vom Kadettenkorps, in das er mit 10 Jahren eingetreten war, bis in den Generalstab getragen. Als Bürgerlicher ohne Vermögen hatte er seinen Vorgesetzten verbissen seine Tüchtigkeit demonstriert. Der Posten des Generalstabschefs lag außerhalb seiner Reichweite, also war er entschlossen, der zweite Mann zu werden.[48] Er bekam seine Chance, als Falkenhayn nach dem Mißerfolg von Verdun gehen mußte und der Kaiser auf Empfehlung des Reichskanzlers Hindenburg zum Generalstabschef ernannte. Mit diesem kam Ludendorff, der wahre Befehlshaber, dessen lebenslänglicher Ehrgeiz sich nun erfüllte, indem er Generalquartiermeister wurde. Falkenhayn war vom Kaiser persönlich ernannt worden, und Wilhelm war daher nicht begeistert, als ihm nun sein Reichskanzler erklärte, Hindenburg und Ludendorff, die beiden volkstümlichen Helden, müßten ernannt werden, da anders der Bestand der Dynastie nicht zu garantieren sei.[49] Er hatte keine rechte Lust, sich von diesen beiden in den Schatten stellen zu lassen und fand auch keinen Gefallen an ihnen.[50] Hindenburgs massive Schwerfälligkeit mußte einen nervösen und quecksilbrigen Mann wie den Kaiser ungeheuer irritieren. Ludendorff war noch schlimmer. Der kurzbeinige, rundliche Mann mit seinem Bürstenschnitt, dem dünnen Schnurrbart, den vortretenden Augen und stets ärgerlich aufgeworfenen Lippen war alles andere als ein attraktiver Mann. Für sein Aussehen konnte er nichts, aber bessere Manieren hätte er wenigstens haben können. Statt dessen mußte der Oberste Kriegsherr sich von seinem Generalquartiermeister herablassendes Benehmen gefallen lassen, und Ludendorff machte kein Hehl aus seiner Verachtung für die feineren Leute im Offizierskorps, die er »Protektionskinder« nannte.[51] Er war kein sehr umgänglicher Offizier, und man ging ihm aus den Weg. Wenn er im Kartenzimmer dem Kaiser Bericht erstattete, war er stets sehr kurz angebunden, klemmte sein Monokel vor das rechte Auge, hantierte mit dem Kilometerzirkel und kam nie in die Verlegenheit, eine Frage nach Truppenstärke, gesteckten Zielen, Anweisungen, Hindernissen oder nach sonst irgend etwas nicht beantworten zu können.[52]

Kaum hatte Lloyd George seine Rede im Unterhaus gehalten, als auch schon Ludendorff vom Kaiser die sofortige Eröffnung des uneingeschränkten U-Boot-Krieges verlangte. Achtzehn Monate lang hatten Wilhelm und Bethmann Hollweg diesem Druck standgehalten. Nun, im Kronrat, der am 9. Januar 1917 in Pleß stattfand, wurde Wilhelm mit Fakten bombardiert. Hindenburg stellte fest, daß ein Schlag gegen England die Kampfmoral der Truppen stützen würde. Die Engländer könnten innerhalb weniger Monate ausgehungert werden. Die Amerikaner würden den Krieg erklären, aber sie hätten keine Armee zur Verfügung, und die Bewaffnung und Ausbildung ihrer Soldaten würde viel Zeit in Anspruch nehmen. Da sie außerdem nur zu Schiff nach Europa kommen konnten, würde man dies mit den Unterseebooten verhindern können. Dagegen stand die moralische Frage, welches Odium die Nation durch den uneingeschränkten Gebrauch der U-Boot-Waffe auf sich laden würde. Außer dem Kaiser bestand der Kronrat aus sechs Männern: den Chefs seiner Militär-, Marine- und Zivilkabinetts, dem Reichskanzler, dem Generalstabschef und dem Generalquartiermeister. Der hochgradig aufgeregte Wilhelm stellte fest, daß nur zwei dieser sechs – Bethmann Hollweg und Valentini, der Chef seines Zivilkabinetts – sich gegen Ludendorffs Vorschlag aussprachen. Er unterzeichnete das bereits ausgearbeitete Dekret.[53]

Zehn Tage später, als die Amerikaner sich noch immer nicht entschieden hatten, ob sie ihren Isolationismus aufgeben sollten, fiel ihnen ein an den deutschen Geschäftsträger in Mexiko gerichtetes Telegramm des Auswärtigen Amts in die Hände. Es enthielt ein Bündnisangebot für den Fall eines Krieges zwischen Deutschland und Amerika. Neben einer Finanzhilfe wurde die Wiedergewinnung der amerikanischen Bundesstaaten Neu-Mexiko, Arizona und Texas in Aussicht gestellt, die Mexiko an die USA verloren hatte.[54] Das Telegramm bewirkte nichts weiter, als daß es eine große Zahl amerikanischer Isolationisten dazu bewog, Wilson zu unterstützen, als er eine Kehrtwendung machte und Deutschland am 6. April den Krieg erklärte.

Damit hatte Wilhelm gerechnet, als er das Dekret über den uneingeschränkten U-Boot-Krieg unterzeichnete, und aufgrund von Hindenburgs Zusicherungen war er zunächst nicht übermäßig beunruhigt. Seine Hauptsorge galt zu dieser Zeit Rußland, wo die Revolution den Zaren gezwungen hatte, sowohl für sich selbst als auch für seinen 13 Jahre alten Sohn abzudanken.[55] Sein Bruder, Großfürst Michael, wurde für wenige Stunden Zar und dankte dann ebenfalls ab.[56] Aber noch war Rußland kein kommunistisches Land. Die von der Duma und ihren gewählten Volksvertretern gebildete Regierung verkündete ihre Entschlossenheit, den Krieg fortzusetzen. Rasputin war ermordet worden, Truppen hatten gemeutert und in Petrograd (wie St. Petersburg nun genannt wurde) war es zu wilden Demonstrationen und Hungerprotesten gekommen. Der uneingeschränkteste Herrscher auf Erden, der eine Armee von 15 Millionen Mann befehligte, war zum Bürger Romanow degradiert und in seinem eigenen Palast gefangengesetzt worden.[57] Die Regierungen der Vereinigten Staaten, Frankreichs und Englands zeigten wenig Mitleid mit dem Zaren. Auch für die schwierige Situation, in der sich die russische Provisorische Regierung befand, brachten sie wenig Verständnis auf. Arbeiter- und Soldatenräte besaßen bereits beträchtliche Macht und waren offensichtlich entschlossen, sie zu gebrauchen, falls ihre neuen Herrscher sich auch nur einen Millimeter von dem Pfad entfernten, den ihnen die Wünsche des Proletariats vorschrieben. Die Vereinigten Staaten hatten es fast ungebührlich eilig, die neue russische Regierung offiziell anzuerkennen, denn dadurch konnte Präsident Wilson den Kongreß mit der Begründung auffordern, für die Kriegserklärung zu stimmen, daß auf diese Weise die Welt »sicher für die Demokratie« werde.[58] Die Franzosen telegrafierten ihre Glückwünsche und brüderlichen Grüße.[59] Von Republiken war dies zwar zu erwarten, nicht jedoch von konstitutionellen Monarchien. Erst 14 Jahre waren vergangen, seit König Eduard sich geweigert hatte, nach der Ermordung des serbischen Königspaares die diplomatischen Beziehungen mit Serbien wieder aufzunehmen. Da die Ermordeten und er der gleichen Gewerkschaft angehörten, hatte Eduard gesagt, werde er sich an die gewerkschaftlichen Regeln halten und die Untat unter keinen Umständen hinnehmen. Bei dieser Haltung war er dann drei Jahre lang geblieben.[60] Seit 1906 hatte sich jedoch vieles geändert. Im England des Jahres 1917 wurde die Nachricht von der erzwungenen Abdankung des Zaren freudig begrüßt. Wer wie sein Vetter Georg V. den Zaren persönlich kannte, wußte, daß er ein freundlicher Mensch war, »ein echter Gentleman, der sein Land und sein Volk liebte«,[61] auch wenn er schwach und untüchtig war. Aber in der Presse war er seit Jahren als ein Tyrann mit der Knute in der Hand diffamiert worden.[62] Lloyd George sandte dem Premierminister der Demokratischen Republik Rußland ein Glückwunschtelegramm, in dem er seine »tiefste Befriedigung« darüber bekundete, daß Rußland sich eine »verantwortliche Regierung« gegeben hatte. König Georg warf ihm vor, er habe da ziemlich starke Worte gebraucht.[63] H. G. Wells griff zu noch stärkeren Worten, als er an die *Times* schrieb, es sei nun auch für die Engländer an der Zeit, sich ihres »ausländischen und langweiligen Hofes« zu entledigen. Worauf der König erwiderte: »Ich bin vielleicht langweilig, aber ich will verdammt sein, wenn ich ein Ausländer bin!«[64] Ihm waren aber natürlich die Hände gebunden. Als es später so aussah, als könnten die Briten durch die Entsendung eines Zerstörers den Zar und seine Familie in Sicherheit bringen, war der König entschieden dafür. Aber Lloyd George identifizierte sich mit dem russischen Volk und verweigerte seine Zustimmung.[65] Der verstorbene Herzog von Windsor erinnerte sich an eine Botschaft, die aus der Downing Street eintraf, als er mit seinen Eltern beim Tee saß. Der König las sie und reichte sie an Queen Mary weiter. Nach sorgfältiger Lektüre äußerte sie ein »Nein«, dem auch der König beipflichtete. Die Botschaft war die Frage gewesen, ob mit königlichem Einspruch zu rechnen sei, wenn kein Zerstörer nach Rußland gesandt und kein Asyl angeboten würde. Dieses Nein war kein Ausdruck von Herzlosigkeit. Die Queen, die es als ihre oberste Pflicht empfand, den englischen Thron zu schützen, wußte, daß auch die Liebe zu ihren russischen Verwandten sie nicht verleiten durfte, hier ein Risiko einzugehen. Ein Einspruch aus dem Buckingham Palace war unmöglich.[66] Daraufhin sandte Lloyd George seine Anweisungen nach Rußland. »Mit Tränen in den Augen und kaum in der Lage, sich zu beherrschen«, setzte der britische Botschafter die Provisorische Regierung davon in Kenntnis, daß sein Land »ausschließlich aufgrund außenpolitischer Erwägungen« dem ehemaligen Zaren keine Zuflucht gewähren könne.[67] Als sie das weitere Schicksal von Zar Nikolaus erfuhr, war die britische Königsfamilie äußerst bedrückt. Der König war auch wütend und sagte zu seinem Sohn: »Diese Politiker! Wenn es einer von ihnen gewesen wäre, hätten sie schnell genug gehandelt. Aber der arme Mann war ja nur ein Kaiser . . .«[68] Das eindringlichste und überzeugendste Hilfsangebot kam von des Zaren Kriegsgegner, dem Kaiser. Er bot Nikolaus und seiner Familie eine freie und geschützte Durchfahrt nach Deutschland an.[69] Vor dem 19. April, als die Engländer sich endgültig weigerten, dem Zaren Asyl zu geben, ließ er durch die dänische Regierung klarstellen, daß englische Kriegsschiffe, die Russen ins Exil brächten, von deutschen U-Boot-Angriffen verschont blieben.[70] Als die Entente den Zaren schließlich einfach den Revolutionären überließ, reagierte Wilhelm mit Ekel und Empörung. Er nahm sich vor, seinen Vetter vor dessen rebellischen Untertanen zu retten. Als frommer Mann, der noch immer der naiven Lehre des Gottesgnadentums anhing, war es für ihn unfaßbar, daß ein gekrönter und geweihter Zar gestürzt und nicht nur als einfacher Bürger, sondern als Verbrecher behandelt werden konnte. Besondere Sorgen machte sich Wilhelm über Ella. Im russischen Volk galten sie und die Zarin als »die hessischen Hexen«, obwohl sie ganz bewußt immer nur englisch, französisch oder russisch, aber nie deutsch sprachen. Nur die Kranken und Verwundeten, um die sich Ella in ihrem Kloster kümmerte, wußten, daß sie ausschließlich für ihren Glauben und ihre Arbeit lebte.[71] Die Provisorische Regierung forderte sie auf, sich im Kreml in Sicherheit zu bringen, aber sie blieb bei ihrer Arbeit. Wilhelm versuchte mehrere Male, zuerst über Schweden und dann nach der russischen Niederlage durch seinen Botschafter, Ella zu retten, aber alle Versuche schlugen fehl. Es läßt sich vorstellen, welche Gefühle ihn bewegten, als er in den Zeitungen las, daß – ohne Bezug auf seine Person – Lenin und 18 weitere Bolschewiken die deutsche Durchreisegenehmigung erhalten hatten, damit sie in Rußland revolutionär agitieren konnten. Churchill, der von Lenin ungefähr das gleiche hielt wie der Kaiser, nannte ihn »die schauerlichste aller Waffen« und einen »Pestbazillus«.[72] Die Tatsache, daß der Kaiser weder vom Auswärtigen Amt noch vom Generalstab informiert worden war, zeigt, daß man seinen Einspruch befürchtet hatte. Als er es schließlich in den Zeitungen las, hatte Lenin bereits seine Schreckensherrschaft angetreten und begonnen, genau das zu tun, was sich der deutsche Generalstab von ihm erhofft hatte, nämlich ein Ende des Krieges zu verlangen und die Truppen an der Front aufzufordern, sich mit dem Feind zu verbrüdern. Kaiser Karl von Österreich sandte Wilhelm eine prophetische Warnung. Wenn die Monarchen der Mittelmächte, schrieb er, nicht in der Lage seien, innerhalb der nächsten paar Monate Frieden zu schließen, so würden ihre Völker über sie hinweggehen und die Wogen der revolutionären Flut würden alles hinwegschwemmen, wofür ihre Brüder und Söhne noch kämpften und bluteten.[73]

So wohlbegründet Kaiser Karls Ansichten sein mochten, bei seinen Verbündeten fanden sie wenig Anklang. Erst kurz zuvor hatte er sich in Deutschland durch die Ankündigung unbeliebt gemacht, er werde bei künftigen Friedensverhandlungen die Forderungen Frankreichs nach Rückgabe von Elsaß-Lothringen unterstützen. Die Rückgabe eines Territoriums zu verlangen, das ihm gar nicht gehörte, und zugleich die Ansprüche Italiens auf Teile seines eigenen Reiches abzuweisen, das hatte sogar den unerschütterlichen Bethmann Hollweg erzürnt. Wilhelm ließ Karls Warnung unbeachtet, denn sein Generalstab versicherte ihm, der Krieg werde im August beendet sein. Deutschlands militärische Position war in der Tat so günstig, daß Wilhelm und Bethmann durch den Papst, den König von Spanien und die Königin von Holland wieder einmal Friedensfühler ausstreckten. Aber nirgends hatten sie Erfolg. Aristide Briand, der französische Premierminister, ließ sie scheitern, indem er aussprach, was alle dachten: »Der Ruf nach Frieden ist nur der Schrei der Schwäche!«[74]

Die Alliierten waren sich über ihre Kriegsziele keineswegs einig. Die Franzosen, die einerseits noch immer auf Elsaß-Lothringen fixiert waren und andererseits ihre ungeheuren Verluste auf den Schlachtfeldern im Auge hatten, waren entschlossen, Deutschland als Großmacht auszulöschen und jedes spätere Wiedererstarken zu verhindern. Lloyd George verkündete im Unterhaus seine Überzeugung, daß dieser Krieg im Grunde ein Kampf für Demokratie und für Freiheit sei.[75] Die Amerikaner waren vor ihrem Kriegseintritt darauf bedacht gewesen, bei der Bekämpfung deutscher Interessen nicht zugleich den eigenen Interessen zu schaden. Nun, nachdem sie sich am Krieg beteiligt hatten, lehnte ihr Präsident das Vermittlungsangebot des Papstes ab und erklärte:

> Das Ziel dieses Krieges ist die Rettung der freien Völker von der Bedrohung und der tatsächlichen Macht eines gewaltigen militärischen Apparates, der von einer verantwortungslosen Regierung kontrolliert wird . . . Diese Macht ist nicht das deutsche Volk. Es ist der unbarmherzige Herr des deutschen Volkes . . .[76]

Auch der deutsche Kaiser nahm für sich in Anspruch, er kämpfe für die Freiheit. Am 30. Jahrestag seiner Thronbesteigung beschrieb er den Krieg als einen Konflik zwischen zwei Weltanschauungen:

Entweder soll die preußisch-deutsche-germanische Weltanschauung – Recht, Freiheit, Ehre, Sitte – in Ehren bleiben oder die angelsächsische – das bedeutet: dem Götzendienste des Geldes verfallen.[77]

Aber was auch immer Präsident Wilson glauben mochte, Wilhelm war nicht »der unbarmherzige Herr des deutschen Volkes«. General Ludendorff war es, der die Nation langsam in seinen demagogischen Griff bekam. Den Beifall der Menge ließ man zwar Hindenburg zukommen, der allmählich eine glanzvolle Vaterfigur wurde. Die tatsächliche Macht hielt jedoch Ludendorff in Händen. Er verdankte sie seiner Begabung und seiner Leistung, seiner bewundernswürdigen Konzentrationskraft und Detailkenntnis sowie der Tatsache, daß er alle wesentlichen militärischen und auch zivilen Posten an Kandidaten seiner Wahl gab. Die meisten von ihnen wurden ausgewählt, weil sie Jasager waren,[78] einige, wie etwa General Wilhelm Gröner, auch wegen ihrer Fähigkeiten. Gröner, der an der Spitze der Eisenbahnabteilung im Generalstab stand und somit jede Zug-, Wasser- oder Straßenverbindung persönlich überwachte, nahm die geistig anspruchsvollste Position in der Armee ein. Ludendorff erkannte, daß es das bürokratische Durcheinander zu entwirren galt, und schuf daher ein neues Zentrum, das »Kriegsamt«, in dem er Dutzende von Ämtern, die sich vorher mit der Beschaffung von Waffen, Munition und Verpflegung und mit der Organisation des Nachschubs beschäftigt hatten, zusammenfaßte, und überließ es Gröner.[79]* Als Organisator konnte sich niemand mit Ludendorff messen. Die gesamte Strategie und sämtliche militärischen Komitees stammten von ihm, und von der Siedlungspolitik der Nachkriegszeit bis zur Errichtung von Hospitälern für Geschlechtskranke – bei den Soldaten hießen sie »Ritterburgen« – griff er in alle Bereiche der Regierung mit detaillierten Memoranden ein.[80] Es gab am Ende kein Gebiet des militärischen oder zivilen Lebens in Deutschland, mit dem er sich nicht befaßte. Sein Ziel war der sogenannte »Hindenburg-Frieden«, der darin bestehen sollte, den Krieg zuerst mit den Waffen für sich zu entscheiden und sich dann mit Hilfe kassierter Entschädigungen und Territorien auf den nächsten vorzubereiten.[81] Seitens der Entente wurde behauptet, die preußischen Junker und Großindustriellen seien ihre Hauptgegner, aber während der Generalstab und die Mehrheit der höheren Offiziere noch aus der Schicht der Junker stammten, waren die meisten ihrer jüngeren Offiziere bereits in den Anfängen des Krieges gefallen. Die bürgerlichen Offiziere, die nach-

* Er hätte keinen besseren Mann finden können, aber Ludendorff konnte keine Kritik vertragen, und als Gröner 1917 sagte, Deutschland solle einen Kompromißfrieden anstreben, wurde er als Stabschef der Okkupationsarmee nach Osten abgeschoben.[82]

rückten, kopierten zwar deren Arroganz, aber wenige von ihnen hatten die gleichen Qualitäten aufzuweisen.[83] Ludendorff verachtete sie.[84] Das preußische System wurde nun dem alldeutschen Ideal einer europäischen Hegemonie untergeordnet, und Ludendorff fungierte als der große Demagoge.[85]

Auf dem Wege zur Macht standen Ludendorff nur noch der Kaiser und der Kanzler entgegen. Ersterer war unangreifbar, letzterer war das jedoch nicht. Die Oberste Heeresleitung kam zu dem Schluß, daß Bethmann Hollweg den Defätisten gegenüber zu tolerant war und daß er den Mitte- und Linksparteien zu viele Zugeständnisse machte. Besonders negativ vermerkten sie sein Vorhaben, das preußische Wahlrecht zu demokratisieren. Der Kaiser war vernünftigen Argumenten recht zugänglich, Hindenburg und Ludendorff aber waren das weniger, und sie wollten nicht einsehen, daß der Partei, die im Reichstag die Mehrheit besaß, eine kleine Konzession gemacht werden mußte. Wilhelm hatte offen erklärt, nachdem die gesamte Nation ihren Beitrag zu diesem schrecklichen Krieg geleistet habe, sei kein Platz mehr für das preußische Dreiklassenwahlrecht.[86] Wilhelm berief für den 9. Juli einen Kronrat nach Berlin ein, um das Projekt zu diskutieren. Ludendorff verschwendete weder Zeit noch Worte, sondern erklärte seinem Herren schlicht und einfach, Bethmann sei zu entlassen und durch Bülow zu ersetzen. Der Gedanke, erneut Bülow zu berufen, war für Wilhelm so abwegig, daß er sich dazu aufraffte, Ludendorff ins Hauptquartier zurückzuschicken und ihm zu bedeuten, er solle sich um seine eigenen Angelegenheiten kümmern.[87] Dann wurde der Kronrat abgehalten, und es wurde beschlossen, in Preußen das allgemeine Wahlrecht einzuführen, was auch am 11. Juli bekanntgegeben wurde. Am 12. Juli, Wilhelm war noch immer in Berlin, erhielt er eine Botschaft aus dem Hauptquartier. Falls Bethmann Hollweg nicht entlassen werde, so hieß es da, würden Hindenburg, Ludendorff und der gesamte Generalstab zurücktreten. Wäre Wilhelm noch gewesen, was er einmal war, so hätte er die beiden Rebellen wahrscheinlich zu sich gerufen und ihnen ohne Umschweife gesagt, was ihre Pflicht sei. Aber nach drei Kriegsjahren waren seine Nerven einer solchen Kraftprobe nicht mehr gewachsen.[88] Zum Chef seines Marinekabinetts, Admiral von Müller, sagte er zwar, das sei »das Unerhörteste, was je in der Geschichte Preußens passiert« sei, wirkliche Gegenmaßnahmen aber traf er nicht.[89] Bethmann Hollweg bewies wieder einmal seine Loyalität und löste das Problem, indem er zurücktrat.[90] Wäre Wilhelm wohlberaten gewesen, so hätte er politisch die Initiative ergreifen und Hindenburg und Ludendorff damit verwirren können, daß er die Wahl des

Reichskanzlers dem Reichstag überließ. Und ein Reichstag mit mehr Einigkeit und Beherztheit hätte seinerseit die Initiative in dieser Richtung ergreifen können. Keines von beiden geschah. Wilhelms »Wächter auf der Mauer« rieten ihm dringend, seine Vorrechte zu wahren, und sie verstärkten zweifellos Wilhelms Mißtrauen gegenüber den Sozialdemokraten. Darauf, den treulosen Bülow zu nehmen, wollte er sich zwar weiterhin nicht einlassen, der Obersten Heeresleitung schien aber niemand anderer zu passen. Am Ende geriet der Kaiser vollends ins Hintertreffen. Er mußte dem Chef seines Zivilkabinetts den Auftrag geben, einen Kanzler aufzutreiben, der den Wünschen Hindenburgs und Ludendorffs entsprach, und Valentini, der mit dem Oberkommando nicht auf bestem Fuße stand, gab den Auftrag an seine Kollegen vom Militärkabinett weiter. Schließlich war es der alte Generaladjutant des Kaisers, Graf von Plessen, der aus der Obskurität der preußischen Landwirtschafts- und Lebensmittelverwaltung triumphierend einen gewissen Professor Georg Michaelis hervorzog. Michaelis war ein derart unbeschriebenes Blatt, daß man im Reichstag weder rechts noch links irgendwelche Einwände zu erheben hatte. Der Kaiser hatte ihn, bevor er ihn zum Reichskanzler ernannte, noch nie zu Gesicht bekommen.[91] Noch immer ängstlich auf die Wahrung seiner Vorrechte bedacht, sagte er dann den Abgeordneten des Reichstags, dort, wo seine Garde stünde, sei kein Platz für Demokratie. In Wahrheit war außer für Ludendorff überhaupt kein Platz mehr für irgend etwas oder irgend jemanden. In der Presse machte man keine Anstalten, sich mit Michaelis zu befreunden. Er wurde als »Herbergsvater«, als »Verwalter eines Waisenhauses« oder auch als der Typ eines »in Pantoffeln dahinschlürfenden Lehrers« beschrieben.[92] Genau 99 Tage lang blieb er im Amt. Sein Nachfolger, Graf Hertling, war bayerischer Ministerpräsident gewesen und war nach Alter, Herkunft, Eleganz und Erfahrung mit Fürst Clodwig zu Hohenlohe-Schillingsfürst zu vergleichen, dessen Stabilität und Überblick er allerdings nicht erreichte.[93]

Der Kaiser soll sich nun in eine Welt der Illusionen geflüchtet haben.[94] Jedenfalls fing er an, überall Truppen zu inspizieren, Eiserne Kreuze zu verteilen und auf Paraden lange Reden zu halten. Mit bemerkenswerter Kraft und Ausdauer bewegte er sich von einem Ort zum anderen, so daß seine Generäle kaum mitkamen und einer von ihnen an einem heißen Tag vor Übermüdung ohnmächtig wurde. In seinem Automobil mit der gelben Kaiserstandarte fuhr er durch Dörfer, die von Granaten und Feuer zerstört waren, so nahe an die Front, wie Ludendorff es gestattete.[95] Er erklärte sich sehr ermutigt durch die Meutereien in der französischen Armee, durch die Niederlage Rußlands und den Gewinn der riesigen Gebiete, die Rußland im Friedensvertrag von Brest-Litowsk abtreten mußte, und ermutigt auch durch die anfangs sehr erfolgreiche deutsche Offensive im März 1918, bei der 90 000 Briten in Gefangenschaft gerieten und 1300 Kanonen sowie 2 Millionen Flaschen Whisky erbeutet wurden.[96] Aber wie er vor 1914 die Unvermeidlichkeit des Krieges zugleich erkannt und ignoriert hatte, so gewann er jetzt allmählich die Überzeugung, daß der Krieg verloren war.

Auch die guten Nachrichten glichen für ihn angefaultem Obst. Sein ältester Sohn und der Kronprinz von Bayern kommandierten die Armeen an der Westfront und waren, da sie sich an den Rat ihrer Stabsoffiziere hielten, erfolgreich. Das Privatleben des preußischen Kronprinzen war jedoch ein öffentlicher Skandal. Auf Anweisung der Obersten Heeresleitung wurde seine Mätresse mit Gewalt aus dem Hauptquartier seiner Armeegruppe entfernt und nach Lille geschafft.[97] Angeblich hatte Ludendorff die Sozialdemokraten unter Kontrolle, aber unter seinen Augen veröffentlichte der *Vorwärts* einen Friedensappell der Bolschewiken, und die sich Spartakisten nennenden deutschen Kommunisten organisierten einen Generalstreik.[98] Und für Wilhelm wurde der Sieg im Osten überschattet von der Zwietracht zwischen den Halbgöttern, wie Hindenburg und Ludendoff nun genannt wurden, und der Zivilregierung. Die Generäle forderten mehr als die Diplomaten, und Wilhelm stellte sich so entschieden auf seiten letzterer, daß sein hervorragender Staatssekretär im Auswärtigen Amt – jener Richard von Kühlmann, der zur Zeit von Wilhelms verunglückter Landung in Tanger als dortiger Geschäftsträger fungiert hatte – den Kaiser die einzige vernünftige Person nannte, die in ganz Deutschland zu finden sei.[99] Wieder einmal hatten sich die Generäle mit Hilfe von Rücktrittsdrohungen durchgesetzt und verlangten nun, gewissermaßen als Zugabe, die Entlassung des treuen Valentini, der Wilhelms Zivilkabinett leitete und es genau wie Bethmann vorzog, von sich aus seinen Abschied zu nehmen. Wilhelm war so verärgert, daß er Hindenburg wissen ließ, er benötige keine weiteren väterlichen Ratschläge, und Ludendorff einen »Übeltäter« nannte, »dem er nie wieder die Hand geben würde.«[100] Aber die beiden hatten ihn in der Hand. Einer der schlimmsten Aspekte der ganzen Sache war, daß Lenin inzwischen die Provisorische Regierung gestürzt und Rußland in einen bolschewisitischen Staat verwandelt hatte. Mit seiner Regierung hatten die Deutschen nun zu verhandeln und ihr erlegten sie ihre harten Bedingungen auf. Nur ein so skupelloser und hartgesottener Politiker wie Lenin konnte sie annehmen. Ein russischer General hatte sich erschossen, als er die Friedensbedingungen von Brest-Litowsk erfuhr, weil er darin die einzige Möglichkeit sah, seine Ehre zu retten.[101] Das Allerschlimmste für Wilhelm war das Bewußtsein, daß mit der Unterzeichnung des Vertrages das Schicksal der Romanows besiegelt war. Den »Halbgöttern« waren sie gleichgültig, aber für Wilhelm bedeuteten sie viel. Er unternahm, was er konnte, um die Zarenfamilie zu retten, aber es gelang ihm nicht. Angeblich wurden sie ermordet,[102] jedenfalls wurden der Zar, die Zarin, ihre Kinder und Großfürst Michael in Europa nicht mehr gesehen. Mit gleicher Bestimmtheit läßt sich sagen, daß gegen Ende des Krieges, wahrscheinlich Mitte Juli 1918, Ella zusammen mit ihrer ergebenen Dienerin und fünf Großfürsten lebend in den Schacht eines stillgelegten Bergwerks geworfen und ihnen dann schwere Balken und zwei Handgranaten nachgewofen wurden.[103] Es gab keinen schändlicheren Frieden als den mit soviel Blut beschmierten von Brest-Litowsk.

Bittere Ironie lag in der Tatsache, daß es die anfangs so erfolgreiche Frühjahrsoffensive von 1918 gar nicht gegeben hätte, wenn es nach Wilhelms Willen gegangen wäre. Im Volk hieß sie »die Kaiserschlacht« – worin freilich auch enthalten war, der Kaiser habe mit anderen Schlachten nichts zu tun gehabt.[104] Nach dieser Schlacht gab es keine deutschen Siege mehr. Mit einer am 7. Mai 1918 beginnenden zweiten Offensive erreichten die deutschen Truppen noch einmal die Marne, überquerten sie auch, mußten dann jedoch wieder zurückweichen. Die verschwindend wenigen Berufssoldaten, die noch lebten, waren erschöpft und verbittert. Die frischen Truppen bestanden aus grünen Jungens oder älteren Reservisten oder aus streikenden Arbeitern, die man eingezogen hatte, um sie von der Stätte ihrer Agitation zu entfernen. Alle waren sie geschwächt von der harten Rationierung. So hungrig waren sie, daß sie die Gerste aßen, die als Pferdefutter ausgegeben wurde. Die meisten standen bereits unter dem Einfluß der intensiven bolschewistischen Propaganda. Die Streikenden und die sozialistischen Arbeiter, die nun an die Front kamen, bildeten für die Armee eine entschiedene Belastung. Flugblätter der Spartakisten gelangten bis in die Schützengräben.[105] Rosa Luxemburg hatte sich noch immer keine klare Meinung vom bolschewistischen Despotismus gebildet, verdammte jedoch weiterhin den Gebrauch von Terror als inhumane Praxis und als falsche Theorie.[106] Aber der eigentliche Führer der Spartakisten, Karl Liebknecht, lebte in viel zu großer und permanenter Hast, als daß er zu Theorie und Zimperlichkeit Zeit gefunden hätte.[107] Solange es überhaupt eine Revolution gab, war es ihm gleich, ob sie von Bolschewisten oder Menschewiken geführt wurde. Das Gift

21 *Kaiser Wilhelm II. mit Kaiser Karl von Österreich (1917)*

22 *Wilhelm II. mit seinem ältesten Sohn, Kronprinz Wilhelm, an der Westfront*

23 *Revolution im November 1918: Heizer löschen das Feuer unter den Kesseln, als die Admiralität den Auslaufbefehl für eine letzte »Nibelungenschlacht« gab*

24 *Matrose mit roter Fahne an der Spitze einer Schar von Revolutionären in Berlin*

des Leninismus, mit dem das deutsche Oberkommando Rußland gelähmt hatte, sickerte nun zurück ins eigene Land, und es war reiner Zufall, daß es von der Mehrheit des Proletariats noch nicht bereitwillig aufgesogen wurde. Im April 1917 gaben die deutschen Gewerkschaftsführer ihren Mitgliedern die Anweisung, sich nicht mit Spartakisten einzulassen, weil diese eine Gefährdung der deutschen Arbeiterbewegung darstellten.[108] Aber in den Städten waren die Menschen dem Verhungern nahe. Sie waren schlecht gekleidet und hatten es im Winter selten warm. Herr Raffke, der Typ des Kriegsgewinnlers, der aus dem Leiden anderer seinen Profit zog, und Frau Raffke, die vulgäre Neureiche, wurden in zahllosen, bitterbösen Geschichten die Zielscheiben der allgemeinen Empörung. Für die hungernde Bevölkerung war es ein reiner Witz, als der amerikanische Präsident in der Art eines Zaren, der aller Welt Befehle zu erteilen hat, »one meatless, one wheatless, and two porkless days per week« proklamierte,[109] und somit kundtat, man möge in dieser schweren Zeit einen Tag in der Woche auf Fleisch überhaupt, einen zweiten Tag auf Weißbrot und zwei weitere Tage auf Schweinefleisch verzichten. Über eine so traumhaft üppige Rationierung konnten die Deutschen nur lachen – bzw. sich mit Lachen behelfen. Eine echte revolutionäre Situation war zwar noch nicht erreicht, aber eine Menge Arbeiter, Soldaten und Seeleute interessierten sich bereits für die Versprechungen der Bolschewiken, und selbst die loyalsten Deutschen waren innerlich der Meinung, daß etwas geschehen müsse. Neben seinem Rationalisierungsapell hatte sich Präsident Wilson mit einem 14-Punkte-Programm, dessen Erfüllung er als Voraussetzung für einen Friedensschluß betrachtete, an den Kongreß gewandt.[110] Durch Ballons, Flugzeuge und Raketen gelangte dieses Programm auch hinter die deutschen Linien.[111] Am 25 Juni sprach schließlich der Staatssekretär des Auswärtigen im Reichstag offen aus, was viele schon lange dachten: daß der Krieg »rein militärisch, ohne politischen Gedankenaustausch« nicht mehr zu gewinnen und daher der Verhandlungsweg zu beschreiten sei. Ludendorff wurde darüber so wütend, daß er Kühlmanns Entlassung forderte. Der von den stürmischen Ereignissen angeschlagene Kaiser gab nach.[112]

Am 15. Juli begann Ludendorff seine dritte Offensive im Westen. Es war ein letzter, gewaltiger Versuch, den Krieg zu gewinnen. Aus 8000 Rohren brach das mörderischste Trommelfeuer los, das die Geschichte bis dahin gekannt hatte. Aber innerhalb von einer Woche kam der Angriff zum Stehen, und Marschall Foch, der Oberbefehlshaber der vereinigten französischen, britischen und amerikanischen Streitkräfte, ging zum Gegenangriff über. Die Front geriet ins Wanken, und dann gelang den Briten am 8. August mit Hilfe von Panzern der Durchbruch. Es war keine Überraschung, daß die Kampfmoral der deutschen Soldaten angesichts solcher neuen Waffen auf einen Tiefpunkt sank. Ludendorff spricht in seinen *Erinnerungen* vom »schwarzen Tag des deutschen Heeres«. Aber noch standen die deutschen Soldaten auf französischem Gebiet, und Hindenburg glaubte, es werde möglich sein, einen Frieden zu deutschen Bedingungen zu erzwingen.[113]

3

Viele Kommentatoren sind zu dem Schluß gekommen, Ludendorffs Machthunger sei pathologisch gewesen. Wie dem auch sei, er hatte sich seit langer Zeit keinen Augenblick geschont und war nun ein geistig schwer gestörter Mann. In den letzten Monaten war seine Reizbarkeit noch deutlicher geworden. Am Nachmittag des 28. September, als von der Westfront nichts als schlechte Nachrichten eingetroffen waren, hatte er einen Wutanfall. Seine Adjutanten waren völlig entgeistert und beeilten sich, die Türen des Kartenzimmers zu schließen, damit sein Gebrüll nicht nach außen drang. Ludendorff stieß Flüche auf den Kaiser, den Reichstag, die Minister und seine Mitarbeiter aus. Schließlich ebbte die Flut der Beschimpfungen ab. Man darf sich fragen, warum er nicht gänzlich den Kopf verlor. Statt dessen gelang es ihm, einen Rest von Selbstkontrolle zu mobilisieren, und am Abend war der Anfall vorüber.[114] Zugleich war jedoch, zumindest momentan, sein Optimismus verschwunden. Bei der Beratung, die am nächsten Tag in Spa stattfand, sagte Ludendorff dem Kaiser, dem Reichskanzler und dem Staatssekretär des Auwärtigen ganz ungeschminkt, daß nach dem kürzlichen Zusammenbruch von Bulgarien auch Österreich-Ungarn dem Zusammenbruch nahe sei und daß es mit der deutschen Armee fast ebenso schlecht stehe. Ganze bayerische und sächsische Divisionen hätten bereits kapituliert, der Krieg sei verloren, ein Waffenstillstand müsse herbeigeführt und die gegenwärtige Regierung und Verfassung liberalisiert werden, so daß die tatsächliche Macht an den Reichstag überginge. Hindenburg pflichtete ihm bei. Angeblich sagte Ludendorff dabei auch, daß Deutschland in einem endgültigen Friedensvertrag die französischen Gebiete von Briey und Longwy mit ihren Gruben erhalten müsse – was, wenn es wahr ist, seinen Geisteszustand ernsthaft in Frage stellt.[115]

Manche Beobachter waren der Meinung, der Kaiser sei lange Zeit hinters Licht geführt worden und habe nun fassungslos vor dieser Eröffnung gestanden.[116] Aus den Tagebuchaufzeichnungen des Admirals von Müller geht jedoch hervor, daß der Kaiser über die katastrophale Situation durchaus im Bilde war.[117] Bemerkenswert ist jedenfalls, daß er auf die Worte seiner Generale nicht – wie das oft geschah, wenn er mit unangenehmen Tatsachen konfrontiert wurde – mit hysterischer Aufregung reagierte. Er blieb ruhig, zeigte sich wenig überrascht und bemerkte lediglich, es wäre ihm lieber gewesen, wenn man ihn über den Ernst der Lage früher informiert hätte. Er gab Befehl, um Waffenstillstand zu ersuchen, und erließ noch am gleichen Tag eine Kaiserliche Botschaft, in der es hieß, er wünsche, daß das deutsche Volk wirksamer als bisher an der Bestimmung der Geschicke des Vaterlandes mitarbeite.[118]

Ein Vertreter des Oberkommandos rief in Berlin die Führer der im Reichstag vertretenen Parteien zusammen und setzte sie davon in Kenntnis. Sie waren äußerst überrascht und konsterniert. Die scharfe Zensur hatte die wahre Lage der Dinge auch vor ihnen verborgen gehalten. Der Führer der Konservativen erklärte, man sei getäuscht und betrogen worden. Minister von Waldow vom rechten Flügel soll den Saal mit den Worten verlassen haben, jetzt bliebe ja nur übrig, sich eine Kugel durch den Kopf zu schießen. Friedrich Ebert, der Führer der Mehrheitssozialisten, die durch die Veränderung am meisten zu gewinnen hatten, war totenblaß geworden und konnte kein Wort herausbringen. Nur der Führer der Unabhängigen Sozialdemokraten sah in der Niederlage seiner Nation das Versprechen einer besseren Zukunft und brachte diese Vision mit den Worten zum Ausdruck: »Jetzt haben wir sie!«[119] Inzwischen hatte der Kaiser Beratung darüber geführt, wer der letzte Kanzler seiner eigenen Wahl werden sollte. Während er dieses Problem mit Reichskanzler Hertling erörterte, stürzte Ludendorff mit der Frage ins Zimmer: »Ist die neue Regierung gebildet?« – ein Bruch der militärischen Etikette und der guten Manieren, der bei einem sonst so umsichtigen Mann wiederum die Frage nach seinem geistigen Gesundheitszustand stellt. »Ich kann nicht zaubern«, versetzte der Kaiser kalt und nicht ohne Würde.[120]

Am 3. Oktober wurde der mit dem Kaiser verwandte Prinz Max von Baden zum Reichskanzler ernannt. Die Lage wäre vielleicht eine andere gewesen, wenn man ihn früher gerufen hätte. Er war ein allgemein beliebter, liberal gesonnener Mann, der bei den Politikern Vertrauen genoß, sowie Thronfolger im aufgeklärtesten Großherzogtum des Reiches. Man wußte, daß er seit geraumer Zeit einen Friedensschluß ohne Annexionen befürwortet hatte. Nachdem er als Invalide aus der Armee ausgeschieden war, hatte er für das Rote Kreuz gearbeitet und viel für die Kriegsgefangenen getan. Ein solcher Mann konnte ein für die Alliierten akzeptabler Unterhändler sein, und er hatte außerdem noch den Vorzug, zugleich der Obersten Heeresleitung und den Sozialdemokraten im Reichstag genehm zu sein.

Ludendorff bestand darauf, daß die ersten Amtshandlungen des neuen Reichskanzlers im Ersuchen um einen Waffenstillstand auf der Grundlage von Wilsons 14 Punkten bestehe. Aber Prinz Max war dagegen. Möglicherweise wußte er durch seine Rotkreuz-Verbindung, daß es den Alliierten nicht viel besser ging als den Deutschen. Ende September erklärten sämtliche Oberkommandierenden der Entente, daß sie mit ihren Kräften am Ende seien, und empfahlen ihren Politikern, mit den Deutschen zu einer Übereinkunft zu kommen, und Oberst House, der Vertraute des amerikanischen Präsidenten, sagte später, es sei ein »Wunder gewesen, daß die Deutschen über den wahren Stand der Dinge offenbar im unklaren waren«.[121] Aber selbst in Unkenntnis dieser Situation hatte der neue Reichskanzler genug politischen Sinn, um zu wissen, daß eine Regierung, deren erste Amtshandlung in der Bitte um einen Waffenstillstand bestand, praktisch keinen Verhandlungsspielraum mehr besaß. Zunächst mußte er seine Minister ernennen und einsetzen und sich dann erst an Präsident Wilson wenden. Aber Ludendorff gab nicht nach, und der Kaiser pflichtete ihm bei. Wilhelm wollte den Kampf so rasch wie möglich abbrechen.[122] Prinz Max widerstand der Versuchung, alles hinzuwerfen, und tat, was ihm geheißen wurde. Er sandte dem amerikanischen Präsidenten die Bitte um Waffenstillstand und stellte sein Kabinett aus Vertretern der vier größten politischen Parteien unter Ausschluß der rechten und der linken Extremisten zusammen. Am 5. Oktober verkündete er vor dem Reichstag, jeder zukünftige Reichskanzler werde von der Zustimmung der gewählten Volksvertretung abhängig sein, die preußische Wahlrechtsreform werde rasch durchgeführt, das Militär werde in Zukunft eine weniger dominierende Rolle im öffentlichen Leben spielen, und er berichtete, daß er seine Note an Präsident Wilson abgesandt habe.[123] Die Mehrheit der Abgeordneten war damit zufrieden.

Wilson gab keine sehr beruhigende Antwort. Er wollte wissen, in wessen Namen der Reichskanzler spreche und ob die Deutschen die 14 Punkte uneingeschränkt annähmen, und er erklärte, daß die Versenkung eines Passagierdampfers im Ärmelkanal, die sich nach dem Ersuchen um Waffenstillstand ereignet hatte, die Ernsthaftigkeit des Gesuches in Frage stellte.[124] Es war dies die erste einer Reihe von Noten, die der Reichskanzler mit dem amerikanischen Präsidenten wechselte.

Vorläufig herrschte noch gegenseitiges Mißtrauen. Wilson untersuchte jede deutsche Note auf Spuren preußischer Doppelzüngigkeit, und Prinz Max kam zu dem Schluß, daß die Forderungen des Präsidenten den Rahmen seiner 14 Punkte wesentlich überschritten. Und der Krieg ging weiter. Die deutsche Industrie stand vor dem Zusammenbruch. Eine Grippe-Epidemie in Berlin forderte unter der ausgehungerten Bevölkerung nicht weniger als 1700 Todesopfer an einem Tag.[125] Der Reichskanzler brachte weitere Verfassungsänderungen ein: Der Reichstag bekam nunmehr die Entscheidungsgewalt über Krieg und Frieden, übernahm den Oberbefehl über die Armee und erließ eine allgemeine Amnestie, durch die auch Liebknecht und Rosa Luxemburg freikamen.[126]

Wilhelm war nun endlich, wo er längst hätte sein sollen, in seiner Hauptstadt. Am 21. Oktober kam er auf Schloß Bellevue mit den Abgeordneten des Reichstags zusammen und erklärte, gemeinsam mit ihnen wolle er das Land aus seinem gegenwärtigen beklagenswerten Zustand heraus zum Frieden und in eine bessere Zukunft führen. Im Gegensatz zu vielen Erbmonarchen zeigte er sich bei solchen Gelegenheiten immer von seiner besten Seite und beeindruckte die Abgeordneten. Dem Rat von Prinz Max folgend hatte er die Verfassungsänderungen nicht ohne Murren hingenommen, aber er war tief getroffen, als er aus Wilsons wortreichen Noten ganz zutreffend herauslas, daß die Entente seine Abdankung verlangte. Der Präsident ziele direkt auf den Sturz der Monarchie, rief er empört aus.[127] Die nicht weniger empörte Dona schimpfte über die Frechheit dieses Parvenus jenseits des Ozeans, der es wage, ein Fürstenhaus zu demütigen, das auf jahrhundertlangen Dienst an Volk und Vaterland zurückblicken könne.[128] Aber vielerorts wackelten die Throne. In den Worten des Führers der USPD: »die Kronen rollen auf das Pflaster.«[129] Wilhelm und Dona hatten jedoch bisher nicht im entferntesten daran gedacht, daß auch sie betroffen sein könnten.

Am 23. Oktober erklärte Präsident Wilson sich schließlich bereit, das deutsche Waffenstillstandsangebot an seine Verbündeten weiterzuleiten. Deren Zahl war mittlerweile auf 27 angewachsen. Aber da die Deutschen von der Kriegsteilnahme so entlegener Staaten wie Liberia, Nicaragua, Panama oder Peru kaum berührt wurden, beschränkte man sich auf »die Großen Vier«.[130] Auf diesem Punkt kam Ludendorff wieder zu sich und griff ein. Er hatte die 14 Punkte nicht gelesen, aber er begriff nun, worauf sie hinausliefen. Möglicherweise hatte er mit dem Gedanken gespielt, einen Waffenstillstand und die Zeit der darauf folgenden Verhandlungen als Erholungspause zu nützen und danach den

Kampf mit erneuter Kraft wieder aufzunehmen.[131] Zur Empörung des Reichkanzlers wurde in der Obersten Heeresleitung ein Telegramm an die Truppenkommandeure erwogen, in dem das Ersuchen um sofortigen Waffenstillstand abgestritten und Widerstand mit allen verfügbaren Mitteln empfohlen wurde. Im letzen Moment zögerte Ludendorff dann aber doch und ließ das Telegramm nicht hinausgehen. In der Armee herrschte jedoch nicht mehr die Geschlossenheit und Loyalität von früher. Ein Telegrafist, der den Entwurf des Telegramms zu Gesicht bekam, drahtete es an die Parteizentrale der USPD in Berlin, und ein Abgeordneter der »Unabhängigen« verlas es im Reichstag. Der Reichskanzler setzte sich sofort mit der Obersten Heeresleitung in Verbindung und erfuhr, daß Hindenburg und Ludendorff unterwegs nach Berlin waren. Prinz Max begab sich sodann zum Kaiser und erklärte ihm, er und sein Kabinett seien entschlossen zurückzutreten, falls Ludendorff nicht entlassen würde. Ohne zu wissen, was vorgefallen war, kamen die »Halbgötter« in Schloß Bellevue an, um die Fortsetzung des Krieges zu verlangen. Wilhelm ließ sie reden und schickte sie mit der Aufforderung weg, am nächsten Tag wiederzukommen. Als sie dann erschienen, bezog er sich auf das Telegramm an die Armeekommandeure und stellte fest, daß eine so schwerwiegende Entscheidung nicht ohne Konsultation der Zivilregierung hätte getroffen werden dürfen. Es folgte ein gespanntes Schweigen. Dann boten Hindenburg und Ludendorff gemeinsam ihren Rücktritt an. Der des Feldmarschalls wurde abgelehnt, der des Generals angenommen. Ludendorff war danach so wütend darüber, daß Hindenburg an der Macht geblieben war, daß er sich weigerte, mit ihm im gleichen Automobil wegzufahren. Er verbrachte den Rest des Krieges in einer Berliner Pension, bis ihn schließlich die politischen Ereignisse zwangen, verkleidet aus Deutschland zu fliehen. »Die Operation ist vollzogen«, sagte Wilhelm, »Ich habe die siamesischen Zwillinge voneinander getrennt.«[132] Am folgenden Tag, dem 27. Oktober, wurde Wilhelm von Kaiser Karl davon in Kenntnis gesetzt, daß Österreich den Kampf beendet hatte.

Dem Reichskanzler erklärte Wilhelm: »Auf meinem Platz will ich bleiben und loyal mit der Regierung zusammenarbeiten!« Gedrängt von Dona und seinem Gefolge und »einem dringenden Wunsch des Feldmarschalls von Hindenburg folgend«, trifft Wilhelm schon am nächsten Tag in Spa ein und bezieht dort das Château de la Fraineuse, ein großes Landhaus mit weißer Kolonade und schönem Park.[133]

Prinz Max hatte die Grippe. Aus seinem Krankenzimmer bat er den Kaiser per Telefon zu bleiben und versuchte ihn dann telegrafisch zurückzuberufen. Aber Wilhelm muß zu diesem Zeitpunkt bereits gehört haben, daß man beabsichtigte, ihn zum Abdanken zu bewegen. Allerdings wagte es niemand von seinen Untertanen, dieses Thema anzuschneiden, und für Prinz Max war das Entscheidende, daß er freiwillig abtrat. Es war unklug von Wilhelm, den Rat seines Vetters zu mißachten. Wenn er sich nicht so gesperrt und mit sich hätte reden lassen, hätte Prinz Max die Monarchie höchstwahrscheinlich erhalten können. Zwar hätte er weder für Wilhelm noch für den leichtlebigen Kronprinzen den Thron retten können, aber er dachte an die Regentschaft eines der Reichsfürsten für des Kaisers zwölfjährigen Enkel Wilhelm. Unter der Voraussetzung einer Begrenzung der Macht des Souveräns nach englischem Vorbild wäre das eine selbst für die Mehrheitssozialisten akzeptable Lösung gewesen.[134] Aber zuvor mußte der Kaiser abdanken. Die Unvermeidlichkeit dieses Schrittes blieb nur wenigen verborgen. Albert Ballin, Wilhelms jüdischer Freund, der seine Meinung zu sagen pflegte, stand kurz vor seinem Tode. Da Deutschland den Krieg ausgelöst habe, schrieb er, werde der Kaiser, der dafür die Verantwortung trage, um die Abdankung nicht herumkommen.[135]

Aus den chaotischen innenpolitischen Zuständen in Deutschland hatte Wilhelm den Schluß gezogen, daß der Bolschwismus das Vaterland stärker bedrohe als die Entente. Er hoffte sogar, daß England helfen werde, die Kräfte des Aufruhrs niederzuhalten. Das war es, was ihn vor allem beschäftigte. Er sprach davon häufig und war entsetzt, als am 4. November in Kiel eine Meuterei ausbrach. Die Flotte, die Tirpitz und er mit so großem finanziellen und geistigen Aufwand geschaffen hatten, wurde ein offizierloser Haufen, der rote Flaggen schwenkte und nach russischem Vorbild einen Matrosenrat wählte.[136] Wilhelm fühlte sich persönlich verraten. Genau wie die Soldaten, so hatten ihm auch die Seeleute ihre Kaisertreue geschworen. Wir haben keinerlei Grund anzunehmen, daß er ein ähnliches Verhalten der Armee für möglich hielt. Im Gegenteil, der Generalstab und die Oberste Heeresleitung funktionierten weiterhin mit beruhigender Reibungslosigkeit.

Wilhelm Gröner, der das »Kriegsamt« geleitet hatte, bevor Ludendorff ihn an die Ostfront schickte, wurde Ludendorffs Nachfolger als Generalquartiermeister. Die beiden Generäle hatten zwei Gemeinsamkeiten: Sie besaßen einen überragenden Intellekt und sie waren keine »Protektionskinder«. Gröner hatte sich vom Unteroffizier auf hochgearbeitet und war nun als de facto Oberkommandierender des Heeres ein für seine Integrität und seine Freundlichkeit allgemein geschätzter und beliebter Mann.[137] Der Kaiser war mit seinem neuen Generalquartiermeister hochzufrieden und fand ihn sehr umgänglich. Nur zu gern überließ Hindenburg Gröner die Aufgabe, die komplizierte Situation zu meistern, in der sie steckten und die stündlich komplizierter wurde.

Sobald ihn die Nachrichten von der Meuterei in Kiel erreicht hatten, fuhr Gröner zu Beratungen in die Reichsregierung nach Berlin. Man sagte ihm, Deutschland werde kapitulieren müssen, falls in den nächsten 4 Tagen kein Waffenstillstand geschlossen werde, und Präsident Wilson werde keinen Finger rühren, solange der Kaiser an der Macht sei.[138] Gröner begriff sehr wohl den Ernst der Situation, ließ jedoch keinen Zweifel, daß das deutsche Offizierskorps es als eine Beleidigung betrachten würde, wenn ein fremder Regierungschef sich anmaßte, willkürlich wie die Amme über den Säugling Entscheidungen darüber zu treffen, wie eine bisherige Großmacht in Zukunft zu regieren sei. Am nächsten Tag konferierte er mit Friedrich Ebert, dem Vorsitzenden der Mehrheitssozialisten, sowie anderen führenden Mitgliedern dieser Partei und der Gewerkschaften. Sie waren sehr erregt und besorgt über die Bildung der Matrosenräte und über die Verantwortung, die nun unweigerlich auf sie zukam. Ebert und seine Leute kannten die Stärke der USPD und des Spartakus-Bundes und fürchteten den Ausbruch einer echten Revolution. Gröner war ihnen sympathisch. Mit ihm konnte man reden. Er hatte ein offenes Ohr für die Sozialdemokraten, und im Gegensatz zur Mehrheit der Generäle betrachtete er sie nicht als Staatsfeinde. Sie baten ihn, den Kaiser zur Abdankung und zur Einsetzung eines seiner Söhne als Regenten zu bewegen. Höflich aber bestimmt beharrte Gröner auf seinem Standpunkt und erklärte, Abdankung komme nicht in Frage. Die Armee dürfe in dem schweren Kampf, in dem sie stehe, nicht ihres Obersten Kriegsherrn beraubt werden. Er teilte den Sozialdemokraten auch mit, daß keiner der Söhne des Kaisers bereits sei, bei einer erzwungenen Abdankung ihres Vaters die Regentschaft zu übernehmen.[139] Inzwischen hatte Prinz Max sich entschlossen, mit oder ohne Befürwortung des amerikanischen Präsidenten eine Waffenstillstandskommission zu Foch zu schicken. Eigentlich wäre sie der Obersten Heeresleitung verantwortlich gewesen, aber Prinz Max schloß sich Gröners Meinung an. Er wählte einen pensionierten General namens Hugo von Winterfeldt, einen Berater des Auswärtigen Amtes, und als Vorsitzenden Mathias Erzberger, den Führer der katholischen Zentrumspartei, der zweitgrößten Partei des Reichstages, der als Minister ohne Portefeuille der Reichsregierung angehörte. Binnen wenigen Stunden fuhren sie im Sonderzug nach Spa, um ihr Beglaubigungsschreiben zu empfangen. Gerade noch rechtzeitig traf auch eine Note von Präsident Wilson ein, wonach Marschall Foch autorisiert war, akkreditierte Vertreter des Deutschen Reiches zu empfangen und ihnen die Waffenstillstandsbedingungen der Entente mitzuteilen.[140]

Am 8. November überreichte Foch der Waffenstillstandskommission Bedingungen, die einer vollständigen Kapitulation gleichkamen.[141] Zur gleichen Zeit wurde in Bayern König Ludwig III. abgesetzt, und das Land trennte sich vom Reich. Die Regierung übernahm ein kleiner, gebildeter und charmanter preußischer Jude namens Kurt Eisner, der mit Vollbart, einem Zwicker und einem riesigen schwarzen Hut aufzutreten pflegte. Bayerische Politik hatte immer schon etwas Operettenhaftes, und Eisners Freistaat Bayern befaßte sich mehr mit Fragen der Ästhetik als der praktischen Politik.[142] Wesentlich gefährlicher waren die revolutionären Regimes, die am gleichen Tag in Düsseldorf, Frankfurt am Main, Osnabrück, Lauenburg, Oldenburg, Braunschweig, Köln und Darmstadt an die Macht kamen.[143] Die Reichshauptstadt glich einer belagerten Festung. Schienenstränge zwischen roten Städten und Berlin wurden aufgerissen, Bahnhöfe, Gas- und Elektrizitätswerke von Truppen besetzt, und im Stadtzentrum patrouillierten Panzerwagen.[144]

Mit Ausnahme des Kaisers war nun jedermann klar, daß die Weigerung abzudanken die Revolution bedeuten würde. Am Abend des 8. November gelang es dem Reichskanzler schließlich nach vielen vergeblichen Versuchen, den Kaiser telefonisch zu erreichen. Er sprach zunächst als Verwandter und erklärte Wilhelm, daß seine Halsstarrigkeit das Land in den Bürgerkrieg treibe. Zu Recht oder zu Unrecht legten ihm die Bürger nun ihre Leiden zur Last, und auf die Truppen war auch kein Verlaß mehr. Dann sprach er als Reichskanzler und bat um seinen Abschied, den ihm Wilhelm ärgerlich verweigerte. Wenn nötig, sagte er, werde er selbst an der Spitze seiner Truppen für Ruhe und Ordnung sorgen.[145]

Etwa zu dieser Zeit kam General Gröner zu dem Schluß, daß die Regierung von Prinz Max praktisch aufgehört hatte zu existieren, und daß die Macht sehr bald entweder in die Hände von Friedrich Eberts Mehrheitssozialisten oder in die der Unabhängigen und der mit ihnen eng verbündeten Spartakisten übergehen würde. Nur die Mehrheitssozialisten würden bereit sein, das Offizierskorps zu erhalten, wenn auch in modifizierter Form, und Gröner war der Meinung, daß im Interesse der Nation das Offizierskorps mit seinen preußischen Tugenden – abzüglich der preußischen Laster – erhalten bleiben sollte. Seine Erhaltung war in Gröners Augen für die Zukunft Deutschlands wichtiger als die Erhaltung der Monarchie, und die Abdankung des Kaisers konnte für ihn nur durch die Armee erzwungen werden. Er wußte genau, was er tat. Ihm war klar, daß dem höheren Zweck ein sehr unangenehmes menschliches Opfer gebracht werden mußte und daß er dabei den Haß seines Obersten Kriegsherrn, der Konservativen und der Monarchisten, ja sogar mancher Mitglieder des Offizierskorps, denen dieses Opfer gebracht wurde, auf sich laden mußte, aber nachdem er sich einmal entschlossen hatte, zögerte er nicht länger. Irgendwie mußte arrangiert werden, daß des Kaisers Funktion als Oberster Kriegsherr auf Hindenburg überging. Und nachdem er nun sicher war, daß des Kaisers Grund dafür, daß er dem Rat der Zivilregierung nicht folgte, in seiner Überzeugung lag, die Armee würde ihm folgen, machte Gröner sich daran, dem Kaiser diese Illusion zu nehmen. Er beorderte 50 Feldoffiziere nach Spa. Nur 39 von ihnen waren am Morgen des 9. November in der Lage zu erscheinen. Oberst Wilhelm Heye wurde beauftragt, diese Offiziere zu befragen.[146] Indessen war unter anderem im Château de la Fraineuse ein Telegramm des verzweifelten Prinz Max angekommen. Darin stand, daß Deutschland, falls der Kaiser nicht abdanke, ohne Reichskanzler, ohne Regierung und ohne klare Mehrheit im Reichstag bliebe und daher auch unfähig wäre, mit dem Feind zu verhandeln. Wilhelm kritzelte an den Rand des Telegramms: »tut es jetzt schon«[147] und brach mit einem Flügeladjutanten zu einem Spaziergang durch den Nebel und den dünnen Regen auf. Durch einen Melder wurde er mit der Nachricht zurückgerufen, daß der Generalstabschef und der Generalquartiermeister zusammen mit fünf weiteren Offizieren zur Berichterstattung im Kaiserlichen Hauptquartier eingetroffen seien. Er kehrte um. In einem Raum mit Blick auf den Garten empfing er sie, blieb vor dem qualmenden Kaminfeuer stehen und wartete.

Hindenburg, der Generalstabschef, hatte als erster zu sprechen. Es gab viel zu berichten: daß die Waffenstillstandskommission sich noch immer bei Foch im Wald von Compiègne befand; daß die Revolutionäre sich der Nachschublager am Rhein bemächtigt hatten; daß die Soldaten an der Front übermüdet und demoralisiert waren; daß große Teile des Reiches in die Hände der Spartakisten gefallen waren.[148] Aber Hindenburg war schon normalerweise kein redseliger Mann, und obwohl er der gleichen Meinung war wie der Generalquartiermeister, brachte er das alles nicht über die Lippen. Er murmelte lediglich etwas von der schlechten Lage und bot dann unvermittelt seinen Rücktritt an. Dann verfiel er in Stillschweigen. Der Kaiser lehnte weder ab noch nahm er an. Es blieb dem Generalquartiermeister überlassen, sich den Vorwurf zuzuziehen, er sei nicht »kaisertreu«. Gröner konfrontierte seinen Herrn mit den unverrückbaren Tatsachen: daß man sich auf die Armee nicht mehr verlassen konnte und daß die Soldaten nicht bereit waren, weiterzukämpfen.[149]

Die wohlgemeinten Äußerungen seines Stabes und anderer Offiziere, die Gröner heftig widersprachen, waren für Wilhelm in diesem schmerzlichen und kritischen Moment keine Hilfe.[150] Graf von Plessen, der senile Generaladjutant, erklärte, es wäre für den Kaiser und die Armee unerträglich, den Revolutionären zu weichen. Für ihn gab es nur eine Bande bösartiger Matrosen. Mit dieser Ansicht fand er Unterstützung, obwohl Gröner versicherte, daß sich die Revolutionäre der meisten Großstädte, der Küste, des Westens und des Südens sowie der meisten Munitionslager und Eisenbahnknotenpunkte bemächtigt hatten. Nahrungsmittel und Munition reichten noch für einige Tage. Wenn die Armee Befehl bekäme, gegen die Heimat zu marschieren, dann hätte sie einen Bürgerkrieg zu führen und zugleich den Krieg gegen die Entente fortzusetzen. Die Soldaten würden einem solchen Befehl jedoch nicht Folge leisten.

Die Berater des Kaisers hörten den ganzen Vormittag nicht auf zu debattieren. Er selbst schwankte. Er wollte weder einen Bürgerkrieg noch die Leiden der Armee weitergehen lassen. Ihm schien eindeutig das Beste zu sein, die Armee nach Abschluß eines Waffenstillstands in die Heimat zu führen. Der Kronprinz traf ein und versicherte seinem Vater die Unterstützung der Armee. Mit dieser Ermutigung im Rücken forderte der Kaiser Gröner auf, ihm nicht nur seine Meinung, sondern Fakten und Zahlen zu nennen.[151] Gröner ließ sogleich Oberst Heye herbeirufen, der die Feldoffiziere unter dem Siegel der Verschwiegenheit gefragt hatte, ob es für den Kaiser möglich wäre, an der Spitze seiner Truppen in Deutschland die Ordnung wiederherzustellen, und ob ihre Soldaten bereit wären, an der Heimatfront gegen deutsche Bolschewiken zu kämpfen. Viele hatten nur hypothetische Antworten gegeben, aber die Meinungen stimmten darin überein, daß die Truppen nur noch eines wollten, nämlich nach Hause gehen und Ruhe und Frieden genießen, und daß so rasch wie möglich ein Waffenstillstand geschlosen werden sollte.[152] Der Kaiser war tief erschüttert. Er blieb dennoch dabei, seine Truppen in die Heimat zurückführen zu wollen. Gröner bewies nun großen persönlichen Mut. Er sagte dem Kaiser, daß die Truppen in der Tat bereit wären, ihren Offizieren in die Heimat zu folgen, nicht jedoch unter seinem Kommando. Sie stünden nicht mehr hinter ihrem Obersten Kriegsherrn.[153]

Vermutlich zum erstenmal hatte es jemand gewagt, dem Kaiser die Wahrheit ins Gesicht zu sagen. Es war ein Schock für ihn. Er konnte es nicht fassen, daß Männer, die einen feierlichen Eid geschworen hatten, fähig waren, ihn zu brechen. Empört fragte er, wie etwas so Unglaubliches möglich sei. Zu Gröner gewandt, sagte er: »Exzellenz, diese Erklärung verlange ich von Ihnen schriftlich. Schwarz auf weiß will ich die Meldung aller kommandierenden Generale haben, daß das Heer nicht mehr hinter seinem Obersten Kriegsherren steht. Hat mir das Heer nicht Fahneneid geschworen?« Gröner, der »gemütliche kleine Schwabe«, erwiderte klar und betrübt: »Fahneneid? – Der ist doch jetzt nur noch eine Fiktion, Majestät!«[154] Der Kaiser erblaßte. Er war im Begriff, eine scharfe Bemerkung zu machen, nahm sich jedoch zusammen und wahrte seine Würde. An diesem Punkt brachte Admiral Paul von Hintze, der Staatssekretär des Auswärtigen, die letzten Informationen aus Berlin. Ein Generalstreik war ausgerufen worden. Die Mehrheitssozialisten hatten die Regierung verlassen. Prinz Max und er selbst rieten zur unverzüglichen Abdankung.[155] Graf von Plessen schlug als Kompromiß vor, Wilhelm solle als Kaiser abdanken, aber König von Preußen bleiben. Mit einem Wort oder einer Geste zu Admiral von Hintze gab Wilhelm seine Zustimmung. Hintze bildete ein kleines Redaktionskomitee, um eine entsprechende Bekanntmachung zu formulieren, während der Kaiser und der Kronprinz die übrigen zum Essen geleiteten. Kaum jemand brachte einen Bissen hinunter. Hintze brachte den Entwurf zur Unterschrift und bediente sich dann einer separaten Verbindung, um nach Berlin zu telefonieren. Er begann den Text vorzulesen, kam damit jedoch nicht weit. Der Kaiser könne unmöglich König von Preußen bleiben, wurde ihm gesagt. Dann bekam er zu seinem Erstaunen den Text einer anderen Abdankungserklärung zu hören, die Prinz Max vor zwei Stunden auf eigene Verantwortung hatte bekanntgeben lassen.[156] Etwa zur gleichen Zeit kamen einige Mehrheitssozialisten mit Friedrich Ebert an der Spitze in die Reichskanzlei und teilten Prinz Max mit, es sei zur Aufrechterhaltung von Ruhe und Ordnung dringend erforderlich, daß das Amt des Reichskanzlers in ihre Hände überginge.[157] Prinz Max, der sich ein Bild von der Situation gemacht hatte, übertrug Ebert sein Amt. Philipp Scheidemann, einer der beiden Mehrheitssozialisten im Kabinett von Prinz Max, bekam diese Nachricht, während er im Reichstagsgebäude zu Mittag aß. Er ging an eines der großen Fenster in der Bibliothek und gab von dort der wartenden Menge bekannt, daß Friedrich Ebert der neue Reichskanzler war. Mit den Worten »Es lebe die Deutsche Republik« endete er und ging zurück zu seinem Teller.[158]

Diese Nachricht wurde in Spa mit Bestürzung aufgenommen. Nicht bloß Ärger sondern Wut erfüllte den Kaiser über die Handlungsweise von Prinz Max. »Verrat, schamloser Verrat«, rief er aus. »Ich bleibe König von Preußen und danke als solcher nicht ab! Ebenso bleibe ich bei der Truppe!«[159]

Hindenburg war bereits wieder zu seinem Stab zurückgekehrt. Drei Offiziere wurden ihm nachgeschickt, um ihn über das Vorgefallene zu unterrichten. Der Kaiser setzte sich an einen Schreibtisch und füllte mit fieberhafter Hand ein Telegrammformular nach dem anderen mit Protestbotschaften. Seinen Dienern trug er auf, das Château gegen Angriff zu befestigen. Hindenburg kam mit General Gröner zurück. Mit Gröner zu sprechen, lehnte Wilhelm jedoch ab: »Ihnen habe ich nichts mehr zu sagen. Sie sind württembergischer General.« Gröner trat beiseite. Es blieb Hindenburg überlassen, nach Besprechung mit seinen Offizieren als kaiserlicher Generalstabchef den entscheidenden Rat zu geben. Er sagte, er könne die Sicherheit des Kaisers in Spa nicht mehr garantieren, der Kaiser könne von meuternden Truppen nach Berlin geschleppt und der revolutionären Regierung übergeben werden, und wenn er über die nahe Grenze nach Holland ginge, könne ein Bürgerkrieg vielleicht noch abgewendet werden.[160] Wilhelm war anderer Ansicht. Er meinte, er dürfe seine Truppen, sein Land und seine Familie nicht im Stich lassen. Die Kaiserin befand sich mit Prinz Eitel-Friedrich mitten in Berlin. Aber Hindenburg gab nicht nach. Die Kaiserin und die Herzogin von Braunschweig konnten in Potsdam Schutz finden und schwebten weniger in Gefahr, wenn der Kaiser im Ausland war. Und die Person des Kaisers – das wurde nicht ausdrücklich gesagt, wohl aber angedeutet – hatte in Berlin nicht viel Besseres zu erwarten als der Zar in Petrograd. In Wilhelm begannen nun fünf lange, schmerzhafte Stunden der Unentschiedenheit. In einem Moment war er bereit zu gehen, im nächsten wieder nicht. Um 10 Uhr abends wurde ihm offiziell mitgeteilt, daß man sich auf die am Ort stationierten Truppen nicht mehr verlassen konnte. Um nach Holland zu gelangen, seien nun einige Umwege und Ausweichmanöver vonnöten. Vielleicht ließ sich der Kaiser davon umstimmen, möglicherweise aber fand er überhaupt keinen Entschluß, sondern setzte der Abreise aus dem kaiserlichen Hauptquartier lediglich keinen Widerstand entgegen. Das kaiserliche Automobil ohne Insignien und neun weitere Wagen verließen Spa am nächsten Morgen um 5 Uhr. Der für 5 Uhr bestellte kaiserliche Sonderzug fuhr bereits um 4.30 Uhr ab. Der Kaiser befand sich jedoch weder in seinem Zug noch in einem der zehn Wagen, sondern mit drei Leuten seines Gefolges in einem elften, der sich erst in einiger Entfernung von Spa der Wagenkolonne anschloß.[161] Etwa um 7 Uhr erreichten sie bei Eysden die holländische Grenze. Ein holländischer Sergeant verlangte ihre Pässe. Das gesamte Gefolge des Kaisers führte Ausweise mit sich, aber keiner hatte einen Paß. Der Sergeant rief seinen Vorgesetzten an, der sofort herbeieilte und in einiger Verlegenheit zusammen mit einem Asylgesuch den Degen des Kaisers entgegennahm. Auf eigene Verantwortung und vermutlich auf Wunsch von Wilhelms Gefolge, das fürchtete, es könnten Patrouillen von Soldatenräten in der Nähe sein, ließ er die Grenzstation Eysden bis zum Eintreffen weiterer Anweisungen aus Den Haag schließen. Dann bat er den Kaiser, ihm zu dem nahe gelegenen Bahnhof zu folgen, wo man es bequemer hatte und in einem Wartesaal dem Nebel entkommen konnte.[162]

Die holländische Regierung konnte nicht gänzlich überrascht gewesen sein. Gerade als Gröner sich entschieden hatte, daß die Armee für Deutschland wichtiger war als der Kaiser, war im Hauptquartier in Spa ein holländischer General eingetroffen, und es dürfte sich dabei um keinen bloßen Zufall gehandelt haben. Dennoch war man in Den Haag konsterniert über die Geschwindigkeit, mit der die Ereignisse einander folgten, und über das plötzliche Eintreffen des Kaisers. Da auch Königin Wilhelmina ein gekröntes Haupt war, kümmerte sie sich persönlich um die Angelegenheit. Es gab Kabinettsberatungen, mit Berlin wurden Telegramme gewechselt.[163] Wilhelm war noch immer rechtmäßiger, wenn auch nicht mehr tatsächlicher Deutscher Kaiser. Er hatte nicht abgedankt, auf seine Rechte nicht verzichtet und war auch nicht durch eine rechtmäßige Regierung abgesetzt worden. Ebert hatte sein Amt ohne Zustimmung des Kaisers und des Reichstags von seinem Vorgänger übertragen bekommen, und seine Position als kaiserlicher Reichskanzler einer inoffiziell proklamierten Republik war zumindest zweideutig. Außerdem flatterte, während Ebert in der Reichskanzlei saß, über dem Alten Palais, das Liebknechts Spartakisten besetzt hatten, die rote Fahne. Es war fraglich, ob Deutschland überhaupt eine rechtmäßige Regierung besaß.[164] Es gab aber, wie fast in jeder Revolution, einen harten Kern von Beamten, die in der Hauptstadt weiterhin, so gut es ging, ihrer Arbeit nachgingen.[165] Durch sie und die holländischen Vertreter in Berlin kamen Königin Wilhelmina und ihr Kabinett zu der Auffassung, daß es nicht als unfreundlicher Akt angesehen würde, dem Kaiser Asyl zu gewähren. Davon wurde Wilhelm dann offziell in Kenntnis gesetzt. Sechs Stunden lang mußte er warten, zuerst im Bahnhof und dann, nachdem sein Sonderzug eingetroffen war, in dessen größerem und vertrauterem Komfort, bevor er Gewißheit über seine Aussichten erhielt. Sogleich sprach er dann Königin Wilhelmina seinen Dank aus und erklärte sich bereit, eventuellen Anweisungen der holländischen Regierung Folge zu leisten.[166]

In Anbetracht der Tatsache, daß sein Gefolge aus 14 hohen Offizieren und einer großen Zahl von Beamten und Dienern bestand, gelang es der holländischen Regierung überraschend schnell, für ihn eine Unterkunft zu finden. Nachdem er die Nacht in seinem Zug verbracht hatte, erfuhr er, daß er bei Graf Godard Bentinck, der wie Wilhelm ein Ritter des Johanniterordens war, als Gast aufgenommen würde.[167] Der Graf, der zur europäischen Aristokratie gehörte, war ein sehr zuvorkommender Gastgeber, und sein Schloß Amerongen eine ideale Unterkunft. Wie viele holländische Landhäuser war es von einem doppelten Graben umgeben und konnte daher sehr leicht vor Neugierigen abgeschirmt werden.

Wir wissen, daß sein Gefolge sich im Hintergrund hielt und den Kaiser seinem Kummer allein überließ. Seine Gefühle und Gedanken während der ersten Tage des Exils können wir nur vermuten.[168] Immer wieder muß er die Ereignisse des 9. November durchgegangen sein und sich gefragt haben, ob er die falsche Entscheidung getroffen hatte. Wiederholt hatte man ihm gesagt, daß es seine Pflicht sei, sein Vaterland zu verlassen, und daß er dadurch Dona am meisten helfen könne. Aber nun muß er sich gefragt haben, ob das wirklich der Fall war. Fast mit Sicherheit würden ihn seine Feinde nun der Feigheit bezichtigen. Dona befand sich mit ihrer Tochter und zwei getreuen Hofdamen in der nicht besonders schönen Villa Liegnitz und schwebte zweifellos in Lebensgefahr. Wenn sie wieder zusammenkämen, so wäre das nur dem guten Willen der neuen Machthaber zu danken. Sein Sturz hatte echtes Pathos: Der Herrscher über 60 Millionen verfügte nun über eine Gefolgschaft von 40 Getreuen. Von der unzerstörbaren Treue seiner Armee war er felsenfest überzeugt gewesen, aber er hatte zusehen müssen, wie sie zerfiel. Er war als Thronfolger geboren und in dem Glauben erzogen worden, daß Gott allein ihn auf diesen Platz gestellt habe, jetzt aber war er ein beschäftigungsloser Ausländer. Zweifellos war er von bitterer Enttäuschung erfüllt, und während Tag für Tag die Nachrichten aus Deutschland eintrafen, konnte er sich wohl nur wundern, daß dergleichen überhaupt möglich war.

Das Vaterland hatte sich in ein den Patienten überlassenes Irrenhaus verwandelt. Die Revolution wirkte planlos, und nur ein Wunder schien das Land vor der vollständigen Auflösung retten zu können. An dem Tag, an dem Wilhelm formell in Holland Asyl fand, wählten die Berliner Arbeiter ihre Delegierten für eine Versammlung, die eine neue Regierung bestimmen sollte. Ein Rat von sechs Volksbeauftragten war von den Delegierten als oberste Gewalt nicht nur in Berlin, sondern im ganzen Reich ernannt worden. Merkwürdigerweise waren unter ihnen keine Bolschewisten, und Ebert stand weiterhin an der Spitze.[169] Falls er sich halten konnte, würde das ein Zeichen von Mäßigung sein. Zwei Lastwagen Weizen, die Lenin als Symbol internationaler sozialistischer Solidarität gesandt hatte, hatte er bereits mit den Worten zurückgeschickt, es herrsche in Rußland Hungersnot und der Weizen solle dort verteilt werden.[170] Und einer russischen Delegation für die Arbeiter- und Soldatenräte hatte er die Einreise nach Deutschland verweigert.[171] Aber, was weit wichtiger war, nachdem Deutschland nun eine neue De-facto-Regierung hatte, konnte ein Waffenstillstand unterzeichnet werden. Es geschah dies in Fochs Eisenbahnwaggon an dem Tag, an dem der Kaiser Schloß Amerongen bezog. Die Bedingungen waren so hart, daß sie einer Kapitulation gleichkamen. Es war jedoch keine bedingungslose Kapitulation, und die Ehre blieb gewahrt. Sogleich begann ein massiver Rückzug aus den besetzten Gebieten. Da die deutschen Eisenbahnverbindungen ein Chaos waren, in fast ganz Deutschland gestreikt wurde, und die Soldaten trotz Hunger und Übermüdung binnen eines Monats aus Nordfrankreich, Elsaß-Lothringen, Belgien, Luxemburg und dem Rheinland mit Roß und Wagen abziehen mußten, war es ein Wunder, daß ihnen dies überhaupt gelang. Und es gelang ihnen verblüffend gut. Wahrscheinlich war der Generalstab, der sich zunächst in Spa und dann in einem Hotel in Kassel ans Werk machte, der tüchtigste, den die Welt je gesehen hatte. Die rückflutende Armee, in der die Nähe der Heimat Disziplin und Gehorsam wiederherstellte, zog in geordneten Formationen und zu den Klängen von Militärkapellen ab. Die Entente war verblüfft. Die deutschen Truppen verschwanden so rasch, daß die Franzosen oft, wenn sie vordrangen, um sich Waffen zu holen, die ihnen aufgrund des Waffenstillstands zu übergeben waren, diese nur noch fein säuberlich aufgestapelt vorfanden, während von den Soldaten schon nichts mehr zu sehen war. Es war ein Rückzug nach allen Regeln der Kunst.[172] Von Amerongen konnte Wilhelm mit traurigem Stolz, freilich auch mit erneutem nagendem Zweifel, auf das beispielhafte Verhalten seiner Truppen blicken.

Nur einer der Kommandeure kehrte nicht mit seinen Truppen in die Heimat zurück. Durch einen Adjutanten hatte der Kronprinz anfragen lassen, ob er seine Soldaten heimführen und sich dann auf seinem schlesischen Wohnsitz bei Oels ins Privatleben zurückziehen dürfe. Das sei ausgeschlossen, wurde ihm geantwortet. Die Bauern würden ihn totschlagen.[173] Dann appellierte er an Ebert um die Erlaubnis zur Rückkehr unter der Vorraussetzung, daß er sich jeder Opposition gegen die neue Regierung enthalten würde. Durch seinen Kriegsminister ließ Ebert ablehnen, und der neue Oberkommandierende enthob ihn seines militärischen Postens. Seine Freunde rieten ihm, nicht seinem Vater ins Exil zu folgen. Der Kaiser hatte gehen müssen, um seinem Land den Bürgerkrieg zu ersparen. Ob es für den Kronprinzen richtig wäre, das gleiche zu tun, war fraglich. Am 12. November überquerte er dennoch die holländische Grenze. Er hatte nur zwei Adjutanten, einen Sekretär und einen Fahrer bei sich. Ihm wurde nicht, wie seinem Vater, Asyl gewährt, sondern er wurde interniert und korrekt aber kühl behandelt.[174] Der Unterschied wurde bald spürbar. Die holländische Regierung internierte ihn in einer verlassenen Pfarrei bei Wieringen, auf einer Insel an der nordöstlichen Ecke des Zuider Sees, und ließ ihn bewachen, um eine Flucht zu verhindern. Für einen Mann, der Pferde, Frauen und schnelle Sportwagen liebte, hätte man keinen trübsinnigeren Ort finden können. Daß Königin Wilhelmina keinen Versuch unternahm, sein Los zu erleichtern, zeigte, wie unbeliebt er sich mit seiner Unzuverlässigkeit und seiner eleganten Leichtlebigkeit gemacht hatte. Auch die deutsche Regierung und sogar sein Vater versuchten nicht, zu seinen Gunsten zu intervenieren. Die Kronprinzessin hätte zwar die Möglichkeit gehabt, ihm zu folgen, aber sie zog es vor, mit ihren vier Söhnen und zwei Töchtern in Potsdam zu bleiben.[175]

Zu wissen, daß sein Sohn freiwillig und ohne Not aus seinem Vaterland geflohen war und nun knapp 200 km von Amerongen entfernt interniert war, bedeutete für den Kaiser eine weitere demütigende Belastung. Theoretisch war er frei, aber die Ankunft einer großen Zahl von Reportern und Fotografen verwandelte das Schloß für ihn in ein Gefängnis. Auf Bitten Graf Godards sandte die holländische Regierung Soldaten zur Bewachung der Ziehbrücken. Ohne eine von Graf Godard gezeichnet Vollmacht konnte nun keiner mehr passieren. Die Journalisten kamen nicht mehr zum Zuge, und bald verbreitete sich das Gerücht, der Kaiser sei vor Kummer wahnsinnig geworden und werde in einer Gummizelle von Krankenpflegern bewacht.[176] Indessen machte Wilhelm sich Sorgen über sein Land, über seine Zukunft und über seine Frau, die mit ihrer Tochter noch immer in Potsdam weilte. In Berlin war der Rat der Volksbeauftragten mit rascher sozialer Gesetzgebung beschäftigt. Der Achtstundentag wurde eingeführt, die Arbeiterschaft bekam das uneingeschränkte Recht, Gewerkschaften zu bilden, die Kriegsrenten wurden erhöht, die Pressezensur aufgehoben und eine politische Amnestie verfügt. Die beiden letzteren Maßnahmen waren gefährlich, denn viele Anarchisten bekamen auf diese Weise die Möglichkeit, für Streiks und Anarchie zu agitieren, und Rosa Luxemburg konnte *Die rote Fahne* herausbringen und darin die proletarische Solidarität beschwören. Für die der USPD angehörigen Mitglieder des Rats waren das jedoch unverzichtbare Forderungen. Glücklicherweise waren sämtliche Volksbeauftragten und die von ihnen ernannten Minister entschlossen, die Spartakisten vor der Abhaltung allgemeiner Wahlen und der Bildung eines neuen Parlaments nicht aufkommen zu lassen. Ebenso waren sie entschlossen, die Monarchisten nicht zum Zuge kommen zu lassen.[177] Eine ihrer Hauptschwierigkeiten bestand darin, daß der Kaiser noch immer Kaiser war. Er hatte nicht abgedankt, und solange er das nicht tat, war es nach der Meinung vieler Juristen legal unmöglich, mit der Entente Frieden zu schließen. Es war denkbar, daß er sich weigerte und die Fiktion aufrechtzuerhalten suchte, daß er auch im Exil der rechtmäßige Kaiser bleibe. Aber es gab Möglichkeiten, ihn unter Druck zu setzen, und vermutlich würde es nicht nötig sein, allzu deutlich zu werden, um ihn zum Nachgeben zu bewegen. Wilhelm wußte sehr wohl, daß die Erhaltung seines Besitzes, seines Einkommens und des Einkommens seiner Familie und möglicherweise sogar deren Sicherheit vom guten Willen der Regierung abhing. Er war nicht so naiv zu glauben, daß die Kaiserin sich in Berlin ohne weiteres in einen Zug nach Spa hätte setzen können. Die Volksbeauftragten mußten sobald wie möglich einen Delegierten schicken, und es war wichtig, dafür den richtigen Mann zu finden.

Zufällig hatten Ebert und Scheidemann während des Krieges die nähere Bekanntschaft eines Mannes gemacht, der einer der angesehensten Familien des Landes angehörte. Graf Ulrich von Brockdorff-Rantzau, der deutsche Botschafter in Kopenhagen, hatte sich nämlich, als sie nach Dänemark gefahren waren, um ihren neutralen Genossen die Lieferung von Brot zu entlocken, als äußerst tüchtig erwiesen. Überdies war er verwandt mit Gräfin Brockdorff, die 38 Jahre lang Oberhofmeisterin und engste Vertraute der Kaiserin gewesen war, und er war der Sohn von Wilhelms erstem Bataillonskommandeur, unter dem er 1877 gedient hatte.[178] Da der vorsichtige Ebert fürchtete, Graf Ulrich könnte ein für des Kaisers Geschmack zu forscher Unterhändler sein, wählte man dessen sanfteren Zwillingsbruder, der dem Kaiser vermutlich angenehmer sein würde. Graf Ernst von Rantzau nahm den Auftrag an und fuhr nach Amerongen.

Keine der beiden Seiten hinterließ Aufzeichnungen von der Unterredung, und der Kaiser schien sich auch mit niemandem mehr beraten zu haben. Drei Tatsachen sind bekannt geworden: Erstens war Graf Ernst von Rantzau viele Jahre lang als kaiserlicher Vermögensverwalter tätig gewesen.[179] Zweitens traf am 28. November die Kaiserin von Potsdam kommend in Amerongen ein und erzählte, was für schreckliche Dinge sie durchgemacht hatte. Ihre Bewacher hatten rote Abzeichen getragen und waren nicht in der Lage gewesen, betrunkene Matrosen von der Villa Liegnitz fernzuhalten. Nur der entschlossenen Haltung der Kaiserin war es zu verdanken, daß sie schließlich in Ruhe gelassen wurde. Aber die dauernden Anspannungen, die Sorgen, die sie sich um Wilhelm machte, und der plötzliche Zusammenbruch des Reiches hatten sie zu einer gealterten und veränderten Frau gemacht.[180] Genau am Tag ihrer Ankunft traf auch Graf Ernst an der Spitze einer Regierungsdelegation beim Kaiser ein. Das Dokument, das er mit sich führte, enthielt einen Text, auf den man sich bereits geeinigt hatte. Der Kaiser verzichtete darin »für alle Zukunft auf die Rechte an der Krone Preußens und die damit verbundenen Rechte an der deutschen Kaiserkrone«. Ferner entband er alle Beamten und die Offiziere und Mannschaften aller Waffengattungen von ihrem Treueeid. Zugleich erklärte Wilhelm, er »erwarte von ihnen, daß sie bis zur Neuordnung des deutschen Reiches den Inhabern der tatsächlichen Gewalt in Deutschland helfen, das deutsche Volk gegen die drohenden Gefahren der Anarchie, der Hungersnot und der Fremdherrschaft zu schützen«. Wilhelm las den Text noch zweimal durch und setzte dann nach kurzem Besinnen groß und schwungvoll den Namen darunter.[181] Die Buchstaben »I« und »R« ließ er weg. Von diesem Moment an war er als Ex-Kaiser nur noch das Oberhaupt des preußischen Königshauses und ein unter Bewachung stehender Gast der holländischen Königin. Persönlich erwartete er, daß man ihn auch weiterhin als Kaiser ansprach, denn er besaß zwar keine Macht mehr, aber er hielt diesen Rang für ebenso unwiderrufbar wie die Taufe eines Menschen.

Offenbar hatte man einen Kompromiß geschlossen. Eberts Regierung war zwar noch nicht über dem Berg, aber sie war nun legitim. Nachdem der Kronprinz am 1. Dezember 1918 in Wieringen ebenfalls auf alle kaiserlichen und königlichen Thronrechte verzichtet hatte, war die Macht des Hauses Hohenzollern, das in der Mark Brandenburg seit mehr als 500 Jahren regiert hatte, erloschen.

FÜNFZEHNTES KAPITEL

Wilhelm der Schweiger

»Was richtig war, muß richtig bleiben, womit ich nicht sagen will, daß alles richtig war, wie auch nicht alles falsch sein kann, was ich in 30 Jahren meiner Regierung getan habe.«

Der Ex-Kaiser in Doorn

1

Möglicherweise war die dem Kaiser durch sein neues Leben aufgezwungene Ruhe genau die Medizin, nach der sein Nervensystem verlangte. Nachdem Krieg und Älterwerden seine stürmische Natur schon gedämpft hatten, erzwangen nun das Exil und die Anweisung der holländischen Regierung, er möge »zu seiner eigenen Sicherheit« sich nicht über einen bestimmten Kreis hinausbewegen, endgültig eine Verlangsamung seines Lebenstempos. Rasch gewöhnte er sich an einen neuen Tagesrhythmus. Um 7 Uhr stand er auf, ging vor der Morgenandacht und dem Frühstück im Garten spazieren, schrieb dann Briefe, las die Zeitungen und lernte Holländisch, das er bald beherrschte. Nach einem einfachen Mittagessen setzte er seine schon im Krieg aufgenommene Gewohnheit fort, sich durch Holzsägen und -hacken körperliche Bewegung zu verschaffen, oder, was selten geschah, er ritt oder fuhr aus. In der Familie Bentinck wurde bemerkt, wie sehr er beim Fahren Geschwindigkeit liebte.[1] Zu Anfang jedoch, als die holländische Regierung ihn aufgrund von Drohungen gegen sein Leben in Amerongen festhielt, war er förmlich belagert von Reportern. Die Wachsoldaten hatten Anweisung, daß der hohe Gast der Königin nicht nur vor der Reporter- und Touristenplage zu schützen sei, sondern auch vor möglichen Entführungen und Mordanschlägen. Sie trugen Gewehre mit scharfer Munition. Nachmittags um 4.30 Uhr wurde zusammen mit den Bentincks nach englischer Art der Tee eingenommen. Nach dem Dinner um 8 Uhr kamen alle in Graf Godards Bibliothek zu Kaffee und zu Diskussionen zusammen.[2] Die Kaiserin blieb in ihren Räumen und war selten zu sehen. Sie war zu krank und zu ängstlich. Es konnte vor ihr nicht verborgen werden, daß ihr Mann in beträchtlicher Gefahr schwebte.

In England standen Wahlen vor der Tür. Das bestehende Parlament war 8 Jahre alt, und in dieser Zeit hatte sich die Wählerschaft von 8 auf 20 Millionen vergrößert.* Lloyd George mußte zwar wissen, daß eine Fortsetzung der Koalition mit der Konservativen Partei den Tod der alten Liberalen Partei bedeuten würde, aber er wollte sich nicht aus der Macht drängen lassen. Seinen Wahlkampf bestritt er mit griffigen Parolen. Die ersten beiden ließen sich hören: Großbritannien sollte sich seiner Helden würdig erweisen und »nie wieder Krieg« sollte es geben.[3] Es folgten aber auch weniger hochgesteckte Ziele, und mit deren Hilfe gelang Lloyd George ein überraschend hoher Wahlsieg: »Deutschland soll zahlen!«, »Greift ihnen in die Taschen!«, »Wir wollen die deutsche Zitrone auspressen, bis die Kerne quietschen!«, »Hängt den Kaiser!«[4]

Zusammen mit seinen deutschen und holländischen Zeitungen bezog Wilhelm in Amerongen auch *The Times,* und obwohl sie bereits vier Tage alt war, wenn sie in seine Hände gelangte, las er sie sorgfältig. »Hängt den Kaiser!« war nicht bloß eine Hetzparole zwecks Stimmenfang – die in jeder vorherigen Wahl undenkbar gewesen wäre –, sondern die britischen Justizbehörden schienen es wirklich für richtig zu halten, ihm den Prozeß zu machen und ihn dann aufzuhängen.** Auf einer Karikatur sah der Kaiser sich selbst an gebundenen Händen, von einem zwischen dem Pariser Eiffelturm und dem Kleopatraobelisk in London gespannten Strick hängen.[6] Man kann sich vorstellen, wie dergleichen auf das Kaiserpaar wirkte. G. S. Viereck, ein amerikanischer Journalist, der den Kaiser 1921 kennenlernte, veröffentlichte später unter dem Titel *The Kaiser on Trial* (Der Kaiser vor Gericht) eine geistreiche Apologie, in der er Lloyd Georges Wahlkampf als eine tägliche Folter der Kaiserin und eine Hauptursache ihres baldigen Todes bezeichnete.[7] Joachim von Reichel, ein häufiger Besucher in Doorn, der unter dem Pseudonym Joachim von Kürenberg eine Biographie des Kaisers veröffentlichte, hat diese Ansicht im wesentlichen bestätigt.[8] Mit Sicherheit war man in Amerongen zumindest tief beunru-

* Die Briten hatten zwar fast 1 Million Mann im Krieg verloren, aber die Bevölkerung war dennoch gewachsen, und die Frauen hatten in beschränktem Umfang das Wahlrecht bekommen.[5]

** Fast unmittelbar nach dem Waffenstillstand riet der damalige britische Kronanwalt und spätere Lord Chancellor und First Earl of Birkenhead dem britischen Kabinett, den Kaiser vor Gericht zu stellen.[10]

higt. Auch in England wurde und wird die Art, wie der Premierminister sich durch den Appell an niedrige Instinkte an der Macht hielt, von vielen seiner Zeitgenossen als unverzeihlich angesehen.[9] In Amerongen, wo Großmut gegenüber den Besiegten als zivilisierte Norm betrachtet wurde, muß das prinziplose Manöver von Lloyd George als eine irritierende Neuerung im Verkehr der Völker gewirkt haben.

Für den Kaiser war es eine quälende und demütigende Zeit. Schwierige Themen wurden im Gespräch gemieden. Die Familie Bentinck verstand, daß nur die Zeit die Wunden des erlittenen Schocks heilen konnte. Sorgen machten ihm auch seine kranke Frau und die in Deutschland verbliebenen Freunde und Familienangehörigen. Ferner brachte ihn der Kronprinz in große Verlegenheit, in dem er sich nur vier Tage nach seinem formellen Verzicht auf alle Thronrechte zur Beteiligung an einem Rettungsplan hinreißen ließ. Eine Gruppe von Offizieren wollte ihn in Wieringen befreien und in Deutschland an die Spitze einer reaktionären Bewegung stellen. Der Kronprinz distanzierte sich von diesem Plan erst, nachdem die Holländer ihn entdeckten und die Sicherheitsmaßnahmen daraufhin verstärkt hatten.[11] Die holländische Regierung war empört, und Wilhelm empfand das Ganze als ehrenrührig. Und schließlich bedeuteten die Zustände in seinem Lande und die demütigenden Bedingungen des Waffenstillstandes eine schwere seelische Belastung für den Ex-Kaiser. Der größte Teil seiner Hochseeflotte hatte Befehl erhalten, mit leeren Magazinen, fehlenden Verschlußblöcken an den Kanonen und fast unbemannt den britischen Hafen Scapa Flow in den Orkney Inseln anzulaufen.[12] Seiner Armee hatte man nur das zur Aufrechterhaltung der Ordnung nötige Minimum von Waffen belassen. In Deutschland herrschte eine derartige Verwirrung, daß es keine zuverlässigen Nachrichtenquellen mehr gab. Aber die Zivilbevölkerung ging, sofern sie in keine revolutionären oder gegenrevolutionären Aktionen verwickelt war, weiterhin ihrer Arbeit nach. Von vollständigem Chaos konnte keine Rede sein. Die Post und die telegrafischen und telefonischen Verbindungen funktionierten, und die Zeitungen wurden völlig reibungslos gedruckt und ausgetragen. Selbst im abgelegenen Amerongen konnten Wilhelm die wichtigsten – meist schlechten – Nachrichten nicht entgangen sein. Die Feldarmee setzte ihren geordneten Abmarsch fort und wurde von der Obersten Heeresleitung offensichtlich mit der Absicht nach Berlin geführt, dort alle Zivilisten und die neugebildete Volksmarine-Division zu entwaffnen. Aber kaum war das letzte Bataillon in der Hauptstadt eingetroffen, als sich die Armee fast vollständig auflöste. Nur etwa 5% blieben übrig. Regimentsabzeichen wurden abgeschnitten,

Waffen weggeworfen, die Soldaten fuhren nach Hause.[13] Durch List, Ausreden, Tricks und Wunder hielten sich die 6 Volksbeauftragten an der Macht. Ihr Vorsitzender Ebert blieb bei seiner Ablehnung des Leninismus, den er als eine für Deutschland ungeeignete Perversion des Marxismus betrachtete, und machte Liebknechts Spartakisten keine Zugeständnisse. Die Volksbeauftragten beriefen einen nationalen Rätekongreß ein, auf dem 300 der 488 Delegierten Mehrheitssozialisten waren. Diese Mehrheit setzte die Ausschreibung von allgemeinen Wahlen für den 19. Januar durch, um die Macht an eine wahrhaft repräsentative Nationalversammlung übergehen zu lassen.[14] Der Kongreß verabschiedete jedoch auch andere, weniger wünschenswerte Resolutionen. Etwa die Ersetzung der Armee und des Offizierskorps durch eine Volksarmee mit gewählten Offizieren. Die Reaktion der Obersten Heeresleitung war so scharf, daß Ebert gezwungen wurde, der Nichtausführung dieser Resolution zuzustimmen. Daraufhin kam es im Rat der Volksbeauftragten zum Bruch, die drei aus der USPD stammenden Mitglieder traten zurück,[15] die Volksmarinedivision marschierte gegen die Regierung, und eines der wenigen noch immer zuverlässigen Garderegimenter bekam den Befehl, das Hauptquartier der Matrosen im Alten Palais zu besetzen.* Das Regiment konnte den Befehl zwar ausführen, aber dann sahen die Soldaten sich plötzlich von einer gewaltigen, von den Spartakisten geschickt zusammengetrommelten Menge von Männern, Frauen und Kindern umringt.[16]

Das Gefolge des Kaisers in Amerongen hatte sich stark verringert. Viele dieser Herren hatten das Leben in Holland zu teuer gefunden und waren nach Deutschland zurückgekehrt.[17] Die Kronprinzessin befand sich noch immer in Potsdam, und die Herzogin von Braunschweig war nach Gmunden zurückgefahren. Prinz Heinrich, der Bruder des Kaisers, lebte zurückgezogen in Hemmelmark und fragte sich, was die Zukunft ihm und seiner Familie noch bescheren werde. Pilsudski und Ignazy Paderewski stellten eine polnische Miliz auf, bereiteten Parlamentswahlen vor und bemächtigten sich in den deutschen Provinzen Posen und Schlesien sowie in den österreichischen Provinzen Galizien und Teschen alles, dessen sie habhaft werden konnten.[18] Die Friedenskonferenz in Paris hatte noch nicht begonnen, wenngleich der amerikanische Präsident an Bord eines konfiszierten und umgetauften deutschen Linienschiffes bereits in Europa eingetroffen war, wo er in den Hauptstädten seiner Verbündeten mit Begeisterung

* Durch eine geheime, nicht über die Telefonzentrale laufende Leitung war die Reichskanzlei ständig mit der Obersten Heeresleitung in Kassel verbunden.[19]

empfangen wurde. Herbert Hoover* erging sich in den höchsten Tönen:

> Woodrow Wilson hat einen Zenit intellektueller und spiritueller Führerschaft in der ganzen Welt erreicht, den die Geschichte bisher noch nicht kannte.[20]

Obwohl die Alliierten in Artikel 26 des Waffenstillstandsabkommens die Verantwortung für die Versorgung Deutschlands übernommen hatten, machte Clemenceau und die französische Regierung geltend, daß Deutschland für die Nahrungsmittel nicht mit Gold bezahlen dürfe, da dieses für die späteren Reparationen nötig sein werde. Die Deutschen waren gezwungen worden, ihre Handelsflotte herauszuben, aber wie und an wen dies im einzelnen geschehen sollte, war noch nicht festgelegt worden. Bis zur Regelung dieser Frage wurde auch die Blockade nicht aufgehoben. Die Ernte war katastrophal schlecht ausgefallen, und Deutschland stand vor einer Hungersnot. Eberts Regierung, die Putschversuche von links und rechts zu befürchten hatte, mußte die ohnehin schon winzigen Brotrationen noch um zwei Drittel kürzen. Industrieprodukte waren nicht weniger knapp.[21] Einige Offiziere der Alliierten schickten wütende Berichte über den Hunger und die Unterernährung in Deutschland nach Hause.[22] Die meisten Franzosen ließ das jedoch recht kalt, und die Engländer neigten dazu, die Berichte über »Entbehrungen« als ein weiteres Zeichen preußischer Heuchelei zu betrachten. Im Januar druckte die *Morning Post* unter Überschriften wie: »Deutscher stöhnt: Grenze der Belastung erreicht« oder »Die Fütterung der Bestie[23]« einen Artikel über die Ernährungssituation in Deutschland. Lloyd George und seine Regierung kannten jedoch das Ausmaß der Hungersnot in Deutschland, und sie drängten die Franzosen, den Deutschen sobald wie möglich Nahrungsmittel gegen Gold zu verkaufen. Fast war es bereits zu spät.[25] In Berlin bestand die Heeresgarnison bereits aus weniger als 200 ausgebildeten Soldaten. Deutschland stand am Rande der Anarchie.

* Hoover war ein Mitglied des Komitees wirtschaftlicher Berater der amerikanischen Delegation und wurde in den Jahren 1929 bis 1933 selbst Präsident der USA. Er hielt »andere Staaten wohlverdientermaßen für moralisch und ökonomisch minderwertiger« als die USA.[24]

2

Wer in Deutschland sein Land liebte, der wird die zwei Monate vor der Unterzeichnung des Friedensvertrages von Versailles nie vergessen haben. Der Kaiser mußte dabei die Rolle eines machtlosen Zuschauers spielen.

Unermüdlich versuchte Rosa Luxemburg, die Spartakisten von einer Revolution gegen die Regierung abzuhalten[26], aber Liebknecht war nicht mehr zu bremsen, und am 5. Januar erschien ein Manifest, das zur Bewaffnung der Arbeiter und zum Generalstreik aufrief.[27] Wie Rosa Luxemburg warnend vorhergesagt hatte, war das Proletariat schlecht organisiert und innerlich wie äußerlich ungenügend vorbereitet. Und Eberts Regierung konnte sich einer neuen Art von Truppe bedienen, die wie eine Drachensaat aus privilegierten Elite-Bataillonen der kaiserlichen Armee hervorgegangen war. Bei diesen auch »Schwarze Reichswehr« genannten Freikorps handelte es sich um Söldner, die theoretisch der Obersten Heeresleitung unterstanden und von ihr bezahlt wurden. Obwohl die Männer jedoch nur den Führern der einzelnen Korps und der Regierung im allgemeinen Loyalität schuldeten, waren sie doch nicht – wie oft angenommen – reine Reaktionäre, die auf die Restaurierung der Monarchie zielten. Ihre einzige politische Richtlinie war Antibolschewismus.[28]

Innerhalb von einer Woche hatten die Freikorps die Revolution zerschlagen. Die Spartakisten besaßen Handfeuerwaffen, die Soldaten und Matrosen der Freikorps verfügten dagegen über Mörser, Maschinengewehre, Haubitzen sowie Granaten- und Flammenwerfer. Weiße Fahnen respektierten sie nicht, Gefangene wurden keine gemacht. Der Generalstreik wurde abgeblasen, aber die Freikorps setzten ihren gnadenlosen Kampf gegen jeden fort, der im Verdacht stand, ein Kommunist zu sein. Am 15. Januar wurden Karl Liebknecht und Rosa Luxemburg verraten und aus ihren Verstecken gezerrt, zum Verhör in das Hauptquartier der Gardeschützendivision gebracht, wo sie, nachdem man sie mit Gewehrkolben geschlagen hatte, erschossen wurden. Die Leiche Rosa Luxemburgs wurde in einen zugefrorenen Kanal geworfen.[29] Eberts Empörung über diesen Weißen Terror war echt, aber die Untersuchung, die er anordnete, führte bei den Kommandeuren der Freikorps zu nichts, und er selbst war von den vier Tage später stattfindenden Wahlen zu sehr in Anspruch genommen, um seiner Forderung Nachdruck zu verleihen.[30]

Die Wahlen hatten kein überraschendes Ergebnis. Mit Ausnahme der SPD und der USPD hatten die wichtigsten Parteien alle ihre Namen geändert, nicht dagegen ihre Politik. In der neuen Nationalversammlung, die sicherheitshalber vorläufig in Goethes Weimar zusammentrat, dominierten die Mehrheitssozialisten. Um regieren zu können, mußten sie sich jedoch mit bürgerlichen Parteien der Mitte verbünden. Feierlich übergab Ebert seine Macht der Versammlung, und die neue Verfassung, die beschlossen wurde, enthielt die parlamentarische Volkssouveränität, das Verhältniswahlrecht und das Referendum.[31] Man ehrte Ebert, indem man ihn zum ersten Staatspräsidenten der Deutschen Republik wählte.* Er ernannte Philipp Scheidemann zum Reichskanzler, und dieser bildete sein Kabinett aus Mitgliedern seiner eigenen Partei, der ehemaligen katholischen Zentrumspartei (nun Christliche Volkspartei) sowie der ehemaligen Fortschrittspartei (nun Deutsche Demokraten).[32]

Die Herstellung der öffentlichen Ordnung, die Wiedereingliederung von Bayern, Braunschweig und Sachsen in das Reich und die Vorbereitung des Friedensvertrages waren die Hauptprobleme, mit denen die neue Regierung sich nun zu befassen hatte. Das Vordringlichste war die öffentliche Ordnung. Freikorps erstickten die roten Revolutionen in den Nordseehäfen und die Streiks im Ruhrgebiet und in Berlin. Braunschweig und Sachsen wurden rasch wieder eingegliedert, aber mit Bayern war das schwieriger. Der idealistische und liebenswürdige Kurt Eisner wurde durch einen jungen Mann namens Graf Arco-Valley ermordet, für den das eine Art von Mutprobe war.** In den folgenden sechs Wochen hatte Bayern praktisch überhaupt keine Regierung.[34] Dann rief der Führer der Unabhängigen Sozialdemokraten, wie Eisner ein Literat, die Bayerische Räterepublik aus und wollte sie mit dem kommunistischen Ungarn und dem revolutionären Österreich vereinigen. Aber das Unternehmen war so aussichtslos und sein Regierungsprogramm so verrückt, daß man humorvoll von der »Herrschaft der Kaffeehaus-Anarchisten« sprach. Das Studium der Geschichte wurde verboten, neue Formen der Kunst wurden gefordert, der Außenminister beklagte sich in einem Telegramm an Lenin, daß sein Toilettenschlüssel gestohlen worden war, und erklärte der Schweiz und Württemberg den Krieg.[35] An die Stelle der Räterepublik trat

* Fast mühelos hatte der ehemalige Sattler und Gastwirt den Weg zur Spitze zurückgelegt. Er war zuerst Deutscher und dann erst Sozialist. Im Krieg hatte er zwei Söhne verloren und ein dritter starb später in einem Konzentrationslager.[33]

** In der bayerischen Thule-Gesellschaft, einer antisemitischen Organisation, die als ihr Emblem das Hakenkreuz benutzte und deren Mitglieder sich mit »Heil!« begrüßten, hatte er die Mitgliedschaft beantragt, war jedoch aufgrund der jüdischen Abstammung seiner Mutter abgelehnt worden.[37]

bald eine bayerische Kommune, die von einem Russen namens Axelrod und – was zu Verwirrung Anlaß gab – von einem deutsch-russischen Juden namens Levien und einem russischen Juden namens Leviné geführt wurde. Sie schufen eine Rote Garde von 30 000 Mann, zahlten diesen einen unerhört hohen Sold und erhoben den Roten Terror zu ihrem Regierungsprogramm.[36] Die bayerischen Mehrheitssozialisten, die außerhalb von München eine Gegenregierung eingerichtet hatten, stellten eine Armee auf, marschierten auf die Kommune und wurden vernichtend geschlagen. Sie richteten einen Appell an die Reichsregierung in Weimar, die sich entschloß, diese bayerische Operette nicht mehr länger zu tolerieren. Eine große Zahl von Freikorps wurde in den Süden geschickt, aber diese hatten sich inzwischen gewandelt. Es waren in ihren Reihen nur noch wenige patriotische und ordnungsliebende alte Soldaten zu finden. Die Mehrheit bestand aus jungen Haudegen, die sich nur noch ihrem jeweiligen »Führer« verpflichtet fühlten und deren Loyalität gegenüber Reichspräsident Ebert folglich reines Lippenbekenntnis war. Sie zogen durch Bayern, und die Roten Garden schmolzen dahin. In München begann ein geistesgestörter Kommunist mit Geiselerschießungen, und die Freikorps nahmen dies zum Anlaß, eine bestialische und unvergessene Schreckensherrschaft des Weißen Terrors zu errichten.[38] Im Mai 1919 war Bayern in die Republik zurückgeknüppelt.

Deutschland war inzwischen aufgefordert worden, eine Delegation nach Paris zu senden. Die dortige Friedenskonferenz hatte keinen glücklichen Verlauf genommen. Die Sieger waren praktisch über jede Frage zerstritten, mit einer Ausnahme: daß Deutschland zahlen müsse.[39] Die wichtigsten Delegationsführer konnten sich gegenseitig nicht ausstehen, und der Zwang, der Welt ein Schauspiel der Einmütigkeit zu geben, war für alle eine Belastung. Die Hauptlast ruhte auf Präsident Wilson, auf den soviel Druck ausgeübt wurde, daß er eine Verzerrung seiner ursprünglichen 14 Punkte zuließ.[40] Als dem einzigen reichen Mann in einer Runde von ausgepumpten und praktisch bankrotten Siegern wurde ihm wie einem Richter im alten Israel von allen Seiten gehuldigt. Bis zu 20 Delegationen erschienen täglich vor ihm und baten ihn um alle möglichen Dinge. Im März war er bereits völlig erschöpft und im April brach er physisch und nervlich zusammen. Er drohte damit, lieber den Obersten Rat der Siegermächte zu verlassen, als noch weiter von seinen Prinzipien abzugehen. Das stand auch in der Presse zu lesen, aber Clemenceau, Lloyd George und der Italiener Orlando erkannten das als reinen Bluff. Sie wußten, daß er niemals von seinem Hauptziel, der Einrichtung eines Völkerbundes ablassen würde. Wilson blieb.[41] Die Deutschen meinten, diese Zwistigkeiten in Paris müßten sich zu ihrem Vorteil auswirken. Seit über einem Jahr, also vom letzten Kriegsmonat an und durch alle Revolutionen und roten und weißen Säuberungsaktionen hindurch, hatte das Auswärtige Amt sorgfältig alle Informationen gesammelt, die im Falle einer Niederlage oder eines Sieges bzw. zur Vorbereitung einer Friedenskonferenz nützlich sein konnten.[42] An die Spitze des Auswärtigen Amtes hatte Reichskanzler Scheidemann Graf Ulrich von Brockdorff-Rantzau gestellt. Dieser hatte es für seine Pflicht gehalten, das Amt zu übernehmen, und hatte sich und seine Delegation für die Arbeit in Paris überaus sorgfältig vorbereitet.

Als die Deutschen nun in der französischen Hauptstadt eintrafen, hielt man sie fast eine ganze Woche lang in einem Hotel fest und machte ihnen dann klar, daß es Verhandlungen im üblichen Sinne nicht geben werde. Am Jahrestag der Versenkung der *Lusitania* wurde die deutsche Delegation in den Spiegelsaal von Versailles beordert, wo 48 Jahre zuvor König Wilhelm von Preußen zum deutschen Kaiser ausgerufen worden war. Dort eröffnete Clemenceau den deutschen Vertretern in knappen Worten, daß sie eine Liste der Bedingungen erhalten würden, zu denen die Entente bereit wäre, Deutschland den Frieden zu gewähren. Deutsche Einwände seien innerhalb von 15 Tagen zu erheben, wonach die Entente ihre endgültigen unabänderlichen Bedingungen bekanntgeben würde. In seiner brüsken Art war Clemenceau bereits dabei, die Sitzung zu schließen, als Brockdorff-Rantzau seine Hand erhob. Zwar hatte er keine Zeit gehabt, die Bedingungen zu lesen, aber er bestand auf einer Erwiderung. Er war ein Diplomat auf der Höhe seiner Kraft und ein witziger und gewandter Gesprächspartner, aber zu öffentlichen Auftritten war er fast nicht in der Lage. Wenn er öffentlich zu sprechen hatte, zitterte er so sehr, daß er stets sitzen blieb, und die Nervosität ließ ihn stammeln und gab seiner Stimme etwas Krächzendes. Auf diese Sitzung konnte er nun niemanden für sich sprechen lassen. Sitzen zu bleiben, nachdem Clemenceau stehend gesprochen hatte, wirkte impertinent, und in seiner knarrenden Stimme schien die ganze preußische Arroganz zu liegen, die man so verabscheute.[43] Und was er sagte, war auch nicht gerade geeignet, seine Gegner zu beschwichtigen. Mit seiner Behauptung, die Siegermächte hätten die Waffenstillstandsbedingungen bereits gebrochen, berührte er einen empfindlichen Nerv. Durch die Aufrechterhaltung der Blockade hätten sie, sagte er, Hunderttausende von Zivilisten kaltblütig zugrunde gehen lassen, nachdem ihr Sieg bereits gesichert war.[44] Im Spiegelsaal wuchs die Aufregung, während er sprach, und als er endete, herrscht allgemeine Empörung. Eilig schloß Clemenceau die Sitzung.

Das einzige Exemplar der Bedingungen, das den Deutschen überreicht worden war, wurde nun, in einzelne Blätter zerlegt, den Übersetzern gegeben. Und während die Delegierten die Artikel des Friedensvertrages einen nach dem anderen durchgingen, wurde die vervielfältigte Übersetzung nach Deutschland geschickt. Auf den ersten Blick bedeuteten sie nicht weniger als eine Versklavung der Deutschen Republik auf zwei Generationen hinaus.[45] Das Land sollte seine Kolonien, die meisten seiner Kohlengruben und Eisenerzlager, ein Drittel seiner Hochöfen sowie seine Handelsmarine verlieren. Eine große Zahl von Deutschen sollte fortan unter polnischer, tschechischer oder französischer Herrschaft stehen. Heer und Flotte sollten auf die eines fünftrangigen Kleinstaates reduziert werden. Deutschland sollte die volle Verantwortung für den Krieg übernehmen, 900 führende Persönlichkeiten für Kriegsverbrecherprozesse ausliefern und sich durch die geforderten Reparationen ökonomisch ruinieren lassen.[46]

Ein Aufschrei der Empörung ging durch das Land, als der Text des Vertragsentwurfes veröffentlicht wurde. Manchen schienen diese Sieger nicht weniger rachsüchtig zu sein als die Römer es waren, die eine Pflugschar durch den Boden zogen, auf dem Karthago gestanden hatte, um so die vollständige Vernichtung ihres Feindes zu demonstrieren. In der kurzen Frist, die ihm gewährt wurde, trat Brockdorff-Rantzau sein Möglichstes, die Härte der Bedingungen zu mildern und geltend zu machen, daß sie von Wilsons 14 Punkten weit abwichen und die Entente somit die ursprünglichen Bedingungen des Waffenstillstandes rechtswidrig geändert hatte.[47] Es war jedoch nichts zu machen. Am 16. Juni erhielt die deutsche Delegation einen verbesserten und endgültigen Vertragstext zur Annahme oder Ablehnung innerhalb von fünf Tagen.[48] Die Veränderungen waren so geringfügig, daß man sie nur mit roter Tinte in den alten Text eingetragen und keinen neuen hatte drucken lassen. Brockdorff-Rantzau bat um zwei weitere Tage, die ihm auch gewährt wurden. Dann reiste er mit seiner Delegation zurück nach Deutschland. Auf dem Weg zum Bahnhof wurden die Wagen der Deutschen mit Steinen beworfen. Mehrere Delegierte erlitten Verletzungen durch zersplittertes Glas. Auf der zweitägigen Reise in die Heimat arbeitete die Delegation an ihrem Bericht für das Kabinett. Als sie in Weimar ankam, waren von der gesetzten Frist nur noch fünf Tage übrig. Erschöpft und bleich begab sich Brockdorff-Rantzau mit zweien seiner Berater zum Kabinett, um der deutschen Regierung die Ablehnung des Vertrages zu empfehlen.[49]

Es folgten fünf Tage intensiver Tätigkeit. Die Reaktion des Offizierskorps und der Kommandeure der Freikorps war heftig. Es gab ein wildes Gerede über Widerstand gegen die Entente, die unterdessen an der Ost- und an der Westfront ihre Streitkräfte zusammenzog. Aber Gröner, der Realist, hatte diese Möglichkeit bereits durchdacht. Seit Tagen hatten sich seine besten Stabsoffiziere auf Erkundungsfahrt durch das Land begeben, und obwohl keiner von ihnen ein gutes Wort für den Vertrag übrig hatte, berichteten sie alle, daß dem Volk eine Wiederaufnahme des Krieges nicht zuzumuten sei.[50] Durch Annahme des Vertrages würde Deutschland eine Armee von 96 000 Mann und 4000 Offizieren sowie eine Flotte von 15 000 Mann samt Offizieren verbleiben. Die Freikorps würden aufgelöst werden, und, was das Schlimmste war, der Kern der deutschen militärischen Kraft, der Generalstab, würde ebenso verschwinden wie die preußischen Kadetten- und Militärschulen. Für eine Nation, die auf Jahrhunderte militärischer Erziehung zurückblicken konnte, was das eine ungeheure Forderung. Dennoch erkannte Gröner, daß die Annahme der Bedingungen zumindest die Erhaltung eines winzigen Kerns des Offizierskorps und damit eine Fortsetzung seiner besten Tradition garantieren würde. Dafür war er bereit, eine unpopuläre Entscheidung zu treffen und Hindenburg zu raten, er möge der Regierung sagen, die Armee wäre vielleicht im Osten in der Lage, die alten Grenzen zu halten, im Westen wäre das jedoch mehr als fraglich. Der alte Feldmarschall tat dies, wobei er zu seiner Entschuldigung hinzufügte, als Soldat würde er lieber ehrenvoll zugrundegehen als einen erniedrigenden Friedensvertrag unterzeichne.[51]

Die Weimarer Regierung steckte in einer kritischen Situation. Gröner hatte die Resultate seiner Nachforschungen bekanntgegeben, und die Warnung des Feldmarschalls war deutlich genug, aber unter den Zivilisten waren wenige bereit, den Vertrag zu unterzeichnen. Vier Tage vor Ablauf der gesetzten Frist war das Kabinett in zwei gleich große Hälften gespalten. Zusammen mit zwei weiteren Kabinettsmitgliedern, unter ihnen auch Brockdorff-Rantzau, trat Reichs-Ministerpräsident Scheidemann zurück. Brockdorff-Rantzau hatte sich bereits bei der Amtsübernahme das Recht ausbedungen zu demissionieren, falls ein Vertrag akzeptiert würde, der dem deutschen Volk einen anständigen Lebensunterhalt entziehen würde.[52] Deutschland war ohne Regierung.

Während Ebert am nächsten Tag versuchte, eine funktionsfähige Regierung auf die Beine zu stellen, traf eine Nachricht ein, die denen den Rücken stärken mußte, die entschieden gegen eine Unterzeichnung des Vertrages waren. In Scapa Flow war die Schwadron der Royal Navy, die die deutsche Flotte bewachte, zu Übungen ausgelaufen. Daraufhin gab der deutsche Admiral ein verabredetes Signal. Die Offiziere aller Schiffe liefen unter Deck, öffneten die Bodenventile und zertrümmerten sie mit Hammerschlägen. Bis die englische Schwadron zurückkam, lagen 50 prachtvolle Schiffe auf dem Meeresgrund.[53]

Ebert trieb einen farblosen Reichskanzler auf. Ein Kompromiß wurde vorgeschlagen: Man würde den Vertrag unterzeichnen, wenn die Artikel über Kriegsschuld und Kriegsverbrecher – sie wurden als die schmachvollsten Teile des Vertrages angesehen – fallengelassen würden.[54] Aber die Selbstversenkung der deutschen Hochseeflotte hatte die Herren in Paris erzürnt. Eberts Vorschlag wurde abgelehnt. Der Verteidigungsminister drängte nun auf Kampf, die Führer der Freikorps ebenfalls, viele Generäle schlossen sich an. Schließlich rief Ebert ein letztes Mal die Oberste Heeresleitung an und fragte, ob es in Hindenburgs Einschätzung der militärischen Situation irgendeine Änderung gegeben habe. Bezeichnenderweise wollte der alte Herr sich nicht selbst äußern, sondern ließ wieder einmal seinen Generalquartiermeister für sich sprechen.[55] Gröner nahm es auf sich, viele seiner Offizierskollegen vor den Kopf zu stoßen, indem er zu seiner so sorgfältig erarbeiteten Ansicht stand, eine Volkserhebung könne es nicht geben. Ebert akzeptierte dies als endgültiges Urteil, die Regierung und die Nationalversammlung ebenfalls. Unter Protest gegen die unerhörte Ungerechtigkeit der Friedensbedingungen gab Deutschland nach.[56]

Viele hatten das Gefühl, Deutschland habe seine Ehre verloren. Als Brockdorff-Rantzau neun Jahre später im Sterben lag, murmelte er zu seinem Bruder, dem kaiserlichen Vermögensverwalter, er sollte sich nicht grämen, in Wahrheit sei er schließlich bereits seit Versailles ein toter Mann gewesen.[57] Und selbst unter Deutschlands Feinden war das Gefühl zu finden, daß man dem Land zuviel aufgebürdet habe. Maynard Keynes, der englische Wirtschaftswissenschaftler, nannte die Politik der Entente »entsetzlich und abscheulich«,[58] und jener nachsichtige Oberst House, dem die Spannungen unter den Siegern dem Mann entfremdet hatten, den er ins Weiße Haus gebracht hatte, schrieb in sein Tagebuch:

> Wie schön wär es gewesen, wenn wir etwas Ordentliches zuwege gebracht hätten.[59]

Der Kaiser tat recht daran, keine öffentliche Erklärung über den Vertrag abzugeben. Graf Godard vertraute er jedoch an, daß Wilson ihm persönlich zuwider sei. Von den Franzosen und Italienern habe er keine Gnade erwartet. Sie seien Romanen. Und seine tägliche Lektüre der

Times hatte ihn gelehrt, daß auch von den Engländern nicht viel zu erwarten war. Aber von den Amerikanern und ihrer vielberedeten Rechtschaffenheit hatte er, wie viele andere Deutsche, Gerechtigkeit erwartet. Er fand, Wilson sei ein wortbrüchiger und aufgeblasener Wichtigtuer, dessen diktatorische Methoden sein endloses Gerede von Demokratie als reine Heuchelei entlarvten. »Wilson ist ein größerer Autokrat als ich oder der Zar es je waren«, sagte Wilhelm zu seinem Gastgeber. »Er hat mehr Macht als wir beide je hatten. Ich will ihn in Zukunft Kaiser Wilson nennen!«[60] Und dabei blieb er eine ganze Weile.

3

Zu Beginn des Jahres 1920 waren der Kaiser und die Kaiserin mit ihrer Dienerschaft noch immer offizielle Gäste auf Schloß Amerongen. Das konnte so nicht weitergehen. Die Bentincks hatten viel Geduld und Gastfreundschaft bewiesen, aber Wilhelm wurde klar, daß so bald wie möglich eine andere Lösung gefunden werden mußte. Eine Rückkehr nach Deutschland war ausgeschlossen.

Eventuelle Pläne, Amerongen zu verlassen, die der Kaiser vielleicht schon gemacht hatte, wurden durch die Vorgänge des 5. Januar wieder umgeworfen. Spät abends kam an diesem Tag ein amerikanischer Oberst mit sieben jüngeren Offizieren in zwei Wagen vor dem Schloß an. Sie besaßen in Brüssel ausgestellte Pässe und Wagenpapiere und hatten daher nach Holland einreisen dürfen. Da sie sich als Abgesandte in hoher Mission ausgaben, gelangten sie bis in die Bibliothek des Schlosses, wo ihnen zuerst Graf Karl Bentinck und danach sein Vater, Graf Godard, höfliche, aber argwöhnische Fragen stellten. Der Bürgermeister von Amerongen wurde angerufen und um Hilfe gebeten. Als er zusammen mit Polizei und einer Abteilung von Soldaten eintraf, gestanden die Amerikaner, daß sie vorgehabt hatten, den Kaiser zu entführen und ihn Präsident Wilson in Paris als »Überraschungsgeschenk« zu präsentieren. Der Bürgermeister teilte ihnen mit, daß das ein übler Scherz sei und daß er sich unter dem Verhalten verantwortlicher Offiziere etwas anderes vorstelle. Unter militärischer Bewachung wurden sie an die Grenze gebracht, und die Angelegenheit wurde General Pershing berichtet, der die amerikanischen Streitkräfte kommandierte. Persing war empört, aber um kein Aufsehen zu erregen und den Ruf seiner Armee nicht zu gefährden, behandelte er die Sache weniger als eine ernsthafte militärische Verfehlung, sondern mehr als einen dummen Streich. Die acht Offiziere wurden in die USA zurückge-

25 *Familienfest in Doorn; von links: Oberst von Dommes, Herzog Christian Ludwig von Mecklenburg-Schwerin, Prinz Friedrich von Preußen, hinter ihm Dr. Classemann, Hauptmann von Ilsemann, Prinz Hubertus von Preußen, Wilhelm II., Erzherzog von Mecklenburg-Schwerin, Prinz Eitel Friedrich von Preußen*

26 *Im Exil in Doorn: Wilhelm II. mit seiner zweiten Frau, Hermine, Prinzessin von Schönaich- Carolath*

27 *Altersporträt aus Doorn*

bracht und einige Wochen ins Gefängnis gesteckt. Die Gewitztheit der Bentincks hatte ernsthaften Schaden verhindert, aber die holländischen Behörden verdoppelten nach dieser Eskapade ihre Bewachung des Schlosses und bestanden darauf, daß der Kaiser den Schloßgrund nicht verlasse.[61]

Die Sieger in Paris forderten schließlich die Erfüllung der Artikel 227 bis 230 des Versailler Vertrages, d. h. sie verlangten von der Weimarer Republik die Auslieferung von etwa 900 führenden Persönlichkeiten.[62] Prompt sandte der Kronprinz ein langes Telegramm nach Paris, in dem es hieß:

UNABSEHBAR FÜR EUROPA SIND DIE FOLGEN EINER GEWALTSAMEN DURCHFÜHRUNG DIESER FORDERUNG. HASS UND RACHE WÜRDEN DURCH SIE VEREWIGT WERDEN!

Wenn ein Opfer nötig sei, wolle er sich freiwillig dem Gericht stellen. Klaus Jonas, sein Biograph, vermutet, daß er mit diesem Angebot versuchte, seine Ehre, die durch die unnötige Flucht in die Sicherheit des Auslands angeschlagen war, wieder herzustellen. Wahrscheinlich aber handelte es sich lediglich um die natürliche Reaktion eines Mannes, der einer Möglichkeit sich zur Geltung zu bringen, nicht widerstehen konnte. Jedenfalls kam niemand auf die Idee, er könnte sein Angebot ernsthaft gemeint haben. Der Kaiser ärgerte sich, daß dieses Angebot seines Sohnes implizierte, der geplante Prozeß könnte bis zu einem gewissen Grad dennoch gerechtfertigt sein.[63] Die Forderung nach Auslieferung der 900 Mann war jedoch aussichtslos. Sie erregte in Deutschland soviel Wut, daß die Alliierten die Gefahr eines Sturzes der Weimarer Regierung erkennen mußten, falls diese darauf einging. Das Offizierskorps hätte eher den Krieg wieder aufgenommen. Man mußte nachgeben und es den Deutschen überlassen, die Beschuldigten vor eigene Gerichte zu stellen.

Einer der »Großen Vier« war jedoch aufgrund eines Versprechens, den Kaiser vor Gericht zu stellen und aufhängen zu lassen, im Amt bestätigt worden, und Lloyd George hatte in der Tat so erfolgreich an die Racheinstinkte seiner Landsleute appelliert, daß innerhalb des vergangenen Jahres bei der englischen Staatsanwaltschaft nicht weniger als 50 000 Klagen einzelner Bürger gegen Kaiser Wilhelm eingegangen waren.[64] Für den Fall, daß er der Schlinge des Henkers entkäme, hatte man auf der Friedenskonferenz bereits die holländische Insel Curaçao zur Stätte seiner lebenslänglichen Gefangenschaft ausersehen. Ein Gerichtshof mit je einem Richter aus Großbritannien, Frankreich, Italien, Japan und den Vereinigten Staaten sollte eingesetzt werden.[65] Die holländische Regierung wurde aufgefordert, den Kaiser zusammen mit dem Kronprinzen auszuliefern. Die Alliierten seien bereit, so heißt es in ihrem Schreiben wohlwollend, »den Niederlanden die lästige Sorge für die Internierung beider Personen abzunehmen«. Die Holländer lehnten ab. Sie erklärten, der Deutsche Kaiser genieße die Gastfreundschaft ihres Landes. Weder er noch der Kronprinz seien Kriegsgefangene. Königin Wilhelmina hatte ihnen ihren Degen zurückgegeben. Nun versuchte man, Druck auszuüben. Falls die Holländer solche internationale Verbrecher schützten, würden sie sich zu »Mitschuldigen des Kaisers« machen. Dessen Schuld war zwar noch keineswegs erwiesen, aber da er der holländischen Regierung nicht zur Last fallen wollte, erwog Wilhelm die Möglichkeit, sich freiwillig den Alliierten zu stellen. Die holländische Presse brachte den gesamten diplomatischen Notenwechsel zwischen Paris und Den Haag. Einige Zeitungen traten für eine Auslieferung ein, die große Mehrheit war jedoch der Meinung, das wäre ein Bruch der Gastfreundschaft.[66] Lange vor dem Waffenstillstand war Wilhelm in der ausländischen Presse bereits »als die Verkörperung aller wirklichen und erdichteten Greuel dieses Krieges« dargestellt worden, und die gegen ihn gerichtete Agitation hatte seitdem beständig zugenommen. Bis zum Ende seines Lebens reagierte er empfindlich gegen den von den Siegern ausgesprochenen Vorwurf, es sei ihm persönlich zuzuschreiben, »wenn nahezu 10 Millionen Menschen in der Blüte ihres Alters brutal dahingemordet, dreimal mehr Menschen gräßlich verstümmelt ... worden seien ... Tausende von Quadratkilometern eines bisher industriereichen, friedlichen und glücklichen Landes ... nun zerstört und verwüstet« lägen.* Da seine tatsächlichen Fehler ganz anders geartet waren, hatte er kein Verständnis dafür, daß ihn die Alliierten als einen schlimmen Wüterich hinstellten. Er hatte sich an der Nase herumführen lassen und sich der Kriegspartei gegenüber schwach gezeigt, hatte mit dem provokanten Säbelrasseln seiner Reden durch seine unsinnige Leidenschaft für eine große deutsche Flotte Unheil angerichtet. Aber jedermann im Umkreis seiner Familie, seines Hofes und seiner Berater wußte, daß er keinen Krieg gewollt hatte. Und da er genau wußte, wie beschränkt seine angeblich so große Macht selbst zu Zeiten des sanften Bethmann Hollweg gewesen war, wies er die Theorie seiner politischen Verantwortlichkeit zurück und betrachtete seine Hände nie als blutbefleckt. Es ist behauptet worden, der Notenwechsel zwischen den Alliierten in Paris und der holländischen Regierung sei nichts als diplomatisches

* Genaue Zahlen sind nicht zu nennen, aber die folgenden werden im allgemeinen als ziemlich exakt angesehen. Demnach war am Ende des Krieges einer von je 28 Franzosen, 32 Deutschen, 57 Briten und 107 Russen umgekommen.[67]

Theater gewesen, und alles sei bereits vorher abgesprochen worden, aber Wilhelm kann das nicht gewußt haben. Seine Frau war tief bedrückt und rief oft aus ihrem unruhigen Schlaf um Hilfe.[68]

Momentan jedoch wurden Wilhelm und Dona in ihrem Wunsch bestärkt, das Unmögliche für möglich zu halten und eine Restauration der Monarchie in Deutschland zu erwarten. Am 15. März berichtete Graf Godard seinen Gästen, daß 5000 der bestausgebildeten Freikorpssoldaten, die sich weder von Paris noch von Berlin auflösen lassen wollten, auf die Hauptstadt marschiert waren und einen gewissen Wolfgang Kapp zum Kanzler ausgerufen hatten. Die Armee hatte ihnen keinen Widerstand entgegengesetzt. Hindenburg hatte sich nach Hannover zurückgezogen, und der neue Generalstabschef sagte zum Kriegsminister, Truppen würden nicht auf Truppen feuern. Und da er innerlich ein Monarchist geblieben war, löste er sein Problem, indem er auf Urlaub ging.[69] Der Kaiser hielt den Kapp-Putsch irrtümlich für eine monarchistische Bewegung. Wie im Krieg, wenn eine Siegesnachricht eintraf, sagte er: »Heute abend gibt es Champagner!«[70] Aber seine Hoffnungen schmolzen innerhalb von wenigen Tagen dahin. Das Marionettenregime wurde gestürzt, die rechtmäßige Regierung, die vorübergehend nach Stuttgart ausgewichen war, funktionierte weiterhin, und die erklärte Absicht der Freikorps, gewaltsam Ordnung zu schaffen und eine Art Diktatur zu errichten, wurde nicht mit allgemeiner Begeisterung aufgenommen. Die Arbeiterschaft regelte die Angelegenheit durch Ausrufung eines Generalstreiks. Kapp floh auf dem Luftweg nach Schweden, die Regierung kehrte nach Berlin zurück, und die Freikorps zogen ab, nicht ohne dabei noch die Berliner zu terrorisieren. Die meisten von ihnen benützten – wie die Münchner Thule-Gesellschaft – als Abzeichen das Hakenkreuz, und es wurde auch bemerkt, daß sich General Ludendorff zur Zeit des Putsches »zufällig« in Berlin aufhielt, um sich von den Truppen feiern zu lassen. Als der Putsch fehlschlug, zog er es klugerweise vor, sich in die bayerische Hauptstadt abzusetzen.[71]

Die Freikorps hatten sich zwar nicht durchgesetzt, aber sie trieben weiterhin ihr Unwesen. Der politische Mord wurde immer häufiger. Hunderte fielen ihm zum Opfer. Man erzählte sich, der bayerische Polizeichef, selbst ehemaliger Führer eines Freikorps, beklage die Tatsache, daß es nicht genügend Gesellschaften für politische Attentate gäbe.[72]

Ohne Wissen seines Vaters hatte der Kronprinz in den vergangenen sechs Monaten mit Oberst Max Bauer, Ludendorffs wichtigstem Mitarbeiter, der auch in Kapps Mannschaft an prominenter Stelle stand, korrespondiert. Als der Putsch fehlschlug, berichtete ihm Bauer, was geschehen war. Klugerweise hatte der Kronprinz sich jedoch nicht damit assoziiert. Die holländischen Behörden waren jedoch offenbar der Meinung, er sei in den Putsch verwickelt, denn es kursierten Gerüchte, daß er durch ein U-Boot oder ein Flugzeug aus seiner Internierung befreit werden sollte. Wieringen wurde von einem Torpedoboot bewacht, und als kurz darauf ein Flugzeug das Gebiet überflog, wurde es abgeschossen. Unglücklicherweise war es ein holländisches.[73] Der Vorfall war freilich nicht geeignet, die Popularität des Kronprinzen als Internierungshäftling zu vergrößern.

Der 24. März brachte endlich auch Klarheit über des Kaisers eigene Position. Die letzte, passenderweise von Lloyd George unterzeichnete Note überträgt »die ausschließliche Verantwortung für etwaige künftige Verwicklungen« der Königlich Niederländischen Regierung.[74] Königin Wilhelmina scheute sich nicht, diese Verantwortung zu übernehmen, und sie versicherte Kaiser und Kaiserin, sie dürften sich fortan als unter dem Schutz der holländischen Regierung stehende Gäste betrachten. Zu ihrer Sicherheit mußten bestimmte Einschränkungen gemacht werden, aber sie waren vorübergehender Natur, woraus zu entnehmen war, daß dem Kaiserpaar nichts im Wege stehen würde, falls es nach Deutschland zurückgerufen würde. Hauptmann Sigurd von Ilsemann, der junge Flügeladjutant von Amerongen, hatte die Enttäuschung seines Herren nach dem Fehlschlag des Kapp-Putsches bemerkt und sah, daß der Kaiser erkannt hatte, daß an eine Rückkehr auf den Thron nicht mehr zu denken war.[75] Die Sozialisten würden ihm ein Leben in Deutschland nie gestatten, und Wilhelm war so vernünftig, nun nicht dauernd dem Unmöglichen nachzuhängen, sondern sich zu einem neuen und erfüllten Leben in Holland zu entschließen. Seit 16 Monaten waren er, die Kaiserin und ihr Haushalt nun bei den Bentincks einquartiert und von diesen mit überwältigender Freundlichkeit behandelt worden. Nun hatte Wilhelm freie Hand, sich eine eigene Heimstätte zu suchen. Recht schnell fand er bei Doorn, etwa 10 Kilometer von Amerongen entfernt, ein an der Straße nach Utrecht und Amsterdam gelegenes kleines Gut, das früher einmal dem Bischof von Utrecht als Sommerresidenz gedient hatte. Es war ein aus dem Mittelalter stammendes und im 18. Jahrhundert umgebautes Landhaus mit Nebengebäuden und dem traditionellen doppelten Graben. Wilhelm sah sogleich, daß es nur eines kleinen Anbaus bedurfte, um gerade genug Platz für seine Familie, eine kleine Dienerschaft und etwa sechs Gäste zu haben.[76] Es hatte früher der Familie Labouchère gehört, deren englischer Zweig einen berühmten »Radikalen« hervorgebracht hatte, der Queen Victorias Mißfallen erregt hatte, indem er vorschlug, den Buckingham Palace in ein Heim für gefallene Mädchen zu verwandeln.[77] Das Hauptgebäude war von Gärten und einem großen Park umgeben, in dem es für Wilhelm genügend Bäume zu fällen gab.*

Die Gefühle, die ihn bewegen mochten, als er sich nun für immer außerhalb seines Vaterlandes niederließ, behielt er für sich und äußerte auch keine Kommentare über diesen Schicksalsschlag. Norah Bentinck war verblüfft über seine Anpassungsfähigkeit:

> Er, der fast sein ganzes Leben lang bestrebt gewesen war, die Aufmerksamkeit aller auf sich zu ziehen, sollte nun der Einsiedler, der große Schweiger in Europa werden.[79]

Wilhelm hielt es offenbar für sinnlos, sich gegen das Unvermeidliche zu stemmen oder sich in Klagen über sein Mißgeschick zu ergehen. Statt dessen betonte er immer wieder, wie gut ihm Holland, das manche Ähnlichkeiten mit der Mark Brandenburg aufwies, gefiel und wie sehr er, der übrigens väterlicher- wie mütterlicherseits mit dem Hause Oranien verwandt war, sich hier zu Hause fühlte.[80] Durch seinen Vermögensverwalter, Graf Ernst von Rantzau, ließ er bestimmte Gegenstände aus Berlin und Potsdam zur Möblierung und Ausstattung von Doorn herbeischaffen. In der Revolution war vieles verlorengegangen, aber da die Hohenzollern zu den reichsten europäischen Dynastien gehörten, war noch immer eine Menge übrig. Wilhelm überwachte die baulichen Veränderungen am Haus, während, wie man in der Familie Bentinck beobachtete, Waggonladungen wertvoller und schöner Besitztümer von der deutschen Grenze nach Doorn strömten. Es kamen Bilder, Statuen, Teppiche, goldenes und silbernes Besteck, Porzellan, Kristallglas, Bücher, Lupen und ein komplettes, für den Einbau in das Haus vorgesehenes marmornes Treppenhaus.[81]

Im Mai, also binnen sehr kurzer Zeit, war man in Doorn fertig. Der Stadt Amerongen schenkte der Kaiser zum Zeichen seiner Dankbarkeit für die empfangene Gastfreundschaft ein kleines, aber modern und komplett eingerichtetes Krankenhaus.[82] Der Abschied von den Bentincks fiel beiden Seiten nicht leicht, auch wenn man sich danach keineswegs aus den Augen verlor und die Freundschaft durch die Verlobung von Gräfin Elisabeth Bentinck, Graf Godards Tochter, mit dem Flügeladjutanten des Kaisers, Hauptmann von Ilsemann, besiegelt worden war.

* Das Fällen von Bäumen war inzwischen zu einem wesentlichen Bestandteil von Wilhelms Tageslauf geworden. In Amerongen hatte der Kaiser mit Hilfe seines Flügeladjutanten und eines Gärtners 18 000 Stämme zersägt.[78]

Nach der Übersiedlung in das neue Heim unterschied sich der Lebensrhythmus des Kaisers und seines Haushalts nur unwesentlich von dem auf Schloß Amerongen. Neue Abwechslungen, die er sich nun gestatten konnte, bestanden darin, daß er gelegentlich auswärts speiste, häufiger Auto fuhr, zum Städtchen Doorn spazierte und seine Familie und Freunde bewirtete, was mit Rücksicht auf die Bentincks in Amerongen unmöglich gewesen war. Nicht nur mit dem Fällen und Zersägen, sondern auch mit dem Pflanzen von Bäumen beschäftigte er sich und legte ein Arboretum an, das noch heute besteht.[83] Er züchtete viele Rhododendren, und in Zeiten von Trockenheit nahm er statt der Axt die Gießkanne in die Hand, um sich morgens Bewegung zu verschaffen. Auf dem laufenden hielt er sich durch tägliche Lektüre deutscher, holländischer, englischer und französischer Zeitungen und durch die Berichte und Zusammenstellungen seines Privatsekretärs, Baron von Sell.* Dennoch galt für seine Gäste die Regel, daß von Ereignissen, die nach dem 9. November 1918 stattgefunden hatten, nicht geredet wurde.[84] Nur in seinem Arbeitszimmer im Turm des Hauses Doorn, wo er an seinem Schreibtisch auf einem Sattel zu sitzen pflegte, sprach er gelegentlich mit Familienmitgliedern oder ausgewählten Besuchern über das seitdem Vorgefallene. Er wußte, daß ein Aufwühlen der Vergangenheit nur den häuslichen Frieden gefährden würde. Obwohl er von gelegentlichen Ischiasanfällen geplagt war, hielt er sich so aufrecht wie immer, und seine äußere Erscheinung wurde noch würdevoller, denn der berühmte aufgezwirbelte Schnurrbart verlor sich in einem kurzgeschnittenen und wie sein Kopfhaar silbergrauen Vollbart.

In vieler Hinsicht war das eine ideale Existenz. Die ihn gut kannten, hatten bemerkt, daß er bereits zu der Zeit, als er noch so glanzvoll die imperiale Rolle spielte, eigentlich lieber das Leben eines englischen Landedelmanns geführt hätte. Umgeben von sechs Bediensteten, zu denen noch immer die Kammerdiener Schulz und Vieke gehörten, die er von seinem Vater geerbt hatte, fühlte er sich wohl und gesund und schien sich selbst gefunden zu haben.[86] Allerdings gab Dona zu großen Sorgen Anlaß. Früher war er der Egoistischere, Erregbarere und Nervösere von den beiden gewesen, und sie – wenn sie sich nicht gerade mit eingebildeter Eifersucht quälte – die Ruhige und stets Verläßliche. Nun waren die Rollen vertauscht. Seine Anpassungsfähigkeit fehlte ihr, und er erkannte, daß sie, nachdem sie aus niedrigeren Ver-

* Nach dem Tod des Kaisers kehrte Baron von Sell nach Deutschland zurück und wurde, da er in das fehlgeschlagene Attentat gegen Hitler vom 20. Juli 1944 verwickelt war, hingerichtet.[85]

hältnissen aufgestiegen war, sich nicht mehr damit abfinden konnte, in Holland wieder bescheiden leben zu müssen. Ihr Stolz, der aus ihrer Position als eine der großen Damen Europas genährt worden war, hinderte sie daran, die abrupten gesellschaftlichen Veränderungen gelassen hinzunehmen. Außerdem war sie eine kranke Frau. Ihre Nerven waren den Ängsten und Widrigkeiten der neuen Zeit nicht mehr gewachsen, und ihre Herzschwäche zwang sie, tagelang auf ihrem Zimmer zu bleiben. Da sie ihren Rosengärten im Neuen Palais nachtrauerte, legte Wilhelm in Doorn Rosenbeete an und bepflanzte viele von ihnen mit der sanft duftenden, weißgrünen Rose, die schon 1890 ihr zu Ehren Kaiserin Auguste-Viktoria genannt worden war.[87] Wilhelm ließ sie auch im Treibhaus anpflanzen, um ihr so oft wie möglich einen frischen Strauß auf den Schreibtisch stellen zu können. Viel mehr konnte man für sie nicht tun. Unablässig machte sie sich Sorgen über den ältesten und den jüngsten ihrer Söhne, die ihr besonders ans Herz gewachsen waren, obwohl beide, der Kronprinz wie Prinz Joachim, ihre strengen evangelischen Regeln der gesitteten Lebensführung immer mit Füßen getreten hatten. Beide waren sie notorische, ihren Ehefrauen entfremdete Schürzenjäger. Beide hatten sie Deutschland verlassen, der Kronprinz war in die holländische Internierung und Prinz Joachim in die Schweiz gegangen, wo er sich eine Villa kaufte und die meiste Zeit in einem nahem Spielkasino in Italien verbrachte. Für ihre Mutter war diese Schande ein schwerer Kummer, aber sie hörte nicht auf, ihre Söhne zu lieben, und als der Kronprinz einen Monat, nachdem sie in Doorn eingezogen waren, Wieringen verlassen und seine Eltern besuchen durfte und auch Prinz Joachim zur gleichen Zeit nach Doorn kam, bedeutete das für sie eine vorübergehende Aufmunterung. Aber die Langeweile der Internierungshaft schien ihren Ältesten abgestumpft zu haben, und ihren Jüngsten, der im Krieg verwundet worden war, hatte der Fehlschlag des Kapp-Putsches vollständig demoralisiert. Er konnte nicht dazu gebracht werden, nach Deutschland zurückzukehren und sich um das Gut Bornstedt zu kümmern, das ihm beim Tode seiner Tante, Prinzessin Feodora, übereignet worden war. Es fehlte ihm jedes Lebensinteresse, und er blieb teilnahmslos, matt und unsäglich deprimiert. Dennoch war es ein Schock für seine Eltern, als er sich am 18. Juli, nur drei Wochen nachdem er von Doorn wieder abgereist war, das Leben nahm. Sie konnten an seinem Begräbnis nicht teilnehmen. An Prinz Joachims Grab standen vier seiner Brüder sowie Hindenburg und Ludendorff.[88] Von diesem Tag an verschlechterte sich der Gesundheitszustand der Kaiserin beträchtlich. Die Nachricht, daß Kronprinzessin Cäcilie mit ihren vier Söhnen zu Besuch in

Wieringen gewesen war, brachte keine Besserung. Selbst als die Vermählung von Gräfin Elisabeth Bentinck, mit der sie sich in Amerongen sehr angefreundet hatte, mit Hauptmann von Ilsemann am 7. Oktober gefeiert wurde, konnte sie nicht teilnehmen. Der Kaiser war dabei und versuchte, um keine Förmlichkeiten aufkommen zu lassen, sich als ganz normaler Hochzeitsgast zu betragen. Ganz gelang ihm dies freilich nicht, denn die Leute behandelten ihn mit beträchtlicher Ehrfurcht.

Am 27. Februar 1921 feierten Wilhelm und Dona ihren 40. Hochzeitstag. In Doorn trafen viele Glückwünsche ein. Mehrere Familienmitglieder fanden sich ein und auch der Kronprinz durfte kommen. Die Kaiserin hatte kaum genug Kraft, sich überhaupt zu zeigen. Es war ihr unerträglich, daß sich soviel geändert hatte, seitdem ihre Brautkutsche von den Berliner Metzgermeistern begrüßt und in die Stadt geführt worden war und sie im Weißen Saal des Alten Palais von flackernden und rauchenden Pechfackeln umgeben den feierlichen Hochzeitstanz angeführt hatte. Sechs Wochen später, am 11. April 1921, verstarb sie.

Wilhelms Schmerz war gedämpft, aber echt. Traditionsgemäß ließ er ihr Zimmer so herrichten, als ob sie noch immer darin lebte, und Strohblumen auf ihr Bett legen. Die Einsamkeit empfand er besonders schmerzlich, da sie in ihrem Testament den Wunsch geäußert hatte, in Potsdam begraben zu sein, und er dadurch des kleinen Trostes beraubt wurde, ihr Grab besuchen zu können. Er und der Kronprinz konnten nicht einmal an der Beisetzung teilnehmen, sondern nur an dem kurzen Gottesdienst, den der Hofkaplan im Hause abhielt, und an der größeren Totenfeier, bei der auch Vertreter der holländischen Königsfamilie zugegen waren.

Der Kronprinz fuhr zurück auf seine Gefängnisinsel. Da er nicht die Charakterstärke besaß, auch dort ein volles und geordnetes Leben zu führen, wie dies sein Vater in Doorn tat, fing er an zu trinken. In großen Mengen von starkem holländischen Bier gelang es ihm zeitweilig, seine Einsamkeit, seine Frustrationen und sein Selbstmitleid zu ertränken.[89] Sein Vater versuchte, seinen Kummer durch harte körperliche und geistige Arbeit zu betäuben, aber auch er litt sehr unter seiner Einsamkeit. Seine Tochter und seine Schwiegertochter, die Kronprinzessin, ließen es nicht an Besuchen fehlen, sie konnten aber nie lange bleiben.[90] Das traurige Jahr wurde noch trauriger durch den Tod zweier vertrauter Männer: Graf August Eulenburg, der noch immer das Ministerium des Königlichen Hauses leitete, verstarb in seinem 83. Lebensjahr,[91] und dann starb am 17. September 1921 mit Philipp Eulenburg ein Mann, der ihm sehr viel bedeutet hatte.[92] Die seltenen Besuche seines Sohnes aus Wieringen, der sich immer mehr dem Alkohol ergab und dessen naive Versuche, die Erlaubnis zur Rückkehr nach Deutschland zu bekommen, er eher kritisch sah, machten ihm wenig Vergnügen.

Als der Kronprinz im Mai 1922 zu einem seiner wenig willkommenen Besuche in Doorn erschien, überraschte ihn sein Vater mit der Nachricht, daß er vorhabe, sich ein zweites Mal zu verheiraten.[93] Kinder, die sich um ihre Eltern kümmern, versuchen meist zu verhindern, daß eine jüngere Dame sich den alten Vater angelt. In diesem Fall hatte sich die Dame zwar dadurch dem Kaiser genähert, daß sie ihren 13-jährigen Sohn ergebene Geburtstagsgrüße schreiben ließ, sie war jedoch in jedem Falle geeignet, die verstorbene Kaiserin zu ersetzen. Auf ihrem Totenbett hatte Dona Gräfin Brockdorff und die Gräfin Keller beschworen, dafür zu sorgen, daß der Kaiser nicht allein bliebe.[94] Nun, nachdem erst 13 Monate vergangen waren, teilte Wilhelm seinem Sohn mit, daß er im Herbst Prinzessin Hermine, die aus dem Fürstenhaus Reuß stammende Witwe des Prinzen Johann Georg von Schönaich-Carolath-Beuthen, heiraten werde. Prinzessin Hermine besaß weder die Stattlichkeit noch die Würde ihrer Vorgängerin, wohl aber viele von deren guten Eigenschaften. Auch sie war eine angenehm rundliche Frau mit starken mütterlichen Gefühlen – sie hatte fünf junge Kinder – und auch sie besaß die Fähigkeit, einen großen Haushalt zu führen und den Wunsch, Wilhelm das Leben angenehm zu machen. Ein weiterer Vorzug bestand darin, daß die Prinzessin selbst recht begütert und daher ohne weiteres bereit war, für sich selbst und für ihre Kinder auf alle Erbansprüche zu verzichten. Der Altersunterschied war groß, denn Hermine war mit 33 Jahren Witwe geworden und nun 28 Jahre jünger als Wilhelm, aber ihm und allen Hausbewohnern in Doorn erschien sie als ein äußerst passender Partner. Der Kronprinz war jedoch nicht sonderlich begeistert. Seine Frau war sogar so stark gegen diese Heirat, daß sie sich weigerte, zur Hochzeit zu kommen.[95]

Am 5. November verlieh er Prinzessin Hermine den Rang und Titel, den auch sein Urgroßvater Friedrich Wilhelm III. seiner zweiten Frau gegeben hatte. Als Fürstin Liegnitz sollte ihr die Anrede »Königlich Preußische Hoheit« zukommen,[96] aber schon beim Frühstück nach der Trauung brachte Prinz Heinrich, der Bruder des Kaisers, einen Trinkspruch auf »Ihre Majestät, die Kaiserin und Königin« aus. Im Hause Hohenzollern und an dem kleinen Hof von Doorn wurde Wilhelms zweite Frau offiziell als Kaiserin Hermine anerkannt, und

Wilhelm erwartete auch, daß sie als solche angesprochen wurde.[97] Am 10. November, fünf Tage nach der Eheschließung, wurde der Kaiser offiziell davon in Kenntnis gesetzt, daß der Kronprinz Wieringen verlassen hatte, um in sein Vaterland zurückzukehren. Nach außen hin wurde zu dieser Zeit auch die holländische Regierung informiert, aber sie hatte es bereits vorher gewußt und gegen die Abreise nichts unternommen. Gustav Stresemann, der Führer der Deutschen Volkspartei – der Nationalliberalen Partei des Zweiten Reiches –, der im August Kanzler geworden war, hatte die Rückkehr ermöglicht. Wilhelm war wütend, erklärte, daß die deutsche Regierung zuvor ihn als das Oberhaupt des Königshauses hätte konsultieren müssen und daß er mehr Recht auf eine Repatriierung hätte als sein ältester Sohn. Aber er wahrte seine Würde und verzichtete auf eine formelle Beschwerde.[98]

4

Es muß dem kleinen Hof von Doorn sehr schwergefallen sein, der Anweisung des Kaisers zu folgen und auf eine Erörterung der laufenden Ereignisse zu verzichten, denn so vieles, was sich in der Weimarer Republik täglich ereignete, war äußerst umstritten. Kulturell war es für Deutschland eine große Zeit. Klee, Gropius, Rohe, Mendelssohn und Brecht traten mit ihren Arbeiten hervor. Auch die Reichen kamen auf ihre Kosten, denn es wurden wenig Steuern erhoben und noch weniger bezahlt. Man ging allgemein davon aus, daß Steuern nur zu Reparationszahlungen dienten und begann Steuerhinterziehungen als moralisch gerechtfertigt oder gar als patriotische Tat zu betrachten. Eine Regierung nach der anderen behalf sich damit, daß sie immer mehr Papiergeld druckte. Die Inflation fraß die Ersparnisse des Bürgertums auf, und die steuerfreien Großindustriellen wurden die Herren der expandierenden deutschen Wirtschaft.[99] Stresemann war entschlossen, das Gleichgewicht zwischen Ausgaben und Einnahmen wiederherzustellen, und es gelang ihm, die Währung so erfolgreich zu stabilisieren, daß die Wirtschaft plötzlich wieder aufblühte. Im Jahre 1929 herrschte in Deutschland ein höherer Lebensstandard als je zuvor, aber dieser Wohlstand basierte hauptsächlich auf der Schwerindustrie, die dann zu Anfang de 30er Jahre in einer weltweiten Wirtschaftskrise zusammenbrach.[100] Diese mehrfache Aufeinanderfolge von Aufschwung und Ruin hatte katastrophale soziale Konsequenzen. Die alten bürgerlichen Wertmaßstäbe verloren ihre Geltung. Gewalttaten gingen straflos aus. Korruption breitete sich aus. Eine Welle sexueller Freizügigkeit ging durch Deutschland und machte Berlin zur »Lasterhöhle

Europas«.[101] Die politischen Auswirkungen waren nicht weniger ernst zu nehmen. Allenthalben wurden Prinzipien über Bord geworfen, und zwei »nationale« Parteien warteten lärmend und ungeduldig darauf, mit brutaler Gewalt die Macht zu ergreifen.

Auf der einen Seite stand die Kommunistische Partei, zu der sich viele Unabhängige Sozialdemokraten und der Rest der Spartakisten zusammengeschlossen hatten. Für Ebert verloren sie dann aber ihre Respektabilität, indem sie dem »asiatischen Leninismus«, wie er ihn nannte, Handlangerdienste leisteten. Auf direkte Anweisung Stalins entledigten sich die deutschen Kommunisten aller derer, die Rosa Luxemburgs antiterroristischer und humanistischer Auslegung der Lehren von Marx und Engels folgen wollten. Auf einen Schlag beraubte sich die Partei damit ihrer klügsten Köpfe. Der Rest ließ sich vom Kreml dazu kommandieren, durch Angriffe auf die parlamentarische Demokratie, den Versailler »Sklavenvertrag« und durch die Einführung von Rotem Terror einen Keil zwischen Rußland und die Westmächte zu treiben. Das taten sie so gründlich, daß sie die Chancen einer friedlichen demokratischen Entwicklung in Deutschland zerstörten.[102] Auf der anderen, der extremen rechten Seite standen die Nationalsozialisten, die in Adolf Hitler einen genialen Erzeuger und Lenker von Massenemotionen gefunden hatten. Seine engsten Gefolgsleute waren der verrückte Ludendorff, Hermann Göring, der Kommandeur des berühmten Richthofen-Geschwaders und Träger des Pour-le-Mérite, der während des Krieges auch mit dem Kronprinzen befreundet gewesen war, Hess und Rosenberg, zwei Mitglieder der Münchner Thule-Gesellschaft, und Paul Joseph Goebbels, der talentierte und charmante Sekretär eines Reichstagsabgeordneten; ferner ein Chemiker namens Strasser und Ernst Röhm, der Prototyp des Freikorpsführers, von dem Göring sagte, daß er sich seine Brutalität nicht nehmen lasse.[103] Objektiv gesehen verfolgten die Kommunisten und die Nationalsozialisten sehr ähnliche Ziele: beide waren totalitäre Parteien, die sich geschworen hatten, die Schande des Versailler Vertrages zu rächen, und beide bedienten sich systematisch des Terrors. Aber die Nationalsozialisten besaßen den unschätzbaren Vorteil, von vielen Industriellen unterstützt zu werden. Mit der endgültigen Machtergreifung mußten beide jedoch warten, bis die Republik anfangen würde zu zerfallen.

Im Alter von nur 55 Jahren starb 1925 an einer Bauchfellentzündung der einst so aufrechte, nun aber enttäuschte und erschöpfte Reichspräsident Ebert. Um die Lücke zu füllen, lockte man wieder einmal Feldmarschall von Hindenburg aus seinem Ruhestand. Hindenburg hatte versucht, mit dem Kaiser seinen Frieden zu machen, indem er zu jedem Geburtstag seine loyalen Glückwünsche übersandte und schriftlich die volle Verantwortung dafür übernahm, daß man ihm geraten hatte, ins Exil zu gehen. Aber Wilhelm hatte nie Vertrauen und Zuneigung zu ihm empfunden und sah keinen Grund, seine Meinung zu ändern. Im folgenden Jahr regelte das preußische Parlament seine finanziellen Beziehungen zum Hause Hohenzollern, dem es 14 der königlichen Besitztümer zurückgab, darunter auch die kaiserliche Farm bei Cadinen und die Jagdhütte bei Rominten. Die deutsche Regierung war nicht kleinlich verfahren, aber Wilhelm fühlte sich nicht zu Dankbarkeit verpflichtet. Die Rückgabe erinnerte ihn lediglich an Orte, die er liebte, aber nicht mehr besuchen durfte.[104] Die Finanzkrise zu Anfang der 30er Jahre zeigte deutlich, daß Deutschland zwar einen souveränen Reichstag, einen Reichskanzler und einen Reichspräsidenten besaß, aber keine wirklich anerkannte Autorität. Das Land wurde nicht regiert, sondern nur verwaltet, und als es darum ging, durch eine einheitliche und umfassende Politik die Arbeitslosigkeit zu bekämpfen, wurde der Unterschied deutlich. Die einzige wirkliche Macht im Staate war die Reichswehr. Ihr Kandidat war Heinrich Brüning, ein sympathischer Mann, der früher auch dem Offizierskorps angehört hatte. Er war nun der Vorsitzende der Zentrumspartei und regierte als Reichskanzler mit Hilfe von Notverordnungen. Jeden Sonntag gab es blutige Zusammenstöße zwischen Kommunisten und Röhms Braunhemden. »Die Blauen« – die republikanische Polizei – versuchten die Ordnung aufrechtzuerhalten, aber Hitlers Anhängerschaft wuchs ständig.[105] In Doorn hörte sich Wilhelm recht skeptisch an, mit welcher Bewunderung seine Frau von den Nazis redete. Einige Herren aus seinem Gefolge waren nicht weniger begeistert, denn das Programm, das die Nationalsozialisten unter dem Wahlspruch »Deutschland erwache!« verkündeten, versprach Ordnung, Rache für Versailles und die Vereinigung aller reinrassig arischen Deutschen unter einem Führer. Göring kam eigens nach Doorn, um dem skeptischen Kaiser zu sagen, es sei Hitlers Ziel, die Monarchie wiederherzustellen.[106]* Als alter

* Prinz Philipp von Hessen, dem Neffen des Kaisers, zufolge neigte die Mehrheit der Hohenzollern zu einer Befürwortung Hitlers, da dieser auf eine Wiederherstellung der Ordnung und eine Erneuerung des Landes zielte. Dem Führer gelang es sogar, bei ihnen den Eindruck zu erwecken, als sei sein Antisemitismus lediglich ein Versuch, die Vorherrschaft der Juden etwa bei den Medizinern und Lehrern, Juristen, Künstlern und Journalisten zu reduzieren.[107] Einer nach dem anderen wurden sie enttäuscht, Prinz Philipp am schmerzlichsten von allen. Seine Frau, eine Tochter des Königs von Italien, starb im Konzentrationslager Buchenwald.[108] Es ist kaum vorstellbar, daß der Kaiser mit seiner wohlbekannten Abneigung gegen die Vorfahren der Nazis, die Alldeutschen, in Hitler etwas anderes sehen konnte als einen politischen Rattenfänger.

Freund des Kronprinzen wurde Göring höflich behandelt, aber keine von beiden Seiten machte irgendwelche Zusicherungen. Aus dem einfachen Grunde, weil Hitler ein Antikommunist war, gestattete der Kaiser jedoch zweien seiner Söhne, Prinz August und Prinz Oskar, in die Partei einzutreten, und der Kronprinz war nicht weniger unklug, als er sich in SA-Uniform fotografieren ließ.[109]

Als 1932 der Reichspräsident zu wählen war, stand nur noch Hindenburg zwischen Hitler und dem höchsten Staatsamt. Die Idee, daß der Kronprinz kandidieren sollte, wurde schnell zu Fall gebracht. Obwohl der Feldmarschall bereits in seinem 85. Lebensjahr stand, bewog ihn Reichskanzler Brüning, sich zur Wiederwahl zu stellen. Der Kronprinz erklärte daraufhin, da er »eine geschlossene nationale Front für unbedingt notwendig« halte, werde er selber für Hitler stimmen.[110] Hindenburg siegte, aber er ließ Brüning fallen und ersetzte ihn durch den Reaktionär Franz von Papen, der sein »Kabinett der Barone« zusammenstellte.[111] Graf Harry Kessler beschrieb dessen Regierungserklärung als ein unglaubliches Dokument finsterster Reaktion, verglichen mit dem die Verlautbarungen der kaiserlichen Regierungen wie das hellste Licht der Aufklärung erstrahlten.[112] Papen blieb lang genug im Amt, um das Hauptquartier der Kommunisten im Karl-Liebknecht-Haus mit Hilfe von Panzerwagen und Maschinengewehren zu zerstören und innerhalb von fünf Monaten zwei Reichstagswahlen abhalten zu lassen, aus denen hervorging, daß der Bürgerkrieg nur durch einen Reichskanzler Adolf Hitler abzuwenden war.

Am 21. März 1933 – dem Tag, an dem auch der erste Reichstag des Zweiten Reiches eröffnet worden war – wurde der erste Reichstag des Dritten Reiches in der Potsdamer Garnisonskirche eröffnet. In einer der Galerien saßen nur Feldmarschälle, Generale und Admirale, die alle ihre Uniformen aus der Kaiserzeit trugen. Der Kronprinz saß in voller Uniform hinter einem leeren Thron. Die Abgeordneten der Nationalsozialistischen und der Zentrums-Partei waren von bewaffneter SA flankiert. Gemeinsam betraten Hindenburg und Hitler die Kirche, und als sie an dem leeren Thron vorbeigingen, wendete sich der greise Feldmarschall und grüßte mit seinem Stab. In einer geschickten, kurzen und bescheidenen Rede verknüpfte Reichskanzler Adolf Hitler die »Symbole der alten Größe und der neuen Kraft«, und Seite an Seite mit Hindenburg betete er dann am Grabe Friedrichs des Großen.[113] Wilhelm ließ sich das Kompliment gegenüber dem Thron gefallen, aber dafür, daß die Nationalsozialisten sich in direkter Linie von Friedrich dem Großen und Bismarck herleiteten, hatte er nur Verachtung übrig.

Im Juni festigte Hitler seine Position, indem er unter Freund und Feind gleichermaßen ein Blutbad anrichtete. Strasser wurde in Berlin erschossen, Röhm in einer Münchner Gefängniszelle, und eine Reihe seiner Anhänger ereilte das gleiche Schicksal. Es entging den Hohenzollern nicht, daß Göring Prinz August unter Hausarrest stellen ließ. Im Reichstag verkündete Hitler, daß 77 Menschen hingerichtet worden waren. Wahrscheinlich waren es weit mehr. Bevor er im August starb, sprach Hindenburg ihm für seine Entschlossenheit seinen Dank aus.[114] Zusätzlich zu dem Amt des Reichskanzlers übernahm Hitler nun auch das des Reichspräsidenten und ließ alle Soldaten und Offiziere der Reichswehr einen persönlichen Treueeid auf ihn als ihren Oberkommandierenden schwören.[115] In diesem Sommer wurde die »Fürstenabfindung« aus dem Jahre 1926 aufgehoben. Die Hohenzollern konnten aus ihren Gütern, die wiederum beschlagnahmt wurden, kein Einkommen mehr beziehen. Unter der Voraussetzung, daß sie sich jeglicher Kritik am Regime enthielten, gewährte der Staat den Mitgliedern der Familie zum Ausgleich ansehnliche jährliche Zahlungen.[116] Wilhelm machte einen letzten Versuch, sich mit Hitler zu arrangieren, und bat um Erlaubnis, in sein Vaterland zurückkehren zu dürfen. Sie wurde ihm verweigert.[117] Öffentliche Feiern anläßlich seines 75. Geburtstages im Jahre 1934 wurden auf Befehl Görings brutal aufgelöst.[118] Drei Tage später, am ersten Jahrestag der Machtübernahme, verkündete Hitler im Reichstag seinen »Protest gegen die vor kurzem wiederaufgenommene These, daß Deutschland unter dem Erbprinzen glücklicher wäre«. Und bald danach wurden alle monarchistischen Organisationen in Deutschland aufgelöst und die Privilegien des Königshauses aufgehoben. Göring übernahm die königliche Jagdhütte bei Hubertusstock, baute sich dort eine Luxusvilla und ärgerte den Kaiser vor allem damit, daß er dieses alte Besitztum der Hohenzollern nach seiner Frau Karinhall nannte.[119]

Der Kaiser fand es nicht nur erträglicher, sondern geradezu notwendig, sich mehr mit dem Zweiten als mit dem Dritten Reich zu befassen. In all den Jahren im Exil wurde er weder von den Lästerern noch von den Bewunderern in Ruhe gelassen. Erstere waren weit zahlreicher als letztere, aber den vielen Briefen, die auf ihn einströmten, war vor allem deutlich zu entnehmen, daß Freund und Feind wenig Ahnung von dem hatten, was in Deutschland vor seiner Abdankung tatsächlich passiert war. Die Briefe wurden von Baron von Sell und von Wilhelm selbst entsprechend beantwortet.

Wichtiger, weil mehr gelesen, waren die Zeitungsartikel, in denen der Kaiser aufs Korn genommen wurde. Als im Lauf der Jahre das Interesse der Öffentlichkeit an seiner Person schwand, ließ auch diese Flut etwas nach, aber solange sie anhielt, war sie für Wilhelm eine solche Qual, daß er sich gezwungen fühlte, einige Leute mit einer Art von Öffentlichkeitsarbeit zu beschäftigen und durch sie seinen Standpunkt vertreten zu lassen.

Weniger kurzlebig und darum noch wichtiger waren die Bücher, die nun innerhalb und außerhalb von Deutschland gedruckt wurden. Trotz der Proteste von Bismarcks Familie[120] brachte Cotta Graf Herberts ziemlich einseitige Darstellung vom Sturz seines Vaters als dritten Band von Fürst Bismarcks *Gedanken und Erinnerungen* heraus, und die Öffentlichkeit war recht angetan von der Bitterkeit seines Angriffs gegen den Kaiser. Wilhelm war weniger begeistert. Mit Hilfe eines Journalisten namens Rosen, der ihm als Ghostwriter diente, schrieb und veröffentlichte er 1922 seine Erinnerungen an seine Zeit als Kaiser und 1926 seine Jugenderinnerungen. Mit bewundernswerter Zurückhaltung und nach Meinung mancher Historiker auch recht wirkungsvoll stellte er die Dinge aus seiner Sicht dar.[121] Es gab auch Kritiker, die sich aus dem Ruhestand oder aus dem Grabe erhoben, um über ihren ehemaligen Herrn herzufallen oder ihm gar die Schuld am Krieg anzuhängen. Was dem Vaterland wirklich hätte schaden können, wurde freilich in abgeschwächter Form vorgetragen, denn für Politiker wie Historiker gleichermaßen galt eine Art von Selbstzensur.[122] Aber in nebensächlichen Dingen konnte man den emigrierten Kaiser ohne weiteres mit Schmutz bewerfen. Den Memoiren von Tirpitz, Bethmann Hollweg, Jagow, Moltke, dem früheren Hofmarschall Graf Robert von Zedlitz-Trützschler, Philipp Eulenburg und Waldersee folgte schließlich Johannes Hallers groß angelegte Apologie von Philipp Eulenburg. Wilhelm las die Bände einen nach dem anderen und reagierte überraschend gelassen, wenn man bedenkt, daß selbst die Biografie Emil Ludwigs, in der er gut wegkommt, Passagen enthält, bei denen er zusammengezuckt haben muß. Erst als 1927 unter dem Titel *The Letters of the Empress Frederick* die Memoiren seiner Mutter erschienen, bekam er das Gefühl, es müsse etwas unternommen werden. Dieses Buch bestand aus einer Auswahl von Dokumenten, die Sir Frederick Ponsonby, ein Patenkind von Wilhelms Mutter, aus Deutschland herausgeschmuggelt hatte, um sie zusammen mit seinem eigenen fortlaufenden Kommentar zu veröffentlichen.[123] So scharf Emil Ludwigs Kritik an der Kaiserin gewesen war, so deutlich wurde nun, daß diese Briefe zu viele private Familienangelegenheiten in die Öffentlichkeit zerrten und dem Historiker nicht, wie Ponsonby das beabsichtigt hatte, ein ausgewogenes, sondern ein verzerrtes Bild der Tatsachen gaben. Für die

Meute der Journalisten war das ein gefundenes Fressen, massenhaft wurden bestellte und unbestellte Kommentare, Leitartikel und ganze Kolumnen von Leserbriefen veröffentlicht. Durch einen geschickten Schachzug machte der Kaiser jedoch das Werk in Deutschland unschädlich. Er selbst kaufte die deutschen Rechte an Ponsonbys Buch und schrieb eine kurze Einleitung. Darin betonte er die Verletzbarkeit seiner Mutter und erklärte daraus ihre Aggressivität:

> Sie war empfindlich. Alles verwundete sie. Sie war an schnelle Worte gewohnt und ... sagte scharfe Worte aus ihrem Temperament heraus über alle.

Nachdem er dem Buch damit seinen Stachel genommen hatte, ließ er es in einer Übersetzung ohne irgendwelche Änderungen veröffentlichen.[124] Im Jahre 1929 starb der treulose Bülow. Wilhelm wußte, daß seine Memoiren bereits druckfertig vorlagen. Zum Begräbnis schickte er einen Kranz mit der lakonischen Inschrift: »Meinem unvergeßlichen Kanzler«.[125] Bald danach erschienen die Memoiren in vier Bänden. Wären sie mehr aus einem Guß und weniger voll von Widersprüchen gewesen, so hätten sie einen vernichtenden Angriff auf den Kaiser darstellen können. So aber fiel der Angriff auf den Autor zurück. Als er den letzten der prachtvollen blauen Bände beendet hatte, bemerkte Wilhelm, das sei der erste ihm bekannte Fall eines Mannes, der nach seinem Tode Selbstmord begangen habe.[126]

Alle diese kritischen Arbeiten kamen sozusagen von seiner eigenen, der deutschen Seite. Die Zahl der Bücher, die in anderen Ländern geschrieben wurden – einige zu seinen Gunsten, die große Mehrheit jedoch nicht –, war noch größer. Er ertrug die Beschimpfungen mit Fassung, selbst wenn er »der tolle Hund Europas«, »dieses Ungeheuer«, »ein kaiserlicher Clown« oder komischerweise auch »eine Walküre mit wildem Schnurrbart« genannt wurde.

Was sich in seiner Familie abspielte, war weniger leicht zu ertragen. Zwei seiner Söhne wurden nur durch Hitlers abweisende Haltung von ihrem Nazismus geheilt, aber Kaiserin Hermine blieb, wie einige seiner Neffen und Nichten, eine überzeugte Anhängerin des Nationalsozialismus. Sein dritter Sohn, Prinz Ethelbert, der in der Kaiserlichen Marine gedient hatte, faßte plötzlich den Entschluß, nichts mehr mit dem Vaterland zu tun haben zu wollen, und lebte fortan unter dem Namen Graf Lingen als Privatmann in der Schweiz.[127] Wilhelms verwitwete Schwester Moretta war auch alles andere als ein Lichtblick für das Haus Hohenzollern, denn sie heiratete einen russischen Tunichtgut, der dem Alter nach ihr Enkel hätte sein können, und starb zwei Jahre später, 1929, völlig verarmt und verlassen in Bonn.[128] Im gleichen Jahr verliebte sich Prinz Louis Ferdinand, der zweite Sohn des Kronprinzen, in eine amerikanische Filmschauspielerin. Er sollte nach Argentinien fahren, um dort zu studieren, und sein Großvater gab ihm dazu 2000 Mark nebst Ratschlägen, wie man sich als Hohenzoller im Ausland zu verhalten habe. Dann jedoch mußte er hören, daß der junge Mann auf dem Weg nach Südamerika in Hollywood Station gemacht hatte und nun im Scheinwerferlicht der Presse stand.[129] Durch seine entschieden nazifeindliche Haltung und dadurch, daß er seinen Großvater in laufenden politischen Angelegenheiten um Rat fragte[130], gewann er bei diesem allerdings wieder an Boden, und er wurde auch eine Art Familienbotschafter am englischen Hof, wo er aufgrund seiner guten Eigenschaften und seines Charmes ein gern gesehener Gast war.[131] Nicht lange danach trat er als Thronanwärter und zukünftiges Familienoberhaupt an die Stelle seines älteren Bruders. Der Kaiser liebte seinen ältesten Enkel, einen ruhigen, nüchternen und verständnisvollen jungen Mann, dessen Großjährigkeit in Doorn gefeiert worden war und auf den sich die Hoffnungen der deutschen Monarchisten richteten. Um so betrübter war er über die Nachricht, daß der junge Prinz sein Herz an eine nicht standesgemäße Person verloren hatte und zur Heirat entschlossen war. Die Dame seiner Wahl, Dorothea von Salvati, gehörte dem niederen Adel an, und man stritt sich über die Frage, ob eine Heirat mit ihr als morganatisch oder nicht zu betrachten wäre. Bezeichnenderweise wurde Prinz Wilhelm vor der Heirat ein formeller Verzicht auf seine Rechte als Erstgeborener abgenommen, und Klaus Jonas, dem Biographen des Kronprinzen zufolge herrschte über diese strikte Anwendung der »Hausgesetze« allgemeine Entrüstung.[132] Von Jonas erfahren wir auch, daß Prinzessin Wilhelm, wie die junge Dame nun genannt wurde, vier Jahre später bei der Hochzeit ihres Schwagers zusammen mit einer anderen morganatischen Gemahlin nicht im Festsaal, sondern nur in einem anschließenden Nebenraum speisen durfte.[133]

Die familiären Schwierigkeiten und die permanente Kampagne gegen Wilhelms Person wurden ein wenig ausgeglichen durch die vielen Besucher, die er im allgemeinen sehr herzlich empfing.* Es kamen auch viele Andenkensammler, die befriedigt wieder abzogen, wenn ihnen der Kaiser ein selbstgesägtes Stück Holz schenkte, auf dessen Ende er mit Tintenstift ein großes »W« zu kritzeln pflegte.[134] Die liebsten Besucher waren für Wilhelm seine Tochter, seine Schwiegertochter und seine Enkel. In deren Erinnerung blieb er ein sehr liebevoller

* Bis zum Abzug der britischen Besatzungsstreitkräfte aus dem Rheinland im Jahre 1929 wurden in Doorn allerdings keine Engländer empfangen.[135]

Großvater.[136] Ferner gab es offizielle Besuche an seinen Geburtstagen; die immer mit großem Aufwand gefeiert wurden. Sein treuester Besucher war August von Mackensen, der einst die Sitte eingeführt hatte, bei Hofe die Hand des Kaisers zu küssen, und den Wilhelm aufgrund seiner hervorragenden Dienste während des Krieges zum Feldmarschall befördert hatte. Am 70. Geburtstag des Kaisers führte der Feldmarschall eine Delegation von 30 Mitgliedern des alten preußischen Offizierskorps an, die nach Doorn fuhr, um ihrem Herrn zu gratulieren. Sie sah in ihm noch immer ihren Oberbefehlshaber.[137] Am 80. Geburtstag verbat Hitler es allen aktiven Reserveoffizieren, ihren ehemaligen Herrn zu beglückwünschen. Aber Mackensen und in diesem besonderen Falle auch noch ein weiterer von Wilhelms ehemaligen Feldmarschallen, Kronprinz Ruprecht von Bayern, ließen sich durch nichts fernhalten.[138] Es wurde ein Gala-Fest. Die kaiserliche Standarte und die preußische Flagge wehten vom Turm des Hauses Doorn. Die Herren erschienen alle in Gala-Uniform und die Damen in großer Abendtoilette. Neben dem alten Kronprinzen Ruprecht von Bayern, dem Großherzog von Mecklenburg und Großfürst Wladimir von Rußland waren viele Familienmitglieder, Vertreter des kaiserlichen Offizierskorps sowie Prinz Friedrich Christian von Sachsen als Vertreter von Königin Wilhelmina zugegen. Glückwunschtelegramme des englischen Königspaares und der Königinmutter zeigten ihm, daß er in dem Volk, das ihm am meisten bedeutete, nicht vergessen war. Es gab einen Dankgottesdienst mit einer Predigt des Hofkaplans, ein Bankett, die Vorführung des Filmes *Das Leben Friedrichs des Großen,* eine kleine Gratulationscour und einen Ball.[139] Aber selbst zu diesem Zeitpunkt hatte sich die Kampagne gegen den Kaiser noch nicht totgelaufen. Am Tage vor seinem Geburtstag brachte der *Eclaireur de Nice* eine Fotografie des Kaisers mit den Worten:

> Dies ist der 80jährige Herr Wilhelm Hohenzollern, der den frühen Tod von vielen Millionen junger Menschen verschuldet hat. Unfehlbare Gerechtigkeit, was ist aus dir geworden![140]

Ob dem Kaiser dieser Angriff zu Ohren kam, ist sehr fraglich. Viele Jahre vorher hatte er sich große Mühe gemacht, vergleichende Geschichtstabellen auszuarbeiten, um aufzuzeigen, was die einzelnen Großmächte vor dem Krieg in jedem Jahr taten und worauf sie dabei politisch abzielten. Überzeugt hatte er damit niemanden. Aber er war nicht nur älter, sondern auch weiser geworden und verschwendete keine Zeit mehr auf nutzlose Polemik. Mit seinen 80 Jahren war er geistig so wach wie immer, und die gründlichen und ausgewählten Studien vieler Jahre hatten die Neugier seines Geistes nie ganz erschöpfen können. Immer wieder las er seine Lieblingsbücher. Eine besondere Vorliebe hatte er für die Werke von P. G. Wodehouse, und wer ihn zu Hause ärgerte, dem las er zur Strafe aus Wodehouse vor und beobachtete die Reaktionen.

Während es immer unverkennbarer wurde, daß Hitler sein Drittes Reich in einen Krieg trieb, stimmte Wilhelm in den Chor der Erleichterung darüber ein, daß die Münchner Krise des Jahres 1938 vorüberging. Zum erstenmal seit dem Krieg schrieb er (mit Tintenstift) einen Brief an die englische Königin Mary – mit der Bitte, ihn an König Georg weiterzuleiten –, in dem er seine Erleichterung über Chamberlains Erfolg zum Ausdruck brachte.[141] Er wußte allerdings sehr wohl, daß dieser Friede kein dauerhafter war. Obwohl seine Frau für Hitler eintrat, war er empört über Hitlers Behandlung der Juden und erklärte: »Zum ersten Male schäme ich mich, ein Deutscher zu sein.«[142]

Als der Zweite Weltkrieg ausbrach, standen 15 Hohenzollern-Prinzen an der Front. Zwei Tage, nachdem England und Frankreich den Krieg erklärt hatten, fiel Prinz Oskar, der Enkel des Kaisers, in Polen.[143] Als der Feldzug im Westen begann, lud Hitler den Kaiser ein, als Ehrengast des Dritten Reiches nach Deutschland zurückzukehren.[144] Auf der anderen Seite bot ihm der um seine Sicherheit besorgte König Georg VI. Asyl in England an. Ein Flugzeug sollte ihn aus Holland herausholen. Und schließlich bot ihm Königin Wilhelmina, die zwar mit ihrer Regierung nach London fliehen mußte, sich jedoch noch immer als seine Gastgeberin betrachtete, in Hollands überseeischen Kolonien eine Zufluchtsstätte an. Wilhelm ging auf keines dieser Angebote ein. Nachdem die Holländer ihn während seines langen Exils so gut behandelt hatten, wollte er sie nun nicht im Stich lassen und wollte sich auch nicht ein zweites Mal vorwerfen lassen, er sei davongelaufen.[145]

Holland wurde von den Deutschen besetzt, und am 14. Mai 1940 bekam eine besondere Abteilung den Auftrag, den Kaiser zu bewachen und ihn daran zu hindern, Doorn zu verlassen. Sie bekam strikte Anweisungen, Distanz zu wahren, aber Wilhelms ruhige Höflichkeit und sein würdevolles Benehmen taten ihre Wirkung. Rasch wurden die Soldaten durch Gestapo ersetzt, aber selbst diese brachte es nicht fertig, sich so zu verhalten, wie Hitler es wünschte. Schon bald schlug ihr Oberst vor dem Kaiser die Hacken zusammen und sprach ihn als »Euer Majestät« an.[146]

Am 23. Mai 1940 erfuhr der Kaiser, daß sein ältester Enkel Wilhelm bei den Kämpfen um Valenciennes schwer verwundet worden war. Drei Tage später starb er in einem Lazarett. Als der Prinz dann im

Potsdamer Antikentempel beigesetzt wurde, folgten 50 000 Menschen seinem Sarg. Feldmarschall von Mackensen war trotz seiner 92 Jahre zugegen und durfte zusammen mit wenigen anderen an den letzten Ehrungen im Antikentempel teilnehmen. Nach der Feier trat Mackensen auf General von Stülpnagel zu und sprach ihn mit Stentorstimme an: »Ich hörte, Sie wären krank und könnten daher nicht am Krieg teilnehmen!« Darauf Stülpnagels Antwort: »Nein, Herr Feldmarschall. Ich bin ganz gesund, aber die Partei mag ich nicht.« Mackensen drückte ihm die Hand mit den Worten: »Dann kann ich Ihnen ja nur von Herzen gratulieren!«[147]

Hitler war wütend über diese massive Demonstration für die Monarchie. Alle Hohenzollernprinzen mußten zum Zivildienst überwechseln.[148] Angeblich drohte er mit Maßnahmen gegen sie und ihre Familien, und der Kaiser soll dadurch, daß er ebenso wie der Kronprinz Glückwunschtelegramme zur Einnahme von Paris sandte, versucht haben, ihn zu besänftigen.[149] Bezeichnenderweise war das Telegramm des Kaisers im Gegensatz zu dem seines Sohnes recht kurz.[150] Es wurde auch behauptet, daß Wilhelm sich zu dieser unerfreulichen Geste von Kaiserin Hermine verleiten ließ.[151] Höchstwahrscheinlich ist dies die zutreffendere Erklärung.

In den folgenden Monaten bewahrte er im wesentlichen Stillschweigen. Er verglich die beiden großen Kriege miteinander, und da er in beiden ein gemeinsames Grundmuster erkannte, sagte er voraus, daß Deutschland auch diesmal unterliegen werde. Hitler unterschätzte seiner Meinung nach die Auswirkungen der Blockade. Im Frühling des Jahres 1941 begann der Kaiser sich unwohl zu fühlen. Er litt an Schmerzen und Mattigkeit. Eine große Überraschung war das nicht. Wilhelm hatte bereits die meisten Staatsoberhäupter seiner Zeit und die große Mehrheit der Leute überlebt, die ihn um seine Krone gebracht und für das letzte Viertel seines Lebens nach Holland gejagt hatten. König Georg von England und König Albert von Belgien waren ebenso gestorben wie Kaiser Karl von Österreich-Ungarn. Von Lenin war nur noch sein einbalsamierter und geschminkter Leichnam als permanentes Ausstellungsstück im Kreml geblieben. Präsident Wilson, der sein eigenes Volk nicht dazu bringen konnte, den Versailler Vertrag zu ratifizieren, war so krank geworden, daß die Vereinigten Staaten im letzten Jahr seiner Amtszeit von seiner Frau und seinem Arzt regiert wurden.[152] Von seinen Reichskanzlern waren alle, auch Prinz Max, gestorben, und auch Scheidemann, Hindenburg, Ludendorff, Gröner, Clemenceau und Foch waren tot. Von Wilhelms sieben Geschwistern lebte nur noch seine jüngste Schwester. König Ferdinand von Bulgarien, der Fuchs, der einst beinahe eine internationale Krise herbeiführte, weil Wilhelm ihm einen Schlag auf das Hinterteil versetzt hatte, und jener nur allzu wendige Walliser, David Lloyd George, der gedroht hatte, ihn aufhängen zu lassen, überlebten ihn, aber ansonsten muß er wie Queen Victoria den Eindruck gehabt haben, alles um ihn herum sterbe weg.

Als er noch an der Macht war, hatte Wilhelm oft lange Schatten geworfen und noch im Exil verfügte er über sehr beachtliche geistige und körperliche Beweglichkeit. Nun aber ließen seine Kräfte nach. Er ließ seine Archäologie liegen und beachtete nicht einmal mehr Baron von Sells Berichte und Zusammenstellungen. Als eine Erkältung in eine Lungenentzündung überging, wartete man noch eine Weile und gab dann bekannt, daß er ernsthaft erkrankt sei. Man gab zu verstehen, daß er im Sterben liege. In einem Dämmerzustand, aber ruhig, lag er in seinem Bett.

Es werden ihm in diesen langen Stunden die Dinge durch den Kopf gegangen sein, an die sich alte Menschen am ehesten zu erinnern pflegen. Er war 82 Jahre alt und hatte ein ereignisreiches Leben hinter sich, aber selbst die dramatischsten Momente dieses Lebens wichen nun wohl den tief eingeprägten Bildern der Kindheit. Die Gurten und Stangen etwa, die ihm an Nacken und Bein geschnallt wurden, oder sein Lehrer, der ihn unerbittlich immer wieder aufsitzen ließ, wenn er vom Pferd gefallen war. Oder das Wirtshaus in Kassel, in dem er zusammen mit Harry sein durchnäßtes Brot aß, Bootsfahrten mit ihrem bärtigen Vater auf der Havel, die Messingkanonen von Osborne, die er abfeuerte, während der kleine Waldemar Queen Victoria ein Krokodilbaby zu Füßen legte. Oder die beiden nebeneinander gestellten Staffeleien in Mamas Arbeitszimmer, an denen sie malten, der Familienurlaub auf Norderney mit Schwimmen, Muschel sammeln und einer Fahrt auf dem ratternden Raddampfer. Oder der kleine Tisch, an dem er mit seinem Großvater, dem alten Kaiser, essen durfte und ihm zuschaute, wie er die Weinflasche markierte. Oder das traurige Quaken der hellgrünen Unken von Cadinen.

Ganz anders wäre es gewesen, wenn er als regierender Kaiser auf dem Sterbebett gelegen hätte. Endlose Stunden hindurch wäre der Raum voll gewesen von seiner gesamten Familie, den Mitgliedern des Haushaltes, den hohen Offizieren, den obersten Hof- und Staatsbeamten, Kaplanen, Ärzten und Dienern, die alle Zeugen des Momentes sein wollten, in dem das Zepter in eine andere Hand überging. Wilhelm blieb dieses Ritual erspart, die Intimität des Todes blieb für ihn ungestört.

Am 31. Mai war ein Verfall seiner Kräfte zu bemerken. Am 3. Juni verlor er das Bewußtsein. Am Morgen des 4. Juni starb er im Beisein seiner Frau, seiner Tochter und dreien seiner Enkel.

ANMERKUNGEN

ERSTES KAPITEL
Hohenzollern und Sachsen-Coburg-Gotha

1 Longford, Elizabeth, Countess of, Victoria R. I., 1964, S. 223
2 Masur, Gerhard, Das Kaiserliche Berlin, München – Wien – Zürich 1971 (Imperial Berlin, New York 1970, übersetzt von Charlotte Roland und Hans Maeter)
3 Balfour, Michael, Der Kaiser, Wilhelm II. und seine Zeit, Berlin 1967 (The Kaiser and his Times, London 1964, Pelican Books 1975, übersetzt von K. A. Abshogen)
4 Longford, a. a. O., S. 194
5 Goltz, Friedrich Baron von der, und Stiefenhofer, Theodor, Unsterbliches Deutschland, 1936, S. 45f., nach Röhl, J. C. G., From Bismarck to Hitler, 1970, zitiert als Röhl I.
6 Heer, Friedrich, Mittelalter, München 1961 (Kindlers Kulturgeschichte)
7 Longford, a. a. O., S. 223
8 Pound, Reginald, Albert, 1973, S. 231
9 Longford, a. a. O., S. 223; Pound, a. a. O., S. 230
10 Queen Victoria, Letters, I, i, S. 53
11 Longford, a. a. O., S. 225
12 Fulford, Roger, The Prince Consort, 1949, zitiert als Fulford I, S. 233; Pound, a. a. O., S. 434; Longford, a. a. O., S. 225
13 Longford, a. a. O., S. 172
14 Bennett, Daphne, Vicky, Princess Royal of England and German Empress, 1971, S. 38
15 Longford, a. a. O., S. 205
16 Pound, a. a. O., S. 279
17 Masur, a. a. O., S. 46
18 Rochau, Ludwig von, Grundzüge der Realpolitik, 1853, Neuausgabe eingel. v. H.-U. Wehler, Ullstein Taschenbuch, 1972
19 Knight, Alfred E., Victoria, Her Life and Reign, 1901, S. 183
20 ebda., S. 217
21 Aronson, Theo, The Kaisers, 1971, zitiert als Aronson I, Hg. Corgi, S. 39
22 Queen Victoria, Journal, 14. September 1855
23 Longford, a. a. O., S. 259f.
24 Pound, a. a. O., S. 286
25 Aronson I, S. 41
26 Macalpine, Ida und Hunter, Richard, George III and the Mad-Business, 1969, S. 247–254
27 Queen Victoria, Letters, Bd. I, iii, S. 321
28 Bennett, a. a. O., S. 54
29 Cowles, Virginia, Wilhelm II., Der letzte deutsche Kaiser, 1976, (The Kaiser, 1963, übersetzt von Claus Velmeden)
30 ebda., S. 13
31 Strachey, Lytton, Queen Victoria, 1921, Phoenix Library Edition, S. 92

ZWEITES KAPITEL

Wiege und Kinderzimmer

1 Kürenberg, Joachim von, (v. Reichel), War alles falsch? Das Leben Kaiser Wilhelms II., Bonn 1952, S. 12

2 Bennett, a. a. O., S. 84f.

3 Nowak, Karl, Friedrich, Das dritte deutsche Kaiserreich, Bd. I: Die übersprungene Generation (auch erschienen unter dem Titel: Kaiser und Kanzler), Berlin 1929, S. 17;

4 Bennett, a. a. O., S. 85

5 Pound, a. a. O., S. 309

6 ebda., S. 313

7 Duff, David, Hessian Tapestry, 1967, zitiert als Duff I, S. 29f.

8 Nowak, a. a. O., S. 17

9 Bennett, a. a. O., S. 87

10 ebda.

11 Queen Victoria, Letters, III, i, S. 440

12 Holstein, Friedrich von, Die geheimen Papiere, 4 Bde., englische Ausgabe, hg. von Rich, N. und Fischer, M. H., London 1957–63, deutsche Ausgabe besorgt von Frauendienst, Werner, Göttingen 1956–65, Bd. II, S. 280

13 Pound, a. a. O., S. 291

14 Strachey, a. a. O., S. 164

15 Balfour, a. a. O., S. 151

16 Kaiser Wilhelm II., Aus meinem Leben, 1859–1888, Berlin und Leipzig 1927, zitiert als Kaiser I, S. 104

17 Bennett, a. a. O., S. 73; Aronson I, a. a. O., S. 34f.

18 Hough, Richard, Louis and Victoria, The First Mountbattens, 1974, S. 41

19 Aronson I, a. a. O., S. 33, 101; Balfour, a. a. O., S. 60

20 Kaiser I, a. a. O., S. 105

21 Balfour, a. a. O., S. 58

22 Aronson I, a. a. O., S. 148

23 Bülow, Bernhard, Fürst von, Denkwürdigkeiten, 4 Bde., Berlin 1930–31, Bd. I, S. 535; Aronson I, a. a. O., S. 98; Balfour, a. a. O., S. 59

24 Fischer, Henry W. (Hg), The Private Lives of William II and his Consort, gekürzte Ausgabe in 1 Bd., 1904, zitiert als Fischer I, S. 29; Bennedy, A. L., Hg., My Dear Duchess, Social and Political Letters to the Duchess of Manchester, 1858–1869, London 1956, S. 169

25 Aronson I, a. a. O., S. 99

26 Mitford, Nancy, Frederick the Great, 1970, S. 254 u. 259; Topham, Ann, Memories of the Kaiser's Court, 1914, S. 36–39 u. 76; Fischer I, a. a. O., S. 62

27 Aronson I, a. a. O., S. 123

28 Kürenberg, a. a. O., S. 23

29 Pound, a. a. O., S. 235

30 Bolitho, Hector, u. Baillie, A. V., Hg., The Letters of Lady Augusta Stanley, 1927

31 Longford, a. a. O., S. 314

32 Fulford, Roger, Hg., Dearest Mama, Letters between Queen Victoria and the Crown Princess of Prussia, 1861–1864, London 1968, zitiert als Fulford II, S. 67

33 Bennett, a. a. O., S. 95

34 Fulford II, a. a. O., S. 161; Pound, a. a. O., S. 328

35 Bennett, a. a. O., S. 113

36 ebda.
37 Aronson I, a. a. O., S. 3
38 Wilson, Lawrence, The Incredible Kaiser, A Portrait of William II, 1963, S. 14
39 Masur, a. a. O., S. 54
40 Duff I, a. a. O., S. 97
41 Taylor, A. J. P., Bismarck, The Man and the Statesman, 1955, zitiert als Taylor I, New English Library Mentor ed., S. 41 (Deutsche Übersetzung von Wille, Hansjürgen u. Klaus, Barbara: Bismarck, Mensch und Staatsmann, München 1962)
42 Longford, a. a. O., S. 316
43 ebda.
44 Gernsheim, Helmut u. Alison, Edward VII and Queen Alexandra, 1962, S. 23
45 Fulford II, a. a. O., S. 181
46 Bennett, a. a. O., S. 125
47 Fulford II, a. a. O., S. 214
48 ebda., S. 224–9; Cowles, a. a. O., S. 22
49 Bennett, a. a. O., S. 127–8; Fulford II, a. a. O., S. 215
50 Zedlitz-Trütschler, Robert, Graf von, Zwölf Jahre am deutschen Kaiserhof, Aufzeichnungen des ehemaligen Hofmarschalls Wilhelms II., Berlin u. Leipzig 1923, S. 183
51 Fulford II, a. a. O., S. 36
52 ebda., S. 203
53 ebda., S. 216
54 Kaiser I, a. a. O., S. 6
55 ebda., S. 10; Pope Hennessy, James, Hg., Queen Victoria at Windsor and Balmoral, London 1959, zitiert als Pope-Hennessy I, S. 57
56 Aronson I, a. a. O., S. 123
57 Kürenberg, a. a. O., S. 41; Bennett, a. a. O., S. 138
58 Epton, Nina, Victoria and her Daughters, 1971, S. 122
59 Kaiser I, a. a. O., S. 22f.

DRITTES KAPITEL
Kindheit

1 Taylor I, a. a. O., S. 67; Masur, a. a. O., S. 77
2 Ponsonby, Sir Frederick (First Lord Sysonby), Hg., Briefe der Kaiserin Friedrich, eingeleitet von Wilhelm II., aus dem Englischen von Anton Mayer, Berlin 1929, zitiert als Ponsonby I, S. 68
3 ebda., S. 64
4 Eyck, Bismarck und das Deutsche Reich, München 1975, S. 134; Taylor I, a. a. O., S. 87
5 Middlemas, Keith, The Life and Times of Edward VII, 1972, S. 20f.
6 Fulford II, a. a. O., S. 239
7 Cassels, Lavender, Clash of Generations, 1972, S. 92
8 Kaiser I, a. a. O., S. 24
9 ebda., S. 26
10 Aronson I, a. a. O., S. 71
11 Kaiser I, a. a. O., S. 32
12 ebda., S. 33

13 ebda., S. 26
14 ebda., S. 25
15 ebda., S. 44
16 ebda.
17 Masur, a. a. O., S. 77
18 Taylor I, a. a. O., S. 66
19 Kürenberg, a. a. O., S. 21
20 Hough, a. a. O., S. 32
21 Kaiser I, a. a. O., S. 45f.
22 ebda., S. 47
23 ebda., S. 65
24 ebda., S. 52
25 ebda., S. 50
26 Fisher, Admiral of the Fleet, Lord, Memories, 1919, S. 230
27 Aronson, Theo, The Fall of the Third Napoleon, 1970, zitiert als Aronson II, S. 107
28 ebda., S. 149
29 ebda., S. 128
30 Martin, Ralph G., Lady Randolph Churchill, 2 Bde., Bd. I, S. 28
31 Aronson I, a. a. O., S. 98
32 ebda., S. 86
33 ebda., S. 88f.
34 Böhme, Helmut, Hg., Die Reichsgründung, Köln u. Berlin 1967, S. 25f., zitiert nach Röhl I
35 Masur, a. a. O., S. 58f.
36 Balfour, a. a. O., S. 72
37 Epton, a. a. O., S. 127
38 Kaiser I, a. a. O., S. 54
39 ebda., S. 55
40 Ponsonby I, a. a. O., S. 126
41 ebda., S. 127f.
42 Kaiser I, a. a. O., S. 65
43 Queen Victoria. Letters II, i, S. 297
44 ebda., II, ii, S. 99
45 Hansard's Parliamentary Debates, Third Series, Vol. CCIV, Februar-März 1871, S. 82, zitiert nach Röhl I
46 Masur, a. a. O., S. 61f.
47 Aronson I, a. a. O., S. 97f.; Bennett, a. a. O., S. 192
48 Kaiser I, a. a. O., S. 59
49 ebda., S. 72f.
50 Epton, a. a. O., S. 141
51 Kaiser I, a. a. O., S. 61f.
52 ebda., S. 78
53 ebda., S. 62
54 Masur, a. a. O., S. 73
55 Palmer, A. W., A Dictionary of Modern History, 1789–1945, Penguin Ed. 1962, S. 269
56 Kaiser I, a. a. O., S. 86f.
57 Bennett, a. a. O., S. 193
58 Longford, a. a. O., S. 393

59 Bennett, a. a. O., S. 194
60 Kaiser I, a. a. O., S. 84
61 ebda., S. 89ff.
62 Masur, a. a. O., S. 76
63 Kaiser I, a. a. O., S. 91
64 Magnus, Sir Philip, King Edward the Seventh, 1964, zitiert als Magnus I, S. 128

VIERTES KAPITEL
Die Schuljahre

1 Kaiser I, a. a. O., S. 123
2 ebda., S. 127
3 Wheeler-Bennett, Sir John, Knaves, Fools and Heroes, 1974, zitiert als Wheeler-Bennett I, S. 185
4 Cowles, a. a. O., S. 40
5 Bülow, a. a. O., Bd. I, S. 454
6 Kaiser I, a. a. O., S. 126
7 Cottrell, Leonard, The Bull of Minos, 1953, S. 37ff. u. 72
8 Kaiser I, a. a. O., S. 134
9 Aronson I, a. a. O., S. 107
10 Martin, a. a. O., Bd. I, S. 102
11 Kaiser I, a. a. O., S. 139f.
12 Jowett, Benjamin, Letter, 1899, S. 198
13 Ponsonby I, a. a. O., S. 186
14 Bismarck, Otto von, Brief vom 12. Januar 1877; Kürenberg, a. a. O., S. 53
15 Kaiser I, a. a. O., S. 190
16 ebda., S. 141

FÜNFTES KAPITEL
Der junge Prinz

1 Clark, Sir Kenneth (Lord Clark), The Nude, 1956, Penguin Ed., S. 366; Groenewegen-Frankfort, H. A. u. Ashmole, Bernard, The Ancient World, 1967, Mentor Ed., S. 222f.
2 Masur, a. a. O., S. 98
3 Kaiser I, a. a. O., S. 154; Queen Victoria, Letters II, ii, S. 543
4 Queen Marie of Roumania, The Story of my Life, 2 Bde., 1934, Bd. I, S. 222–5
5 Queen Victoria, Letters, II, ii, S. 592f.
6 Bennett, a. a. O., S. 211
7 Kaiser I, a. a. O., S. 145–7
8 Taylor I, a. a. O., S. 9
9 ebda., S. 11f.
10 Eyck, a. a. O., S. 13
11 Balfour, a. a. O., S. 111
12 Taylor I, a. a. O., S. 39–41
13 Kaiser I., a. a. O., S. 149
14 ebda., S. 168f.
15 Duff I, a. a. O., S. 187 u. 192f; Hough, a. a. O., S. 53

16 Tuchman, Barbara W., The Guns of August, 1962, Dell. E., S. 91 (Deutsche Übersetzung: August 1914, Bern–München–Wien, 1964, S. 93)
17 Queen Victoria, Letters, II, ii, S. 626
18 Aronson I, a. a. O., S. 115
19 Kaiser I, a. a. O., S. 172f.
20 Aronson I, a. a. O., S. 118f.
21 Maurois, André, Disraeli, ins Englische übers. v. Hamish Miles, 1927, zitiert nach Ausgabe von 1962, S. 290
22 Cassels, a. a. O., S. 26
23 Maurois, a. a. O., S. 291
24 Churchill, Winston, The World Crisis, revised and abridged in 2 vols., 1939, Bd. I, S. 107
25 Taylor I, a. a. O., S. 138
26 Aronson I, a. a. O., S. 119
27 Kaiser I, a. a. O., S. 174–6
28 Pound, a. a. O., S. 113
29 Kaiser I, a. a. O., S. 177
30 ebda., S. 179f.
31 Duff I, a. a. O., S. 178
32 Queen Victoria, Letters, II, ii, S. 647
33 Duff I, a. a. O., S. 181
34 Leslie, Anita, Edwardians in Love, 1972, S. 203f.; Longford, a. a. O., S. 425f.
35 Ponsonby I, a. a. O., S. 184
36 ebda., S. 229
37 Kaiser I, a. a. O., S. 181
38 Aronson I, a. a. O., S. 122
39 Kaiser I, a. a. O., S. 224
40 Duff I, a. a. O., S. 193
41 ebda., S. 197
42 Bennett, a. a. O., S. 133
43 ebda., S. 212
44 Kaiser I, a. a. O., S. 317
45 Balfour, a. a. O., S. 66
46 Masur, a. a. O., S. 71
47 Pulzer, P. G., Die Entstehung des politischen Antisemitismus in Deutschland und Österreich 1867–1914, Gütersloh 1966, S. 49 (Englische Ausgabe 1964, S. 50f.)
48 Kaiser I, a. a. O., S. 184
49 Passant, E. J., A Short History of Germany, 1815–1945, 1971, S. 97; Palmer, a. a. O., S. 111
50 Taylor, A. J. P., The Course of German History, 1945, zitiert als Taylor II, University Paperback ed., S. 141f.
51 Masur, a. a. O., S. 103
52 Taylor I, a. a. O., S. 151
53 Magnus, Sir Philip, Gladstone, 1954, zitiert als Magnus II, Ausgabe von 1974, S. 264
54 Fulford II, a. a. O., S. 65
55 Thadeus, H. Jones, Recollections of a Court Painter, 1912, S. 113–7
56 Longford, a. a. O., S. 116
57 Gernheim, a. a. O., S. 64
58 Topham, a. a. O., S. 147–9

59 Keller, Mathild, Gräfin von, Vierzig Jahre im Dienst der Kaiserin, 1935, S. 22
60 Kaiser I, a. a. O., S. 225
61 Aronson I, a. a. O., S. 103

SECHSTES KAPITEL
Heirat und Ehe

1 Persönliche Information. (Im Original: ». . . he had been heard to declare, with no little bitterness and some blasphemy, that everyone had an Everlasting Father but only he was blessed with an Everlasting Mother.«)
2 Aronson I, a. a. O., S. 141
3 Ponsonby I, a. a. O., S. 219
4 Kaiser I, a. a. O., S. 243
5 ebda., S. 240f.
6 ebda., S. 245; Wheeler-Bennett, Sir John, Three Episodes in the Life of William II, 1956, zitiert als Wheeler-Bennett II, S. 12
7 Kaiser I, a. a. O., S. 265
8 ebda., S. 267–9
9 Fischer, Henry W., Hg., Private Lives of William II and his Consort and Secret History of the Court of Berlin, June 1888–Spring 1889, papers and diaries of Ursula, Countess of Eppinghoven, abridged and in 2 vols., 1904, zitiert als Fischer II und Fischer III, III, S. 327
10 ebda., S. 334f.
11 ebda., S. 327
12 ebda., S. 322
13 Balfour, a. a. O., S. 92
14 Mitford, a. a. O., S. 16–18 und 26
15 Fischer I, a. a. O., S. 25
16 ebda., S. 48
17 ebda., S. 47
18 Fischer III, a. a. O., S. 198
19 Topham, a. a. O., S. 59
20 Wilson, a. a. O., S. 183
21 Fischer I, a. a. O., S. 68
22 Cotterell, a. a. O., S. 93
23 Magnus I, a. a. O., S. 177; Gernsheim, a. a. O., S. 64
24 Bennett, a. a. O., S. 214
25 Lee, Sir Sidney, King Edward VII, 2 Bde., 1925, Bd. I, S. 478
26 Wiener Neue Freie Presse, Januar 1898, zitiert in: Poschinger, Heinrich von, Conversations with Bismarck, Edition Tachnitz Nr. 3452, S. 164
27 Apsler, Alfred, Iron Chancellor, Otto von Bismarck, 1968, Folkstone ed. 1972, S. 145; Pulzer, a. a. O., S. 86; Busch, J. H. M., Tagebuchblätter, Leipzig 1902, S. 33
28 Taylor I, a. a. O., S. 153
29 Masur, a. a. O., S. 195–7
30 Taylor I, a. a. O., S. 153
31 Kaiser I, a. a. O., S. 286–8
32 ebda., S. 269f.
33 ebda., S. 285
34 Bennett, a. a. O., S. 216f.

35 Duff, David, The Shy Princess, 1958, zitiert als Duff II, S. 110
36 ebda., S. 111; Ponsonby, Arthur (Lord Ponsonby of Shulbrede), Henry Ponsonby, His Life from His Letters, 1942, zitiert als H. Ponsonby, S. 300–3
37 Epton, a. a. O., S. 171
38 Kürenberg, a. a. O., S. 59
39 Balfour, a. a. O., S. 104f.
40 Kürenberg, a. a. O., S. 60
41 Hough, a. a. O., S. 128
42 Corti, Egon Cäsar, Conte, Wenn . . . Sendung und Schicksal einer Kaiserin, zitiert als Corti I, Graz – Wien – Köln 1954, S. 376f. (Briefe Queen Victorias an ihre Tochter Victoria vom 10. 1. u. 13. 2.1885, Archiv Koblenz)
43 Pope-Hennessy I, a. a. O., S. 18
44 Kaiser I, a. a. O., S. 318
45 Ludwig, Emil, Wilhelm der Zweite, Berlin 1925, S. 26
46 Aronson I, a. a. O., S. 130
47 ebda., S. 131
48 Cecil, Lady Gwendolen, Life of Robert, Marquis of Salisbury, 1931–32, Bd. IV, S. 124
49 Taylor I, a. a. O., S. 152
50 Kürenberg, a. a. O., S. 117
51 Ponsonby I, a. a. O., S. 397
52 Pless, Daisy, Princess of, Daisy Princess of Pless, coll. D. Chapman-Huston, 1928, S. 225
53 Nowak, a. a. O., S. 58
54 Holstein Papiere, a. a. O., Bd. I, S. 136
55 Balfour, a. a. O., S. 94
56 Kaiser I, a. a. O., S. 233
57 Kürenberg, a. a. O., S. 151
58 Haller, Johannes, Aus dem Leben des Fürsten Philipp zu Eulenburg-Hertefeld, Berlin 1924, S. 110
59 Kürenberg, a. a. O., S. 154
60 Haller, a. a. O., S. 24
61 Taylor, Edmond, The Fossil Monarchies, 1963, zitiert als Edmond Taylor, Penguin ed. 1967, S. 202 (Im Original: »heliotrope-scented«)
62 Kaiser I, a. a. O., 294 u. 297
63 Pound, a. a. O., S. 36; persönliche Information
64 Pound, a. a. O., S. 243
65 Aronson I, a. a. O., S. 139
66 Mitteilung von Cecilia, Gräfin von Sternberg.
67 Harrison, Michael, Clarence, 1972, S. 210 u. 217
68 Ludwig, a. a. O., S. 43
69 Kaiser I, a. a. O., S. 315–18
70 Hough, a. a. O., S. 138–40
71 Cassels, a. a. O., S. 159f.
72 ebda., S. 161; Aronson I, a. a. O., S. 133
73 Kaiser I, a. a. O., S. 318
74 Thimme, Friedrich, Hg., Die Große Politik der Europäischen Kabinette 1871–1914, zitiert als Die Große Politik nach der Nummer der Dokumente, Berlin 1922–27, Bd. V, Nr. 982
75 Kaiser I, a. a. O., S. 335

SIEBTES KAPITEL

Drei Kaiser

1 Aronson I, a. a. O., S. 148
2 ebda., S. 149
3 Bennett, a. a. O., S. 222
4 Ponsonby I, a. a. O., S. 240
5 Kaiser I, a. a. O., S. 330
6 Aronson I, a. a. O., S. 154
7 Bennett, a. a. O., S. 223
8 Ponsonby I, a. a. O., S. 241
9 ebda., S. 242
10 Rodd, Sir Rennell (Sir Rennell of Rodd), Social and Diplomatic Memories, 3 Bde., 1922, Bd. I, S. 112
11 Ponsonby I, a. a. O., S. 242
12 ebda., S. 242f.
13 ebda., S. 244
14 ebda., S. 245
15 ebda., S. 303
16 Bennett, a. a. O., S. 230
17 Ponsonby I, a. a. O., S. 303
18 Corti I, a. a. O., S. 421
19 Bennett, a. a. O., S. 230
20 Balfour, a. a. O., S. 115; Aronson I, a. a. O., S. 165
21 Kaiser I, a. a. O., S. 332
22 Bismarck, Otto von, Fürst, Gedanken und Erinnerungen, Kap. 33
23 Kaiser I, a. a. O., S. 274
24 Corti I, a. a. O., S. 410
25 Kürenberg, a. a. O., S. 70; Ludwig a. a. O., S. 48; Benson, E. F., The Kaiser and his English Relations, 1936, S. 51
26 Kaiser I, a. a. O., S. 260
27 Holstein Papiere, a. a. O., Bd. III, S. 197 (Nr. 225)
28 Duff II, a. a. O., S. 147
29 Leslie, a. a. O., S. 33
30 Gower, Lord Ronald Sutherland, Old Diaries, 1881–1901, London 1902, S. 57 (Im Original: »It was impossible for the most fault-finding to pick a hole in any of the arrangements of this great and superb show of Royalty and People.«)
31 Kaiser I, a. a. O., S. 264
32 Ponsonby I, a. a. O., S. 273
33 ebda., S. 275
34 Kürenberg, a. a. O., S. 75
35 Kaiser I, a. a. O., S. 334
36 Ponsonby I, a. a. O., S. 267
37 Balfour, a. a. O., S. 485
38 Ponsonby I, a. a. O., S. 268
39 ebda., S. 271; Rodd, a. a. O., Bd. I, S. 123
40 Nowak, a. a. O., S. 15
41 Ponsonby I, a. a. O., S. 359–61
42 ebda., S. 277
43 Kaiser I, a. a. O., S. 335

44 ebda., S. 336f.
45 Ponsonby I, a. a. O., S. 273
46 Balfour, a. a. O., S. 118; Rodd I, a. a. O., S. 123
47 Balfour, a. a. O., S. 119
48 Kürenberg, a. a. O., S. 78
49 Balfour, a. a. O., S. 121
50 Jonas, Klaus W., Der Kronprinz Wilhelm, Frankfurt a. M. 1962, S. 14
51 Bismarck, Otto von, Reichstagsrede vom 6. Februar 1888
52 Kaiser I, a. a. O., S. 342f.
53 Bennett, a. a. O., S. 223
54 Ponsonby I, a. a. O., S. 294
55 Kaiser I, a. a. O., S. 343
56 Ponsonby I, a. a. O., S. 297
57 Aronson I, a. a. O., S. 169
58 Wilson, a. a. O., S. 24f.
59 Haller, a. a. O., S. 33
60 Kaiser I, a. a. O., S. 347f.
61 Kürenberg, a. a. O., S. 83
62 Schwering, Axel, Graf von, The Berlin Court Under William II, 1915, S. 25f.
63 ebda., S. 21
64 Kaiser I, a. a. O., S. 347ff.
65 Corti, Egon Cäsar, Conte, Leben und Liebe Alexanders von Battenberg, zitiert als Corti II, Graz – Salzburg – Wien 1950², S. 405
66 Ponsonby I, a. a. O., S. 317ff.
67 ebda., S. 319
68 Queen Victoria, Letters III, i, S. 403
69 Longford, a. a. O., S. 506
70 ebda.
71 Balfour, a. a. O., S. 124
72 Busch, Moritz, Bismarck, Some Secret Passages of His History, 3 Bde., 1898, Bd. III, S. 187 (Deutsche Ausgabe: Tagebuchblätter, 3 Bde., Leipzig 1899, Bd. II, S. 239)
73 Ponsonby I, a. a. O., S. 331
74 Aronson I, a. a. O., S. 184
75 Haller, a. a. O., S. 33
76 Nowak, a. a. O., S. 28f.
77 Duff I, a. a. O., S. 222
78 Aronson I, a. a. O., S. 186
79 Kaiser I, a. a. O., S. 336
80 Duff I, a. a. O., S. 222; Hough, a. a. O., S. 147
81 Bennett, a. a. O., S. 258
82 Aronson I, a. a. O., S. 186
83 Kaiser I, a. a. O., S. 357
84 Aronson I, a. a. O., S. 187
85 Ponsonby I, a. a. O., S. 332; Aronson I, a. a. O., S. 1888f.
86 Kaiser I, a. a. O., S. 359
87 Bennett, a. a. O., S. 262
88 Fischer I, a. a. O., S. 348f.
89 Balfour, a. a. O., S. 124
90 Aronson I, a. a. O., S. 299; Bennett, a. a. O., S. 263f.

ACHTES KAPITEL

Im Schatten Bismarcks

1 Princess Marie Louise, My Memoirs of Six Reigns, 1956, Penguin ed., S. 53
2 Nowak, a. a. O., S. 127
3 Topham, a. a. O., S. 210
4 Fischer I, a. a. O., S. 25f.
5 Jonas, a. a. O., S. 15
6 Aronson I, a. a. O., S. 215
7 Princess Alice, For My Grandchildren, 1966, S. 93
8 Cowles, a. a. O., S. 162
9 Topham, a. a. O., S. 210
10 Ponsonby I, a. a. O., S. 228
11 Wilson, a. a. O., S. 102
12 Topham, a. a. O., S. 210
13 Balfour, a. a. O., S. 145
14 Kürenberg, a. a. O., S. 97
15 Masur, a. a. O., S. 89
16 Cowles, a. a. O., S. 162; Gore, John, King George V, A Personal Memoir, 1941, Albemarle Library Edition, S. 61
17 Aronson I, a. a. O., S. 193; Ludwig, a. a. O., S. 66f.; Ponsonby I, a. a. O., S. 338
18 Queen Victoria, Letters, III, i, S. 417
19 Hough, a. a. O., S. 144
20 Ponsonby I, a. a. O., S. 338
21 ebda., S. 339
22 Ludwig, a. a. O., S. 69
23 ebda., S. 68; Nowak, a. a. O., S. 35; Kaiser I, a. a. O., S. 358f.
24 Queen Victoria, Letters, III, i, S. 418f.
25 Balfour, a. a. O., S. 126
26 Haller, Johannes, Hg., Aus 50 Jahren, Erinnerungen, Tagebücher und Briefe aus dem Nachlaß des Fürsten Philipp zu Eulenburg-Hertefeld, zitiert als Eulenburg, Berlin 1923, S. 169
27 Ludwig, a. a. O., S. 68
28 Balfour, a. a. O., S. 127
29 Ponsonby I, a. a. O., S. 344f.
30 Queen Victoria, Letters, III, i, S. 423
31 ebda., S. 425
32 ebda., S. 429
33 Nowak, a. a. O., S. 53
34 ebda.
35 ebda., S. 37
36 ebda., S. 58
37 ebda., S. 36
38 Schwering, a. a. O., S. 151
39 Masur, a. a. O., S. 84
40 Nowak, a. a. O., S. 37f.
41 Ponsonby I, a. a. O., S. 342
42 Masur, a. a. O., S. 90
43 Kürenberg, a. a. O., S. 197
44 Topham, a. a. O., S. 30 u. 107f.

45 Fischer I, a. a. O., S. 88
46 Ludwig, a. a. O., S. 92
47 Taylor I, a. a. O., S. 184
48 Ponsonby I, a. a. O., S. 347
49 Longford, a. a. O., S. 507f.
50 Ponsonby I, a. a. O., S. 350
51 Masur, a. a. O., S. 184
52 Taylor I, a. a. O., S. 182
53 Magnus I, a. a. O., S. 208
54 Kürenberg, a. a. O., S. 164
55 Kaiser I, a. a. O., S. 276f.
56 Magnus I, a. a. O., S. 209
57 Röhl, John C. G., Hg., Philipp Eulenburgs Politische Korrespondenz, 3 Bde., 1976, zitiert als Röhl II, Bd. I: Von der Reichsgründung bis zum Neuen Kurs 1866–1891.
58 Fischer I, a. a. O., S. 30
59 Ponsonby I, a. a. O., S. 372
60 Pope-Hennessy, James, Queen Mary, 1959, zitiert als Pope-Hennessy II, S. 331; Fodor, Eugene, Hg., Fodor's Germany, 1971, S. 122
61 Ponsonby I, a. a. O., S. 385
62 Princess Alice, a. a. O., S. 70
63 Queen Victoria, Letters, III, i, S. 451
64 Zedlitz-Trützschler, a. a. O., S. 106
65 Pless, Daisy, Princess of, The Private Diaries of, 1950, Albemarle Library Edition mit einer Auswahl von Daisy Princess of Pless, 1928, und From My Private Diaries, 1933, zitiert als Pless II, S. 194f.
66 Topham, a. a. O., S. 135
67 Balfour, a. a. O., S. 160ff.
68 Topham, a. a. O., S. 182
69 Cassels, a. a. O., S. 200–3, 205, 207–9
70 Balfour, a. a. O., S. 160ff.
71 Pope-Hennessy I, a. a. O., S. 44
72 Epton, a. a. O., S. 193
73 Fulford, Roger, Queen Victoria, 1951, zitiert als Fulford III, S. 134
74 Queen Victoria, Letters, III, i, S. 504
75 ebda., S. 520–22
76 ebda., S. 485
77 Ponsonby I, a. a. O., S. 390
78 Haller, a. a. O., S. 50
79 ebda., S. 29
80 Taylor I, a. a. O., S. 183
81 Haller, a. a. O., S. 51
82 Taylor I, a. a. O., S. 187 (Deutsche Ausgabe S. 230)
83 Nowak, a. a. O., S. 151ff.; Kürenberg, a. a. O., S. 169ff.; Wilson, a. a. O., S. 51
84 Rich, Norman, Friedrich von Holstein, Politics and Diplomacy in the Era of Bismarck and William II, 2 Bde., 1965
85 Wilson, a. a. O., S. 51
86 Balfour, a. a. O., S. 176
87 Nowak, a. a. O., S. 151f.
88 Kürenberg, a. a. O., S. 171f.

89 Nowak, a. a. O., S. 157f.
90 ebda., S. 147
91 Viereck, a. a. O., S. 100
92 ebda., S. 102
93 Röhl IV, a. a. O., S. 381, 387, 388
94 Ponsonby I, a. a. O., S. 400–2
95 Princess Marie Louise, a. a. O., S. 75
96 Nowak, a. a. O., S. 212
97 Taylor I, a. a. O., S. 191
98 Röhl IV, a. a. O., S. 382, 383
99 Taylor I, a. a. O., S. 196f.; Kürenberg, a. a. O., S. 107f.; Apsler, a. a. O., S. 171, 172
100 Kürenberg, a. a. O., S. 108
101 Balfour, a. a. O., S 139
102 Kürenberg, a. a. O., S. 109
103 ebda., S. 108; Balfour, a. a. O., S. 139

NEUNTES KAPITEL
Volldampf voraus!

1 Ponsonby I, a. a. O., S. 438
2 Balfour, a. a. O., S. 140
3 Kürenberg, a. a. O., S. 109
4 Kaiser Wilhelm II, Ereignisse und Gestalten, 1878–1918, Leipzig 1922, zitiert als Kaiser II, S. 16
5 Balfour, a. a. O., S. 143f.
6 Taylor I, a. a. O., S. 152
7 Balfour, a. a. O., S. 185f.
8 Kürenberg, a. a. O., S. 289
9 ebda., S. 110
10 Pope-Hennessy II, a. a. O., S. 147
11 ebda., S. 239
12 Pope-Hennessy I, a. a. O., S. 101
13 Corti I, a. a. O., S. 596
14 Bennett, a. a. O., S. 301
15 Lee, Arthur Gould, Hg., The Empress Frederick writes to Sophie, Letters 1889–1901, London 1955, S. 21; Epton, a. a. O., S. 199
16 Fischer I, a. a. O., S. 142
17 Kaiser II, a. a. O., S. 46
18 Balfour, a. a. O., S. 131
19 Ponsonby I, a. a. O., S. 422f.
20 Masur, a. a. O., S. 240
21 Ponsonby I, a. a. O., S. 448–50
22 Haller, a. a. O., S. 118
23 ebda.
24 Balfour, a. a. O., S. 166
25 Haller, a. a. O., S. 119
26 Magnus I, a. a. O., S. 228
27 Balfour, a. a. O., S. 189f.

28 Görlitz, Walter, Kleine Geschichte des deutschen Generalstabes, Berlin 1977 (1967), S. 117f.
29 ebda., S. 122–145
30 Ponsonby I, a. a. O., S. 453
31 Haller, a. a. O., S. 118f.
32 Balfour, a. a. O., S. 166 u. 492
33 Queen Victoria, Letters, III, ii, S. 621
34 Kürenberg, a. a. O., S. 207
35 Balfour, a. a. O., S. 163; Haller, a. a. O., S. 120
36 Haller, a. a. O., S. 121
37 ebda., S. 122
38 ebda., S. 122f.
39 Gower, a. a. O., S. 174
40 Haller, a. a. O., S. 85f.
41 ebda., S. 86
42 ebda., S. 85f.
43 Queen Victoria, Letters, III, ii, S. 293f.
44 Massie, Robert K., Nicholas and Alexandra, 1968, S. 23
45 Princess Alice, a. a. O., S. 41
46 Massie, a. a. O., S. 31f.
47 Paléologue, Maurice, An Intimate Journal of the Dreyfus Case, 1957, S. 180
48 Cowles, a. a. O., S. 136
49 Bernstein, H., The Willy-Nicky Correspondence, 1918
50 Fischer I, a. a. O., S. 21
51 Balfour, a. a. O., S. 172
52 Fischer I, a. a. O., S. 203f.
53 ebda., S. 33–5
54 ebda., S. 199
55 Topham, a. a. O., S. 177
56 Ebda., S. 195
57 Kürenberg, a. a. O., S. 125
58 Fischer I, a. a. O., S. 211
59 Kürenberg, a. a. O., S. 125
60 ebda., S. 221; Kürenberg, a. a. O., S. 126
61 Ludwig, a. a. O., S. 154f.; Fischer I, a. a. O., S. 221; Eyck, Erich, Das Persönliche Regiment Wilhelms II., Politische Geschichte des deutschen Kaiserreiches von 1890 bis 1914, zitiert als Eyck II, 1948, S. 84
62 Fischer I, a. a. O., S. 224
63 Fischer III, a. a. O., S. 322f.
64 Fischer I, a. a. O., S. 224
65 H. Ponsonby, a. a. O., S. 391
66 Queen Victoria, Letters, III, ii, S. 424
67 Passant, a. a O., S. 117
68 Taylor II, a. a. O., S. 157
69 Balfour, a. a. O., S. 175ff.
70 Taylor II, a. a. O., S. 160; Passant, a. a. O., S. 118f.
71 Ludwig, a. a. O., S. 147f.
72 Passant, a. a. O., S. 118
73 ebda., S. 119; Balfour, a. a. O., S. 179
74 Balfour, a. a. O., S. 182

75 Haller, a. a. O., S. 67f.
76 Nichols, J. Alden, Germany after Bismarck, 1958, S. 357
77 Balfour, a. a. O., S. 186
78 Kürenberg, a. a. O., S. 120; Haller, a. a. O., S. 106
79 Kürenberg, a. a. O., S. 121
80 Balfour, a. a. O., S. 187
81 Spitzemberg, Baronin, Das Tagebuch, Hg. Rudolf Vierhaus, Göttingen 1960, S. 398
82 Eyck II, a. a. O., S. 84
83 Balfour, a. a. O., S. 187f.
84 Haller, a. a. O., S. 168
85 Passant, a. a. O., S. 119
86 Haller, a. a. O., S. 69
87 ebda., S. 148
88 Balfour, a. a. O., S. 175
89 Haller, a. a. O., S. 156–63
90 Balfour, a. a. O., S. 196

ZEHNTES KAPITEL
Die Ära Stumm

1 Haller, a. a. O., S. 129
2 Zedlitz-Trützschler, a. a. O., S. 46
3 Balfour, a. a. O., S. 197
4 ebda.
5 Haller, a. a. O., S. 323
6 Schwering, a. a. O.,, S. 167
7 ebda.
8 Taylor II, a. a. O., S. 164f.
9 Passant, a. a. O., S. 120
10 Kürenberg, a. a. O., S. 122
11 Balfour, a. a. O., S. 178
12 ebda.
13 Passant, a. a. O., S. 121
14 Röhl I, a. a. O., S. 33
15 Schwering, a. a. O., S. 103f.
16 Boehlich, Walter, Der Berliner Antisemitismusstreit, Frankfurt a. M., 1965, S. 81
17 Die Große Politik, a. a. O., Bd. XX, Nr. 6376
18 Schwering, a. a. O., S. 141 u. 145
19 Balfour, a. a. O., S. 172
20 Röhl I, a. a. O., S. 33
21 Masur, a. a. O., S. 109f.
22 ebda., S. 164f. u. 176
23 ebda. S. 153
24 Balfour, a. a. O., S. 167
25 Die Große Politik, a. a. O., Bd. XIII, Nr. 3399
26 Balfour, a. a. O., S. 200
27 ebda., S. 202
28 ebda., S. 204

29 Carrington, Charles, Rudyard Kipling, 1955, Pelican Ed., S. 218
30 Balfour, a. a. O., S. 206
31 Queen Victoria, Letters, III, iii, S. 8f.
32 Balfour, a. a. O., S. 204
33 Lee, a. a. O., Bd. I, S. 727
34 Carrington, a. a. O., S. 451
35 Balfour, a. a. O., S. 208
36 Queen Victoria, Letters, III, iii, S. 198
37 ebda., S. 173
38 Gower, a. a. O., S. 306
39 Haller, a. a. O., S. 227
40 Cowles, a. a. O., S. 144
41 Balfour, a. a. O., S. 167 u. 492
42 Festmahl des Brandenburgischen Provinzlandtages, 26. Febr. 1897, in: Johann, Ernst, Hg., Reden des Kaisers, zitiert als Johann, München 1966, S. 76f.
43 Balfour, a. a. O., S. 209
44 Haller, a. a. O., S. 326
45 Balfour, a. a. O., S. 214
46 Taylor I, a. a. O., S. 206
47 ebda., S. 105
48 Tirpitz, Alfred, Großadmiral von, Erinnerungen, Leipzig 1919, 10. Kapitel
49 ebda., S. 94; Taylor I, a. a. O., S. 206
50 Kürenberg, a. a. O., S. 136
51 Johann, a. a. O., S. 76f.; Duff I, a. a. O., S. 290
52 Queen Victoria, Letters, III, iii, S. 257
53 ebda., S. 260f.
54 Magnus II, a. a. O., S. 437f.
55 Taylor I, a. a. O., S. 207
56 Kürenberg, a. a. O., S. 139
57 Apsler, a. a. O., S. 178
58 Taylor, I, a. a. O., S. 41
59 ebda., S. 207
60 Cowles, a. a. O., S. 149
61 Balfour, a. a. O., S. 155
62 Marek, George, R., The Eagles Die, 1974, Penguin Ed., S. 368–70
63 Princess Alice, a. a. O., S. 76
64 Longford, a. a. O., S. 373
65 Duff II, a. a. O., S. 187f.
66 Edmond Taylor, a. a. O., S. 134f., 146–50, 158
67 Bentinck, Lady Norah, The Ex-Kaiser in Exile, 1921, S. 38
68 Balfour, a. a. O., S. 229
69 Wilson, a. a. O., S. 80
70 Cowles, a. a. O., S. 152
71 Kaiser II, a. a. O., S. 181
72 Desmond Stewart, persönliche Mitteilung
73 Balfour, a. a. O., S. 229
74 Kaiser II, a. a. O., S. 181
75 Illustrated London News, Oktober 1975
76 Masur, a. a. O., S. 109–13; Blake, Robert, Disraeli, 1966, S. 10
77 Esher, Reginald, Viscount, Journals and Letters, 3 Bde., 1934, Bd. II, S. 255

78 Desmond Stewart, persönliche Mitteilung
79 Balfour, a. a. O., S. 318 (und S. 477 der englischen Ausgabe)
80 Tischrede in Damaskus, 8. 11. 1898, Hartau, Friedrich, Wilhelm II. in Selbstzeugnissen und Bilddokumenten, 1978, S. 58; Wilson, a. a. O., S. 80; Edmond Taylor, a. a. O., S. 156
81 Balfour, a. a. O., S. 226
82 Lee, a. a. O., Bd. I, S. 740
83 Queen Victoria, Letters, III, iii, S. 336
84 Gower, a. a. O., 361
85 Kürenberg, a. a. O., S. 144
86 Queen Victoria, Letters, III, iii, S. 371–4
87 ebda., S. 359
88 Lee, a. a. O., Bd. I, S. 741
89 Queen Victoria, Letters, III, iii, S. 277f.
90 Balfour, a. a. O., S. 332
91 Lee, a. a. O., Bd. I, S. 743
92 Queen Victoria, Letters, III, iii, S. 377f.
93 ebda., S. 381
94 Cowles, a. a. O., S. 155
95 Haller, a. a. O., S. 252
96 ebda., S. 253
97 ebda., S. 255
98 Queen Victoria, Letters, III iii, S. 187
99 Balfour, a. a. O. S. 234
100 Haller, a. a. O., S. 202
101 ebda., S 227f.
102 ebda., S. 198
103 ebda.; Marek, a. a. O., S. 57 u. 340
104 Haller, a. a. O., S. 287f.
105 ebda.
106 ebda., S. 288
107 ebda., S. 256f.
108 Röhl II, a. a. O., S. 35–47
109 Haller, a. a. O., S. 265
110 ebda., S. 288
111 ebda., S. 269
112 Kaiser II, a. a. O., S. 164ff.; Masur, a. a. O., S. 196
113 Taylor II, a. a. O., S. 169; Passant, a. a. O., S. 121
114 Pope-Hennessy II, a. a. O., S. 288
115 Queen Victoria, Letters, III, iii, S. 571
116 ebda.; Aronson I, a. a. O., S. 235; Cowles, a. a. O., S. 182
117 Cowles, a. a. O., S. 184
118 Kürenberg, a. a. O., S. 278
119 Queen Victoria, Letters, III, iii, S. 571 (Im Original: »This means serious business. William I.R.«)
120 Kürenberg, a. a. O., S. 151f.
121 Haller, a. a. O., S. 257
122 ebda.
123 ebda., S. 257; Bülow, a. a. O., Bd. I, S. 359
124 Wilson, a. a. O., S. 90

125 Balfour, a. a. O., S. 240
126 Queen Victoria, Letters, III, iii, S. 583f.
127 Balfour, a. a. O., S. 241
128 ebda., S. 242
129 Haller, a. a. O., S. 242
130 Röhl III, a. a. O., S. 380
131 Röhl III, a. a. O., S. 380; Balfour, a. a. O., S. 246f.
132 Balfour, a. a. O., S. 231
133 ebda., S. 66
134 Lee, a. a. O., Bd. II, S. 9; Jonas, a. a. O., S. 29
135 Fulford, Roger, Hannover to Windsor, zitiert als Fulford IV, 1960, Fontana Ed., S. 147
136 ebda., S. 12
137 ebda., S. 11

ELFTES KAPITEL

In der Greifzange

1 Lee, a. a. O., Bd. II, S. 15
2 Ponsonby, Sir Frederick (First Lord Sysonby), Recollections of three Reigns, 1951, zitiert als Ponsonby II, S. 109
3 ebda., S. 110f.
4 Aronson I, a. a. O., S. 237f.
5 Bennett, a. a. O., S. 334
6 Battiscombe, Georgina, Queen Alexandra, 1969, S. 239
7 Magnus I, a. a. O., S. 300
8 ebda.
9 Masur, a. a. O., S. 98f.
10 ebda., S. 207f.
11 Reinhardt, Max, Ausgewählte Briefe, Reden und Schriften, 1963, S. 89; Sayler, Oliver, Max Reinhardt and his Theater, 1924, S. 346ff.
12 Masur, a. a. O., S. 224–26
13 Spender, Stephen, World within World, 1948, S. 114
14 Vassili, Paul, Graf von, Hof und Gesellschaft zu Berlin, 1884, S. 130, zitiert nach Masur, a. a. O.
15 Cowles, a. a. O., S. 175f.
16 Chamberlain, Houston Stewart, Briefe, 2 Bde., 1928, Bd. 2, S. 138
17 ebda.
18 Haller, a. a. O., S. 135
19 ebda.
20 Chamberlain a. a. O., Bd. II, S. 138f.
21 ebda., S. 137
22 Lee, a. a. O., Bd. II, S. 137
23 Eckardtstein Hermann, Baron von, Lebenserinnerungen und politische Denkwürdigkeiten, 1920, Bd. II, S. 379
24 Lee, a. a. O., Bd. II, S. 143
25 ebda., S. 145
26 ebda., S. 147–49
27 ebda., S. 149

28 ebda., S. 151
29 Haller, a. a. O., S. 291
30 ebda., S. 289
31 Lee, a. a. O., Bd. II., S. 153
32 Manchester, William, The Cannons of Krupp, 1968, Mondadori Ed., S. 274–80
33 ebda., S. 282f.
34 Lee, a. a. O., Bd. II, S. 236ff.
35 Middlemas, a. a. O., S. 159
36 Cowles, a. a. O., S. 189f.
37 Montgomery-Massingberd, H., Hg., Burke's Presidential Families of the United States, zitiert als Burke's Presidential Families, 1975, S. 413–17
38 Massie, a. a. O., S. 95
39 Balfour, a. a. O., S. 166
40 Kürenberg, a. a. O., S. 251
41 Viereck, a. a. O., S. 146f.
42 Taylor I, a. a. O., S. 167
43 Viereck, a. a. O., S. 147
44 Taylor I, a. a. O., S. 167
45 Viereck, a. a. O., S. 147
46 Kühlmann, Richard von, Lebenserinnerungen, 1952, S. 233
47 Balfour, a. a. O., S. 168
48 Kaiser II, a. a. O., S. 83
49 ebda., S. 84f.
50 ebda., S. 83
51 Viereck, a. a. O., S. 152f.; Kürenberg, a. a. O., S. 221
52 Jonas, a. a. O., S. 17
53 ebda.
54 ebda., S. 34f.
55 ebda., S. 40
56 ebda., S. 41
57 Keller, a. a. O., S. 151; Thaddeus, a. a. O., S. 319f.
58 Viereck, a. a. O., S. 394
59 Princess Alice, a. a. O., S. 99 u. 149
60 ebda., S. 92
61 ebda., S. 151; Taylor I, a. a. O., S. 191; Wilson, a. a. O., S. 104; Balfour, a. a. O., S. 384; Röhl, John, 1914 – Delusion of Design, Einleitung von Hugh Trevor-Roper, zitiert als Röhl IV, 1971, überarbeitete und erweiterte Ausgabe 1973, S. 66, 87, 112, 126, 131f. sowie S. 13f. der Einleitung
62 Topham, a. a. O., S. 1
63 ebda., S. 30
64 ebda., S. 17 u. 226f.
65 Pound, a. a. O., S. 314
66 Bolitho, H., The Reign of Queen Victoria, 1949, S. 350
67 Lee, a. a. O., Bd. I, S. 179; Magnus I, a. a. O., S. 423
68 Persönliche Mitteilung
69 Bülow, a. a. O., Bd. I, S. 242
70 Mitford, a. a. O., S. 21
71 Holstein Papiere, a. a. O., Bd. III, S. 589 (Nr. 587)
72 Wheeler-Bennett I, a. a. O., S. 181
73 Balfour, a. a. O., S. 156

74 Topham, a. a. O., S. 82
75 ebda., S. 211
76 ebda., S. 91
77 ebda., S. 166f.
78 ebda., S. 206
79 ebda., S. 229 u. 95
80 ebda., S. 221f.
81 ebda., S. 52f.
82 ebda., S. 45
83 ebda., S. 131f.
84 ebda., S. 13
85 ebda., S. 218f.
86 Hohenlohe, a. a. O., Bd. II, S. 464
87 Princess Marie Louise, a. a. O., S. 69
88 Balfour, a. a. O., S. 155
89 Kürenberg, a. a. O., S. 203f.
90 Cowles, a. a. O., S. 190 (Brief vom 4. 12. 1903)
91 Tuchman, a. a. O., S. 36 (Deutsche Ausgabe S. 31)
92 Bülow, a. a. O., Bd. I, S. 75 (72–76)
93 Bauer, Ludwig, Leopold der Ungeliebte, Amsterdam 1934, S. 217
94 Tuchman, a. a. O., S. 60 (Deutsche Ausgabe S. 58)
95 Haller, a. a. O., S. 297
96 Masur, a. a. O., S. 111
97 Topham, a. a. O., S. 136f.
98 ebda., S. 138; Balfour, a. a. O., S. 158
99 Balfour, a. a. O., S. 263f.
100 Ponsonby II, a. a. O., S. 178ff.
101 Sitwell, Sir Osbert, The Scarlet Tree, Left Hand, Right Hand!, 1946, Bd. II, S. 271
102 ebda.
103 Duff II, a. a. O., S. 299
104 Magnus I, a. a. O., S. 338
105 Edmond Taylor, a. a. O., S. 208; Magnus I, a. a. O., S. 204; Balfour, a. a. O., S. 282
106 Lee, a. a. O., Bd. II, S. 335f.
107 Fulford III, a. a. O., S. 115
108 Gernsheim, a. a. O., S. 142
109 Zedlitz-Trützschler, a. a. O., S. 78
110 Magnus I, a. a. O., S. 338
111 Leslie, a. a. O., S. 335; Topham, a. a. O., S. 229
112 Lee, a. a. O., Bd. II, S. 335
113 Magnus I, a. a. O., S. 341f.; Hough, a. a. O., S. 190
114 Grant, N. F., Hg., The Kaiser's Letters to the Tsar (The Willy-Nicky Correspondence), Copied from government archives in Petrograd, 1920, S. 138 (Deutsche Übersetzung: Briefe an den Zaren 1894–1914, Leipzig 1930)
115 ebda.
116 Balfour, a. a. O., S. 272
117 Wheeler-Bennett I, a. a. O., S. 94
118 Schoen, William, Baron von, Memoirs of an Ambassador, 1922, zitiert von Cowles, a. a. O., S. 196; Edmond Taylor, a. a. O., S. 204f.
119 Valentini, Rudolph von, Kaiser und Kabinettschef, Hg. Schwertfeger, 1931, S. 81

120 Hough, a. a. O., S. 188
121 Lee, a. a. O., Bd. II, S. 343
122 ebda.
123 Kürenberg, a. a. O., S. 159
124 Magnus I, a. a. O., S. 346
125 Lee, a. a. O., Bd. II, S. 306f.
126 ebda., S. 307
127 Massie, a. a. O., S. 92f.; Viereck, a. a. O., S. 198–201
128 Die Große Politik, Bd. XIX, Nr. 6220
129 Bülow, Bernhard, Fürst von, Brief vom 11. August 1905; Die Große Politik, Bd. XIX, Nr. 6237
130 Lee, a. a. O., Bd. II, S. 307f.
131 Massie, a. a. O., S. 105
132 ebda., S. 205
133 ebda., S. 204–6
134 Magnus I, a. a. O., S. 344 (Die Große Politik, Bd. XXIIIA, Nr. 161)
135 Massie, a. a. O., S. 107
136 Lee, a. a. O., Bd. II, S. 311
137 Magnus I, a. a. O., S. 348
138 ebda., S. 353
139 Lee, a. a. O., Bd. II, S. 449
140 Balfour, a. a. O., S. 23 der englischen Penguin-Ausgabe
141 Kürenberg, a. a. O., S. 206
142 ebda.
143 Balfour, a. a. O., S. 534
144 ebda., S. 281
145 Balfour, a. a. O., A. 281
146 Masur, a. a. O., S. 211
147 Balfour, a. a. O., S. 281
148 Burke's Presidential Families, a. a. O., S. 418
149 Nicolson, Sir Harold, Lord Carnock, 1930, S. 189–94
150 Palmer, a. a. O., S. 23
151 Cowles, a. a. O., S. 207
152 ebda.
153 Palmer, a. a. O., S. 23f.
154 Haller, a. a. O., S. 380 u. 385; Cowles, a. a. O., S. 208
155 Rogge, Helmuth, Holstein und Harden, München 1959, S. 70
156 Haller, a. a. O., S. 376
157 ebda., S. 387
158 ebda.

ZWÖLFTES KAPITEL
Debakel

1 Haller, a. a. O., S. 313
2 Ludwig, a. a. O., S. 351
3 Haller, a. a. O., S. 313
4 ebda., S. 314
5 ebda., S. 315

6 Masur, a. a. O., S. 186
7 Haller, a. a. O., S. 315
8 Masur, a. a. O., S. 186–193
9 Haller, a. a. O., S. 225
10 Cowles, a. a. O., S. 212
11 Haller, a. a. O., S. 325
12 ebda., S. 299f.
13 ebda., S. 318
14 ebda., S. 325
15 ebda., S. 326; Ludwig, a. a. O., S. 361
16 Röhl III, a. a. O., S. 380f.
17 Magnus I, a. a. O., S. 358
18 Jonas, a. a. O., S. 58
19 ebda., S. 54 u. 56
20 Zedlitz-Trützschler, a. a. O., S. 153
21 Haller, a. a. O., S. 327
22 Ludwig, a. a. O., S. 357; Cowles, a. a. O., S. 213; Röhl II, a. a. O., S. 58
23 Queen Victoria, Letters, II, ii, S. 521
24 Masur, a. a. O., S. 184; Haller, a. a. O., S. 298
25 Haller, a. a. O., S. 248
26 Jonas, a. a. O., S. 64
27 Ludwig, a. a. O., S. 355
28 ebda.
29 ebda., S. 323f.
30 Haller, a. a. O., S. 329f.; Ludwig, a. a. O., S. 356f.
31 Balfour, a. a. O., S. 80
32 Magnus I, a. a. O., S. 398
33 Duff II, a. a. O., S. 234
34 Lee, a. a. O., Bd. II, S. 574f.; Magnus I, a. a. O., S. 399
35 Harden, Maximilian, Köpfe, 4 Bde., 1911–1924, Bd. II, S. 441ff.; Tresckow, H. von, Von Fürsten und anderen Sterblichen, Erinnerungen eines Kriminalkommissars, 1922, S. 115 u. 164; Lange, Annemarie, Das Wilhelminische Deutschland, 1967, S. 347
36 Haller, a. a. O., S. 334
37 ebda., S. 338f.
38 ebda., S. 344–46
39 ebda., S. 343f.
40 Schwering, a. a. O., S. 246; Ludwig, a. a. O., S. 359
41 Ludwig, a. a. O., S. 358
42 Schwering, a. a. O., S. 246f.
43 Haller, a. a. O., S. 405
44 ebda., S. 346
45 ebda., S. 338 u. 349
46 ebda., S. 348
47 ebda., S. 252
48 ebda., S. 257–63
49 ebda., S. 357
50 Röhl IV, a. a. O., S. 57f.
51 Chamberlain, a. a. O., Bd. II, S. 226f.
52 Kaiser I, a. a. O., S. 228

53 Edmond Taylor, a. a. O., S. 162f.
54 Palmer, a. a. O., S. 53f.; Lee, a. a. O., Bd. II, S. 637f.
55 Balfour, a. a. O., S. 310
56 ebda.
57 Lee, a. a. O., Bd. II, S. 620
58 ebda., S. 621; Kürenberg, a. a. O., S. 247
59 Masur, a. a. O. S. 193 (zitiert *Die Zukunft,* November 1918, und Haake, Wilmont, Die politische Zeitschrift, 1968, S. 236–47)
60 Watt, Richard M., The Kings Depart, 1968, verbesserte Pelican-Ausgabe, 1973, S. 276
61 Balfour, a. a. O., S. 311; Lee, a. a. O., Bd. II, S. 644
62 Cowles, a. a. O., S. 246
63 Kürenberg, a. a. O., S. 247
64 Cowles, a. a. O., S. 247
65 Balfour, a. a. O., S. 311
66 Cowles, a. a. O., S. 248
67 Balfour, a. a. O., S. 311f.; Kürenberg, a. a. O., S. 247f.
68 Lee, a. a. O., Bd. II, S. 622
69 Magnus I, a. a. O., S. 400
70 Lee, a. a. O., Bd. II, S. 623
71 Balfour, a. a. O., S. 311f.
72 ebda., S. 312; Kürenberg, a. a. O., S. 249
73 Balfour, a. a. O., S. 156 u. 312
74 Cowles, a. a. O., S. 252–54; Jonas, a. a. O., S. 68
75 Cowles, a. a. O., S. 254
76 Lee, a. a. O., Bd. II, S. 622; Magnus I, a. a. O., S. 400f.
77 Ponsonby II, a. a. O., S. 258
78 ebda., S. 255
79 ebda., S. 256; Zedlitz-Trützschler, a. a. O., S. 218f.
80 Ponsonby II, a. a. O., S. 258
81 Lee, a. a. O., Bd. II, S. 674f. (zitiert Grenfell, Field-Marshal Lord, Memoirs, 1925, S. 185)
82 ebda., S. 675f.
83 Princess Alice, a. a. O., S. 97
84 Balfour, a. a. O., S. 317f.
85 Magnus I, a. a. O., S. 418
86 Ponsonby II, a. a. O., S. 258
87 Lee, a. a. O., Bd. II, S. 644; Taylor II, a. a. O., S. 180
88 Kürenberg, a. a. O., S. 249
89 Cowles, a. a. O., S. 258
90 Rogge, a. a. O., S. XI
91 Cowles, a. a. O., S. 259f.
92 Kürenberg, a. a. O., S. 256

DREIZEHNTES KAPITEL

Die eisernen Würfel rollen

1 Balfour, a. a. O., S. 325f.
2 Taylor II, a. a. O., S. 181
3 Ludwig, a. a. O., S. 161
4 Kürenberg, a. a. O., S. 173f.
5 Balfour, a. a. O., S. 327
6 ebda., S. 328
7 ebda. S. 217 u. 323
8 ebda., S. 323
9 ebda., S. 328f.
10 ebda., S. 331
11 ebda., S. 326f.
12 Balfour, a. a. O., S. 311
13 Topham, a. a. O., S. 139f.
14 Bauer, a. a. O., S. 359f.
15 Leslie, a. a. O., S. 337f.
16 Middlemas, a. a. O., S. 174; Die deutschen Dokumente zum Kriegsausbruch, 1914, zitiert als Deutsche Dokumente, Bd. II, S. 132; Lee, a. a. O., Bd. II, S. 732f.
17 Leslie, a. a. O., S. 337
18 Gernsheim, a. a. O., S. 151f.
19 Esher, a. a. O., Bd. II, S. 4
20 Jonas, a. a. O., S. 73
21 ebda.
22 Schwering, a. a. O., S. 73
23 Jonas, a. a. O., S. 75f.
24 Schwering, a. a. O., S. 74
25 Jonas, a. a. O., S. 76
26 ebda., S. 77f.
27 ebda., S. 86
28 ebda., S. 78
29 ebda., S. 92
30 ebda., S. 93f.
31 Kaiser II, a. a. O., S. 121
32 ebda., S. 121f.; Röhl, J. C. G., Admiral von Müller and the Approach of the War, 1911–1914, The Historical Journal, XII, 4, 1969, S. 653
33 Cowles, a. a. O., S. 271f.
34 Palmer, a. a. O., S. 18
35 Cowles, a. a. O., S. 272
36 ebda., S. 273
37 Owen, Frank, Tempestuous Journey, Lloyd George, His Life and Times, 1954, S. 211
38 Cowles, a. a. O., S. 274
39 Taylor II, a. a. O., S. 185f.; Bethmann Hollweg, Theobald von, Betrachtungen zum Weltkriege, Erster Teil, Berlin 1919, S. 35
40 Jonas, a. a. O., S. 97f.
41 ebda., S. 98
42 Salis, Jean Rodolphede, Weltgeschichte der neuesten Zeit, 1955, S. 459f.
43 Jonas, a. a. O., S. 100f.

44 Watt, a. a. O., S. 139f.
45 Epstein, Klaus, Shirer's History of Nazi Germany, The Review of Politics, XXIII, Nr. 2 (April 1961), S. 230ff. (zitiert nach Röhl I)
46 Balfour, a. a. O., S. 360
47 Haldane, Richard Burdon, Viscount, An Autobiography, 1929, Popular Edition, S. 239–45; Balfour, a. a. O., S. 346f.
48 Röhl IV, a. a. O., S. 96
49 Balfour, a. a. O., S. 363
50 Fischer, Fritz, Griff nach der Weltmacht, Die Kriegszielpolitik des Kaiserlichen Deutschland 1914–18, zitiert als Fritz Fischer, Düsseldorf 1967 (61), S. 33; Röhl IV, a. a. O., S. 29
51 Röhl IV, a. a. O., S. 28
52 Bernhardi, Friedrich von, Deutschland und der nächste Krieg, 1912, S. 114
53 Balfour, a. a. O., S. 364
54 ebda., S. 284
55 Röhl I, a. a. O., S. 65
56 Tuchman, a. a. O., S. 81
57 ebda., S. 43, 77, 83, u. 272; Röhl II, a. a. O., S. 28
58 Tuchman, a. a. O., S. 48f. u. 55
59 Röhl IV, a. a. O., S. 30; Ritter, Gerhard, Staatskunst und Kriegshandwerk, Das Problem des Militarismus in Deutschland, 4 Bde., 1954–68, Bd. II, S. 270ff.
60 Röhl IV, a. a. O., S. 29
61 Kürenberg, a. a. O., S. 293
62 Röhl IV, a. a. O., S. 29f.
63 Palmer, a. a. O., S. 42
64 Balfour, a. a. O., S. 361
65 Fritz Fischer, a. a. O., S. 90–95
66 Churchill, a. a. O., Bd. I, S. 107
67 Pope-Hennessy II, a. a. O., S. 109
68 ebda., S. 326
69 Topham, a. a. O., S. 237
70 ebda., S. 234
71 ebda., S. 237
72 Wheeler-Bennett I, a. a. O., S. 179
73 Cramb, J. A., Germany and England, 1914, S. 64–66, 131f. (zitiert nach Röhl I)
74 Kürenberg, a. a. O., S. 147
75 Cramb, a. a. O., S. 132
76 Masur, a. a. O., S. 90
77 Pope-Hennessy II, a. a. O., S. 479f.
78 Massie, a. a. O., S. 212, 214f. u. 218
79 Hough, a. a. O., S. 262
80 Pope-Hennessy II, a. a. O., S. 480
81 Cowles, a. a. O., S. 285
82 Radziwill, Princess Marie, This was Germany, 1937, S. 279
83 Jonas, a. a. O., S. 115
84 ebda., S. 116
85 Gebsattel, Konstantin, Baron von, Gedanken über einen notwendigen Fortschritt in der inneren Entwicklung Deutschlands, Deutsches Zentralarchiv, Potsdam, Alldeutscher Verband, S. 204 (zitiert nach Röhl I)
86 Pogge, H. v. Strandmann, Staatsstreichpläne, Alldeutsche und Bethmann Holl-

weg, in: Hamburger Studien zur Neueren Geschichte, Hg. Fritz Fischer, Bd. 2, 1965: H. Pogge, v. Strandmann, Imanuel Geiss, Die Erforderlichkeit des Unmöglichen, Deutschland vor dem Ersten Weltkrieg, S. 38

87 Jonas, a. a. O., S. 117

88 ebda., S. 118

89 ebda., S. 120

90 Redlich, Joseph, Schicksalsjahre Österreichs 1908–1919, 1953, Bd. II, S. 15

91 Marek, a. a. O., S. 416–18

92 Hirschfeld, Magnus, The Sexual History of the Great War, 1946, S. 110f.; Edmond Taylor, a. a. O., S. 233ff.

93 Kürenberg, a. a. O., S. 281

94 ebda., S. 282

95 ebda., S. 283

96 ebda., S. 284

97 ebda., S. 281

98 ebda., S. 284

99 Röhl II, a. a. O., S. 32; Cowles, a. a. O., S. 290

100 Duff I, a. a. O., S. 295

101 Cowles, a. a. O., S. 284 (zitiert British Documents on the Origin of the War 1898–1914)

102 Watt, a. a. O., S. 24–26

103 ebda., S. 23

104 Gooch, George Peabody, Before the War, Studies in Diplomacy, 2 Bde., 1935–38, S. 56

105 Balfour, a. a. O., S. 368

106 Kürenberg, a. a. O., S. 295

107 ebda., S. 283

108 Balfour, a. a. O., S. 370 (zitiert Ritter, a. a. O., und Albertini, Luigi, The Origins of the War in 1914, 3 Bde., 1952–1957)

109 Kürenberg, a. a. O., S. 295

110 Massie, a. a. O., S. 244

111 Marek, a. a. O., S. 436f.

112 Kürenberg, a. a. O., S. 286

113 Deutsche Dokumente, a. a. O., Bd. I, S. 19

114 Balfour, a. a. O., S. 371f.

115 ebda.

116 ebda., S. 372

117 Kürenberg, a. a. O., S. 296

118 ebda., S. 299

119 Edmond Taylor, a. a. O., S. 281

120 ebda., S. 283f.

121 ebda.

122 Kruck, Alfred, Geschichte des Alldeutschen Verbandes, 1890–1939, 1954, S. 48

123 Röhl IV, a. a. O., S. 66

124 Deutsche Dokumente, a. a. O., Bd. I, S. 143

125 Röhl IV, a. a. O., S. 17

126 Massie, a. a. O., S. 248

127 Edmond Taylor, a. a. O., S. 284

128 Kaiser II, a. a. O., S. 210

129 Hough, a. a. O., S. 278f.

130 Kürenberg, a. a. O., S. 298; Cowles, a. a. O., S. 300
131 Müller, Georg Alexander von, Regierte der Kaiser? Kriegstagebücher, Aufzeichnungen und Briefe des Chefs des Marine-Kabinetts Admiral Alexander von Müller 1914–18, hg. von Walter Görlitz, zitiert als Müller I, Göttingen 1959, S. 8; Balfour, a. a. O., S. 374 (und S. 515, Anmerkung 126)
132 Müller, Richard, Vom Kaiserreich zur Republik, 2 Bde., 1924, zitiert als R. Müller, Bd. I, S. 27
133 Röhl IV, a. a. O., S. 32
134 Hough, a. a. O., S. 218
135 Nicolson, Sir Harold, King George V, 1952, S. 245f.
136 Röhl IV, a. a. O., S. 91
137 Cowles, a. a. O., S. 303f.
138 Balfour, a. a. O., S. 325
139 Röhl IV, a. a. O., S. 17
140 Riezler, Kurt, Tagebücher, Aufsätze, Dokumente, 1972, S. 189
141 ebda., S. 182 u. 186
142 Balfour, a. a. O., S. 375; Cowles, a. a. O., S. 307
143 Cowles, a. a. O., S. 305
144 Kürenberg, a. a. O., S. 304
145 ebda., S. 305
146 Masur, a. a. O., S. 69f.
147 Kürenberg, a. a. O., S. 305
148 Balfour, a. a. O., S. 377
149 Cowles, a. a. O., S. 322
150 Massie, a. a. O., S. 270
151 Deutsche Dokumente, a. a. O., Bd. II, S. 132
152 Kürenberg, a. a. O., S. 308
153 Schwering, a. a. O., S. 92
154 Deutsche Dokumente, a. a. O., Bd. III, S. 61
155 Masur, a. a. O., S. 274
156 Balfour, a. a. O., S. 380
157 Nettle, J. P., Rosa Luxemburg, 2 Bde., 1966, Bd. II, S. 601
158 Warr, a. a. O., S. 133f.
159 Balfour, a. a. O., S. 381
160 Cowles, a. a. O., S. 323
161 Moltke, Helmuth, Generaloberst Graf von, Erinnerungen – Briefe – Dokumente 1877–1916, Stuttgart 1922, S. 19 u. 23; Cowles, a. a. O., S. 324
162 Beyens, Baron, Deux Années à Berlin, 1912–1914, 2 Bde., 1931, Bd. II, S. 38–43; Galet, General Emile Joseph, Albert, King of the Belgians, in the Great War, 1931, S. 23
163 Belgisches Graubuch, Nr. 20
164 Kürenberg, a. a. O., S. 313; Belgisches Graubuch, Nr. 22
165 Kürenberg, a. a. O., S. 313
166 Balfour, a. a. O., S. 390
167 Blücher, Evelyn Princess, An English Wife in Berlin, 1920, S. 14; Balfour, a. a. O., S. 385
168 Kürenberg, a. a. O., S. 313
169 ebda.
170 Balfour, a. a. O., S. 385
171 Röhl IV, a. a. O., S. 87

172 Blücher, a. a. O., S. 6
173 Röhl IV, a. a. O., S. 79
174 Viereck, a. a. O., S. 2

VIERZEHNTES KAPITEL

Das blutige Spiel der Macht und des Zufalls

1 Crankshaw, Edward, The Habsburgs, 1971, Corgi Edition, S. 155
2 Gorce, Pierre de la, Histoire du Second Empire, 7 Bde. 1894–1905, Bd. VII, S. 343
3 Tuchman, a. a. O., S. 218
4 ebda., S. 285
5 ebda., S. 487; Laver, a. a. O., S. 212
6 Massie, a. a. O., S. 294
7 Laver, James, Edwardian Promenade, 1958, S. 212
8 ebda., S. 222
9 Müller I, a. a. O., S. 177; Balfour, a. a. O., S. 386
10 Kürenberg, a. a. O., S. 316
11 ebda.
12 Balfour, a. a. O., S. 387
13 Haller, a. a. O., S. 108
14 Balfour, a. a. O., S. 388
15 Müller I, a. a. O., 6. August 1914
16 Balfour, a. a. O., S. 391
17 Kürenberg, a. a. O., S. 317f.
18 Müller I, a. a. O., 24. August 1918
19 Massie, a. a. O., S. 272
20 ebda., S. 276
21 The New York Times, 19. Mai 1918
22 Massie, a. a. O., S. 277
23 ebda., S. 293f.
24 Tuchman, a. a. O., S. 443–6, 452, 455, 261 u. 487 (Deutsche Ausgabe 470–491); Ritter, Gerhard, Der Schlieffenplan, Kritik eines Mythos, München 1956, Abschnitt 3; Kluck, Alexander von, Der Marsch auf Paris und die Schlacht am Ourcq 1914, Leipzig 1926[2]
25 Moltke, a. a. O., S. 413
26 Palmer, a. a. O., S. 359
27 Jonas, a. a. O., S. 127
28 ebda., S. 129
29 Nicolson, a. a. O., S. 332f.
30 Duff I, a. a. O., S. 309
31 Duff II, a. a. O., S. 241
32 Masur, a. a. O., S. 289f.
33 Hartau, a. a. O., S. 115; Hammann, Otto, Bilder aus der letzten Kaiserzeit, S. 128
34 Watt, a. a. O., S. 141
35 Die Rote Fahne, 14. Dezember 1918
36 Watt, a. a. O., S. 141–4
37 ebda., S. 146
38 Cowles, a. a. O., S. 339
39 ebda., S. 343

40 ebda., S. 341
41 Kürenberg, a. a. O., S. 330f.
42 Cowles, a. a. O., S. 348
43 Harrod, Sir Roy, The Life of John Maynard Keynes, 1951, Pelican Edition, S. 311
44 Owen, a. a. O., S. 355f.
45 Cowles, a. a. O., S. 349
46 Owen, a. a. O., S. 356
47 Cowles, a. a. O., S. 349 (zitiert Grey of Falloden, Viscount, Twenty-five Years, 1925)
48 Kürenberg, a. a. O., S. 328
49 Cowles, a. a. O., S. 47
50 Balfour, a. a. O., S. 400
51 Cowles, a. a. O., S. 355; Kürenberg, a. a. O., S. 328f.
52 Kürenberg, a. a. O., S. 329f.
53 Balfour, a. a. O., S. 404; Cowles, a. a. O., S. 351f.
54 Kürenberg, a. a. O., S. 341
55 Massie, a. a. O., S. 395f.
56 ebda., S. 401
57 ebda., S. 427
58 ebda., S. 398
59 ebda., S. 397
60 Magnus I, a. a. O., S. 341
61 Gore, a. a. O., S. 173
62 Massie, a. a. O., S. 397
63 Nicolson, a. a. O., S. 392f.
64 ebda., S. 403
65 Owen, a. a. O., S. 437 u. 439
66 Persönliche Mitteilung
67 Massie, a. a. O., S. 440
68 ebda., S. 441
69 Hough, a. a. O., S. 328
70 Massie, a. a. O., S. 439f.
71 Duff I, a. a. O., S. 322
72 Massie, a. a. O., S. 442
73 Balfour, a. a. O., S. 407
74 Kürenberg, a. a. O., S. 336
75 Owen, a. a. O., S. 376
76 Balfour, a. a. O., S. 424
77 ebda., S. 425
78 ebda., S. 401
79 Feldmann, Gerald, Army Industry and Labor in Germany 1914–1918, 1966, S. 306; Lutz, Ralph H., The Fall of the German Empire, 2 Bde., 1932, Bd. II, S. 99–103
80 Hirschfeld, a. a. O., S. 92
81 Watt, a. a. O., S. 152
82 Kabisch, Ernst, Gröner, 1932, S. 53
83 Taylor II, a. a. O., S. 196f.
84 Kürenberg, a. a. O., S. 328
85 Taylor II, a. a. O., S. 199
86 Balfour, a. a. O., S. 292

87 ebda., S. 411
88 Watt, a. a. O., S. 155
89 Cowles, a. a. O., S. 359
90 Watt, a. a. O., S. 155
91 Balfour, a. a. O., S. 413
92 Kürenberg, a. a. O., S. 344
93 ebda., S. 346
94 Cowles, a. a. O., S. 360; Wilson, a. a. O., S. 156ff.
95 Kürenberg, a. a. O., S. 349
96 Taylor II, a. a. O., S. 104f.; Cowles, a. a. O., S. 363
97 Jonas, a. a. O., S. 140
98 R. Müller, a. a. O., Bd. I, S. 102, 194, 202
99 Balfour, a. a. O., S. 418
100 ebda., S. 420
101 Massie, a. a. O., S. 469
102 Massie, a. a. O., S. 401f.
103 ebda., S. 497; Duff I, a. a. O., S. 324; Hough, a. a. O., S. 327
104 Taylor II, a. a. O., S. 204
105 Watt, a. a. O., S. 161
106 ebda., S. 142 u. 265
107 Meyer, Karl W., Karl Liebknecht, Man without a Country, 1957, S. 167
108 Röhl I, a. a. O., S. 81
109 Burke's Presidential Families, a. a. O., S. 447
110 ebda.
111 Watt, a. a. O., S. 34
112 Cowles, a. a. O., S. 364
113 Balfour, a. a. O., S. 426
114 Watt, a. a. O., S. 162
115 ebda., S. 163
116 Watt, a. a. O., S. 163
117 Cowles, a. a. O., S. 367
118 Balfour, a. a. O., S. 428f.
119 Prinz Max von Baden, Erinnerungen und Dokumente, zitiert als Prinz Max, Stuttgart – Berlin – Leipzig 1927, S. 342f.
120 Hertling, Karl, Graf von, Ein Jahr in der Reichskanzlei, 1919, S. 183
121 Kürenberg, a. a. O., S. 358
122 Balfour, a. a. O., S. 431
123 Lutz, a. a. O., Bd. II, S. 382
124 Balfour, a. a. O., S. 432
125 Watt, a. a. O., S. 169
126 ebda., S. 171f.
127 Niemann, Alfred, Kaiser und Revolution, Die entscheidenden Ereignisse im Großen Haupt-Quartier, 1922, S. 100
128 Baumont, Maurice, The Fall of the Kaiser (L'abdication de Guillaume II, Paris 1930), ins Englische übers. von E. I. James, 1931, S. 3 u. 4
129 Prinz Max, a. a. O., S. 487f.
130 Viereck, a. a. O., S. 2
131 Taylor II, a. a. O., S. 205f.
132 Balfour, a. a. O., S. 435f.
133 Kürenberg, a. a. O., S. 363

134 Ritter, Gerhard A. und Miller, Susanne, Die deutsche Revolution 1918–1919, zitiert als Ritter und Miller, Hamburg 1968, S. 50ff.
135 Stubmann, Peter Franz, Ballin, Leben und Werk eines deutschen Reeders, Berlin 1926[2], S. 283f. (Dokumente vom 18. u. 27. 10. 1918)
136 Watt, a. a. O., S. 186
137 Wheeler-Bennett I, a. a. O., S. 36
138 Prinz Max, a. a. O., S. 581ff.
139 Ritter und Miller, a. a. O., S. 50ff. (zitiert nach Röhl I)
140 Kürenberg, a. a. O., S. 368; Cowles, a. a. O., S. 372
141 Watt, a. a. O., S. 123 u. 208
142 Gentizon, Paul, La Révolution allemande, 1919, S. 57 u. 63
143 Prinz Max, a. a. O., S. 615
144 Watt, a. a. O., S. 208f.; R. Müller, a. a. O., Bd. II, S. 16
145 Prinz Max, a. a. O., S. 619; Kürenberg, a. a. O., S. 370f.
146 Baumont, a. a. O., S. 111
147 ebda., S. 22; Balfour, a. a. O., S. 442
148 Watt, a. a. O., S. 212
149 Balfour, a. a. O., S. 442
150 Westarp, Kuno, Graf von, Das Ende der Monarchie am 9. November 1918, 1952, S. 42–48 (zitiert nach Röhl I)
151 Baumont, a. a. O., S. 99
152 ebda., S. 111
153 Westarp, a. a. O., S. 48
154 Baumont, a. a. O., S. 112; Wheeler-Bennett I, a. a. O., S. 36; Kürenberg, a. a. O., S. 373; Jonas, a. a. O., S. 158; Balfour, a. a. O., S. 443
155 Scheidemann, Philipp, Memoiren eines Sozialdemokraten, 2 Bde., Leipzig 1928, Bd. II, S. 300f.
156 Balfour, a. a. O., S. 445f.; Lutz, a. a. O., Bd. II, S. 537
157 Prinz Max, a. a. O., S. 635
158 Scheidemann, a. a. O., Bd. II, S. 312
159 Balfour, a. a. O., S. 446
160 ebda., S. 446f.
161 Balfour, a. a. O., S. 448
162 Kürenberg, a. a. O., S. 382
163 Viereck, a. a. O., S. 338
164 Scheidemann, a. a. O., Bd. II, S. 315ff.
165 Ritter und Miller, a. a. O., S. 320ff. (zitiert nach Röhl I)
166 Viereck, a. a. O., S. 338
167 Balfour, a. a. O., S. 450; Kürenberg, a. a. O., S. 383
168 Balfour, a. a. O. S 448
169 Taylor II, a. a. O., S. 207f.
170 Bouton, S. Miles, And the Kaiser Abdicates, 1920, S. 172
171 Carr, E. H., The Bolshevik Revolution, 3 Bde., 1951–53, Bd. III, S. 101
172 Volkman, Erich Otto, Revolution über Deutschland, 1930, S. 76
173 Prittwitz und Gaffron, Friedrich Wilhelm von, Zwischen Petersburg und Washington, 1954, S. 105
174 Jonas, a. a. O., S. 167f.
175 ebda., S. 169
176 Cowles, a. a. O., S. 382
177 Watt, a. a. O., S. 245

178 Balfour, a. a. O., S. 451; Kaiser I, a. a. O., S. 143
179 Watt, a. a. O., S. 439
180 Kürenberg, a. a. O., S. 386
181 ebda., S. 383

FÜNFZEHNTES KAPITEL
Wilhelm der Schweiger

1 Bentinck, a. a. O., S. 49
2 Kürenberg, a. a. O., S. 384f.
3 Owen, a. a. O., S. 498f.
4 ebda., S. 501
5 ebda., S. 498
6 Viereck, a. a. O., S. 3
7 ebda., S. 346
8 Kürenberg, a. a. O., S. 392
9 Harrod, a. a. O., S. 309f.
10 Owen, a. a. O., S. 501
11 Jonas, a. a. O., S. 171f.
12 Watt, a. a. O., S. 541
13 ebda., S. 236f.
14 Ryder, A. J., The German Revolution of 1918, 1967, S. 173–77
15 ebda., S. 186f.; Gröner, a. a. O., S. 475
16 Watt, a. a. O., S. 262f.
17 Kürenberg, a. a. O., S. 386
18 Watt, a. a. O., S. 399–402
19 Röhl I, a. a. O., S. 87; Watt, a. a. O., S. 259
20 Hoover, H., The Ordeal of Woodrow Wilson, 1958
21 Watt, a. a. O., S. 268f.
22 Owen, a. a. O., S. 535f.
23 The Morning Post, 20. u. 23. Januar 1919
24 Burke's Presidential Families, a. a. O., S. 478
25 Harrod, a. a. O., S. 272f.
26 Taylor II, a. a. O., S. 210; Nettl, a. a. O., Bd. II, S. 750
27 Watt, a. a. O., S. 286f.
28 ebda., S. 278f.; Masur, a. a. O., S. 309–11; Taylor II, a. a. O., S. 210
29 Masur, a. a. O., S. 309; Watt, a. a. O., S. 302f.
30 Watt, a. a. O., S. 304
31 Taylor II, a. a. O., S. 212
32 Watt, a. a. O., S. 390f.
33 Taylor II, a. a. O., S. 215
34 R. Müller, a. a. O., Bd. II, S. 240–44
35 Watt, a. a. O., S. 364
36 ebda., S. 365–68
37 ebda., S. 326
38 ebda., S. 375f.
39 Owen, a. a. O., S. 534f.
40 Keynes, Maynard (Lord Keynes of Tilton), The Ecomomic Consequences of the Peace, 1919, S. 44f.

41 Watt, a. a. O., S. 105–7; Keynes, a. a. O., S. 49f.
42 Watt, a. a. O., S. 440
43 ebda., S. 453f.; Owen, a. a. O., S. 553
44 The Times, 8. Mai 1919
45 Keynes, a. a. O., S. 209f.
46 Watt, a. a. O., S. 458 u. 462
47 Luckau, Alma, The German Delegation at the Paris Peace Conference, 1941, S. 308
48 ebda., S. 419
49 Watt, a. a. O., S. 503–6
50 Gröner, Wilhelm, Lebenserinnerungen, Jugend, Generalstab, Weltkrieg, Göttingen 1957, S. 496
51 Dorpalen, Andreas, Hindenburg and the Weimar Republic, 1964, S. 39
52 Luckau, a. a. O., S. 55
53 Watt, a. a. O., S. 541–44; Owen, a. a. O., S. 525
54 Hankey, a. a. O., S. 177
55 Wheeler-Bennett, Sir John, Hindenburg, the Wooden Titan, 1936, S. 220
56 Hankey (Maurice Pashal Aleis), Lord, The Supreme Command 1914–18, 2 Bde., 1961, S. 181
57 Watt, a. a. O., S. 580
58 Keynes, a. a. O., S. 209f.
59 Watt, a. a. O., S. 13
60 Bentinck, a. a. O., S. 79
61 Kürenberg, a. a. O., S. 392–96
62 Kürenberg, a. a. O., S. 388
63 Jonas, a. a. O., S. 174f.
64 Kürenberg, a. a. O., S. 388
65 Viereck, a. a. O., S. 3
66 Kürenberg, a. a. O., S. 389f.
67 Tuchman, a. a. O., S. 488
68 Kürenberg, a. a. O., S. 392
69 Wheeler-Bennett I, a. a. O., S. 24; Watt, a. a. O., S. 560f.
70 Ilsemann, Sigurd von, Der Kaiser in Holland, 2 Bde., München 1967–68, Bd. I, S. 149 (DTV-Ausgabe, 1971, S. 59)
71 Watt, a. a. O., S. 561ff.
72 ebda., S. 563
73 Jonas, a. a. O., S. 177
74 Kürenberg, a. a. O., S. 395f.
75 Ilsemann, a. a. O., Bd. I, S. 149 (DTV-Ausgabe, S. 60)
76 Wheeler-Bennett I, a. a. O., S.180; Balfour, a. a. O., S. 451; Kürenberg, a. a. O., S. 396
77 Longford, a. a. O., S. 567
78 Viereck, a. a. O., S. 486
79 Bentinck, a. a. O., S. 159
80 Kürenberg, a. a. O., S. 396
81 Bentinck, a. a. O., S. 94f.
82 Kürenberg, a. a. O., S. 396
83 Balfour, a. a. O., S. 454
84 Kürenberg, a. a. O., S. 398
85 Wheeler-Bennett I, a. a. O., S. 182

86 ebda., S. 181; Kürenberg, a. a. O., S. 397
87 Kürenberg, a. a. O., S. 401
88 Jonas, a. a. O., S. 178
89 Jonas, a. a. O., S. 181
90 Kürenberg, a. a. O., S. 417
91 Kaiser II, a. a. O., S. 20
92 Haller, a. a. O., S. 372
93 Jonas, a. a. O., S. 189
94 Balfour, a. a. O., S. 451; Kürenberg, a. a. O., S. 401
95 Jonas, a. a. O., S. 189
96 Kürenberg, a. a. O., S. 418
97 Viereck, a. a,. O., S. 383; Kürenberg, a. a. O., S. 423
98 Jonas, a. a. O., S. 190–97
99 Taylor II, a. a. O., S. 227
100 ebda., S. 229 u. 231
101 Masur, a. a. O., S. 312; Wheeler-Bennett I, a. a. O., S. 33
102 Nettle, a. a. O., Bd. II, S. 819; Taylor II, a. a. O., S. 224
103 Bullock, Sir Alan, Hitler, A Study in Tyranny, 1952, Pelican-Edition, S. 78f. u. 138; Waite, R. G. L., Vanguard of Nazism: The Free Corps Movement in Post-War Germany 1918–1923, 1952, S. 25f.
104 Jonas, a. a. O., S. 208
105 Wheeler-Bennett I, a. a. O., S. 41–3
106 Jonas, a. a. O., S. 291 u. 294
107 Persönliche Mitteilung
108 Jonas, a. a. O., S. 278
109 ebda., S. 224 (Photo); Balfour, a. a. O., S. 456; Kürenberg, a. a. O., S. 427f.
110 Jonas, a. a. O., S. 230
111 Wheeler-Bennett I, a. a. O., S. 57
112 Kessler, Graf Harry, Tagebücher 1918–37, Frankfurt 1961, S. 670
113 Meinecke, Friedrich, Die deutsche Katastrophe, Betrachtungen und Erinnerungen, Wiesbaden 1946, S. 25; Bullock, a. a. O., S. 267
114 Bullock, a. a. O., S. 301ff.
115 ebda., S. 309
116 Jonas, a. a. O., S. 239
117 ebda., S. 236
118 ebda., S. 245
119 ebda., S. 246
120 Taylor I, a. a. O., S. 207
121 ebda.
122 Trevor-Roper, a. a. O., S. 12 (zitiert nach Röhl II)
123 Ponsonby II, a. a. O., S. 111f.
124 Balfour, a. a. O., S. 453f., Ponsonby II, a. a. O., S. 114f.
125 Viereck, a. a. O., S. 157
126 ebda., S. 144
127 Jonas, a. a. O., S. 267
128 Pope-Hennessy I, a. a. O., S. 16; Aronson I, a. a. O., S. 211f.; Hough, a. a. O., S. 142
129 Jonas, a. a. O., S. 214
130 ebda., S. 223
131 ebda., S. 241

132 ebda., S. 243f.
133 ebda., S. 256
134 Bentinck, a. a. O., S. 34
135 Balfour, a. a. O., S. 454
136 Private Mitteilung, bestätigt von S. K. H. Prinz Louis Ferdinand
137 Jonas, a. a. O., S. 215
138 ebda., S. 259
139 Kürenberg, a. a. O., S. 431
140 ebda.
141 Pope-Hennessy II, a. a. O., S. 592
142 Balfour, a. a. O., S. 456
143 Jonas, a. a. O., S. 261
144 Wheeler-Bennett I, a. a. O., S. 188
145 ebda., S. 188f.; Aronson I, a. a. O., S. 251; Cowles, a. a. O., S. 399f.
146 Wheeler-Bennett I, a. a. O., S. 189; Cowles, a. a. O., S. 400
147 Jonas, a. a. O., S. 264
148 Wheeler-Bennett I, a. a. O., S. 30
149 Cowles, a. a. O., S. 400
150 Jonas, a. a. O., S. 264f.
151 ebda., S. 262
152 Burke's Presidential Families, a. a. O., S. 444

PERSONENREGISTER